叢書・ウニベルシタス　530

他者のような自己自身

ポール・リクール
久米　博 訳

法政大学出版局

Paul Ricœur
SOI-MÊME COMME UN AUTRE

Japanese translation rights arranged with
Éditions du Seuil, Paris
through Japan UNI Agency, Inc., Tokyo.

フランソワ・ヴァールに
感謝と友情のしるしとして

目次

謝辞

第一の感謝を、一九八六年に、「自己性について、人格的自己同一性の問題」(On Selfhood, the Question of Personal Identity.) と題して、ギフォード講座で講義する名誉を与えてくださったエディンバラ大学総長にささげたい。ここに上梓される研究は、その講義の成果である。

同じくミュンヘン大学のシュペーマン教授にも謝意を表したい。同教授は同じ年シェリング講座で、私に先の講義の第二部を講じさせてくださった。

さらにローマ大学「ラ・サピエンザ」のビアンコ教授にも感謝申しあげる。同教授は一九八七年に私に講壇に立つ機会を与えてくださり、私はそこで、この著作の倫理に関する部分を発展させることができたのである。

わが友人たち、ジャン・グレーシュとリチャード・カーニィの両氏にも感謝したい。両氏は一九八八年の夏に「スリジー学会」を組織し、主宰してくださった。私はその学会で、本書の最後の章となる存在論的考察の概略を発表することができた。

最後に、スイユ出版社のフランソワ・ヴァールに、本書の構成と叙述にご助力いただいたことに、心から感謝の意を表したい。彼が編集してくれた前著と同様、本書も、私の表現能力の欠けをみたしてくれた彼の厳密の精神と文体への熱意のおかげを蒙っているのである。

日本語版への序文

長年、翻訳と解釈を通して、私の著作に多大の尽力を賜った久米博教授に心からの感謝をささげます。私のいくつかの著書を紹介してくださった彼が、この度日本の読者に提供されるのは『他者のような自己自身』であります。もし彼が自著の序文を私に依頼してくださるなら、私にとっていっそう名誉なことでありましょうし、それが久米教授の翻訳への返礼となればと願っております。

『他者のような自己自身』は私が一九八六年にエディンバラ大学の「ギフォード講座」でおこなった講義から産みだされました。その講義は、私にとり、何十年にもわたる論議の後に、主体の問題についての私の立場を定める機会でありました。その論議をしるしづけるものは、私がフランス反省哲学、実存主義、人格主義、マルクス主義、諸構造主義などに次々に出会ったことであります。建設的な仕事をするいかなる試みにも先立って、私にとって必要と思われたのは、この問題がデカルト的コギトに集中する論争によって導き入れられた袋小路から脱出することでした。だからこそ私は、コギトの地位についての私の省察の結果を、序言のためにとっておいたのです。一方の、デカルト、カントから『デカルト的省察』のフッサールにいたるその後継者たちにおける主体の賞揚、他方の、ヒュームやニーチェにおける主体の辱め、私はそのいずれにも肩入れせずに、傷ついたコギトという表現を受け入れました。その表現によって、以後は、過去の論争の重荷から解放された企図の方向を、一語にして特徴づけるためです。この簡潔な表現はたしかに、主体はみずからにとって透明でないことを認め、また外部の思考という言葉で私が呼ぶことになる一連の迂回路を通った後に、主体が自己認識することを認める哲学的探求に適合すると、私に思えました。一連の客観化と対決した後に自己に回帰するというこの考えは、ジャン・ナベールによって模範的に例証される、古くからのフランス反省哲学の遺産に、結局は一致すると思えました。その哲学では、議論される哲学的言説のはじめにではなく、その最後に、主体が現れるのです。自己自身の理解の、このすぐれて反省的な性格を特徴づけるために、私は主体を自己（soi）という用語で指し示すことを選びました。フランス語では、私ができるだけ避けようとつとめた、あらゆる論争を背負わせられた自我（moi）という用語によるよりも、自己という用語は、文法的なすべての人称の再帰形を表示するからです。

この著書全体は、人間の主体の客観化された諸形態と、自己としてのこの主体の反省的な再開との間の一連の対決としてみなすことができます。私は客観化と反省とのこの弁証法のための足がかりを、分析哲学が提供してくれた分析手段のうちに見いだしました。シカゴ大学で教鞭をとった長い年月の間に、私はこの哲学にずっと親しんできました。分析哲学の固有の対象は、なによりも検証にかけられる諸命題であり、それらの検証は、命題の作者である主体のいかなる特殊な位置も前提とはしません。命題分析（述語計算、フレーゲ流の意味と指示との意味論的関係、様相論理学、など）は、命題の言表者の主観性に関して、中立的な空間の中で展開します。『他者のような自己自身』の主要なテーゼとは、論理的意味論が好んで、また学問上位置している命題のレベルから再帰的自己にいたるまで、後ろ向きに進んで行くことが可能であり、また必要でさえあるということであります。

この後ろ向きの動きを、どのようにして開始すべきでしょうか。

私は疑問代名詞の誰が？を含む問いを検証することが、自己のほうへのこの攻撃的な動きを開始できると考えました。何が？の問いは記述を要請し、なぜ？の問いは説明を、誰がの問いは同一化を要請します。この意味で、代名詞の自己は、誰がこれをしたのかといった、誰がの問いに対するすべての答えに現れます。主体は、自分がこれこれをした人として、自分自身を指示することによって、答えます。主体の問題に専心する解釈学と、思考の命題的表現の研究に専心する分析哲学との間を隔てる深淵に架橋しようと私が試みたのは、誰がの問いと、自己による答えとの間の関係の、このモデルによってであります。

本書は四つの誰がの問いの連鎖によって構成されています。すなわち、誰が語るか、誰が行動するか、誰が物語るか、誰が道徳的性格の責任を帰属されるのか。

誰が語るかの問いは言語哲学を、誰が行動するかは行動哲学を、誰が物語るかは物語哲学を、誰が責任帰属されるかは道徳哲学を、それぞれ駆使します。それによって、これら四つの問いの連鎖は、これまでの私の哲学的道程を反復要約させてくれました。たしかにその道程では、その折々に、言語の問題、行動の問題、物語の問題、道徳的責任の問題に出会ってきました。誰がの問いと、自己の答えとの相関関係を強調することによって、私はこれまでの断片的な研究に、包括的な構造を与えられるのではないかという希望を表明しました。それができるのは、その断片的な研究すべてが、主体の客観的な諸形態と、言語的、実践的、物語的、倫理的な自己への反省的回帰との間を、連結させてくれるかぎりにおいてです。

この第一の考察に第二の考察が加えられます。考察された各領域において、主体が、もう一つの語り、行動する主体を絡み合いの中で働かせるような、対話的構造に結びつけられると私に思われました。その絡み合いとは、自己は、同時に相互関係的な他者性を経由することでもあるこの外部を経由することによって豊かにされて、はじめて自分自身に戻るというものです。それこそ私が『他者のような自己自身』という表題によって表現しようと願ったことです。まことに、私が自分のうちに戻るのは、他者としてであります。

以下において、私は本書でたどった経路を、図式的に提示するにとどめます。第1、2研究で私は、誰が語るかの視点に立ちます。今しがた述べましたように、分析哲学は客観的言表とその命題的内容しか知ろうとしません。私はその分析哲学における言語の基本理論は削除された理論であることを立証しようとします。とはいえ、分析哲学の一部門の領野、すなわち日常言語理論において、オースティンの『言語行為』で創始された「言語行為」(speech act) 理論はすでに、たとえば確認的言表と、命令、忠告、約束などの遂行的言表とを区別するために、さまざまな言表行為の構造を考慮するように促してくれました。私はそこで、同一の語る主体によって措定された多様な言語行為から、言表する主体へと、ちょうどその多様な言表行為の唯一の本人として自分で自分自身を指名できる者へ遡れるように、遡ることを提案します。こうして語る主体が、反省の動きによって再導入されます。反省の動きは、言表（対象）から、言表と言表者との間の移行を確実にする言表行為を通して、言表者（主体）へと遡ります。その思考と言述の行為の背後の主体の位置は、たしかに主体自身の言葉を見つけるのを困難にします。このことは哲学がこの道に踏み入ることについて口をつぐんでいることを、一部説明してくれます。たとえば、フッサールは隠喩的に、極としての自我、あるいは源泉としての自我について語っています。ところがこの位置は、人称代名詞の働きが示すように、語る主体たちがそれぞれの位置を交換しあうための、話し合いのあらゆる行為によって、前提されています。私が私と言うとき、君は君を理解し、君が君と言うとき、私は私を理解します。ところがわれわれの場所は、語る主体としてのわれわれの役割の交換にいたるまでは互いに代替できないものです。そこで第二の考察が、第一の考察に接ぎ木されます。すなわち、語る主体の回帰は、同時に言語の対話的構造への回帰であります。

誰が行動するかの問いは、外部から内部への回帰の同じような動きを呼び求めます（第3、4研究）。われわれははじめに、すぐれた行動の意味論を適用します。そこでは行動は、世界の中で生起し、行動文（xは状況zでyをする、など）に適した文法で語られる出来事として扱われます。そこからわれわれは〈することができる〉の無数の様相に遡ることができます。それらの様相は、われわれの身体が駆使できるもろもろの基本的な力を、世界の流れを支配している物理的なシステムの客観的な許可に合致させることによって、われわれが世界の流れに介入できるようにします。こうして、生起させることが、われわれがすることができる何ものかを構成します。そして言述の場合におけるように、われわれはこれらの多様な力から唯一の行為者へと、反省的に遡ることができます。唯一の行為者はそれらの力を行使することができ、自分自身を、行為した、行為している、行為するであろう人として指示することができます。そしてここでもまた、自己への回帰の動きは、同時に人間の多数性への回帰の動きでもあります。というのは各自の行動は、行動の多種多様な主役たちの行動とまじりあうからです。こうして行動は根本的に相互作用なのであり、行動の主体を指名することは、行動する主体どうしの、そしてあえてつけ加えれば、受苦する主体どうしの相互承認と切り離せないのです。

しかし一連の違った行為の本人としての同一の行為者の自己同一性は、時間における行為の展開を考慮するとき、今度はそれが独特の問題を提起します。そこから、語り、行為する主体の人格的自己同一性は何に存しているのか、という問いが出てきます（第5、6研究）。ここでもまた分析哲学は、主体が同一であると言えるような、身体的もしくは心的な自己同一性の基準にアプローチするためのすぐれた手段を提供してくれます。しかしこの基準のほうは、もっと根本的なものを前提とします。すなわち、それだけが人格的自己同一性の時間的次元を確保してくれる、人生史の統一性であります。ところで、この時間的次元に適した言述の型は物語です。物語は生きられた一貫性の不透明な経験に、筋立てという物語的一貫性を与えてくれます。こうして、人格的自己同一生の問題は、友人久米教授が先に翻訳してくださった前著『時間と物語I、II、III』の帰結を合体する機会を与えてくれました。私は『時間と物語III』の結論で導入した物語的自己同一性の概念に、より深められた発展を与えることによって、その著書の結論を越えてさらに一歩を進めました。私はその発展を、二種類の自己同一性を区別するという命題を土台にしておこないました。すなわち、一つは時間と無関係な、固定した、実体的な自己同一性で、それにはラテン語の idem 英語の same ドイツ語の selbig が対応します。それはわれわれの遺伝的資質（指紋、血液型など）の構造や、一部はわれわれの性格のもっとも安定した様相によって表現される自己同一性です。しかしこの自己同一性は、時間の中でたえず変わっているわれわれの個性にはふさわしくありません。だからといって、どんな自己同一性も、すでにモンテーニュが変わりやすく、さまざまであると述べた人柄に適合できない、というわけではありません。約束のモデルはこの点できわめて説得的です。約束を守れる能力は、私の経験、信念、計画などに変化が及ぶ、及ばぬにかかわらず、自分を維持できることを前提とします。そこで私はもう一つの自己同一性、自己（ラテン語の ipse 英語の self ドイツ語の Selbst）としての自己同一性、自己性（ipséité）について語ります。人格的自己同一性という古典的な問題はそこで、同一としての自己同一性と自己としての自己同一性の弁証法のおかげで、注目すべき充実化の恩恵を受けることになります。戯曲と小説はこの弁証法に劇的な展開を与えました。それが哲学に大いに思考の材料を提供します。人生物語の誰は、こうして、誰のあらゆる問いの発生源となり、同時に自己性は自己の反省的概念のモデルとなります。とりわけハンナ・アーレントとともに、「行動の誰」を言うのが物語であると言えます――それは時間の中で、とつけ加えましょう。しかし反省的契機と他者性の契機との絡み合いがもっとも注目すべきものとなるのは、やはりこの第三のレベルにおいてです。どの人生史も、共有する歴史を土台にして、他のすべての人の人生史と絡み合っています。こうして私自身の人生物語は、私の人生を構成する意味として引受け、他者から受取った私自身の物語で満たされています。他者のような自己自身という表現が、ここ以上に真実であるところは、どこにもありません。

以上のような客観化と他者性との二重の関係における自己についての探索の、こうしたきわめて幅広い基礎のうえに、次の三研究（第7、8、9）を占める倫理が築きあげられます。自分の言語行為や、事象の流れの中への実践的介入の当事者として、彼自身の歴史の主人公または語り手として、自分で自分自身を指名できる主体のみが、道徳的または法律的責任帰属の主体になりえるのです。たしかに、責任帰属の判断は、行為の真の当事者として、行動をある人の責任に帰することであります。道徳的または法律的責任帰属の判断に服すこと、一言にしていえば、責任帰属性はわれわれの語り、行動し、物語る能力のあらゆる様態を要約します。この責任帰属性のうえに確立されるのは、われわれの責任であり、言い換えれば、われわれの行為の結果をもたらし、それによって惹き起こされた損害を償い、他者に重大な害を与えた過失の罰を受けるわれわれの能力であります。しかし損害、害、過失は、私が自分の行為の本人であるという単純な観念以上のものです。つまり、善悪の観点からの私の行為の評価であります。この評価が、責任帰属に道徳的な色合いをおびさせるのです。

私が第7、8、9研究で、この評価を異なる三つのレベルに結びつけることを提案するのは、われわれに責任帰属される行為の道徳的評価の問題に答えるためであります。

アリストテレスに、また目的論的な考え方（テロス＝目的）に接近する第一のレベルでは、私は、善く生きたいという願望、換言すれば、私が完璧と思う人生を送りたいという願望に、主な力点をおきます。私は自己評価という用語を、善く生きるというこの選択を保持する者としての自己の評価のためにとっておきます。それは、ソクラテスが吟味されない人生は生きられるに値しないと言ったときに、彼がめざしていたものです。まことに、自己評価とは吟味された人生に伴う肯定的評価、承認であります。しかし、一種の道徳的ナルシシスムに戻らぬためには、私は、善い生き方を願うというこの根本概念を、他者への心づかいと、正しい制度において生きたいという願望によって、完全にし、また修正します。こうして私は、目的論的と呼んだこの第一のレベルで表現されるような道徳的生活に、幅広い土台を据えます。この基本的倫理の中心テーマを要約する定式、すなわち、正しい制度において、他者とともに、他者のために生きたいという願いは、自分自身についての反省における他者性の含意を明瞭に表現しています。のみならず、この他者性は、私が友情と愛に近い関係で出会う顔をもつ他人と、私が一度も出会ったことがないが、われわれの運命が巻き込まれている無数の制度における私の対応者である第三者、との間で二分されています。もし道徳的主体が、自分固有のものから、近くのものへ、そして近くのものを越えて、遠くのものへと移行する、自己からの脱出の動きの終わりに到ってはじめて自分自身になるならば、私は、正義

たいのです。

の徳のみが善い生き方の中に合体させる、この遠くの他者を、各自（chacun）という代名詞であえて呼び

第二のレベルは規範、義務、禁止のレベルです。このレベルは規則の形式主義とその普遍性とによって特徴づけられます。われわれがカントの道徳学に、また一般的にあらゆる義務道徳論に出会うのは、このレベルにおいてです。そこから、この観点に適用される義務論的用語が由来します。読者はおそらく、なぜ善い生き方を願うという目的論的レベルにとどまっていずに、義務論的レベルを通らねばならないか、疑問に思われることでしょう。私は次の答えを提起します。善い生き方の願望は、悪のほうへ向かうことを知りません。だがそれは、われわれの行動が他者に損害を与え、害を及ぼし、苦痛や死や辱めを課すようにさせられるのです。そこで、殺すな、嘘をつくなの禁止の力に出会わねばなりません。そうすると禁止は恣意的な拘束でも、われわれの行動能力の阻止でもなく、われわれの道徳的自己同一性を構造化する機関なのであり、それによってわれわれの善く生きたいという願望は、他人の願望と合致することができるのです。そのとき、正しい制度において、他者とともに、他者のために善く生きたいという願望の三つ組全体が、願望の平面から、命法の平面へと転置されねばなりません。自己評価と他者への心づかいとは、カント的命法の第二定式によって、われわれ自身の人格と他者の人格にもとづいて、人間性への尊敬となります。しかし私は、司法制度と法体系を経由することによって、正しい制度において生きたいという単純な願望の変形を強調したいのです。そのとき、道徳的、法律的人格の法の前の平等を確保するのは、厳格な手続きにまで押し進められた形式主義であるように見えます。今度はその法の前の平等が、他者のような自己自身という、反省性と他者性との交換に、形式的な意味を与えるのです。

とはいえ、私はこの倫理的、道徳的領野の探求を、善く生きたいという願望と、道徳的、法律的命法との対決でもって終わらせようとは望みませんでした。道徳的領野の探求は、規範、規則、命法、禁止の概念の形式的で普遍的な様相のところでとどまることはできないと私には思われました。しかも、行動の道徳的評価は、規範を具体的状況に適用するために、規範の解釈を要求するのです。ところで、この適用の問題は長い間、釈義という形での宗教テクスト解釈において、あるいは文献学という形での古典テクスト解釈において、解釈学の原動力でありました。また、「めんどうな事例」(hard case)と呼ばれるものに独自の解決をもたらすために、法解釈または決疑論という形での法解釈学も存在しました。この適用の概念は、真の実践的知恵に訴えるものと思われました。とりわけ規範間の対立において、または規範の厳格さと人々にたいする心づかいとの対立において、あるいは善と悪(もしくは、私が言うところの〈灰色〉と〈灰色〉の間)の判断が不確実な状況において、さらには選択がもはや善と悪の間でなく、悪いと、より悪いとの間だけにあるような、もっとも悲劇的な状況においてであります。めんどうな事例に直面して、このように真の道徳的発案をすることは、私にとって、適用における解釈と議論法との関係に興味を寄せる機会でありました。というのも――アリストテレスの〈賢慮〉phronēsisから受け継いだ――実践的知恵についての章は二次的な付録ではなく、ある意味で、人間の行動の道徳的評価を仕上げるものであります。暴力が目的論的観点から義務論的観点への移行の必然性をしるしづけたとするなら、行動の悲劇性は、義務論的観点から実践的知恵の観点へ、換言すれば、独自の状況における道徳的判断の観点への移行を要求するものです。

本書は問いかけの調子をもつ章で終わります。そこでは、この一連の研究の存在論的含意を探求します。それらの研究は、次々に表題を変えながら、言語の平面においても、また厳密な意味での行動の、物語行為の、道徳的責任帰属の平面においても、行動するという語のもっとも広い意味における、人間の行動に関係します。そこで、ギリシア人の存在論のある種の伝統、より正確には、スコラ学派にもっともなおざりにされてきた存在概念の意味の一つ、すなわち、可能態として、また現実態としての存在に関するアリストテレス的存在論の伝統を、はたして現代によみがえらせることができるかが問われます。われわれはそこで、スピノザ、ライプニッツ、シェリング、そしてニーチェを経て、『存在と時間』のハイデガーにいたるばらばらな伝統の全体を考慮しながら、この存在概念の形成を読み直すことに着手しました。もしこの読み直しが是認されるなら、それは根本的に哲学的人間学の舞台で展開する探求に、存在論的基礎を与えてくれるはずです。私は結論として、人間の行動の哲学的人間学と、可能態と現実態としての存在論とは、あらゆる解釈学的伝統にはなじみの循環的関係で、相互に触発しあい、互いに強化しあうと言いましょう。けれども私は、本書の支配的観念は、この行動の可能態の多様な客観化という一連の回り道をたどった最後に、人間の行動の主観的次元を反省的、対話的に再獲得することに存している、ということを読者諸賢に銘記していただきたいのです。

著者への友愛をもって久米教授が心をこめて訳された本書を読むことに、日本の読者が喜びをおぼえてくださるよう、念願いたします。

一九九五年一二月

ポール・リクール

序言

自己性の問題

『他者のような自己自身』という表題によって私が示したいと思ったのは、本書を構成する諸研究を練りあげるのに重要な働きをした三つの重要な哲学的意図が一つに収斂する点である。

その第一の意図は、「私は考える」「私は存在する」というように、一人称単数で表現される主語の直接的措定に対し、反省的媒介が優越するのを指し示すことである。この第一の意図は、自然言語の文法が「自己」(soi) を「私」(je) に対立させてくれるとき、その文法によって支持される。この支持は、各言語に固有の文法的特性にしたがって、さまざまな形態をとる。フランス語の soi 英語の self ドイツ語の Selbst イタリア語の se スペイン語の simismo などの間に広範な相関関係はあるけれども、文法はそれぞれに相違する。しかしその相違自体は何事かを教示してくれる。というのも、各文法的特性は求められている基本的な意味の一部を解明してくれるからである。フランス語について言えば、soi は、直ちに再帰代名詞として定義される。本書の諸研究を通してなされるこの語の哲学的用法が、文法家が力説する制限に違反していることはたしかである。すなわち、《soi》は三人称 (il, elle, eux) の再帰代名詞である、という制限である。とはいえこの制限は、《soi》という用語を、《se représenter》,《se nommer》といった動詞の不定法に関連づけられる《se》という用語と比較してみるなら、取り除かれるのである。われわれにとって範型となるこの用法は、言語学者ギヨームの教えの一つが正しいことを実証してくれる[1]。彼によると、動詞というものは、時制や文法的人称に分類される以前に、不定法において、またある程度は分詞において、その動詞の意味は十全に表現されるという。そうすると《se》はすべての人称代名詞の、さらには《chacun》（各自）、《quiconque》（誰でも）、《on》（ひと）といった非人称代名詞の再帰性を示すことになる。これら非人称代名詞に、われわれは研究を進めていくうちに、何度も言及することになろう。このように《se》を経由していくことがむだではないのは、《soi》が不定法に結びついた《se》を補足するとき、《soi》自体もまた、同じ全時的な広がりに到達するからである。たとえば、《se désigner soi-même》（自分で自分を指名する）のようにである（ここで soi-même〈自分自身〉に結びついた même の意味するところは、さしあたり問わないでおく）。今述べた soi の用法は、文句なしにフランスの「よい慣用」に属する！　この用法が、先に引用した非人称表現は無論のこと、あらゆる文法的人称の再帰代名詞として、soi を哲学的な文脈でもつねに用いることの拠りどころとなっている。今度は、この全人称的な〈再帰〉の価値が、ミシェル・フーコーのかのみごとな題名「自己への配慮」（le souci de soi）におけるように、名詞の補語の機能をもつものとして《soi》を用いるときに、保存されるのである。こうした言いまわしはおどろくに値しない。というのは、二つの表現《se soucier de soi(-même)》（自分（自身）を配慮する）と《le souci de soi》が等価であることが証明するように、《soi》を間接格として認める名詞は、それ自体、名詞化された不定法なのであるから。ある表現から別の表現に移行するのは、言語のどんな要素も名詞化されるという文法的な許容を、後楯としている。たとえば、《le boire》（飲物）、《le beau》（美）、《le bel aujourd'hui》（晴れた今日）などと言うではないか。同じような文法的な許容によって、《le soi》（自己）と言うことができる。そのようにして、文法的主語の位置にある人称代名詞の同じように名詞化した形に、この《le soi》を結びつけるのである。たとえば、《le je》（私）、《le tu》（君）、《le nous》（われわれ）のように。フランス語では、このような名詞化は、ドイツ語や英語におけるほどには許容されていないけれども、《désignation de soi》（自己指名）という表現に記入されている間接格から発する文法的つながりを忘れないかぎりは、濫用とはなるまい。この「自己指名」という表現自体、《se désigner soi-même》（自分で自分を指名する）における再帰的不定法の最初の名詞化から派生したものである。われわれは今後、この形を規準としよう。

本書の題名で、《même》という用語の面から暗黙のうちに現前している第二の哲学的意図は、自己同一性（identité）（これと même との関係については、すぐあとで述べることにする）の二つの主要な意味を分離することである。その分離は、自己同一的（identique）という語によって、ラテン語の idem（同一）と ipse（それ自身）に同等のものを意味させることによってなされる。〔訳注＝フランス語の même は名詞の前について、同じという意味を表し、また強勢形代名詞の後について……自身という意味を表す。〕「自己同一的」という語の両義性は、soi の主要な性格、すなわちその時間性との関連において、人格的自己同一性と物語的自己同一性についてのわれわれの考察の中心に位置することになろう。idem の意味の自己同一性は、それ自体で、いろいろな意味の位階を示すのであり、それについては折が来れば（本書の第5、6研究）明確にしよう。この意味の位階で、時間における恒常性が最上位をなし、それに対立するのは、変化しやすい、可変的という意味の差異（le différent）である。われわれの一貫したテーゼは、ipse の意味の自己同一性は、人格のいわゆる不変の核についていかなる断定も意味するものではない、ということになろう。このことは、たとえ自己性（ipséité）が、あとで約束についての分析が立証するように、自己同一性に固有の様態を付加するとしても、真実である。ところで、自己同一性の両義性は、少なくともフランス語では、《même》（同一）と《identique》（自己同一的）との間の部分的な同義性を通して、本書の題名に関係する。《même》のもつさまざまな語義において、それは比較の枠組で用いられている。[2] それの反対語は、他の、反対の、別の、種々の、等しくない、逆の、などである。《même》という語のこのような比較の用法の重要性はきわめて大きいので、私は今後この同一性（mêmeté）を〈同一《イデム》としての自己同一性〉の同義語とし、〈自己《イプセ》としての自己同一性〉との関連で、自己性（ipséité）と対立させることにする。《même》という語の両義性は、本書の題名『他者のような自己自身』にどの程度まで反映しているだろうか。それは間接的に反映しているだけである。というのは、「自己自身」（soi-même）は、「自己」を強調した形にすぎず、「自身」（même）という表現は、まさに問題とされている存在または事物を指示するのに役立っている（だからこそ「自己への配慮」と「自己自身への配慮」との間に差異はほとんどなく、単に今言ったような強調効果があるだけである）。それでいて、《soi》のあとに置かれる《même》と、自己同一的、同類という意味の《même》との間のしっかりした絆は絶たれていない。強調することは、自己同一性をいっそうしるしづけることである。ところが英語やドイツ語ではそうではない。英語では same は self と混同されないし、ドイツ語では der, die, dasselbe または gleich と Selbst とは混同されないからである。ただし、比較の結果としての同一性から、意図的に、自己性（selfhood, Selbstheit）を派生させる哲学者の場合は異なる。この場合、英語やドイツ語は、フランス語ほどに両義性の発生源とはならない。

　本書の題名にはっきりと含まれている第三の哲学的意図は、第二の意図と連関している。それは自己《イプセ》としての自己同一性が、自己性と同一性の弁証法、すなわち、自己と自己とは別の他者の弁証法を補足するような弁証法を発動させる、という意味においてである。同一性としての自己同一性の範囲内にとどまるかぎり、自己とは別の他者の他者性は、何の独自性も呈さない。先に言及したように、《autre》（他の、他者）は、「反対の」「別の」「種々の」などと並ぶ「同一」の反意語のリストの中に出てはいた。しかし自己性と他者性を対《つい》にするとき、事情はまったく違ってくる。比較の結果ではない（あるいはそれのみではない）他者性とは、本書の題名によって示唆されている。すなわち、自己性そのものの構成要素となりえるような他者性である。「他者のような自己自身」が初手から示唆するのは、自己自身の自己性はきわめて内密に他者性を含意しているゆえに、一方は他方なしに考えられず、ヘーゲル的語法で言えば、むしろ一方は他方に移行していくのである。「ような」（comme）の語に、われわれは強い意味を賦与したい。つまり、他者に似た自己自身という比較の意味だけでなく、……としての自己自身という含意もである。

第1から第3までの考察において、われわれは基本文法の示唆に依拠してきた。だがわれわれは哲学的な問題提起にも導かれて、フランス語の概念的分析を支えるいくつかの規準的形態を同一とみなした。そこで今や、「他者のような自己自身」という表現に、哲学的発展をもたらす課題が課される。その哲学的発展とは、基本文法の拘束や示唆を見失うことなく、しかもわれわれの言語に固有の語法をのりこえるものである。

主体の哲学の肯定的と否定的という二重の遺産と迅速に対決することが、なぜコギト論争がその後、時代遅れとみなされるかを理解させるためにぴったりの序言となると私に思えたのである。それだからこそ、私はここで序論よりも、序言を語ることにするのである。なるほど途中では、自己《イプセ》としての自己同一性と同一《イデム》としての同一性の弁証法、自己とその他者との弁証法が第一の役割を果たすような、別の論争が提起されるかも知れない。だが、われわれがそのときに関与する論争は、われわれの問題提起が主体の哲学の問題提起と分離する地点を越えたところでおこなわれるだろう。

私がここで主体の哲学の典型とみなすのは、主体が、ego cogito（私は考える）と一人称で定式化されているようなもので、その場合、「私」が経験論的自我として、あるいは超越論的自我として定義されようと、「私」が絶対的に、つまり他者を照合せずに措定されようと、あるいは相対的に措定されようと、かまわない。自我論《エゴロジー》は相互主観性に固有の補足を要求するのであるから。以上いずれの場合にも、主語は「私」である。それゆえに、主体の哲学という表現はここでは〈コギト〉の哲学と等価値とみなされる。またそれだからこそ、「私」がかわるがわる強い立場と弱い立場に入れかわる〈コギト〉論争は、初手から、自己の問題を浮き出させることが一番可能であると思えたのである。ただしその際、われわれの今後の探求が、われわれがここで定式化する主張、すなわち自己の解釈学はコギトの弁明とその解任とから等距離をおくことを、確認するのを留保条件にしてである。自己の解釈学に特有のスタイルがもっともよく理解されるのは、主体の哲学が呈すると思われるおどろくべきゆらぎの重要性をあらかじめ認識しておく場合である。それはまるで主体の哲学がそこから発してくる〈コギト〉が、過大評価と過小評価の交代するリズムに従わされているかのようである。このような哲学の「私」については、誰かが父親について言うように、少なすぎるか、多すぎるかのどちらかだ、と言うべきだろうか。

Ⅰ 〈コギト〉は自己措定する

〈コギト〉は、それを措定することで最終で究極の根拠づけをするという野望に住みつかれていなかったら、どんな強い哲学的意味ももたない。この野望は、「私は考える」の「私」が、交互に、法外にも第一の真理という位に高められるかと思うと、今度は大いなる錯覚の位にまで下げられるといった大動揺をひき起こす責任がある。この最終的根拠づけという野望が、デカルトからカントへ、カントからフィヒテへ、最後に『デカルト的省察』のフッサールへと順次急進化していったということが事実だとしても、われわれにはその野望を、その出生地であるデカルト自身のうちに集中させるだけで十分と思われた。デカルト哲学は、〈コギト〉の危機が、〈コギト〉の措定と同時であることを立証している[3]。

デカルト的〈コギト〉に結びついた根拠づけの野望は、『デカルト的省察』の探求空間をきり開く懐疑の誇張法的性格に、最初から認められる。その企ての急進性は、こうして、懐疑と見合っており[4]、懐疑は「臆見」の管轄内から、常識も、科学も（数学であれ、物理学であれ）、哲学的伝統も排除はしない。もっと正確に言うと、この急進性は、前述の三つの領域で行使される懐疑とは何の共通点もない懐疑の性質にもとづいているのである。完全な欺瞞の仮説は、デカルトが確実性の固有の空間に内在する懐疑と対比しての不釣合を示すために、「形而上学的」と呼んだ懐疑から発してくる。この懐疑をドラマティックにするために、周知のようにデカルトは大欺瞞者または邪悪な守護霊《マラン・ジェニー》という神話的仮説を仕立てあげる。この霊は、単なる臆見の地位に還元された、欺かない神の反対像である[5]。〈コギト〉がこのような懐疑の極端な条件から発しえるとすれば、それは誰かが懐疑を導いているからである[6]。

たしかに、自分固有の身体は、あらゆる身体の災厄の中に引きずりこまれている以上、この懐疑の主体は根本的に、錨を失って漂流している。だが、まだ次のように言う誰かはいるのである。「……私は全力をつくして、あらゆる考えは誤りで、架空のものであるというふりをして、自分で自分を欺こうとする」(*Méditations métaphysiques.*, p. 16 ; AT9 : 16)。邪悪な守護霊という仮説までもが、私の作り出すフィクションである。しかし、自己の身体につながるあらゆる時間的・空間的目じるしから離れて、このように漂流するこの懐疑する「私」とは、いったい誰なのか。『省察』の冒頭にはまだ痕跡が残っている[7]『方法序説』

の自伝的な主体からは、この懐疑を導き、〈コギト〉の中に自分を反映させている「私」は移動してしまっており、その私は、懐疑とまったく同様に、形而上学的で誇張法的である。つまり懐疑自体は、その全内容に対して、形而上学的で、誇張法的なのである。そういう私は、実を言えば、誰でもない[8]。

この漂流する「私」について、まだ何か言うべきことはあるのか。その私は疑おうとする執念によって、確実性と真理（この段階では、まだこの二つの表現を区別しないでおく）への意志を証しており、その意志は懐疑そのものに一種の方向づけを与えるのである、と言おう。その意味で、デカルト的懐疑はキルケゴール的絶望ではない。それとはまさに反対に、発見しようとする意志がその懐疑を動機づけており、私が発見しようとするものは、事物自体の真理である。たしかに私が疑うのは、事物がそう見えているがままのものである、ということである。その点で、邪悪な守護霊の仮説が大欺瞞者の仮説であるというのは、重要でないどころではない。欺瞞とはまさに、そう見えることが「真に存在する」と思わせるところにある。懐疑によって、「いまだかつて何もなかった、と自分で自分に思いこませる」。しかし、私が発見したいのは、「確実で疑う余地のないもの」(*ibid.*, p. 17 ; AT9 : 19) である。

この最後の考察は、「第二省察」で、懐疑が〈コギト〉の確実性に反転するのを理解するために重要である。懐疑の存在論的な思念に一致して、そこから派生する第一の確実性とは私の実存についての確実性であり、それは、あの大欺瞞者の仮説が存している、思考の実践そのものに含意されている。「彼が私を欺こうとも、私が存在することに、いささかの疑いもない。彼が好きなだけ私を欺こうとも、私が自分は何ものかであると考えるかぎりは、私が何ものでもないと信じさせることはけっしてできないだろう」(*ibid.*)。これこそ実存的命題である。そこでは、動詞「ある」は繋辞ではなく、単独で絶対的に用いられている。すなわち「私はある、私は存在する[9]」。

誰が？の問いは、まず、誰が疑うのか？の問いと結びつけられていたが、誰が考えるのか？ もっと根本的には、誰が存在するのかの問いに結びつけられると、新たな調子をおびてくる。答えの極端な不決断――もともとは懐疑の誇張法的性格から受け継いだ不決断――はデカルトが獲得した確実性を発展させるには、それに新しい問いを、つまり私は何であるかを知る問いをつけ加えざるをえないことを、おそらく説明してくれよう。[10] この問いに対する答えは、次の〈コギト〉のさらに展開した定式へ導く。「厳密に言って、私は考える事物《もの》にほかならず、換言すれば、精神、知性もしくは理性と言ってもよく、それらはその意味が以前の私にはわからなかった言葉である」(*ibid.*, p. 19 ; AT9 : 21)。何であるかの問いによってわれわれは述語の探求へ導かれるのであり、その探求は「私が自分自身について抱く認識に属するもの」は何か、もっと明確には「私の本性に何が属するか」(*ibid.*, p. 19 ; AT9 : 22) をめざすのである。[11] この点にくると、「私」は思考に、すなわち、知性になることによって、一切の個別的な規定を決定的に失う。認識論的と言えるこの傾向は（「蜜蠟の一片」の名で知られている「第二省察」の有名な詳述によって強化されるが）「現象学化する」傾向によって緩和されるのである。現象学化する傾向は、思考する行為の現実の内的多様性を保存する枚挙の中に表現されている。すなわち、「考える事物《もの》とは何か。つまり、疑い、知解し、肯定し、否定し、欲し、欲しない、また想像し、感覚する事物《もの》とは何か」(*ibid.*)。この枚挙は主体の自己同一性の問題を提出するが、それは具体的な個人の物語的自己同一性とはまったく異なる意味においてである。それは、いろいろな働きにおける「私」の、いわば点的で、非歴史的な自己同一性しか問題となりえない。〈コギト〉は瞬間的であるゆえに、この自己同一性は、時間における恒常性か変化かの二者択一を免れた、同一の自己同一性なのである。[12]

「第二省察」の最後での省察する主体の地位は、われわれがあとで、話し手、行為者、物語の人物、道徳的責任帰属の主体、などと呼ぶものとは、共通点は何もないように見える。自分自身の懐疑、大欺瞞者の神話によって急進化した懐疑についての反省によってそれ自身を措定する主観性は、漂流する主観性である。デカルトは、自分では絶縁したと思っている哲学者たちの実体化された語彙を保存していて、いまだにその主観性を魂と呼ぶかもしれない。だがデカルトが真に言わんとするところは逆であり、伝統が魂と呼ぶものは、実際には、主体なのであり、この主体は、思考する行為という、もっとも単純な、付随物を一切とり去った行為に還元される。この思考する行為は、まだ一定の対象はもたないが、懐疑を克服するには十分である。なぜなら懐疑はすでに思考する行為を含んでいるからである。そして懐疑は意志的で、自由であるから、思考は懐疑を措定しつつ、みずからを措定する。この意味で、「私は考えつつ存在する」は第一の真理、すなわち、何ものもそれに先行しない真理なのである。

そこで提出される問題とは、デカルト自身において、「私は考えつつ存在する」は、懐疑への反省によって直接に知られる第一の真理の措定において、維持されるかどうかを知ることである。もし理由の順序において、他のすべての真理が〈コギト〉の確実性から発してくるならば、そうなるであろう。だが、マルシアル・ゲルーがその『理由の順序によるデカルト』(13)において表明した異論は、私には依然として論駁できないものと見える。〈コギト〉の確実性は、真理について単に主観的な面の真理を与えるだけで、その確実性が客観的な価値をもつかどうかについて、邪悪な守護霊は依然として支配し続ける。私の魂が純粋な知性であることは確実である。だがそれは知識の内的必然性にすぎない。「しかしながら、この知識が、私の知性にとって、〈コギト〉と同じく確実であるとしても、それはその内側での、すなわち、自分に内閉した私の自我にとっての確実性しかもたない」(*op. cit.*, p. 87)。今言ったような異論があるゆえに、デカルトにおいては、「神の存在証明のみがその問題の解決を可能にするだろう」(*ibid.*, p. 137)と思われる。ところが「第三省察」でなされる存在証明は発見の順序、あるいは認識の順序（ordo cognoscendi）を逆にする。その順序はそれだけで、もしも〈コギト〉があらゆる点からみて第一の真理であるなら、自我から神へ、次に数学的本質へ、次に感覚的事物へ、次に身体へと導くはずである。存在証明は別の順序、「事物の真理」の順序または存在の順序（ordo essendi）のために順序を逆にするのである。存在の順序とは綜合的な順序であって、それによれば、第一の順序では連鎖の中の一つの環にすぎない神が、第一の環になるのである。もしもただ一つの順序、つまり〈コギト〉が実際に第一番目であるような順序しかなく、〈コギト〉を第二番目に登録するような他の順序は、第一の順序から派生するものであることを立証することができるならば、〈コギト〉はあらゆる点からみて、真に絶対となるはずである。ところが「第三省察」は〈コギト〉の確実性を神の無謬性に対して従属的位置におくことによって、順序を逆転させたと見られるのである。神の無謬性こそ、「事物の真理」によれば第一である。(14)

これは〈コギト〉そのものにどんな帰結をもたらすか。新しい確実性、すなわち神の存在の確実性が〈コギト〉の確実性へ及ぼす一種の反動によって、それ自身の表象を私のうちに現前させるこの〈他者〉を認識するという唯一の事実によって、私自身という観念は深部からの変化を蒙るように思われる。〈コギト〉は第二の存在論的地位に滑りおちる。デカルトはこう書くことをためらわない。「私は何らかの仕方で第一に、有限の観念よりも無限の観念を、すなわち、私自身よりも神の観念を私のうちに抱く」（「第三省察」AT9：36）。それゆえ、もし神が私自身の存在の理由（ratio essendi）ならば、そのことによって、私は不完全な存在、欠け目のある存在であるゆえに、神は私自身の認識の理由（ratio cognoscendi）となる、とまで言わねばならない。なぜなら懐疑と密接に結びついた不完全さは、完全さの観念に照らし出されてはじめて知られるからである。「第二省察」では、私は考えつつ存在するものとして自己認識していたが、まだ有限で限定された本性としては認識していなかった。この〈コギト〉の弱点はさらに拡張される。その弱点は、懐疑の不完全さだけでなく、懐疑を克服した確実性の不安定さに、何よりも持続の欠如に結びつけられる。自分ひとりになった〈コギト〉の自我はあたかも、確実性という岩を、懐疑という急な斜面にそって絶えず押し上げるよう呪われたシジフォスである。そのかわり、神は私を存在の中に保ち続けてくれるがゆえに、神は私自身の確実性に、それ自身ではもちえない恒常性を与えてくれる。神の観念と私自身の観念とのこの厳密な同時性は、観念を産みだす力という視角から捉えられるとき、私にこう言わせる。「私自身という観念と同様、〔神の観念は〕、私自身が創造されたのだから、私と一緒に生まれ、産みだされた」(*ibid.*, AT, 9: 41)。そのうえ、神の観念は、製作者がそのしるしを作品につけるように、私のうちにある。それは一方が他方の似姿であることを確実にするしるしである。とすると、「私は自分で自分を知得するための能力と同じ能力によって〔……〕私はこの似姿を知得する」(*ibid.*) と告白しなければならない。

私自身という観念と神の観念との融合をこれ以上おし進めることはほとんど不可能である。だがそこから、理由の順序にとって、何が帰結してくるか。それは次のことである。その順序はもはやまっすぐな鎖のようにでなく、円環のように現われる。到着点から出発点へと逆むきに投影することから、デカルトは次の恩典しか認めない。すなわち、もっとも誇張法的な懐疑を養ってきた欺く神という陰険な仮説の排除である。大欺瞞者という神話像が私の中で征服されたのは、真に存在し、完全に真実な〈他者〉がその場所を占拠してしまったからである。しかし、デカルトの最初の反対者と同じく、われわれにとっても、問題は、理由の順序に円環の形を与えることによってデカルトが〈コギト〉を、したがって「私」をその最初の孤独から引き離す手続きを、巨大な悪循環にしてしまったのではないかどうかである。

そこで一つの二者択一がわれわれの前に開かれよう。すなわち一方は、〈コギト〉は基礎づけの価値をもつというものだ。ただしそれは不毛な真理であって、それからは、理由の順序を乱さずには何も出て来ない。他方は、〈コギト〉をその有限性の条件下で基礎づけるのは、完全さの観念であるというもの。そうすると第一の真理は、第一の基礎づけという栄光を失う。

この二者択一を、デカルトの後継者は両刀論法に変えた。一方では、マールブランシュが、いわんやスピノザは、「第三省察」でなされた逆転から帰結を引き出し、もはや〈コギト〉の中には、抽象的で、削除され、一切の威信を剝ぎとられた真理しか見なかった。この点でスピノザはもっとも首尾一貫している。彼の『エティカ』では、無限実体についての論述のみが基礎づけの価値をもつのであり、〈コギト〉は第二列に後退するだけでなく、一人称での定式化をも失ってしまう。『エティカ』第二部では、公理二として「人間は考える」がある。(15) この簡潔な定式に先行する公理、つまり公理一は、公理二の従属的性格を次のように多少強調する。「人間の本質は必然的な存在を含まない。すなわち、自然の秩序によれば、ある人間が存在することも、存在しないことも、いずれも可能なのである」。(16) 自己についてのわれわれの問題提起は、哲学的地平から遠ざかってしまう。他方では、カント、フィヒテそしてフッサール（少なくとも『デカルト的省察』のフッサール）と続く観念論の流れ全体にとって、〈コギト〉の唯一の首尾一貫した読み方とは、神の存在に対して援用される確実性に、私自身の存在の確実性と同じ主観性の刻印が押されているという読み方である。神の無謬性によってつくられる保証を保証するものは、そうすると、第一の確実性の付属物をなすにすぎない。もしそうであれば、〈コギト〉はそのあとに第二、第三……と続くような第一の真理ではなく、自分で自分を基礎づける基礎づけであり、それは経験論的であれ超越論的であれ、どんな命題とも通約できない。主観主義的観念論に陥るのを避けるには、「私は考える」は、いかなる心理的な響きも、ましていかなる自伝的関係づけも取り除かなくてはならない。それはカント的な「私は考える」にならなくてはならない。カントは「超越論的演繹」でこう言う。「私は考えるは私の表象のすべてに伴うことができなければならない」。自己の問題は、ある意味で、拡大化する結果になるが、その代償として、話題にしている人物との、対話における私＝君との、歴史的人物との同一視との、責任ある自己との関係を失うことになる。〈コギト〉を賞揚することは、このような代償を支払わねばならないのか。少なくともデカルトのおかげで、近代性はこのような恐るべき二者択一に直面させられたのである。

2　砕かれた〈コギト〉

砕かれた〈コギト〉、これはある伝統を表徴する表題となりえよう。それはおそらく〈コギト〉の伝統ほどに連続的ではないが、その辛辣さはニーチェをもって極まる。この伝統はニーチェを、デカルトの特権的な敵対者としたのであった。

デカルト的〈コギト〉に対してニーチェが、とりわけ晩年の断章でおこなった攻撃を理解するには、『悲劇の誕生』と同時代に書かれた彼のいくつかの著作に遡るのが役立とう。そこでは彼のレトリック論駁が、基礎づけの学という強い意味で、学問として哲学が立とうとする野望を覆すことを狙っている。(17)

哲学の基礎づけようとする野望への彼の攻撃は、哲学がそれによって自己表現をする言語を批判することに立脚している。ここではっきり認めるべきことは、ヘルダーは別として、主観性の哲学が、「私は存在する」と「私は考える」についての論証を進める言語の媒介を完全に捨象してしまったことである。ニーチェは哲学的言述のこの次元を強調し、反省の直接の名のもとに隠され、忘れられ、さらには偽善的に抑圧されてしまったレトリックの戦略を白日のもとに曝したのである。

『レトリック講義』は新しい観念を提起する。それによると、隠喩、提喩、換喩といった転義的比喩は、本来字義通りで、比喩的でない言述に付加された装飾ではなく、言語のもっとも原初的な働きに内属するものなのである。この意味で、言語の非レトリック的な「自然さ」というものはない。言語とは徹頭徹尾比喩的なのである。[18]

「道徳外の意味における真理と虚偽[19]」(一八七三年夏)において、徹底して比喩的であり、したがって虚偽とみなされる言語の逆説はとことんまで推し進められる。逆説とは二重の意味においてである。第一に、冒頭から、表面的には指示的で、比喩的でない意味に解される生が、それによって生が維持されるためのさまざまな作り話の源泉とされているという逆説である。次に、虚偽としての真実についてのニーチェ自身の言説は、嘘つきの逆説の深淵まで導かれねばならないという逆説である。しかしニーチェはまさにこの逆説を究極まで引き受ける思想家であり、そのことを注釈者たちは見逃している。彼らは〈生〉や力への〈意志〉の弁明を、新しい直接性の啓示であって、それは〈コギト〉と同じく基礎づけの野望をもち、それと同じ場所に代置されると解している。だからといって私は、ニーチェがニヒリズムを克服しようと努力するうちに、このような再建をめざしていなかった、と言うつもりはない。しかし重要なのは、以前の形而上学が従わされた解体の所作の意のままに、この再建もなされるということである。この意味で、〈コギト〉に対してなされる論法が、いかなる言語も比喩的で虚偽的な性格をもつという名目のもとに、邪悪な守護霊というデカルト的論法を〈コギト〉そのものに拡張したものであると解釈できるとしても、ニーチェ自身が嘘つきの逆説に定位して、哲学のレトリック的解釈によって爆発した解体の効果から、彼自身の哲学だけ避難させることに成功したかどうかはあやしい。

最初の逆説は、生を守るための「便法」として用いられる「錯覚《イリュージョン》」の逆説である。[20] だが自然そのものが、この錯覚を解読する力を人間から取り去ってしまった。「自然は解く鍵を投げ捨ててしまった」(*op. cit.*, p. 175)。とはいうものの、ニーチェは自分がその鍵をもっていると考える。それはVerstellung(偽装＝置き場所を間違えること)としての錯覚の働きである。この手法の意味の一部として、移動の意味を保持することが重要である。それはやはり韜晦を意味する。なぜならその意味は、錯覚の、言語的なだけでなく、本来レトリック的な働きの秘密を指し示すからである。こうしてわれわれはプラトンの『クラテュロス』の状況にもどるのであり、ソクラテス的対話が語る、名によって事物を指示することが「自然的な」起源をもつのか「慣習的な」起源をもつのかの対決にもどるのである。ニーチェは躊躇しない。あえて言えば、そのモデルは、「名を勝手に取り換えたり、逆転したり」(*ibid.*)を繰り返しながら言葉を濫用する嘘つきである。しかし前述のように、比喩的な言語は、任意の字義通りの言語とはもはや対立しえないように、嘘つきの言語もやはり、嘘つきでない言語を基準にはしていない。なぜなら言語とはそのようなものとして、そうした取り換えや逆転の所産なのであるから。[21]

ここにおいてデカルト的〈コギト〉が、少なくとも間接的に思念されるのは、どのような意味においてであるか。それは、〈コギト〉も一般化した懐疑の例外とはなりえない、という意味においてである。というのは「私は存在する」「私は考えつつ存在する」や、観念の形式的実在、そして観念の表象的価値などを包含する同じ確実性が、ここで述べられるような比喩論的還元の衝撃を受けるからである。デカルト的懐疑が夢と覚醒との間に想定される不分明から発したように、ニーチェ的懐疑はもっと誇張された虚偽と真実の間の不分明から発する。まさにそれだからこそ、邪悪な守護霊を誇張したこの変種に〈コギト〉は屈せざるをえない、なぜなら邪悪な守護霊が包含できなかったのは、真実への本能だからである。ところが今や彼が「謎めいて」くる。邪悪な守護霊は、ここで〈コギト〉以上に悪いことが判明する。ニーチェ自身の哲学について言うなら、それはVerstellung（偽装）の普遍的な支配から自分自身は除外するのか——だがどんな高度の狡智によって、嘘つきの詭弁から免れるのか——それとも彼の哲学はそれに屈するのか——だがその場合、力への意志、超人、同一物の永遠回帰を宣言した、あの啓示の語調をどのようにして正当化するのか。この両刀論法は、ニーチェが思惟し、書くのを妨げたとは思われないが、しかしそれは、忠実な信奉者と、アイロニックな論者の二つの陣営に分かれたニーチェの注釈者たちの両刀論法になったのである[22]。

今しがた比喩論的還元と呼んだものは[23]、〈コギト〉の正面からの批判を解釈するのに、大いに有効な鍵となる。その批判は、一八八二年から一八八四年の間に分散している遺稿（Nachlass）断章で読むことができる[24]。反〈コギト〉的刻印がもっとも明瞭に押された断章を選び出すのは、力への意志、超人、永遠回帰といった謎めいたテーマを練りあげるのと、キリスト教批判とが隣りあっている、この巨大な作業場にかけられた覆いの一端を持ち上げるにすぎないことは無論である。しかしここでなされたきびしい選択は、私の意図に従っている。その意図とは、ニーチェの反〈コギト〉のうちに、デカルト的〈コギト〉とは反対のものを示すことではなく、〈コギト〉が絶対的な答えをもたらすとみなされていた問題そのものの破壊を示すことである。

反〈コギト〉をめざしたこれらアフォリズムは断片的性格のものではあるが、それらが描き出す全体像は、ニーチェ自身が邪悪な守護霊とみなされるような誇張された懐疑を厳密に行使していることを、そこに見せてくれる。たとえば、一八八七年一一月—一八八八年三月の断章を見てみよう[25]。「私は同じく内的世界の現象性をしっかり把握する〔ich halte〕。われわれにとって意識的になるものはすべて、前もって徹底的に整理され、単純化され、図式化され、解釈されている。内的〈知覚〉の現実の過程、思想、感情、貪欲の間の因果的連鎖は、主体と客体との間の連鎖と同じく、われわれに絶対的に隠されており、おそらくは純粋に想像的なものだろう[26]」。

このように内的世界の現象性を言明することは、まずこの世界をいわゆる外的世界に連動させることで、内的世界の現象性は、カント的な意味での客観性はまったく意味せず、それこそまさに、「整理、単純化、図式化、解釈」なのである。その点を理解するには、彼の実証主義に対する攻撃に留意する必要がある。実証主義が、事実しかないと言うところで、ニーチェは、事実というものはなく、解釈があるだけだ、と言う。自称「内的世界」へと批判を拡大したニーチェは、デカルトが夢の世界と覚醒の世界の区別に対して向けた懐疑に関連して、〈コギト〉の例外的な性格を原則的に崩壊させる。内的世界の現象性を引き受けることは、さらに内的経験の連関を外的「因果性」に連動させることで、その因果性とはやはり、秩序の術策のもとに力の遊びを隠蔽する錯覚なのである。それはまたしても、完全に恣意的な単一性、「思考」と呼ばれるこのフィクションを、本能の増大する多様性とは別に措定することである。それは結局、そこに思考の行為が起源をもつであろうような「主観の基体」を想像することである。この最後の錯覚はもっとも危険なものである。なぜなら、行為者とその行為との関係において、原因と結果の間の一種の逆転を、その錯覚は起こさせるからである。われわれはすでにこの逆転を、転喩法〔ある事を、それに先行、後続、並行する事によって、表現すること〕の文彩として、換喩に結びつけたのであった。こうしてわれわれは、それ自身の結果の結果であるものを、「私」の名のもとに原因とみなす。言うまでもなく、因果性を、したがって、〈コギト〉の自称直接的確実性のもとに、ある種の論証性を導入しなければ、その論法は働かない。ニーチェが極端化した誇張的懐疑を実践するとき、「私」は〈コギト〉に内属するものとしては現れず、因果論的な型の解釈として現れるのである。ここまできてわれわれは、先に述べた比喩論的論法に追いつく。実際に、実体を〈コギト〉の下に、あるいは原因を〈コギト〉の背後に置くことは「それこそ単なる文法的習慣、動作主をそれぞれの行動につけ加える習慣にすぎない」。またしても、二十年以前に非難された「語の倒置」に出会うのである。

私はこれ以上、こうした論法について、くどくど言うことはしない。私見によれば、そこには、デカルトの懐疑をはるかに押し進めた誇張法的懐疑の実践以外のものを見るべきでなく、その懐疑は、デカルトが懐疑から免れさせられると考えた確実性そのものに反転してくるのである。少なくともニーチェはその断章では次のこと以外は言わなかった。私はデカルト以上に疑う。〈コギト〉もまた疑わしい。私はこうした誇張法的な様式で、次のような警句を理解するのである。「私の仮説――多数性としての主体」。ニーチェは、よそではそうすることがあろうとも、ここではけっして独断論的に、主体は多数性であるとは言わない。彼はその観念を試している。ちょうど、首脳部に対して叛乱を起こす「細胞たち」のように、多数の主体が互いに闘争しあっているという観念と、ニーチェはいわば戯れている。彼はそうすることによって、少なくとも懐疑に対して絶対的に保証するはずの確実性を求めることで規定された問題意識の内側にいるかぎり、世にも幻想的な仮説にさえ、何をもってしても抵抗しえないことを立証するのである。

3 自己の解釈学をめざして

賞揚された主体、辱められた主体。主体に接近するのは、つねに、このように賛成を反対に逆転させてであるように思える。そこから、主体の哲学の「私」は、言述の中に確実な場所をもたない atopos である、と結論しなければならないだろう。ここで展開される自己の解釈学について、コギトか反コギトかのこのような二者択一を超えたところにある認識的（そして本書第10研究で言うように、存在論的）な場所を、自己の解釈学はどの程度まで占めると言えようか。

本来の意味で自己の解釈学を構成する本書の九つの研究について、ここで大急ぎで概観してみれば、先に述べた三つの文法的特徴に概念的なレベルで哲学的言述が応答する仕方について、簡潔な観念を読者に与えることができよう。その文法的特徴とは、斜格〔名格、呼格以外の格〕の se と soi の用法、même を idem と ipse という二領域に二分すること、自己と自己以外の他者との相関関係などである。これら三つの文法的特徴に、自己の解釈学の次の三つの主要な特徴が対応する。すなわち、反省は分析を経由すること、自己性と同一性の弁証法、そして自己性と他者性の弁証法。これら三つの解釈学の特徴は、今列挙した順序で、本書を構成する諸研究で漸次明らかにされることになる。このような全体の見通しに、私は問いの形を与えることにする。すなわち、誰がの問いによって、自己の問題にかかわるあらゆる主張を導入し、それによって、誰がの問いと、自己という答えとに同じような広がりを与えるのである。そこで次の四つの部分集合に、以下の四つの問いかけの仕方が対応する。誰が語るのか、誰が行動するのか、誰が自分を語るのか、誰が責任帰属の道徳的主体なのか。これを詳述しよう。

第一の部分集合（第1、2研究）は、意味論と語用論という二重の面から、言語哲学に属する。これら最初の二つの研究からすでに読者は、英語の分析哲学の有意味な断章を、自己の解釈学の中に含めようとする試みに出会うだろう。はじめは島国的であった哲学の後継者たちによって滑稽にも大陸の哲学と呼ばれたヨーロッパ哲学に内在する論争の後継者が、すでに見たように、内在する自己の解釈学なのである。第二、第三の部分集合でも続くこうした借用は、けっして恣意的なものではない。それらの借用は、相互にかなり異質な二つの伝統を互いの文化に同化させようというア・プリオリな意図から出て来たものではまったくない。まして、ほとんど交際のない二つの精神家族を強制結婚をさせようという偏執狂的な野望を、いずれの伝統も表明していない。分析哲学によってこの名辞に与えられた意味において、分析に訴えることは、自己措定の間接的な地位によって特徴づけられる解釈学が支払うべき代償である。この第一の特徴によって、解釈学は迂回の哲学であることが明らかになる。分析哲学を迂回することは私にとって、端的に、もっともゆたかな約束と結果をもたらすものと思われた。しかしその推進力は再び、誰がの問いにもどってくる。その問いは次の双子の問いに分かれる。指示の様態で、事物とは区別される人物を指示するとき、誰について語るのか。そして、自分自身を話し手として指示しながら（相手に言葉をかけながら）誰が語るのか。

第二の部分集合（第3、第4研究）は、主として分析哲学で使われる限定された意味の行動の哲学に属する。この部分集合は、先のそれとは複雑な関係にある。ある意味で、先の部分集合はオルガノンの役目を果たす。というのも、行動について語られるのは言表において、したがって、とりわけ動詞と行動文にもとづく命題においてであり、行為者が自分を行動する者として指示するのは、言述の行為においてであるからである。別の意味で、第二の部分集合が第一のそれに連結するのは、言述の行為がそれ自体行動だからであり、したがって話し手もまた行為者だからである。そこで、誰が語るかの問いと、誰が行動するかの問いとは、密接に絡みあっているように見えよう。ここでもまた読者は、分析哲学と解釈学との建設的な対決に参加するよう招かれるのである。事実、何がの問いと、なぜの問いによる大きな迂回を支配するのは、行動の分析的理論である。たとえ誰が行動の本人か、という誰がの問いにもどる運動に、それが最後までついていけないかもしれないとしてもである。繰り返しこう言おう。分析のこの長い環こそ、

〈コギト〉の直接性の要求とは逆に、自己の解釈学の間接的様式の特徴なのである。

分析哲学と解釈学のこの種の競争は、第三の部分集合（第5、第6研究）でも続けられる。そこでは人格的自己同一性の問題が、二つの哲学的伝統の交叉点で提出される。時間性の問題と結びつけられた自己同一性の問題は、『時間と物語Ⅲ』が「物語的自己同一性」の名のもとに放置しておいた地点で、再開されよう。ただし、自己同定の客観的基準に応じて、人格的自己同一性が獲得する新しい資源をもって再開されるのである。今しがた、二つの哲学的伝統の競争と呼んだものは、同一としての自己同一性と、自己としての自己同一性との弁証法の審判にかけられよう。すでにわれわれはその弁証法を soi（自己）の反射的性格によって *soi-même*（自己自身）の第二の文法的特徴としたのであった。物語的自己同一性の主題がこのように新しい展開を見せたおかげで、行動の概念——行動のミメーシスが物語であることをここで想起しよう——は、アリストテレス的行動概念（praxis）がもつことのできる意味の全範囲を覆いつくすであろうが、それは、行動の意味論が、先の部分集合で人間の行動に課した思い切った限定（分析の意図によって正当化されよう）とは反対なのである。同時に、またそれと相関して、物語られる行動の主体は、行動し、受苦する人というもっと広い概念に拡大されはじめるのであり、その人物像を、われわれの分析的解釈学的手法は引き出すことができるのである。

第四の部分集合（第7、第8、第9研究）に課されるのは、それぞれ善のカテゴリーと、義務のカテゴリーに結びつけられる、行動の倫理的規定と道徳的規定による最後の迂回を提案することである。義務によってなされる、またはそうでない、善い、またはそうでない行動の責任を帰属させることのできる主体の、倫理的および道徳的次元が、それによって明るみに出されるだろう。第1と第2研究がはじめて、分析と反省の過程を実行するもので、第5と第6研究は自己性と同一性の対立を主として強調するものであるとするなら、三つの倫理的研究において、同と他の弁証法が自分に適した哲学的展開を見いだすことになろう。実を言えば、それに先行する研究においても、自己自身と他者の弁証法が欠けることはないだろうし、さらには同一《イデム》と自己《イプセ》の弁証法も欠けることはないだろう。どの段階でも自己はその他者から分離されてしまわない。けれども、本書の題名が喚起させるように、どの弁証法よりもゆたかなこの弁証法は、倫理性と道徳性のしるしのもとにおかれる研究においてのみ、それの十全な展開が見られよう。自己の自律はそこでは、隣人のための心づかいと、各人に対する正義と密接に結びついて現れよう。

以上、本書を構成する諸研究について提示してきた概略的検討は、自己の解釈学と〈コギト〉の哲学とを引き離す隔たりについて最初の観念を与えてくれる。自己（soi）と言うことは、私（je）と言うことではない。私は自己措定する――または証言される。自己は反省されるものとして操作の中に含意され、その操作の分析は自己自身への回帰に先行する。この分析と反省の弁証法に、自己《イプセ》と同一《イデム》の弁証法が接木される。最後に、同と他の弁証法が、先の二つの弁証法を仕上げる。この序言を結論づけるにあたって、なお二つの特徴を強調しよう。それらの特徴は、「私は存在する」の直接性にだけでなく、それを最後の基礎づけの位置におこうとする野望にも、真向から対立する。これまでその大筋を述べてきた全体の見通しを完成することで、それら二つの補完しあう特徴を簡潔に紹介することができる。

第一の特徴は、本書の一連の研究の断片的性格に関係する。それは、〈コギト〉の直接性のテーゼにつけ加わる、そのいかんともしがたい単純さのテーゼに異議申し立てをする。それは反省的単純さのテーゼに異議申し立てをするが、だからといって、ニーチェ的解体が執念を燃やして追求する自己分裂の眩惑にも屈しないことが、やがてわかるだろう。そこでこの異議申し立ての二つの側面を慎重に検討しよう。

われわれの研究の断片的性格は、分析的反省的な構造から発してくる。この構造がわれわれの解釈学に、いくつかの骨の折れる迂回を課すのであり、われわれは第1研究から、その迂回の中に入って行こうとする。自己の問題を、誰がの問いで導入することにより、われわれはそれと同時に、この問い自体に内在する真の多義性へと道を開いたのである。誰が何について語るのか。誰が何をするのか。誰について、何について物語られるのか、誰が何について道徳的責任を負うのか。誰がが言われるのに、そんなにいろいろな仕方があるのか。誰がという問いを発する仕方がいろいろあるのは、問い方の偶然性という問題から免れられない。この偶然性は、自然言語の文法（それの若干の例はこの序言のはじめで挙げた）、日常言語の慣用、そして最後に、歴史の中での哲学的問題提起の出現などが一体となって提起した切り取り方の偶然性に結びついている。ここにおいて解釈学は問いかけ方の歴史性の手にゆだねられることになり、そこから問いかけ方の断片化が由来する。[27]

そのかわり、この断片化もそれほどではなく、テーマの単一性が、言述を沈黙に陥れかねない拡散から守ってくれる。ある意味では、われわれの研究全体は、人間の行動をテーマの単一性としており、行動概念は、研究の進行につれて、絶えず増していく拡大と具体化を獲得すると言うことができる。この限りにおいて、本書から出てくる哲学は、実践哲学と呼ばれ、マンフレート・リーデルがその用語に与える意味で、「第二哲学」として受け取られるに値しよう。[28] それは、〈コギト〉がみずからを第一哲学として立て、最終的基礎づけの問題を解決するのに失敗したあとだからである。しかしながら、人間の行動への関心がわれわれの研究全体に与える単一性は、究極の基礎づけが一連の派生的学科に与える単一性ではないのである。むしろ、行動するという語のもつ多様な語義の間の類比的単一性に関係するのであり、その語の多義性は、今しがた述べたように、自己についての反省へとつれもどす分析を始動させる問いの多様性と偶然性によって押しつけられるのである。[29]

類比的単一性だけについて語るのもまた行き過ぎである。というのは、最初または唯一の参照項の選択について躊躇の余地があるからである。人間の行動の最初の意味は、語る主体の自己指示にあるのか、それとも行動の主体の行動する力にあるのか、それとも行動の道徳的責任帰属にあるのか。これらの答えのいずれも正当である。われわれが途中で、多様な諸研究に、記述する、物語る、命令するの三元的リズムを課すことになるのに、異論が寄せられるかもしれない。そのときがくればわかるように、この三つ組は、行動の分析哲学では優越している記述と、「善い」と「義務的」の述語から行動のあらゆる規定を、類を示す用語で指示する命令との間の、移行と関係づけの機能を物語的アプローチに割当てることができるこの教育的機能のおかげで、この三つ組を別の順序で読むことが許される。あらゆる点からみて、どのアプローチが第一ということはない。

——『時間と物語Ⅲ』では物語的自己同一性を一種の頂点においたのであった。しかしこのような順序づけは、行動の多義性を通して読者を導いていくことをめざす教育的機能しかもはやもたない。とはいえ、この断片的様式によってつくりだされた困惑は、最後の研究でもまったく除かれない。最後の研究については、これまで全然語らなかったが、これからその探索的性格を強調しよう。存在論的な様式をとるこの最後の研究で問題とされるのは、まさに人間の行動の類比的単一性である。人間の行動を基本的な存在様態として扱うために、解釈学は過去の存在論の資源を拠りどころとし、そしてそれらの資源は解釈学と接触して、いわばめざめ、解放され、再生するのではないか、と問われよう。とりわけ、アリストテレスによれば「存在」という語の大いなる多義性が、現実態と可能態としての存在の意味するところを再評価し、それによって行動の類比的な単一性を安定した存在論的意味によって保証することが可能になるのではないかと問われよう。しかしながら、実体としての存在のために、あまりにしばしば犠牲とされてきた存在の意味の、このような再評価は、まさに、何よりも根源的な多数性の土台の上でしか、つまり存在のもろもろの意味の上でしかなされないのである。そのうえ、今度は現実態と可能態の存在論が、その多様な歴史的表現のゆえに固定することが困難な意味の、変動空間を開くのである。最後に、そして何よりも、われわれの自己自身とその他者の解釈学に相応して再調整された同と他の弁証法は、現実態と可能態の存在論が、同語反復《トートロジー》の中に閉じこもるのを阻むのである。第10研究でわれわれが提起するはずの、他者性の多義性は、行動の存在論全体に、意味の多様性の刻印を押すのであり、その意味の多様性が、〈コギト〉の哲学の特徴をなす最終的基礎づけの野望を砕くのである。

第二の特徴は、われわれの解釈学と〈コギト〉の哲学との間の溝を深めるだろう。それは確実性の型にかかわる。解釈学が要求する型は、〈コギト〉の哲学の自己基礎づけの要求と密着した哲学から、解釈学を区別する。証しの概念が、はじめのいくつかの研究にゆっくりと姿を現し、やがて中間の研究では生気をおび、最後のほうの研究では十分に展開するのが見られよう。証しという概念によってわれわれが特徴づけようとするのは、分析と反省の結合に、自己性と同一性の違いの認識に、自己と他者の弁証法の展開に適した、要するにその三肢構造において考察される自己の解釈学に適したスタイルをもつ真理の様態である。われわれから見ると、証しが定義するのは、デカルトから発する〈コギト〉の認識的賞揚に照らしてだけではなく、ニーチェとその後継者たちにおける〈コギト〉の辱めに照らしても、解釈学が要求するような確実性である。証しは、一方よりも少なく、他方よりも多くを要求するように見える。事実、その両者いずれとも比較すると、証しもまた本来的に、場所をもたない (atopos) のである。

一方では、証しは、客観的な知の検証の基準によりも、〈コギト〉の要求する確実性に対立する。分析による迂回は、一切の自己への回帰の、まさに間接的で断片的なやり方を押しつける。この意味で、検証は、必然的な認識論的契機としての反省の過程に含まれている。証しが根本的に対立するのは、最終的で自己基礎づけ的な知という意味での、エピステーメー、学の概念にである。そしてこの対立においては、証しは、最終的基礎づけに結びついた確実性ほどに要求はしないように見える。事実、証しはまずは一種の信念として現われる。といってもそれはドクサ的信念ではない。つまり、ドクサ（doxa）――信念――はエピステーメー（épistèmè）――学、というより知――ほどの資格をもたないという意味においてである。ドクサ的信念は「……と思う」の文法の中に記入されるのに対し、証しは「……を信じる」の文法に属する。そこにおいて、証しは、語源がそれを思わせるように、証言に近づく。というのは、人が信じるのは証人の言葉をであるから。反省と分析、自己性と同一性、自己自身と自己自身以外の他者という三つの弁証法に結びついたいかなる信念、というより信用よりも高度の認識的段階に訴えることはできない。

　このような証しへの最初のアプローチに対し、それは〈コギト〉の確実性から、見かけほどに遠ざかっていないではないか、という異論が出されるかもしれない。つまり邪悪な守護霊の誇張法は、第一の真理の問題を、欺瞞と真実性の次元に位置づけたのではないか。デカルト的な知の建物は神の無謬性の上に建てられているのではないか。いかにもそれは正しい。その意味で、証しの問題はその源を、欺く神というデカルト的な問題のうちに見いだすのである。しかし証しが自分自身のために要求しないものは、神の存在証明と称するものを介して〈コギト〉に結びついている保証である。それは最後的には、自己基礎づけの理論的知という強い意味での真理のうちに、真実性を解消してしまう保証である。この点で、証しには、このような保証も、またそれに付随する超確実性も欠けている。先に述べた解釈学の他の特徴は、最終的に基礎づけのいかなる要求と照らしても、証しの弱さを確認する。誰がの問いの多義性に由来する断片化、また繰り返しになるが、哲学的体系の歴史からも、自然言語の文法や日常言語の慣用からも発してくる問いかけの偶然性、また今後なされる多くの分析のアポリア的性格は無論のこと、これらが証しに特有の脆さを与えるのであり、その脆さに、それ自身の基礎づけの欠陥を自覚した言述の傷つきやすさが加わる。この傷つきやすさは疑惑のもたらす恒常的な脅威において表現される。疑惑は証しに特有の反対であるから。ここで証しと証言との類縁性が確かめられる。「にせ」の証人なしに、「真の」証人はない。しかし他のもっと信じられる証言よりほかに、にせの証言に反対する手段はない。そして、もっと信頼できる証し以外に、疑惑に抗する手段はない。

他方では、そして今や証しは、辱められた〈コギト〉という反対側に直面しているのだから、信用もまた（それにもかかわらず、と言うべきかもしれない）、今しがた「信頼できる証し」という表現がそれを示唆したように、一種の信頼である。信用もまた信頼である。これはわれわれの分析のライトモチーフの一つとなろう。証しは根本的に、自己の証しである。この信頼は、交互に、言う力への信頼、する力への信頼、自分を物語の登場人物と認める力への信頼、最後に、対格で、非難にこう答える力への信頼となる。すなわち、レヴィナスになじみの表現によれば、「わたしはここに！」(Me voici!)（訳注1）この段階に来ると、証しは、ふつう良心と呼ばれるもの、まさにドイツ語で Gewissen と言われるものの証言となる（ドイツ語で Gewissen ＝良心とも Bwusstsein ＝意識とも訳されるフランス語の conscience よりも、ドイツ語の Gewissen は Gewissheit ＝確実性との意味論的近縁性を思い起こさせる）。そして行動の問題が、その下にわれわれの探求のすべてが集められるような類比的単一性をなすことを認めるなら、証しは、行動し、受苦する自己自身であるという確信として定義することができる。この確信は一切の疑惑に抗する最後の手段である。たとえその確信がつねにある意味で他者から受け取られるものであっても、それはやはり自己の証しである。この自己の証しが、言語的、実践的、物語的、命令的なあらゆるレベルで、誰がの問いが、何がの問いや、なぜかの問いに代えられるのから守るのである。逆に、アポリアの陰気な洞穴で、誰がの問いに固執することだけが、答えがないためにいわば裸にされながら、証しの堅固な隠れがであるとわかるのである。

保証のない信用として、しかしまたいかなる疑惑よりも強い信頼として、自己の解釈学は、デカルトによって賞揚された〈コギト〉からも、ニーチェによって失墜したと宣言された〈コギト〉からも等距離に立っていると主張することができる。以下に続く探求がこの野望を正当化してくれるかどうかは、読者が判定を下すであろう。

*

一九八六年にエディンバラ大学で私がおこなった一連のギフォード講座をしめくくった双子の講義を、なぜ本書に収録するのを断念したかについて、私は読者に説明しなければならない。この二講義は、拙著『テクストから行動へ』(30)でその計画を発表していた聖書解釈学に属するものであった。「聖書の鏡にうつった自己」と題する第一の講義で、私はN・フライの『偉大なコード』(31)にならって、ユダヤ教とキリスト教の聖書によって織りなされた象徴の網目から発してくる教えと呼びかけのようなものについて調べてみた。主な強調点は「神を名指すこと」に置かれた。それは種々様々な文学ジャンルを通して、この名指しが属する詩的次元の内部で、聖書の宣教的次元と、哲学の論証的次元とを区別する。「委任された自己」(32)と題された第二の講義では、旧・新約聖書(ポール・ボーシャンが提案する巧みな表現によれば、いずれの聖書)(33)にもある預言者や弟子たちの「召命物語」を案内役として、自己自身の理解が、拘束なき呼びかけのように自己を促す教えや呼びかけに、もっともよく答えるようにする特徴を私は探索した。呼びかけと答えの関係はこうして、私が双子の、と言った二つの講義を一つに結ぶ強い絆となった。
とすると、もともとギフォード講座を発展させたものである本書に、なぜ私はその二講義を収録しなかったのか。すでにしてかなりの分量である著書をさらに枚数超過にさせるから、といった技術上の議論を長々としたくない。そうした考慮が私の決断に大きな役割を果たしたことは事実としても。

それらを除外した第一の理由は――それには議論の余地があり、おそらくは遺憾なことと承知している――最後の行まで、自律した哲学的論述を維持したいという私の気遣いによる。本書を構成する十の研究は、私の聖書的信仰に結びつける信念を、意識的に、きっぱりとカッコに入れることを前提としている。動機づけの深層のレベルでは、私がこれこれの問題に、それも自己の問題系全体に抱いている関心に、そうした信念が何の効果も及ぼさない、と主張するつもりはない[34]。しかし私は読者諸賢に対し、聖書的信仰に読者が拒絶、受け入れ、未決定のいずれの態度をとることも必要としない議論だけを提出したと考える。私の全哲学的著作をしるしづけていると信じる、この議論上の禁欲は次のような型の哲学へと導くことが観察されよう。すなわち、神を実際に名指すことが欠けており、哲学的問題としての神の問題は、第10研究の末尾の行が証しするように、不可知論と言えるほどに、未決定のままなのである。この未決定の態度に例外をつくらないために、明白に解釈学的現象学に属する九つの研究に与えた唯一の延長は、存在＝神論的アマルガムにはけっして帰結しない存在論的探求に存する。

この主な理由に、私はもう一つの理由をつけ加えたい。それは、『偉大なコード』についての私の解釈が立脚している聖書釈義の実践と本書の諸研究との関係にかかわっている。私の哲学的著作を、隠れ神学という非難から守ろうとするなら、私は同じ用心から、聖書的信仰に隠れ哲学的機能を割当てることを警戒しよう。そのような事態が起こるのは、哲学が実践的、物語的、倫理的、道徳的平面で、主として自己《イプセ》としての自己同一性の地位との関連で増殖させるアポリアに対し、聖書的信仰が決定的解決をもたらす、とその信仰から期待する場合である。

第一に、哲学と聖書的信仰の間では、問いと答えの図式は有効でない、と言わねばならない。「委任された自己」についての講義が答えの概念を働かせてはいるが、その答えは問いの概念とではなく、呼びかけの概念と対《つい》にされているのである。課された問題を解決するという意味で、問いに答えるのと、『偉大なコード』によって提起される存在様態に対応する意味で、呼びかけに答えるのとは別である。

第二に、倫理的、道徳的な平面においてさえ、聖書的信仰は、行動に適用される「善い」と「義務的」の述語に、それ以上の何もつけ加えないことを明言しなければならない。聖書的なアガペー（愛）はメタ倫理的な性格の賜物の経済に属するのであり、そのゆえに私はこう言わねばならない。心性史のレベルでもないかぎり、キリスト教道徳というものは存在せず、そのかわり聖書的信仰が、「神を名指すこと」に愛が結びつけられるという新しい展望の中に位置づける共通の道徳（それこそ私が倫理、道徳、実践的知恵にそれぞれ当てられる三つの研究で分節しようとしたもの）が存在するのである。その意味でパスカルは慈愛に、身体の秩序や精神の秩序よりも超越した秩序を割当てたのである。愛と正義の弁証法がそこから発してくるということ自体が、それらの各項はそれぞれの属する秩序への忠誠を守ることを前提としている。この意味で、行動の倫理的、道徳的規定について私が提起する分析は、アガペーの詩学に接続される省察によって、その自律性が確認されるのであり、そのアガペーの詩学を、本書の分析は意図的にカッコに入れたままにしておこう。

最後に、そして何にもまして、たとえ「委任された自己」や「答える自己」という資格で、本書における自己の規定が、聖書的信仰の提案する要点反復によって強化されると同時に変更されることがあるとしても、この要点反復は、われわれの解釈学的哲学がたえずたたかっている最終的基礎づけの野望がたくらむ陰険な復讐とは断じてならない。聖書的信仰が、文化的に偶然性をはらむ象徴の網目を指示することは、この信仰がそれ自身の不安を引き受けねばならないようにする。その不安は聖書的信仰をして、いろいろ違った選択を生まじめに尊重しながら、つねに更新される選択を通して、最善の場合は、偶然を運命に変えさせるのである。自己からその栄誉を脱ぎ捨てさせ、存在する勇気を強固にしてくれるような言葉に自己が依存することは、聖書的信仰を、以後空虚なものとなる最終的基礎づけの役割を担うという、私が隠れ哲学的と呼ぶ誘惑から解放してくれる。そのかわり、ルター派神学者E・ユンゲルがその著『世の秘義としての神』(35)でそれに与えている解釈によれば、みずからを保証なしと知っている信仰は、哲学的解釈学が傲《ヒュブリス》りに陥らぬよう助けることができる。その傲りとは、哲学的解釈学が〈コギト〉の哲学や、その最終的自己基礎づけの野望の後継者として自己主張させるものであろう。

その点で、本書はジャン・グレーシュが名づける、理性の解釈学的時代に属すると自認するものである。(36)

〔訳注1〕 旧約聖書「創世記」二二章一一節で神がアブラハムに息子イサクを犠牲にささげるよう命じ、アブラハムがまさに息子を屠ろうとしたとき、天使が彼に呼びかけ、彼は「私はここに」と答える。

第Ⅰ研究

「人物」と同定的指示——意味論的アプローチ

この第1研究で、同定（identification）の概念に与えることのできるもっとも貧弱な意味から出発することにする。何かを同定するとは同じ型の個々の事物がひとそろいある中から、われわれがそれについて語るつもりの当のものを、他人に知らせることができることである。この同定的指示の過程で、その本質を全体として物体から区別するという語のもっとも貧弱な意味で、われわれははじめて人物（personne）に出会う。この基礎的段階では、同定するとは、まだ自己自身を自己同定することではなく、「何か」を同定することである。

1　個体と個体化

人物とはまずわれわれが同定的指示によって区別するものの一つであることを、予備的調査によって明らかにしよう。その予備的調査とは、われわれが一般に、あるものを個体化し、それを種《しゅ》の中の不可分の一例とみなすための手続きに適用されるものである。[1] たしかに言語とは、概念的なものか、それとも言表しえないものかという、ベルクソンが長い間主張してきた二者択一にわれわれを閉じこめないように作られている。言語は、われわれが個体を指し示せるようにする独自の組立て部品を含んでいる。とはいえ、われわれが個体よりも個体化について語るほうを好むのは、個体性を決定するには、自然言語のさまざまな語彙的資源にしたがって、きわめて多様な度合の特定化から出発できる、ということを目立たせるためである。ある言語は、ある領域では、他の言語よりも巧妙に特定する。そのことは自然言語のそれぞれの特徴に対応している。すべての言語に共通しているのは、個体化であり、結果よりもむしろ操作である。

　個体化は、おおよそ、分類の過程とは逆の過程として定義される。分類の過程は、概念のために、個別性を廃してしまう。しかし、「逆の」という形容詞に力点をおくと、個体の二つの否定的な特徴だけを強調することになる。すなわち個体は反復されず、また変質せずには分割されない典型である。この二つの否定はわれわれを、言表しえないもののほうに導く。ところが逆の動きをするから、言語は手段が乏しく、まるで言語は分類と述語による性格づけだけで終わってしまうかのようだ、というのではない[2]。個体化のめざすものは、分類と述語づけが止まるところからはじまるのであり、むしろそれらの操作に立脚し、あとでわかるように、それらを再開するのである。概念化しなければ個体化しないのであり、よりいっそう記述するために個体化するのである。われわれは概念で考え、話すからこそ、言語は概念化がひき起こす損失を何らかの仕方で償わねばならない。しかし言語はそのために、言語が概念化する方式、つまり述語づけと同じ方式は用いない。その方式とは何か。

　論理学者や認識論者たちは、個体化の操作子という共通の名目で、確定記述[訳注1]と同じくらいいろいろな方式を再構成する。すなわち、月面を歩いた最初の人、印刷術の発明者、など。固有名詞――ソクラテス、パリ、月。指示詞――私、君、これ、ここ、今。われわれの研究のこの段階で、以上の三つのクラスの個体化の操作子のいずれにおいても、あとでわかるように、指示詞のクラスにおいてさえも、人間の個体は何の特権ももたないことを強調しよう。ある個体を、しかも唯一の個体を指示すること、これが個体化する狙いである。……した最初の人、ソクラテス、私、君などの例の選択における人間の個体の特権は、われわれが言説や行動の本人を個体化することに、とりわけ興味を抱かされるところから由来する。われわれがそうするのは、以下の諸研究で語るはずの、同定の過程の最終段階の結果を、ここで考察している第一段階に投影することによってである。

三つのカテゴリーの操作子のそれぞれについて一言ずつ述べよう。確定記述は、よく選ばれた若干のクラス（人、歩く、月）の交叉によって、ただ一つの成員をもつ一つのクラスを創造することである。論理学者は二つの理由でこの方式に興味をもった。それは分類と述語づけに連続していると思われるからであり、また、固有名詞も、指示詞（人称代名詞や指示代名詞）もなしに言語の構成を助長すると思われるからである。ただし他の操作子もそれに還元できるならばである。事実、クワインその他の学者が試みたように、そのような言語を構成することができる。しかしパリアントが強く述べるように、その言語は、対話の具体的な状況で話されることのできる言語ではない。ただ書かれ、読まれることしかできないのは、人工言語である。この点から、たとえ確定記述が分類と述語づけの方式に訴えるとしても、それは別の狙いからであり、それはもはや分類することではなく、あるクラスの成員を他のすべての成員と対立させることである。要求される最小限の他者性とは、クラスのこの要素だけであって、クラスのそれ以外の要素ではない。他のすべてに対立する唯一のもの。この意味で、確定記述の狙いは、たとえその方式は依然として述語づけ的であっても、まさに明示することである。

固有名詞について言えば、それは反復されず分割されない本質体《アンチテ》を、性格づけはせず、それを述語のレベルで意味させず、したがってそれについて何の情報も与えずに、個別化するだけにとどめる[3]。個体の命名における呼び名の役割（あとでもう一度とりあげる役割）は除外して、純粋に論理学的な観点からすると、個別化する命名は、どういう場合であれ、ある本質体の反復されず分割されない性格に、恒久的な呼び名を対応させるところにある。同じ個体は同じ名で指し示される。どのようにしてか。同じ音連鎖をどんな場合にも、同じ個体に割当てるという以外に手段はない。このように一対一の関係にある二つの項の間には関連がない、といわれるかもしれない。しかしまさに個別的で恒久的な指名は、記述するためでなく、空《から》の指名のためになされるのである。ほとんど無意味な（パリアント）固有名詞は、あらゆる述語を認め、したがって最終的な決定を求める。二度目には他者性が指名に合体する。使用できる名のリストの中で、ただ一つの名だけが、同じクラスの他のあらゆる名に対立して、唯一の個体を恒久的に指示する。そしてまたしても、人間に割当てられた固有名詞の特権は、その人の自己同一性とその自己性を確認するという最終的役割につながっている[4]。そしてたとえ日常言語では固有名詞は十分にその役割を果たせなくても[5]、少なくともその狙いは、問題となっているクラスの中の他のあらゆる個体を排除して、そのつど一つの個体を指示することである。

　個体化の操作子のうちの第三のカテゴリー、つまり指示詞のカテゴリーは、代名詞（「私」「君」）と、指示代名詞（「これ」「あれ」）、場所の副詞（「ここ」「そこ」「むこう」）、時間の副詞（「今」「昨日」「今日」）などを集めた指示語とを含んでいる。これに動詞の時制（「彼は来た」「彼は来るだろう」）を加える必要がある。固有名詞と違って、これらは断続的に指示する語で、しかもそのつど違ったものを指示する。ここで決定要因となる唯一のものは、固定した指標とみなされる言表との関係である。「ここ」はメッセージ発信源に近いどの場所でもある。「今」はメッセージと同時的などんな出来事でもある。「私」と「君」は、たしかに、言語行為の当事者たちというグループから発する。しかしこの段階で、言表行為そのものは世界における出来事として扱われ、したがって、たしかに奇異な対象であるが、外界で起きたこととして扱われる。それゆえにあらゆる指示詞は、言表行為としての出来事との関係で位置づけられて、同じ平面にあるのである。これは真実である。そこでラッセルは著作活動のある段階で、指示詞を「これ」との関係に応じて組織化しようとした。それは別の観点から指示詞を「自我中心的特殊語」（これ、私、ここのように、使う人と場合とによって指示対象が異なる言葉）として性格づけるのと対立する。しかしながら、「これ」と自我《エゴ》とは、その指標づけ機能をこの言表行為との関係においてしか果たさない、とパリアントが言うのは正しい。[6]この意味で、言表行為に結びつけられた指示語は、言表行為を、ある話し手、ある聞き手、ある場所、ある時点に割当てることより優位にある、と言おう。

以上の予備的分析から次の三つの結論を引き出す。

(1) 個体化は、述語づけとは異なる指示行為に特有の方式にもとづき、それが思念するのは、同じクラスに属する他のすべてを除外した、唯一の例である。

(2) これらの方式は、この思念の外では、何の統一性ももたない。

(3) 同定の操作子のうち、指示詞だけが「私」と「君」を思念する。しかしそれらは他の指示語に対しては何の特権ももたない。というのは、それらの指示詞は、その指標として、世界の出来事として理解される言表行為をもつからである。

2 基礎特殊者としての人物

任意の個体から、われわれ各自の個体へとどのようにして移行するか。P・F・ストローソンは『個体』の中で、われわれが一般的枠組として採用しようとする、一つの戦略を展開する。われわれはその枠組の中に、つねにますますゆたかで具体的な自己の決定をめざす新しい分析を最終的に位置づけよう。この戦略とは、同定するために（先に明示した個体化するという意味で）われわれが照合できるようなあらゆる特殊者のうちで、著者が「基礎特殊者」（basic particular）と呼ぶ、ある型に属する特権的な特殊者だけを取り出すことである。この巧妙な戦略によれば、物体と、われわれのような人物とが、こうした基礎特殊者であるのは、結局はこれら二つの特殊者のどれかに帰属させずには、どんなものでも同定しえないという意味においてである。この意味で、物体の概念と同じく、人物の概念も、原始的なものであろう。というのは人物の概念をそれとは別のものから派生させると主張する論証において、その概念を前提せずには、それ以上に遡れないであろうからである。

この戦略に先祖を与えるとすれば、それはたしかにカントであろう。それも第二批判のカントではなく、まさに『純粋理性批判』のカントである。われわれが着手しようとしているのは、人物の概念の、一種の超越論的演繹である。それには、もしわれわれがその概念を定義する思考図式を使用できなければ、われわれが日常会話や人文科学でそれについておこなっているような、経験的記述に着手することもできないであろうことを、立証する必要がある。

はじめから、次のことに注意しよう。すなわち、このように基礎特殊者として人物を扱うことは、話しながら自分を指示する人物の能力には力点をおかない。話しながら自分を指示するのは、言表行為の主体が自分自身を指示する力を対象とする次の第2研究で起こることである。ここでは人物とは、語る主体というより、われわれが話している当の「事がら」（choses）の一つである。たしかに、同定的指示によるのと、自己指示によるという、人物への二つのアプローチを、あまり根本的に対立させるべきではないだろう。分析の最初から、二つのアプローチが交叉する二度の機会がある。第一に、話し合いの状況で、話す主体は話し相手にむかって、彼が話そうとする同じ種類の特殊者の全範囲のうちからどの特殊者を選ぶかを指示し、問いと答えの交換によって、彼の話し相手が自分と同じ特殊者を想定していると確信するのである。基礎特殊者理論が二度目に自己指示の理論に出会うのは、前者の理論が広義の指示語に役割を課すときである。その指示語のうちでも、人称代名詞や所有形容詞、所有代名詞に対してである。しかしこれらの表現は特殊者の指示詞として、したがって同定的指示の道具として扱われる。二つの言語的アプローチが相互に侵食しあうにもかかわらず、自己指示的アプローチでは、話し合いの状況や指示語の用法に含意されている自己指示が、人物として照合される事がらに与えられる意味に所属するかどうかは関心を惹かない。それよりも重要なのは、人物と呼ばれる特殊者を特徴づける述語のクラスである。そこで人物は、話しながら自分を指示する話し手自身の側にあるよりも、話されている当の事がらの側にある。

　基礎特殊者としての人物について語るには、たしかに、「事がら」という語の用法について思い違いをしてはならない。それはただ、人物の概念についてのわれわれの最初の探求が、同定的指示という一般的問題に属することを明示するのに役立っているにすぎない。「事がら」とは、それについて語られていることである。そしてわれわれは世界を構成する本質体について語りながら、人物について語る。ある特殊な型の「事がら」としてそれについて語るのである。

　とはいえ、どこかの時点で、人物を、単に唯一の型の事がらというだけでなく、自己とするような自己指示の力を介入させずに、人物の概念の決定にむかってどこまでも前進できるかどうかを問わねばならない。同定的指示が向けられるこの種の事がらに与えられる意味の決定そのものに、自己指示が含まれなかったら、人物を物体から真に区別できるかどうかを問わねばならない。ストローソンの戦略では、自己指示に訴えることは、何であれ基礎特殊者として同定する基準を決定する中心的なテーゼによって、はじめから、いわば遮断されている。この基準とは個体が唯一の時間・空間的図式に属することで、この図式についてははじめから、それがわれわれを包含し、そこにわれわれ自身が位置を占めると言われる。自己はこの付随的考察によってたしかに言及されるが、それは、他のすべての特殊者と同じ時間・空間的図式に包含されることによって直ちに中和化されてしまう。『個体』では、自己の問題は原則として、idem の意味の même（同一）の問題によって隠されている、と私は進んで言いたい。両義的でない同定にとって重要なのは、話し手たちが同じ事がらを指示するということである。自己同一性は自己性としてでなく、同一性として定義される。そう言いながらも、同一の問題を自己の問題に対して特権化する問題提起がはじめは優越しているのを、私は知らないわけではない。その問題提起は、私的で非公的な指示のほうへ漂流する可能性に、はじめから警戒させる。その漂流は自己指示に早々と訴えるようにしむけるかもしれないから。われわれは、話す人が誰かには主な強調点をおかず、人物も含めて話題にしている特殊者は何かに強調点をおくことにより、基礎特殊者としての人物の全分析を、特殊者を含む時間的・空間的図式と関連づけて、位置決定の公的な平面におくのである。

こうして自己よりも同一性に対して優位が与えられることは、再同定（réidentification）という基本的な概念によってとりわけ強調される。同じことについて話していることを確信するだけでなく、それのさまざまな場合においても同じことであるとして、それを同定することも重要なのである。ただしそれは時間的・空間的な位置づけによってのみなされる。その事がらは、異なる場所、異なる時間においても同一のままである。結局、根本的な同一性とは、時間的・空間的な枠組自体の同一性であり、われわれは異なる機会に同一の枠組を用いる（Strawson, *Individuals*, p. 32）。そうすると「同一性」は、唯一で反復される、という意味になる。われわれ自身がその枠組の一部になるという仕方については、それは本来的な問題としては立てられない。あとで検証されるように、われわれ自身の身体は、もろもろの身体の中に客観的に位置づけられた任意の身体であると同時に、自我の一面であり、それの世界内の存在様態であるといった仕方を理解するのは、それこそ広大な問題である。唐突な仕方ながら、同定的指示の問題においては、自己の身体の同一性がその自己性を隠す、と言うことができよう。「私の」とか「私のもの」といった所有形容詞、所有代名詞に結びついた性格が、自己についての明示された問題系に結びつけられないかぎりは、そうであろう。そう結びつけられるのは、言語の語用論の枠内においてのみである。

3　物体と人物

ストローソンの『個体』における第二の大きなテーゼは、第一の基礎特殊者とは物体（corps）である、ということである。なぜなら、物体は唯一の時間的・空間的図式に位置づけられる基準を第一義的に満たすからである。それだけでなく、その基準とそれを満たすものとの間には相互に適合性があるために、問題を解決する当のものが、問題を提起させるものでもある、と大胆に言うことができよう（p. 40）。こうした問題とその解決の相互的選択こそが、真の超越論的問題であることを、ストローソンは正当に書きとめている。

物体に認められるこの優越性は、人物の概念にとっては、もっとも重要である。というのは、あとで言われるように、人物の概念は物体の概念におとらず、原始的な概念であるというのが真実であるなら、問題となるのは、デカルトの魂のような、物体と区別される第二の指示対象ではなく、これから決定しなければならない仕方で、物的な述語と心的な述語という二つの系列の述語を賦与された唯一の指示対象であるからである。人物が物体でもあるという可能性は、基礎特殊者の一般的定義では留保されたままであり、この定義によれば、基礎特殊者は物体であるか、物体を所有しているかである。物体を所有することは、人物がすること、というより人物のあり方である。

物体の原始的概念は、今われわれが強調したような同一性のカテゴリーの優位を強化する。物体こそ、同一物として同定され、再同定されることができる。

この新しい戦略的決定の利点は確実である。物体が最初の基礎特殊者であると言うことは、可能な候補者として、心的な出来事、つまり表象や思念を排除することである。そうした心的出来事の欠点は、この型の分析にとって、私的な本質体であって、公的なものでないことである。人物の固有の述語として、それら本質体の運命は、ただ延期されただけである。しかしまずもって、それらが主観主義的観念論に占めている究極の指示対象という優越した位置から立ち退かされねばならないだろう。

基礎特殊者としての心的出来事のこの種の格下げから出て来る第一の派生的命題は、あらゆる心身二元論で起こるように、人物とは、第二義的に物体が付加されるような純粋意識とはみなされないだろうということである。心的出来事と意識（どんな意味にこの語を解そうと）とは、人物に賦与される特別の述語の中に登場できるだけである。公的本質体としての人物と、私的本質体としての意識との間のこのような解離は、以後のわれわれの分析にとって最高に重要である。

第一のにおとらず重要性をもつ第二の派生的命題は、あとで述べるような仕方で[訳注2]心的述語と意識とが賦与される人物は、一人称、二人称単数の代名詞のみによっては、反射の言表理論におけるようには、表現されないということである。それらの人称は、三人称にもなりえるような誰かに賦与される。人物というのは、話題になっている当のものであるなら、話し合いの状況では、対話者の中の一人ではない第三者が感じる苦痛について話すことは認められる。

しかしながら、人物の問題を、唯一で同一の時間的・空間的枠組の中に位置づけられた客観的物体の問題によって攻撃するといった、このストローソンの戦略的決定によってひき起こされる困難は数々ある。第一の困惑は、われわれが唯一の時間的・空間的図式に帰属しているからだけでなく、自分固有の身体と、物体の客観的世界との関係という図式にも帰属しているために、自己の身体の問題が再び前面にもどってしまうということである。明白な自己指示のない、純粋に指示的な問題系では、実を言えば、自己の身体の問題はない。そこで次のような確認にとどまらなくてはならない。「私が私の身体と名づけるものは、少なくとも、一つの物体、物質体である」(*Individuals*, p. 89)、それは真実である。だが物体が私のものであるのは、自己の論理的な力が承認されていることを前提にした意味においてである。第二の困惑は、心的出来事と意識とが、基礎特殊者の、したがって論理的主語の地位にくらべて格下げされていることが、それに応じて、自己の問題をますます覆い隠してしまうことである。この困惑は第一の困惑と無関係ではない。というのも心的出来事は自分固有の身体と同じ種類の問題を提示するからである。すなわち所有と自己性との間に密接な関係があるという問題である。しかしそれは補足的な困惑である。どうして自己性の固有性が、人物と同様に独自の本質体に賦与される述語の中に登場できるのかがわからない。その固有性は、言表行為に結びついた自己指示のほうに探し求めるべきであって、同定的指示で項の役目を果たす「事がら」のほうにではない。それはわれわれにとっては、むしろ、自己はどのようにして、一方で二人称で話しかけながら、話題になっている当の人物であると同時に、自分を一人称で指示する主体であるのかを理解する問題であろう。それが問題となるのは、反射性の理論が、人物を、私と君としてだけでなく、三人称としても思念する確実な利点をわれわれから奪ってはならないからである。難問はむしろ、どのようにして三人称が言述の中で、自分自身を一人称として指示する誰かとして指示されることができるのかを理解することであろう。このように一人称での自己指示を三人称に移す可能性は、いかに奇妙であるとはいえ、われわれが心的出来事の概念に加えようとする意識に対してわれわれが与える意味にとってはおそらく本質的なものであろう。なぜなら、われわれが三人称に心的状態を割当てるのは、その第三者がそれを感じることを仮定せずに、どうしてできようか。ところで感じることは、まさに、一人称の経験を特徴づけるものと思われる。もしそうであるなら、ある種の本質体に賦与される述語であると同時に、言表行為と連繫している自己指示のゆえに、われわれがまずは一人称で理解する自己指示の媒体であるというのが、心的出来事の概念に属するであろう。分析のこの段階では、人物に属性を賦与すると同時に自己指示するという心的出来事のこの奇妙な構造を説明するだけの手段を、われわれはもっていないことを認めるものである。

4　人物という原始的概念

今度は人物概念の原始的な性格を立証することに着手しよう。私はそれについて次の三点をとりあげる。

1　第一に、人物概念の決定は、われわれがそれに賦与する述語の手段によってなされる。そこで人物理論は、論理的主語への述語づけ理論という一般的な枠組に含まれる。人物は論理的主語の位置にあり、その主語に対して、われわれは述語を賦与するのである。それが、同定的指示の側から人物にアプローチすることのもつ大きな力である。しかし今から次のことを強調しておくことが重要である。すなわち、自己の問題の隠蔽は、そうした述語を人物に賦与することが、普通の属性賦与の手続きと区別する何の特殊性ももたないかぎりは、続けられるということである。ストローソンは、次のように述べることが、述語づけの一般理論にとっていかに奇異に見えるかに、少しの驚きも見せない。「われわれはある事がらを自分に帰属させる」。このようにわれわれ自身への帰属を、あることへの帰属に従わせることが力をもちえるのを私は否定しない。「われわれ」はほとんど強調されないので、それは「ひと」（on，英語の one）に等しい。帰属させることは、誰でも、各人、ひとが、誰にでも、各人に、ひとに対してすることである。この各人の力を保持できることが必要だろう。それは言表理論から出てくる自己分析において、匿名の指示というより、配分的な指示の力である。

2　第二の重要な点。人物の原始的概念に結びついた、というより、人物概念を原始的にしている奇異さは、人物とはそれに二種類の述語が賦与される「同じ事がら」であるというところにある。すなわち、人物が物体と共有する物的述語と、人物を物体から区別する心的述語である。われわれはまたしても『個体』という著作において、idem と同じ意味の même（同一）の力に出会うのである。「ひとの意識状態、ひとの思念や感覚は、これらの物的特徴、この物的状況が帰属されるのとまったく同じ事がらに帰属される」（*Individuals*, p. 89)。命題の受動形（帰属される）がいかに巧みに、ひとの意識状態、ひとの思念や感覚などの「ひと」(one）の中立性を強化し、同時に、言表と言語行為としての帰属の主語の無意味を強化するかに注目してほしい。帰属の対象としての自己が省かれてしまうと、物的、心的な述語が賦与される、まったく同じ事がら（the very same thing）の同一性に対して、自由な領野が開かれる。この同一性が、論証の力のすべてとなり、われわれの人物概念の奇異さの一部を説明してくれる。

属性帰属のこの自己同一性の大きな利点は、すでに予測していたように、人物についてのわれわれの言述の文法の単純な分析によって、一方では魂に（あるいは意識に）、他方では物体に、二つの系列の述語を二重に帰属させるという仮説を排除することである。体重六十キロあることと、これこれの思念をもつこととは同じ事がらである。この種の分析の逆説は、帰属の特有の性格、その自己＝指示的性格にもとづく性格の中立化のおかげで、人物の中心的な問題、すなわち二重の指示がない二重の属性帰属という現象を前面にもたらすことができることである。その二重の帰属とは、唯一で同一の本質体に対し二つの系列の述語があることである。同一性と自己性とは互いに隠蔽しあう二つの問題系である、と言いたくなる。あるいはもっと正確には、それによって述語づけの論理的主語の同一性を第一列に昇格させられる同定的指示の問題系は、「……するひとは誰でも」(quiconque) の「ひと」を二義的に自己＝指示することしか要求しない。

同時に、この同一性の基礎づけの問題が提出される。われわれの思考の枠組は、述語賦与をする主語の自己同一性を引き受けずに、人物に同定的指示をすることはできないように構成されている、という論法だけで満足できようか。われわれの思考と言語のこの構造を、人物概念をその心理物理学的統一性において構成する現象学的分析によって、正当化することはできないだろうか。われわれはすでにこのような統一性は獲得されたとみなしたのではなかったか。それは時間的・空間的図式と、直接に位置づけられ、離散的で、空間的に連続し、時間的に安定した本質体としての物体の固有性との間に、相互的適合性があると考えたときであった。同一性を属性帰属の主語に課す思考構造を正当化するためのいかなる試みも、分析の重大な瞬間ごとに換起される自己の身体の問題に、不可避的に出会うことになる。自己への指示の根底にある心理物理学的統一性についてはどうであろうか。ストローソンの答えは当惑させる。彼の逆説的な論証で言及される「依存」関係は、因果的関係の普通の事例とみなされるようである（*Individuals*, p. 92）。その論証によると、三つの異なる身体が視覚の中で含意されることができる。すなわち、第一は眼を開くための身体、第二は視線を方向づけるための身体、第三はそこから見る場所を定めるための身体（p. 92 sq.）。誰かの身体、さらには各人の身体について語っているときには、この論証はすでに満足できないものとなっている。一人称の所有代名詞を導入するとますますそうなる。「私のものとしてのこの身体」（this body as mine）（*ibid.*, p. 93）。代名詞「私のもの」によって意味される所有は、論理的言語による述語の所有と同じ性質のものであろうか。たしかに、自分所有の（own）、所有者（owner）、所有（owness）の間には意味論的連続性がある。しかしそれは、その人自身の（one's own）という中立性の中に限定されなければ、関与的ではない。そしてこの自己の中立化という条件の下でも、誰かによる、あるいは各人による身体の所有は、譲渡不可能な所有の謎を提起するのであり、それは、所有の日常的観念に反する。たしかに身体の帰属とは奇妙なものであり、それはつくられもしなければ、こわされもしない。あとでもう一度このいかにも特殊な奇妙さにもどらねばならないだろう。

3　人物の原始的概念の分析の第三の重要な点は、言表の反射的特性からのみ派生する自己理論をもっとも困難に陥らせるものであろう。それは、ある特殊な事がらを人物として特徴づけるときに、言語と思考によって引き受けられる別の種類の同一性に関係する。その同一性は、物的述語を除外して、心的述語にかかわる。それは、先にわれわれが基礎特殊者の位から、述語の位まで後退させた心的出来事が、まさに述語として、それが自分自身に、あるいは自分自身以外の他者に、つまり他の誰にでも（anyone else）

帰属しても同じ意味をもつ、という注目すべき同一性である。「帰属させる表現は、主語が自分自身であるときも、主語が他人であるときも、同じ意味で用いられる」(*ibid.*, p. 99)。

これこそ同一性の新しい事例である。もはや二種類の述語を受け取る「同じ事がら」ではなく、属性帰属が自分になされるのであれ、他者になされるのであれ、心的述語に帰属される「同じ意味」なのである。またしても同一(same)の論理的な力が、自己(self)の力を遮ってしまう。先におこなった陳述では、主語と自己自身の問題であったのであるが。ところが同定的指示の哲学的文脈では、主語の地位は、それに帰属されるものの性質、つまり心的、物的な述語によってのみ特定されるのである。それだからこそ「私」や「君」といった代名詞は言及される必要がなく、自己自身(oneself)だけで足り、接尾辞の自身(self)そのものは問題となることがない。というのは自己自身や他人(another)は、誰か(someone)や他の誰でも(anyone else)に代えられるからである(*ibid.*, p. 97)。

最後に私は、このテーゼに重要性を付すべきであると言いたい。第一に、あとでわかるように、誰かと他の誰でもへのこの二重の属性帰属は、心(mind)の概念、すなわち各人に帰属させられる心的述語の目録を形成できるようにするものである。各自という語の配分的な性格は、以後私が「心的」と呼ぼうとするものの理解にとって肝要である、と今から言っておこう。たしかに心的状態とは、つねに誰かの状態であるが、その誰かは、私、君、彼かもしれないし、誰でも、かもしれない。次に、あとでもう一度とりあげるはずの「誰か＝他の誰でも」の相関関係の真の意味が何であれ、その相関関係は、身体を所有する「事がら」として人物をみなす拘束と同様に不可避の拘束を最初から課すのである。初めには純粋な意識はない、とわれわれは先に述べた。今度はこうつけ加えよう。初めに自我だけがあるのではない、と。他者への属性帰属は、自己自身への属性帰属と同じくらい原始的である。もし私が同時に私の考えを潜在的に私以外の他者に帰属させることができなければ、私は私の考えについて有意味に語ることはできない。「要するに、人は意識状態を、他者に帰属させられなければ、自分自身にも帰属させられない。人は他の経験主体を同定できなければ、意識状態を他者に帰属させられない。そして人は他者を経験主体として、意識状態の所有者として同定できなければ、他者を同定できない」(*ibid.*, p. 100)。

そのかわり、もう一度次のことを問うことはできる。すなわち、この同定的帰属の拘束は、単純な事実として、それ自体では説明のつかない言述の条件として受け取られるべきかどうか、あるいは「自己自身」(oneself) と「自己以外の他者」(another) という名辞の解明からそれを説明することができるかどうか。「私の経験」という表現は「誰かの経験」という表現と等価であるかどうか (それと相関して、「君の経験」という表現が、「他の誰かの経験」という表現と等価であるかどうか) を疑問にせざるをえない。人物概念の純粋に指示的な分析は、言表の反射的分析に属する「私＝君」に言及するのをかなり長い間回避することはできても、最後まで回避することはできない。指示的分析は、次のいずれかの状態で、属性帰属の基準について探求するときから、少なくとも副次的には、それを提起せざるをえなくなっている。すなわち、意識状態を自己自身 (oneself) に帰属させることは感じられる (felt)。それを他者に帰属させることは観察される。属性帰属の基準のこのような非対称は、接尾辞 même (自身 self) への力点を、自己自身 (oneself) という表現に移動させるように導く。ある意識状態が感じられると言うことは、それが自己自身に帰属させられる (self-ascribable) と言うことである。それならどうして、意識状態の所有者として自分を指示する主体の自己指示を「自己自身に帰属させられる」何かという概念の中に含めないことができようか。それと相関して、「他者に帰属させられる」という定式を解明するために、あらゆる逆説と一緒に他者の他者性を強調しないことが、どうしてできようか。その逆説とは、その他者はやはり自己自身に帰属させられる誰か(self-ascriber)とみなされねばならない、とストローソンが認めるのが正しいとすれば、外的な観察にもとづいて、この他者に自己指示の力を割当てることである[7]。以上の問題を考慮するとき、自己自身への、および他者への帰属は同一であるというテーゼは、感じられると観察されるという帰属の基準の間の等価性を説明づけるよう要求する。そしてさらにこの等価性をこえて、私という誰かと、君という他者との間の相互性を説明づけるよう要求する。その相互性は解釈される必要があるからである。換言すると、誰かと他の誰でもとの間の弱い相関関係、あるいはあまりに容易に引き受けられる相関関係から、私のものという意味の自己へと、君のものという意味の他者への間の強い相関関係へ移行するには、反射性の観念と他者性の観念とを同時的に獲得しなければならないのである(*ibid.*, p. 108)。

この課題は容易でないことを認めねばならない。人物概念が言表の反射理論から受け取ることのできる充実は、言表理論を同定的指示理論に代えることから引き出すことはできないだろう。もしそうすれば、独我論のアポリアや、個人的経験の袋小路に引きずりこまれてしまうだろう。自己と自己以外の他者の対立を強力にするために、「私」と「君」との対立に訴えるときでも、課題はむしろ、心的なものを各自に割当てられるものとして考える最初の拘束を保持し、したがって各自の論理的な力も尊重することである。この意味で、人物が基礎特殊者として扱われる純粋に指示的なアプローチは、別のアプローチによって補完されねばならないとしても、それ自身は廃棄されえず、その超越の過程においてさえも保持されるであろう[8]。

〔訳注1〕 固有名詞を使わずに、ある一つのものにしか該当しない描写を用いて、それを指示する表現。

〔訳注2〕　発言の意味には、発言の事実が反射しているとする語用論的言表理論。F・レカナティ『透明と言表作用』及び、本書第2研究第2節を参照。

第2研究

言表行為と語る主体——語用論的アプローチ

先の研究でわれわれは、言語哲学の領域に属する自己の問題系、すなわち同定的指示の問題系に到達する二つの大きな道のうちの最初の道を、できるかぎり遠くまでたどっていった。今度は第二の道、すなわち言表行為（énonciation）の道をたどって、自己をめざして新しい打開を試みよう。言語行為（speech acts）というより、私は言述行為（actes de discours）というほうを好むが、この理論は今は言表行為のもっとも重要な部分をなしている。そうしながらわれわれは語の指示的な意味での意味論から、語用論（une pragmatique）すなわち話し合いの一定の文脈で用いられている言語の理論へと移る。とはいえ、この戦線変更によって、超越論的観点の放棄を期待すべきではない。語用論が着手しようとするのは、コミュニケーションの事象の経験的記述ではなく、ある種の表現に結びついた指示が、その表現の慣用的文脈、つまり何よりも話し合いの状況を知らずには決定されえないあらゆる場合に、言語の現実の用法を規制している可能性の条件を探求することである。

この新しい型の研究は、その問題系の中心に、もはや言表ではなく、言表行為を、つまり言う行為そのものを置くゆえに、いっそう期待を抱かせる。言う行為は反射的にその話し手を指示する。こうして語用論は、言表行為の必然的な帰結として、話し合いの状況の「私」と「君」を直接に登場させる。

言表行為とその話し手との関係のこのような探索の終りでのわれわれの問題とは、指示的探求と反射的探求という二つの系列の探求それぞれの、統合された自己理論への寄与（少なくとも言語学的レベルでの）をつきあわせることである。意味論が語用論から借用することなしにはその課題をうまく果たせなかったこと以上に、語用論は意味論にとって代ることはできないことが、すぐに明らかになるだろう。基礎特殊者としての人物の完全な決定は、経験主体の自己指示能力に訴えずには不可能であることが明らかになったように、言表行為に含意されている反射性の完全な分析も、この反射性に特殊な種類の指示的な価値を帰属させずには成功しないだろう。したがって最終的にわれわれの自己についての探求にとってもっとも実り多いと判明するのは、これら二つの学問が互いに侵食しあうことである。たしかに、一見すると、二つのアプローチは調和しない優先権を課すように見える。指示的探求にとって、人物とはまずは三人称であり、したがって話題にされている当の人物である。そのかわり、反射的探求にとって人物とはまずは君に話しかける私である。問題は最終的には、話し合う「私＝君」は、自分で自分自身を指示する能力を失うことなく、どのようにして「彼」として外在化されることができるか、またどのようにして同定的指示の「彼／彼女」が、自分自身で自分と言う主体の中に内在化されることができるか、を知ることであろう。今しがた私が、言語学的レベルでの統合された自己理論と呼んだものにとって肝要と思われるのは、まさに人称代名詞間のこのような交換である。

I　言表行為と言述行為（speech-acts）

反射的アプローチが指示的アプローチに無条件で対立しないということの証拠を、われわれは次の事実のうちにもっている。すなわち、明瞭な言表行為理論に形成されることを要求する現象にわれわれが出会うのは、まずは、ある種の言表が指示する行程での複雑化としてである。フランソワ・レカナティは『透明と言表行為』(1)という触発的な題名の下に、語用論を導入するのだが、それは反射性を不透明さの要因として現出させることによってであり、その不透明さは意味の推定される透明さと干渉し、その意味は、不透明さの要因がなければ指示的な意図をおびていよう。反射性がはじめは、何かを指示するという行為において求められる透明さにとっての障害として現れる、というのは大事なことである。古代人や、ポール・ロワイヤルの文法家たちにならって、記号とはそれとは異なるものを表象するものである、と定義するなら、透明さとは、表象するために記号が事象として消え、したがってそれ自身を忘れさせることにある。しかしこのように記号にものとして消印を押すことで、けっして事は完結してしまわない。記号がものとして不在にすることに成功しない情況がある。記号は不透明になることによって、再びそれ自身をものとして証しし、現前＝不在の本質体《アンチテ》というすぐれて逆説的な構造を明るみに出す。記号の不透明性が証しされる主要な情況とは、言表行為の事実が、言表の意味の中に反射することによって、指示的思念そのものを屈折させるようにする情況である(2)。言述行為の分析によって、言述行為理論は新しい転回をとげたが、それは根本的な新しさをなすものではない。根本的な新しさは、古典思想家によく知られている逆説をよみがえらせることである。その逆説とは、同じ言表の中で、何かを表象する思念と、ポール・ロワイヤル文法が「潜在的反省」と呼んだものとの競合から出てくるものである。現代的用語では、この逆説とは、言表行為の事実が言表の意味に反射することが、話し合いの日常的状況において、日常生活の大部分の言表の指示作用の構成をなすところにある。

今や言述行為理論がどのようにして、言述の記号の不透明さの要因を認めるのに寄与しているかを立証し、そのようにして昇格した主体の種類を明確にする時機がやってきた。そのために、自己に関する言語哲学のいずれかの路線にそって到達した結果をつきあわせるための場が用意されるだろう。

言述行為理論はよく知られている。それゆえ、オースティンからサールまでの、理論の発展の要約は簡潔にしよう。出発点は、周知のように、『言語行為』[3]の第一部で立てた言表の二つのクラスの区別であった。すなわち行為遂行的クラスと確認的クラスである。遂行的言表において特筆すべきは、それを言表するという単純な事実が、言表されているそのことを遂行することと等価であるという点である。約束の例はその点で注目に値し、それはやがて自己の倫理的規定において決定的な役割を果たすことになる。「私は約束する」と言うことは、実際に約束すること、つまり、あとで——いや直ちに、と言おう——することに、今すると言ったことを他人に対してすることに自分を拘束することである。オースティンのこの書名をフランス語訳では『言うときは、すること』(Quand dire, c'est faire) となる。「私」がはじめから明示されていることに注意してほしい。遂行的言表が「言いながらする」効力をもつのは、直説法一人称単数で動詞によって表現されるときだけである。「私は約束する」という表現(もっと正確には、「私は君に約束する」)は、「彼は約束する」という表現にはない、約束に特有の意味をもつ。「彼は約束する」は確認的言表、またはそのほうがよければ、記述の意味を保っているのである。

しかし遂行的と確認的の区別は、オースティン自身によってのりこえられねばならなかった。彼はそれによって、サールの言述行為理論への道を開いたのである[4]。最初の言表の二つのクラス間の対立は、もっと根本的な対立に合体する。その対立は、遂行的であれ、確認的であれ、あらゆる言表において区別できる、階層的レベルにかかわる。これらのレベルが、異なる行為を指し示すということが、以下の議論にとり、もっとも重要である。言うことがすることであるなら、われわれが言うことについて語らなければならないのは、行為に応じてである。そこにこそ、あとで詳述される行動理論との重要な交点がある。これから決定すべき、ある仕方で、言語は行動のレベルそのものに登録されるのである。

言うという包括的な行為にこのように絡みあった行為とは何か。発語行為、発語内行為、発語媒介行為という基本的な区別は周知のところである。発語行為とは、述語的操作それ自体のことであり、何かについて何かを言うことである。行為という用語は発語内レベルのためにとっておかれるのでなく、すでに発語の平面に適用されている、ということは重要である。そこで、何かを指示するのは言表ではなく、そのように指示するのは話し手であることが強調される。意味をもつ、あるいは意味するのは言表ではない。これこれのことを意味するのは、またある表現をこれこれの意味に理解するのは、話し手である。このようにして、発語内行為はもっと基本的な行為、つまり述語行為に連接される。発語内行為のほうは、その名の示すとおり、話し手が言いながらすることである。このすることは、言表行為が、場合によって、確認、命令、助言、約束、などとして「みなされる」ための「力」において表現される。発語内の力という概念は、こうして、いわゆる遂行的言表をこえて、言いながらすることの含意を一般化することを可能にする。確認的言表そのものの中にも、することは包含されており、そのすることは大ていの場合言われないが、言表の前に、「と私は確認する」の形の接頭辞をつけることによって、表面に出すことができる。その接頭辞は、そこにいかなる約束も再記入されている「と私は約束する」に比較することができる。このような手続きに、恣意的なところはまったくない。それは論理的意味論で確立している代入の基準を満たしている。「猫がマットの上にいる」と「猫がマットの上にいるのを私は確認する」という二つの言表は、同じ真理価値をもつ。しかし一方には、その指示的思念に完全に貫かれた言表のもつ透明さがあるのに対し、他方には、それ自身の言表行為に反射的に送り返される言表のもつ不透明さがある。明示された遂行的言表の接頭辞は、こうして、あらゆる言表の発語内の力の言語学的表現のモデルとなる。「私」が表現にもたらされるのは、このような接頭辞においてである。そのうえ、接頭辞の「私」によって、言表の完全な意味に寄与することが判明するのは、話し合いの複雑な状況においてである。この話し合いの状況に属するのは、一人称の話し手に、彼が話しかける二人称の話し相手が対応するという事実である。そこで発語行為なしには、したがってメッセージの相手、あるいは受け手なしには、発語内行為もないことになる。言表の意味にはねかえってくる言表行為は、こうして一挙に、両極現象となる。言表行為は、語る「私」と、それが語りかける相手の「君」とを同時に含意する。「私は確認する」は「私は君に告げる」に等しく、「私は約束する」は「私は君に約束する」に等しい。要するに、言表行為は話し合いに等しい。こうして、ある主題が形をとりはじめ、それは以下の研究で次第に充実していく。その主題とは、話し手または行為者の自己性へむけての前進は、それに対応して、話し相手の他者性へのそれに匹敵する前進があるということである。この研究が到達した段階では、この相関関係は、話し合いの最中に、二つの物語プログラムの間の論争的な対決によって導入される劇的な性格をまだおびてはいない。言述行為理論はこの点で、高度に多様化した人称間の交換について、対話論的な骨組しか与えてくれない。

　言表行為の平面を離れずに、H・ポール・グライスが提起する言表理論によって言述行為理論を補完することで、われわれはこの発話関係に、補足的な正確さをもたらすことができる(5)。グライスの理論によると、どんな言表行為も意味しようとする志向に存し、それは話し合いの相手側が、言わんとする第一の意図を認めようとする志向をもつことを思念の中で期待することを含意する。このように解釈される話し合いは、互いに思念しあう志向性の交換であることが明らかになる。このような志向の循環性は、言表行為の反射性と、志向の交換の対話的構造に含意されている他者性とが、同一の平面上に位置づけられることを要求する。

以上が大まかながら、言述行為理論がもたらす、自己の規定への寄与である。問題は今度は、言表行為理論によって提示された主体の性質に関して、いくつかの批判的考察をすることによって、指示理論と、反射的言表行為理論との間の、期待される対決を準備することである。

2 言表行為の主体

今度は言表行為と言表者との関係に、われわれの批判的監視の眼をむけよう。

一見、この関係は何ら問題ないように見える。レカナティの表現を借りれば、言表行為の事実の言表への反射が、言表の意味を貫く指示的思念の中心に、若干の不透明さを導入するとしても、最初は、行為としての言述行為とその行為者との間の、言表行為に内在する関係はそれ自体不透明とは見えない。要するに、言表行為の主体が、不透明さなるものの不透明さをなすはずである、と仮定するいわれはない。言表者の言表行為へのかかわりあいは、「と私は断言する」「と私は命令する」「と私は約束する」といった明示された遂行的言表の発展した表現が、あらゆる発語内行為に付加される可能性によって、はっきりと明るみに出されているのではないか。「私」が明示されるのは、この「と」という接頭辞そのものにおいてではないか。「私」がどんな言表行為にも現前していることを証しするのは、この接頭辞を通してではないか。(6)

そのうえ、外延的な言表の内包的な接頭辞においてて主語がこのように言及されるおかげで、今しがた要約した言述行為理論と、はじめて個体化の方式として、したがって指示的意味論の観点から提起された指示詞理論とを、語用論の援護のもとに調整された二大集合として再編成することが可能となる。この再編成は両者のそれぞれにとって有益であることがわかる。一方では、言述行為の分析は、指示詞の働きのうちに、いわば言表者を言表行為にしっかり固定させるための補助を見いだす。他方では、「私」「これ」「ここ」「今」といった指示詞は、第1研究で導入された個体化の操作子の他の二つのカテゴリー、すなわち固有名詞と確定記述から分離される。これら二つのカテゴリーは、意味論へ送りかえされるのに対し、前者は語用論の重力空間に引き寄せられる。

そのうえ、指示詞の一群は、一連の個体化の操作子と切り離されると同時に、今度は「私」が指示詞の中の首位に昇格し、言表行為の反射性の関係の外部に置かれた指示詞は、もはや何の特権的な順序をも示さない。言表と関係づけられた「私」は、指示詞の筆頭となる。それは「私」という語を含むどんな言表行為においても自分自身を指示する人を示すのであり、それに続いて話し相手の「あなた」を引き出す。他の指示詞——「これ」「ここ」「今」といった指呼詞——は言表行為の主体のまわりに再編成される。「これ」は言表者の近くにあるどの物体をも示す。「ここ」は言表者が位置している場所である。「今」は言表者が言表を発する出来事と同時に起こるどんな出来事をも指す。

このように「私」は、指示詞の体系の軸となることによって、一つの部類の中に位置づけられ、特徴づけられ、あるいは記述されるようなどんな本質体に対しても、異質であることが明らかになる。「私」は自己同定的な指示における指示対象を指すことはほとんどないために、それの定義と思われるもの、すなわち「誰であれ話しながら自分で自分自身を指す人」は、「私」という語の生起に代入させられない。指示という観点からは、「私は喜んでいる」と「話しながら自分で自分を指す人は喜んでいる」との間に等価性はない。この代入の試みの失敗は、ここでは決定的である。この失敗が証明しているのは、表現というのは、指示という手段で同定され得るような本質体の次元には属していないということである。したがって、「私」の場合のような指標機能と、本書の第1研究の意味におけるような指示対象の指標機能との間の論理的な溝は深いのである(7)。

言述行為理論を補強してくれた指示詞の働きの独自性は、ある決定的な特徴によって確認されるのであり、われわれはその特徴をもって、言述における主体の措定に関して語用論が獲得した知識の検討を終ることにする。この特徴は、自己同定的指示を通してのアプローチに比較して、この主体によるアプローチの自律性を確固としたものにする。これら二つのアプローチへの二分法は、それが人称代名詞について提起する相反する扱い方によって、あざやかにしるしづけられる。指示的アプローチにおいて特権化されるのは三人称、あるいは少なくとも三人称のある種の形、すなわち「彼／彼女」「誰か」「各自」「ひと(on)」などであるのに対し、指示詞理論はひとたび言述行為理論と連結するや、一人称と二人称を特権化するだけでなく、意図的に三人称を排除する。バンヴェニストが三人称に破門を宣告したことは、われわれの念頭に刻まれている(8)。彼によると、文法上一人称と二人称だけが人称の名に値し、三人称は非人称なのである。この排除の論拠はたった一つに絞られる。対話の状況を決定するには「私」と「あなた」だけで足りるのである。三人称には、今話題にしている事物でも、動物でも、人間でも、何でもなれる。それを確証するのは、代名詞《il》の相互に調整のつかない諸用法——il pleut.（雨が降る）、il faut（……すべき）、il y a（……がある）など——であり、同じく三人称表現の多様性——on（ひと）、chacun（各自）、ça（それ）など——である。三人称がこのように文法的に一貫性がないのは、それが人称として存在しないから、少なくとも文の中で表現されている言述の現前化行為（instance de discours）を基本単位とする言語分析においてはそうだからである。言表行為の出来事に一人称と二人称とを接合するもっともよい方法は、語用論の領野から三人称を排除することであり、そこでは三人称の*il*は、別のものとしてのみ語られるのである。

以上のことを述べたうえで、言表行為と、「私＝あなた」の指示詞、それに従う「これ」「ここ」「今」の指呼詞との間に結ばれたこの協定は、言表行為理論と言表の主体理論との間にどのような不一致もありえないとするだろうか。

これまで気づかずにいた二、三の注意点に、われわれはもっと早く留意しているべきだったのだろう。その第一は、言語行為理論の重要な用語にかかわる。それはまさに行為であって、行為者ではなく、また行為における発話内の力である。発話内の力とは、G－G・グランジェの定義によれば「メッセージに、コミュニケーション特有の機能を与えることを可能にするもの、あるいはその機能の行使の条件を明確にできるもの[9]」である、グランジェの慎重な表現による「発話内の要素」は、言述を発する者がそれに明白に言及しなくても、精密な類型論に従わされ、定義されることができる。こうした省略とひきかえに、コミュニケーションの超越論的な条件は完全に脱心理学化され、発話《パロール》でなく体系言語《ラング》の調節とみなされることができる。だが、もし自我《エゴ》がいまだに考慮されねばならないとしたら、その脱心理学化はどこまで進めるのか。

まだ強調されないでいる第二の注意点が、われわれの当惑を増大させる。すなわち、現在まで問題とされてきた反射性はつねに、言表行為の主体にでなく、言表行為の事実そのものに帰されてきたのである。私はここでレカナティの言を思い起こす。「言表の意味には、言表行為の事実が反映している」(*La Transparence et l'Énonciation*, p. 7)。このような言明は、それが反射性を、事実として扱われる、つまり世界において生じる出来事として扱われる言表行為に結びつけるだけに、われわれをおどろかすはずである。今しがた行為と呼んだものが事実、つまり共通の空間と公共の時間内で起こった出来事となった——要するに、陳述的もしくは断定的言表によって指示的に思念される事実や事態と同じ世界に起きた事実となったのである。

最後に、言表行為の事実が言表の意味に反映することを前面におし出すものは、記号の事象としての地位であり、それについてわれわれは先にそれこそが記号の不透明さを示すものであると述べたのである。これに関してレカナティが言明していることにいささかの曖昧さもない。「言表はその言表行為そのものによって、すでに何かとなっている」(*ibid.*, p. 26)。また「言表行為は［……］存在者として自己措定する……」(*ibid*, p. 27)。極言すれば、反射性は、自己意識という強い意味での自己には、それ自体として結びついてはいないのだ、と言うべきだろう。「言表の意味には言表行為の事実が反映している」という言い回しを通して、「反映している」(se réflêchit)という表現は、「反射している」(se reflète)という表現によっても代入されえよう。ここに隣接している逆説は、自己性なき反射性、つまり「自己自身(soi-même)のない「自己(se)」という逆説である。同じことを別の言い方で言えば、言表行為の特徴である反射性は、指示が言表を「不透明化する」事実性(factualité)に対してなされるのに応じて、むしろ逆向きの指示、反転指示に似てくる。同時に、指示に応じたいかなる特徴づけにも反対する反射性と、それだけが指示的思念に値する言語外への思念とを対立させるのでなく、単に自己指示と、外部への(ad extra)指示とを対立させるのである。しかし反射性と自己指示とは二つの等価な概念なのであろうか。言表に二つの反対方向の指示を、すなわち意味されている事象への指示と、意味する事象への指示を与えるときから、「私」は私としては消えてしまっていないだろうか。事実、その転移は、古代人から受け継がれてきた記号の定義「別のものを代理表現するもの」の中に含まれていたのである。とすると、行為はどのようにして、事象にすぎなくなれるのか。もっといかめしく言うと、指示し、意味する主体は、どのようにして主体のままで事象として示されるのか。そこにおいて、言表行為理論が獲得した二つの貴重なものが見失われてしまったのではないか。その獲得物とは次の二つである。

(1) 指示をするのは言表でも言表行為でさえもなく、先に喚起したように、対話の状況で互いの経験を交換するために、言表の意味と指示という資源を用いている語る主体たちである。

(2) 対話の状況が出来事の価値をもつのは次の場合だけではないか。すなわち言表行為の当事者が現実の言述によって登場させられ、そして血肉をそなえた言表者たちとともに、彼らの世界経験や、他のなんぴとも代入できない世界についての彼らの視角によって登場させられるのに応じてである。

このように語用論が、言表行為の事実性に力点が置かれる自己指示の概念のほうに漂流していくのは、語用論がつきあたる若干の逆説、さらにはアポリアのところで一時停止しようとしないかぎりは、阻止できない。というのも、言表行為の主体そのものの地位が問われるようになるからであり、世界の中で、つまりわれわれが外部に（ad extra）指示する事物が属するこの世界そのものの中で起こる出来事として、事実として扱われる言表行為だけが問われるのではないからである。このような逆説やアポリアに対決することは、誰か？　誰が語るのかの問いに直接つながる場に立つことであり、すでにその問いが自己同定の問題を開始するのをわれわれは見たのである。

第一の逆説は次のようである。「私」という表現は奇妙な両義性を負わされている。フッサールはこの点について、必然的に両義的な表現、ということを言った。一方で、言語の体系に属する人称代名詞としての「私」は、人称代名詞の範列の一員である。この資格において、それは空虚な辞項であって、いろいろ異なる用法においても同じ意味を保つ種属的表現とは違って、それは新しい用法ごとに、そのつど違った人物を指す。この最初の意味における「私」は、話しながら自分で自分自身を指すどんな人にも適用されるのであり、その人はこの語を引き受けることによって、バンヴェニストのみごとな表現によれば、言語活動全体の責任を引き受けるのである。こうした空虚な辞項として、「私」は旅する辞項であり、それに対して潜在的な何人かの言表者が互いに代入しあうような位置である。そこから転位語（shifter）という用語が由来する。これは一連の指呼詞における類似した語すべてに帰されるもので、フランス語の《embrayeur》は、クラッチという機械的な隠喩から転位の正確な現象を取りあげるのでないかぎり、よい翻訳ではない。つまり空虚な辞項を唯一の実際の言表者に割当て、その言表者はここでいま《ヒック・エト・ヌンク》この言表行為の発語内の力を引き受けるのである。しかし同時に、「私」という表現はある意味から別の意味へと移行したのであった。強調されるのは、旅する辞項、シフターの代入可能な面ではもはやなく、逆に、発言することが遂行する固定化である。「私」がそのために代名詞一覧表に入っていた語用論的観点から、われわれは連辞的観点に移ったのであり、その観点によれば「私」はそのつど、他の人を排除したその人しか、ここで、いま話している人しか指さないのである。G-G・グランジェにならって、代入不可能なこの位置への、世界への視角の唯一の中心への送付を、固定化（ancrage）と呼ぶことにする。[10] 逆説とはまさにシフターの代入可能な性格と、固定化の現象の代入不可能な性格との表面的な矛盾に存する。

たしかにこの第一の逆説について、語用論の枠から出ないで説明づけることはできる。しかしそこで提起される解決は、難問を一段階ずらしたにすぎない。(訳注1) この問題の説明は、パースに由来する「タイプ」(type) と「トークン」(token)[11] の区別に基づいている。この区別を、類と特殊者の区別と混同しないように気をつけよう。後者の区別は指標記号《インデックス》にしかあてはまらないのであるから。「タイプ」は「そのつど」の次元に属し、「トークン」は言述の現前化行為という現実のレベルにおける「ただ一度」の次元に属する。「タイプ」がその概念上、語る主体の地位をめざす候補者たちからのやむをえない選びを含意していることを十分考慮しようとするなら、両者の間の矛盾は一切消えてしまう(12)。このやむをえない選びのおかげで、シフターは「そのつど」に立脚して、分布の機能を行使するのであり、「そのつど」は、「私」という語を唯一の現実の話者にのみ割当てることを決定する。とするともはや逆説なしに、「トークン」の「私」を実際に固定することは、指標記号の構成の分布的で、類的でない意味において、「タイプ」の「私」と相関的である、と言うことができる。われわれはここで再びフッサールに出会う。「私」の語義の曖昧さは、必然的に臨時の意味作用の曖昧さである。臨時の辞項は、「タイプ」の「そのつど」を、「トークン」の「ただ一度」に結びつけるという、きわめて明確な意味をもつのである。

このタイプとトークンの区別は、「私」にまつわる一切の逆説を排除してくれただろうか。その区別が自己指示の意味での反射性、つまり世界の中で起こる時間＝空間的な出来事の事実性に照合されることの解釈と完全に両立できることを考えるとき、それは疑わしくなる。世界内の事実と解される言表行為についてこそ、それがただ一度起こり、言表が産みだされた瞬間にだけ存在すると言うことができる。とすると、数のうえでは時間＝空間的な位置によってのみ異なるが、同一のタイプを例証する、同一の記号の異なる発生について語ることになる。問題の記号とは、事実として扱われる言表行為である。そうすると、「私」はもはや間接的にしか思念されない。つまり「と私は断言する」「と私は命令する」「と私は約束する」などの形の明瞭な遂行文の内部で表示される表現として思念されるのである。

タイプとトークンの区別が特別の賭金としているものが、言表者よりむしろ言表行為であることは、反射的トークンと呼ばれる表現の、高度に専門的な分析によって確認されるのだが、その分析には立ち入るまい。これらの表現はたしかに言述行為理論の判断に委ねられた言表ではある。だがそれについて、それらの表現が公共の時間、空間、要するに世界において起こった事実に照合される、と言うことには何の不都合もない(13)。そこにおいて、言表行為の主体がそれだけで主題化されるときにのみ生じる逆説は回避される。しかしこの逆説を、もはやいつまでも隠しておけない。個々の話者が自分の多様な言表行為ともつことのできる奇妙な関係と対決させられるからである。これら多様な言表行為のそれぞれが、世界の事象の流れの中に位置づけられるような、違った出来事をなすならば、これら多様な出来事の共通の主体も、それ自体、出来事なのだろうか(14)。ここで思い起こされるのは、「考えられるものを私は考える」(cogito cogitatum) の私《エゴ》を明瞭な仕方で主題化するのをフッサールがためらったことである。同じく、唯一の話者とその多様な言述行為との関係を表現する光線もしくは放射のようなものを特徴づけるために、「私の光線」(Ichstrahl) あるいは「諸行為の同一の極としての私」(Ichpol) といったような隠喩的表現にまつわる困難さもまた忘れられはしなかった。

ここにおいて逆説はアポリアに変わる。タイプ＝トークンの関係はもはや何の助けにもならないし、旅する「私」(シフター) と固定した「私」との関係もまた同様である。問題となるのは、トークンとしての「私」の固定化という観念である。たしかに、世界への独特の視点という観念にどんな意味を賦与すべきか。ここでわれわれをひき止めるアポリアとは、ヴィトゲンシュタインがそれをめぐって『論理哲学論考』から『哲学探究』や『青色本』へとたえずもどってやまなかったアポリアである。私はそれを固定化のアポリアと呼ぼう。語る主体がそれぞれにそうであるところの、世界への特権的な視点とは、世界の境界であって、世界の内容の一つではない(15)。それでいて、はじめは当然と見えながら、やがて謎めいたものになった、ある仕方で、言述の伝達者に固有名を割当てることが証明しているように、言表行為の私《エゴ》は世界の中に現れるのである。たしかに世界の境界であり、またそうでないのは、私、何某、私、P・Rである。この点に関して、『青色本』の次の一節は、アポリアを高める。「〈私は見る〉の私によって、私はL・Wと言うつもりはなかった。たとえ私が他人にむかって『いま実際に見ているのはL・Wだ』と言うことができるとしても、私が言いたかったのはそのことではない」(*Cahier bleu*, p. 66-67)[16]。世界の境界の「私」と、現実の人物を指し、その存在が戸籍謄本によって証明される固有名との不一致は、語る主体の究極のアポリアに導く。語用論のある解釈によると、アポリアは隠れたままであった。その解釈では、反射的な照合は言表行為の私《エゴ》よりも、世界の出来事として扱われる言表行為の事実に対してなされるのであった。そうすると反射性は、何の目立った困難もなく、微妙な種類の指示に、言表行為という世界の出来事への指示に同定されることができた。こうして言表行為は、語られている世界の事象と同調していた。このような同化は、少なくとも固定化のアポリアを考慮したのでなければ、もはや可能ではなくなる。というのは、強調点は、言表行為の事実における行為に、またこの行為における「私＝君」に置かれるからである。

3　言語哲学の二つの道の結合

このアポリア解決のためには、私の考えでは、言語哲学の次の二つの道を一点に収斂させねばならない。すなわち自己同定的指示の道と、言表行為の反射性の道である。ここで思い起こせば、第一の道の終りで、人物は他の何ものにも還元されない基礎特殊者として現れた。それは語られる当の「彼」であり、その彼に物的、心的な述語が賦与されたのだった。第二の道の終りで、主体は語る人と、その人が語る相手との組合せとして現れ、非人称となった三人称は除外された。以上二つの企てが一つに収斂するのは、それぞれの企てが自分の意図を達成するために、相手から借用することで確実になる。自己同定的指示理論によると、三人称がその完全な意味作用を獲得するのは、その心的述語の賦与が、ちょうどカッコつきの引用句のように一人称から三人称に移された、自分で自分を指示する能力を（カント的言い方で）「伴っている」場合だけであることを思い起こそう。第三者である他者は、内心で「と私は断言する」と言う。今や固定化の現象が理解可能になるのは、「と私は断言する」の「私」が、行為の動詞の接頭辞「と」から分離されて、単独で人物として、つまり語られている当の事がらの中の基礎特殊者として措定される場合だけである。「君に」語っている「私」と、語られている「彼／彼女」との間のこのような同化は、自分で自分を指示する力を「彼／彼女」に賦与するのとは反対方向に働く。ここでは比較は唯一の型の客観化に存している。すなわち、言表行為の主体である「私」と、他に還元しえない基礎特殊者としての人物との同化である。先にその一貫性を疑問視した自己指示の概念は、実際には、反射性と自己同定的指示の再交叉から生じた混合なのである。

反射的な「私」と指示される人物とのこの混合は、恣意的に構成されたものではないかどうか、換言すれば、何であれ基本的なレベルから派生させることはできないが、不可避な言語的事実以上のものが問題なのではないか、という問いを出すまえに重要なのは、次のことである。すなわち、言語哲学の二つの道の交叉は、指示詞すべての働きを支配しており、きわめて正確な言語学的操作に立脚して、その交叉が標定づけられるのを立証することである。

指呼詞の「今」はこの立証のための、よい出発点を提供してくれる。というのは、とにかく言語行為を事実と同化する機会を与えてくれるのは、言表行為を出来事として、あるいは言述の現前化行為として性格づけることだからである。さらに私はここで、私の前著『時間と物語Ⅰ～Ⅲ』から、時間の指呼詞についての詳細な分析を取り出して利用しよう。私はこの著書で、われわれが「今」という言葉で意味するものは、現象学的な時間経験の生き生きした現在と、宇宙論的経験の任意の瞬間との結合から生じてくることを立証しようとした。ところでこの結合は、いくつかの異なる言述宇宙にそれぞれ属する概念を単に併置したものではない。この連結は、現象学的時間を宇宙論的時間に記入すると私が呼んだ、明確な操作に基づいており、そのモデルは暦法的時間の発明である。この記入から、日付を打たれた今が出てくる。日付がなかったら、現在の定義は純粋に反射的である。私が話している瞬間と同時的な出来事は何であれ、今起こる。発話の瞬間の自己指示は、それ自体に還元されると、生き生きした現在の同語反復《トートロジー》にすぎない。それゆえに、われわれはいつも今日なのである。その同語反復から脱け出すのは、今日は何日か、と問いを発してである。その返答は日付を言うことである。つまり、生き生きとした現在を、暦によって数えられた日と対応づけることである。日付けられた今は、指呼詞の「今」の十全な意味である。

「ここ」についても同様である。それは私の身体がいる場所として、「あそこ」と対立する。この絶対的な場所は、言表行為の私《エゴ》と同じく、世界の境界という性格をもっている。空間における方向づけという空間的隠喩は、視角の中心としての主体という観念の起源にあり、その中心は言述の対象が占める空間には位置していない。そのことだけに限って言えば、私がいる場所としての「ここ」は、そこを基準としてあらゆる場所が近かったり、遠かったりするような零度である。この意味で、「ここ」はどこにも存在しない。それでいて会話の中での「ここ」の使用は、最小限の地形的知識を含意しており、そのおかげで私は私のここを、座標系に関係づけて位置づけることができるのであり、その座標系の起点は、宇宙論的時間の瞬間と同じく任意である。こうして、場所も日付と同じく機能する。すなわち、絶対的なここを、客観的な座標系に記入することによってである。日付記入の現象に匹敵するこの記入のおかげで、「ここ」という指呼詞の十全な意味は、位置づけられたここの意味である。「今」と「ここ」という指呼詞から、われわれは「私＝君」の指示詞にもどることができる。世界の境界である「私」と、自己同定的指示の対象である人物との結合は、暦による日付記入と地理的位置づけによって例証される記入と同じ性質の過程に立脚している。固定化の現象がこの記入と同化できるということを、あれほどヴィトゲンシュタインを悩ました「私L・W」という表現があつらえむきに証明してくれる。述語づけの主語としての人称代名詞「私」と、基礎特殊者のトークンの名称としての固有名との関係は、語の制度的な意味での登記の関係である。「私」は、個別の言述行為の発話内の力、つまり命名によって、姓や名をつけるのを規制する慣習的な規則にしたがって、公共の名簿に文字通り登記される（たとえばフランスその他の国では、姓は親族法——婚姻法、親子関係法——によって課され、名は法的な親族、したがってその名の保有者以外の他人によって比較的自由に選ばれる。この意味で、命名は一貫して記入の行為である）。この表現はぴったりであり、いわゆる出生証書は三重の記入を含んでいる。すなわち、いましがた述べたような命名の規則にしたがった固有名、暦の日付記入の規則にしたがった日付、公共空間における位置づけの規則にしたがった出生地、以上すべてが戸籍簿に記入される。このように記入された「私」は、語の本来の意味で、登記される。この登記から「私、何某、何年何月何日、……で出生」という文言が出てくる。このようにして、「私」と《P・R》とは同じ人物を意味する。自己同定的指示の対象である人物と、言表行為の当事者である主体とが同じ意味作用をもつことは、けっして恣意的ではない。言表の特別な行為によってなされる、特別な種類の記入、すなわち命名が結合をおこなう。

ここで暫定的結論を出そうとするにあたり、最後の問題が残っている。すなわち、自己同定的指示の人物と、反射的トークンの「私」とのこのような同化は、もっと根本的な現実に基礎づけることができるか。

私の考えでは、それができるには、言語哲学から脱け出て、客観的な人物として、また反射的な主体としてという二重の自己同定に応じることができるような存在について究明するほかはない。固定化の現象そのものが、われわれが進んで行くべき方向を暗示してくれる。それは先行する分析がすでに示していた方向である。つまり自己の身体というものの絶対に還元できない意味である。ここで思い起こされるのは、同じ事物に物的、心的な述語を帰属させる可能性は、自己の身体の二重の構造に立脚しているとわれわれに思われたことである。すなわち、その観察可能な物的現実という地位と、フッサールがその『デカルト的省察』第五部で「固有の領域」または「私のもの」と呼んでいるものに身体が帰属していることである。自分の身体の同じ二重の帰属は、「私、何某」という混合構造を根拠づける。自己の身体はいくつもの身体の中の身体として、世界の経験の一断片を構成する。それは私のものとして、世界の境界の参照点として理解される「私」の地位を共有する。換言すると、身体は世界の事実であると同時に、自分が語っている対象には属さない主体の器官である。自己の身体のこのような奇妙な構成は、言表行為の主体から、言表行為そのものまで拡がる。息によって外部に発せられ、発音と身振り全体によって分節された声として、言表行為は物質的身体と運命を共有する。語る主体が思念する意味の表現として、声は言表行為の媒体であり、その言表行為は、世界への代入できない視角の中心である「私」に送り返される。

以上の短い省察は、これらはじめの一連の探求において、われわれがこれまで厳格に立脚していた言語の平面から脱け出るべき時を見越している。自己の身体の奇妙な位置は、もっと広い問題系に属しており、それが賭金とするものは、身体性という様態でこの世界にやってきた、われわれというこの存在の存在論的な地位である。

〔訳注1〕　タイプとトークンは「型」と「型代」とも訳される。パースはこの用語法の以前には「法則記号」と「個別記号」という語を用いた。前者は記号能力を担うものが、法則的に、または一般的タイプとして存在する場合をいう。後者は記号能力を担うものが現実的単一的個物である場合をいう。たとえば英語には唯一の the があり、それを「タイプ」と呼ぶなら、テクストの中に現れる個別的な the は「トークン」と呼ばれる。フランス語では type/occurence（出現）または type/échantillon（見本）などと訳される。

第3研究

行為者なき行動の意味論

これからの二つの研究は行動理論にあてられる。この場合、行動理論（theory of action）という表題で分類される英語の著作のような限定的な意味で行動理論の用語を用いる。これら二研究は、先行する研究とは、きわめて複雑な関係をもつ。一方で、今しがた述べた言語哲学は、行動理論に対してオルガノンの役割を果たすが、それはこの理論が行動文について提示する記述に、自己同定的指示と言述行為について、今や古典的となった分析を適用するからである。他方で、行動とは非常に注目すべき本質体《アンチテ》であり、行動とその行為者とはきわめて独特の関係をなすために、行動理論はこれまで略示してきた言語学的分析の単純な適用とはまったく違ったものとなったからである。それのみならず、明確な学問として自律性を獲得することによって、行動理論は、その反動のように、その語用論的次元においても、また意味論的次元においても、言語の新しい可能性を出現させたのである。同時に、これまでの二研究がぶつかった難問、逆説、アポリアなどは、行動理論の新しい枠組の中で、新たな位置を占めるのである。

言語理論と行動理論の関係のこのような複雑さは、まずこの研究では哲学的意味論の線上で、次いで次の研究では語用論の線上でテストされよう。探索されるのはいずれの場合でも行動とその行為者との関係の謎であり、その探索は、意味論と語用論の最初の区別にもとづいて、違った手段によってなされよう。

われわれがたずねるのは、行動はその行為者について何を教えてくれるか、またその教えはどの程度まで「自己《イプセ》」と「同一《イデム》」の違いを明確にするのに役立つか、である。

この研究のはじめに、二つの予備的考察が必要とされる。最初に理解されねばならないのは、行動の意味論では、行動の行為者が問題になりえることで、それは第1研究の基礎特殊者の分析で、話されている当の人物は、違った種類の述語が帰属される（ascrits）本質体として指し示されることができたのと同じ仕方で問題にされるのである。しかし、言述の主体が自分で自分自身を指し示すための言表行為の反射性にはっきりと訴えることは、もともと自己同定的指示を主軸とする意味論の管轄下にはないのである。行動の行為者を概念的に規定する明確な点についての行動理論の成果が（厳密な分析においてはゆたかであるのに）相対的に貧弱であるのに失望したくなければ、この第一の制限を認めておかねばならない。じつを言えば、次の研究の最後になってからようやく自己同定的指示の道と、語る主体の自己指示の道とを交叉させ、それによって行動する主体への指示を明白に主題化することが可能になるのである。

この研究の第二の制限は、行動概念が扱う実例の領野が狭いことである。主として実践的推論を分析する際に、行動の連鎖が問題になることはたしかである。だが、この行動連鎖を上位の実践的単位とするような統一原理はカッコに入れられてしまうだろう。われわれはこの実践的単位を、この後の研究では実践(des pratiques)と呼ぶことにする。さて、この第二の制限は重要な帰結をもたらす。その名にふさわしい実践――技術、技芸、芸術、遊戯――について語らない以上、人生の物語的統一性について語らせてくれる実践を位階化する手続きをも考慮しないことにする。実践に内在するいかなる統一原理も、実践間のいかなる位階化もこのようにカッコに入れることは、善の系列であれ、正義の系列であれ、その系列の倫理的述語を捨象することにつながる。事実、上位の実践的単位だけが、本研究で論じられる論理的連鎖のほかに、善に応じた目的論的意味と、正義に応じた義務論的意味とを明白に引き受けるのである。この第二の制限はまったく正当である。というのも行動の意味論は原則として、人間が自分の行為を語る言述を記述し、分析するだけにとどまり、許可や禁止を言ういかなる命令的な態度をも排除するからである。この限りにおいて、行動の行為者は、自分の発言と行動に責任をもつ自己にふさわしくなるにはほど遠いことになる。それゆえ、行動の当事者が倫理的に中立で、称讃も非難も免れた行為者として現れても、おどろくにはあたらない。

1　行動の概念的図式と、誰がの問い

一見すると、行動をその行為者に関係づけることについて研究するのは見込みがあるようである。行動と行為者とは同一の概念図式に属し、その図式は、状況、意図、動機、熟慮、意志的または非意志的運動、受動性、拘束、望んだ結果、などの概念を含んでいる。たしかにこれら辞項のそれぞれの意味内容にとって重要なのは、他のすべての辞項と同じネットワークに属していることである。相互意味作用の関係が個々の意味を定めるのであり、そこで、それら辞項の一つを使えることは、ネットワーク全体を有意味で適切な仕方で使えることである。これは首尾一貫した言語ゲームなのであり、そこでは、ある辞項の使用を規定する規則は、他の辞項の使用を規定する規則と、体系をなしている。この意味で、行動の概念的ネットワークは、基礎特殊者の概念枠と同じ超越論的地位を共有している。たしかに生物学から社会学にいたる人間科学によって練りあげられた経験的概念とは違い、このネットワーク全体の役目は、たとえば行動についての心理科学や行為についての社会科学におけるように、何を行動「として数えるか」を規定

することである。今後われわれにとって重要となるのは、第1研究で得られた人物概念の一般的規定と対比される、このネットワークの特殊性である。

この行動のネットワークに属する概念の相互的規定に着手する有効な方法は、行動について提起されうる一連の問いを確定することである。誰が何をするか、またはしたか、それは何のためか、どのようにしてか、どんな状況で、どんな手段で、そして結果はどうなったか。行動のネットワークの鍵となる概念は、特定の問いに対してもたらされる答えの独特の性格から、その意味を引き出す。その特定の問いは、それ自体相互に意味しあっている。誰が、何を、なぜ、どのようにして、どこで、いつ。

このような分析方法が有望なのはどんな意味でかはわかる。つまり、行為者の概念への特権的なアプローチは、われわれが誰がの問いに対して出す答えによって与えられるのである。ストローソンが「同じもの」と呼び、それに対して心的な述語や物的な述語が賦与されるものは、いまや、誰がの問いへの答えとしてのある人となる。さて、この問いは、われわれが序言で概略を述べた自己の問題系と確かな親近性があることを示すのである。ハイデガーにおいては、誰がの探求は、自己（Selbstheit）の探求と同じ存在論的区域に属する。[1] ハンナ・アーレントも、ハイデガーに呼応して、誰がの問いを、行動概念に固有の特定化に結びつけるのであり、しかもアーレントは行動概念を、労働概念や仕事概念と対比させる。[2] 労働は生産された物に完全に外在化され、仕事は文書資料、記念建造物、制度、そして政治によって開かれる出現空間の中に具体化して文化を変えるのに対し、行動は人間の営みのうちの、物語を呼び求める局面である。「行動の誰」を決定するのは、今度は物語の役目である。行動理論と解釈学的現象学との間に、このように明瞭な親近性があるとはいえ、行動理論がずっと先まで導いてくれる、と思ったら間違いであろう。ハイデガーの場合、「誰が」を同じ存在論的重力空間において牽引するのは、「自己」（Selbst）の問題系が、「現存在」(Dasein) に依存していることである。H・アーレントの「誰が」のほうは、行動理論によって媒介されるのであるが、その行動理論はわれわれの分析の限界をはみ出し、それにふさわしい位置が見つかるのはずっと後になってから、つまりわれわれが狭義の行動から、前述のような広義の実践へ移ったときである。

事実、「誰が」の問題に対する行動理論の寄与は、それよりかなりささやかなものである。これから述べる理由によって、ストローソンの提起する問題系にくらべ、行動理論はしばしば後退さえみせる。というのもストローソンの問題系は、「同じもの」とみなされる「ある人」に対して、その人の特徴的な述語を賦与する問題を、はっきりと提出しているからである。ところがこの述語賦与の問題は、それよりずっと重要になった問題のために、中心からはずれる傾向にある。その問題とは何か。一言でいえば、何がとなぜの問いの関係が、何が＝なぜの対《つい》の問いと誰がの問いとの関係よりも優先するからである。行動理論が現れるのは、まずはハイデガー的な誰がの決定に対する挑戦としてである。本研究の末尾でのわれわれの問題とは、行動の何が＝なぜについての探求を大きな迂回路とすることによって、この挑戦を利点に転換させることであろう。その迂回路の終点で、何が＝なぜの探求が経由したあらゆる媒介によって充実させられた誰がの問いが、大挙してもどってくるだろう。

何がとなぜの問いへの答えを分析することによって誰がの問いが隠蔽される効果を説明してくれるものは何か。言述が何かを指示する仕方によって大きく支配されている意味論の観点からは、誰がの問いへの答えに出会うことはほとんど期待できない、と言うだけでは不十分なのである。その答えは、いわゆる現実世界の構成要素として考えられるあるものからの規定を免れることができるのである。なるほど、われわれがこれから提起する出来事の問題系は、「あるもの」によってこのように誰がを捕えるのを十分に検証してくれよう。だがこうした説明は十分でない。というのも一般的にあるものを指示する枠組では、誰がの問いは、何が＝なぜの問いにくらべ、ある自律性を保持するのを何ものも阻止しえないからである。ストローソンについてすでに述べたように、誰がの問いに対する特定の答えは、自己同定的指示の枠組でなされる研究の制限にもかかわらずでなく、まさにその制限のおかげで、大いに興味をひくことになる。誰がそれをしたのかという問いに対して、固有名を言ったり、指示代名詞（彼、彼女、この人、あの人）を用いたり、確定記述（これこれの人）を与えたりして答えることができる。これらの答えは、一般的なあるものを、ある人とする。何かをする（またはされる）人として人物をこのように同定するには自己指示が欠けているとしても、このことは大したことなのである。自己指示には、話し合いの状況で「私＝君」の組合せを発生させることによって、語用論的アプローチのみが到達できるのである。しかしたとえ行動の行為者の指示的アプローチはこの敷居を越えられないとしても、少なくともこのアプローチは、人称代名詞（私、君、彼／彼女、など）の範囲を幅広くひろげ、それによって文法上の三人称に、人物の概念的地位を与える、という利点があるのである。単なる行動の意味論のレベルでは、誰がの問いは、どんな人称代名詞によっても導入される答えをすべて認める。すなわち、私がする、君がする、彼がする。(3) 文法上の三人称を単数、複数の別なくこのように受け入れることは、指示的分析にとって大きな力となる。

それゆえ、人間の行動の領野で、誰がの問いへの答えに含まれる可能性を展開するのを妨げているのは、指示的アプローチそのものではない。そこで次の研究で、今しがたはじまった検討を続け、何が＝なぜの問いへの答えの分析という手段をもって、この研究の終りで中断されたままの問題、すなわち行動をその行為者に帰属させる（ascription）問題を再開することを試みることにする。

誰がの問いの隠蔽は、私の考えでは、分析哲学が何がの問いを扱うのに、その問いをなぜの問いにのみ関係づけて、むりやり方向づけたことに原因を帰すべきである。いくつかの種類の行動の分析哲学の間に徐々にかなりの差異が現れているにもかかわらず、それらの分析哲学はいずれも共通点として、世界の出来事の中で何が行動として値するか（行動として数えられるか）の問題に、議論を集中させている。何か起こるものという概念に関係づけて、行動の記述上の地位を決定することに、人々は専念している。世界の出来事という概念との関連で、何がの問いにこのような方向づけを与えることが、誰がの問いの潜在的な消去を含み、ついにはそれを隠蔽するようになる。誰がの問いへの答えは、すぐれて非人称的な出来事概念に追従させられることに執拗な抵抗をみせてはいるのであるけれども。行動に適用される何がの問いへの答えが、誰がの問いによって要求される答えから分離する傾向を示すのは、何がの問い（どんな行動がなされたのか）への答えが、原則として自己性のカテゴリーにのみ特有の存在論的カテゴリー、すなわち、出来事一般、「何か起こるもの」に従属させられるときからである。(4)

このように、何がと誰がとが分離することによって、行動についての問題系は匿名の出来事の存在論のほうに傾くのであるが、この分離のほうは、何がの問いとなぜの問いとが反対方向に提携することによって可能になったのである。何が行動に値するか（何がの問い）を決定するために、行動の説明様式（なぜの問い）のうちに、何が行動として記述されるに値するかの基準そのものを求めたのである。行動の説明の中で、「なぜならば」を用いることが、こうして行動として数えられるものの記述のための判定者となったのである。

2　二つの言述世界——行動対出来事、動機対原因

私は教育的な配慮から、なぜによって何がを捕え、最後に非人称的な出来事の存在論によって何が＝なぜの組合せを捕えるのに、三つの段階（第2、3、4節）を区別することにする。私はここで議論の年代順に興味はない。たとえ私が提起する反対論が、私がそれを開陳する順序によって、ほとんど時間的に配置されることになろうともである。けれども私の配置の目印は、歴史的というより理論的な性質のものである。

私はその第一段階を、二つの主要な議論によって特徴づける。その第一は行動の何がの特異性にかかわる。その第二は、何がとなぜとの間のやはり特異な関係にかかわる。

1　第一点に関して注目すべきは行動理論が、出来事概念を指示の用語としてすでにとりあげることによって、人間行動の特異性を保存すると信じたことである。たしかにそれはまず、行動を出来事に対立させるためになされた。どんな急転回によって対立関係が包含関係になったかは、あとでわかるだろう。だがまずは対立関係が優位になった。その議論によると、出来事はただ起こるだけである。それに反し行動は起こすものである。起こると起こすのあいだには論理的な溝があり、それは対立する二項と真理の観念との関係によって確認される。すなわち、起こることは観察の対象であり、したがって真か偽のいずれかである確認的言表の対象である。起こすものは真でも偽でもなく、ある種の生起、つまりいったんなされた行動についての断言を真か偽かにする。フランス語でそれを表現すれば、《L'action faite est devenue un fait.》（「なされた行動は事実となった」）。しかしそれを真にするのは、それを実行したことである。この対立からの結果は、「行動の論理的な力」(5)は、出来事やそれの特性を対象とする確認全体のどの一つからも派生しないということである。

このように行動の問題からアプローチすることの長所を私は過小評価するものではない。その長所の中で、私がすすんで挙げるのは、多くの著者が、行動概念の作り方がまずいために生じたいくつかの偏見を排除してくれたことである。たとえばその中には、われわれ自身が意志的な運動を起こすのを、内的な出来事であるかのようにわれわれに知らせる運動感覚のような疑似概念がある。また、やはり内的な出来事としてわれわれに自分自身の欲望を知らせる情意的感覚と称するものもある。論理的欠陥は、ここで主張される内的観察というものが、外的観察を模範にして構成されているところに存する。この偏見は、ある内的な出来事を無益に探索することをひそかに支持している。ここで「観想的」偏見について語ることができる。その偏見は「あなたは自分がしていることを、自分でしていると、どうしてわかるのですか」という質問を誘い出す。その答えは、「あなたはそれをしながら、それをしているとわかる」である。

起こすと起こるの区別と、E・アンスコムによる knowing-how（どうするかを知る）と knowing-that（……であると知る）の区別とを比較してみよう。[6] knowing-how はたしかに、アンスコムが「観察なしに知られる」と述べる出来事と関係する。この概念はわれわれがその出来事について「実用的知識」を語るのを正当化してくれる。ところで、あとで論じることになる意図の概念に適用されるまえに、観察なしに知られる出来事概念は、私の身体と私の肢体の姿勢のように、また私の身振りの仕方のように原始的な表現に適用される。身振りの知識は身振りの中にある。「なされることについてのこの知識が実用的知識である」「物事をいかにするかを知っている人は、それについて実用的知識をもっている」(Anscombe, *Intention*, p. 48.)。

以上の議論は、一見すると、非常に強固である。だがその欠点——言うならば省略による欠点——は、誰がとの関係を主題化せずに、行動の「何が」に集中することにある。同様に、その議論は、行動を二者択一の項とするよりも、出来事の一種としてしまう批判に対して、極度にもろいことが明らかになるだろう。皮肉なことに、行動と出来事の対立が、前者を後者に吸収する道を開いたのである。

2　同じような逆説的転倒は、行動理論によって開かれる第二戦線で生じよう。たしかに行動の「何が」はなぜとの関係によって、決定的に特定される。行動とは何かと訊くことは、なぜ行動がなされたかと訊くことである。一つの問いから別の問いへのこの関係が重要である。つまり、自分がしていることについて他人に知らせるには、同時になぜ自分がそれをするかを告げなければ、ほとんど知らせられない。記述することは、説明をはじめることである。そしていっそう説明することは、よりよく記述することである。こうして新たな論理的深淵が、今度は動機と原因との間に掘られる。指摘されるように、動機とは、すでにして行動する動機である。動機は、なされた行動、あるいはなすべき行動という概念の中に論理的に含意されている。それは、動機について言及するには、それの動機となっている行動に言及せずにはできない、という意味においてである。原因の概念、少なくともその人間的な意味で、一般に比較の対象と解されているものは、逆に、原因と結果の間の論理的不均質性を含意している。というのも、私は一方に言及せずに、他方に言及できるからである（たとえば、一方でマッチ、他方で火事）。動機づけの特徴である内的関連（必然的で、その意味で、論理的である）は、因果性の外在的、偶然的で、その意味で、経験的な関連とは相容れない。これでわかるように、この議論は論理的で、非心理学的であろうとする。それは動機を原因として分類するのを排除するのが、動機づけ的関係のもつ論理的な力である、という意味においてである。動機がもっともよく解釈されるのは、……の理由としてである。それはいかなる動機づけも合理的であるからではない。もしそうだったら欲望を排除してしまうかもしれない。どんな動機も、……の理由であるという意味は、……の動機と行動とのあいだの関連は相互的含意の関係だということである。この学派によると、それを立証するのは、《wanting》という語に適した文法である。その用法は《désir》（欲望）という語よりも広く、フランス語で《envie de…》（……が欲しい）と言うのにほぼ相当し、それを「したい（ありたい、またはもちたい）と思うこと」あるいは「喜んでしたいこと、是非したいこと」と表現してもよく、その場合、「欲望」という語には、主として食欲、性欲といった限定した領域をとっておくのである。その用語やそれにふさわしい翻訳がどうであれ、《wanting》という語に適した文法は、「……が欲しい」が、それの向かっていくもの、つまりは行動そのものとの関係においてのみ、そう名づけられることを要求する。「……が欲しい」ということは、「すること（to do)、獲得すること（to get）が欲しい」ということである。この議論によれば、「欲しい」は阻まれたり、禁止されたり、抑圧されたりすることがありえる。しかしその場合でも、その欲しいは、行動することに対するいかなる論理的な独立や無関係の中にも含まれることはできない。いずれにせよ、欲すると為すとの間には論理的な含意(logical involvement）がある。なにかを欲しいと思うことは、論理的にそれを獲得することを含意する。論理的に、が意味するのは、われわれの言語では、欲しいと、するが互いに帰属しあうということである。「欲しい」から「したい」へ、「やってみる（trying)」へ、そして最後に「する（doing)」へ移行するのは、論理的含意の連鎖にしたがってである。

「欲しい」のこの文法は、内心の目で観察できる内的な出来事の「観想的」概念に対して先におこなった批判を確認してくれる。「欲しい」は内的印象が感じさせるような緊張ではない。名詞として扱われる《envie》（欲）の不適切な文法は、公的言語で言及される行動と論理的に明瞭に区別される内的な出来事として、欲望を解釈することに責任がある。行動を出来事に対立させる第一の議論の平面ではじまった内的本質体の排除は、こうして、動機を原因に対立させる第二の議論の平面でも続けられる。

同じ議論のヴァリエーションは注目してみるに値する。すなわち、ある行動の理由を求めることは、その行動をもっと広範な文脈の中に置くことであり、その文脈は、行為者と、それと相互に作用しあう共同体とに共通とみなされる解釈規則と、実践規範とから一般に成り立っている。そこで、たとえば私が自分の手をあげる動作を、あいさつ、頼み、タクシーを呼びとめるしぐさ、などとみなしてくれるように、私は人に求めるのである。この型の議論は、言表行為（あいさつする、頼む、呼びとめる、など）の発話内の力に適用される分析の枠内でしか十分に展開されず、したがって行動の語用論に属するものであるとはいえ、その議論は二つの説明図式間の対立をいっそう強化する。というのはそのうちの一つの図式しか、解釈の一つの形として扱われないからである。同時に、こうした行動の概念的分析と解釈学的伝統との間に、ある種の親近性が現れるのは、解釈学的伝統が理解と説明を対立させ、解釈を理解の発表とするときである。『存在と時間』で言われるように、解釈するとは、われわれがあるものを……として（als was）理解すると言って、理解を発展させることである[7]。こうした近縁性はけっして意外ではない。というのは行動はテクストとして扱うことができ、動機による解釈を読解として扱うことができるからである[8]。ある行動を動機の全体に結びつけることは、テクストあるいはテクストの一部をその文脈に応じて解釈するようなものである。

3　この第二の型の議論と第一の型との近縁性は明らかである。動機と原因の対立は、行動と出来事の対立と厳密に同質である。行動を動機によって説明することは、「起こす」ものとして行動を記述することを補強さえしてくれる。行動と動機は同じ側にあり、出来事と原因はその反対側にあるのであって、それを認めるようにヒューム的伝統はすでにわれわれに準備させてくれていたのである。それゆえヴィトゲンシュタイン的な意味で、一方に行動とその動機が、他方に出来事とその原因があり、両者はそれぞれ二つの「言語ゲーム」に属していて、両方を混同しないことが重要である、と言えよう。事実、行動の哲学の課題は少なくともその第一段階では、これら二つの言語ゲームにそれぞれの一貫性と相互の独立性とを回復させることである。ところが二つの言述世界をこのようにはっきりと分離させることは、明確に異なる二つの言語ゲームに属するとみなされる辞項の意味の変化にもっと敏感な概念的分析の襲撃に、抵抗できるはずもなかった。その意味の変化は、それらの辞項がたえず侵食しあって、ついにはそれらの分離の原則まで疑わしくしてしまうからである。そこでわれわれはまず二つの言述世界が侵食しあう段階から研究をはじめ、次に、行動とその理由の言語ゲームが、出来事と因果性の言語ゲームにのみこまれてしまう段階にたどり着くことにする。

しかしまず、二分法的アプローチがきっぱり放棄されるまえに、なぜ二分法的対立が大幅に緩和されねばならなかったかを説明しよう。

まず、現象学的に言うと、動機と原因の対立は不可避ではないからである（あとで、その対立は、まさに対立が主張される論理的平面で、異論の余地があることがわかるだろう）。それよりも、英語の《wanting》の意味での「欲しい」というカテゴリーは、混合カテゴリーとして現れるように見える。そのカテゴリーの妥当性も、論理的な根拠で動機を行動の理由のほうに引き寄せようとするや、たちまち失われてしまうだろう。たとえそうすることで、動機と行動の含意しあう形の独自性だけを強調するのだとしても、〈……する理由〉が、技術的、戦略的、またはイデオロギー的な型の合理化の意味に解されてしまって、欲望の奇妙さが隠蔽されてしまう危険は依然としてある。その奇妙さとは、欲望がそれを正当化する範囲内で表現される意味としても、また、多少とも類推的に物理的エネルギーの域内に転記される力としても姿を現すことである。この欲望の混合性の意味論を、私はかつてフロイトを論じた著書で提示しようと試みたのだが、その混合性は、行動理論が厳密に基づいている平面に、つまり日常言語の平面そのものに反射している。われわれは、「何があなたをして、そうするように駆り立てたのか」などと言ったりしないだろうか。英語では、「何があなたをそう行動させる〈原因となった〉(caused) のか」とさえ言う。

この種の問いが、因果性的な型の答えによって正当化される三つの型の状況があると私は見る。第一の状況は、「何があなたをそうするように駆り立てたのか」という問いに対する答えで、その答えが表すのはヒューム的原因の意味での前件でも、合理的な意味での〈……する理由〉でもなく、偶発的な衝動、精神分析でいう衝動(ドイツ語の Trieb、英語の drive)である。第二の状況の型は、「何があなたをいつもはそのように振舞わせるのか」という問いへの答えが、性向、持続的あるいは永続的でさえある傾向に言及する状況である。第三の状況の型とは、「何があなたを思わず飛び上がらせたのか」という問いに、「犬がこわかった」と答えたとすると、あなたは前の場合のように、なぜに対してどのようにしてを結びつけるのでなく、原因に対象を結びつけることになる。その対象が原因であり、またその逆でもあるということが、その言語的表現の観点からすると、情動の特質なのである。

以上の三つの文脈は、語の古い意味での感情もしくは情念という類的な項目で関連づけることができる。たしかにこれら三つの文脈で、ある種の受動性が、何かをするという行動と相関していることが明らかになる。この受動性の媒介が、欲求する＝行動するの関係にとって肝要なのであり、この関係を、純粋に合理的な行為者が自分の行動について与える正当化に、還元してしまうことはできないだろう。その行動はまさに欲望を欠いていよう！　感情の現象学にまで拡大された、この欲望の現象学は、合理的な動機づけの場合でさえ、もし動機が原因でもないとしたら、動機は行動の動機でもないことになろう、とわれわれに言わせるのである。

この現象学的正当化は、因果性的テーゼに確実な本当らしさを与えてくれよう。とすると問題は、ヒューム的モデル以外の因果性的モデルが、〈……する理由〉という動機概念に還元される概念へと改鋳されるのに並行して、要求されないかどうかである。この点について論じられるようになるのは、動機概念を原因観念に吸収させてしまうような行程の終点に到達してからであろう。

結局、二つの言述世界への二分法が批判にかけられ、そしてあとで述べるような意味で実際に批判されたのは、現象学的観点からでなく、存在論的な観点からである。議論全体に不在で、今しがた除外されてしまった辞項とは、奇妙にも行為者（agent）の辞項である。ところが行為者を指示することがまさに、起こすと起きる、動機と原因という二重の対立をわれわれが最後まで追求するのを禁じるのである。たしかにその対立は、何が＝なぜの対《つい》のレベルでは是認できる。われわれが第1研究で採用したストローソンの用語法では、その対立は心的述語と物的述語の対立に帰する。その場合、力と意味の二重の結合価をもつ欲望という混合事例の入る余地があるという条件づきである。しかし部分的には正しい分析から、誤った結論が引き出される。そこで見失われたものは、同一のもの――今やそれを同一の行為者と言おう――に対し、二つの系列の述語を賦与することである。一つの系列の述語賦与から結果してくるのは、行動とは物理的運動のある種の形態であると同時に、それを説明づける行動の理由に応じて解釈できるような成就である、ということである。同一の基礎特殊者との関係のみが、二つの言語ゲームはもはや並列しているのではなく、重なり合っていることを正当化する。その重なり合いは、人格概念と身体概念の間で支配的で、人格もまた身体であると言わざるをえないような関係にしたがっている。それゆえ、ここで行動の意味論に対し前もって拘束力を及ぼすのは、後者の本質体の存在論的な観点からの人物観念の概念的分析なのである。そのかわり、行動の意味論に求められるのは、人物という辞項の正当で適合した用法を決定する概念枠の要求を充たすことである。

われわれが述べてきた二分法的行動理論の弱点は、私の考えでは、現象学的には是認しがたいその性格と、基礎特殊者理論に隣りあった拘束に対する考慮の欠如とによって説明される。とすると、何がのレベルにおける行動と出来事の関係、またなぜのレベルにおける動機と原因の関係が完全に逆転することが、今述べた存在論的拘束のさらに完全な忘却に結びつけられても、けっして意外ではないだろう。その忘却は、出来事の一般的存在論を、人物という領域別存在論に取り換えることによって確固たるものになるだろう。しかし言述分析の面と、基本的本質体の分析の面とにおけるこの二重の逆転は、直接には検証されないだろう。出来事と原因の考察には、二つの言述世界の混同を考慮するまえに、その中間段階である、両者が侵食しあう段階に立ちどまってみることがよいであろう。

3　意図の概念的分析

われわれがこれまで故意にとっておいた意図という観念の概念的分析が、微妙な差異を考慮し、段階づけられた種類の分析を産みださせたことは注目すべきである。ヴィトゲンシュタインの『哲学探究』から受け継いだこの分析は、正面から攻撃するまえに、あまりに対称的な両極対立を粉砕するのに役立ったのである。[9] この点でE・アンスコム著『意図』《Intention》は、D・デイヴィドソンの理論のいわばキュービズム的な調子と区別するために、軽蔑的な意味でなく、概念的な印象主義と私が呼ぶものの、もっとも雄弁な証人である。デイヴィドソン理論は、次節で分析しよう。意図についての概念的分析から、その分析が何が＝なぜの対から、誰がの問いへ導いてくれるものと人は期待することだろう。現象学的に言うと、志向（intention）とは、私によってなされるべき何かにむかって、意識が思念することではないか。奇妙なことに、概念的分析は、故意に現象学に背をむける。その分析にとって、意図（intention）とはフッサールの意味での志向性ではない。意図は、意識がそれ自身を超越することを証明するものではない。その点でE・アンスコムはヴィトゲンシュタインにならって、私的な直観のみに到達できるような、したがって私的に明示される記述のみに可能なような現象は一切知ろうとしない。もし意図が、〈……する意図〉という意味に解されるなら、そのような事態は起こるだろう。そのような種類の意図は未来を向いており、行動そのものによっては確かめられず、原則として、その意図を表明する行為者自身だけに手の届くものである。概念的分析は公的な言語的基準しか認めないのであるから、その分析にとり、〈……する意図〉というのは、意図の表明としてのみ有効である。表明されない意図については、それが何であるか誰も知らない。ところが、意図の表明についての表層文法は不確定である。意図の未来形（私はこれから散歩に出かけよう）を、未来の推量の未来形（私は病気になりそうだ）と、命令の未来形（あなたは私に従いなさい）とから区別するものは何もない。もしも「私は……する意図がある」の意味の直観が、他の何ものにも還元できない絶対的なものとみなされるなら、表層文法よりもさらに欠けているのは、意図表明の真実性の基準である。

　ということは、意図の概念的分析は不可能というのだろうか。その点で、言葉の共通の用法にしたがって、「意図」という語の二つの用法を区別するなら、その障害は避けられるかもしれない。すなわち、意図的にあることをした、またはすること、ある種の意図をもって（with）振舞うこと、……する意図をもつこと、の三つである。第三の用法だけが、未来への明白な指示を含んでいる。そのかわり、意図的になされた行動の場合は、過去への指示はもっとも頻繁になされる。だが何よりも、第三の用法だけが、その表明のレベルでのみ分析にかけられる。他の二つの用法は誰にも観察できる行動についての、二次的な資格づけである。そこで、「意図」という語の副詞的用法からはじまる（それの形容的用法に匹敵するのは「意図的行動」である）。この用法は、記述の規則のいかなる侵犯も強いるものではない。

このように問題を、アンスコムの言う、少しずつ（piece-meal）攻略する仕方は、われわれ自身の研究にとって大変すばらしいことである。つまり、意図の副詞的用法を分析の軸にすることによって、意図と行為者の関係をもっとも目につかない仕方で証明している用法をも特権化するのである。……する意図とその意図が帰属する人との関係が密接に見えれば見えるほど、それだけ行動の意図的な資格づけは、行動を行為者に結びつける所有関係を考慮することと一切無関係になされることができる。意図的なもののしたがって行動の何がの基準は、なぜの問いに与えられるある種の答えによって引き受けられる形なのである。その意味で、何がを支配するのはなぜであり、そうすることによって、なぜは、誰がについての質問を遠ざけてしまう。

こうして中心的なテーゼは次の言葉で言い表される。「意図的である行動と、そうでない行動とを区別するものは何か。私が暗示する答えは、それはなぜの問いのある種の意味があてはまるような行動である、というものである。その意味とは、言うまでもなく、それによる答えが、もし肯定的であるなら、行動の理由を与えてくれるようなものである」[(10)]。この基準を試みているうちに、分析の繊細の精神が現れるのであり、その精神はそれに先行する分析の明瞭な二分法を粉砕してくれ、そして逆説的ながら、先の行動理論とは正反対の行動理論の幾何学的精神に道を開いてくれる。たしかに、なぜの問いの基準はゲームを終らせるどころか、それを適用することが、混合した実例や逆の実例などの並外れて多様な領野に接近させてくれるのである。ただしその適用が、読者をいくらか迷わせる分析の迷路に入らせない場合であるが。このような精妙な区別の気遣いは、まずは、なぜの問いが適用されない事例の探求において表現される。これはすでにアリストテレスが「選択」(prohairesis) の分析の際にとった慎重策であった。それは、知らない場合の事例、強制された場合の事例である。アンスコムはその分析をきめこまかくおこなう。行動のどんな記述のもとで行為者はそのとき自分でしていたことに気づかなかったのか (aware) にすべてはかかっている (彼は板を鋸で挽きながら、音を立てているのを知らなかった)。しかし主要な犠牲者は、行動の理由と原因との間の明瞭な対立である。というより、対立が極端な事例にしかあてはまらないような一連の事例をわれわれは相手にしている。その点で、混合した事例はもっとも興味がある。それゆえ、極度の混乱に陥っているのは、因果性の問題全体である、とアンスコムは考える。それであるから、なぜの問いに対して受け入れられる若干の答えのなかで、われわれは原因という語を有意味に用いるのだ、と言うだけにとどめておかねばならない。すでに述べたように、ある人にそのような行動に駆り立てたものについて、われわれはしばしば、そして正当に語ってきた。心的原因という観念でさえ、意図的行動についてのある種の記述においては、正当な位置を占めている (軍隊音楽は私を鼓舞する。だから私は拍子をとって行進する)。行動の理由と原因とがもっとも頻繁に混同されがちな事例とは、動機がうしろを向いている (backward-looking motives) 事例である (たとえば、復讐や感謝の例)。そのかわり、前を向いている動機はむしろ、……における意図、(またはそれによって) 行動する意図という観念に対応する。それについてはあとで述べることにする。このように行動する理由と、前向きの動機と、心的原因と、原因そのものとの間の境界がいかに漠然としたものであるかがわかる (「しかめ面に私はおどろいて飛び上がった」)。なぜの問いの基準はしたがって確固としており、それの適用はおどろくほど柔軟である。

これまでの分析で、動機と原因の対立の前に登場させた行動と出来事の対立についてはどうであろうか。ここでもE・アンスコムのとる立場はニュアンスにみちている。一方で彼女は、意図的行動は記述の対象であることを断固として主張する。そのような記述によって行動の観念が占める位置が、そのことを証明している。その意味で、行為の「何が」は、真または偽でありうる知識に属している。われわれはこの先で、分析哲学においてこのように記述を強調することをもう一度論じよう。他方で、意図的行動は、観察なしに知られる事がらの下位クラスを構成する。私は自分がそれをしたのを、自分で観察したから知ったのだ、とは言わない。自分が今していることをしており、なぜそれをしているかを自分が知るのは、しながらである。この観察なき知識という観念については、すでに述べたところであり、それはまた実践的知識(knowing-that でなく、knowing-how)とも呼ばれるが、それは異論の余地なく、E・アンスコムの立場を、言語ゲームの二元性の支持者の立場に近づける。

しかし、これまで検討してきたあらゆる場合に、行動の動詞よりも人称代名詞が先行しているとはいえ、実践的知識の観念が、行動と行為者の関係を考慮するよう促していると考えるべきではないだろう。なぜの問いによる、またこの問いに対して納得できる答えによる基準を採用することは、行動の客観的側面、つまり得られた結果を特権化する。その結果自体が出来事なのである。アンスコムがほとんど逆説的な調子で言っているように、私は起きることをするのである。行動の行為者を消すことは、行動の客観的側面を強調することによって、さらに強化される。先にはじめた、……が欲しいの分析を再開するなら、アンスコムは「私は……が欲しい」(I want) の表現をまったく考慮せずに、その英語の動名詞の形 (wanting) を体系的に考慮する。そこで彼女はこう書く。wanting の原初的な意味は、入手しようと試みること

(trying to get――文法上動名詞は時制によって表現される動詞の主語をこのように省略することを許す)である。wanting のもっとも頻繁に引用される種類、すなわち欲望について言えば、概念的分析にとって重要なのは、そのように影響を受けた主体が感じる欠如や緊張ではなく、「欲望をそそる性格」、つまりそのようなものとしてあるものが欲望をそそることである。なぜこのように欲望の客観的側面を強調するのか。次の二つの理由による。第一の理由は、記述的次元と切り離せない評価の次元を説明し、だからといって概念的分析に道徳的配慮を導入しまいとする気遣いである。第二の理由は、意図的行動(「意図的にする」という意味で)と、……する意図でなされた行動との間に、理解可能な転移を与えようとする気遣いである。

「意図」という語のこの第二の用法は、先に「前向きの動機」と呼んだものを包含する。しかしそれによって、行為者のみに到達可能な、ある内的本質体が導入されたのではないことは、よく理解されねばならない。行動はそこにある。そしてそれを記述するために、それを説明する。行動を事後の結果の目標によって説明することは、単に実践的推論に着手することである。実践的推論は行動の理由に言述の複雑さを与えると同時に、欲望をそそる性格を前提の位置にすえる。ここにおいてわれわれはかつてアリストテレスによって実践的三段論法の名のもとに標柱を立てられた堅固な地盤に立つことになる。たとえ現代的解釈やアリストテレス自身の解釈さえも修正しなければならないとしてもである(それはアリストテレスが分析を道徳のために位置づけるからであり、とりわけ実践的三段論法の結論が行動であることは明白と思えないからである)。E・アンスコムによると、誤りは実践的三段論法を、行動に導くのが推論であるのに、証明する実践的推論にしてしまうことである。たしかに実践的推論の力は未来の事態を、過程の以後の段階として出現させ、問題の行動はその過程の以前の段階である、とすることである。私はそのためにこれをする、という表現において、力点は「私」にではなく、「……のために」に置かれる。つまり以前と以後という二つの事態の依存関係に置かれる。

ここにおいて、何がの問いとなぜの問いの相互的含意が二つの方向に威力を発揮する。すなわち、記述から説明の方向へと、逆に説明から記述の方向にであり、それは一連の行動の理由のなかに、実践的推論によって導入される順序が、行動の記述そのものに跳ね返るからである。[11]

この状況が含むアイロニーは、何がの問いとなぜの問いとのこの相互的含意がまさに、誰がの問いを消すのに役立ったことである。この一見おどろくべき現象を、私に次のように説明させてもらいたい。私の考えでは、行動をその行為者に帰属させようとする興味を消そうとするようになったのは、もっぱら記述の真理だけを気遣うことによる。ところが行動を行為者に帰属させることは、真実かどうかの問題を提起はするが、語の記述的な意味での真理の問題はもはや提起しないのである。われわれが意図的に取りあげないでおいた意図の表明を分析するときに、われわれはあとでこの問題に立ちもどろう。それをやはり示しているのは他者や自分自身に対してなされた嘘の申し立ての事例であり、行為者の自分自身の意図についての誤解であり、あるいは単なるためらい、アリストテレスが熟慮という名目で位置づけた内的議論である。この点に関して、手段＝目的とそれに関連する論理との関係は、人がそれによって行動する意図の含む意味をすべて汲み尽くすことはない。意図はそのうえ、最初の場所から追い立てられてしまった純粋の意図の行為（act of intending）を含意しているように私には思える。私がここで示唆しているのは、真理の問題と区別される真実性の問題が、証しというもっと一般的な問題性に属しているということで、証し自体は自己性の問題に適合する。嘘、欺瞞、誤解、錯覚などはすべてこの領域に属する。証しに属する諸問題を隠してしまうのが、おそらく分析哲学の流儀であり、それは記述と、記述に適した真理基準にもっぱら関心を集中するせいであろう。意図の表明の真実性を疑う可能性が、その記述の性格や記述に結びついた真理の主張に不利に働くとしたら、この疑惑の可能性自体はそれだけで、提起された問題が証しの現象学に属することを証明しているのであり、その現象学は記述に適した基準論に還元されえないのである。物語的自己同一性にあてられる研究の枠組でゆっくり論じることになっている誠実さのテストは検証ではなく、試練であって、それは最後には信頼の行為において、また最後の証言において終るのであり、その中間の疑惑の挿話的出来事が何であろうと関係しない。アンスコム自身が認めているように、ひとりの人間だけが自分の意図が何であるかを言うことができる瞬間がある。しかしそれを言うことは告白の次元に属する。告白は内的証言の表白であり、それは伝達されると、受け入れられるか、られないか、である。だがそれはけっして公的記述の等価物ではなく、共有された信仰告白である。アンスコムが観察なき知識と呼ぶものは、私見では証しの領域に属すると思うが、それは著者の意図には反するかもしれない。意図した目標を証しすることは、「行為の最中に眺めるきわめて特殊で、奇妙な視線」(*Intentions*, p. 57)の働きではないということに、私も同意する。もし見ることが、真または偽とみなされるような命題で表現されるとするなら、まさに証しは見ることから逃れてしまう。真実性とは、知識が対象に妥当するという意味での真理ではない(12)。

この証しを主題化できないために、E・アンスコムの概念的分析は、意図という語の第三の用法である「……する意図」を詳しく説明づけられないのである。ここで思い起こされるのは、現象学的観点からは重要なこの用法が、研究の当初から、どんな論拠でその最初の位置から追い立てられて、第三番に格下げされたのか、である。著者は議論の最後でこの用法にもどるのだが、なぜの問いと、それに適合した答えとは、提案された行動の意図にも妥当する、とのみ言うにとどまる。このことは、意図が予言または未来の推量（これは起こるだろう）と共有する未来の標識は識別されず、行動の理由だけが考慮される、と言うことと同じである。この観点からすると、意図が満たされるかどうか、あるいは説明がごく簡潔に「そうしたかっただけで、それだけの話です」と言うにとどめるか、といったことは重要でない。この分析は、私があとで意図の意図と呼ぶものを、つまり未来へむかっての固有の飛躍を単純に排除してしまったのである。その未来においてなされることとは、私によって、つまり自分がすると言う人と同じ人（ipse）によってなされることである。[13] 換言すると、たとえ堅固な意図には、明白な約束のもつ慣習的、公的な枠組が欠けているとしても、意図しながら、意図を約束のほうへ進めていくものが排除されるのである。結論すると、概念的分析によって第三番目に格下げされた……する意図は、現象学的観点では第一番目にもどってくるのである。なお、……する意図の証しが、同時に自己の証しでもあるのはどんな意味においてであるかを、今後論じなければならない。

4　行動の意味論と出来事の存在論

何がをなぜによって捕える第三段階とそれの帰結として、誰がの問いのほとんど完全な脱落とに到達するのは、何がの問いとなぜの問いの対が、行動そのものを出来事の下位クラスにしてしまう非人格的な出来事の存在論に吸収されてしまうような行動理論においてである。論理的と存在論的なこの二重の還元は、ドナルド・デイヴィドソンの『行動と出来事』という意味深長な題名のもとに収録された一連の論文によって、おどろくべき力強さでもっておこなわれた。[14]

その理論は、明らかな逆説ではじまる。それはたしかに、行動を他のすべての出来事と区別する目的論的性格を強調することではじまるとしても、その記述的特徴は、たちまち説明の因果性的概念形成に従属してしまう。そしてこの従属に、この行動理論が決定的に介入する地点がある。E・アンスコムの分析が印象主義的に見えたと同じだけ、デイヴィドソンの理論は荒削りで、融通がきかない、と言おう。デイヴィドソンの戦略では、因果性的説明は今度は、存在論に行動を挿入するのに役立つのであり、それは隠れた存在論でなく、表明された存在論であり、それが偶発的発生という意味の出来事概念を、固定した物体という意味の実体と平等にすることには還元できない本質体《アンチテ》のクラスとする。本来非人格的なこの出来事の存在論が、私の考えでは、行動理論の全重力空間を構造化し、行動と行為者の関係を明白に主題的に扱うことを阻止するのである。逆に概念的分析のほうは、その関係にそってたえず進んできたのである。このように行動から行為者にもどることの挫折のうちに、いわば端数切り捨てで、行動とその行為者が連接する真の場所を、自己の再獲得にもっと適合した別の種類の存在論の中に探し求めるようにという促しのようなものを私は見てとるのである。

1　順番にはじめて、私は分析を、意図と行動の関係にあてられた一群の論文の境界内に導いていこう。その際の案内役を第一論文「行動と理由と原因」（一九六三年）[15]にしよう。この論文はキック・オフであると同時に名人技であり、それは行動哲学全体の再編を促した。この新しく配られた札に対してどの哲学もそれぞれの立場を明確にせざるをえなくなったのである。あとで述べるように、この第一論文はその十五年後に、「意図すること」(Intending, 1978)[16] と題した、論集の最後の論文によって重大な修正を加えられることになる。第一論文は、出来事の存在論における行動理論の存在論的根拠を主題的に扱ってはいないが、毎ページでそれを前提にしている。目的論的説明を、われわれはどうしても意図に応じた行動の記述に結びつけたくなるのであるが、この論文はその目的論的説明を、容赦なく因果性的説明に還元するだけにとどまる。事実、デイヴィドソンの理論の興味と、それのある程度逆説的な性格は、記述のレベルでも、行動の目的論的性格を認めるところからはじまるところに存する。行動を他のあらゆる出来事から区別するものは、まさに意図である。行動というのは、動詞の文法が示唆するように、行動の記述がなにか起きるものを指し示すかぎりにおいて、たしかに出来事ではある。だが、「よろめく」といった、行動を意味しない動詞と、「たたく」「殺す」といった、行動を意味する動詞をはっきり分けることを可能にする文法はどこにもない。その意味で、これまで論者たちがあれほど力説してきた、起こすと起きるの区別は、出来事の範囲を決定するなかにおさまってしまう。他のあらゆる出来事のなかで行動を区別する基準となるのは意図である。

　しかし「意図」という語をどのような意味に解すべきか。第一論文でD・デイヴィドソンは、「意図」という語のいくつかの言語学的用法のなかでE・アンスコムが提案している区別を受け入れる。すなわち、それをもって物事がなされる意図、意図的に、そして……する意図である。一九六三年の論文でとられた戦略は、彼においても、意図の副詞的用法（XはAを意図的にした）を特権化し、それに名詞的用法（Aは状況YでXをする意図をもつ）を従属させ、「それをもって物事がなされる意図」のほうは、副詞「意図的に」を言述的に単に延長したにすぎないと解釈する戦略であった。この戦略を正当化するいくつかの理由がある。第一に、意図を行動の副詞として扱うことにより、完了した出来事として行動を記述することに、意図を従属させることは可能である。注目すべきは、行動文の論理的分析にかけられた大部分の標準的文例において、動詞はいずれかの過去時制に置かれていることである。「ブルータスはシーザーを殺した」など。そこに「……する意図」の分析が窮地に陥る根源があろう。そこでは未来への方向づけが強くしるしづけられているのに反し、出来事としての行動の過去形はあまり強調されないからである。もう一つの論拠はこうである。デイヴィドソンは意志作用というような神秘的本質体に対して極度の不信を全分析哲学と共有してはいるが、だからといって、心的出来事という観念を拒絶してしまわない。というのは、欲望や信念などはすぐに因果性的前件の位置に置かれ、それらはまさしく心的出来事だからである。しかしこの心的出来事は物理主義的アプローチと両立しえないわけではないが、それについてここでは述べない。したがって障害となるのは、心的出来事という観念ではなく、先行する因果性の図式に組み入れられないような出来事である。結局、因果性的図式に組み入れられる適性が、「意図」という語の副詞的用法を特権化するのである。そこでこれから立証しようとするのは、記述的な面での目的論を、説明的な面での因果性に、このように組み入れることである。

　実を言えば、意図が副詞的な意味に解されるとき、記述は説明に相当する。行動が意図的になされたものとして記述することは、行為者が自分のしたことをするためにもった理由によって、その行動を説明することである。換言すれば、それは合理化の形で説明を与えることである。ということは、申し立てられた理由が行動を「合理化」するのである。そこからデイヴィドソンのテーゼは二段階で展開する。まず合理化するとは何かを解明することである。次に合理化は因果性的説明の一種であることを立証することである。ある人があることをする理由をもつ、と言えるのは、一方ではその人がある種の行動に、ある《pro-attitude》を、つまり行為者がそれに好意的態度、性向をもつときであり（その場合、性向という語で、欲望を、wanting より広義のものを意味し、好意的態度は行為者の義務や公的、私的な目的のすべてを包含する）、他方ではその人が、行為者の行動はこのカテゴリーの行動に属するという信念（知識、知覚、観察、記憶）をもつときである（行為者がここで名指されていることに着目することができる。だがはたしてそれは行為者として主題化されるだろうか)。要するに、意図的行動とは、「ある理由のために」なされた行動である。好意的態度と信念によって構成される全体を「最初の理由」と呼べよう。「ある人が実際にしたように振舞った第一の理由を知ることとは、行動がなされた意図を知ることである[17]」。

行動する理由と、行動した意図との間のこの等式を土台にして、デイヴィドソンは主要なテーゼを確立する。それによると、理由による説明とは、因果性的説明の一種である。それは彼にとってはまず、常識的なテーゼである。われわれは、何がその人をしてそうするように導いたのか(英語では caused)とたずねないだろうか。しかもそれは、出来事の存在論全体と同質のテーゼである。いったい因果性とは、個別的で離散的な出来事間の関係でなくて何であろうか。ところが前のパラグラフで言及した論拠とは逆に、理由と行動とは、その偶発性によって(ある意向が行動の理由となるのは、それが突然発生することによってである)まさに出来事なのであり、しかも、ばらばらに名づけたり、記述したりできる、異なる出来事なのであり、したがって理由と行動は原因と結果の役割へのまじめな立候補者なのである。この点で、偶発事という視角から考察された心的出来事は、橋の工事の欠陥を大災厄をひき起こす出来事に変えてしまう、突然生じた亀裂に比すべきものである。

さらにつけ加えれば、しかもこれはもっと微妙な点であるが、因果性的理論は法則論的理論と混同されてはならない。因果性的な関係を確証するために、法則を知る必要はない。すでに述べたように、因果性的関係は個々の出来事を支配している。因果性的説明と法則論的説明とのこのような分離は、分析哲学内で、理由による行動の説明の因果性的解釈を妨げていた、主要な障害を取り除いてくれる。これは少なくとも納得できる企てである[18]。私自身、『時間と物語I』で、マックス・ウェーバーとレイモン・アロンにならって、歴史的認識の平面で、個別的因果帰属という説明の考え方を主張した。さらに本書で先に、動機＝原因の概念的な対をまったく二分法的に扱うことに対し、私自身の疑問を表明した。ただしその際、動機を原因として扱うのが正当と見える言語的状況を単に列挙するにとどめておいた。私としては議論をもっと進め、現象学的直観を満足させるとともに、基本的にはヒューム的なものにとどまっているデイヴィドソンの因果性理論に代替できるものを提供する、動機づけについての解釈を提案してみたい。wanting の現象学が動機づけの観念の改鋳を要求し、その観念はすでに述べたように、能動的行動の相関物と見える受動性の次元を考慮に入れるようになるなら、それに並行して、ヒューム的モデルから引き離すような原因観念の改鋳も要請されるように思える。一方では、動機と原因とが区別されない事例を考慮するのを阻んでいるのは、このヒューム的モデルの威信であると見える。すなわち動力因といった古い観念や、さらにはライルの『心の概念』[19]によって再び栄誉を与えられた傾向性 (disposition) の観念さえも含まれるすべての事例である。他方ではたしかに、ガリレイ革命によって物理学から追放された動力因の観念も、欲望の経験においては、ただ単にその原産地、その出生地にもどっただけである、と結論づけることもできよう。しかしながら、動機が実際に原因として体験されている経験を認めるためには、原因の古風な意味を再興することで満足してはおられない。衝動、傾向性、情動といった概念の文法、要するに感情概念の文法は、行動の意図的性格がそれと同質の因果性的説明の型に接続されることを要求するのである。因果性的説明は目的論的説明でしかありえない[20]。

目的論的説明とは何か。それは命令そのものがそれを産みだす要因となっている説明、つまりみずから課した (self-imposed) 命令である。それを目的としてめざしたゆえに、出来事が起きた、と言うことは、眠れる力 (virtus dormitiva) であれ、その他であれ、隠れた本質体に訴えることでなく、システムと、システムの法則を記述することである。つまりそのシステムにおいて出来事が起きるのは、それを産みだした条件がこの目的を産みだすために要求される条件だからである、といったシステムとその法則なのである。ここでチャールズ・テイラーを引用しよう。「出来事が起きる条件とは、ある事態が問題の目的をもたらすように生じる、あるいはその出来事がその目的のために要求されるように生じることである」。たとえば、ある動物が獲物を窺っていると言うことは、窺いとして記述された行動のようなものが、その動物に可能な行動のレパートリーのなかで、その目的を満たすために要請されるものである、と言うことである。それゆえ先在する、あるいは内在するいかなる本質体も仮定されない。一定の目的のために出来事が要請されているという事実が、その出来事が生じるための条件である、と言うだけである。システムの状態とその環境とは、ある結果が生じるために、一定の出来事（ある種の行動、ここでは窺い）を要請しているものであるという事実は、完全に観察できる。同じく、この先行条件は、出来事そのものによって産みだされた物質的証拠とは無関係に確証されるという事実も観察できる。

　そこから導かれる行動の意味論の課題とは、目的論的説明に固有の法則の形式と、ある動機は、それが原因でもあるかぎりでその役割を果たす、とわれわれに言わせるような記述的特徴との間の相関関係を確立することである。そこで日常言語と目的論的説明との間に興味ある相関関係が現れ、それは二つの方向に働く。第一の方向によれば、目的論的説明の形式は、傾向性による行動の説明の暗黙の意味である。その場合、この説明が可能にする日常的言述の性格から、目的論的説明の超越論的演繹というものについて語ることができる。ある行動を意図的として分類することは、それがどんな型の法則によって説明され、同時に、ある種の型の説明を除外（to rule out）せねばならないかを決定することである。換言すると、それは行動を支配する法則の形式を決定し、同時にそれが機械論的法則であることを除外することである。ここにおいて、記述することと説明することとが一致する。記述の等級は説明の様式と同じものである。

何がの問いは、なぜの問いにおいて実現される。目的による言表は記述に匹敵する。説明とは、……のためのという目的による再記述である。目的論的因果性の認識論は、日常言語の越えがたい性格を正当化してくれる。しかしその逆の方向で、目的論的説明が日常言語の記述に潜在している形（……する意向）を顕在化するなら、そのかわり日常言語は説明の形式に、行動の経験の現象学的性格への指示をつけ加える。その性格はこの形式（そのようなものとしてシステムの法則に還元される）には含まれていないからである。それゆえに、現象学的記述には、目的論的説明にある以上のものがあるのである。目的による説明という一般概念に人間の経験がつけ加えるものは、自分の行為の主体として自己認識することのできる行為者による意識された方向づけという一般概念である。ここでは経験とは単に法則を適用することではない。経験は、意識的に方向づけられた行動の意図的な核を示すことによって、法則の適用を明示するのである。

因果性と動機づけの関係について私がここで提案する二者択一的解釈とは、私見では、意図概念の副詞的用法を包含するだけでなく、……する意図という概念に新しい進路を開くものである。

2　デイヴィドソンによる行動の分析によって提起された真の問題とは、私見では、意図が副詞的に解される場合に、行動の理由は原因であるかないかではなく、……する意図という意図の名詞的用法を、その副詞的用法の派生態と解することが正当化されるかどうかである。

すでに指摘したように、分析哲学において「それをもって行動がなされる意図」の表現は、好んで動詞時制の過去形の一つをとる。出来事としての行動は完了したとみなされる以上、これはおどろくべきことではない。逆にそれがおどろくべきことであるのは、動詞時制がいかなる明瞭な分析の対象ともなっていないことである。しかしこのことを、「……する意図」の表現についてはもはや無視していることはできない。その表現が未来を指向していることは、あとで見るように、強くしるしづけられている。そこで、意図の分析では、時間的次元は考慮されてはならないのか、過去的性格がしるしづけられていない「それをもって行動がなされる意図」という表現は、この点で、「……する意図」の削除された、とはいわないまでも、緩和された形ではないか、を問題にすることができる。「……する意図」の表現にとって、意図と行動とのあいだの遅れこそが肝要なのである。ところで、遅れの欠如は、遅れゼロではなく、同時的随伴のようなものである。事後に、ある人になぜそれを意図的にしたのかとたずねたら、その人は「それをもって行動した意図」を「……する意図」に昇格させて答えるだろう。その人の行動する理由は、彼が反省してみたなら、熟慮してみる暇があったならつくりあげたであろう「……する意図」なのである。

　この第一の緩和、すなわち時間的次元の緩和は、第二の緩和、すなわち、出来事としての行動と、原因としての理由を定式化するときに行為者を指示するという緩和と関係がないわけではない。行動とその理由をその行為者に帰属させることは、知られていなかったわけではないが、主題化されなかった。それは無標のままであった(21)。それは次の定式には欠如している。その定式を論文全体が注釈している(22)。「C2：行動の最初の理由は原因である」(Davidson, *Essays on Actions and Events*, p. 12)。とすると、行動がその行為者に帰属するのを隠すのは、出来事の基底にある存在論に連動したためにひき起こされた歪んだ効果なのではないか。というのも出来事の概念にとって、それが人または事物によって惹起され、もたらされた(brought about)というのは、関与性がないからである。

　この疑いは「純粋の意図」すなわち行動を伴わない意図についての扱い方によって確認される。それは一九七八年、したがって『行動、理由、原因』(23)刊行の十五年後にその主題にあてられた論文の題によれば《intending》(「意図すること」)である。第一論文でとられた戦略によると、意図の概念のあらゆる用法は、副詞的用法から派生できるはずであった。「私はまちがっていた」とデイヴィドソンは論文集の序文で認める（*ibid.*, p. xiii）。たしかに「……する意図」は独自の特徴、すなわち未来指向、遂行の遅れ、さらには遂行の欠如、そして少なくともひそかに行為者を含意すること、などの特徴を呈していることに、デイヴィドソンは気づかずにはいなかった。とはいえ、新しいテーゼとは、これらの特徴も好意的態度と信念による因果性的説明の根本的修正をなんら要求するものではなく、ただ、行動の理由という確定した概念に付属的に合体した要因を付加するのを要求するだけ、というものである。この付属の要因について要請されるのは、それが意志作用的な型の神秘的な行為をこっそりと再導入しないことである。きわめて慎重に、いくつか候補にあげられたものが検討される。意図の形成過程を行動として扱うことはできないか。それは是認できる。だが観察されえない行動とは何なのか。意図を、約束（または命令）の型の言述行為に同一化したらどうであろうか。それもまた是認できる。だが意図に欠けているのは、慣習の組織体、行為者がつながれている義務的性格、意図表明の公的性格などであり、約束を言述行為として識別するあらゆる特徴である。意図を、実際にしたいと思う、あるいはいくつかの条件が満たされたらする、あるいはしようと思えばすることができるような信念に還元してみたらどうであろうか。そうしたらきっと目標にもっと近づくだろう。しかし分析はせいぜい条件つきの意図にしか妥当しない。そこで援用される条件は、外的状況の次元に属している。残るは、wanting の標準的分析の形をとった好意的態度の分析をまたぞろはじめる、という解決法である。

たしかに、以前の分析は、wanting の形成における評価的構成要素、したがって判断の役割を無視してきた。ところが「意図を形成すること」は「判断に到達すること」でもある。しかし二種類の判断がある。一方は、第一印象的判断（prima facie judgement）と呼べるもので、たとえば甘いものが食べたいという欲望に対応する判断で、アンスコムの語彙を再び使えば、欲望をそそる性格を考慮することにほかならない。他方は無条件的判断（all-out judgement）で、それは実践的推論を引き出すことができる。これは補足的判断で、それによると欲望をそそる性格だけで行動を支配するのに十分である。それゆえ、ただ行動のために弁護する判断と、行動を起こさせ、それだけで十分な判断とは異なる。意図の形成とは、この無条件的判断にほかならない。この理論の利点は、それが意図と単なるwantingとの区別を尊重しつつ、行動の理由についての以前の分析の限界内にとどまっていることである。このことは意図的行動の分析における新しい要素として、無条件的判断を導入することを可能にする。こうして「intendingとwantingとは、価値判断によって表現される好意的態度（pro-attitude）と同じジャンルに属する」（*ibid.*, p. 102）と言われる。これを述べたことによって、意図の因果性的説明は無疵のままである。

私が考えるに、デイヴィドソンは以前の分析に無条件的判断をこのように付加したことによって課される変動を過小評価している。これまで遠ざけられていた問題系の全体、すなわち、遅れの時間的構成要素に、意図をもった行為者への指示に与えるべき意義の問題性が、無条件的判断の陰に隠れて大挙してもどってくる。そこで論文の最後の文は次のようである。「純粋なintendingは無条件的判断（all-out judgement）の下位クラスをなす。すなわち行為者の未来の行動のほうへ向けられ、信念の光を受けて形成される判断である」（*ibid.*）。この遅れとともに現れてくるのは、フッサール的視角からすでに述べたような、意図の、空虚な思念という予見的性格だけでなく、ハイデガー的な視角からすでに述べたような、行為者の条件そのものの企投的性格もである。意図の予見的性格に関して言えば、意図概念の基本的用法をなすものは「……する意図」であって、その副詞的な形ではない。意図的に遂行された行動の場合、意図の時間的次元はただ緩和されただけで、準同時的な遂行によっていわば覆われている。しかし俗に言う時間をかける行動を考慮しようとするや、予見は行動がなされる全過程にわたっておこなわれる。いくらかなりとも動作の継続、その完了、その中断などを予見せずに私が遂行できるような、多少延長された動作というものがあるだろうか。デイヴィドソン自身も、字を書くときに、私は現在の字を書きながら次の字を書く行動を予見している、という事例を考察している。この際、アウグスティヌスの『告白』の中で詩を朗誦する有名な例を、どうしても思い出さないわけにはいかない。時間性そのものを構成する「集中」(intentio)と「広がり」(distentio)の全弁証法が、そこに要約されている。私は詩の全体を思念し、一方では一句ずつ、一音節ずつ詩を朗誦しながら、予見する未来は、現在を通して、過ぎ去った過去のほうへと通過するのである。

行為者自身にかかわる企投的性格に関して言えば、意図概念の基本的用法をなすのは、やはり「……する意図」である。その副詞的用法では、意図は行動の単なる修飾として現れ、その修飾は、非人格的な出来事の下位クラスとして扱われることができる。「……する意図」はもはやそれと同じではなく、それは意図が属する行為者に直接送りかえされる。同じく、現象学的観点から、意図概念の多様な用法の間の優先権の問題は、隠れていた存在論的問題へと送りかえされる。存在論的問題とは、意図は人に帰属し、そして意図を通して行動は人に帰属することを考慮するのに、はたして出来事の存在論は適しているかどうかを知る問題である。

3　デイヴィドソンの論文集によって引き受けられるのは、まさにこの存在論的な賭である。その論文集は「出来事と原因」という副題をつけ、『行動と出来事』の第二系列を構成している。立論の重点は次のテーゼを正当化することを狙っている。それによると、出来事、その中でも行動は、実体と同様に、原始的本質体と呼ばれるに値する。ここで言う原始的本質体とは、現実を指示する命題に真理価値を与えるところの現実である。存在を賦与するフレーゲ的なこの基準は、分析哲学の多くの学派に共通である。各学派はその基準が適用される仕方によってのみ相違するだけ、換言すると、その適用は基本的に、真理要求（truth-claim）の土台となる文または命題の論理的分析に応じてなされるのである。この点で、われわれが第1研究で案内役としたストローソンの『個体』におけるテーゼと、デイヴィドソンの『行動と出来事』におけるテーゼを比較してみることは、最高に興味を唆る。その比較は存在論的な面における行動の行為者の地位に直接かかわる。『個体』においては、二種類の基礎特殊者、すなわち物体と人物の区別は、異なる系列の述語、つまり心的述語と物的述語のそれぞれを帰属させるのに応じてなされる。そのようにして行動の行為者は最後の特殊者として認められる。ただし行為者はその資格としては、われわれがこの語に与える強い意味での自己ではなく、単に語られる「事がら」の一つにすぎないのではあるが。デイヴィドソンの場合、「行動文の論理的形式」（これが問題の系列の第一論文の題である）によって課される断絶は、実体つまり固定した本質体と、出来事つまり過渡的な本質体との間を通る。私が主として関心を寄せるこの断絶は、行為者の存在論を前進させるのを許さないだけでなく、ある手段によってその存在論を隠すのに役立っている。たしかにストローソン的な意味での人物は、出来事としての行動が起きるのはこの人物に対してであるという意味で、むしろ実体の側にある。それに反しデイヴィドソンの場合、「ピエールは一撃を加えた」という文の論理的分析において、重要なのは加えるという動詞がピエールについても、一撃についても言われることである。一撃は個々の出来事の位置にある。ピエールは実体の位置にあるが、それは物質的なもの（ストローソンの用語では物体）と区別されるものとしてではなく、出来事の媒介者としてである。ここで重要なのは、出来事が実体（それが事物であれ人であれ）と同じ存在論的威厳をもっているということである。[25] 行為者に特有の問題性を完全に隠蔽しおおせるために、「原始的理由」（好意的な態度と信念）を心的な出来事に同化することは、人物の概念が出来事と実体とのあいだに引き裂かれ、けっして関与的でないようにしたのである。たしかに力点が出来事の媒介者というところに置かれると、人物は特権なき実体となる。だが、力点が人物に属する心的な出来事概念に置かれると、人物は出来事の、つまり起きるものすべての塊の中に融合してしまおうとする。

出来事は実体と平等に扱われねばならないということについてデイヴィドソンが主張する理由は、とりわけそのテーゼが慎重に、控えめに主張されているだけに、考慮に値する。行動文の論理的形式はここでほとんど議論の余地のない拘束力を及ぼす。理由による行動の説明が因果性的説明の一種であり、因果性が個々の出来事のなかで働くのであれば、行動は出来事でなければならず、その出来事は、それを指示する命題に真理価値を確保するために、実在しなければならない。この強力なテーゼは、行動文の論理的形式の分析が実体と出来事の間に発見する数多くの並行関係によって補強される。たとえば、ある種の行動が、もし個別の本質体を構成しないならば、どうしてその行動がいくつかの記述を受けることが可能であると言えようか（われわれはいく度も次のような表現に出会ってきた。「このような行動は記述dにかけられる」）。この点に関し、オースティンによってはじめられた弁解の分析や、先に略示した誤解の分析は、別の道を通って、ある遂行された行動についての記述の複数性という概念につれもどしてくれる。アンソニー・ケニーの言う「可変的な多元記述性」についても同様であり、[26] それのおかげで行動の言表に、受領者の、場所の、時間の、手段の、他の状況の記載をつけ加えることはつねに可能であって、そのために、遂行された行動を指示する真理価値が変わるわけではない。さらにもっとおどろくべき仕方で、単一の行動の数的な同一性とか、二つの行動の間の質的同一性とかについても語ることができるだろうか。同一性の問題は、出来事の存在論を弁護するうえであまりに中心的であるために、その問題は「出来事の個体化」(Davidson, *op. cit.* p. 163 sq.) と題する論文で主要な論議を提供するほどである。この論文は次のように書き出す。「もろもろの出来事はいつ同定され、いつ区別されるのか。個々のケースで、何らかの仕方で決定するために、どんな基準が存在するのか」(*ibid.*, p. 163.)。その答えは、出来事についても、実体としての対象についても同定の基準は同じである、というものである。もしも行動は、物質的対象と(実体と同じ位置にある人物と、とつけ加えられよう)同じ資格で実在すると言えるような出来事ではないとするなら、行動は何度も発生する(発生の反復)と言えようか、また行動の命名を数量化(一つ、いくつか、すべて)できようか。以上のすべては、出来事は個別的実体と同じ資格で個体化されるというテーゼを支持する。そこから次のように結論づけることが是認される。「出来事の個体化は原則として、物質的対象の個体化が提起する問題よりも重大な問題は何ら提出しない。出来事は実在する、と考える十分な理由があある」(*ibid.*, p. 180)。

引用した最後の主張で、人物への指示が消えているのは偶然ではなく、われわれの注意を喚起すべきものであろう。提出されている問題はこうである。デイヴィドソンの長所として認めるべきであろう厳密さと精密さをもってなされた、行動文の論理的分析のようなものに立脚した出来事の存在論は、自分の行動の所有者としての行為者の問題系を隠してしまうように余儀なくされているのではないか。この隠蔽の効果の指標となるものは、今しがた出来事間の同一性をめぐって言及された議論によって提示される。はじめから終りまで、問題とされるのは idem の意味の同一性であって、自己のそれであるような、ipse の意味の同一性ではない。[27] 私の考えでは、行為者の問題をこのように隠すのは、すべてが問題にされるような一連の戦略的選択が積み重なった結果である。

第一に、「……する意図」よりも「それをもって行動する意図」に優先権を与えることは、行為者が自己より先に企投することに伴う予見という時間的次元を廃棄することに、完全に成功しないまでも、それを緩和することを可能にしたのである。それは、私がかつて『意志的なものと非意志的なもの』の冒頭で粗描したように、最初の選択で表現されないものを言語にもたらすという企てについての明白な現象学の課題である。

第二に、理由による目的論的説明を因果性的説明に包含させることは、非人格的な出来事間の関係のために、主体を消すことに役立ったのである。目的論的因果性の権利を回復し、あらかじめ引き出しておいた志向性の現象学的契機とその因果性との親近性を示すことは、認識論的性格の分析の責任となる。すでにこの方向にむけて、われわれは第一歩を踏み出した。

最後に、出来事の存在論が、行動をその行為者に責任帰属させるのを説明できないのは、この存在論を導入した仕方から由来するのではないか、と問うことが重要である。これらすべては、出来事の偶発性と実体の恒常性の間に対称性を求めるのが、ストローソンの『個体』によってなされた人物という基礎特殊者と事物との対立を追求するのを妨げているかのようである。行為者の問題は、出来事と実体との間の対称性をこのように求めるには関与的でなくなる。この挑戦に、それが置かれている存在論の平面でこたえるには、行為者の存在様態の問題を、行動文の論理的形式の分析とは異なる土台に導入し、しかも分析哲学がそれ自身の地盤で、その典型的なアプローチをする有効性をまったく否認しないことが必要であろう。私見では、これは別の存在論なのであろう。すなわち、意図の現象学と、今しがた言及した目的論的因果性と調和した存在論である。この別の存在論は、企投されている存在の存在論であって、それには、ちょうど同一性の問題性が出来事の存在論が当然帰属するように、自己性の問題系が当然帰属するであろう。

行動の行為者への帰属（ascription）という概念の可能性を、この別の存在論の観点から探索するのが、次の研究での課題となろう。この概念は、第1研究の末尾で中断されたままになっていたものである。[28] 同様に、これまで何度かアプローチした証しの認識論的役割が、帰属の分析とともに、前面に登場するのが期待できる。ともに帰属も、証しも、行為者なき行動の意味論にとどまるようあえて自己拘束してきた戦略をとる行動の意味論の中には、位置することはできないのである。

第4研究

行動から行為者へ

この研究の目的は、前研究の結果に失望したあとで、行動と行為者の関係の問題を再び検討に付することである。そのために、少し前にさかのぼってみよう。第1研究のはじめで注目したのは、誰が、何が、なぜ、といった行動の意味論の領野に適用された問いは、相互に関連づけられた意味のネットワークを形成することである。たとえば、これらの問いの一つに答えることができることは、同じ意味の回路に属する別のどんな問いにも答えることができることである。ところで、言述の意味論に立脚していた前の研究では、誰がの問いを次第に何が＝なぜの対のために遠ざけてしまうという一方向にのみ、そのネットワークをたどっていった。言述の語用論にいっそう頼りながら、一連の問いを逆方向にたどること、換言すれば、何が＝なぜの対から、基軸的な誰がの問いにさかのぼることは可能なのか。主な障害はこれまでのところ、行動文の論理的分析に対し、誰がの問いにひきかえす道を閉ざしている出来事の存在論によって、引力が及ぼされてきたことである。このような閉塞された状況では、ストローソンの分析を、第1研究の最後で中断していた地点から再開するのが時宜を得たことと思われる。たしかにストローソンの分析から取りあげた三つのテーゼは、それぞれに、しかも要求をしだいにたかめながら、独自の言語現象を標的にしており、それを私は著者にならって、ascription（帰属）という語で指すことにする。その三つのテーゼをもう一度喚起しよう。
(1) 人物は基礎特殊者である。それはどのような述語賦与も結局は、物体にか、人物にかなされるという意味においてである。ある種の述語を人物に賦与することは、物体への述語賦与の用語に翻訳されることはできない。
(2) われわれが心的述語や物的述語を賦与するのは「同じもの」つまり人物に対してである。換言すると、人物とはわれわれが二つの系列の述語を賦与する唯一の本質体《アンチテ》である。したがって心的述語と物的述語の二重性に対応する本質体の二重性を措定する理由はない。
(3) 意図と動機のような心的述語は自己自身と、自己以外の他者とに直ちに賦与可能である。そのいずれの場合にも、その述語は同じ意味を保っている。
三度対象となったこの属性賦与 (attribution) という語は、帰属 (ascription) とするほうがよりよい命名であろう。この帰属という語は以後、われわれの企て全体の臨界点を示すことになる。問題は、行動の行為者への帰属が、述語賦与のあまりに特殊な種類となるために、述語賦与の命題論的な論理を再検討させることにならないかどうかである。とすると、行動の意味論が行動と行為者の関係の問題でつまずいたのは、おそらく反対する存在論、つまり匿名の出来事の存在論が、人物を基礎特殊者として同定するのに障害となるから、というだけでなく、ascription が行動の意味論に対し、それを解決するには十分な備えがないような問題を出したからでもあるのではないか。はたして語用論はそれに対するもっと有効な助けになるだろうか。

Ⅰ　古い問題と新しい問題

われわれが直面している難問は、新しいものではなく、それは古代から、現代のわれわれが用いているような分析の手段をもたない哲学者たちによって、とはいえわれわれを驚嘆させずにはおかないような言語的勘を働かせて、定式化されてきた問題である。

依存の関係の特殊な意味で、行動は行為者に依存することを、アリストテレスはほのめかした。彼はその関係を主題的に扱ったわけではないが、ストア派よりはるか以前に扱ってはいたのである。けれどもアリストテレスは演説者、悲劇詩人、執政官、そして日常言語の使用者たちによってなされた言語的選択の適切さを確証し、体系化した、おそらくソフィスト以後、最初の一人である。というのも問題は行動とその行為者を道徳的判断に従わせることであるから。それゆえにアリストテレスが識別したり、定義したりするのに払った細心の配慮は、それが用いた言語の富に注視しながら、じっくり吟味するに値するのである。

しばしば述べられてきたように、アリストテレスはその『倫理学』の中で、意志を、アウグスティヌス、デカルト、デカルト主義者、カント、ヘーゲルらがそうしたようには、統一概念としては用いなかった。しかしながら、アリストテレスは行動のレベルで、徳、すなわち行動のすぐれた特質についての詳細な研究に固定点を与えるために、『ニコマコス倫理学』第三巻で(1)、不本意になされた(akôn, akousios)行動と本意でなされた(hêkôn, hêkousios)行動の対《つい》の最初の規定に着手し(2)、次に選択を、もっと正確には、予め熟慮(bouleusis)して決定する選択(prohairêsis)を表す行動の最初の範囲内で、もっと精密な規定に着手する。選択と予めの熟慮（probébouleuménon）との関係は、徳の定義の土台として役立つ。徳の定義は、他の弁別的な特徴を働かせるのであり、われわれは別の研究で、それについて考察するつもりである。[3]

この土台に立って、行動と行為者の関係をどのように言い表すべきか。この関係のもっとも簡潔な表現は、行為者をその行動の原理（arkhè）とする定式に存している。がそれは行動が行為者自身（auto）に（前置詞 epi）依存する、と言うことを許す arkhè の意味においてである（『ニコマコス倫理学』III, 1. 1110 a 17)。

行為者の関係はこうして、原理の類的概念と、自己の一連の指呼詞の一つとの結合によって表現されるのであり、その指呼詞を列挙するのは、一つの特権的な前置詞とその他の近い意味の前置詞を介して、あとでなされよう。これら三つの構成要素が同時に現前することが、今日われわれが帰属と呼んでいるもののアリストテレス的解釈にとって肝要なのである。帰属のこの三本肢は、分析が、不本意や本意の平面から、行動理論と倫理的理論との関係が密接になる選択の平面へと進むにつれて、ますます明確な意味をおびる。

強制や無知によって特徴づけられる、不本意になされる行動からはじめて、アリストテレスはこう言明する。「強制による行動とは、その行動の原理が〔行為者の〕外にあるもの、すなわち行為者あるいは行為をされる人が、その行動の原理に関して何の役割も果たさないようなものである」(III, 1, 1110 a 1–3)。[4] それと対照的に、「〔本意でなされる行動において〕道具としての身体の部分を動かす原理は、その人自身のうちに（en autô）ある。その原理がその人自身のうちにある（en autô）行動については、それをおこなうのも、おこなわないのも、その人に（ep'autô）かかっている」(III, 1, 1110 a 15–18)。[5] この分析の段階では、前置詞の en（うちに）は、前置詞の epi（……に）よりも優勢であることに注目しよう。ところが、選択についてのもっと正確な（アリストテレスなら、もっと倫理学に近い、と言うだろう）分析の場合は、もはやそうならない。しかし「不本意」と「本意」の言語学的で概念的な分析は、原理の概念と、誰がの問いに答える代名詞（「われわれ」「あるひと」「各自」、要するに autos（彼自身））との結びつきを強調するのを許す。この結びつきは、「不本意と本意」（akôn = hekôn）の対を分析しはじめるや、重要な問題を提起する。というのも、原理の概念それだけでは、広義の意志（「本意」）の前道徳的な意味を明瞭に示すには十分でなく、まして厳密な意味での選択（または決心）の倫理的な分野により適した意味を示すのには十分でないからである。「原理」はたしかに、それが何であれ、はじめてのものを探求するうえに共通のものである。それはしたがって、自然的な面と倫理的な面とを区別するのに役立つことはできない。そこで、自然は運動の原理であるゆえに、運動の概念を何とかして解明しようとすることができるのであり、それこそが『自然学』の主要な意図である。[6] 原理概念が自然学と倫理学とに共通であるのは、そのいずれでも生成、変化、運動が問題となるからである。われわれ現代人なら、それを出来事というだろう。同じく、原理概念はそれだけでは、行動と行為者の関係を明確に定めるには十分でない。内的または内在的原理というもっと特定化した概念も、それ以上に判別的な価値をもつわけではない。なぜなら自然物（動物とその部分、植物、単純な基本物体、そして同じ種類のあらゆる事物）を、技芸の産物、要するに人工物から区別するものは、まさに自然物がそれ自身のなかに運動と静止の原理をもっているからである。[7]

行動と行為者の関係を明示するものは、「原理」という辞項でも、前置詞の「うちに」でもないとしたら、それをなしえるのは、原理と、誰がの問いに答える辞項（「われわれ」など）の一つとの結合だけである。自己である原理、原理である自己、これが求めている関係の目立った特徴である。自然的な面では比較するもののないこの関係に対し、前置詞「うちに」（en）から前置詞「……に」（epi）へのひそかな移行が、ある意味をおびてくる。前置詞 en は自然的なものと倫理的なものとの連続性、すなわち不本意にまたは本意でなされた行為というもっと広範な種類においてもっとよく見える連続性をはっきり示すのに対し、前置詞 epi は、熟考ののちに選ばれ、決定され、好まれた行為というもっと限定された種類においてもっと明白な、倫理的な面の特性を証ししている、と言うことができよう[8]。この微妙な変異がどうであれ、原理を人称代名詞に結びつけるのは、この前置詞の働きである。その効果は二重である。範列的な「われわれ」を文法上の補語の位置に置くことによって、前置詞は自己を原理の位置にすえる。逆に、原理を「われわれ」に依存させて修飾することにより、前置詞は原理の概念を自然的な面から倫理的な面に転移させる。そこが肝腎である。arkhê（原理）と auto（彼自身）との間につくりだされた短絡のようなものは、この二つの項の一方が他方によって解釈されるというふうにする。この相互的解釈に、現代人が帰属の名のもとに置いたものの謎のすべてが存している[9]。

行動の原理の倫理的な決定が、その自然的決定にまさるようになるのは、prohairêsis すなわち選択（または決心）を分析することによってである。われわれはここにおいて、本来人間的な行動の核に到達する。それについてアリストテレスは、選択は、徳に「すぐれて固有のもの」（Voilquin訳[10]）、あるいは徳に「密接に類したもの」（Tricot 訳）、あるいは徳と「もっと密接な関係」（Gauthier-Jolif 訳）をもつもの〔「器量にそなわる働き」（加藤信朗訳）〕であると言う（Eth, Nic., III, 2, 1111 b 5）。選択は「人柄を判断するのに〔外的な〕行為にまさる」（*ibid.*）ようにするものであるかぎりにおいて、選択はたしかに人間の行動を、称讃されるものに、あるいは非難されるものにする。この選択について、本意について言われるよりも、もっと力強く、正確にこう言われる。選択は「見たところ、われわれに依存している事がら〔ta eph'hèmin〕にかかわる」（1111 b 30. Tricot 訳）。たしかに次に続く分析では、主な力点はこの依存（Tricot 訳）の関係、もしくは力（Gauthier-Jolif 訳）の関係にではなく、選択に先立つ熟慮におかれている。アリストテレスによれば、選択の好み（pré-fêré）は、予め熟慮している（pré-délibéré）ことを表しているのである。こうしてアリストテレスはわれわれが先に扱ってきた分析のすべてを先取りしている。つまりその分析では、何が＝なぜの関係は、行為者への明示された帰属を中性化することによって、何が＝誰がの関係を見えなくしようとする傾向にあった。だがアリストテレスはすぐに、われわれが熟慮しない事がら（永遠なもの、悪天候、他国民の政府など）のどれひとつとして「われわれの力によって（dia）は生じえない」（III, 3, 1112 b 30）ことをはっきり述べる。「だがわれわれが熟慮するのは、われわれに依存しているもの〔tôn eph'hêmin〕、われわれが実現できるもの（Tricot 訳）〔行動の対象となるもの（G.-J. 訳）〕であり〔……〕どの階級の人も〔hékastoi〕自分で実現できるものについて〔péri tôn di'hautôn praktôn〕熟慮するのである」III, 3, 1112 a 30–34)[11]。選択の標準的な定義は、予め熟慮されたものを通して、このように巧妙に行動を行為者に帰属させることを、みごとに表現する。「選択の対象となるのは、われわれの意のままになるもののうちで、われわれが熟慮して欲求の対象となるもの〔熟慮された欲求の対象（G.-J. 訳）〕であるから、選択とはわれわれに依存する事がらに対する熟慮された欲求であろう。なぜなら熟慮の末にわれわれは決定をくだすや、〔われわれの〕熟慮にしたがって欲求するのであるから」（1113 a 9–12）[12]。

アリストテレスのこの用語法的、文法的な選択についてのこの検討を終えるにあたって、私は是非とも、行動と行為者のこの関係の謎めいた性格を強調するいくつかの表現を指摘しておきたい。それらの表現のうちの二つは、明らかに隠喩的である。その第一は、原理と父子関係との比較をおこなっている。この隠喩的な関係の文脈は格言への反駁であり、その格言によると「本意からの悪人は誰もいず〔oudeis〕、不本意ながら幸いな人もいない」（III, 5, 1113 b 14–15）。このアフォリズムを認めることは、アリストテレスによれば「ちょうど人間がその子の父であるように、人間が自分の行為の原理であり、生みの親である〔父＝G.-J. 訳〕ことを否定することである」(1113 b 18–19, Tricot 訳)。第二の隠喩は、今度は政治的な隠喩であり、次の本文にはっきり示されているように、支配の隠喩である。「われわれの行為について、われわれは始めから終りまで支配者〔kurioi〕である」(1114 b 31–32) これら二つの隠喩を一緒にとりあげてみると、行動をその行為者に帰属(ascription)させることは、論理的主語に対する通常の属性賦与(attribution)と比較して、独自性をもつことが間接的に示される。原理(arkhê)と自己(autos)の関係は、私が『生きた隠喩』で提案した「……と見る」の意味で、それ自体根本的に隠喩的であると言えないだろうか。その意味で、父子関係と支配という明白な隠喩は、原理と自己との短絡から生じる関係を言語にもたらす唯一の仕方であろう。

アリストテレス哲学における帰属への最後の間接的アプローチを考察しよう。われわれの性格を、その全体で構成している性向(hexeis)を形成するのに、われわれの選択と性質との協力のようなもの、というより融合を言い表すために、アリストテレスは sunaitioi(共に責任ある)という表現を鍛えあげる。「もし言われているように、われわれの徳が本意からのものであるなら(事実、われわれはある程度われわれ自身の性向についてその責任の一半を負うのであり(sunaitioi pôs)、他方われわれの性格の性質に応じて、目的をそのようなものとして立てるのである)悪徳も本意からのものであろう。なぜならいずれの場合も同じことだからである」(III, 5, 1114 b 20–25. Tricot 訳)。アリストテレスの意図はまちがいなく、われわれの行為の責任をわれわれの性向に、したがってわれわれの全道徳的人格に拡大することである。その意図はまたその責任を、部分的な責任の限界にまで及ぼすことである。ところがそれを言い表す言葉は異常であらざるをえない〔aitia(原因)よりもむしろ aition(責任ある)を用い、sum(共に)を付加し、pôs（いわば）でニュアンスをそえる」(13)。ここでもまた、それを言い表す言葉が不足している、と言いたくなる。

このことを、何世紀をも一挙にとびこえて、われわれは再発見するのである。

現代の行動理論は、帰属（ascription）に属性賦与（attribution）とは違った意味を与えることを私は立証してみたい。すなわち特殊な事例を例外に変え、それを自分で自分を名指す能力と同じ側――つまり語用論の側――に位置づけるような意味である。自分で自分を名指す能力と、言表行為理論や言述理論との関係について、われわれはすでに知っている。ストローソン自身によって、このはっきり異なる意味は、アリストテレスを思わせる特徴をもって明示された。その著『個体』で著者は、物的で心的な性格は人物に所属し、人物はその性格を所有することを指摘する。さて、所有者（owner）が意のままにできるのは、彼自身のもの（own）であると言われ、それは、他者に属し、したがって彼にとって無縁と言われるものと対立する。自分固有のもののほうはわれわれがまさに所有形容詞とか所有代名詞とか呼んでいるものに与える意味を支配する。「私の＝私のもの」「君の＝君のもの」「彼の、彼女の＝彼のもの、彼女のもの」……それに非人称の「ひと」（one's own）や配分詞「各自」（「各自に自分のものを」といった表現における）なども忘れまい。この表現を土台に、あとで述べるような正しさの倫理が築かれるのである。

問題は果たして、多くの場合慣用的なこれら表現が、われわれが行動の意味論の領野に割当てたのと同じ種類の普遍概念と同一視するのに値する普遍的な意味に立脚しているかどうかである。そう考える十分な理由がある。たしかに帰属が、行動の概念的ネットワークに属するすべての名辞を、行動の軸である誰がに関係づけることは注目に値する。逆に、われわれは誰がの問いに対する答えを、何が、なぜ、どのようにしてなどの一連の問いへの答えを獲得することによって決定するのである。前の研究でわれわれが扱った、何がとなぜの二つの問いについて、そのことを確認しよう。

まず行動自体について、それは私のもの、君のもの、彼／彼女のものであり、それは各自に依存し、それは各人の支配下にある、とわれわれは述べた。また意図についても、それは誰かの意図であり、彼（または彼女）が……の意図をもつと言うのは、誰かについて言っているのだ、とも述べた。われわれはたしかに意図をそのようなものとして理解することができる。だが、その意図を検討するために、意図をいったんその本人から切り離しても、それを彼のものとして彼に賦与することによって、意図を彼にもどしてやるのである。しかもそれは、行為者自身が、自分の前に開かれている選択について考え、そしてアリストテレスの言い方によれば、それを熟慮するときに、自分でおこなうことである。帰属とはまさに、行為者によって彼自身の熟慮を再び取得させることにある。決心することは、考慮した選択の一つを自分のものにすることによって、議論を打ち切ることである。動機の概念について言えば、主として後から考えた動機として、動機概念が行動するときの意図とは区別されるかぎりにおいて、行為者に属することは、行為者が原因となる行動そのものの論理的な主語となることと同じく、動機の意味の一部となる。次のようにたずねることは正当である。「なぜAはXをしたのか」「何がAにXをさせたのか」。動機に言及することとは、行為者にも言及することである。この関係はとりわけ奇妙な、逆説的な性格を呈する。一方で、行為の本人を探すことは終りのある探求であり、行為者を決定することで止まり、行為者は通常その固有名で名指される。「誰がそれをしたのか？　何某です」。他方で、ある行動の動機をさぐるのは終りのない探求で、一連の動機づけは、測り知れない内的、外的な影響の霧のなかに見失われてしまう。精神分析はこの状況と直接の関係がある。だからといって、われわれが終りのない動機の探求を、終りのある行為者の探求に結びつけるのを阻むものではない。この奇妙な関係は、われわれの帰属概念の一部をなしている。

われわれは行動理論が区画割をしているネットワーク全体に応じて、行為者という表現を理解するのである。これを指摘するとともに思い起こしたいのは、ネットワーク全体を支配することは、言語の習得に似ており、「行為者」という語を理解するのは、それを正確にネットワークに位置づけるのを学ぶことである、ということである。

2　帰属のアポリア

ネットワーク内の全辞項、とりわけ行動の誰が、何が、なぜを相互に結びつける相互意味作用の関係にかかわる一般性にわれわれがとどまっているかぎりは、事がらは比較的単純であるとしても、いろいろな行動理論において、〈帰属〉の関係をもっと緻密に探求することに対する抵抗が観察されるのをどう説明すべきだろうか。その反対する〈出来事の存在論〉を非難するだけでは十分でない。行動と行為者の関係をもっと深く探求することに、その存在論がどのような妨害力を発揮したかは、われわれがすでに述べたところである。いったいストローソンのいう基礎特殊者の理論が展開している行動の意味論の枠組から脱け出てはいけないだろうか。参照項としての人物は、われわれが語る事がらの一つのままである。この意味で、基礎特殊者の理論全体は、一般的なあるものの存在論によって吸収されたかのようである。その存在論は、自己《イプセ》認識の要請に直面して、別の論拠に立ってではあるが、出来事の存在論の抵抗にも比すべき抵抗をさらに広げるのである。

それが意味するのは、言表行為を軸にし、言表者による自己指示にむかって開かれた言述の語用論こそもっと大きな助けになるということであろうか。たしかにそうではあろう。だがそれもある程度までにすぎない。というのは自分を行為者として指名することは、自分を話者として指名する以上のものを意味するからである。この二つの自己指名の二つの度合の隔りを、帰属に固有のアポリアが証言する。このアポリアは、一般に、もっとも解決しがたいアポリアがそうであるように、それを露呈させた哲学を非難するものではない。むしろ逆に、それは、私が別のところで立証したように、その哲学に信頼を得させるものである。(14)

1　第一の難問は、先に示したストローソンの第三のテーゼの延長上に見いだされる。それによると、述語は自己に賦与されるのであるから、それは自己以外の他者にも賦与されることができ、また属性賦与の二つの状況においても述語は同じ意味を保持するというのは、あらゆる心的述語の意味に属すると同じように、行動の述語の意味にも属するのである。問題にされた他の二つのテーゼと違い、属性賦与は「同じもの」に（したがって一般的なものという名目で）なされるだけでなく、自己にも、またその他者にもなされる（self-ascribable / other-ascribable）。誰がと何がの関係がここで露呈される。この関係の奇妙さは、それに足をとめてみるに値する。帰属が自己自身と他者とに二分されることは、言うならばこうして賦与を留保されていた行動の述語に記述的な内容を与えるというだけの目的のために、ある人に対する賦与を中断させるという逆の操作の、いわば埋合せを帰属がしていることを暗示している。問題となるのは、実際の帰属の二分と、帰属を中断しておく可能性との関係である。ところで、われわれは認識作用、意志作用、情動などを含む広義の思考作用の目録を増やし続け、それらが賦与される人々の違いを考慮しなくてもわれわれがそれらの意味を理解しているというのは、文化全体という規模でかなりの比率を占める、おどろくべき現象である。それは、アリストテレスの『弁論術』第二巻からはじまり、中世や古典主義時代のいろいろな論（トマス・アクィナス、デカルト、スピノザなど）と続いていくさまざまな「情念論」

が立証しているところである。[15]

古典主義者たちが感情や作用と呼んだ心的現象は、誰にでも、めいめいに賦与されるだけでなく、それらの現象の意味は、明白な賦与の外側でも理解されうるのである。それら心的現象は、まさしくその形をとって、心的意味の宝典《シソーラス》に入るのである。心的述語の明白な賦与を一切中断しても、述語それ自体で理解される、というこの能力が「心的なもの」と呼べるようなものを構成しているとさえ言える。属性賦与されない、あるいはその賦与を中断した心的状態についてわれわれが得た理解が、その心的状態を虚構の人物に賦与するための条件であるかぎりにおいて、文学はあとでこの理解についてのおどろくべき確証をわれわれに与えてくれよう。心的現象を名づけ、それを賦与しなくとも、その意味を理解する可能性は、正確にその述語としての地位を定義する。「心的なもの」は、ある文化が利用できる心的述語の目録をなす。

行動の述語を一定の行為者に賦与するのをこのように中断するのは、誰がの問いと、何が＝なぜの問いの対《つい》との関係の独自性を明らかにする。たしかに中断させられることができるのは、この関係によるからで、帰属はまさにこの中断との相関関係において理解される。同様に、前の研究で詳述された行動理論が、日常言語のレベルでの経験とその表現とを歪める様子もなく、行為者の問題の方法論的判断中止《エポケー》に着手できたことも理解できるようになる。因果論的認識論や出来事の存在論によって行動文の分析に及ぼされた引力は、誰がの問いと、行動の現象によって生起させられた他の問いの集合との縫合点で、行動の概念的ネットワークがほとんど抵抗を見せないために、促進され、いわば助長される。われわれの意図の内容や、その動機づけに注意が集中すると、なすべきことの何がとなされたことのなぜとを、行動の誰がから切り離す傾向が生じる。この切り離しは二重の効果をもつ。すなわち一方では、意図や動機の意味を心的現象の目録に合体させて、われわれはその現象が誰に属するかを明確にする必要がないという効果である。他方では、帰属の中断を撤回する自己所有化を、いっそう不可思議にする効果である。

中断を撤回するにはいくつかの段階がある。属性賦与の全面的中断から、これこれの行為者に実際に賦与されるまでの間に、少なくとも三つの段階が挿入される。すなわち、完全に匿名で、自己の絶対的なアンチテーゼである「ひと」(on) の段階、誰でもよいの意味、したがって無差別な代入を認める個体化の意味での「誰でも」の段階、最後に「各自に自分のものを」(suum cuique) という法的格言が示唆するような、判明な「分け前」を配分する操作を含意する「各自」の段階である。中立化された属性賦与のこうした中間段階はまさにストローソンが自己への帰属と、自己以外の他者への帰属との間でめざした入れ換えを確保してくれる段階である。この中断と自己所有化の弁証法から、帰属の現在のアポリアは自己同定的指示理論の枠内では、その解決を見いだせないという結果が生じる。帰属の中断から、中立化された帰属を経て、実際の個別的な帰属へと移行するには、行為者が自分で自己指名でき、したがってその行為者は同じ属性賦与が関与的な仕方でなされる真の他者をもつことができるようにならねばならない。とすれば行動の意味論を脱け出て、語用論に入る必要がある。その語用論は、意味が語る主体の位置に応じて変化し、その限りにおいて、「私」と「君」を対面させる対話関係を巻きこむような命題を考慮に入れるのである。しかしたとえ言述の語用論に訴えることが必要だとしても、それは行為者として自己指名することの特殊性を説明するのに十分だろうか。それが帰属の他のアポリアが提起する問題である。

2 第二の難問は、記述に対して帰属がとる地位にかかわる。帰属させることが記述することではないのは、命令することとある共通性をもっているからではないのか。その共通性はこれから解明されねばならない。命令することは行為者と行動とに同時に適用される。これこれの行動の規則にしたがって行動するように命令されるのは、ある人に対してである。こうして行動の側では許可と不許可が、行為者の側では非難と称讃が同時に決定される。そこで二重の前提が引き受けられる。すなわち行動は規則にしたがわされうること、そして行為者はその行動に責任があるとみなされうることである。行為者が、それ自体許されるまたは許されないとされる行動の責任があるとみなす行為を、責任帰属（imputation）と呼ぶことができる。

この種の分析はアリストテレスによって正当化される。すでに見たように、アリストテレスは選択と称讃や非難の観念を一挙に合体させる。彼にとり、本意か不本意かの基準、まして選択の基準は、直ちに道徳的かつ法律的な責任帰属なのである。強制と無知とは、弁明と責任免除の明白な価値をもつ。本意が称讃や非難に値するなら、不本意は赦しや憐れみを呼ぶ（とはいえアリストテレスが、何がもっと正確に裁判に属するか、単なる道徳的評価に属するかを、明示しなかったのは事実である）。そこから帰属に余分につけ加わる操作としてではなく、それと同じ性質のものとして、責任を考慮するという巧妙な観念が出てくる。たとえばH・L・A・ハートは日常言語で「彼はそれをした」という型の命題を解釈するのに、裁判官がこれは有効な契約だ、これは殺人であり暗殺ではない、などと裁定を下す司法的決定とその命題を比較することを提案する。[16] この著者によると、道徳的もしくは法律的色彩のない日常言語の命題から司法的決定への推移は、これは私に、あなたに、彼に属するという形の中間的な地位の命題によって、換言すれば、権利を要求し、与え、移譲し、認知し、要するに権利を賦与する命題によって確実にされるのである。責任帰属と権利賦与とのこの比較から、対照的に、帰属させることと記述することとの間に完全な区切りがあることが結果してくる。ハートによると、帰属させることは、相反する権利要求（claims）が対決し、その要求の一つが棄却されまたは無効とされる（defeated）のは、よいまたは悪い意図の実証的な核に到達したからではなく、同じような事例で容認されるとみなされる弁明が尽きてしまったからである、という特殊な過程の結果なのである。権利要求が棄却される資格（defeasibility）がこうして行動を行為者に帰属させる主張の基準となる。

帰属と、道徳的または法律的責任帰属とをこのように同一視するのを支配する意図はまったく正当である。それは道徳的な意味の帰属と論理的な意味の属性賦与とを分離する隔りをいっそう拡げようとする。この隔りは、「所有する」や「所属する」という語、また所有形容詞、所有代名詞の系統の指呼詞の一群に割当てられる意味にも関係している。すでに述べたように、行為者は彼のものである行動の所有者である。また、あれでなくこれをするのは、ある人に所属する、とも述べた。所有がつねに法的問題を提起してやまないのは、自然法学派や、『人倫の形而上学』における私のものとあなたのものとの区別に中心をおいた私法全体についてのカント哲学、それにヘーゲルの『法の哲学』における抽象法理論などが証明している[17]。

とはいえ、道徳的および法律的責任帰属が論理的構造の強い形をなし、帰属はそれの弱い形をなす、とすることには疑いの余地がある。それは少なくとも次の三つの理由による。

第一の理由。法律的な言表は、行動文の文法や論理が好んで記述するような単純な（ある者は極度に陳腐なと言うだろう）行動に適用されるのはむずかしいことである。というのも行動文は、その命題構造と干渉するとみなされるような行動の内容について、読者が道徳的、政治的もしくはイデオロギー的関心を抱かせないようにという正当な意図をもつからである。道徳的または法律的責任帰属が真に考慮の対象となるのは、複雑な行動、本書の第6研究で実践と呼ぶようになる一連の行動を考察するときになってからである。この実践の構成を規定している複雑化の規則は、行動文の意味論をいまだに統制しているのとは違った型の研究に属する。語用論はその意味論に特有の複雑さをつけ加えてはいるのだが。そういうわけで、道徳的または法律的な責任帰属の検討は、実践にあてられる第6研究まで延期されねばならないだろう。

第二の理由。語用論によって規定される枠内にとどまるなら、本来法律的な言表は、非難される、罰せられるという視角から考察される行動に、選択的に適用されることである。ところで、非難されるのは、有罪判決によって悪いと判断された行動である。そこで法律的責任帰属は、言述行為のあるクラス、すなわち判決のクラスに記入されるのであり、それは単に行動を行為者に帰する帰属を越え出ている。行動を有罪行為に従属させることは、それを訴訟手続きにかけることであり、その手続きは、あらゆる言述行為と同様、それ固有の構成規則をもっている。帰属は判決の型の訴訟的言表に先立つ操作と見えようとも、帰属の特性は、いろいろな言述行為が区別される平面上に探し求めるべきだろうか。

第三の理由。倫理的法律的な意味での責任帰属が前提していると見られるものは、話者による自己指名とは異なる性質のものである。すなわち、（まだ決定されていない）因果性的な関係、することができるとか行動の力といった表現によって示される関係とは異なるものである。行動が非難とか称讃とかを浴びせられるには、行動は行為者に依存すると言われなければならない。たとえば先に言及したように、アリストテレスは『ニコマコス倫理学』で、徳についての理論よりも、基本的行為すなわち選択の分析を先行させたのではなかったか。その行為において、なされた行動の非難すべきまたは称讃すべき性格（今日では「評決にかけられる」と言おう）よりも原始的な行動する力が表明されている。われわれはこうして行動する力の独自の分析へと送りかえされる。それはこの力の因果性的効力に中心をおいた分析である。この点において、行動とその行為者との関係は、話者の自己指名や、自己とは異なる他者としてその対話者を指名することに、本来実践的な新しい次元をつけ加えるのである。

3　しかし行動する力とは何を意味するのか。ここで第三のアポリアが出現し、そのアポリアにわれわれの帰属概念がはまりこんでしまうように見える。行動がその行為者に依存すると言うことは、それに等しい仕方で、行動は行為者の力の中にあると言うことである(18)。

することができるという概念とともに、ガリレイ革命が物理学から追放していた動力因という古い観念がよみがえってくる。帰属とともに動力因はただその発生地、その生まれ故郷、つまり、まさに行動する力という生きた経験へもどったのだ、と言うことは許されるだろうか。このような復権を認めるには、困果性の概念の現実の多義性を論拠にするだけで十分であろうか。その多義性を現代の多くの論者はすすんで認めている。それはコリングウッドに見られるように人文科学とりわけ歴史学に適した因果性の再定式化を正当化するためであったり(19)、ラッセルに見られるように、法則とか機能とかの観念のためにそうした再定式化を科学の領野から決定的に排除するのを正当化するためであったりする(20)。

しかし帰属のためだけに動力因を再興させるのは、原始的事実のようなものに事あるごとに訴えるのに似た、怠惰な議論を登場させるおそれがある。原始的事実という考え方を私は拒否するものではない。この研究のずっと進んだ段階に来て、基本的な人間学を練りあげるのに内在するいくつかの原始的事実があるのを認める謙虚さを、デカルト的コギトやそれに続くそれを急進化したモデルにもとづいて理論を立てようとするプロメテウス的野望に対立させるときが来るだろう(21)。とはいえ戦うまえに降参してはならない。それだからこそ私は、行動する力を原始的事実のために最後までとっておかねばならないと認めることに、アポリアの形を与えたいのである。原始的事実とは、粗製の事実の意味ではない。それとは正反対に、思考の作業の、弁証法の、つまり厳格さをもって展開された議論の葛藤の終りに来てはじめて原始的事実を認めることができるのでなければならない。

私の考えでは、この弁証法は二つの段階を経由する。離接的（disjonctif）段階。この段階の終りで、行為者の原始的な因果性が他の因果性の様態にくらべて必然的に対立的な性格が確認される。合接的（conjonctif）段階。この段階の終りで、行為者の原始的因果性と他の形式の因果性とが協同しあうように調節する必要が認められる。そのとき、そのときにはじめて、することができるというだけでなく、語の強い意味で、率先行動《イニシアティヴ》とも呼ぶべきものの原始的事実が認められるだろう。

われわれの弁証法はその離接的段階で不可避的に、「純粋理性の第三の宇宙論的アンチノミー」というカント的論法と出会うのである。[22] 私はここで、自由による因果性と自然法則による因果性についてのカント的アンチノミーについて何の新しい解釈を提起するものではない。私の野心は、カント的弁証法の光に照らして、われわれの帰属の分析のすぐれた点のいくつかを明るみに出し、さらにはその新しい点をもひき出すことにある。

まず、行動する力という概念の必然的に弁証法的な性格、換言すれば、問題提出そのものの必然的に反対命題的な定式化を強調しよう。私は自由による因果性のテーゼのカント的陳述を提示する。「自然法則による因果性は、そこから世界のすべての現象が派生させられうるような唯一の因果性ではない。これらの現象を説明するには、そのほかに自由による因果性を認めることが必要である」（A444, B472）。[23] ところで行動の分析的理論についてのわれわれの議論はつねに、カントのそれに似た反対命題的定式化に対決させられてきた。起きる出来事と起こす出来事の対立、原因と動機の対立などが行動理論の二分法的段階であったことをわれわれは忘れない。しかし最後の段階ではこの二分法的な相は克服されたのではないか、と反論されるかもしれない。しかしそのようなことは起こらなかった。その後に反対命題が別のもっと巧妙な形で再び出現するのが見られた。それはE・アンスコムにおいては、観察による知識と観察のない知識の対立であったり、D・デイヴィドソン自身にあっては、event agency（出来事の発動力）とagent agency（行為者の発動力）の区別だったりする。[24] しかし問題の反対命題的定式化が頂点に達するのは、帰属させることと記述することの両極対立であり、それがカントにならって、「自然法則による因果性だけが唯一の因果性ではない……」と言わせるのである。

今度は、自由と決定論のカント的アンチノミーにおける「正命題」についての本来的な議論に入ろう。ここで思考すべく与えられているものはカントが「原因の絶対的自発性」と名づけるもので、それを彼は「自然法則にしたがって進行する現象の系列をみずから（von selbst）はじめる」[25]（A447, B475）能力によって定義する。「証明」に続く「注」でカントは、このような「行動の絶対的自発性」は「この行為を自由の理念に帰属させる本来の根拠である」[26]（A448, B476）とするす。われわれはそこで、語の道徳的と法律的な意味での責任帰属という名のもとに、することができるの原始的な層を探求する十分な理由がある。行動の分析理論において、カントの絶対的自発性の概念に相当するものは何か。それはA・ダント以来、古典的となった「基本的行動」の概念である。ダントがそれに与えた定義を思い起こそう。それは何かをするために（in order to）なされておくべき他の中間的行動を何一つ要求しない行動である。このように基本的行動の定義から「……のために」の条件を除外することによって、それ自体で定義される一種の因果性が露呈される。基本的行動となるのは、あらかじめ習得されておくべき道具的または戦略的な種類の中間的行動に訴えずに、誰もがどうすべきかを知っているもののレパートリーに属する行動である。この意味で、基本的行動は原始的事実を指す。どうしてそうなのかは理解できる。基本的行動という原始的概念は、認知的な次元で明証性が占める位置を、実践的な次元で占めるのである。A・ダントはこう書いている。「基本的行動というものがあり、そしてどんな行動が基本的行動であるかを、われわれはみな直接的、直観的に知っている(27)」。

この最後の断言とカント的な型の反対命題的論証との関係は、それを因果性の論争の場に移さないかぎりは覆い隠されたままである。たしかに基本的行動の概念がその問題提起的性格をおびると同時に、怠惰な議論のそしりを免れるのは、因果論的系列のはじまりとしてである。実際、はじまりの観念は、その否定の形では、以前の原因のほうにさかのぼっていく思考の運動の停止を意味する。この停止こそ、カント的反対命題が不当な法則の免除として非難するものである。まさにこの点において、必然的な「超越論的観念の葛藤」が生まれる。行動理論は、はじまりの概念のこの反対命題的性格を知らないわけにはいかない。その概念は基本的行動のまだナイーヴなアプローチでは覆い隠されたままである。実をいえば、その概念が行為者への属性賦与の問題を発展させないままにおくために、その反対命題的性格はみずから知られないままでいるのである。そのかわり、誰がの問いへの答えや、なぜの問いへの答えに直面するときに、アンチノミーが前面に出てくる。たとえば、行動の動機の探求は終りがないが、行動の張本人の探求は終りがあることを、われわれはすでにおどろきをもって指摘した。誰がの問いへの答えが、固有名を、代名詞を、確定記述を含もうと、それは探求を終らせるのである。それは探索が恣意的には中断されないということではなく、探求を終らせる答えは、答えを出す者によって十分とみなされ、答えを受け取る者によって、それで納得できるとみなされるからである。誰がそれをしたの？　と誰かがたずね、何某です、と誰かが答える。行為者はこのように奇妙な原因と確認される。というのは行為者に言及することが、原因の探求を終らせ、原因は別の路線で、動機づけの路線で追求されるのである。こうしてカントが語る反対命題的なものは、行動する力と行動する理由との接点で、行動理論にはいりこむのである。

しかしわれわれはまだカント的論証の根本には達していない。絶対的なはじまりの観念は、否定的な論法によって正当化されるだけではなく（因果性的連鎖をさかのぼる必要はない）、それは証明の原動力をなす肯定的論法によってもいっそう正当化される。系列のはじまりがなければ、原因の系列は完結しないだろう、とカントは論証する。「互いに発生しあう原因の側で系列の完全性[28]」（A446, B474）をはじまりが保証するというのは、はじまりの観念に属することである。原因の系列という観念に押された完結性の証印は、アンチノミーを定式化するには肝要である。原因の系列の完全性という観念そのものに対立するのは、反対命題による原因の過程の無限の開放である。しかしカント的論証はまだ完結しない。正命題の「証明」に続く「注」で、カントは二種類のはじまりを区別する。一つは世界のはじまりとなるようなものであり、もう一つは世界の経過のただ中でのはじまりである。この後者が自由のはじまりである。ところがそこに誤解の源がある、とカントは譲歩して認める。先に自発性を絶対的と、つまり相対的でないと言ったのではなかったか。それなのにどうして今度は、はじまりを「相対的に第一」（A450, B478）と言えるのか。それに対する答え。個々の出来事の系列に対しては絶対のはじまりがあるが、自由は世界の経過全体に対しては相対的なはじまりでしかない。カントはそれを明確に述べる。「われわれがここで語っている絶対的に第一のはじまりは、時間に関してでなく、因果性に関してである[29]」（*ibid.*）。その後に、椅子から「まったく自由に、自然的原因の必然的に決定する影響を受けずに[30]」（*ibid.*）立ちあがる人の例が続く。そしてカントはまたもくり返す。「それが現象の系列の絶対的に第一のはじまりでなければならないというのは、時間の観点からではなく、因果性に関してである」（*ibid.*）。このように世界のはじまりと、世界におけるはじまりを区別するのは、その完結性の機能の観点からとりあげられる、実践的なはじまりの概念にとって重要である。「事がらの最中から」(in medias res) の実践的なはじまりは、その完結性の機能を、決定された原因の系列にしか及ぼさず、その点で、その系列を、他のはじまりによって開始された他の系列から区別するのに、実践的なはじまりは役立っている。

決定された原因の系列に対する、はじまりのこの完結性の機能は、われわれが先におこなった分析において興味ある裏づけが見いだされ、同時にカント的アンチノミーは、その分析の暗黙の反対命題的性格を明らかにしてくれる。

行動理論はそれ固有の用語において、はじまりと完結した系列の関係の問題に出会う。まず記述理論の臨時的な枠組で出会う。先に示したように、最初の問題は、実践的な連鎖に属する行動を同定し、命名することである。とするると問題は、この複雑な事例において、「真の」記述とは何かである。ここでE・アンスコムの例が想起される。男たちが腕を動かしてポンプを動かし、あらかじめ毒を入れた水を上の階にあげ、それによって彼らは陰謀の加担者を死なせ、革命運動の成功に貢献する。この男たちは正確に何をしたのか。与えられたさまざまな答えがいずれも同じように受け入れられるものである理由は、アンスコムの言葉によれば、最初の動作(それがダントの基準によれば、基本的行動である)が、そこから出てくる一連の出来事を、話が終る最後の系列まで、「呑みこむ」(swallows) からである。実践的推論の論理にとって、カント風に言えば、系列は、手段＝目的の型の伴立関係によって統合されている。しかし因果論的観点、つまりもはや意図の観点でなく、出来事の観点からすれば、系列の統合は、はじまりそのものによって、当の系列を統合し、加算する能力を働かせることによって確保されるのであり、このはじまりの意図は系列全体を貫いている。(31)

このような記述のためらいは、実際にはアポリアとはならないが、何がの記述から、誰がの帰属に移行するときに、実際に困難な問題の入口に導く。その場合、問題は次のような形をとる。自然的な結果の系列の際限ない性格を考えるとき、はじまりの効果はどこまで広がり、したがって行為者の責任はどこまで広がるか。この問題は、ある意味で、基本的行動の問題の逆である。そこではさかのぼっていく原因の系列の上流で止まるべきかどうかを問題にした。今度は、下降する結果の系列の下流のどこで止まるべきかが問題になる。さて、行為者の因果性が、原因の系列をさかのぼる動きの一種の上限をなすとすれば、はじまりの効果の拡散は、結果のほうにむかって限界がないように見える。はじまりの射程の問題と呼べるようなこの問題は、「世界の経過全体における相対的に第一の」はじまりというカント的概念と密接な関係がある。行動のはじまりは世界のはじまりとは一致しないのであるから、それは実際にそれぞれの射程をもつはじまりの群れのなかに位置するのであり、それぞれのはじまりの射程を互いに評価しあうことがまさに問題となる。それぞれのはじまりにとって、はじまりの範囲の境界と呼べるようなものが何かを問うことは当然である。この問いは、多くの法律家、裁判官その他、そして歴史学者もよく知っている、きわめて現実的な問題を開示する。行為者はいわば自分の直接的動作のなかにいるように、遠い結果のなかにいるのではない。とすると問題は、行為者に責任を帰すことができる出来事の範囲を定めることである。ところがそれは容易でない。それにはいくつかの理由がある。第一に、たった一つの系列だけをたどれば、行動の結果は行為者からいわば分離する。それはちょうど言述が文字を媒介することによって、発話から分離するのと同じである。われわれの率先行動の結果を引き受けるのが自然の法則である。こうして行動は、望まなかったと言える結果だけでなく、悪くなった結果まで負う。ただし、行為者に帰するものと、外的な因果性の連鎖に帰するものとを分離するのは、ひじょうに複雑な操作であることがわかる。それには、実践的三段論法で定式化できるような、意図的な部分と、動力学的なシステムの構造を表現するかぎりでシステム論的と言われるような部分を、分離できなければならないだろう。しかしあとで述べるように、はじまりのエネルギーを延長する連続は、二つの関係の様式の絡み合いを表現している。この絡み合いがなかったら、行動することは世界のなかに変化を産みだすことである、とは言えないだろう。

個々の行為者に、出来事の一定の系列を賦与することを困難にする別の種類の絡み合いがあることをつけ加えよう。それは各人の行動と、その人とは別の人の行動との絡み合いである。われわれは別の著書で、W・シャップにならって、物語に固有の分野で、「話のなかに巻きこまれて」という観念を強調した。[32] 各人の行動（とその話）は、事がらの物理的な経過のなかだけでなく、人間活動の社会的経過のなかでも絡み合う。とりわけ、集団行動のなかで、各人に帰するものと、社会的当事者たちに帰するものとをどう区別すべきだろうか。このむずかしさは、前のと同じく、裁判官におとらず、歴史学者にも関係する。というのはめいめいに明瞭な行動範囲を割当てながら、当事者たちを配分的に指名することが問題となるからである。ここでは属性賦与をすることは配分することである。行為者の責任が終る限界点を決定することは、事実を確認することよりも決定を下すことである、と憚らず言うべきである。ここにおいてH・L・A・ハートのテーゼが力をもってくる。[33] それによると、行動を行為者に帰属させることは、裁判官が、争っている双方のいずれにも、当然帰すべきものを賦与する判決（この言葉がもっともぴったりする）に、より似ているのである。競い合う権利要求が対決するという状況で、帰属はまたしても責任帰属と混同される。とはいえ、歴史学者もまた複雑な行動の当事者たちの間で責任を分配しなければならないかもしれないという事実だけで、このようにめいめいの責任範囲を定めることは必然的に、糾弾や断罪の様相をおびるのではないかと考えさせる。マックス・ウェーバーにならって、レイモン・アロンが歴史的責任と道徳的責任とを区別したのはまちがっていなかった。[34] 両者の共通点は、まさに、相対的に第一のはじまりというカント的概念を例証していることである。カントの考え方が含意しているのは、行為者と行動のはじまりがそれぞれ多数あることで、行動のはじまりは、各人に割当てられうる行動の異なる範囲に応じてしか同定されないのである。この割当てが論議を呼ぶ構造になっていることは、除外されえないだろう。責任を決定する射程を定めることは閉じる効果があり、それなしには完結した系列について語ることはできないだろう。自由による因果性のテーゼにとって肝腎なこの閉じる効果は、カントのアンチノミーにおける「反対命題」によって要求される、原因の系列の限界のない開放と矛盾する。

以上述べたうえで、行動する力によって意味されることを理解するのに、アンチノミーの段階にとどまっていられるだろうか。カント自身もそうしなかった。はじまりの「正命題」と「反対命題」は、他の三つの宇宙論的アンチノミーの「正命題」と「反対命題」と同じように「理性の法廷によって係争をやめさせ[35]」(A501, B529) られねばならない。カントは結局、世界の有限もしくは無限の延長と、物質の有限もしくは無限の分割と関連する、彼が数学的と呼ぶ超越論的観念には、別の運命をとっておくのである(第一および第二宇宙論的アンチノミー)。この超越論的観念にとり、懐疑論的解決は決定的である。相対的に第一のはじまり、つまり人間行動のはじまりと世界全体の絶対的なはじまりに関する力学的といわれる超越論的観念については、同様ではない。はじめの二つのアンチノミーの解決は懐疑論的解決であった。なぜなら「現象の系列における数学的結合においては、感性的条件以外の条件を、換言すれば、それ自身系列の一部であるような条件しか導入することができない[36]」(A530, B558)。そのかわり第三と第四のアンチノミーの解決は「正命題」と「反対命題」を両立させることである。たしかに「感性的条件の力学的系列はさらに異種の条件を認めるが、その条件は系列の一部ではなく、純粋に可想的なものとして系列の外にある。これによって、理性に満足が与えられ、無条件者が現象の先頭に据えられる。そのためにつねに条件づけられている現象を混乱させたり、そのために悟性の原則に反してその系列を中断することはない[37]」(A531, B559)。その結果、「正命題」と「反対命題」は、それぞれ別の面で成立させる条件で、両方とも真とみなされることになる。それからの帰結をわれわれはすでに知っている。純粋の超越論的観念としての自由は、現象と何のつながりもなく、原因の系列をみずからはじめる能力の究極の意味を構成する。この超越論的な自由のうえに、自由の実践的な概念、換言すれば感性の傾向の強制に対する意志の独立性が立脚する[38](A532, B560)。しかし超越論的自由とは何か。それは可想的な自由である。この場合、可想的といわれるものは「感官の対象のなかにあって、しかもそれ自身は現象でないもの[39]」(A358, B566)を指す。それにこう続く。「感覚的世界で現象とみなされねばならないものが、感性的直観の対象でないような能力をもそなえ、しかしその能力によって現象の原因となりえるならば、この存在者の因果性は二つの観点から考察できる。すなわち物自体の因果性とみなされれば、その作用においてそれは可想的であり、感覚的世界における現象の因果性とみなされれば、それは結果において感性的である[40]」(*ibid.*)。

私はアンチノミーに別の解決法をここで示唆したい。それはカント自身が、次のように言明するとき、ある意味で彼がめざしていた解決法である。「この超越論的対象に、それがわれわれに現れるという特性のほかに、それ自体は現象ではないが、その結果は現象のうちに見いだされるような因果性を賦与するのを阻むものは何もない[41]」(A538–39, B566–67)。現象のうちに見いだされるこの結果とはいったい何か。カントは経験的性格と可想的性格とを区別したうえで、それを性格と呼ぶ。現象という語の現象主義的でない意味において、換言すればみずから現れるものという意味で、行動の現象は、「正命題」と「反対命題」が、今しがた言った意味で、実践的領野に特有の現象(それを率先行動と呼べる)において結合されることを要求する、と言うことはできないだろうか。[42]

率先行動を考える、これがこの第4研究の最後で提起される課題である。率先行動とは世界の経過に行動の行為者が干渉することであるとわれわれは言おう。すなわち世界のなかに実際に変化をひき起こす干渉である。われわれは世界の経過のただ中で事物に及ぼす人間の行為者の影響力を、カント自身が言うように、いくつかの種類の因果性の結合としてしか表象することができないとすれば、これは率先行動としての行動の構造に結びついた強制として率直に認められねばならない。この点に関し、アリストテレスはsunaition（共に責任ある）という概念でもって道を開いた。それは行為者を、性向や性格形成にあずかって力ある原因の一部とするのである。しかしアリストテレスはこの混合概念を導入するとき、「いわば」(pôs)とニュアンスをつけて、慎重であったことが思い起こされる。たしかに因果性は「いわば」合成されるのである。われわれはこれまで何度か、このような結合をおこなう要求に出会った。この結合は、結局、行動の誰がを、何がとなぜに結合させる必要性、つまり行動の概念的ネットワークの相互的意味作用の構造より生じる必要性から出てくる。この要求に合致して、行為者の探求の終りある性格と、動機の探求の終りのない性格とを対立させるだけに限定しないことが必要であろう。行動する力とはまさに、行動の誰がを、何がを通して、なぜに結びつける要求が反映したこれら二つの探求の関係に存している。しかし動機づけの流れは、慎重に「心的事実」の平面と呼ぶことのできるものからわれわれを出させてくれない。行動する力がその影響を及ぼすのは「外的」自然の流れの上にである。

このような結合にもっとも近い表象は、G・H・フォン・ウリクトが『説明と理解』で「準因果性的モデル」と題して提示するものであると思える。[43] 私は別の著書で、歴史における説明の研究のなかで、それについて説明した。[44] しかし実際には、歴史的知識の認識論をこえて、干渉の一般現象を説明することが問題となった。提案されたモデルは混合モデルである。というのはそのモデルは、実践的推論に依存する目的論的部分と、因果性的説明に依存するシステム論的部分とを結合するからである。ここで重要でしかも困難なのは、まさにこれら両者の縫合点である。たしかに、実践的三段論法のそれぞれの結果とは、世界の秩序に新しい事実を導入する現実の行動であり、それが今度は因果性的連鎖を開始するのである。この連鎖の結果のなかで新しい事実が出現し、それは同じ行為者または他の行為者によって、状況に適したものとして、引き受けられる。さて、目的と原因のこのつながりを根本的に可能にするものは何か。それは何よりも、行為者が、自分でなしえる（なしえると知っている）ものの一つと、システムの最初の状態（彼は同時にそれを終らせる条件を決定する）とを合致させる能力である。[45] フォン・ウリクトの表現によれば、われわれが過去の経験を土台にして、動的なシステムを動かせられることに自信がなければ（we feel confident）、この結合は起こらないのである。「システムを動かす」という観念とともに、行動と因果性の概念が一体となる、とフォン・ウリクトは言明する。しかし両概念は重なりあうだろうか。

ここで極度に簡略化して紹介したこの分析で注目すべきは、システム論的と目的論的の二つの構成要素は、絡みあいながらも、はっきり区別されることである。認識論的平面で、干渉のばらばらな構成要素間のこの不連続性がこのようにのりこえられないのは、次のことを示す指標なのではないだろうか。すなわち、「私はできる」が二種類の因果性の間のつながりの根源そのものとして認められるかもしれないのは、われわれが用いている言述とは違った型の言述においてであろう、ということである。「私はできる」のこの言述を別の言述にするものは、結局のところ、それが「自己の身体」（corps propre）の存在論へ送りかえすからである。つまり私の身体（mon corps）でもあり、物体の次元と人物の次元との二重国籍によって、われわれの行動する力と、世界の秩序に属する事物の経過との連結点に位置する、一つの身体の存在論へである。行動する力に与えられる原始的事実の地位が決定的に確立されるのは、「私はできる」の現象学と自己の身体に隣接する存在論においてのみである。

行動とその行為者との関係にあてられたこの研究の最後にきて、帰属の現象を生じさせる三つの継起するアポリアによって開かれた道を略示するのが重要となる。アポリアとしてのアポリアに対するいかなる和解も、反省の明晰さを自己同意的な機能停止に変えてしまってはなるまい。帰属の現象は、結局のところ、自己の自己性によって意味されることの部分的で、まだ抽象的な一つの決定をなすにすぎないのである。帰属のアポリア論から、先に述べた言述理論によって課された限界を、自己の自己性のもっとゆたかで、もっと具体的な決定の方向にむかってのり越えようとする衝動が発しえるし、また発しなければならない。帰属のアポリアのいずれも、厳密に言語学的な観点を、独自にのり越えることをめざしている。

第一のアポリアはまだ、言語学的観点に内在する移行に、つまり意味論から語用論への移行に訴える。実際に、述語を論理的主語に単純に賦与することと帰属を区別するものは、行為者が他者を指名しつつ自分自身を自己指名する力である。自己自身への帰属と、自己以外の他者への帰属とにおける心的述語が保持する意味の同一性を対象とするストローソンの考察は、対話の状況にある自己と他者との二重指名で優越する言語の操作にむかってのこうした移行をすでにめざしていたのである。この意味で、第一のアポリアは無益ではない。

第二のアポリアもまた、袋小路にはまってしまわない。帰属を責任帰属から区別しようとするわれわれの努力が出会った難問は、その両者の隔りは実践的様態の研究によって埋められねばならないと考えるようにさせた。その実践的様態とは、その複雑さとその構成とによって、少なくともわれわれがこれまで理解してきたような限定された意味での行動理論そのものの限界をはみ出している。目的論的な意味と義務論的な意味論で、換言すれば、善と義務とによって、人間の行動の本来的に倫理的な評価を下す地点を見分けるのが、実践や慣習についての研究の課題である。そのとき、そのときにのみ、道徳的と法律的な意味で、帰属と責任帰属との連結が説明づけられよう。

第三のアポリアは行動の力という概念によって、したがって行動の行為者に課される因果性的効力によってひき起こされるもので、それはもっとも扱いにくいものと見えたかもしれないが、実際にそうである。カントの第三のアンチノミーを照合したことが、解決なき難問という様相を強調したことはまちがいない。とはいえ、われわれはあやまたずこう主張したのである。すなわち、原始的事実のいかなる正当な引証にも当然ながら対立する、怠惰な議論という非難を粉砕するための反対命題的な戦略にアンチノミーは属するのだ、ということである。なぜなら問題はまさに原始的事実にかかわるのであるから。つまり行為者はする力をもつという、換言すれば、世界に変化を生じさせる力をもつという確信である。弁証法の離接的段階から合接的段階への移行は、することができるというこの確信のなかですでに前理解されているものを、反省的で批判的なレベルにもたらすこと以外の目的をもたなかった。確信と言うことは、次の二つのことを言うことである。第一にそれはわれわれがすでに何度か接近してきた証しという現象を、認識論的な平面で、明るみに出すことである。われわれが知よりも劣る臆見《ドクサ》、信念ではない確実性をもって確信しているのは、ダントが基本的行動のうちに置いた、なじみの動作をわれわれはすることができる、ということである。しかし、することができるという確実性において証しされた原始的事実を認めることは、単に認識論的な側面をもつだけでなく、存在論的な側面ももつ。することができるという原始的事実は、本書の第10研究で略示するはずの自己の存在論に属するさまざまな原始的事実の集合の一部をなしている。「私はできる」の現象学と、自己の身体に隣接する存在論についてわれわれが今しがた述べたことは、すでにこの自己の存在論の方向を指している。この「私はできる」の現象学と、この自己の身体の存在論とはどんな具体的な絆で、能動し、受苦する主体としての自己の存在論に所属するのかを言うのは、われわれが樹立できるであろう主観性の哲学を経由し、それを越えるという長い道程の終りに到着してからのことである。この意味で、帰属の第三のアポリアは、実際には、われわれの企ての最後に来てからでなくてはのりこえられないだろう。

第5研究

人格的自己同一性と物語的自己同一性

行為者と行動の関係についての議論をもって、言語分析の考え方に援護されてきた第一シリーズの研究は終った。はじめの二つの研究では、順次考察してきた意味論と語用論が、行動分析と、行動と行為者の複雑な関係の分析のために提供してくれた資源だけに限定した。この分析の過程で、行動理論は言語理論に原則的に依存していたにもかかわらず、人間行動に固有の特性と、行動とその行為者との関係の独自性のゆえに、行動理論は自律した学問分野をなすように思われた。この自律性を確立するためにこの学問は、分析哲学の伝統と、現象学的、解釈学的伝統との間に、新しい同盟関係を要求するように思われた。というのはそこでの大いなる賭けは、行動と、世界内で生じた他の出来事とを区別するものは何かを知ることよりも、行動と行為者の交点で、行為可能に含意されている自己を明示するものは何かを知ることだからである。こうして最初の後見人から解放された行動理論は、自己性の問題のための予備教育の役割を引き受けたのである。そのかわり、行動の問題より優先する自己の問題は、人間の行動のレベルにおいて、かなりの修正を引き起こしたのである。

ふりかえってみて、これまでの研究がさし示したもっとも重大な空隙は、言うまでもなく、自己と行動そのものの時間的次元に関係している。同定的指示の観点からの人物の定義や、この第一のアプローチを充実させるとみなされる行動の意味論の枠内での行為者の定義はいずれも、われわれが語る個人や、行動が依存する行為者が歴史をもつこと、彼らが歴史そのものであるという事実を考慮に入れなかった。言語哲学の第二の斜面、つまり言表行為者の斜面にそっての自己へのアプローチもやはり、世界を意味しながら、自分で自己指名することのできる主体にかかわる変化について、特別の反省を生じさせなかった。ところがこうして除外されたのは、いくつかあるうちの重要な一次元だけではなく、ある問題系全体、つまり人間存在のまさに時間的次元においてのみ分節されることのできる人格的自己同一性の問題系でもあるのである。この大きな空隙を埋めようとして、私は物語理論をここで再び議論にかけようと図るのである。ただしそれは、拙著『時間と物語』でしたような、人間的時間の構成と物語理論の関係という視点からではなく、自己構成への物語理論の寄与という視点からである。人格的自己同一性について、英米哲学の領野で非常に活発な現代の論争は、同一性と自己性の区別を正面から扱うのに、すぐれた機会を提供してくれると思われた。この区別は、これまでの研究でつねに前提されてはきたが、一度も主題的に扱われたことはなかった。自己性と同一性というこれまで引き合いに出してきた二つの用語を名目上区別するだけでなく、これら二つの具体的な弁証法が十分に展開するようになるのは、物語理論の枠内においてであることを立証してみたい(1)。

人格的自己同一性の難題や逆説に、物語的自己同一性の概念がひとたび(私見では、勝ち誇って)対決するや、本書の序言から予告してきたテーゼを、論争的というよりも建設的に展開することが可能となろう。そのテーゼによれば、物語理論は、われわれがこれまでずっと執着してきた記述的観点と、これ以後の研究で優越するようになる命令的観点との中間でそれが演じる役割のなかに、それ自身の重要な正当化の根拠の一つを見いだすのである。そこで次の三つ組が私の分析に課せられる。すなわち、記述する、物語る、命令するである。この三つ組の各契機は、行動の構成と自己構成との特殊な関係を含意している。さて、物語理論がこの仲介役を果たせられるには、換言すれば、本書の諸研究の離散的な連続の中に挿入された一分節以上のものであることができるには、物語理論が覆う実践的領野は、行動文の意味論や語用論によって覆われる領野よりも広いこと、他方では、物語に編成される行動は、倫理学の枠内でしか主題的に練りあげられないような特徴を呈することを立証できた場合だけであろう。換言すると、物語理論が記述と命令の真の媒介となるのは、実践的領野の拡大と倫理的考慮の先取りとが、物語る行為の構造そのもののなかに含意される場合だけである。さしあたり、多くの物語において自己がその自己同一性を求めるのは、人生全体というスケールにおいてである、と言うだけで十分としよう。先におこなったわれわれの分析が、行動文の文法の拘束によって制限された短い行動と、ディルタイが自伝についての試論で語った生の連関との間では複雑さの度合が異なっているのであり、それが行動理論を物語理論によって要求されるレベルまでもたらすのである[2]。同様にして私は先取りして、倫理的に中立的な物語はない、と言っておこう。文学は広大な実験室であって、そこでは評価、評定、称讃や非難の判断が試みられ、それによって物語性は倫理の予備教育として役立つのである。実践的領野のほうへの回顧と、倫理的領野のほうへの前望という二重の視線に、第6研究は立ちむかうことになるが、ここではこの第5研究とそれとの密接な連携を指摘しておこう。

I　人格的自己同一性の問題

人格的自己同一性の問題は私の考えでは、これまで私が何度も提起したが一度も実際に主題化してこなかった自己同一性の二つの主要な用法が対決する特権的な場所である。この対決する項にもう一度注意を換起しよう。一方には同一性（mêmeté）としての自己同一性がある（ラテン語 idem、英語 sameness、ドイツ語 Gleichheit）。他方には自己性（ipséité）としての自己同一性がある（ラテン語 ipse、英語 selfhood、ドイツ語 Selbstheit）。すでに何度も明言したように、自己性は同一性ではない。本研究第2節で検証されるように、この重要な区別が十分に認識されていないために、物語的次元を知らない人格的自己同一性の問題は失敗するのである。もしその区別がそんなに肝要であるなら、なぜもっと早くそれを主題的に扱わなかったのか、その幻はこれまでの分析にたえずつきまとっていたではないか、と不審に思われるだろう。それが問題系のレベルに達するのは、それの時間的含意が前面に出て来てからのことである、という明確な理由による。自己同一性のこの二つの解釈の対決は、時間における恒常性の問題をもって、はじめて真の問題提起となるのである。

1　一見すると、時間における恒常性の問題はたしかに、同一性としての自己同一性のみに結びつけられ、ある意味で、それをこの恒常性の問題がとり囲む。われわれがあとで検討する分析理論は、まさにこの唯一の名目のもとに、人格的自己同一性の問題と、それに付随する逆説に着手するのである。時間における恒常性がそこで占めている卓越した位置を示すために、同一性の概念的な構成を、急いでたどり直してみよう。

同一性は関係の概念であり、関係の関係である。筆頭に数的な自己同一性がくる。たとえば、日常言語で、変わらない名で指名される一つのものが二度出現することについて、われわれはそれが、異なる二つのものではなく、「唯一で同じ」ものだと言う。自己同一性はここでは唯一性を意味する。その反対は多数性（一つでなく、二つまたはそれ以上）である。自己同一性の概念のこの第一の構成要素に対応するのは、同じものの再同定の意味に解される、同定の操作である。この再同定は、認識することは再認識することであるとする。二度、n度同じもの。

二番目に来るのは質的な自己同一性、換言すれば、極度の類似である。われわれはＸとＹとについて、それらは同じ服装だ、と言う。つまりそれらは非常によく似た服なので、取り換えてもかまわない。この第二の構成要素に対応するのは、意味論的に失うもののない salva veritate（真実を損なうことなく）代入の操作である。

これら自己同一性の二つの構成要素は、カントにおける量と質のカテゴリーのように、互いに還元しあえない。だからといって、両者は互いに異質なのではまったくない。まさに同一のものの発現が連続するなかに時間が含意されるのに応じて、同じものの再同定は、ためらい、疑念、異論を生じさせることがある。二度ないし数度の発現の間の極度の類似は、そこで、数的な同定性の推定を強化するための間接の基準として援用されることがある。それは個人の身体的同定性を語るときに起こることである。単に出たり入ったり、現れたり消えたり、再び現れたりするだけの人を再認するには、何の苦労もない。としても、現在の知覚と、最近の記憶を比較するのに応じて、疑念は去りやらない。被害者が、目の前にいる容疑者たちの中から襲撃者を同定するとき、迷いがしのびこむ最初の機会が与えられる。時間が経つにつれて、迷いは増していく。そこで法廷に出廷した被告は、自分は告発された者と同一人物ではないと異議を申し立てることもありえる。それからどうするか。法廷にいるその人物を、問題の現場に彼が以前いたことの否認できない痕跡とみなされる物的なしるしと比較してみる。その比較を目撃証言にまで拡張することがあるが、目撃証言を容疑者が過去に現場にいたと提示するに匹敵するとみなすには、不確実性の度合は大きくなる。ここ法廷に出席している人物と、過去の犯罪の犯人と推定される人物とが、唯一で同一の個人であるかどうかを知る問題は、その場合、確実な答えのないままである。戦争犯罪者の訴訟はこのような対決の機会を与え、それの不確実さは周知のことである。

時間的隔りの大きい場合に、この類似性の基準がもつ弱点は、別の基準に訴えることを示唆する。その別の基準は、自己同一性の概念の第三の構成要素に属す。すなわち、われわれが同一人物とみなす人の発達の第一段階と最後の段階の間の中断されない連続性である。成長と老化が、似ていないことの要因、したがって数的多様性の要因として作用する場合に、この基準は優越した基準となる。たとえば、われわれは樫の木について、どんぐりから完全に成育した木になるまで、同じ木だと言う。動物についても、誕生から死まで同様であり、最後に、ヒトについても同様であるが、私は種の単なる一例としてのヒトについて言うのであり、個人を言うのではない。この連続性の証明は、類似性の付属、または代替の基準として機能する。この証明は微弱な変化を順序に系列化することにあり、その変化は、一つずつ取り出すと、類似をなくしてしまわないまでも、それを脅かす。われわれは年齢順に並べた自分の肖像写真をそのように見る。これでわかるように、時間はここでは、似ていないこと、隔り、相違の要因である。

それゆえに、時間が自己同一性に対して表す脅威は、類似性や変化の中断されない連続性の基盤に、時間における恒常性の原理を措定できるのでなければ、完全に払いのけられない。それはたとえば、徐々に部品を取り換え、ついに全部換えても、構造は変わらない道具の場合である。われわれにもっと関係のある場合として、生物学的個体の遺伝子コードの恒常性の事例も同様である。ここで存続するのは、組合せ体系の構成である。出来事の観念に対立する構造の観念は、この自己同一性の基準に応答するもので、この基準は適用されるなかでもっとも強いものである。構造観念は自己同一性の関係性的性格を確認する。

この性格は実体についての古代の定式には現れず、それをカントは、実体を関係のカテゴリーに分類することによって確定したのであり、それは変化を、少なくとも実体に偶発事を帰属させるときに、変化しないものに生起するものとして考える可能性の条件としてである。時間における恒常性はこうして数的自己同一性の超越論性となる。[3] 人格的自己同一性の問題系全体は、時間における恒常性の強い意味を与えつつ、この関係性的に不変なものの探求のまわりをまわることになる。

2　同一性としての自己同一性の以上のような概念的分析を終えたので、われわれはこの第5研究を支配する問題にもどることができる。すなわち、自己の自己性は、カントが実体のカテゴリーに与えた関係性的な意味での基体（substrat）の規定には還元されないような、時間における恒常性の一つの形を含意していないのではないか、要するに、単純に実体のカテゴリーの図式ではない、時間における恒常性の形を含意しているのではないか。これまでのわれわれの研究を区切る目印となってきた対立の用語を再び用いれば、時間における恒常性の一つの形は、何がの問いには一切還元できないものとしての、誰がの問いに結びつけられないだろうか。「私は誰か」の問いへの答えとなるような、時間における恒常性の形はないだろうか。

この問題がむずかしいことは、次の反省が直ちにそれを明らかにしてくれる。われわれとしては、時間における恒常性の二つのモデルを実際に用いるのだが、私はそれを記述的であると同時に表徴的な二つの用語で要約する。すなわち、性格と約束である。私はそのいずれにも、われわれ自身に属するところの恒常性を認めるものである。私の仮説はこうである。人格の恒常性のこれら二つのモデルの両極性は、性格の恒常性が同一《イデム》の問題系と自己《イプセ》の問題系を互いにほとんど完全に包含しあうのを表現するところから生じてくるが、他方、約束を守るときの自己への忠実さは、自己の恒常性と同一の恒常性のあいだの極端な隔りを明示し、したがって、これら二つの問題系が互いに還元しえないことを十分に証している。急いで私の仮説を完結させよう。私が探索しようとする両極性は、人格的自己同一性の概念的構成に物語的自己同一性が介入することを暗示しており、その介入の仕方は、同一《イデム》と自己《イプセ》が合致しようとする性格の極と、自己性が同一性から解放される自己維持の極とを独自に媒介するようにしてである。だが私は先取りしすぎたようだ！

性格という言葉で何を意味すべきか。この語が記述的価値と表徴的価値の両方をもつのはどんな意味においてか。それが自己の自己同一性と同一の自己同一性をあわせもつ、と言われるのはなぜか。同一の自己同一性のもとに自己の自己同一性を裏切り、性格の自己同一性を無条件に同一の自己同一性に割当てるのを阻むものは何か。

私がここで性格によって意味するのは、個人を同一人物として再同定するのを許すような弁別的しるしの集合である。これから述べる記述的特徴によって、性格は数的および質的自己同一性、中断されない連続性、時間における恒常性をあわせもつ。そこにおいて性格は表徴的に人格の同一性を指すのである。

私の思索の道程で性格の概念に出会うのは、これがはじめてではない。『意志的なものと非意志的なもの』を執筆している時期に、私は性格を「絶対的に非意志的なもの」という表題で位置づけて、意志的決意の次元における動機や、意志的運動の次元における力の「相対的に非意志的なもの」と対比させたのであった。私は性格を絶対的に非意志的なものとして、無意識と、誕生によって象徴される人生内存在と連携して、われわれが変えることはできないが、それに同意しなければならないわれわれの実存の層に割当てたのであった。そしてすでに性格の不変の性質を、われわれが価値に接近し、力を行使する際の有限で選択されない観点として強調していた[4]。私はその十年後に『人間、この過ちやすきもの』で、この性格というう魅力的なテーマに、ただし多少違った文脈でもどることになった。もはや意志と非意志の両極性に応じてでなく、有限性と無限性の「不均衡」、不一致というパスカル的なテーマのしるしのもとにである。そこでは性格とは、事物、観念、価値、人々の世界にむかって私が開かれていることに影響する有限な視角にしたがって実存する私なりの仕方である、と思われた[5]。

私がここで探求を進めるのは、ある意味でやはり同じ方向にである、今日でも私にとって性格とは、根本的な実存の両極性の、一方の極であると思われる。ただし、実存の有限な極として、視角や、世界にむかって開かれているという問題系で性格を考えるのでなく、私はここでは、自己同一性の問題系にそれが占める位置に応じて解釈するのである。この力点の移動は、私のこれまでの分析では既定のものとされる、性格の不変性の地位を再検討に付すという主要な利点をもつ。事実、獲得された性向に応じて性格を再解釈することが証明するように、この不変性というのは、じつに特殊な種類のものであることがわかる。この概念をもって、性格の時間的次元それ自体がついに主題化されるようになる。今や私はこう言おう。性格とは、そこに個人が再認される永続的な性向の集合を指す。この資格で性格は、自己《イプセ》の問題系が同一《イデム》の問題系と識別されなくなり、互いに区別されないようになる限界点を構成できるのである。したがって性向の時間的次元についてたずねることが重要となる。これこそやがて、人格的自己同一性の物語化の道に性格を送り返すことになる。

第一に、性向の概念に習慣の概念が結びつけられ、その場合習慣は、いわゆる身につく過程にある習慣と、すでに獲得した習慣という二重の結合価をもつ[6]。ところでこの二つの特徴は、あきらかに時間的な意味をもつ。習慣は性格に歴史を与えるのである。しかしそれは、そこで沈澱化が先行した革新を覆い、極端な場合、それを無にしてしまう傾向をもった歴史である。ラヴェッソンはその有名な『習慣論』で、習慣のもつこの力におどろいた最初の人であった。彼は習慣のうちに、自然本性への自由の回帰を見た。この沈澱化が性格に時間における恒常性のようなものを賦与するのであり、私はここでその恒常性を自己《イプセ》を同一《イデム》によって包含してしまうものと解釈する。しかしこの包含によって、問題系の違いをなくしてしまうものではない。私の性格は第二の天性として、私、私自身、自己《イプセ》である。しかしこの自己《イプセ》は同一《イデム》として現れはじめる。こうして身につき、獲得され、永続的性向となった習慣はそれぞれが特徴、まさに性格の特徴をなす。つまりそれによって個人を再認し、同一人物として再同定するような弁別的しるしである。とすれば、性格とはこれら弁別的しるしの集合にほかならない。

第二に、性向の概念に、獲得された自己同定が結びつき、それによって他なるものが同じものの構成に加わるのである。たしかに個人や共同体の自己同一性は大部分、そこにおいて個人や共同体が自己認識する価値、規範、理想、模範、英雄への自己同定によってつくられる。自分を……において認識することは、自分を……に認識するのに役立つ。英雄的人物に自己同定することは、この引き受けられた他者性を明瞭に示す。しかしこの他者性は、「大義」を自分の人生よりも上位におくようにする価値への自己同定のうちにすでに潜在していた。こうして忠誠や忠節の要素が性格に合体し、性格を忠実さに、したがって自己維持に変える。ここにおいて自己同一性の両極が構成しあう。そのことは自己《イプセ》なしには、個人の同一《イデム》を徹底的に考えることはできず、たとえ両者が包含しあうとしてもそうであることを証明している。こうして語のアリストテレス的な意味で性格の倫理的な相を定義する評価的選択の諸相が性格の特徴に統合される。[7]それは習慣をつけることに並行した過程によってなされる。すなわち他者性の最初の効果を無効にする、あるいは少なくともそれを外部から内部にふりむける内面化によってである。超自我というフロイト理論は、内面化に沈澱化の様相を与えるこの現象と関係がある。こうして個人の選択、判断、評価が安定すると、彼は自分を、評価できると言える性向のうちに認識する。そのためにこの種の性向に合致しない行動は、それは問題の人物の性格にそぐわず、彼はもはや彼ではなく、自分を見失っている、とさえ言うようにさせるのである。

習慣や獲得された自己同定から、換言すれば性向から借りたこの安定によって、性格は数的自己同一性、質的自己同一性、変化しつつも中断されない連続性、そして最後に、同一性を定義する時間における恒常性を同時に確保する。私はほとんど逆説的に言おう、性格の自己同一性は、何かと誰かのある種の密着を表現しているのだ、と。性格とは実際に「誰か」の「何か」なのである。それは正確には、行動理論の場合にそうだったように、まだ「誰か」の外部にある「何か」ではない。行動理論では誰かがすることと、する人とを区別できた（そしてわれわれはすでに、まっすぐに帰属 ascription の問題へと導くこの区別の、恩恵も罠も見てきた）。ここで問題になるのは、何かによる誰かの包含であり、それが、私は誰かの問いから、私は何かの問いへと移行させるのである。

けれども、この同一《イデム》による自己《イプセ》の包含は、両者の区別を断念するように要求するものではない。習慣の獲得の基底にある革新と沈澱化の弁証法、自己同定の基底にある他者性と内面化の同じくゆたかな弁証法とは、性格が（contraction の縮約と身に負うという、語の二重の意味で）縮約され、身に負われた歴史をもつことをわれわれに想起させてくれるのである。とすると、性格の安定した極が物語的次元をおびることができる、というのは理解できるのであり、そのことは、性格を物語の人物に同定する、「性格」という語の用法のなかに見られるのである。沈澱化が縮めたものを、物語は再展開できる。そしてこの物語的再展開を準備したのは、ギルバート・ライルが『心の概念』で弁護した傾向性的言語である。性格が語りの動きの中にもどされねばならないことは、自己同一性に関する数多くの無益な論争が証明している。とりわけそれらの論争が歴史的共同体の自己同一性を賭ける場合にそうである。フェルナン・ブローデルが『フランスのアイデンティティ』を論じるとき、彼はたしかにそこにフランスを準登場人物として認識できるような、永続的で恒久的でさえある弁別的特徴を引き出すことに専念した。そうした特徴を歴史学や地理学から引き離してしまったら（それこそこの偉大な歴史家が自分に禁じたことであるが）、その特徴は硬直化し、「国民的アイデンティティ」の最悪のイデオロギーが荒れ狂う機会を与えることになろう。物語的自己同一性についての反省が課題とするところは、一方では自己同一性が人生の歴史を性格の中に根をおろすようにさせる不変の特徴と、他方では自己の同一性を性格の同一性から分離しようとする傾向のある不変の特徴とを比較考量することであろう。

3　この方向へ進んでいくまえに、自己としての自己同一性と同一としての自己同一性との区別のために、これら二種類の自己同一性が互いに包含しあうことをやめ、ついには両者が分離し、同一性の支えがなくても、自己の自己性をいわば露呈させるにいたる文脈において、自己同一性の概念が使われている用法から論拠を引き出すことが重要である。事実、性格のモデル以外にも、時間における恒常性のもう一つのモデルがあるのである。それは約束した言葉への忠実を守る、という意味で約束を守る（parole tenue）のモデルである。私はこの守る（tenue）の中に、性格の自己同一性の対極にある自己同一性の表徴的形象を見るのである。約束を守ることは自己維持を表現し、それは性格のように、一般的なものの次元にではなく、もっぱら誰の次元にのみ登録される。ここでも言葉の用法はよい案内役である。性格の保続と、[8]約束した言葉への忠実さを持続することとは別である。性格を持続することと、友情を変わらず保つこととは別である。この点でハイデガーが、実体的な恒常性と自己維持（Selbstständigkeit＝不断の自立性を、Selbst-Ständigkeit＝自己－保持と分解して）とを区別したのは正しい（Selbst-Ständigkeit を私は『時間と物語III』で《constance à soi》＝自己の不断の自立性と訳したが、マルティノーはそれよりも《maintien de soi》＝自己維持と訳している）[9]。この重要な区別は存続するのであり、たとえ死を前にしての「先駆的決意性」が、自己維持の意味を汲み尽くしてしまうかどうかは確実でないにしても[10]。いずれにしてもこの姿勢は、実存の超越論的概念のある種の実存的投資を表明しており、その概念をハイデガーは実存範疇と呼び、自己性はそれに属する。死へとかかわる存在のまわりをまわるハイデガー的分析のすべてと同じく、実存的と実存論的の交点に位置する他の態度は、同じように、時間における恒常性の問題性と、同一と一致しない自己としての自己の問題性との根本的な結びつきを明らかにしてくれる。

この点で、先に述べたように、約束を守ることは、時間への挑戦、変化の拒否をなしているように思われる。すなわち、私の欲望が変わろうとも、私が意見や好みを変えようとも、「私は守り続けよう」。約束を守ることが意味あるためには、それを死へとかかわる存在の地平下に置く必要はない。約束の本来的に倫理的な正当化は、言語の制度を守り、他者が私の忠実さを信頼するのに応える義務から引き出す正当化だけでおのずと足りる。このようなものと解される倫理的正当化は、それ固有の時間的含意、すなわち、性格の恒常性の対極に位置づけられる、時間における恒常性の一様態を展開する。まさにここで、自己性と同一性とは一致しなくなる。したがってここで、時間における恒常性の多義性が解消する。

性格の同一性と約束における自己維持を対立させるこの新しいやり方は[11]、意味の隔りをひろげるのであり、それを埋める仕事が残る。この隔りがひろげられるのは、時間における恒常性の二つのモデルの間の時間的な意味の両極性である。すなわち、性格の保続と約束における自己維持のモデルである。それゆえ両者の媒介は時間性の領域に求められねばならない。私が考えるに、この「界域」を物語的自己同一性の概念が占有するようになる。この概念をこの隔りのなかに位置づけてしまうと、物語的自己同一性が二つの限界の間でゆれ動いても、おどろくにはあたらないだろう。すなわち、時間における恒常性が同一《イデム》と自己《イプセ》の混同を表している下限と、同一《イデム》の助けや支えなしに自己《イプセ》がその自己同一性の問題を提出している上限とである。

しかしそのまえに、同一《イデム》と自己《イプセ》の区別を知らないと同時に、人格的自己同一性の逆説を解決するために物語性が提供してくれる資源をも知らないような、人格的自己同一性理論の権利を検討してみる必要がある。じつはこの同じ理論が人格的自己同一性の逆説を強く、明晰な言葉で提起するという長所をもっているのである。

2　人格的自己同一性の逆説

1　自己同一性の二つのモデルの区別という導きの糸がなく、物語的媒介という助けがなかったら、人格的自己同一性の問題は、難問と身動きできない逆説との迷路にはまりこんでしまうことは、分析によって養われた英語圏の哲学者が、まずはロックやヒュームから学んだ教訓であった。

ロックから、後世の伝統は人格的自己同一性と記憶との等式を受け入れた。だがこの等式は、立論における一貫性のなさ、帰結についての真実らしさの欠如といった大きな代償を支払わねばならなかったことを直視せねばならない。第一に、立論における一貫性のなさである。『人間知性論』(2e éd. 1694)の「自己同一性と多様性」と題する有名な二七章の冒頭でロックは、われわれの同一性と自己性の二者択一を免れていると見られる自己同一性の概念を導入する。(12) 自己同一性は比較から生じると述べたうえで、事物のそれ自身との自己同一性（逐語的には、それ自身との同一性、sameness with itself）という奇妙な観念をロックは導入する。われわれが自己同一性と多様性の観念を形成するのは、ある事物を、それ自身と違った時間において比較するときである、というのである。「われわれがある事物が同一（same）であるかどうかを問うとき、これこれの時間、場所に存在していた、そしてそのときその事物がそれ自身と同一であった（the same with itself）ことが確実なものをつねに参照しているのである」。この定義は、比較の操作による同一性の性格と、時間を通して維持される、ある事物のそれ自身との瞬間的一致であったものによる自己性の性格とを併在させていると思われる。だがこの分析の続きは、自己同一性の二つの結合価を分解してしまう。第一系列の例――部品を全部変えた船、どんぐりから樹木になるまでの成長を追っていった樫、誕生から死までの発達を追跡した動物や人間――そこで優越するのは同一性である。これらの例に共通の要素は、組織体の恒常性であり、この組織体には、ロックによれば、いかなる実体論も関与しない。しかしロックが人格的自己同一性を論じるときになると、彼はそれを人間を同定することと混同しないようにし、一般的定義のために援用される「自己自身との同一性」を、瞬間的な反省に割当てる。残る問題はただ反省の特権を瞬間から永続へと広げるだけである。それには記憶を、反省が過去にむかって広げられるかぎり後ろむきに広げられるものとみなすだけで十分である。反省がこうして記憶に変わることによって、「自己自身との同一性」は時間のなかを広がっていくと言うことができる。こうしてロックは「事物のそれ自身との同一性」という彼の一般概念を放棄することなく、彼の分析の流れに一つの区切りを導入できると考えた。それでいて反省と記憶へ転換したことは、自己性が暗黙のうちに同一性にとって代わった概念的方向転換を示しているのである。

けれどもロックが重大な困惑をひき起こしたのは、論証の一貫性のレベルにおいてではない。伝統は自己同一性の一つの基準を考え出した点で、ロックに功績を認めている。すなわち心的な自己同一性で、以後それに物体的な自己同一性の基準を対立させることができよう。事実、物体的自己同一性に属するのは、外部から観察できる組織体の恒常性が優越する第一系列の例である。以後、自己同一性の諸基準についての議論が舞台の前面を占めるようになり、基準のいずれかについて弁護や論難を生じさせる。たとえばロックとその支持者たちがきまって攻撃されるのは、記憶のみによりかかった自己同一性のアポリアである。それは記憶の限界、間歇性（たとえば睡眠中）、減退に関する心理的アポリアだけでなく、もっと適切には存在論的なアポリアもある。個人は記憶をもつかぎり実在すると言うよりも、魂をもった実体の連続的な生存に記憶の連続性を割当てるほうがもっと説得的ではないか、とJ・バトラーは問う。[13]自己同一性の問題自体のアポリア的性格を、ロックは予見してはいなかったが、それを露呈させたのである。このことを他の何よりも証言しているのは、ロックは決然と引き受けたが、その後継者たちは決定不能性の証拠に変えてしまった逆説である。たとえば、ある王子の魂を靴直し職人の身体に移植した場合である。その職人は、かつてそうであったと想起する王子になるか、それとも他の人々が現にそう見ている職人のままでいるか。ロックは自説に合致して、第一の解決をとる。しかし対立する二つの基準の衝突にもっと敏感な現代の読者はその事例は決定不能と結論するだろう。こうして、ロックの確信にもかかわらず、難問事例（puzzling cases）の時代がはじまったのである。これについては、あとでもう一度論じよう。[14]

ヒュームをもって、懐疑と疑惑の時代がはじまった。ヒュームが『人性論』第一篇第四部第六節(1739)の分析の冒頭で提示するのは、自己同一性の関係という強い概念である。「われわれは、時間が経過したと想定されるなかで変化せず、中断しないでいる対象について判明な観念をもつ。その観念をわれわれは自己同一性または同一性（sameness）の観念と呼ぶ[15]」。ここに曖昧さは少しもない。したがってただ一つの自己同一性のモデル、同一性しか存在しない。ロックと同様、ヒュームも船、植物から動物、人間にいたる一連の典型的な例を通観する。けれどもロックと違ってヒュームはその最初の例から、たとえば物体や生物の変化の幅の大きさや変化が急激かどうかによって、自己同一性を割当てる度合の違いを導入する。こうして自己同一性の問題ははじめから、黒か白かという答えを出すことから免れている。しかし何よりもヒュームがロックと違うところは、事物や生物から自己に移るとき、自己同一性を割当てる基準を変換しないことである。典型的な経験論者として、ヒュームは各観念に、それに相当する印象を求め（「現実に、ある観念を生じさせるのはいずれも、一つの印象でなくてはならない……[16]」）、彼が自分の「内面奥深く」入りこんで調べてみても、見いだすのは経験の多様性であり、自己という観念について不変の印象は一つも見いだせないところから、自己という観念は錯覚であると結論する。

しかしこの結論が議論を閉じるどころか、かえって開始させる。これら継起する知覚に自己同一性を重ねさせ、われわれは一生涯の間不変の存在を所有しているのだと想定させるような強い傾向を与えるものは何か、とヒュームは問う。自己同一性の錯覚を説明する際に、ヒュームは巧妙な手段を駆使するのであり、それはカントに深い印象を与え、以後の議論に永続的な刻印を押したのである。二つの新しい概念が登場する。想像力と信念である。想像力に賦与される能力は、ある経験から別の経験へと（もし両経験の違いが軽微で、段階的なものなら）容易に移行し、それによって多様性を同一性に変える能力である。次に、印象の欠落を埋めて、中継の役目を果たすのが信念である。ヒュームがまだ属している文化においては、ある観念が印象にでなく、信念に立脚していると認めても、その観念の価値を完全に失墜させることにはならない。信念は、まさに哲学が範囲を画定する位置と役割をもつ。とはいえ、信念が虚構を産みだすと言うことは、信念が信じられないものになる時代を予告することである。ヒュームはまだこの方向に一歩を踏み出していず、人格の統一性は共和国または連邦共和国の統一性に同一視できると彼は暗示する。共和国の成員はたえず変わっているが、結合の絆は存続するのである。懐疑への歩みを完結するのはニーチェの仕事となるだろう。否認の暴力が、ほのめかしの巧妙さにとってかわることになる。

ヒュームは、同一のものでしかない自己という、自分で見つけだせないものを探求していたのではないか、と反論されるかもしれない。また、彼は自分が探求していなかった自己を前提していたのではないか。彼の主要な論拠を見てみよう。「私について言えば、私が私自身と呼ぶものにさらに深く入っていくとき、私が出会うのはいつも、熱さや冷たさ、明るさや暗さ、愛や憎しみ、苦痛や快楽といった特殊な知覚のいずれかである。私は知覚しなければどんなときにも私自身をとらえることはできず、知覚以外の何ものも見いだすことはできない[17]」。それゆえ自己性の私的な所与以外のものは見いだせないと告白する誰かがここにいる。自分の内心に入りこみ、探し求め、何も見いださなかったと言い放つ誰かである。少なくとも、つまずいたり、知覚を観察している誰かがいる、とチザムは『個人と物体』で述べる[18]。誰かの問いとともに――誰がつまずき、見いださず、知覚するのか――同一のものがそっと姿を消すときに、自己がもどってくる。

以下の議論で、これに似たような逆説にわれわれは何度も接近するだろう。自己同一性の最良の基準は身体的な性質のものか心理的なものか、という問題には、私はかかわらないことにする。それにはいくつかの理由がある。

第一に、心理的基準は自己性にとって特権的な親近性をもち、身体的基準は同一性と親近性をもつ、というように思わせたくないからである。記憶は自己性にとって、私があとで再び論じるような親近性をもっているとしても、心理的基準は記憶に還元されてしまえない。先に性格について言われたことすべてが、そのことを十分に証ししている。すでに見たように、性格の事実は、自己同一性を同一性として考えるようにもっともしむけるものなのである。性格とは、同一性の外観をおびた自己である、とわれわれは述べた。逆の意味で、私の身体の私自身に属することが、自己性を同一性に還元できないことの圧倒的な証言となるかぎりにおいて、身体的基準は自己性の問題系と本来無縁ではない[19]。身体がそれ自身にいかに似つづけているにしても自己性は同一性に還元できないのである。レンブラントのいくつかの肖像画を互いに比較してみれば十分である。その自己性をなしているのは、その同一性ではなく、自分で自分を、その身体をもつ人であると指名できる誰かに属していることである。

第二に、基準という語を、現在議論しているような枠組で使うことに、私は最大の疑問を抱く。真理への要求を競いあっている主張の間で、真か偽かを識別できるのが基準である。問題はまさに、真理の判断をテストする仕方に、自己性と同一性も同様にかけられるかどうかである。同一性の場合、基準という語は、正確な意味をもつ。それは、……と同じという関係としての自己同一性にかかわる言表の検証と反証のテストを指す（ここでロックとヒュームが、自己同一性は比較の結果から生じる、と断定したことが思い起こされる。カントにおいてもまた、実体は関係の第一のカテゴリーである）。そこで同一性を対象とする断定の真理をテストするものを基準と正当に呼ぶことができる。自己性についても同様であろうか。私の身体が私自身に属することは、基準論の問題だろうか。それはむしろ証しの分野に入るのではないか[20]。特権的な心理的基準と称される記憶は、何ものの基準にもなれるのだろうか。記憶もまた証しの分野に入るのではないか。証しについても基準ということが言えるのか。ここでわれわれはためらう。もし基準を検証または反証のテストと同一視するならば、答えは否である。もし証しが、検証や反証のテストとは異なる種類の真理テストにかけることを認めるならば、答えは然りである。この議論が成功するとすれば、それは自己性と同一性の両問題系の区別がしっかり確立し、そして両者の重なり合いから離接にいたるまで、関係の全範囲を調べてからのことでしかない。これは物語的自己同一性についてのわれわれの反省が終ってからでなければ、なされないであろう。

2　人格的自己同一性の基準についての議論に入るよりも、私は意図して、ある重要な著書と競ってみることを選んだ。その著書は、心理的基準と身体的基準のそれぞれの長所についての議論をこえて、われわれが日常、人格的自己同一性の権利要求に与える信念を直接の対象とする。この非凡な著書はディレク・パーフィットの『理由と個人』である。(21) 私はそこに人格的自己同一性についての私のテーゼに対するもっとも恐るべき反対者——敵の意味でなく、その反対——を認めた。というのも彼の分析は、自己同一性は同一性しか意味することができず、同一性と自己性のいかなる区別も排除し、したがって同一性と自己性の物語的その他いかなる弁証法も意図的に排除した平面でくりひろげられるからである。この著書はロックの著書とヒュームの著書を同時に参照する。ロックのは、記憶がそこで占める位置によってというより、逆説的な事例に訴えていることによってであり、ヒュームのは、その懐疑主義的な結論によってである。パーフィットの著書の全体にわたって真理テストの役割を果たしている例の有名な難問事例は、少なくとも逆説的な事例においては答えは決定不能であるというかぎりにおいて、自己同一性の問題そのものが意味を欠いていることが判明してくると考えるように導くのである。われわれにとっての問題とは、ヒュームと同じくパーフィットも、彼が見つけ出せないものを、つまり同一性の用語で定義される人格的自己同一性の確固たる地位を探し求めたのではないか、また彼は主としてそのテーゼの道徳的含意をその非凡な思考力でもって展開するときに、彼が探求していなかった自己を前提とし、「人格的自己同一性は重要な事がらではない」と書くにいたったのではないか、を知ることになろう。[22]

パーフィットが攻撃するのは、自己同一性の基準の取扱いの底に潜んでいる基本的な信念に対してである。啓蒙的な理由から、人格的自己同一性に関して普通に信じられていることを三つの系列の確言に分解することができる。その第一は、自己同一性によって意味すべきもの、すなわち恒常性の核から分離した存在にかかわる。第二は、このような恒常性の存在に関し、つねに一定の答えが与えられるという確信にかかわる。第三に、提出されている問題は、個人が道徳的主体の地位を要求できるために重要である、と言明する。パーフィットの戦略は、もっとも明瞭に表明されているものから、もっとも隠されているものへと、並列されているよりも重ね合わされているこれら三つの系列の確言を、一つずつ壊滅させていくことである。

パーフィットの第一のテーゼは、普通に信じられていることは、彼自身のものではない用語で、つまりパーフィットが唯一真実なものとみなし、還元主義的と呼ぶテーゼに反対するテーゼの用語で再定式化されねばならない、というものである。したがってその反対するテーゼは、非還元主義的テーゼ、と呼ばれるだろう。還元主義的テーゼによると、時間を通しての自己同一性は、物理的性質のものであれ、心理的性質のものであれ、出来事間のある種の連関（connectedness）の事実にすべて帰結してしまう。ここで用いられている二つの用語は十分に理解されねばならない。出来事という用語によって、一切の生起したことで記述されるものを意味しなければならないが、そのさい個人の生を構成する諸経験は、その個人が実在することは確認されなくとも、その個人の所有であることが明白に確証されないでも記述されうるのである。このような非個人的記述の条件のもとで、一切の連関の探求は、物理的もしくは身体的な平面であれ、心的もしくは心理的な平面であれ、なされることができる。

還元主義的テーゼはこうして議論のなかに出来事という中立的な概念を再び導入する。この概念とわれわれが最初に対決したのは、ドナルド・デイヴィドソンの行動と出来事の関係についてのテーゼを扱った際に、行動理論の枠組においてであった。[23] デイヴィドソンにおけるように、出来事のカテゴリーは原始的に見える。つまり、実体的な本質体に属さず、反対に、ある本質体の状態に違いないと見える状態の概念に属している。出来事概念が、心的出来事も物的出来事も含んだこのように広い意味にいったん解されるや、還元主義的テーゼは次のように定式化されることができる。「個人の存在は、正確に、脳と身体の実在にあり、また相互に関連づけられた、物的で心的な一連の出来事の生起にある[24]」。

還元主義的テーゼが排除するものは何か。正確には「われわれは分離して存在する本質体である」(*Reasons and Persons*, p. 210) ということである。単純な心的もしくは心理的連続と対比して、個人は「分離した、追加された事実」(a separate further fact) をなす。どんな意味で分離しているのか。その頭脳とその心的経験 (his experiences) とから区別されるという意味においてである。パーフィットにとり、彼がデカルト的純粋自我と同一視する精神的実体の概念は、たしかに非還元主義的テーゼの諸ヴァージョンの一つにすぎないのだが、それは、唯物論的ヴァージョンも同じように理解可能とはいえ、もっともよく知られているものである。ここで肝腎なのは、自己同一性とは、物的かつ/または心的な連続性と比較すると、追加された事実である、という考えである。「私はそれを〈追加された事実という概念〉と呼ぶ」(*Further Fact View*, *ibid.* p. 210)。

もっと先に進むまえに強調しておくことが重要なのは、反対するテーゼを定式化する指示の語彙、すなわち非個人的な仕方で記述される出来事や事実の語彙を確定するのは、還元主義的テーゼだということである。この基本的語彙と対比して、それに反対するテーゼはそれが否定するもの（還元主義）と同時に、それが付加するもの（追加された事実）とによって定義される。このようにして、私が考えるに、そのテーゼが還元する中心的な現象、すなわち誰かが自分の身体、自分の経験を所有すること、が回避されるのである。出来事を指示の用語として選択することは、自己所有性をこのように回避する、というより省略することを表現、というより実行することである。このような省略の結果としての出来事の語彙において、個人の存在は、追加された事実と見えるようになる。こうして非還元主義的と言われるテーゼは、基本的単位として立てられた還元主義的テーゼに寄生しているとされるのである。ところで問題の全体は、自己所有性は事実の、観察できるものの認識論の、結局は出来事の存在論の、全範囲に属しているのかどうかを知ることである。こうしてわれわれはまたしても、自己同一性の二つの問題系、すなわち自己《イプセ》の問題系と同一《イデム》の問題系の区別に送り返されてしまう。この可能な二分法を知らないからこそ、パーフィットは、出来事の事実性と対比して、自己所有性の現象を、語の正確な意味で、皮相なものとみなす以外の手段をもたなかった。

　この無知からの必然的帰結として出てくるのは、非還元主義的といわれるテーゼが、デカルト主義があまりに性急に同一視されてしまった唯心論的二元論のうちに、もっとも注目すべき例証を見いだした、という偽りの外見である。私の考えでは、その還元主義的テーゼが還元するのは、まず第一に心的経験（英語的な意味での the experience）の自己所有性というだけではなく、もっと根本的には、私の身体という自己の身体の自己所有性である。出来事の非個人性は何にもまして自己の身体の中立性を示している。とすると非還元主義的テーゼと還元主義的テーゼとの真の違いは、精神的実体と身体的実体との自称二元論とはまったく一致せず、自己所有と非個人的記述との二元論に一致することになる。自己の身体が自己所有性の構成要素の一つとなるかぎりにおいて、もっとも根本的な対決は身体に対する二つの観点を対峙させるはずである。すなわち私のものとしての身体と、多くの身体のなかの一つとしての身体である。この意味で、還元主義的テーゼは、自己の身体を任意の身体に還元することを示す。この中立化が、これから現出させようとするすべての思考体験において、身体についての言述を脳に集中させるのを容易にする。たしかに脳は身体の多くの部分と異なるし、全体的な経験としての身体全体と異なるのは、脳がいかなる現象学的地位も欠き、したがって私に所属する特徴をも欠いているからである。私が私の肢体と生きた関係をもつのは、運動の器官として（手）、知覚の器官として（眼）、情動の器官として（心臓）、表現の器官として（声）である。私は私の脳とは何の生きた関係ももたない。実を言えば、「私の脳」という言い方は、少なくとも直接には、何も意味しない。そのことだけに限って言えば、私の頭蓋のなかに脳がある。だが私はそれを感じない。私の身体はまた一身体でもあり、脳はこの身体に含まれるかぎりにおいて、私の身体を全体的に迂回することによってはじめて、「私の脳」と言うことができる。この表現の困惑させる性質は、脳が自分自身の身体から離れて知覚される物体のカテゴリーに入らないという事実によって、強化されてしまう。脳が私の頭に近接していることは脳に、体験されない内面性という奇妙な性格を与えるのである。

心的現象のほうも、同じような問題を提起する。この点に関し、心理的基準を、私への所属という特徴から分離しようとする試みは、あらゆる企てのうちのもっとも重大な契機とみなすことができる。言うまでもなくデカルト的コギトから第一人称の特徴を奪うことはできないとしても、心的、身体的な連続性のみによって定義される自己同一性についてはそうではない、とパーフィットは考える。そこで、私のもの、君のもの、彼のもの、などを一切照合せずに、記憶の連続性を定義できなくてはならない。それができるとしたら、私に属するという特徴、要するに自分自身のものという特徴はほんとうに厄介払いされることになろう。もしも一方の人の記憶の複製を他方の人の脳のなかでつくりだせたら、それはできよう（もちろんこれは脳に操作することであるが、この操作や他の類似の操作がパーフィットが仕組んだ想像上の実験で占める位置については、あとで考えることにする）。そのときその記憶は、脳の痕跡と等価とみなされる。この意味で、記憶の痕跡についても語ることにしよう。とするとこうした痕跡の一つの複製を作ることに反対するものは何もない。これを土台にして、準記憶（quasi-mémoire）という幅広い概念を定義することができ、普通の記憶はそれの下位クラス、すなわち、われわれ自身の過去の経験の準記憶の下位クラスとなるであろう（cf. *ibid.*, p. 220）。しかし固有のものは、非個人的なものの特殊ケースとなりえるだろうか。たしかに記憶の痕跡という概念を固有の記憶の代わりとし、記憶の痕跡は中立的な出来事の問題系に属するとして、すべてを認めてきた。予めこのようにこっそり移動させることが、過去の経験と現在の経験との間の特別の連鎖を、因果性的依存によって扱うことを許すのである。

記憶の事例は、心的連続性の種類のなかでもっとも目立つものにすぎない。問題となっているのは、思考の思考者への帰属（ascription）の問題である。「それが考える」（または「思考がおこなわれている」）を「私が考える」の代わりに、何の意味論的喪失もなしに置き換えることができるだろうか。ストローソンの語彙を再び用いれば、自己への、また他者への帰属を、非個人的な記述の用語に翻訳することはまったく不可能である。

パーフィットが攻撃する第二の信念は、自己同一性の問題はつねに決定可能であり、したがって決定不能と見えるすべての事例は、然りか否かによってきっぱり解決できる、と信じられていることである。事実、この信念は前の信念の底に隠れていたものである。常識外れの事例も決定可能であるとみなすからこそ、われわれは自己同一性の安定した定式を求めるのである。この点に関し、自己同一性の問題の決定不能性が証言されている難問事例（puzzling cases）をサイエンス・フィクションの助けを借りて創作したことが、決定的な戦略的機能を果たしたので、パーフィットは人格的自己同一性の問題を扱った著書の第三部を、この難問事例でもっとも厄介なものを提示することからはじめるのである。こうして、はじめから答えのこのような決定不能性を生じさせる問題の無内容がほのめかされる。にもかかわらず私は、還元主義的テーゼの説明からはじめるほうを選ぶ。なぜなら、このテーゼが難問事例の構成や選択を、実際に支配しているからである。

ある意味で、自己同一性の問題はつねに、逆説的な事例に対する興味をかき立ててきた。魂の輪廻、永遠の命、肉体の復活についての宗教的、神学的信仰は、もっとも思弁的な精神の持主にさえも関心をそそらせずにはおかなかった（コリントの信徒への手紙I、一五章三五節以下でパウロが信徒に与えた答えがそれを証言している）。すでに見たように、ロックは困惑させる想像上の事例を用いた。それは信じられていることの下を掘りさげるためではなく、人格的自己同一性と記憶との等式についての彼自身のテーゼを逆説の試験にかけるためである。ロックの逆説を難問事例に変えたのは、彼の後継者たちである。人格的自己同一性の文学はこの種の創作に満ちている。脳の移植、脳の二分、大脳半球の二重化、など。フランス語圏の大衆にはもっとなじみの事例である二重人格の臨床的観察によって提供される事例については言うまでもない。われわれ自身も人格的自己同一性の物語的な考え方の枠内で、パーフィットの難問事例に相当するものにかなり重要な位置を割当てるようになるだろう。二種類の難問事例の対決はわれわれ自身のテーゼを弁護する有力な論点の一つとさえなろう。さしあたり、次の観察にとどめておこう。反省を麻痺させてしまうことができるような事例が想像力に訴えるときの、このおどろくべき連続性は、自己同一性の問題がアポリアの特権的な場をなしていることを理解させてくれる。おそらく、その問題は無内容なのではなく、答えのない問いとして存続するかもしれない、と結論すべきなのだろう。それこそまさにこの奇妙な戦略が賭けているものである。

パーフィットの難問事例の選び方が、今しがた議論してきた還元主義的仮説に支配されていることは、何よりも力説強調されるべきである。たとえば『理由と個人』の第三部を派手に開始する、遠隔転送の虚構の実験である。著者はそれに二つのヴァージョンを提示する。そのいずれの場合でも、私の脳の正確なコピーが作られ、このコピーは無線によって別の惑星に設置された受信局に向けて伝達される。その惑星では機械がこの情報に基づいて私自身の正確な複製、したがって事態と出来事の編成と連鎖については正確に類似しているという意味で同一の複製を再構成する。第一のケースでは、私の脳と私の身体が私の宇宙旅行の最中に破壊される。問題は、私は私の複製のなかで生きのびたのか、それとも私は死んだのか、である。そのケースは決定不能である。数的な自己同一性についていえば、私の複製は私とは別のものである。質的自己同一性についていえば、私の複製は私と識別されず、したがって代替可能である。第二のケースでは、私の脳と私の身体は破壊されないが、私の心は損傷を受ける。私は火星で私の複製に出会う。私はそれと共存する。それは私がそれよりも前に死ぬことを知っている。それは私の代わりになることを約束して、私を慰めようと図る。私は未来から何を期待できようか。私はやがて死ぬのか、それとも私の複製のなかで生きのびるのか。

この難問事例や、その他多くの、いずれ劣らず巧妙なものの案出をつかさどっている前提とは何か。まず重要なのは、たとえ技術的には実現不可能でも、それは考えられる想像的な事例であることである。論理的にも物理的にも不可能でなければ十分である。問題は、人間がこの地球に根をおろしていることに関して、それらの事例が別の種類の拘束を侵犯していないかどうかであろう。これはあとで、サイエンス・フィクションの事例と、物語の種類の文学的フィクションと比較するときに、もう一度取りあげよう。さらに問題となるのは、個人と同等とみなされる脳になされた高度技術の操作である。この点に還元主義的テーゼが統制を及ぼす。出来事の存在論において、また自己同一性を媒介する連鎖の非個人的記述の認識論において、個人の判明な存在は明白に要求されないのに、個人が言及されているような出現の特権的な場、それは脳である。パーフィットのフィクションは、われわれがあとで語る文学的フィクションとは違って、そこからは自己性の問題は原則として排除されていた操作可能なものの範囲に属する本質体を対象としていることは明らかである。

難問事例によって明らかにされた決定不能性の状況からパーフィットがひき出す結論は、提起された問題自体が空疎だったということである。もし自己同一性とは同一性を意味すると主張するなら、この結論には反論できない。たしかにもっとも当惑させる事例において、提出された次の三つの解決のいずれも納得できない。すなわち、

(a) 私と同じ人は存在しない。

(b) 私は、実験から生じた二人の個人のいずれかと同一である。

(c) 私は二人の個人と同一である。

その逆説はまさに同一性の逆説である。「私は生きのびるか」という問いと、「私と同一人物であるような人物はいるか」という問いを、等価のものとみなさねばならなかった。この予め決定された枠組では、逆説を解くことは問題を解消すること、要するにそれを空疎とみなすことである。実を言えば、表現に含みをもたせて、こう言うべきだった。すなわち、この状況では問題は確定できない、と。議論の余地のあ

る一種の外挿法によって、パーフィットが難問事例にこのように並はずれた役割を与えるのは、日常生活でわれわれが分離できないと考え、それとの結びつきを非偶然的と考えている構成要素を、それが分離するからである。その結びつきとは、厳密には非個人的記述に属しうる心理的（時には身体的）関連と、自分で自分を所有者と指名できる誰かに所属している感情、とりわけ記憶との重ね合せである。人間の条件のもっとも基本的な特徴の推定される偶然性の問題を検討することが、サイエンス・フィクションと文学的フィクションとを今後比較することの役割の一つとなろう。その基本的特徴のなかには、遠隔転送の想像実験でのり越えられないと思われるものが少なくとも一つある。すなわち、旅行のではなく、遠隔転送される旅行者の時間性である。複製された脳の完全な適合だけを考慮するかぎり、問題となるのは、実験のあいだずっと保存される遺伝子コードの構造に比較される、構造の自己同一性だけである(25)。遠隔転送された私について言えば、私にたえず何かが起きる。私は案じ、信じ、疑い、私は死ぬのか、それとも生きのびるのかと自問し、要するに私は思い煩う。この点に関し、記憶の問題についての議論が、生きのびる問題にしのびこんだことは、非個人的記述をすることがまことにむずかしい歴史性の次元が登場することを示す(26)。

パーフィットがその仮借ない批判にかける第三の信念は、われわれが自己同一性の問題に付す重要性の判断にかかわる。私はすでに、「自己同一性は重要な事がらではない」《Identity is not what matters.》という有名な言葉を引用した。ここで攻撃されている信念と、先行する信念との関係はこうである。決定不能性がわれわれに受け入れがたいと思われるのは、それがわれわれを混乱させるからである。そのことは生存がかかっているあらゆる奇妙なケースにおいて明らかである。いったい私に何が起きるのか、と私は自問する。われわれが混乱に陥るのは、自己同一性の判断がわれわれに重要と思われるからである。この重要性の判断を放棄すれば、われわれは混乱させられることはなくなる。われわれは難問事例によって開かれた選択に直面すると、問題の事例について知ることが可能なすべてをわれわれは知っている、とすぐに認めてしまい、そこで探求をやめてしまう。「人格的自己同一性についての問題への答えが得られなくても、われわれは起きることすべてについて知ることはできるのである」(*ibid.*, p. 266)。

重要性の判断に対するこの攻撃は、事実、パーフィットの著書全体で、戦略的に中心的な位置を占めている。その第三部で論じられている自己同一性の問題は、先行する第一、二部で提出された道徳的問題、すなわち英語圏で優勢な功利主義的道徳によって提出された、倫理的選択の合理性の問題を解決するためのものであることを、言い落としていた。パーフィットは彼が「自己利害の理論」(self-interest theory)と名づける、それのもっとも利己主義的な解釈を攻撃する[27]。ここで問題にかけられるのは、まさに倫理的な次元における自己である。パーフィットのテーゼはこうである。利己主義と利他主義との論争は、いかなる種類の本質体が個人なのであるか(そこから『理由と個人』の題名が由来する)を知る問題でまずもって立場をきめていなければ、論争が展開する平面ではっきり決着をつけることはできない。倫理的選択の有効な理由は、個人の存在論的地位についての偽りの信念を解消することを経由する。それゆえ、われわれは第三部の末尾で、第一部で提出された問題にもどるのである。そのかわり、冒頭の倫理的問題の全重量が、自己同一性の問題にのしかかることになる。自己同一性の問題は本来的に価値論的な賭となる。重要性の判断は、評価の序列でランクを決める判断である。しかしどんな自己同一性が、語のどんな意味での自己同一性が放棄することを求められているのか。それはヒュームがすでに見つけ出すことはできず、ほとんど興味に値しないとみなした同一性のことか。あるいは、私見によれば、非還元主義的テーゼの核をなす、自己所有性か。実際には、パーフィットは自己性と同一性とを区別しないために、同一性を通して自己性をめざしたのだ、と私はそう考えざるをえない。これは興味がないどころではない。というのは、パーフィットの道徳的テーゼがにおわせる仏教的なものは、まさに同一性と自己所有性とを区別しないところに存しているからである。そうすることによって彼は、赤子を風呂の水と一緒に投げ捨ててしまう危険を冒さないだろうか。なぜなら、人格的自己同一性についての想像的変更が自己性そのものの危機に導くことを私はすすんで認めれば認めるほど（そしてあとで考察することにする物語的な種類の奇妙な事例はそのことを競って確認してくれよう）、どうして誰かの問題が、答えのない極端な事例においてさえ消滅してしまわないのか、私にはわからないからである。なぜなら誰に対してそのことが重要なのか、重要でないかを問うことができないならば、どうして何が重要なのかを問うことができようか。何が重要か、否かについての問いは、自己への配慮に属するのであり、それこそ自己性を構成するものと思われないだろうか。そして批判のふるいにかけられてきた信念を、その第三のレベルから第二のレベルへ、次にそこから第一のレベルへとさかのぼっていくと、われわれは何であるかについての信念の領域内を動き続けることになるのではないか。われわれが、そこから出発した還元主義的テーゼの言表においてさえ、人称代名詞の粘り強さは、議論法のレトリックよりももっと奥深いものを露呈する。それは非個人的記述から誰かの問いが排除されるのに対する抵抗を示している[28]。

結局問題なのは、われわれが「われわれ自身とわれわれの現実生活について」(*ibid.*, p. 217) 抱いている考え方を変えることである。そこで係争にかけられるのは、われわれの「人生観」(our view of life) である。

自己所有性の特徴の還元不可能性と、したがって自己性の問題そのものについての私の弁護に対して、ここで、パーフィットの準仏教的な考え方は自己性の主張そのものに手を触れていないのではないか、と反論されるかもしれない。パーフィットが問うているのは次のことである。すなわちわれわれは自分自身のことについて、なかんずく、われわれの老いやわれわれの死について、あまり心を煩わせていないのではないか、「これこれの経験は同じ生から、それとも他の生から由来するのか」（*ibid.*, p. 341）という問題にそれほど重要性を置いてはいないのではないか、それゆえ「経験の主体である個人」（p. 341）よりは「経験」そのものにわれわれは興味を抱いているのではないか、人生の異なる時期におけるわれわれ自身と、われわれの経験と似た経験をもつ他者との違いを、われわれはさほど重視していないのではないか、各人の生の単一性にさほど重きを置かず、生と生との境をわれわれはできるかぎり知るまいとしているのではないか、われわれは自分の生の単一性そのものを、独立性を要求するよりも、芸術作品にしようとしているのではないか……。モラリスト、パーフィットがいざなうのは、生の連関の非個人的な観察をこえて、自己性の問題の中立化へではないか。パーフィットが思い悩みに対立させるのは、山上の説教でイエスによって、結局はやはり説教された、思い悩むなではないのか。私も以上の反論は十分理解できる。しかし私は、同一性への還元に対する自己性の擁護のなかにその反論は合体されてしまうと考える。パーフィットの道徳的反省が喚起させるのは、結局、自己性に内在する危機である。その危機は、私の経験が私自身に属するという概念そのものの両義性にある。つまり二つの型の所有（私は何をもつか、私は誰であるか）がある。パーフィットが狙いを定めるのは、自己の利害のテーゼを養っている自我中心主義《エゴチスム》に対してであり、彼の著書はその反対方向をめざす。しかし自己を喪失する一瞬は、真正の自己性にとって必要不可欠ではないのか。そして自分を自由に駆使できるには、何らかの仕方で自分に属することが必要ではないのか。われわれはすでにこう問うた。その人の自己同一性の問題が重要でなくなったような人はいないとしたら、そもそもその重要性の問題が生じるだろうか。今やそれにこうつけ加えよう。私の自己同

一性があらゆる点で重要性を失ったら、他人の自己同一性もまた重要性がなくなるのではないか。(29)

われわれはこれと同じ問いに、自己同一性の物語的解釈を弁護する最後で、再び出会うだろう。その物語的解釈は、これから見るように、やはり奇妙な事例をもつのであり、それは自己同一性の主張を問いの形に、ときには答えのない問い「私はほんとうは誰なのか」の形に再形成する。この点にいたって、パーフィットの問いと対決するように懇請された物語理論は、それまた倫理的理論と共通の境界を探索するように促されるであろう。

第6研究

自己と物語的自己同一性

本研究は、まえの研究と密接につながっている。しかしその調子は違う。これまでは物語的自己同一性を、論争的な仕方で、しかも要するに建設的というより、防御的な仕方で扱ってきた。これからは、次の二つの積極的な課題を遂行しなければならない。

第一の課題は、物語的自己同一性の概念に暗黙に含まれていた同一性と自己性の弁証法をその最高のレベルにもっていくことである。

第二の課題は、この物語られる自己の探求を、物語理論が行動理論と道徳理論の間でおこなえる媒介の道を探索することによって、完結させることである。この第二の課題には二つの斜面があるだろう。例の三つ組、記述する、物語る、命令するにもどって、もし記述される行動が物語られる行動に匹敵することができるなら、まずわれわれは、物語機能がどのような実践的領野の拡大をひき起こせるかを問おう。次にわれわれは、けっして倫理的に中立ではない物語がどんなふうにして、最初の道徳的判断の実験室であるとわかるかを調べよう。この物語理論の実践的斜面と倫理的斜面の両側で、行動と自己の相互的構成が追求されよう。

I　物語的自己同一性と、自己性と同一性の弁証法

私の考えでは、物語的自己同一性の真の性質は、自己性と同一性の弁証法においてしか明瞭に現れない。この意味で、この弁証法は、物語理論の自己構成に対して重要な寄与を示す。

論議は次のような順序で進められる。

(1) 最初に、『時間と物語』の分析を延長して、筋立てによって構成される出来事間の連関という特殊なモデルがどのようにして、時間における恒常性に、同一性としての自己同一性という管理下でその反対と見えるもの、すなわち、多様性、可変性、不連続性、不安定性を、同化させられるかを示すことである。

(2) 次に示すのは、行動から物語の人物へと移された筋立ての概念がどのようにして、それこそ明白に同一性と自己性の弁証法である作中人物の弁証法を産みだすのかである。この機会に分析哲学の難問事例の戦略にもどって、自己性と同一性の弁証法によって開かれた想像的変更の空間に、パーフィットの決定不能の事例と競合するにふさわしい、自己同一性の二つの様態の分離という極限事例のために場所をあけよう。それによって人格的自己同一性のすぐれて問題提起的な性格に対して、サイエンス・フィクションと文学的フィクションそれぞれがもつ富に対決する絶好の機会が提供されるのである。

1　ディルタイが「生の連関」(Zusammenhang des Lebens) という概念を形成したとき、彼はおのずと、それを生活史の概念と等価とみなした。人格的自己同一性の物語理論が、概念性のより高いレベルで分節しようと試みるのは、生の連関の歴史的意味についてのこの先理解である。物語的に理解された自己

同一性とは、慣用的な意味で、作中人物の自己同一性と呼ばれることができる。この自己同一性をあとで、同一と自己の弁証法の領野に置き直すことになろう。しかしそれ以前に、作中人物の自己同一性がどのようにして筋立ての同一性と結びついて構成されるのかを示そう。『時間と物語』では指摘されていただけの、ある自己同一性から別の自己同一性が派生することが、ここにおいて解明されることになる。

まず『時間と物語』では、筋立ての観点から、自己同一性によって何を意味していたかを思い起こしてみよう。それは力学的に、調和の要求と、物語の終りまでこの自己同一性を危機に陥れる不調和の容認との競争によって特徴づけられる。調和によって私が意味するのは、アリストテレスが「事実の組立て」と呼ぶものを支配している秩序の原理である。不調和によって私が意味するのは、最初の状況から最後の状況にいたるまで、筋を、規制された変換とする運命の逆転である。私は統合形象化（configuration）という用語を、調和と不調和の媒介をするこの組立ての技法に適用する。この物語的統合形象の概念の有効性を、アリストテレスの特権的な例、すなわちギリシア悲劇やそれより低い叙事詩を越えて広げるために、物語的構成物の特徴である不調和の調和を、異質なものの綜合という概念によって定義することを私は提案する。それによって私は筋がおこなうさまざまな媒介を説明することを試みよう。すなわち、多様な出来事とストーリーの時間的単一性との、行動の種々の構成要素（意図、原因、偶然）とストーリーの連鎖との、最後に、純粋の継起と時間形式の単一性との、媒介である。これらの媒介は、極端な場合は、年代順的時間を転倒させ、ついには廃棄してしまうにいたる。こうした多様な弁証法は、制作《ポイエーシス》という統合形象化の行為によってくりひろげられる統一化の力と、物語の挿話的な分散との対立――それはすでにアリストテレスによる悲劇のモデルに現前していたが――を明るみに出すものにほかならない。

このように理解された物語的統合形象化に、非個人的記述によって要求される連関のようなものが比較されねばならない。物語的モデルを他のあらゆる連関モデルから区別する本質的な違いは、出来事の地位に存している。われわれはすでに何度か、それを自己の分析の試金石としてきた(1)。因果性的な型のモデルにおいて、出来事と発生とは識別されないのに、物語の出来事は、統合形象化の操作そのものとの関係で定義される。その出来事は、筋そのものの特徴である不調和な調和の不安定な構造を帯びている。それは生起するものとして不調和の源であり、ストーリーを前進させるものとして調和の源である(2)。筋立てることの逆説はそれが、別の仕方で起きたかもしれない、または全然起きないかもしれないという意味での偶然性の効果を、統合形象化の行為によって及ぼされる必然性または蓋然性の効果に何らかの仕方で合体させることにより、逆転することにある(3)。偶然性の効果を必然性の効果に逆転することは、出来事の中心で生じる。単純な生起としての出来事は、以前の出来事の経過によってつくりだされた期待をはぐらかすにとどまる。それは単に、思いもかけない、意外なことにすぎない。それがストーリーを構成する一部となるのは、その終点に達した時間の全体から発する、いわばうしろむきの必然性によって、ひとたび変容されて、事後に理解されてからのことである。その必然性は物語的必然性であって、その意味効果は統合形象化の行為そのものから発する。この物語的必然性が、物理的必然性に敵対する物理的偶然性を、物語的必然性に含意された物語的偶然性に変換するのである。

　筋立て概念をこのように単に再確認することから、またそれからの帰結として、作中人物の弁証法を考察するまえに、次の結果が出てくる。すなわち、物語操作は力動的な自己同一性というまったく独自の概念を発展させるのであり、その自己同一性は、ロックが対立しあうものとみなした、自己同一性と多様性のカテゴリーどうしを和解させるのである。

　人格的自己同一性を物語的に考えるほうへの決定的な一歩は、行動から作中人物へ移行するときに踏み出される。作中人物とは物語のなかで行動をする人である。それゆえ作中人物のカテゴリーもまた物語のカテゴリーであり、その物語における役割は、筋そのものと同じ物語的理解に属する。とすると問題は、作中人物という物語的カテゴリーが人格的自己同一性の議論に何をもたらすかである。ここで主張されるテーゼとは、作中人物の自己同一性は、まず物語られる行動に適用される筋立ての操作を人物に転移することによって理解される、というものである。作中人物そのものが筋立てられる、と言おう。

物語理論がどのようにして、行動と作中人物との相関関係を説明するかを、ここで簡潔に思い出してみよう。

ストーリーと作中人物との相関関係は、アリストテレスの『詩学』では単に仮定されるだけであった。その相関関係はそこでは非常に密接に見え、そのためそれは従属関係の形をとる。作中人物が、ストーリー全体を通して、ストーリー自体の同一性に相関した自己同一性を保持するのは、筋立ての操作によって与えられた単一性、内的脈絡、完結性といった性格をもったストーリーにおいてである[4]。

現代の物語論はこの相関関係に、記号論的拘束の地位を与えようと試みた。この拘束はアリストテレスによるミュトス（筋）の「部分」への概念的分析にも暗黙のうちに含まれていた。プロップは抽象のレベルで、この探求を始動させた。それについては私は『時間と物語』で論じたが、ここではそこに立ちもどらないことにする[5]。プロップは『昔話の形態学』で、まず「機能」すなわち、行動と作中人物の反復される分節《セグメント》を分離することからはじめる[6]。それは昔話を諸機能の唯一の連鎖によって定義するためである。しかし、連鎖の綜合的な統一性を捉えようとするとき、プロップは作中人物の果たす役割を考慮しなければならなかった。そこでプロップは、その反復度という唯一の基盤に立って作成した、役割の類型論を試みた最初の人となった[7]。ところがその役割表は、機能表と無関係ではない。両者は、プロップが行動領域と呼ぶいくつかの点で交叉する。「多くの機能は論理的にいくつかの領域にグループ分けされる。これらの領域は、機能を果たす作中人物に対応する」(*Morphologie du conte*, p. 96)。「機能を分布させる問題は、作中人物間に行動領域を分布させる問題のレベルで解決される」(*ibid*., p. 97)。『時間と物語II』(p. 60–61. 邦訳p. 64–65)でプロップのこれらの言明を引用して、私は次の問題を提出した。すなわち、どんな筋立ても、性格の発展とストーリーの発展との相互発生から発してくるのではないか。私はフランク・カーモードが語った原則を採用する。それによると、性格を発展させるには、よりいっそう物語らなくてはならない(8)。

それはクロード・ブレモンが『物語の論理』でみごとに浮き彫りにしたことである(9)。彼にとり役割とは「主語としての人物に、可能的な、または顕在的な、または完了した過程としての述語を賦与すること」(p. 134)によってのみ定義される。この述語賦与において、これまでの研究で論じてきた、行動を行為者に帰属(ascription)する問題の、物語的解決を見ることができる。物語の基本的連続場面《シークエンス》は、すでにこの相関関係を含んでいる。そのうえ、役割の定義そのものにおいて、起こりうる可能性の三段階、すなわち、行為に移るか否か、行為を完了するか、未完了にするか、に言及することが、役割を一挙に行動の力動性に位置づける。基本的連続場面のこの定義を土台にして、作中人物としての主語と、過程としての述語とを対象にした一連の充実化を考慮に入れて、役割の可能なかぎり完全なレパートリーを作成することが可能となる。注目すべきは、最初の重要な二分法は、変更をもたらす、もしくは保守的な過程によって影響を受ける受動者と、それと相関して、この過程に導く能動的行為者との二分法なのである。こうして物語は能動者と受動者についてである、というわれわれの抱いている先理解をブレモンは考慮に入れる。私としては、行動する人と受苦する人について語ることをけっしてやめなかった。このあとで十分に述べるように、道徳的問題は、強力な行為者の暴力において極まる、行為をする人とそれを蒙る人との間のこの本質的な非対称の認識に接木されるのである。物語られる出来事の経過によって影響を受けること、これが受動者の役割の系列全体を編成する原理である。その編成は、及ぼされる作用が影響か、改悪か、保護か裏切りかに応じてなされる。役割概念の注目すべき充実化は、役割を次の領野に導入することにかかわる。まず、今しがた述べた変換の面から価値付与の領野にであり、次に報酬の領野にである。後者では、行為者が褒美の分配者として、また懲罰の分配者として現れるのに応じて、受動者は功績の受益者として、あるいは落度の犠牲者となる。この段階になってはじめて行為者と受動者とは、作中人物、そして主導的行為者の位に昇格する、とブレモンがしるしているのは正しい。こうして物語の面で、価値付与の領野と報酬の領野に属する役割という観点から、行動理論と、あとで考察する倫理的理論との密接な関連が証明されるようになる。

グレマスの行為項モデルをもって、筋と作中人物の相関関係は、感覚できるいかなる表象作用にも先行する、もっとも急進的なレベルにもたらされる。それゆえここではもはや作中人物とは言われず、行為項(actant)と言われる。それは行為者の擬人的表象を、物語の行程における行動の操作者の位置に従属させるためである。その急進化は二つの路線で進められる。すなわち、行為項のほうと、物語の行程のほうである。第一の路線では、プロップによるロシア昔話の作中人物の、まだ経験的な段階の一覧表は、次の三つのカテゴリーをもとに作られたモデルに換えられる。すなわち、欲望のカテゴリー（ある物体、人物、価値の探求の原理）、伝達のカテゴリー（送り手と受け手の関係の原理）、いわゆる行動のカテゴリー（補助者と反対者の対立の原理）。これによってモデルがつくられ、それはプロップとは逆に、行為項間の可能な関係から出発し、契約、試練、探求、闘争などと呼ばれる行動の豊富な組合せへ進んでいく。第二の、物語の行程の路線では、深層構造と表層の具象的平面との中間で一連の概念が占める位置を私は重視したい。それらの概念は、生の内的連関という物語的な概念作用のうちにしか場をもたない。まず物語的プログラムの概念であり、次に、その二つのプログラムの間の抗争的関係の概念であり、この関係から主体と反主体の対立が生じる。われわれはそこに、単純な物語的理解の平面で先理解していたものを再発見する。その先理解とは、行動とは相互作用であり、相互作用とは対立したり、収斂したりしている企図の間の競争である、というものである。さらに、交換を物語化する、価値ある対象の移動または転移をつけ加えよう。最後に、「場所」の変更——転移のはじめの場所と終りの場所——の根底にあるトポロジーを考慮する必要があろう。そこから遂行単位の連続について語ることができる(10)。

今私が大まかに要約した分析の二つの路線（『時間と物語II』p. 71–91. 邦訳 p. 75–98 を参照）を再び交叉させると、行為項の記号論と物語の行程の記号論とが相互に補強しあい、ついには物語の行程が作中人物の行程として現れる地点に到達するのがわかる。筋と作中人物との必然的な相関関係というこのテーマを結論づけるにあたって、私はグレマスの『モーパッサン』で大いに強調されているカテゴリーを重視したい(11)。もっとも、このカテゴリーは最初の行為項モデルで、すでに送り手のカテゴリーとして現れているのである。送り手／受け手の対は、プロップにおける委託の、あるいはグレマスの最初の行為項モデルにおける開始の契約の対を延長したもので、その契約によって主人公は行為する資格を受けとるのである。送り手は、モーパッサンの中篇小説『二人の友』に見られるように、個人的、社会的本質体でも、あるいは宇宙的な本質体でさえもありえる。この送り手は『モーパッサン』においては、グレマスが「原行為項」(proto-actantiel)（p. 63）と呼ぶ地位に属する(12)。

物語構造が筋立ての二つの過程、つまり行動の過程と作中人物の過程をどのようにして結合するかをもう一度思い出してみることは無益ではなかった。この結合は、本書の第1研究から提起してきた帰属のアポリアに対する真の応答である。範列的《パラディグマ》観点からすれば、誰が、何が、いかにしてなどの問いが、行動の概念的ネットワークに属する離散的用語を指示できることは事実である。だが連辞的《シンタグマ》観点からすると、これらの問いへの答えは、連鎖をなし、それは物語の連鎖にほかならないのである。物語ることは、誰が、何をしたか、なぜ、いかにして、を言うことで、そこにおいてこれらの観点の間の関連が時間のなかで展開されるのである。人物へ賦与する以外でとりあげられた心的述語を切り離して記述できることも事実である（それが「心的なもの」の記述の条件である）。しかしその述語賦与が再構成されるのは、物語においてである。同様にして、筋と作中人物との連結は、動機の探求という、潜在的には無際限の探索と、誰かに述語を賦与するという原則的には有限な探索とを同時に並行させて進めるのを可能にする。これら二つの探索は、筋と作中人物の同定という二重の過程においてからみあう。作中人物と筋との弁証法においては、帰属というもっとも恐るべきアポリアにいたるまで、その答えを見いだせないものはない。帰属を、カントの第三のアンチノミーと対決させると、それは、原因の系列のはじまりの観念を提出する正命題と、はじまりも中断もない連鎖の観念を対立させる反対命題との間に引き裂かれているように見える。物語はそれ独自の仕方でアンチノミーを解決する。すなわち一方では、作中人物に率先行動を、つまり一連の出来事をはじめる力を与えることによってである。ただしこのはじまりは絶対のはじまり、時間のはじまりではない。他方では語り手に、行動のはじまりと中間と終りを決定する力を与えることによってである。物語はこうして作中人物の率先行動と行動のはじまりを一致させることによって、反対命題を侵害せずに、正命題を満足させる。物語はそのさまざまな様相をもって、詩的な応答を構成するのであり、それを物語的自己同一性は帰属のアポリアにもたらすのである。『時間と物語III』によって時間のアポリアと物語機能との関係に適用された詩的応答という用語を意図的に再び用いた。私はその著書で、物語機能はこれらのアポリアに思弁的な答えは出さないが、そのアポリアを言語の別の意味範囲で、生産的にする、と述べたのであった。それと同じ仕方で、作中人物と筋の弁証法は帰属のアポリアを生産的にし、物語的自己同一性はそれに詩的応答をもたらす、と言えるのである。

2　物語の行動と作中人物のこの相関関係から、作中人物に内在する弁証法が出てくるのであり、それが、行動を筋立てることによって展開される調和と不調和の弁証法からの正確な帰結である。その弁証法とは、調和の線に従えば、人物はその単独性を、時間的全体とみなされる彼の人生の単一性からひき出すのであり、その時間的全体もまた単独であって、その人物を他の人物から区別する。不調和の線に従えば、この時間的全体は、それを区切る予想外の出来事（出会い、事故など）による断絶の効果によって脅かされる。不調和な調和の綜合は、出来事の偶然性が、ある人生の歴史のいわば遡及的な必然性に寄与するようにさせるのであり、その人生の歴史は、作中人物の自己同一性に等しい。こうして偶然は運命に変換する。そして筋立てられた作中人物の自己同一性は、この弁証法によってのみ理解されるようになる。

パーフィットが非還元主義的と呼んだ自己同一性のテーゼはその弁証法から補強以上のものを、完全な修正を受け取る。物語の人物として理解された個人は、彼の「経験」から区別された本質体ではない。それと反対に、個人はストーリーに固有の力動的な自己同一性の条件を共有するのである。物語は作中人物の自己同一性を構成し、それはストーリーの自己同一性を構築することによってその人物の物語的自己同一性と呼ばれることができる。作中人物の自己同一性をなすのは、ストーリーの自己同一性である。

作中人物のこの不調和な調和の弁証法こそ、今や同一性と自己性の弁証法に記入されねばならない。この再記入の必要性は、作中人物の不調和な調和を、自己同一性の概念に結びついている時間における恒常性の探求と対決させるや否や、避けられないものとなってくる。先の研究で、われわれはこの恒常性にまつわる曖昧さをすでに示した。すなわち、一方には性格の同一性があり、他方には自己維持の自己性がある、とわれわれは述べた。今や問題は、どのようにして作中人物の弁証法が、時間における恒常性の二つの極を媒介するために、その両極の間に記入されるようになるかを示すことである。

作中人物の物語的自己同一性が、同一性と自己性の両極に及ぼす媒介の機能は、物語がこの自己同一性に課す想像的変更によって何よりも証明される。実をいえば、物語はこの想像的変更を許容するだけでなく、それを産みだし、それを探求する。この意味で文学は思考実験のための広大な実験室に存することがわかるのであり、その思考実験において、物語的自己同一性の想像的変更の資源が物語の試練にかけられるのである。この思考実験の利点は、時間における恒常性の二つの意味の違いを、二つの意味の関係を変えることによって、明らかにすることにある。日常的な経験では、これら二つの意味は重なりあい、混同されたりする、とすでに述べた。たとえば、誰かを頼りにすることは、その人の性格の安定性を当てにすることであると同時に、他者が約束を守ることを期待することである。たとえその人と認知されるような永続的性向に影響を与えるような変化が起きたにしてもである。文学的フィクションでは、自己同一性の二つの様態の関係にむかって開かれた変更の空間は広大である。一方の極では、作中人物とは同一として同定され再同定される性格である。それはほとんどお伽話や民話の作中人物の地位である。古典的な小説——『クレーヴの奥方』または十八世紀のイギリス小説から、ドストエフスキー、トルストイにいたる——については、それは、作中人物の変化を通して、同一としての自己同一性が消滅しないまでも弱まっていく、変更の媒介的空間を開拓した、と言うことができる。教養小説、さらには意識の流れ小説と言われる小説によって、反対の極に近づいていける。そこでは筋と作中人物の関係は逆転していると見られる。つまりアリストテレス的モデルとは逆に、筋は作中人物のために奉仕させられている。そのとき、作中人物の自己同一性は、筋とその秩序原則の統制を免れて、ほんとうの意味で、試練にかけられる。こうして作中人物が性格であることをやめた、想像的変更の極に達する。この極において、文学的フィクションが、分析哲学の難問事例との対決に応じる極限事例に出会う。この対決において、人格的自己同一性についての物語派の解釈と、非物語派の解釈との葛藤はその頂点に達するようになる。

物語性もまた困惑させる事例を産みだしていることは、現代の演劇や小説が、競って教えてくれる。およそのところ、この事例は自己同一性の喪失として記述される。たとえばローベルト・ムージルの『特性のない男』において、「特性のない」(ohne Eigenschaften) 男は、人間なき性質(特性)をもった、と言われる世界において、極言すると、自己同定されなくなる。固有名によって固定化するのは余分なことのように、愚かしくなる。自己同定されないことは、名づけられないものになることである。作中人物の自己同一性がこのように翳《かげ》ることの哲学的な賭を明確にするには、次のことに注目することが重要である。すなわち、物語が作中人物の消滅する極点に近づくにつれて、小説もまた、たとえ上述のように、もっとも柔軟に、もっとも弁証法的に解釈されたにしても、本来物語的なその特性を失っていくということである。こうして作中人物の自己同一性の喪失に対応するのは、物語の形態の喪失、とりわけ物語の結びの危機である。(13) 作中人物の筋立への反動がこうして実現する。フランク・カーモードの『結末の意義』の言い方を借りるなら、(14) 同じ分離の動きが、結びに値する結末まで導かれる筋の伝統と、自己同定される主人公の伝統とに、同時に影響を及ぼす。再びカーモードによれば、パラダイムの磨滅が人物の造型や筋の形態を襲う。たとえば、ローベルト・ムージルの場合、物語形式の解体は作中人物の自己同一性の喪失と並行して、物語の限界を越えさせ、文学作品をエッセイの近くにまで引き寄せる。現代の数多くの自伝、たとえばレリスのそれが、故意に物語形式から遠ざかり、それもまた、もっとも形象化されない文学ジャンル、まさにエッセイに合流してしまうのは、偶然ではない。

だが、自己同一性の喪失とは何を意味するのか。もっと正確に言えば、そこで問題になるのは、どんな様態の自己同一性なのか。私のテーゼはこうである。この物語性の困惑させる事例は、同一と自己の弁証法の枠組に移しかえられること、同一性の支えを喪失したことによって自己性を露呈させたものである、と再解釈されるのである。この意味で、それらの事例は、自己性と同一性の重ね合わせによって自己同定される主人公の極とは、反対の極をなすのである。「特性」という名のもとに今や喪失されたものは、作中人物をその性格に等しくさせていたものである。

しかし、同一性の支えを失ったときの自己性とはいったい何か。それこそ、パーフィットの難問事例との比較が明確に示してくれるものである。

文学的フィクションが科学技術的フィクションと根本的に違うのは、それが一つの不変項をめぐる、つまり自己と世界との実存的媒介として生きられる身体的条件をめぐる想像的変更であり続けるところに存する。演劇や小説の人物は、われわれのような人間である。自分の身体が自己の次元であるかぎりにおいて、身体的条件をめぐる想像的変更は、自己とその自己性とについての変更である。そのうえ、世界内存在の構造における自分の身体の媒介機能によって、身体性の自己性の特徴は、身体的に住みついているものとしての世界の自己性にまで広がる。この特徴は地上的条件そのものを規定し、ニーチェ、フッサール、ハイデガーらがそれぞれの流儀で認める実存論的な意味を「地上」(La Terre) に与える。「地上」とはここでは惑星とは別のもの、それ以上のものである。それはわれわれが世界のなかに身体的に根をおろしていることの神話的な名である。以上が文学的物語によって、それを行動のミメーシスとする拘束に従わせるものとして、究極に前提されているものである。なぜなら、フィクションにおいて、またそれによって「模倣される」行動は、それまた、身体的、地上的な条件の拘束に従わされているからである。

さて、難問事例によって、根本的な偶発事であるという攻撃を正面から浴びせられるのは、この身体的、地上的な条件であり、それを、行動と受苦の概念に潜んでいる実存の解釈学はのり越えられないものとみなしている。そして実存論的不変項が新しい想像的組立ての可変的なものになるために、この意味の逆転の操作者となるものは何か。それは技術である、というより使用可能な技術、考えられる技術をこえたもの、要するに科学技術的な夢想である。この夢想によれば、脳は個人に代替可能な等価物とみなされる。ハイテクノロジーの適用の中心点とは脳である。分断脳、移植、複製、遠隔転送などの実験において、脳は操作可能な対象として、人間存在を表象する。脳への操作によって例証される、この科学技術的な夢想は、概念的なレベルで、自己同一性の非個人的な扱いと一体になる。この意味で、サイエンス・フィクションの想像的変更は、同一性にかかわる変更であり、それに対し、文学的フィクションの想像的変更は、自己性にかかわる、もっと正確には、同一性との弁証法的関係における自己性にかかわる変更であると言える。

とすると、真の難題は想像的変更のいずれかの領野の内部にあるのではなく、言うならば、その両者の中間にある。もし遠隔転送された個体が身体的、地上的な条件のいくらかの残滓を一緒に運ばなかったら、この条件そのものが単なる可変項、偶然的可変項となるような想像的変更を、実現するとは言わぬまでも、想像することはできるだろうか。だがこの条件がなかったら、その個体は行動したり受苦したりするとは言えないだろう、たとえ彼が自分に出す問いは、自分が生きのびられるかどうかでしかないとしても。

おそらくこの第二度の難題は、両方に利用される想像性のレベルでは解決されえないだろう。それは倫理のレベルでしか解決されえず、われわれはそこに、本研究の最後の節でもどることにする。そこでわれわれは同一性と自己性の間をゆれ動いている物語的自己同一性と、自分の行為に責任のある個人を要求する倫理的自己同一性とを対決させることになる。この責任帰属の能力に関連して、脳への操作が人格的自己同一性に打撃を与え、したがって権利、つまり個人のその身体的完全性に対する権利を侵犯すると言うことができるのである。純粋に道徳的、法律的な意味をもつ責任帰属の能力が、個人に恣意的に割当てられないためには、文学的フィクションの想像的変更がそれをめぐって生じる身体性と地上性の実存論的不変項が存在論的なレベルでは、それ自体のり越えられないものとみなされる必要があるのではないか。脳に対する想像上の操作が侵犯するものは、規則以上のもの、法律以上のもの、すなわち規則や法律が存在するための可能性の実存論的条件ではないか。換言すれば、結局は行動し、受苦するものとしての個人にむけられた掟ではないか。言い換えれば、侵犯されないものとは、身体性のレベルからして、自己と同一との差異ではないか。

第二度の難題と呼んだばかりのものを、私はここで中断させておく。というのは、身体的、地上的条件の不変項を尊重する想像世界が責任帰属の道徳的原理と、より親和性をもつなら、想像上の他者、つまりこの不変項を偶然的と攻撃する他者の検閲は、別の観点からは夢想することの禁止として、そのほうが不道徳ではないだろうか。なるほどいつかは、サイエンス・フィクションが夢想するだけにとどめているものを、実行するのを禁止すべきだろう。だが、夢想とはつねに禁止を侵犯することであったのではないか。だからパーフィットとともに夢想しよう。ただしその夢想を操作する外科医は、想像するだけなら完全に合法的であることを実行する手段も、とりわけ権利ももたない、というだけを願おう。[15]

2　記述することと命令することの間——物語ること

この行程の第2節では、序論から提示し、第5研究のはじめでくりかえした主張を正当化することが残っている。それによると、物語理論はわれわれの探求の全行程において、行動理論と倫理的理論との蝶番となる位置を占めるのである。とすると筋と作中人物の理論のうちに、能力をもつ行為者に行動を帰属させることと、義務をもつ行為者に責任を帰属させることの間に有意味な推移を見ることが正当であるのは、どんな意味においてなのか。

この問題は明らかに二つの斜面をもつ。これまでの「論理的実践的」研究にかかわる第一の斜面では、物語理論で明示された作中人物と筋との関連が、行動と行為者との関係にまつわる難問に新しい解明の光を投げかけてくれるだけでなく、それはさらにどの程度まで実践的領野の拡大を促すか、を示すことが重要となる。その場合、記述される行動は、物語られる行動に匹敵できなければならない。これからの「道徳的」研究にかかわる第二斜面では、物語理論が倫理的探求に提案する支持と予測が問題となる。筋と作中人物の関係が行動と行為者の関係に新しい解明の光を投げかけてくれるのは、論理文法が行動文にいとも容易に記入する行動の分節をこえて、またその唯一の興味は、実践哲学に属する論理的連関の方式にあるような行動の連鎖までもこえて実践的領野を拡大する、という代価を払ってのことである。ここで注目すべきは、悲劇を行動のミメーシスと定義してくれたアリストテレスが行動という語を、小事件や事実や物語的統合形象化にしたがうものなどの組立て（sustasis, sunthêsis）という意味に解していることである。アリストテレスはこう明記する。「六つの〔悲劇の〕構成要素のうちでもっとも重要なものは、出来事の組立てである。というのも悲劇とは人間でなくて、行動や人生〔bion〕の、幸福や不幸の再現〔mimēsis〕なのであるから。人間の幸福も不幸も行動の形をとる。めざす目的〔telos〕は行動〔praxis tis〕であって、人間の質〔ou poiotēs〕ではない。性格によって人間はこれこれの質をもつが、人間が幸福であるか、その反対であるかは、行動によってである」[16]。もし行動概念が、人生の規模で展開される物語的統合形象化のレベルにまでもたらされねばならないなら、行動と行為者の関係の見直しは、さらに行動概念の見直しまでも要求することをこれ以上に、うまく表現できないだろう。

見直しという言葉で、行動文の文法によって形成された行動の分節間の連関を延長する以上のことを意味すべきである。実践的単位間の序列を明示せねばならない。その単位はそれぞれのレベルで、論理的連関の多様性を統合する特定の編成原理を含んでいるのである。

1　編成される第一の単位は、実践(pratiques)の名に値する単位である(フランス語では、動詞形《pratiquer》――スポーツをする、医業に携わる、など――は名詞形よりも多く使われるので、私は英語の practice をモデルにして、名詞形を用いる)。

それのもっともなじみの例は職業《メチエ》、芸術、ゲームである[17]。行動の分析理論における基本的行動の記述から出発して、実践とは何かについて、最初の観念を抱くことができる。ここで思い起こされるのは、ダントが日常行動から「……のために」の関係を差し引くことによって基本的行動を定義したことである。残るは基本的行動である。すなわち、われわれがする術を知っており、実際にしているが、われわれがすることができるために、ほかのことをする必要がない行動である。大まかに言えば、それは動作、姿勢、基本的身体行動などで、たしかにわれわれはそれらを調整し、駆使することを習得するが、その基礎をわれわれはほんとうには習得していない。それと対照的に、それ以外の実践的領野は、「……のために」の関係のうえに立てられる。すなわち、Yをするためには、まずXをしなければならない。われわれはXを獲得して、Yを起こさせる。それでは実践概念を導入するにあたっては皮相である、と反論されるかもしれない。行動概念を実践《プラクシス》概念に匹敵させるには、一方では、E・アンスコムが先に考察した『意図』の有名な例でしたように、手段と目的の連鎖を延長するだけで十分であり、他方では、たとえばG・H・フォン・ウリクトが『説明と理解』で提案しているモデルのような、混合モデルの内部で、実践的三段論法に形式化された意図的な部分と、自然的因果性の部分とを互いに調節するだけで十分ではないのか(18)。そうすれば長い行動連鎖が得られよう。その連鎖において、システム論的観点から目的論的観点への移行は、行為者が因果性の結果を、決断のための事情とみなすことができるという事実によって、連鎖のそれぞれの節目《ふしめ》で確保されるのである。他方、意図的行動が望んだ、または望まなかった結果が、今度は新しい因果性的連鎖を惹起するような新しい事態になるだろう。目的性と因果性の、意図とシステム論的連関とのこの絡みあいは、確実に実践というこの長い行動を構成するものである。けれどもそこには、この長い行動連鎖のなかで、職業《メチエ》、芸術、ゲームを区切る統合形象の単位が欠けている。

　第二の種類の連関は、第二種の単位として、実践の範囲を画定するのに役立つ。そこで問題になるのは、もはや今しがた考察した線的な関係ではなく、入れ子型の関係である。われわれの力のレパートリーに結びついた語彙は、共応の関係よりも、この従属関係をみごとに表現する。たとえば、農耕者の仕事は、耕作する、播種する、収穫するといった従属した行動を包含する。耕作するほうは、トラクターを運転する、などから下っていって最後には引く、押すといった種類の基本的行動にいたるまでを含意する。部分的行動から全体行動へのこの入れ子関係は、したがって従属関係が、システム論的部分と目的論的部分との共応関係に接続するのは、これら両方の連関が、農耕者の仕事を実践とするような意味の法則のもとに統一されるのに応じてである。他の実践についても同じことが言えよう。農業は職業《メチエ》の意味での実践であって、耕作することでも、ましてトラクターを動かすことでもないように、フランス語の économie（経済）がそこから発している、ギリシア語の oikos の意味での家政を守るとか、国家の公職につく（あとでこの例にもどろう）とかはそれぞれ実践を意味するが、それに従属する振舞い、たとえば献立を立てるとか、集会で演説をする、などは実践の名に値しない、また同様に、絵をかくは、職業としても、芸術としても、実践であるが、画布に色の点を置くは実践でない。最後の例は、われわれに有益な移行への手がかりを与えてくれる。チェス盤上で歩《ピオン》を動かすことそれ自体は動作にすぎないが、チェスのゲームの文脈で捉えると、この動作は勝負の一手の意味をおびるのである。

この最後の例が証しているのは、実践を構成する統合形象の単位が意味の特殊な関係に、つまり構成規則という概念が表す関係に立脚していることである。この構成規則は、言述行為理論に拡大されるまえに、まさにゲームの理論から借用されたもので、言述行為理論も、私がここでするように、実践理論に統合されてしまうのである。構成規則という語によって意味されるのは掟であり、その唯一の機能は、たとえばチェス盤上で歩を動かす一定の動作は、チェスの勝負での一手「とみなす」ことを、規定することである。規則が構成的であるのは、それが、外部から運動に適用される規定のように、さらに付加されるものではない、という意味においてである。というのも、運動はすでにそれ自身の構造をもっているからである（ちょうどめいめいが自分の計画をもって運転している運転者の走行に対する交通信号のように）。規則はそれだけで、動作に意味をおびさせる。たとえば、歩の動かし方。規則は構成的であるから、意味は規則から発する。それはまさに意味の構成であり、「……に相当する」ことの構成である。構成的規則の概念は、ゲームの例から他の実践に拡張できる。それはゲームがすぐれた実践のモデルである、という単純な理由による。たとえばJ・サールはその概念を言述行為の領域に拡張できた。言述行為もまた、行動もしくはもっと広範な実践の局面だからである。そこで、約束する、命令する、警告する、確認するのような発語内行為は、それぞれの「力」によってはっきり区別される。その「力」とは、たとえば約束することは、私がしようと今日宣言したことを、明日する義務のもとに自分を位置づけることである、と述べる規則によって構成されている。

ここで注意すべきは、構成的規則は、道徳的規則ではないことである。構成的規則はただ個々の動作の意味について規定し、先に述べたように、これこれの手の動作は、たとえば、あいさつする、投票する、タクシーを呼びとめる、など「とみなす」ようにするのである。なるほど、道徳的規則は意味をおびることができる行為を支配するというかぎりにおいて、構成的規則は道徳的規則に手がかりを与えるだろう。だが、それしも、倫理への方向にむけての第一歩にすぎない。先に言及したような、約束の構成的規則でさえも、たとえその言表に義務への言及が含まれているとしても、それ自体として道徳的な意味をもっていない。その規則は、約束「とみなす」ものを定義するにとどまり、それが約束の発語内の「力」となる。自分の約束を守らねばならないとする忠実さのゆえに、忠実さの規則と呼ぶことができる道徳的規則は、それのみが義務論的地位をもつのである(19)。

分析のこの段階で構成的規則の概念を導入するのは、実践の構造のなかに意味の特殊な関係を導入するのとは別の利点がある。つまりそのうえ、大部分の実践に付随する相互作用の性格を強調する利点があるのである。この性格は行動の分析理論では強調されなかった。なぜなら行動文はその社会的環境が捨象されているからである。話し手によって行動文に課された意味の、話し相手による受容が、文の意味と一体になるのは、語用論の相のもとにでしかない。ただ、対話は行動の言語的次元をなすにすぎない。実践とは、行動において行為者が原則として他者の行動を考慮に入れる、そのような行動に基づいている。そこでマックス・ウェーバーはその大著『経済と社会』の冒頭で、行動と社会的行動の用語を順次にそして一括して定義するのである。「われわれが〈活動〉(Handeln)によって意味するのは、行動する人が行動に主観的な意味を伝えるとき、またそのかぎりにおいての人間の振舞いである。このような行為は公然たるもの、あるいは内面的または主観的であろうとも、それは状況に積極的に介入し、あるいは故意に状況への介入をやめ(Unterlassen)、あるいは受動的に状況を許容する(Dulden)。行動する個人が行為によってめざす意味(gemeinten Sinn)によって、行為は社会的であり、それは他者の振舞いを考慮し、そのほうに方向づけられる[20]」。

他の行為者と関係づけられ、それを考慮すること、それこそが、実践という行動単位のレベルで出会う多種多様な相互作用を網羅するようなもっとも一般的で、中立的な表現である。この相互作用は、それぞれの主観的な意味にしたがって解された意図的行動と同じように、マックス・ウェーバーがこの意図的行動のためにとっておいた表題のもとに位置づけられる。他の行為者の振舞いを考慮に入れる「外的な」「開かれた」仕方は、争いから、競争を経て協力にまでいたる段階づけられた相互作用において見つけ出すことができる。相互作用は、それ自体「内的な」(内面化された)関係となる。たとえば、少しずつ吸収されて、獲得された能力となる見習い修業の関係においてである。こうしてひとりで演奏したり、ひとりで庭仕事したり、さらには実験室で、図書館で、書斎でひとりで研究したりできるようになる。しかしこうした実践の構成的規則は、単独の実行者よりずっと遠くのものから由来する。熟練、職業、ゲーム、芸術などの実践が習得されるのは、誰か他の人からである。習得と訓練は伝統に基づいており、伝統はたしかに破られることはできるが、まずは引き受けられねばならないものである。われわれが他の個所で伝統性と、伝統と革新の関係とについて述べたことはすべて、ここにおいて、内面化された意図という枠で、再び意味をもってくる。他者への言及がそれ自体内面化されるという、この相互作用の標準的な例に、ヘーゲルが『精神現象学』の第五章で好んで挙げる巧妙な例を私はつけ加えたいと思う。それは、限定され、決定された現実性としての作品と、操作的理性の普遍的運命を担った操作する力との不均衡を意識が計量する瞬間に相当する。作品がその作者から離れるとき、作品の全存在は、それに他者が与える意味によって受け入れられる。作者にとって、彼の普遍的な天職のでなく、彼の個性の指標としての作品は、ただ単にかりそめのものとして追いやられてしまう[21]。作品がその意味を、作品としてのその存在を、他者からのみ受けとるこの仕方は、作品と作者の関係の、並外れた不安定性を強調する。それほどに、他者の媒介が作品の意味を構成するのである。

行為者が行動を、やめる（Unterlassen）と許容する（Dulden）という消極的な方法で、主観的に理解するそれぞれの仕方を、相互作用の観点から、並列させるのは、対称を尊ぶ精神に譲歩することになろうか。実を言えば、やめる、甘受する、耐え忍ぶ、受苦するなどは、主観的理解の行為であると同じく、相互作用の行為でもある。これら二つの項は、相互作用の観点からも、主観的理解の観点からも同じように、行動しないこともまた行動することであることを思い出させてくれる。つまり、することを怠ったり、省いたりすることは、また、時には犯罪的な仕方で、他者がするにまかせることである。甘受することは、他者の行為の力のもとに、好んでか、無理やりにか、自分自身を置くことである。あることが、誰かによって、誰かになされる。甘受するは耐え忍ぶになり、それは受苦するに近接する。この点で、行動理論は行動する人から受苦する人にまで広がる。この付加はきわめて重要であるため、それは、誰かによって誰かに行使されるものとしての権力についての反省と、主体の行動能力を誰か他の人によって破壊するものとしての暴力についての反省の大部分を支配する。同時にその付加は、行動の受動者と行為者とを同等のものとすることをめざす規則としての正義の観念の入口まで導くのである。[22] 実際に、どんな行為もその行為者と受動者をもっている。

以上が行動の複合性の若干の例であり、物語の操作は、行動に対してミメーシス的関係に立つかぎりにおいて、その複合性に注意を喚起する。それは実践が、そのようなものとして、すでにできあがった物語的シナリオを含んでいるからではなく、実践の構成が前物語的な質をそれに与えるからである。この前物語的な質を私はかつてミメーシスⅠ（物語的先形象化）の略号で位置づけた。物語の領域とのこの密接な関係は、実践に固有な相互作用の様相によって強化される。この様相に対し物語は、物語プログラム間の競合という抗争の形を与えるのである。

2　実践《プラクシス》と物語との同じ関係は、もっと高度な構成のレベルでくりかえされる。アリストテレスが行為《プラクシス》と生《ビオス》とを関連づけている『詩学』のこのテクストを、われわれはすでに引用した。「まことに悲劇は人々のではなく、行動の、また生の模倣（mimēsis）である」。マッキンタイアが「人生の物語的統一」と呼び、それによってディルタイの「生の連関」という表現に物語的な色どりを添えているものについて考察するまえに、[23] 実践——職業、ゲーム、芸術——と、生の全体計画との中間レベルに、足をとどめてみる価値がある。職業生活、家庭生活、余暇の生活とわれわれが名づけているこれら広範な実践単位を人生計画（life plan）と呼ぶことにする。この人生計画は、多少とも遠くにある（そして今こそ明示されねばならない）理想と、実践のレベルでこれこれの人生計画を選択することとの利益と不利益を考量することとの間を往復するために、可変的でしかも取消し可能な形をとる。次の第7研究では、この人生計画形成の、厳密に倫理的な応用について詳述し、その際にガダマーの導きで、「賢慮」（phronèsis）と「賢慮ある人」（phronimos）についてのアリストテレスの分析をとりあげることにする。ここで明らかにしたいのは、実践的領野は下から上へ、もっとも単純なものから、もっとも念入りに構成されたものへというように構成されているのではなく、基本的行動と実践とから上昇的に複雑化する動きと、その光によって人生が単一性において理解されるような理想と計画という漠然としていて可変的な地平から下降的に特定化する動き、という二重の動きによって構成されているという単純な事実である。この意味で、マッキンタイアが「人生の物語的統一」と呼ぶものは、包括的な形で実践を加算したものから単に結果してくるというだけでなく、いかに不確定で可変的であるとはいえ人生計画によって、また固有の単位をもつ断片的な実践によっても、それは同じように支配されているのである。人生計画は指導する理想の不確定性と、実践の確定性との交換の中間地帯をなすからである。実を言えば、この交換において、早期の、または否応ない召命の場合のように、全体的計画が最初にしっかりと描き出されてしまったり、この上からの強制的圧力によって、それまで伝統によって定められ、修業によって従わされてきた輪郭を実践が見失ったりすることが起こる。こうして実践の領野は二重の確定化の原則に従わされるように見える。その原則は実践の領野を、テクストの全体と部分の交換による解釈学的理解に近づける。この二重の確定化の動きほどに、物語的統合形象に適したものはない。

3　ここで、マッキンタイアが実践の概念や人生計画の概念よりも上位におく「人生の物語的統一」について意見を述べるときが来た。彼の著書では、この概念は実践《プラクシス》の等級で最後の段階を示すものではないことを言っておかねばならない。意図的に倫理的な観点(これは次の研究でとられる観点となる)からすると、物語の形をとった生の結集という観念は、「善い」生き方をめざすための支点として役立つべきものである。「善い生き方」(good life)こそは彼の倫理の要石《かなめ》であり、やがてわれわれの要石となるものである。はたして行動の主体は自分の人生全体に、もしその人生が結集されたものでなかったら、どうして倫理的な資格を与えられようか。またその人生がまさに物語の形をしていなかったら、どうしてそうなるだろうか。

私は『時間と物語』の分析と、マッキンタイアの『徳を求めて』の分析とのこの幸福な出会いを喜ぶ。とはいえ何の吟味もなしに私はマッキンタイアのやり方と私のとを同一視しようとは思わない。マッキンタイアは主として、日常生活の生きた現実で出会った物語を念頭においており、少なくとも彼がかかわる倫理的探求のためには、文学的フィクションと彼の言う行為化された(enacted)物語との間の隔りには決定的な重要性を認めない。ところが物語のミメーシス的機能についての私自身の扱い方では、物語がフィクションの領野に入ることによって生じた断絶を深刻に受けとめるので、文学と人生とを読解行為の媒介によって再び結びつけるのは大変厄介な問題となる。マッキンタイアには、フィクションによって人生を再形象化するという観念に結びついた難問は提起されないのである。そのかわり、私がそうしようと努めたように、次の二重の事実から利益を引き出すことをしないのである。すなわち、文学フィクションにおいてこそ、行動とその行為者との結びつきがもっともよく捉えられることと、文学とはこの結びつきが無数の想像的変更にかけられる思考実験のための広大な実験室であることがわかるということである。フィクションを迂回することとのこの利益には、たしかに裏面がある。そこでマッキンタイアの知らない難問が出てくる。すなわち、フィクションによってひき起こされた思考実験が、あとで述べるようなあらゆる倫理的含意とともに、どのようにして現実生活における自己の吟味に役立つのか。[24] フィクションと人生との間にあると見られる溝がこんなにも深いなら、われわれが実践のいろいろなレベルを通って来たなかで、どのようにして人生の物語的統一という観念を、さまざまな実践の序列の頂点におくことができたのか。テクスト世界と読者の世界を接触させようとして、私が『時間と物語III』で提起した読解理論によって、その溝は越えられた、と考えることもできよう。[25] だがフィクションから人生へもどる途上で、まさに読解行為から障害が生じるのであり、それについてはこれから述べよう。

まず、作者と語り手と作中人物の関係についてはどうであろうか。フィクションのレベルでは、これら三者の役割とそれぞれの声とは、はっきり区別されるのである。私が人生物語の見地から自分を解釈するとき、私は自伝的物語におけるように、同時にこの三者になるのだろうか。[26] 語り手であり、作中人物であることはたしかだが、フィクションの人物とは違って、私はその作者ではなく、せいぜいアリストテレスの言葉によれば共作者、sunaitionとして、人生の語り手で、作中人物なのである。[27] しかしこの留保条件を考慮しても、作者の概念は、書かれたものから人生に移るとき、曖昧になることを免れないのではないか。

もう一つの難問。物語形式の面で、フィクションでも人生でもその物語形式は似ていることを願うが、いくつか重大な違いが、はじまりと終りの概念に悪影響を及ぼす。たしかにフィクションでは、はじまりも終りも、物語られる出来事のはじまりや終りでは必ずしもなく、物語形式のはじまりと終りである。たとえば『失われた時を求めて』は「長い間、私は早くから床についた」という有名な文ではじまり、この「長い間」の次に複合過去が来て、ほとんどはるかな以前へと送り返す。にもかかわらず、この文は小説のはじめの文であり、物語のはじまりに相当する。「見出された時」の終りの前未来形についても同様であり、それは不確定な未来にむかって開かれ、その未来で作品を書くことは死の到来と速さを競うように懇請される。それでいて物語の終りに相当する最後のページがある。[28] マッキンタイアが『徳を求めて』で人生の物語的統一と呼び、「善い生き方」を投影するための条件とするものに欠けているのは、この結び、言うならば、この文学的結びである。真の生き方の目標のもとにおかれるために、人生は結集させられなければならない。もし私の人生が独自の全体として捉えられなければ、人生が成功し、達成されることを願うことはけっしてできないだろう。ところで、現実の生活で物語的はじまりに相当するものは何もない。記憶は朦朧とした幼時のなかに失われ、私の誕生、ましてや私がみごもられた行為は、私自身によりも、他者の歴史に、この場合は両親の歴史に属する。私の死について言えば、それは私よりも生きのびている人たちの物語においてしか語られない終りであろう。私はつねに私の死へむかっている。このことは私が死を物語的終りとして捉えることを拒むのである。

この根本的な難問に、もう一つの難問が加わるが、それは先の難問と関係がないどころではない。私の人生の既知のコース上に、私がいくつかの行程をたどり、いくつかの筋を織り、要するにいくつかのストーリーを語ることができるのは、それぞれのストーリーには結末をつける基準が、カーモードがあれほど強調する「結末の意義」(sense of an ending) が欠けているからである。

さらに先に進もう。小説はそれぞれに固有のテクスト世界を展開し、大ていの場合、いくつかの作品のいわば通約不可能な筋を関係づけることはできない (聖書の族長物語の端と端がつながる物語をモデルにした、トーマス・マンの『ブッデンブローク家』やジュール・ロマンの『善意の人々』などの世代小説のようないくつかの系列は、おそらく例外であろう)。それに対し、一方の人生の実話は、他方の人生物語と絡みあっている。私の人生のいくつかの区切りは全体として、他者の、私の両親の、私の友人の、仕事や余暇の仲間の人生物語の一部となっている。われわれが先に、実践や、それが含む習得、協力、競争の関係について述べたことは、各人の物語が多くの他者の物語のなかに絡みあっていることを確証する。これと同じ点をマッキンタイアはもっとも強く力説し、そしておそらくそうと知らずにであろうが、ヴィルヘルム・シャップが『話の中にもつれこんで』(*In Geschichten verstrickt*) と題してすでに書いたことを、それ以上に強調するのである。[29]

まさにこの絡みあいによって、同じくその両端が開かれているという性格によって、人生物語は文学物語と異なるのであり、文学物語は歴史記述またはフィクションに属するのである。とするならば、なおも人生の物語的統一について語ることができようか。

最後の反論。自己理解において、行動のミメーシス (mimèsis praxéôs) は人生のすでに完了した局面しかカバーできず、R・コゼレックが『過ぎ去った未来』(*Vergangene Zukunft*) で提案している図式に近い図式による、予測、計画に接続しなければならないと思われる。[30] コゼレックの図式では、「経験の空間」と「期待の地平」の弁証法は、物語られる出来事の選択を、サルトルが各人の実存的企投と呼んだものに属する予測に関係づけるのである。

以上の論拠は完全に納得できる。すなわち、作者概念の曖昧さ、人生の「物語としての」未完了、人生物語の相互的絡みあい、人生物語の想起と予測の弁証法への挿入。とはいえ、これらの論拠が、フィクションを人生に適用するという考え方そのものを廃棄できる、とは私には思えない。以上の反論は、ミメーシスについての素朴な考え方に対してのみ有効である。すなわち、『ドン・キホーテ』第一部、または『ボヴァリー夫人』のように、フィクションの内部のいくつかのフィクションが演出するようなミメーシス概念である。これらの反論は反駁されるよりはもっと巧妙で、もっと弁証法的な自己同化という理解に統合されるべきものである。以上の反論は、先に述べた、テクストと読者とのたたかいの枠組に置き直すべきである。作者の位置の曖昧さはどうなるか。しかしそれは解決してしまうよりは、保持しておかねばならないのではないか。実存に関して私がその作者ではない人生を、物語にすることによって、私はその意味について自分を共作者とする。それだけでなく、逆の意味で、多くのストア派哲学者が人生そのものを、生きられた生を、われわれが書いたのでなく、したがってその作者は役割の彼方に後退している戯曲において役割を演じることだと解釈したのは、偶然でもなければ、誤りでもない。「作者」と「作者の位置」(authorship) という用語のさまざまな意味の間のこうした交換は、第4研究で論じた、行動の力 (agency) という概念自体の意味をゆたかにするのに役立っている。

人生の物語的統一という概念については、やはりそこに作話の働きと生きた経験との不安定な混合を見るべきである。現実の生のまさに逃げやすい性格のゆえに、われわれはその生を事後に回顧しながら編成するために、フィクションの助けを必要とするのであり、そのために、フィクションや歴史から借用した筋立ての形象が修正可能で、一時的なものであっても仕方がないとするのである。そこで、読書を通してわれわれがなじんできた物語のはじまりの助けを借りて、語の強い意味でわれわれのとる率先行動《イニシアティヴ》がつくる現実のはじまりを安定したものにする。そしてまたわれわれは、行動の経過を、生の一区分を閉じることの意味することについての、不正確ではあるが、経験をもつ。文学はこうした一時的な終りの輪郭をいわば固定するのを助けてくれる。死については、文学がそれについて産みだす物語は、何らかの資格で模範的な、あれこれの死に想像上で輪郭を与えることによって、未知の無に直面しての苦悩の刺を和らげる力をもっているのではないか。こうしてフィクションは死の学習に協力してくれる。キリストの受難に思いを潜めることが、こうしてひとりならず信徒に最後の敷居まで同伴してくれた。F・カーモードやW・

ベンヤミンがこれに関して「慰め」という言葉を発したとき、性急に自己欺瞞だと叫ぶべきではあるまい。悲歎に抗する一つの形として、慰めは自分自身の喪を執りおこなう透徹した――アリストテレスのカタルシスのように透徹した――仕方となりえる。ここにおいて、文学と死へとかかわる存在との実りある交換が確立できる。

人生物語が互いに絡みあうことは、文学が養ってきた物語的理解に叛くものであろうか。むしろそこに、ある物語が別の物語のなかに入れ子になっているのを見つけ出せるのではないか。文学はそれの多くの例を、理解可能性のモデルを提供してくれているのである。またフィクション物語はいずれも、その内部でさまざまな主役たちの異なる運命を対決させて、相互作用のモデルを提供してくれているのではないか。その相互作用において、絡みあいは物語プログラムの競合によって解明される。

最後の反論は、ある誤解に基づいているが、その誤解を突き崩すのは必ずしも容易でない。文学的物語は、回顧する視点をもつゆえに、われわれの人生の過去の部分についての省察しか教えてくれない、とよく信じられている。だが文学的物語は、ある明確な意味においてのみ回顧的である。つまり語り手の眼からのみ、物語られる事がらはかつて展開したと見えるのである。物語行為の過去は、物語る声の準過去にほかならない(31)。ところが過去の一時期に語られた事がらのなかに、計画や期待や予測が位置を占め、それらによって物語の主役たちは彼らの限りある未来へと方向づけられる。それを証言するのは『失われた時を求めて』の力強く前望的な最後の何ページかであり〔話者は作品を書くことを決意する〕、それについてはすでに、フィクション物語の開かれた結びとして述べたところである。換言すれば、物語は思い悩みをも語る。ある意味で、それしか語らない。だからこそ物語のしるしのもとに人生の物語的統一について語るのに不条理はないのである。物語は回顧と前望とを物語的に結びつけることを教えてくれるからである。

この議論の結論は、文学的物語と人生物語とは、両者の対比にもかかわらず、というよりその対比のゆえに、排除しあうどころか、互いに補いあうということである。この弁証法がわれわれに思い起こさせるのは、物語は、書くことにおいて、人生から退去する以前に、人生の一部となるということである。今述べたような手強い緊張という代価を払って、物語は自己同化のいろいろな道にしたがって、人生へもどってくる。

3 物語の倫理的含意

われわれの探求の第二の斜面で、物語理論と倫理的理論との関係はどうであろうか。すでに提示した用語で言い換えるなら、自己理解の物語的構成要素は、その補足としてどのようにして、行動のその行為者への道徳的責任帰属に固有の倫理的規定を求めるのか。

ここでもまた物語的自己同一性の概念は、物語性と倫理との関係を解明するのを助けてくれる。その関係は先行する分析で予測はされていたが、解明はされていなかった。しかしここでもまた、物語的自己同一性は、自己性の物語的表現と倫理的表現との対決に結びついた新しい難問をもたらす、と言わねばならないだろう。物語的機能は倫理的含意をもたないわけではないことは、物語の先形象化のレベルで、文学的物語が口誦物語の土壌に根をおろしている事実によって、すでに示唆されている。W・ベンヤミンはその有名な論文「物語作者」で、物語技法は、叙事詩のなかでこそもっとも原始的な形でまだ識別できたが、小説においてはすでに消滅の途上にあり、しかしそれは経験を交換する技法であることを喚起する。[32] 経験という言葉で彼が意味するのは、科学的観察ではなく、実践的な知恵の民衆的な行使である。この知恵は、われわれが次の研究で吟味する目的論的、義務論的カテゴリーに相当する判断、評価を含まずにはいない。物語がおこなう経験の交換において、行動は是認されるか、非難されるかしないわけにはいかず、行為者も賞められるか、責められるかせざるをえない。

文学的物語は、いわゆる物語的統合形象のレベルで、純粋に美学的な規定のために、倫理的規定を失うと言えるだろうか。それは美学そのものについての誤解であろう。作中人物の運命を追っていくときにおぼえる快感はたしかに、われわれが現実の行動を中止すると同時に、いかなる道徳的判断も中止することを含意している。だが、フィクションの非現実的な領域内で、われわれは行動や人物を評価する新しい仕方を探索してやまないのである。想像性の大実験室でわれわれがおこなう思考実験はまた、善と悪の王国でなされる探検でもある。評価を変えること、さらには評価を落とすこともまた評価することである。道徳的判断は廃されず、それはむしろフィクションに固有の想像的変更にかけられるのである。

フィクションの次元でこうした評価を働かせることによって、物語は結局のところ、物語による行動の再形象化の段階で、読者の感情と行動に対し、その発見とまた変換の機能を行使できるのである。『時間と物語Ⅲ』で私は、この点でもっとも中立的であろうとする物語形式、つまり歴史記述的物語も、けっして評価の零度に達することはない、とあえて言い切ったのであった。記念するとか、嫌うとかの好みよりは、好奇心によって動かされたいと望む歴史家は、これこれの時代の価値に個人的な選択を示すことはしないが、その好奇心そのものによって、人々が真の生を構築するものと思っていたものをめざし、それに到達し、あるいは失敗した仕方に、やはりかかわらざるをえないのである。われわれの深層の人間性に属し続ける評価の仕方をよみがえらせるのは、少なくとも想像力と共感を働かせるようにしてである。そこにおいて歴史記述は過去の人々に対し負債の関係にあることが想起させられる。ある状況で、とりわけ歴史家が恐ろしいもの、犠牲者の歴史の極限のすがたに直面するとき、負債の関係は、けっして忘れまいという義務に変わるのである(33)。

とはいえ、私はこの第6研究を、物語機能の倫理的含意についての確信で結論しようとは思わない。第一の斜面で、固有の難問は物語理論と行動理論が交叉する点で現れたように、それと対称的な難問は、物語理論が倫理的理論へと向きを変える点で生じてくる。この難問は、本研究のいずれの斜面でも主導的テーマである自己同一性の判明な、さらには反対の運命に関係する。自己同一性の問題系にあてた節で、自己性としての自己同一性は、同一性としての自己同一性に重なる一方の極から、それと完全に離れる他方の極にまたがる意味の範囲を覆いつくすことを認めた。この第一の極は、それによって個人が自分を同定され再同定される性格の現象によって象徴されると思われる。第二の極は、自己維持という何よりも倫理的な概念によって代表されると思われる。自己維持は個人にとって、他者がその人を信頼（compter）できるように振舞う仕方である。誰かが私を信頼するゆえに、私は自分の行動について、他者に対して責任がある（comptable）。責任という語は二つの意味を結びつける。……を信頼すると、……に責任がある、である。その二つを結びつけるのは、私を探している他者が「どこにいるの？」と訊く問いに対する答えという観念をそれに加えることによってである。その答えは「私はここにいます」である(34)。それは自己維持を言い表す答えである。

自己維持を性格の対極に位置づけることによって、性格の永続性を考慮せずに、自己性の本来的に倫理的な次元を明確にしようとした。それによって時間における恒常性の二つの様態の間の隔りをしるしづけたのである。その隔りは、同一性の永続性に対立する、自己維持の語によってうまく表現される。結局、性格の同一性としての自己性の極と、自己維持の純粋な自己性の極とにまたがる変化の幅のどこに、物語的自己同一性を位置づけるべきか。

この問いに対する答えはすでに与えられているように思われる。物語的自己同一性は両者の間に立っている。物語は性格を物語化することによって、既得の性向において、沈澱した……との同一性において消滅していた動きを性格にもどしてやる真の生活の目標を物語化することによって、物語はそれに、愛され、尊敬される人物に認められる特徴を与える。物語的自己同一性は鎖の両端を結びあわせる。すなわち、性格の時間における恒常性の端と、自己維持の端とである。

難問はそうするとどこにあるのか。難問は厄介な事例から由来するのであり、前節はその事例で結んだのであった。この極限事例は、物語的自己同一性について極端な問題提起をすると見られるため、それは自己維持によって表される倫理的自己同一性に近いどころか、それから一切の支点を取り去ってしまうように思われる。文学的フィクションの厄介な事例と、サイエンス・フィクションの難問事例の間に分割線が通っているかぎり、前者は自己性のために、そして自己性と同一性との混同という代償を払っても、一種の弁明的機能を行使する。たとえ否定的様態であるにせよ、非主体（主語）(non-sujet) が主体の一形態でないならば、なぜわれわれはムージルの作中人物の自己同一性の解体のドラマに興味を抱き、その人物によってわれわれは当惑に陥るのか。言述のまたは行動の主体の記号論が思い出させてくれるように、非主体は無ではない(35)。文学的フィクションの厄介な事例が資料を提供するこの自己性の弁護は、フィクションが人生に回帰するなかで自己同一性を求める読者が、自己同一性喪失の仮説、この自己喪失 (Ichlosigkeit) に直面するときに、その反対物へ変質しはじめる。この自己喪失こそはムージルの悩みであるとともに、彼の作品によって絶えず培われてきた意味効果であった。ここで物語によって再形象化される自己は実際に、彼自身の虚無という仮説に直面する。たしかにその虚無は、それについて何も言えないような無ではない。逆にこの仮説は、『特性のない男』のような作品の巨大さが証言しているように、多くのことを言わせる。「私は何ものでもない」という文は、その逆説的な形を保持しなければならない。「何もの」が「私」に帰属させられないとしたら、「何もの」はもはや何ものも意味しないことになろう。しかし主語が自分は何ものでもないというとき、私は誰なのか。同一性の助けを奪われた自己、と私はくりかえし言った。それはそれでよい。この点で仮説は実存的検証によって支えられている。たしかに個人的自己同一性のもっとも劇的な変化はこの自己同一性の虚無という試練を経なければならないかもしれない。その虚無は、レヴィ＝ストロースになじみの変化における空虚な碁盤目に相当するものであろう。多くの回心の物語は、このような人格的自己同一性の夜を証言している。このような極端に剝奪された瞬間に、私は誰かの問いに対するゼロの答えは、問いの無効に送り返されるのでなく、問いそのものを裸にするのである。

さて、議論を再開するのは、「私はここにいます」という誇らしい答えに直面した誰かの問いを、このように裸にすることである。物語のレベルでの自己の問題提起的な性格と、道徳的拘束のレベルでのその断定的性格をどう両立させるか。文学的フィクションのこの厄介な事例は逆説的ながら、パーフィットが彼の難問事例の決定不能性からひき出した倫理的結論、すなわち、人格的自己同一性は重要なことではない、の近くにつれもどす、と言いたくなる。そのときに消滅するのは、同一の自己同一性だけではなく、それの災厄から救いだしたと信じられていた自己の自己同一性までもである。ある意味で、それは真実である。自己の解消を語る物語は、自己の否定的把握と呼べるようなものに対し、解釈的物語とみなすことができる。(36) 自己の否定とは、私は「誰か」から私は「何か」への移行が一切の関与性を失ったことにある。すでに述べたように、「誰か」の「何か」は性格である。つまり獲得された性向と沈澱した「……との自己同一性」との集合である。ある人を再認するのに、その考え、感じ、振舞う持続的な仕方によって再認することの絶対的不可能性、それを実践によって証明することはできないだろうが、ぎりぎりのところ少なくとも思考可能ではある。自己同定の果てしない試みを挫折させることだけは、おそらく実行可能であろう。そうした試みが、自己の後退について解釈的な価値をもつこれらの物語の素材をなしているのである。

とすると、物語のレベルでは消滅したと見える自己を、倫理のレベルでいかにして維持すべきか。「私は誰か」と「私はここにいます」をいかにして同時に言うか。物語的自己同一性と道徳的自己同一性との隔りを、両者の生きた弁証法のためには、かえって働かせることができないだろうか。その対立が実りある緊張に変換するのを私がどうみるか、以下に述べよう。

一方では、個人がそれによって自分を責任帰属の主体と認めるところの「私はここにいます」は、自己自身が行動や生のさまざまなモデルと対決することから生じる彷徨にストップをかけることは疑いない。それらモデルのいくつかは確固とした約束の能力を麻痺させてしまうにいたるからである。「私は何でも試みることができる」と言う想像力と、「何でも可能だが、何でも有益とはかぎらない〔他者にとって、あなたにとって、という意味に解そう〕」と言う声との間に、ひそかな不和が腰をすえる。この不和を、約束の行為はもろい融和に変える。たしかに「私は何でも試みることができる」、だが「ここに私は立つ」。

他方では、文学的フィクションの厄介な事例を裸にする「私は誰か」の問いは、ある仕方では、「ここに私は立つ」の誇らしい宣言に合体する。その問いは「変わりやすいこの私、にもかかわらず、あなたが私を信頼できるために、私は誰なのか」となる。物語的想像力が沈みこんでしまう問いと、他者の期待によって責任を負わされた主体の答えとの隔りは、約束の中心にできたひそかな断層となる。このひそかな断層は、自己維持の謙虚さと、頑固に自己を守るストア派的な倨傲との違いをなす。まさにこの点で、ここまでたどってきた道とパーフィットの道とが交叉する。ある意味で、個人とその思想、行動、情念、要するにその「経験」との間の所有（または帰属）関係による自己性の性格づけは、倫理の面では、両義的であらざるをえない。この関係は、指呼詞の文法的な面では混同のおそれはまったくない（私の／私のもの、君の／君のもの、彼・彼女の／彼・彼女のもの）とすれば、それだけ逆に、パーフィットが自己利益に対する闘いを挑む面では、疑わしさが残る。われわれのような自己性の哲学では、「所有は重要な事がらではない」と言うことができなくてはならない。物語的想像力によって産みだされた極限事例が暗示するのは、所有と喪失の、思い悩みと煩いのなさの、自己肯定と自己消失との弁証法である。こうして自己の想像された虚無は、自己の実存的「危機」となるのである(37)。

ジャン・ナベール、ガブリエル・マルセル、エマニュエル・レヴィナスといった、かくも異なる思想家たちによって喚起されたこの自己の脱ぎ捨て(訳注1)が、自己以外の他者の、自己に対する倫理的優位と関係があることは明らかである。としても、他者の闖入が同一という閉域をうちやぶって、自己が自己以外の他者の利用に自分を供するような自己消失の共犯に出会うことは必要である。なぜなら、自己性の「危機」の結果は、自己憎悪を自己評価に代入することであってはならないからである。

〔訳注1〕　脱ぎ捨て（dépouillement）は反省哲学者ジャン・ナベールの用語。絶対者を根源的に肯定するために、意識において自己を脱ぎ捨てる行為。この用語は新約聖書パウロ書簡の「キリストの割礼を受けて、肉のからだを脱ぎ捨てたのである」「古い人をその行いと一緒に脱ぎ捨て」から由来すると思われる。

第7研究

自己と倫理的目標

これからはじまる三つの研究は全体として、言語的、実践的、物語的な次元に、新しい次元、すなわち倫理的で道徳的な次元を加える（ただし倫理的と道徳的の二語はしばしば同義語とみなされているが、私がこれから提起するような区別があるという条件つきである）。新しい次元とはいえ、これまでの研究の方法と何の断絶もない。

序言で述べておいたように、第10研究の入口までのこれらの研究を構成する四つの部分集合は、誰がの問い、すなわち、誰が語るのか、誰が行動するのか、誰が自分を物語るのか、誰が責任帰属の道徳的主体なのか、に対する四つの答え方に対応する。われわれは誰がの問いの軌道にいるかぎりは、自己性の問題から外に出ない。ここでわれわれが着手する第四の部分集合も、これまでの三つの研究のように、分析による反省を迂回するという基本的規則に従う。そこで、行動に適用された「善い」と「義務的」の述語は次のものと同じ役割を果たす。すなわち、それを発語して自分で自分を指示する語り手に対する言述の命題、行動可能な行為者の措定に対する行動文、物語的自己同一性の構成に対する物語構造、などとである。行動の倫理的で道徳的な規定は、ここでは新しいジャンルの述語として扱われ、それと行動の主体との関係は、自己自身への回帰の途上での新しい媒介として扱われることになろう。

「善い」「義務的」といった述語による行動の規定は、ヒュームから発する思想の伝統にとってのみ、先在するすべてと根本的な断絶があることを示すであろう。ヒューム的伝統にとり、「あるべき」は「ある」と対立して、両者の間に可能な推移はない。そこで命令するは、記述するとまったく別のものを意味する。これまでの研究で、この二分法を拒否するいくつかの理由を見いだしたのであった。

まず、われわれが考察してきた「存在」はきわめて特異であり、それは語る存在、行動する存在である。行動が教えに近づける、というのも行動の観念に属する。教えは、助言、勧告、教示の形をとって、企てたことを成功させ、したがってうまくなしとげることを教える。たしかに教えはすべて道徳的な種類に属するとはかぎらず、むしろそれからは遠い。それは技術的、戦略的、美的、などの教えになりえる。少なくとも道徳的規則は教えのもっと広範な範囲内に登録され、教え自身は実践と密接に結びついており、実践の範囲を定めるのに寄与するのである。

次に物語理論を、行動理論と道徳理論との蝶番の位置に置いて、われわれは物語を、記述から命令へ自然に移行させるものとしたのであった。そこで第6研究の最後では、物語的自己同一性の概念は、実践の領域を、行動の分析理論の枠内で記述された単純な行動をこえて拡大するための主導的理念として役立ったのである。こうした複雑な行動が、倫理的性格の予測が豊富な物語フィクションによって再形象化されるのである。物語ることは、仮説的な様態で道徳的判断が下される思考実験のための想像空間をくりひろげることである、とわれわれは述べたのであった。

今度は、提案された倫理と道徳の区別についてはどうであろうか。両語の語源論や、用法の歴史で、区別を強いるものは何もない。一方はギリシア語から、他方はラテン語から由来する。両者とも mœurs（習俗）の直観的観念と関係づけられ、二重の内包をもつ。それをわれわれは次のように分解してみよう。

すなわち、善いと評価されるものと、義務として強いられるものとである。そこで私は慣習的に、倫理(éthique)の語は完《まっと》うされる生の目標にあて、道徳(morale)の語は、この目標を、普遍性の要求と拘束の効果との両方によって特徴づけられる規範へと分節することにあてよう(これら二つの特質を結びつけるものが何かについては、時期が来れば述べることにする。目標と規範のこの区別には、二つの遺産の対立があるのを容易に認めることができる。すなわち、倫理をその目的論的観点から性格づけるアリストテレス的遺産と、道徳を規範の義務的性格によって、したがって義務論的観点から定義するカント的遺産である。私としては、正統性がアリストテレスにあるか、カントにあるかといった問題にかかずらわることなく、しかしこれら二つの伝統を基礎づけるテクストには大きな注意を払いつつ、次のことを確定したい。⑴道徳に対して倫理の優位。⑵倫理的目標を規範のふるいにかける必要性。⑶規範が実践上の袋小路にはいったときに、規範が目標に訴えることの正当性。その袋小路は、われわれの省察の新しい段階において、自己性についての省察が直面せねばならなかったさまざまなアポリア的状況を呼びもどすのである。換言すると、提案された作業仮説によれば、道徳は倫理的目標を、正当で不可欠な実現ではあるが、限定的に実現するにすぎず、倫理はその意味で、道徳を包含する。したがって、尊重すべき伝統であるとはいえ、カントがアリストテレスにとってかわることはないだろう。それよりも、二つの遺産の間に、従属と補完性の関係が樹立され、その関係は、道徳が最後に倫理に訴えることによって、結局は強化されよう。

きわめて特殊なジャンルを、目的論的目標と義務論的契機とにこのように分節することは、自己性についてのわれわれの吟味にどのように影響するのか。はじめに行動に適用された述語——述語「善い」と述語「義務的」——のレベルで気づいた、目的論的目標と義務論的契機への分節は、最後にその応答を、自己を指示するレベルで見いだす。以後われわれが自己評価(estime de soi)と呼ぶものが対応するのは倫理的目標であり、義務論的契機には自己尊重（respect de soi）が対応するのである。ここで提起されるテーゼによれば、次のことが出現するはずであろう。⑴自己評価は自己尊重よりも根本的である。⑵自己尊重は、規範の統制下で自己評価がおびる様相である。⑶最後に、義務のアポリアは、自己評価が単に尊重の根源としてだけでなく、尊重の手段としても現れるような状況をつくりだす。それはいかなる確実な規範もここで、いま《ヒック・エト・ヌンク》尊重を実行するためのたしかな案内役を提供してくれないとしてもである。こうして自己評価と自己尊重とは、一緒になって、この自己性の成長のもっとも進んだ段階を表すことになろう。その成長は同時に自己性を広げることである。

これからの三つの研究へのこの短い序論を結ぶにあたり、倫理と道徳の区別が、命令すると記述する、あるべきとあるの間に論理的な溝がある、とするヒューム的反論にどのように答えるかについて一言しよう。倫理を性格づけるための目的論的な考え方から、それが物語理論によって延長された行動理論に直接結びつくことを期待できる。実際に、目的論的観点が表現されるのは、行動に直接適用される評価ないし判断においてである。そのかわり、義務道徳に属する義務論的述語は、まさに道徳的と言われる拘束の形のもとに、行動の行為者に外部から、または上からおしつけられるように見える。このことはあるべきとあるの還元不可能な対立のテーゼに重みを加える。しかし義務論的観点は目的論的見地に従属させられることを立証できるなら、あるべきとあるとの隔りは、記述と命令、あるいはそれに近い用語法では、価値判断と事実判断の直接対決におけるほどには、越えられないとは見えないだろう。

I 「善い生き方」をめざして……

この研究は道徳に対して倫理の優位を、つまり規範に対して目標の優位を確立することに限定される。道徳的規範に、最後の切札を渡してしまうことなく、それに正当な位置を与えるのは、次の研究の課題となろう。

義務論的契機を捨象して、倫理的目標について探求すること、これは道理のある言葉を断念して、「善い」感情を自由に発露させることだろうか。まったくそうではない。次の定義は逆に、その明確な性格によって、思考の作業を生じさせ、それがこの研究をずっと占めるようになる。すなわち、正しい制度において、他人とともに、また他人のために「善い生き方」をめざすことを「倫理的目標」と呼ぼう。この定義の三つの要点が順次、判明な分析の対象となろう。以下の二つの研究ではこの三つの構成要素が、次々に道徳的規範と倫理的目標の関係についてのわれわれの反省の支点となるのである。

倫理的問題系に、「善い生き方」の概念によって入っていくことの大きな利点は、自己評価の形をとって、自己性に直接言及することをしないことである。たとえ自己評価がその最初の意味を、善いと判断されるある種の行動の評価がその行動の張本人に向ける反省の動きから引き出すとしても、他者への言及が導入する対話的構造がそれに欠けているかぎりは、その意味は抽象的なままである。この対話的構造のほうは、正しい制度への言及の外側においては、未完了のままである。この意味で、自己評価は、倫理的目標の三つの構成要素が段階づける意味の行程の終点まで来なければ、完結した意味をもたないのである。

倫理的目標の最初の構成要素は、アリストテレスが「善く生きること」「善い生き方」と呼ぶものである。プルーストの驥尾に付してそれを「真の生き方」と言うこともできよう。「善い生き方」は、倫理的目標の対象そのものであるゆえに、真っ先に名指されねばならない。各人が完了する人生についてどんなイメージを抱くにせよ、この加冠はその人の行動の究極の終りである。今やここで、人がめざす善とプラトン的〈善〉とをアリストテレスが区別したことを思い起こすときである。アリストテレス倫理学では、われわれにとっての善しか問題にならない。このわれわれとの相対性は、この善が個々の善のなかに含まれることを妨げるものではない。むしろその善はあらゆる善に欠けているものである。倫理学全体は、述語「善い」のこの飽和されることのない用法を前提としている。

　議論はまたしても莫然となる惧れがあるだろうか。けっしてそうではない。われわれがアリストテレスから銘記する最初の大事な教訓は、行為《プラクシス》のうちに「善い生き方」の目標の基本的な固定点を求めたことである。[1] 第二の教訓は、「善い生き方」の目標を構造化する原理として、行為《プラクシス》に内在する目的論を昇格させたことである。この点に関し、アリストテレスが、行為、少なくとも善い行為は、究極の目的をめざしつつも、それ自体が目的であるという見かけの逆説を解決したかどうかは確実でない。その逆説は、目的性がいわば互いに包含しあい、上位は下位の過剰であるというような目的性の序列の原則が発見されでもしたら、解決されるであろうが。ところが『ニコマコス倫理学』のそれに続く巻では、行為とそれに対応する目的とのこの序列について、首尾一貫した分析を提供しているとは思われない。その第三巻と第四巻のあいだに不一致を見る注釈者は多い。ある者はその不一致がのりこえられないものとみなし、あるものはそうでないとみる。不一致は次の点に存する。すでに第4研究で指摘したように、第三巻ではすべてが選択と熟慮の関係にもとづいている。その同じ巻が熟慮のモデルを提示し、それは熟慮を目的から除外するように見える。このように熟慮を手段に限定するのは三度くりかえされる。「われわれが熟慮するのは目的についてではなく〔目的が複数であるのに注目せよ〕、目的に達する手段についてである〔ta pros to telos〕」(III, 3, 1112 b 12)。たしかに、熟慮の領野から、われわれの力にあまるものがすべて除外されるのは理解できる。そのようなものとして、一方には永遠なるものがあり、他方にはわれわれによって生起させられえないあらゆる出来事がある。しかしそこから、われわれに依存するものを手段に還元するまでにはなお一歩の距離があり、それは次の例で踏み越えられる。医者は患者を治すことについて、弁論家は相手を説得することについて、政治家はよい法律を制定することについて思案しない。各人はいったん目的を立てると、いかにして、どんな手段でその目的を実現するかを検討し、もっとも適した手段を選ぶことについて熟慮する。熟慮の範囲をさらに制限して、アリストテレスは急いでこの手段の選択を幾何学者の作図にたとえる。作図すべき図形は、中間の操作にとって目的の代わりをするのである。

アリストテレスのこのモデルへの偏愛はたしかによくわかる。熟慮がわれわれに依存するものを対象としなければならないなら、われわれの目的のための手段は、何よりもわれわれの力の範囲内にあるものである。目的がめざすものはその場合願望(boulēsis)の側へ向けられ、それは好んでわれわれの力を越えたものをめざす。しかもこの論法はおそらくもっとも強固であろう。「もしもつねに熟慮せねばならないとしたら、熟慮は無限に続くであろう」(III, 3, 1113 a 2)。ところが「どこかで止まらなくてはならない〔anankē stēnai〕」と言われたのではなかったか。幸福とは欲望が前方に逃げるのにいわば停止をかけることだと言われたのではなかったか。にもかかわらず、この論法はわれわれを当惑させる。アリストテレスは、ある人が弁論家または政治家よりも医者になるほうを選ぶ状況に置かれるかもしれない、ということを知らなかったのだろうか。行動のいくつかの経路から選ぶのは、目的についての選択、つまり生活の理想に対し目的が多少とも一致するかどうかについて、換言すれば、各人によって幸福の目標と、「善い生き方」の考え方とみなされるものについての選択ではないのか。やがてわれわれの反省を養ってくれるこの当惑は、手段＝目的のモデルが行動の全領野を包含するものではなく、まさに第六巻の phronēsis（賢慮）がもたらす根本的反省から免れるものとしての tekhnē（術）だけを包含することをいやおうなく認めさせるのである。もっと悪いことに、手段＝目的のモデルは、下位の目的と究極の目的との関係をすべて、根本的には道具的な関係のうえに立てるように促す点で、誤った道へ導いてしまうようである。(2)

第六巻は思考の徳について扱い、第二―五巻で扱われるような性格の徳（勇気、節度、寛大さ、正義）についてではないことをおぼえておく必要がある。そのかわりその第六巻はもっと複雑な熟慮のモデルを提供する。熟慮はここでは、賢慮 phronēsis、実践的な知恵（ラテン語では prudentia と訳される）(3)がたどる道であり、もっと正確には、賢慮ある人（phronimos）が自分の人生を導くためにたどる道である。(4)ここで提出される問題は次のとおりである。追求されている究極の目的にもっとも適した規定と考えられるものは何か。この点で第六巻のもっとも偉大な教えは、賢慮と賢慮ある人との間にアリストテレスが立てる密接な関係である。その関係は、もし賢明な判断をする人が状況の独自性を捉えて、規則と事態を同時に決定するときにのみ、意味をもつ。われわれはこの賢慮の用法を第9研究で再びとりあげよう。そのときわれわれは道徳的規範から、未聞の独特の状況での倫理的目標への回帰の動きにしたがうものである。(5)

このような解決の粗描とこうした当惑に伴われながら、われわれはまえの研究で提案された行動概念の修正のなかに、アリストテレスのある意味で考古学的で文献学的なテクストの難問を、解決するといわぬまでも、少なくとも現代思想の富をもってそれに答える手段を探そう。

物語理論の圧力を受けながら、われわれがどのようにして、行動概念を実践《プラクシス》概念のレベルにもたらすように、それを拡大するだけでなく、序列化するように導かれたか、ここで思い出してみよう。序列化で、人生の物語的統一の先取りによって集められた実践や人生計画を、実践の階梯の違った高さに配置したのであった。われわれはそこでこれら実践の本質体に固有の統一原理に力点をおいた。われわれは実践の同じ序列を、再び、今度は「善い生き方」の観念のもとに、倫理的統合の観点からたどっていこうとするのである。

実践の統一原理——職業、ゲーム、芸術——は単に、協調、や従属、入れ子などの論理的関係だけに[6]、まだ倫理的に中立なゲームの理論や言述行為理論の意味での構成的規則の役割に存しているのではない。とはいえ、構成的規則の概念によってもたらされる意味の次元は、上手に振舞うという教えに結びついた評価の性格（そして究極には規範的な）の判断を展開できるような意味の空間を開くのである。この教えの本来的に倫理的な資格づけは、マッキンタイアが「卓越性の基準」（standards of excellence）と呼ぶものによって確保される。その基準が医者、建築家、画家、チェスの競技者をよいと資格づけるのを可能にする[7]。この卓越性の基準は、実行者たちのある種の集団に共通で、当該の実践の親方や名人によって内面化された完成の理想に応じて、違った成果に適用される比較の規則である。このように実践の卓越性の基準に訴えることは自己評価の独我論的解釈を後で反駁するのにいかに貴重であるかがわかるのであり、われわれは実践を自己評価の行程の上に置くのである。マッキンタイアにしたがってわれわれが観察したのは、実践が協同的活動であって、その構成的規則は社会的に制定されるということである。実践のこれこれのレベルで構成的規則に対応する卓越性の基準は、単独の実践者より以前から由来する。実践のこの協同的で伝統的な性格は、それもまた固有の歴史をもつ卓越性の基準の定義に主として関連して、論争を排除しないし、むしろ論争をひき起こす。とはいえ、実践者たちと卓越性の基準に関する論争との競合は、実践の当事者たちに共通の文化の中で、成功のレベルや卓越性の度合を定義する基準についてのかなり永続的な一致がなければ、生じなかったことは事実である。

この卓越性の基準はどのようにして善く生きるという倫理的目標と関係づけられるのか。それは二つの仕方による。一方では、実践の実践者を善いと資格づけるまえに、卓越性の基準は、実践に内在する善の観念に意味を与えることを許す。この内在する善は、行動の内的な目的論を構成するのであり、それは、快楽の概念と混同すべきではない興味と満足の概念が、現象学的平面で表明する目的論と似ている。マッキンタイアにはなじみの、この内在する善の概念は、自己評価の反省的契機に支点を与えてくれる。というのも、われわれは自分の行動を評価しつつ、自分を行動の当事者として評価するのであるから。他方では、内在する善の概念は、定言命法の空虚な形式に内容を与える問題が起きるとき、道徳の本来規範的な考え方の内部であとで再考慮するために、とっておかれねばならない。この意味で、内在する善の概念は、われわれの企てにおいて、二重の戦略的位置を占める。

部分的行動を人生計画というもっと広大な単位に統合することは、実践に内在する善という概念に、それに並行した拡張を与える。ここで想起されるのは物語理論がどのようにして、行動を包括的な計画に、たとえば職業生活、家庭生活、余暇の生活、共同生活、政治生活などを含む計画に、より高度の統合を考慮するように促したかである。この概念に投げられる第二の視線は、『ニコマコス倫理学』で手段＝目的の関係の有効性について出会った難問にもどることを許す。このモデルによると、医者はすでに医者であり、彼は自分が医者であることを願うかどうか自問しない。彼の選択は純粋に道具的な性格のものである。すなわち、手当てをするまたは手術をする、下剤をかけるまたは切除する。しかし医者を天職とする選択についてはどうだろうか。ここでは手段＝目的のモデルではもはや十分でない。問題はむしろ人間全体にとって「善い生き方」とみなされるものについての漠然とした理想を、先にわれわれが手段＝目的のモデルにあてはまらないことを示したこの賢慮を用いて、明確にすることである。そのときわれわれが人生計画と呼ぶ行動の統合形象は、今こそ明確にしなければならない高遠な理想と、実践のレベルでの人生計画の選択にまつわる利害得失の計量とのあいだの往復運動から発してくる。このような意味にガダマーは、アリストテレスの賢慮を解釈する。(8)

「人生計画」という表現について、もう一つ指摘したい。「生」という語の出現は、反省してみるに値する。それは純粋に生物学的な意味ではなく、ギリシア人がもっとも根本的な選択のためにさし出された bioi（生）のそれぞれのよさを比較するとき、彼らによく知られた倫理的＝文化的な意味に解される。すなわち、快楽的生活、政治的な意味での活動的生活、観想的生活。「生」という語は、断片化された実践と対比して、人間全体を指し示す。たとえばアリストテレスは――またしても彼！――音楽家に、医者に、建築家に……仕事があるように、人間としての人間に ergon、働き、仕事があるか、と問う。単独の語として捉えた「生」という語は、人間を人間として資格づける ergon の評価的、判断的次元を受け取る。この ergon と全体として捉えた生との関係は、卓越性の基準と個々の実践との関係に等しい。

人間の ergon――われわれが「人生計画」と呼ぶもの――と、各実践によって特定化された卓越さの標準とのこの関係が、先に指摘した『ニコマコス倫理学』の難問に答えることを可能にする。すなわち、各実践が「それ自身の目的」をもつと同時に、いかなる行動も「究極の目的」をめざすことを、どのようにして支持するか、とわれわれは問うた。目的性どうしの入れ子構造の秘密が存するのは、実践と人生計画の関係にである。天職はいったん選ばれるや、それを実行する動作に、この「それ自体としての目的」を与える。けれどもわれわれは最初の選択をたえず修正してやまず、時にはそれを完全に覆してしまうこともある。それは対決が、すでに選択された実践の実行の面から、実践の選択とわれわれの生活の理想との適合の問題に移るときである。生活の理想はいかに漠然たるものであるとはいえ、われわれがそれまで不変のものとみなしていた仕事の規則よりも時として強制的である。ここにおいて賢慮はきわめて複雑な熟慮を生じさせ、そこには賢慮におとらず賢慮ある人も巻きこまれる。

私はここでマッキンタイアによって実践と生活計画の間の「人生の物語的統一」に割当てられた場所にはもどらない。それをアリストテレスは善く生きるという言葉で指し示す。「人生計画」「人生の物語的統一」「善い生き方」の表現に二度出てくる生という語は、生の生物学的な根づきと同時に、自分で自分に評価の視線を投げかけるものとしての人間全体の統一性とを言い表す。それと同じ視点でソクラテスは、吟味されない生はその名に値しないと言うことができた。「物語的統一性」という用語についてわれわれがここで強調するのは、実践の階梯の頂上で物語によっておこなわれる結集の機能というよりも、行動に適用される判断と作中人物自身の評価とを、物語がおこなう結合のほうである。人生の物語的統一という観念はこうして、倫理の主体とは、物語が物語的自己同一性を割当てる人にほかならないことを、われわれに確信させてくれる。そのうえ、人生計画の概念は、サルトルが実存的企投と呼んだものの意志的、さらには主意主義的な面を強調するのに対し、物語的統一の観念は、どんな物語にも見いだせる意図、原因、偶然の編成に力点をおく。人間はそこでは一挙に、行動するとともに受苦する者として、生の偶然性に従わされる者として現れる。その生の偶然性は、すぐれたヘレニストで哲学者であるマーサ・ヌスバウムをして、fragility of goodness ということを語らせる。それは人間の行動の善なる質のもろさ、と訳すべきだろう。

われわれが今たどってきた一連の中間項は、何度も言及してきた「善い生き方」のうちに成就といわぬまでも、少なくとも地平を、換言すれば、一つの限界理念を見つけだす。しかし実践理論におけるこの概念の内容と地位について思い違いをしてはならない。

内容については、「善い生き方」は各人にとり、漠然とした理想、成就の夢であって、そこから見ると、人生は多少とも成就したもの、あるいは未完のものとみなされる。それは失われた時と見いだされた時との見取図である。その意味で、「善い生き方」とは、われわれがそれ自体に目的をもっていると述べた行動が「めざしている」ものである。しかしこの目的性のなかの目的性は、実践の目的がすでに提示され、提示され続けるかぎり、実践の自己満足を損なうことはない。自分の人生がめざす方向についてわれわれが疑念にとらえられるときに、自己閉鎖的と言われるような実践をうちやぶるこの開放は、実践の全体的構造における閉鎖と開放との間に、大ていの場合、ひそかで無言の緊張を維持する。ここで考えるべきは、高度の目的性の観念であり、それは人間の行動に内在し続けるであろう。

この地平の、あるいはこの限界理念の認識的地位は、先に言及した賢慮と賢慮ある人との関係を決定的に作動させる。もっと現代的な言葉で言うなら、われわれの生活全体にとって最良と思われるものと、われわれの実践を支配している選択とを適合させようとする探求は、行動と自己自身とについての解釈のたえざる作業において遂行されるのである。この最後の段階に、解釈学的観点を導入するにはいくつかの仕方がある。まず、われわれの「善い生き方」の目標とわれわれの個人的な選択との間に、「善い生き方」の観念と、われわれの生き方のもっとも目立つ決定（職業的経歴、恋愛、余暇など）との往復運動によって、一種の解釈学的循環が現れる。これは全体と部分とが互いに包含しあうテクストの場合と同じである。次に解釈の観念は、単なる意味の観念に、誰かに対する意味、という観念をつけ加える。行動のテクストを解釈することは、行為者にとっては自分で自分を解釈することである。私はここで、チャールズ・テイラーの『哲学論文集』における重要なテーマ、人間は自己解釈する動物（self-interpreting animal）である、に同意する。(9)同様に、われわれの自己概念は、行動のテクストの解釈と自己解釈とのこの関係によって、大いにゆたかになる。倫理的な平面で、自己解釈は自己評価になる。そのかわり、自己評価は解釈の運命にしたがう。解釈として、自己評価は論争や異論や競争、要するに実践的判断を行使するとき、解釈の葛藤を生じさせるのである。それが意味するのは、われわれの生活の理想と、それ自体重大な、われわれの決定との適合を求めるのは、観察に基づく科学から期待できる検証のようなものを生じさせないということである。解釈の適合は判断の行使に属する。判断行使はうまくいけば、少なくとも他者から見ると、本当らしさを利用できる。たとえ行為者から見ると、彼自身の確信は、『ニコマコス倫理学』の第六巻の終り頃で、賢慮を感覚(aisthēsis)になぞらえる、経験にもとづく明証のようなものに近いとしてもである。この経験にもとづく明証は、証しがおびる新しい形象であり、それをおびるのは、自分自身の言説や自分自身の行為の本人であるという確実性が、善く生きることに一時的に、暫定的に近づいて、善く判断し、善く振舞ったという確信が生じるときである。

2　他者とともに、他者のために……

本研究の冒頭で一気に、何の目立った切れ目もなく、倫理的視点の定義が表明された。すなわち、正しい制度において他者とともに、他者のために真の生き方をめざすこと。この省察の第二段階で提出される問題はこうである。われわれが心づかい(sollicitude)という美しい名で指し示す、倫理的目標の第二の構成要素は、いかにして第一の構成要素とつながるか。この倫理的目標の反省的側面を自己評価によって性格づけるや、この問題は逆説的な調子をおび、それが議論を呼ぶ。たしかに反省性は、広々としたたところ、「善い生き方」の地平にむかって開かれるのとは逆に、自己への内向、閉じこもりの危惧をそれ自体にはらんでいるとみられる。この確実な危険にもかかわらず、私のテーゼはこうである。心づかいは外部から自己評価に加わるのでなく、これまで無言のうちに過ぎてきた自己評価の対話的次元を広げるものである。別の文脈ですでに述べたように、広げるという言葉で私が意味するのは、たしかに生活と言説における断絶ではあるが、それは自己評価と心づかいが、互いに相手を欠いては生きることも、考えることもできないような、第二度の連続性の条件を創出する断絶である。

ここで粗描される逆説の解決は考えられないものではないということ、それが本研究の結びで確言できるすべてである。

最初に、自我《モワ》の評価でなく、自己《ソワ》の評価についてつねに語られているのは、偶然ではないことを指摘しよう。自己と言うことは、自我と言うことではない。なるほど私のものという私有性はある仕方で自己性のうちに含意されてはいる。だが自己性から私有性への移行は「そのつど」（ドイツ語の je）というきまり文句でしるしづけられ、ハイデガーはそれを注意深く私有性の位置に加えるのである。自己はそのつど私のものである、と彼は言う[10]。さて、この「そのつど」は、表現されない他者への指示以外のどこにもとづかせられようか。この「そのつど」の土台のうえに、私の経験の私の所有は、文法上の人称のすべてにいわば分布されている。しかしどんな条件で、この他者は、自我の反復、別の自我、alter ego ではなく、真の意味で、私以外の他者となるのだろうか。この点で、自己評価が発してくる反省性は、私と君の違いを知らないという意味で、まだ抽象的である。

もう一つの予備的な指摘。自己はどんな資格で評価に値すると言われるのか、と問われるなら、それは主として自己が達成したことの資格によってでなく、根本的には自己の能力という資格によってである、と答えねばならない。この能力（capacité）という語を十分に理解するには、メルロ＝ポンティの「私はできる」にもどり、物理的平面から倫理的平面にそれを拡張する必要がある。私というのは、みずからの行動を評価でき、それのいくつかの目的を善いとして、自分で自分自身を評価し、自分を善いと評価できるような存在である。「私はできる」の言述は、たしかに、私における言述ではある。だが主な強調点は動詞に、することができるに、置くべきで、それに倫理的な平面での判断することができるが対応する。とすると問題は、他者の媒介は能力から実現への行程で要請されないかどうかである。

その問題は絶対にレトリカルではない。チャールズ・テイラーが主張したように、その問題に政治理論の運命がかかっている。そこで多くの自然法哲学は、社会に入るまえにすでに権利を身につけた完全な主体を前提とするのである。その結果、この主体が共同生活に参加するのは原則として偶然的で取消し可能であり、個体は――この仮説では人をこのように呼ばねばならないので――彼の外部で制定された法の保護を国家から期待し、それでいて社会的関係の改善に結びついた責務に参加することに内在する義務は彼に負わされないように根拠づけられることになる。いかなる社会的紐帯にも先立って確立された法的主体のこの仮説は、その根を断ち切らねば反論されえない。その根とは、能力と実現の間で他者が果たす媒介の役割を正しく理解しないことである。

まさにこの媒介の役割こそ、アリストテレスがその友愛論（philia）で祝福しているものである（『ニコマコス倫理学』八―一〇巻）[11]。最初から最後までアリストテレス的な調子に貫かれているこの研究で、しばしばアリストテレスと旅することは、私にとってけっして不快どころではない。だが私のこの選択の理由はむしろ類別論的である。まずアリストテレス自身において友愛は、一見すると孤独な徳である自己評価に反映しているとわれわれが見た「善い生き方」の目標と、政治的性格をもった大多数の人々の徳である正義との間を移動する。次に、友愛は第一義的に、他者への愛情や愛着の心理学に属さず（多くの点でアリストテレスの論は同様である）、まさしく倫理学に属する。友愛は熟慮された選択において働き、ハビトゥス（社会化の過程で無意識的に獲得される知覚、行動の構造）の位に昇格できる徳（卓越性）であり、それはたえず実行を要求し、さもないと友愛は活動でなくなる。最後に、そして何よりもphilautia（自愛）の名のもとに、アリストテレスの論は、エゴイズムの洗練された形と見えるものに長い間、得な役割を演じさせていると見えるが、ほとんど意外な仕方で、「幸福な人は友を必要とする」（IX, a）という観念に行き着いて終るのである。他者性はこうして自愛が隠さねばならないと思われていた権利を再発見する。能力と実現、つまり結局は可能態と現実態の概念との関連において[12]、欠如に、そして欠如の媒介で、他者に道が譲られる。自己以外の他者を愛するためには、自分で自分を愛さねばならないか、という有名なアポリアも、それゆえわれわれの目をくらましてはならない。実際はそのアポリアが、自己と自己以外の他者の問題系の中心にわれわれを直接導いてくれるのである[13]。とはいえ、この問題は多くの俚諺や文学的記憶（ホメロス、ツキュディデス、悲劇詩人……）によって、またプラトンの『リュシス』以来開かれ、プラトンの後継者たちによって、アカデメイアの指導のもとに激化した学派の論争によって論じられ、かき立てられたのであり、われわれはこの問題に直接取り組むことはしない。だがあらかじめ次の二つのテーゼを提示しておかねばならない。

まず友愛の定義のうえにしっかり立たねばならない。アリストテレスはその定義によって、まさに倫理の平面で彼の先人や競争者とはっきり自分を区別しようとする。アリストテレスは初手から、友愛は単一の種類のものではないと言明する。それは本質的に多義的な概念なので、それを誕生させるもの、その意味で、その「対象」、philēta（愛するに値するもの）を与えてくれるものを問いつつでなければ、それを明確にすることはできない。そこで三種類の友愛を区別する必要がある。すなわち「善いもの」によって、

「有用なもの」によって、「快いもの」によっての区別である、有名な「エゴイズム」のアポリアの観点からは、この三つの対象＝動機の区別の意義を、いくら強調してもしすぎることはない。自己愛の「客観的な」側面は、各人を自分自身の友とする philautia（自愛）が、媒介されない自分自身の偏愛では絶対になく、善いものとの関係によって方向づけられた欲望とするのである。

第二の予備的テーゼ。友愛の発生において自愛がどのような位置を占めるにせよ、友愛は一気に相互的関係として現れる。相互性は、友愛のもっとも基本的な定義に属し、そこから、自愛の優位についての議論された問題を包含する。この優位は、相互性の感情の来歴に属するというより、意味の発生に属する一つの様相である。あとでわかるように、この相互性は「共に生きる」（suzên）を共用にするまでに、要するに親密さにまでいたる。

われわれの研究にとり、この第二の特質は、第一のに劣らず重要である。友愛は、善く生きるという願望の最初の広がりとして、実際に倫理に属するだけでなく、何よりも友愛は相互性の問題提起を前面に押し出し、それによって、われわれが他者性の問題そのものを、〈同〉と〈他〉の「主要な類」のプラトン的弁証法から継承した、第二度の弁証法のためにとっておくことを可能にするのである[14]。事実、相互性の観念は固有の要求をもち、その要求を、フッサールにおけるような〈同〉からの発生も、レヴィナスにおけるような〈他〉からの発生も隠すことはない。相互性の観念によれば、各人は他者を、その人がその人自身であるとして（VIII, 3, 1156 a 17）愛しているが、有用な友愛においては、まさにそうではない。そこでは一方は他方を期待される利益のゆえに愛する。快楽を求める友愛もまたそうではない。こうして倫理の平面からは、相互性が課されるのがわかる。道徳の平面では、暴力の際に、〈黄金律〉によって、尊重の定言命法によって相互性は要請されよう[15]。この「として」（他者があるがままのものとして）は、後の自我論的漂流を予告する。それが相互性の構成要素である。そのかわり、相互性は、自己における、友人における、友愛における善いものと関係なしには考えられない。したがって自己自身の反省性は廃棄されず、行為者にも行動にも適用される述語「善い」の統制下に、相互性によって、いわば二分されるのである。[16]

相互性によって、友愛は正義の近くにくる、とつけ加えよう。古い格言「友だちは平等」は正確に交叉する圏を指し示す。二人の友人はそれぞれに相手に、自分が受け取ったものと等しいものを返す。とはいえ、正義が制度を支配し、友愛が人と人との関係を支配するかぎりにおいて、友愛は正義でない。この理由で、正義は数多くの市民を包容するのに対し、友愛はきわめて少数の仲間しか許容しない。そのうえ、正義において平等は、本質的に、貢献の不平等を考慮した、比例的平等であるのに対し、友愛は等位の人々の間しか支配しない。その意味で、平等は友愛によって前提されるのに対し、都市では友愛は到達すべき目標にとどまる。それゆえに、友愛だけが共に暮すこと（suzên）の親密さ（sunêthêia）をめざすことができる（Ⅷ, 6, 1158 a 15）。

こうしてずっと以前から、他者の友となるために、自己自身の友となるべきかどうか、という議論の絶えない問題に対し、含みのある答えが用意されてきたことがわかる。伝統から受け継いだこの難問の取扱いは、友人たちが互いに相手に対して述べる祝詞の中の善いものへの指示に、完全に従属する。なぜなら、人が愛する自己自身とは、思考とか知性（noûs）とか、魂とさえ何度か呼ばれる自己の最良のもの、つまり自己自身にあってもっとも永続的で、もっとも安定し、気質や欲望の変化に対しても、運命の偶発事に対しても、脆くないものである。議論の的となるこの有名な問題に到達する（九巻四、八章）ずっと以前で、アリストテレスはこう言明する。友人がその友に求める最大の善は、現に彼がそうであるような人としてあり続けることであって、たとえば神であることではない。それにこう付言する。「おそらくその友にとっての最大の善のすべてを願わないだろう。なぜなら人はすべて、何よりも自分自身にとって善いものを願うからである」(Ⅷ, 9, 1159 a 11–12)。自分自身のために善い人を愛することは、人が自分自身のなかで愛するのは有用な友愛や快い友愛を動機づける好ましい部分ではなく、自分自身の最良の部分であるだけに、プラトンが『リュシス』において称讃する無私無欲とそれほど矛盾するものではない[17]。

自己を後悔や悔悛から免れさせる理性的人間のこの強固さは、人格的自己同一性についてのわれわれの反省が強調した脆さや傷つきやすさからはるかに遠いように見える。これからわれわれが自己を他者へと向かわせる必要、したがって欠如に言及するとき、こうした主張の限界が直ちに見えよう。少なくとも自己自身の最良の部分のこの安定性のおかげで、次の美しい言いまわしが出てくる。すなわち、友人は「もうひとりの自分」(allos autos)(IX, 4, 1166, a 32)[18]。そうすると、他者よりも自分を愛すべきかどうかは、単なる教科書風の問題となり、アリストテレスはそれを、他の論争されている問題につなげるのである。彼の裁決ははっきりしている。もし自愛が有用な友愛や快い友愛の種類に属するなら、それの反対者たちは正しい。もしその反対者たちが、各人において愛すべきものは自己の最良のもの、考える部分、知性であることを知らないふりをしているなら、彼らはまちがっている。ここでアリストテレスが暗示はしているが、問題にはしていないように見えることは、「知性はつねに自分にとって(hêautô)もっともすぐれたものを選ぶ」(IX, 8, 1169 a 18)のが真実ならば、反省性は理性的なものに参与するということである。このようにして、議論は単にこの反省性が自己自身と他者に平等に分配されることを要求するだけである。このように反省性は、友愛が無私無欲になり、犠牲にまでいたる(九巻八章)のを妨げない。なぜなら無私無欲は、知性、卓越性、反省性を結ぶ最初からの絆のゆえに、自己と自己との関係にすでに根をおろしているからである。ただアリストテレスが、自己と自己自身との間に友愛はありえるかという問題を未決定のままにしたことが残念に思われる。アリストテレスは、この問題は「さしあたり論じないでおこう」（IX, 4, 1166 a 32）と言う。これの真の答えは、これまでの問題よりもっと根本的な問題の検討という迂回路のうちに探し求めるべきである。その問題とは、「幸福な人は友を必要とするか否か」（九巻九章）である。

ここで出された問題は第二義的どころではないので、友愛についての二重の論全体で、もっとも印象的な論陣を展開する。(19) 必要や欠如とともに、前面に出てくるのは「もうひとりの自己」（hetě́ros autos）（IX, 9, 1169 b 6–7; 1170 b 6）の他者性である。友は、このもうひとりの自己として、自己自身では（di'hautou）手に入れられないものを供給してくれる役割をもつ（IX, 9, 1169 b 6–7）。われわれは次の文を読んでおどろく。「友をもつことは、外的な善のうちで最大のもの、とふつう考えられている」（*ibid.*, b 10）。この結び目をほどくために、アリストテレスが彼の形而上学で最強の切札を使うのを余儀なくされるのは、注目に値する。すなわち、現実態と可能態の区別であり、それにいま問題になっている所有の概念が属する。

善良で幸福な人が友を必要とするのは、友愛が「活動」（energě́ia）だからであり、活動は明らかに「生成」であり、したがって単に可能態の未完了の実現である。そこにおいて友愛は、エンテレケイア（entě́lě́chě́ia）という語の強い意味での現実態に対しては欠如である。これまで展開された主知主義的な友愛についての考え方を修正するために、こうして扉が開かれた。必要の保護のもとに、活動と生の間に、そして幸福と快楽の間に一本の絆が結ばれる。それゆえ友愛が寄与するのは、その内在的な善さと、その本質的な快さにおいて考察された生の実現の条件にである。もっと先に進まねばならない。生と活動の概念に、感知（conscience）の概念を結びつける必要がある。(20) 感知は単に知覚や活動の感知であるだけでなく、生の感知でもある。とすると、生の感知が快いものである限りにおいて、自愛の深い意味は欲望であると言うことができる。善い人間のそれ自身の存在は彼自身にとって望ましい。とするなら同様にその人にとって同じように望ましいのは、その友の存在である。このように活動と生の唯一の束に、望ましいものと快いもの、存在の感知と存在することの感知の喜びを一緒にすることによって、アリストテレスはその複雑な推論の部分的な結論として、こう主張する。「こうした条件において、各人にとって自分の存在が望ましいものであると同じ程度において、もしくはそれに近い程度において、友の存在は望ましいものである」(IX, 9,1170 b 7-8)。そして議論はさらに新たな展開を見せる。「しかし自分の存在が望ましいのは、自分自身の善さを感知するからであるとわれわれは言った。そしてそのように感知すること自体が快いのである。したがって友が彼自身の存在について感知するのに共にあずかる必要がある」(IX, 9, 1170 b 9-11)。これは「共に生きる」ことにおいてしか実現し得ない(*suzèn*, *ibid.*, 1170 b 11)。

このまわりくどい推論はどんな点で、人が自分自身の友となりえるのはいかなる意味においてか、という問題に答えるのか。少なくとも部分的な答えは、先に述べた断言のなかにある。「善い人間自身の存在は彼自身にとって望ましい」。このそれ自身の望ましさ、というふうに言うなら、それは幸福な人が抱く友の必要さと無関係ではない。この必要は、共に生きることにある活動的で未完のものと関係があるだけでなく、自己とそれ自身の存在との関係そのものに属する欠如もしくは不足のようなものとも関係がある。同様に、意見や考えを純粋に知的に共有するものとして理解される友愛が立脚している安定性の自信は、望ましいもの、快いもの、存在と存在することの感知など、共に生きることを支えるものにこのように言及することによって、ひそかに脅かされることがわかるのである。このようにして欠如がもっとも堅固な友愛の中心に住みつく。

アリストテレスにおいては、他者性の明確な概念が入る余地はない、とすることに大方は同意するだろう。キリスト教的 agapè(愛)は、その概念に十分な価値を認めるのに足りるだろうか。闘争の観念が政治的な領野から人間間の領野に逆流して、ヘーゲルの『精神現象学』におけるように、意識を二つの自己意識に二分することと葛藤を、同時的にするのを待たねばならないだろうか。それとも現代ではレヴィナスのような思想家が「自己なしには、自己以外の他者はない」という定式をあえて覆し、それを「責任を喚起させてくれる他者なしには自己はない」という逆の定式に置き換えるだけなのであろうか。われわれがこの倫理的道徳的探求を閉じる第10研究においてようやく論議を、プラトンにちなんで私が〈同〉と〈他〉の「主要な類」と呼ぶもののレベルにもたらす手段をもつだろう。

アリストテレスから私は、相互性の、分かちあいの、共に生きるの倫理だけを留めておきたいと思う。九巻一二章の彼の分析がそれで閉じる親密さのテーマは、二つの反対の解釈を中断させたままにしておく。われわれは時期が来れば、この二つを対立させよう。自己だけが自己以外の他者をもつことができるという観念は、われわれのこれまでの研究全部と脈絡があるように思える。[21] その観念は、自己評価が善い生き方という倫理的目標に根源的な反省的契機であるという観念に、そのもっとも近い正当化を見いだす。友愛は自己評価に何も除かずに加える。友愛が加えるものは、各自が自己評価する人々の間の交換における相互性の観念である。相互性の派生的命題、すなわち平等は友愛を正義への途上に置く。正義においてはごく少数の人々の間で生活を共有することが、歴史的政治的共同体の規模で分け前を大多数に分配することに譲歩する。

アリストテレスを道連れにしたこの行程の終りに来て、友愛のしるしのもとに記述されなかったどんな特徴を心づかいに与えるべきかという問題が出される。

私は古代の philia（愛・友愛）のいくつかの性格にかかずらうことはしまい。それは概念的分析よりも、心性史に属するのである。その性格とは、友愛と余暇の関係——それ自体は市民の身分に依存し、そこからは奴隷、メイトコス〔市民権のない在留外人〕、女、子供は除外される——や、共に生きるを共に考えるに還元することなどである。共に考えるそのものは『ニコマコス倫理学』の最終巻による、賢者の観想を志向する。auto（自己）とhéauton（自己自身）との関係から出発して、私は心づかいの包括的概念を練りあげよう。その概念は根本的には与えると受け取るとの交換にもとづいている。(22) philiaの社会的文化的限定から引き出された友愛は、与えると受け取るが仮説上平等であるという脆い均衡の一点をなすにすぎない。実のところ、アリストテレスが友愛の相互的性格を定義するときにめざしていたのは、この平等である。この均衡点はスペクトルの中間とみなすことができ、その両極は、交換の主導権によって自己の極か他者の極が優越するにしたがって、与えると受け取るの逆の不均等によってしるしづけられる。

まず第一の仮説に立とう。E・レヴィナスの全哲学は、相互主観的関係における他者の主導権に立脚している。実を言えば、分離の条件によって定義される自我の視線からすると、この主導権はどんな関係も確立しない。というのも他者は絶対的外部性を表すからである。この意味で他者は、どんな関係からも赦免されている（ab-sout）〔レヴィナスは接頭辞を分離して、接頭辞の意味を強調する。abは分離を示す〕。この無＝関係が、外部性そのものを定義する。(23)

この無＝関係によって、顔への〈他者〉の「現れ」は、形を見ることからも、声を聞くことからさえも免れる。たしかに顔は現れず、それは現象ではなく、公現《エピファニー》である。だがその顔は誰のものか。私としては、『存在するとは別の仕方で、あるいは存在することの彼方へ』についてここでは何も述べず、『全体性と無限』のすばらしい分析について次のように言っても、その分析の範囲を不当に制限したとは思わない。すなわち、この顔は正義の主の顔、倫理的なあり方について教え、それしか教えない主の顔であると。その主は殺人を禁じ、正義を命じる。この教えと、この命令と、この友愛の関係についてはどうであろうか。

いきなりおどろかされるのは、友愛の相互性と命令の非対称性との対比である。なるほど、自己は他者によって「責任を課されて」いる。だが命令の主導権は他者にもどるのであるから、自己が命令によって結びつけられるのは、対格にのみである。責任を課すことが対面するのは、召された私の受動性だけである。とすると問題は、命令が聞かれ、受け取られるためには、それは対面の非対称を償う応答に訴えてはいけないかどうかである。たしかに、文字通りに解した償われない非対称は、与えると受け取るの交換を崩し、心づかいの領野から、顔による教えを排除してしまうことになろう。だが、その代わりに与える能力が他者の主導権そのものによって解放されないとしたら、どうしてこのような教えが与えると受け取るの弁証法に記入されようか。問題となるのはどんな資質か。それは善良さの資質しかない。それは、もはや他者の命令に耳をかさないほどには自己嫌悪しない人からのみ発することができる。私はここで善良さ(bonté)について語る。まことに注目すべきは、多くの言語で、善良さは、行動の目的の倫理的な質について言われると同時に、人を他者に向かわせることについても言われることである。他者に向かわせるとは、行動が他者のために、他者を考慮してなされなければ、それは善いとみなされないだろうと考えられるからである。今度はこの考慮してという概念に、われわれは足をとめてみなければならない。

この概念の範囲を定めるには、本研究と次の研究を支配する作業仮説、すなわち道徳に対し倫理が優位に立つことにもどる必要がある。この観点からすると、召喚、命令といった語彙はおそらくすでに「道徳的」にすぎ、それを認めたうえで、それらはまさしく〈戦争〉や〈悪〉の影につきまとわれている[24]。それゆえに、正義の主の姿をした、また『存在するとは別の仕方で、あるいは存在することの彼方へ』で前面に出てきた迫害者の姿さえした〈他者〉は、分離した自我の防御を強いなければならない。しかしわれわれはすでに命令の、規範の領域に入っている。われわれの賭は、義務の層の下を掘り下げ、ある倫理的な意味に到達することである。この倫理的な意味は、規範が決定不可能な良心の問題に直面して沈黙するときに、助けを求められないほどには規範の下に埋れてしまってはいない。それだからこそ、義務への服従よりも根本的な地位を、心づかいに与えることが重要なのである[25]。この地位とは、自然な思いやりのそれであり、それは「善い」生き方をめざすなかにある自己評価と密接につながっている。この自然な思いやりの土台に立って、受け取ることは、責任への召喚を与えることに等しくなるのであり、その与え方は、正義にしたがって行動することを厳命する権威の優位を、自己によって承認させるようなやり方である[26]。この平等はたしかに、友愛のそれではない。友愛では与えると受け取るが仮説上均衡している。その平等はむしろ、教えの状況における他者の優位から生じる最初の非対称を、承認という逆の運動によって償うのである。

とすると心づかいのスペクトルの他方の極にある、正義の主という姿をとった他者による教えの極の逆の状況とは何であろうか。そしてどのような新しい不平等が償われねばならないだろうか。命令の逆の状況は苦しみである。他者とは今やこの受苦する存在であり、われわれはこれまで人間を行動しかつ受苦する人として指し示すことによって、われわれの行動哲学における空所を絶えず明示してきたのであった。苦しみは単に肉体的苦痛によってのみ、また心的苦痛によってさえも定義されるものではなく、自己の完全性に対する侵害と感じられるような、行動能力、行動可能性の縮小やさらには廃棄によって定義されるのである。ここで、まさに行動可能性に応じた主導権は、共感や同情を与える自己にのみ帰するように思える。共感や同情という語はここでは、他者の苦痛を分かちあう願望という強い意味に解される。こうした善行、さらには思いやりに出会った他者は、単に受け取るだけの身分に還元されたように見える。ある意味ではたしかにそうである。そしてこのようにして……ともに苦しむは、他者の声によって責任に召喚されることの反対と、ほぼみなされる。まえの場合とは違った仕方で、一種の平等化が生じ、その起源は受苦する他者であり、それによって共感は、自分が苦を免れていることをひそかに享受している、単なる憐れみと混同されるのが防げる。真の共感においては、その行動する力が当初は他者のその力よりも強い自己は、受苦する他者が彼にお返しとして与えるものに影響されるのである。なぜなら、与えることは受苦する他者から発してくるからであり、その与えることは受苦する他者の行動する力、存在する力からはもはや引き出されず、彼の弱さそのものから引き出されるのである。力の不平等は交換における真正の相互性によって償われるようになるのが、おそらく心づかいの最高の試練であろう。その相互性は苦悩の時には、共に声を出しあってつぶやき、力なく手を握りあうことに、避難の場所を見いだすのである。おそらくこの地点で、有徳の友愛と、有用な友愛と快い友愛の対《つい》との区別（それは知恵を求めるよう定められた知的な友愛に、アリストテレスがもっぱら注意を集中することと切り離せない区別）に関心を寄せすぎたアリストテレスが、もう一つの非対称とすれ違ってしまうのである。もう一つの非対称とは、レヴィナスがその上に彼の倫理学をうち立てるもので、苦しむことを楽しむことに対立させる非対称である。[27] この点で、哲学はたえず悲劇から教えられている。「浄化」(catharsis)、「恐怖」(phobos)、「憐憫」(éleos)の三部作は、快い友愛の下位カテゴリーには閉じこめられない。あとでもう一度とりあげるマーサ・C・ヌスバウムの巧みな定式「善良さの脆さ」の表側は、philautia（自愛）の安定性、持続への要求を、否認しないまでも、修正するようになる。[28] 死すべき人間の条件の脆さを想起させられた自己は、友の弱さから、彼が自分の力の蓄えから汲みとって与える以上のものを受け取ることができる。ここにおいて、もう一つのギリシア的な徳で、デカルトが称揚した寛大さは降参せねばならない。第10研究で、「主要な類」の〈他〉と関係づけられる、触発される存在のカテゴリーにもどる機会があろう。ここでまだわれわれが立っている現象学的レベルでは、感情は、アリストテレスが性向という言葉で指示した深みでの動機づけの流れに合体した情動とみなされる。性向という名辞は、カントにおける Gesinnung（心意）という形をとって再び現れる。ここでは感情が果たす役割を強調するだけにする。それは結局は心づかいにおける感情である。他者の苦しみが、同じく他者から発する道徳的命令が自己のなかでひそかに開示するもの、それは自然に他者へとむけられる感情である[29]。心づかいの倫理的目標と、感情の情的な内実との密接な結合が、私が「心づかい」という用語を選んだことを正当化してくれるように思われた。

結論するにあたって、責任への召喚（そこでは主導権が他者から発する）と、受苦する他者への共感（そこでは主導権が愛にみちた自己から発する）との両極間にくりひろげられる態度の全範囲を俯瞰することを試みよう。友愛は、共に生きるという同じ願いを自己と他者が平等に分かちあう中間点として現れる。友愛において、平等は前提されるのに対し、他者から発する命令の場合には平等は、他者の権威の優位が自己によって承認されることによってのみ確立される。そして、自己から他者へむかう共感の場合、平等は脆さと、そして結局は死すべき運命とを共に告白しあうことによってしか確立されない[30]。

このように不平等を通して平等を求めることが、倫理の道筋において心づかいの占める位置を規定するのであり、その際、不平等が、不平等な者たちの間の友愛におけるように、個々の文化的、政治的条件から発してくるものであれ、あるいは不平等が心づかいの力学において、自己と他者の初期の位置を構成するものであれ、問題ではない。「善い生き方」の希求の反省的契機として理解される自己評価に、心づかいは、われわれが友を必要とするようにさせる欠如の心づかいを何よりもつけ加える。心づかいの自己評価へのゆり戻しによって、自己はみずからを多くの他者のなかの一人として気づく。これがアリストテレスの言う「たがいに」(allēlous) の意味であり、それが友愛を相互的にするのである。この統覚はいくつかの要素に分析される。すなわち、可逆性、置換不可能性、相似性。可逆性の最初のモデルを、われわれは対話という形で、言語活動のうちに見いだす。この点で、人称代名詞で言いあうことは、恰好の例である。私が誰か他の人に「君」と言うと、相手はその人自身にとっての「私」を理解する。相手が私に二人称で話しかけると、私は自分が一人称で関係する、と感じる。可逆性は話し手と話し相手の役割に同時に関わり、また言述の送り手と受け手に等しいとみなされる自分で自分を指示する能力に関わる。しかし可逆的なのは役割だけである。置換不可能性の概念のみが、その役割を引き受ける個人を考慮に入れる。ある意味で置換不可能性は言述の実践において、やはり前提されてはいる。だがそれは対話におけるのとは違った仕方で、つまり「私」が使用の中に固定化することとの関係においてである[31]。この固定化は、たとえ想像の中で、共感しながら私が他者の立場に身を置いたとしても、私が自分の場を離れないように、ことそこの区別をなくしてしまわないようにする。言語がまさに実践として教えてくれることを、あらゆる実践は立証している。行動の行為者と受動者は交換の関係の中に捉えられ、その関係は言語のように、役割の可逆性と個人の置換不可能性を結びつける。心づかいがつけ加えるものは、われわれの愛情や尊敬においては各個人をかけがえのないものとするような価値の次元である。この点について、われわれが他者を自分自身に移し換えてみて、われわれ自身の命のかけがえなさを悟るのは、愛する他者を失ったことの取返しのつかなさを経験するときである。私がかけがえのないものであるのは、まず他者に対してである。この意味で、心づかいは、他者の私自身への敬意に応答するものである。だが、もしこの応答が多少なりとも自発的でないとしたら、どうして心づかいが味気ない義務に変わってしまわないことがあろうか。

最後に、役割の可逆性と、個人の置換不可能性——これはかけがえのなさの観念にまで高められる——との上に、私は相似性を位置づけよう。相似性は友愛に固有なものというだけでなく、すでに述べた言い方で、自己自身と他者との絆の、最初は不ぞろいな形に属するものである。相似性は、自己評価と他者への心づかいとの交換の産物である。この交換は次のように言うのを許してくれる。すなわち、他者を私自身のように評価せずして、私は自分自身を評価することはできない。私自身のようにとは、君もまた、世界で何かをはじめ、理由をもって行動し、選択に順序をつけ、君の行動の目的を評価し、そうすることによって、私が自分自身を評価するように、君自身を評価することができるという意味である。「君もまた」と「私自身のように」との等価は、それによって私が何かをなしえ、何かに値すると思えるような証しの延長とみなしえる信頼に立脚している。先に言及したような倫理的感情はすべて、「君もまた」と「私自身のように」のこの現象学に属している。というのはその感情はこの等価に含まれる逆説に、かけがえのなさの場所そのものにおける交換という逆説を言い表しているのであるから。こうして、自己自身のような他者の評価と、他者のような自己自身の評価とは根本的に等価になる(32)。

3　……正しい制度において

善く生きるという目標が、何らかの仕方で、正義の意味を含むことは、他者観念そのものに含意されていることである。他者とはまた、「君」とは違う者である。それに関連して、正義は対面の関係よりも遠くまでひろがる。

ここで二つの主張が問題になる。第一の主張によれば、善く生きるは対人関係にのみ限られず、制度内の生き方にも拡張されるのである。第二の主張によれば、正義は、心づかいにも含まれていないような特質を呈する。すなわち、何よりも平等の要求である。正義の適用点としての制度と、正義の意味の倫理的な内容としての平等、これらが倫理的目標の第三の構成要素を対象とする探求の二つの賭金である。この二重の探索から、自己の新しい規定、各自の規定が出てくる。すなわち、各自それぞれに権利がある。

ここで制度という語で意味するのは、歴史的共同体——民族、国民、地域、など——が共に生きる構造である。それは対人関係には還元されないが、それでいて分配の観念がやがて解明してくれるような注目すべき意味で、対人関係に再び結びつけられるような構造である。制度の観念が根本的に性格づけられるのは、共通の習俗によってであって、拘束的な規則によってではない。そこにおいてわれわれは倫理《エティク》の名がそこから由来するエートス〔各文化に独自の慣習の統合態〕につれもどされる。共に生きるが法体系や政治組織に対し倫理的に優位に立つことを強調する好ましい仕方は、ハンナ・アーレントにならって、権力の共有と支配とを分ける隔りを明示することである。ここで思い出されるのは、マックス・ウェーバーが『経済と社会』の冒頭で社会学の重要概念を整理して、統治者と被統治者を区別する支配関係によって、あらゆる制度の中で政治制度の特性を明確に示したことである(33)。この支配の関係は党派的分裂と、暴力指向の両方を表示するもので、これらはいずれも本書の次の研究の土台となる道徳のレベルに属する(34)。支配の関係よりも根本的なのは、権力共有の関係である。アーレントによると、権力は労働と仕事のカテゴリーには還元できないものとしての活動のカテゴリーから直接に発する。このカテゴリーは広義の政治的意味をおびており、その意味は、一方では多数性(35)の条件を、他方では協調(36)の条件を強調するならば、国家には還元されえない。

多数性の観念によって、人間間の関係を、「私」と「君」の対面関係が第三者として外部におしやるすべての人々にまで拡張することが示唆される。しかし第三者は、権力を構成する多数性によって一挙に、言葉遊びでなく、第三者包含 (tiers inclus) 〔tiers exclus は排中律〕となる。こうして厳密に二元的な対話関係の上にのみ社会的な絆を再構成しようとするいかなる試みにも制限が課される。多数性は、けっして顔とはならないであろう第三者を包含する。語の本来的な意味での無名者のための弁護は、こうして真の生き方というもっともゆたかな目標のうちに含まれる(37)。この第三者の包含のほうは、共に行動したいという束の間の相に限定されるべきではなく、持続の中で展開されるべきである。権力がこの時間的な次元を受け取るのは、まさに制度からである。この時間的次元は過去、伝統、多少とも神話的な創設、そしてアーレントが「国民に力、元老院に決定 (potestas in populo, auctoritas in senatu)」におけるローマの決定 (auctoritas) を想起しながら、〈権威〉(Autorité) の名のもとにおいたすべてのこと、などに関係するだけではない。それ以上に時間的次元は、未来に、永続の野望に、つまりは過ぎ去るのでなく、とどまろうとする野望に関係する。それはすでにしてマキアヴェリの目的であった。すなわち、共和国をいかにして束の間の命運から救い出すか。それはまたアーレントの関心事でもある(38)。活動的生活 (vita activa) はいかにして死すべき存在という苛酷な時間的条件に反抗するか。活動はその政治的次元においては、滅ぶべきものに、永遠性とはいわぬまでも、不朽性を与えようとする、もっとも高度の試みとなる。たしかに権力はそれ固有の脆さをもっており、人々が共に行動するかぎりは存在するが、人々が散ってしまうと、権力は消滅してしまう。この意味で権力は共同の活動の範型であり、その背後には何の産物も残さず、そしてアリストテレスの言う行為《プラクシス》のように、権力の行使そのもののうちにその意味を汲みつくしてしまう。しかしながら権力の脆さは、死すべき者としての人間のむき出しで裸の脆弱さではもはやなく、制度の、そして制度をめぐるあらゆる人間的問題の第二度の脆さなのである。

協調という観念については、もしさまざまな共同の活動領域に固有の制度的構造の細部に早く入っていこうとしなければ、それを確定するのはもっとむずかしい。われわれが構造の細部に立ち入るのは、次の研究の最後であり、慎重に、少しずつすることにする。ハンナ・アーレントは公的活動について、それを中心に各人生がその短い歴史をくりひろげる人間関係の織り物（web）として語るにとどめている。公的空間の観念とそれに付随する公共性の観念とは、啓蒙主義の時代から、われわれにはなじみのものである。それらはアーレントが「現れの公的空間」という名で再び取りあげるもので、その空間の中でわれわれが実践と呼んだ活動が明るみに出る。しかしこの意味に解された公共性は、われわれがすでに知っているように、所与のものというより、責務である。アーレントとともに認めねばならないのは、多数性と協調によって特徴づけられる権力のこの地層は、それが支配の関係によって覆われているかぎり、通常は目に見えないのであり、またその権力の地層は、歴史上の大壊滅の際に起こるように、まさに崩壊しようとし、暴力がわがもの顔に振舞うときになってはじめて明るみに出るということである。それだからこそこの共同の主導権に、共に生きるというこの意欲に、忘れられたものという地位を与えるのは、おそらく理にかなっていよう(39)。それだからこそ、この基本的構成要素が識別されるのは、それが歴史のもっとも危機的な時点で公共の舞台に不連続に登場するときだけである。またそれだからこそ、平常時には権威が組立てるこの論法しか想起されないのであり、われわれはもはやそれについて今日ではおそらく過去形でしか語らないであろう(40)。

権力がその基本構造においていかに捉えどころがなく、権力をそれよりもつねに古い創設に接続させる権威の助けなしにはいかにひよわなものであれ、行動し、共に生きようとする欲望として、倫理的目標に、正義というその不可欠の第三の次元の適用点をもたらしてくれるのは権力なのである。

正義の意味が属するのは依然として、倫理的で目的論的な平面であって、道徳的で義務論的な平面ではないのだろうか。次の研究で論じるつもりのロールズの著作は、正義の観念が再考されうるのはカント的な、したがって本質的に義務論的な線上においてであって、功利主義によって肉化されたある目的論的な伝統に反対してであることを、はじめから終りまで立証しているのではないか。ロールズによる正義の観念の再構成が反目的論的観点に含まれることは、異論の余地がない。しかし正義の観念は、英語圏の功利主義者の目的論とは別の目的論に結びつけられる。その目的論とは、ロールズの『正義論』の冒頭の宣言における「徳」の用法が都合よく思い出させてくれるものである。それによると「真理が思想体系の第一の徳であるように、正義は社会制度の第一の徳である[41]」。

正しさは二つの方に面していると思われる。すなわち一方は善の方で、それについて正しさは人間関係を制度にまで延長するのを明示する。そして法的な方へは、司法体系が法律に首尾一貫性と拘束の権利を賦与する[42]。本研究でわれわれはもっぱらその最初の斜面にとどまることにする。

二つの理由がその企てを正当化してくれる。一方では、正義の観念のほぼ太古からの起源、ギリシア悲劇における神話的な鋳型以外からのその発生、それの神的な含意が世俗化した社会にいたるまで永続していることなどは、正義の感覚が司法体系の構成だけに尽きてしまわないことを証明している。とはいえ、それは司法体系をたえず産みださせてはいるのだが。他方では、正義の観念は、われわれがとどまっているこの基本的なレベルでは、正義の感覚と名づけられるほうがよい。というよりも正義と不正の感覚と言ったほうがよいだろう。何よりもまずわれわれは不正に対して敏感だからである。「不正だ！　何たる不正よ！」とわれわれは叫ぶ。われわれが正義と不正の領域に入りこんでいくのは、まさに告訴する姿勢で、である。そして制度化された正義のレベルにおいてさえも、われわれは法廷で「告訴人」として振舞ったり、告訴したりする。不正の感覚は、正義の感覚よりも、もっと痛切であるというだけでなく、もっと洞察力がある。なぜなら正義とはしばしば欠如しているものであるのに、不正は支配するものだからである。そして人々は人間関係を組織する正しい仕方についてよりも、人間関係に欠けているものについてのほうが、より明瞭な見通しをもつ。だからこそ哲学者において、その思索を最初に始動させるものは不正である。それを証明するのはプラトンの『対話篇』、アリストテレスの倫理学、そして両者に共通する、不正と正義とを一緒に名づけようとする配慮である。

アリストテレスだって！　と人はわれわれの主張に彼を引き入れようとする試みに反対するかもしれない。すなわち、アリストテレスが徳の領域に、したがってわれわれがその語に与えようとする目的論的な意味での倫理の領域に正義を位置づけることができたのは、常識や通念（endoxa）から借用したそれの最初の定義――彼の言う〝素描〟――を、個人間の直接の和解に彼が適用したからである。「すべての人が正義という言葉によって意味するのは、人々が正しい行為（praxeis）をおこなうのに適するようにし、人々に正しく振舞わせ、正しいことを願うような性向（hexis）であることを、われわれは見てとる」（『ニコマコス倫理学』V, 1, 1129 a 6–9）。正義を徳の平面にもっとよく定着させるために、アリストテレスはどんな「中間」が――どんな中庸、どんな中間項――両極端の間のどんな中間性（mesotēs）が、正義に対して、哲学的に反省された徳の中に席を割当てるべきかをたずねる。ところで中間性とは、私的なまたは対人関係的な性格のあらゆる徳に共通する合理的な特質である。

しかしながら、対人関係的な平面から制度的な平面に一足飛びに移行させるのは、それによって正義が不正から区別される中間性に固有の特質なのである、と答えられねばならない。『ニコマコス倫理学』の正義についての第五巻のはじめでアリストテレスがとるもっとも重要な方法論的決定は、たしかに、正義と不正の広範な多義性を切り分けることである。[43] 配分的正義の私的な面と公的な面の交叉は、分析のあらゆる段階で認められる。

まずアリストテレスは、法律（nomia）によって命令された行動の「全体的」領域（holos）の「部分」（méros）として範囲を定める分野をとりあげる。この包括的なレベルでは、実定法が合法性を規定するかぎりは、制度が仲介をすることは確かである。ここでは倫理と政治とが再び交叉する。[44] アリストテレスがそこまでにとどめる「部分的な」徳は、したがって、それを包含する全体的な徳よりも倫理的政治的でないということはありえないだろう。

制度による媒介を不可欠とみなすもう一つの理由がある。すなわち、繁栄と逆境とに比例して、つねに、外的で一時的な善との関係で、いつももっと多くのものを欲する悪徳——貪欲（pleonexia）——と不平等とが決定されるのである。こうした悪とこうした逆の善とは、まさに分かち合うべき善であり、分配すべき重荷である。この分かち合いこそ、制度を経由せざるをえないものである。事実、部分としての正義の第一の種類は、ポリス共同体をまきこむ配分の操作によってきわめて正確に定義される。たとえそれが「名誉とか、富とか、ポリス共同体の成員の間で分割される他のものとかを」（*ibid.*, V, 2, 1130 b 30–33）配分することであってもである。[45]

正義を配分的正義として定義することによって、正義の領域を限定しすぎたのではないかと、アリストテレスを非難すべきだろうか。私の考えでは、分析のこの段階では、配分という用語に、最大限の柔軟さをもたせるべきである。すなわち、共に行動したいという概念に欠けている区別の要素をもちこむことである。[46] この区別の面が、配分の概念とともに最前面に出てくるのであり、この概念はアリストテレスから中世に、またロールズにいたるまで、正義の概念と密接に結びついている。配分の概念は、生産の概念を補完するものとして、経済学的な面に限定されてはならない。それはあらゆる制度の根本的特徴を指し示している。制度とは社会の成員間の役割、責務、利益と不利益の分配を規制するものだからである。振分けという用語は注目するに値する。分かち合いの観念の第一の面が一つの制度に参加することを表すなら、振分けはそれとは別の面を表す、その第二の面とは、配分の体系において各人に割当てられた分け前の区別ということであろう。参加することと、分け前を受け取ることとは別である。それでいてこの二つはつながっている。というのは、分け前にあずかる者が、ロールズの表現によれば、協力的企てとみなされる社会に参加すると言われることができるのは、振分けられる分け前が相互に調整されているかぎりにおいてだからである。私の考えでは、分析のこの段階では、倫理的目標の内側で対人関係のレベルと社会的レベルとの間の移行を確実にするために、配分の概念を導入すべきである、ということであった。配分の概念の重要性は、それが個人と社会の関係についての偽りの論争の立役者たちのどちらにも加担しないところに存する。デュルケム流の社会学主義の方向では、社会はつねにそれの成員の総和以上のものであり、個人から社会へは連続性がないのである。逆に方法論的個人主義の方向では、社会学の基本となる諸概念は、個人が何らかの仕方で行動することの確率以上のものを指し示さないのである(47)。確率の観念によって、社会という本質体のいかなる物象化、そして結局はいかなる存在論も避けられる。配分の体系としての社会という考え方は、対立の諸項を超越する。役割の配分の規制としての、したがって体系としての制度は、役割を担う個人以上のものであり、それとは違った者である。換言すると、関係は関係の諸項には還元されない。しかし同時に関係は補助的な本質体を構成しない。配分の規則とみなされる制度は、個人がそこに参加するかぎりにおいてしか存在しない。そして分担という意味でのこの参加は、蓋然論者の分析に適しているが、その分析は個人の行動のほかに適用点をもたない。しかし認識論的議論にこれ以上進むのは、本研究の目的ではない。私の専門ではないこの領域にこうして少し手を出したのは、われわれの探索にとって重要な唯一つの考え、すなわち制度を考慮に入れることは、その十全な意味に解された倫理的目標の一部であるという考えを強化する以外の目的はない。個人と社会の間には、対人関係の面から社会的な面に移行するのを妨げるような壁を立ててはならないのであった。制度についての配分的解釈は、この壁を倒すのに役立ち、われわれの倫理的目標の概念の個人的、対人的、社会的という三つの構成要素が一つに結集するのを確実にしてくれる。

倫理的法的な分析の枠組が明確になったので、配分的正義と補償的正義とに共通な倫理的核に、ある名が与えられるかもしれない。その共通の核は平等（isotēs）である。それと相関して、正義よりもまえにしばしば引用される不正は、その同義語として不平等をもつ。われわれが歎き、非とするのは不平等である。こうしてアリストテレスはギリシアの偉大な伝統、もっと正確には、ソロンやペリクレスによって特徴づけられたアテネの伝統を継承する。しかし天才的なひらめき――実を言えば二重のひらめき――は、伝統から受け継いだ観念に哲学的内容を与えたことである。一方でアリストテレスは同等のものの中に、両極端の間の中庸的性格を見いだし、それを彼は徳から徳へと移す。たしかに分かち合いのあるところでは、多すぎたり、十分でないことがありえる。不正な者とは、利益に関して取りすぎ（そこで、もっと欲しがる貪欲 plēonexia が見いだされる）、あるいは負担に関して十分でない人のことである[48]。他方でアリストテレスは、中庸というもの、すなわち配分的正義を定義する比例的平等を慎重に画定する。算術的平等が適合しないのは、アリストテレスによると、分かち合う人や物の性質による。一方で古代社会では、人々はまちまちな功績に関連して不平等な分け前（axia）を受け取った。しかもその功績はさまざまな制度によってさまざまに規定されていた。他方で分け前そのものが法外に不平等で、戦争や略奪におけるように野蛮な分配もありえたと言わねばなるまい。とすると配分的正義は、人と功績の間の二つの関係をそのつど平等にすることにある。それゆえ配分的正義は二人の人と二つの分け前という四つの項をもつ比例配分の関係に立脚するのである。[49]

こうしてアリストテレスは平等主義を承認せずに、ある種の平等観念を正当化するという恐るべき問題を提出したのであり、やがてロールズが再びそれを取りあげることになる。われわれの問題は、はたして平等が中庸という観点からつねに定義されることができるか、また比例的平等という観念が解きがたい難問の巣とならないか、を知ることではない。われわれの問題はむしろ、正義と平等の関係の説得的で永続的な力を取り集めることである。この点で、中庸と比例的平等とは、平等を哲学的、倫理的に「救い出す」ための二次的な方式にすぎない。それをどのように言い方を変えてみようとも、平等と制度内の生活との関係は、心づかいと対人関係との関係に等しい。心づかいは自己に対するものとして他者を与えてくれ、その他者とは、エマニュエル・レヴィナスがそこに認めることをわれわれに教えてくれた強い意味で、顔である。平等は自己に対するものとして、他者を与えてくれ、その他者は各自である。そこにおいて「各自」の配分的性格は、われわれが本書の序言からそれに出会った文法的平面から倫理的平面に移行する。そこにおいて正義の意味は心づかいから何も差引かない。それは心づかいが個人をかけがえのないものとするかぎり、心づかいを前提とする。そのかわり正義は、平等の適用分野が人間性全体であるかぎり、心づかいを増大させる。

配分の観念を導入したときからすでに感じられていた、ある種の両義性が、正義の観念を冒していることは、疑いのないところである。公正な分け前という観念は、一方では、帰属の観念を参照させる。帰属は無限の相互負債の観念にまで行くのであり、それは人質というレヴィナス的主題を想起させずにはいない。他方、公正な分け前の観念は、その最良の場合は、ロールズに見いだされる、互いの利益にとっての相互的無欲の観念に導き、最悪の場合には、それもまたレヴィナス的な、分裂の観念にもどってしまうのである。

第8研究

自己と道徳的規範

先の第7研究の冒頭で提起したテーゼを構成する三つの命題のうち、ただ一つの命題、すなわち道徳に対する倫理の優位を主張することだけが、ある程度十分に展開された。それによって、「善い」という述語のみの上に、善い生き方という目標から、心づかいを経て、正義感にいたる言述の三段階がうち立てられた。行動に適用される「善い」という述語のこの三部構造に、自己評価という相同的構造が再帰的に対応した。この第8研究では、第二の命題、すなわち倫理的目標を規範のテストにかけることが必要であることを正当化する課題がもどってくる。そこで残る問題は、それ自体義務論的契機と密接につながっている形式主義によって惹き起こされる葛藤が、道徳から倫理へとどのようにして導くかを立証することである。ただしその倫理とは、規範を経由することによって充実し、状況における道徳的判断に導入される倫理である。本研究が集中して扱うのは義務と形式主義との関係であるが、それは義務道徳を性急に非難するためではなく、その三部構造が倫理的目標の構造と重なりあう言述がわれわれを導いてくれる限りは、その道徳の偉大さを言い表すためである。

われわれの新しい行程の第一段階において、「善い生き方」の目標は、規範そのものの対話的構造を考慮せずに、規範による検証にかけられることになる。この対話的構造は、自己と自己以外の他者との倫理的平面における原初的関係を指し示す心づかいに応答するものとして、第二段階で中心的に扱われよう。第三段階になってわれわれは正義感の探求を継続しよう。そうするのはまさに正義感が、対人関係から社会的関係へ、また社会的関係を支える制度へと拡張される道徳的形式主義の保護のもとに、正義の規則になるときである。その結果として、倫理的平面における自己評価に、道徳的平面で応答する自己尊重がその十分な意味に達するのは、第三段階の最後でということになろう。それは規範の尊重が他者と「他者のような自己自身」との尊重において開花し、その尊重が公平な分ち合いにおいて正しい分け前を期待する権利のある者には誰にでも拡大されるときである。自己尊重は自己評価と同じ複雑な構造をもつ。自己尊重は道徳律の規制のもとでの自己評価である。それゆえにその三部構造は、自己評価の構造と相同なのである。

I 「善い生き方」の目標と義務

規範の対話的契機の検討をわれわれが延期するのは、われわれが何らかの道徳的独我論によって個人と個人の相互性を優先させるという意味ではない。あらためて言うまでもなく自己《ソワ》は自我《モワ》ではない。むしろ普遍性の契機だけをとりだすことが狙いなのであり、その普遍性において、規範は野望として、または要求として（それについては次の研究で論じよう）善く生きようとする願望を試練にかけるのである。それと相関して、反省的な平面において自己がみずからを権威づけるのも、同じ普遍性によってであろう。個人を特別扱いしない規範の要請に対して、その抽象性に反駁する理由は十分にある。まさにこの抽象化のゆえにわれわれは規範の第一の形態から第二の形態へと移らざるをえない。そのかわり、この抽象化をいかなる自我論的観点とも連繫させることはできないだろう。この段階における普遍的なものとは、厳密に言えば、あなたでもなく、私でもないのである。

カント的形式主義によって、目的論的で幸福主義的な大伝統に対してなされた断絶を否定する意図は毛頭なくとも、一方ではこの伝統が形式主義のほうに合図を送るような特徴と、他方では道徳の義務論的な考え方が倫理の目的論的考え方に依然として結びついている特徴、とがあるのを指摘するのは不適切ではないだろう。

目的論的観点に含意されている普遍主義の先取りに関連して、アリストテレスがあらゆる徳に共通の基準――すなわち、中間性（mesotēs）、中間項、中庸――を確立したことは、ふりかえってみると、普遍性の発端の意味をおびると言えないだろうか。そしてわれわれ自身が、またしてもアリストテレスにならって、自己評価の対象として、行動の主導権、理由ある選択、行動の目的の目算や評価などの能力を与えるとき、われわれは暗黙のうちにこれらの能力に、それによってわれわれがそれらを評価でき、そのうえわれわれ自身も評価できるものとみなす手段である、という普遍的な意味を与えてはいなかっただろうか(1)。同じようにして、われわれがハイデガーにしたがって、私有性に、「そのつど」自己に与えられる性格を認めたとき、この「そのつど」は、そのおかげでdas Dasein（現存在）、das Selbst（自己）と書くことができるような、普遍的と言える特徴を指し示しているのではないか。それでもわれわれが実存範疇と呼んでいるものの普遍的な相が、自己《イプセ》の自己同一性と同一《イデム》の自己同一性という二つの自己同一性の区別を問題にしないことに、異論の余地はない。実存範疇が普遍相であるゆえに、どのようなものとして自己《イプセ》が同一《イデム》と区別され、それに対応して、どのようなものとして〈誰か〉が評価に値するかをわれわれは明確に言えるのである。

ところで、倫理は今しがた言及したようないくつかの特徴によって普遍主義に合図を送るとすれば、道徳的義務もまた「善い生き方」の目標と何らかの関連がないわけではない。義務論的契機がこのように目的論的目標に根をおろしていることは、カントにおいて『人倫の形而上学の基礎づけ』の入口で、善い意志の概念が占める位置によって明白にされる。「この世界において、この世界の外においてさえ、なんの制限もなしに (ohne Einschränkung) 善いとみなされ、考えられるものがあるなら、それは善い意志をおいてほかにない(2)」。

この冒頭の言明の中に、義務論的観点と目的論的視角との間にある種の連続性をいずれも保持している二つの断言が含まれている。その連続性はあとで述べるように重要な分断をしてしまうのではあるが。第一に、「道徳的に善い」は「制限なしに善い」を意味することはもちろんである。つまり行為の内的条件や外的事情を考慮に入れず、である。「善い」という述語は目的論的刻印を押されている一方で、「制限なしに」という留保は、善いという述語の用法からその道徳的なしるしを取り去ってしまうようなすべてをオフサイドにすることを告げている(3)。第二の断定、「善い」という述語の保持者は、以後、意志である。ここでも倫理的視角とのある種の連続性は保たれている。カント的な意志概念と、事態の経過に始まりを課し、理由によって自己決定する力とを同等に見ることができる。その力はすでに述べたように、自己評価の対象である。しかしカント的道徳学において意志は、アリストテレス倫理学において理性的欲望が占めた位置をとる。つまり欲望はその目的を通して、意志は掟との関係を通して認められるのである(4)。意志は「私は何をなすべきか」の問いを発する場所である。もっとわれわれに近い用語法では、意志することは命令法の系統に属する言語行為において表現され、それに対して欲望——それに幸福も含めて——の言語表現は希求法の型の言語行為であると言えよう。

われわれはカント的問題系に、普遍性というロイヤル・ゲートから入った。しかしこの問題系だけでは、義務の道徳を特徴づけるには十分でない。普遍性の観念には、義務の観念の特徴である拘束の観念が分ちがたく結びついている。そしてそれは有限な意志を特徴づける制限によってである。たしかにその根本的な組成によって、意志は、原則としてあらゆる理性的存在に共通の実践理性にほかならない。その有限な組成により、意志は感覚的な傾向性によって経験的に決定される。その結果、善い意志の概念――義務論的問題系への入口――と、義務によってなされる行為の概念との関係は非常に密接なので、その二つの表現は互いに交換できるようになる(5)。制限のない善い意志とはそもそも、制限に体質的に従属した意志なのである。この意志にとり、制限なき善は、義務、至上命令、道徳的拘束をおびている。批判の手続きの一切は、意志のこの有限な条件から、自己立法として、自律として考えられる実践理性にさかのぼることである。この段階に達してようやく、自己は、対話的構造をそこなうことなく、その道徳的地位の最初の基盤を見つけ出しているだろう。その対話的構造は、外部から何もつけ加えなくても、対人関係の次元でその意味を示すのである。

この頂点のこちら側で、道徳的反省は、制限なき善の資格への、そしてその必然的帰結として、有限な意志という地位のゆえに、定言命法の資格への候補者に対する忍耐づよいテストである。義務の道徳という様式はそこで、遠ざけ、追放、排除といった戦略を段階的にとることによって特徴づけられる。そしてその戦略の最後に、制限なき善い意志は、自律の至上の原則による自己立法的意志に比肩されるものとなろう。

この戦略に、こうして遠ざけられたものの観点から接近するなら、いくつかの段階が区別される。第一段階では、有限性のしるしである性向は、普遍性の基準からすると、それの純粋に認識的な不適合のゆえにのみ遠ざけられる。今後の議論のためには、傾向性の経験的な不純さと、道徳的命法の拘束的性格を説明してくれる強情さ、したがって潜在的不服従とを分離することが重要である。普遍性と拘束という二つの問題系はたしかに、意志の有限な組成のゆえに、区別するのがむずかしい。しかし理性と欲望との敵対関係のしるしをおびていないような主観的規定の仕方を、少なくとも思い描いてみることはできる。そうすれば性向のスイッチを切ることに、どんなきびしい非難も浴びせられず、ただその経験性のみが傾向性を失格させるだけであろう。カント的な議論の進め方において、この段階は完全に切り離すことができる。それは行動の格率を普遍化の規則に従属させることに相当する。(6) たしかにこれらの格律、すなわち「いくつかの実践的規則が依存する意志の一般的規定を含む命題(7)」の仲介によってのみ、傾向性はテストにかけられるのである。実際に、行動の最中に、あることの評価が、善い意志の絶対的評価に適しているかどうかを、私の行動の格率は普遍化できるだろうか、と問わずして、どうして私は知ることができようか。ここで格率によって提供される媒介は、ある規模の計画を意志が提出するとき、普遍化の規則がまさに試したばかりの普遍性の主張が潜在的に含まれることを前提している。(8) このように性格づけられた格率の概念は、われわれが先に見つけたような普遍主義の痕跡があるにもかかわらず、目的論的伝統においては先例がないことを認めねばならない。たしかに普遍性の要求ではなく、内的目的論が、まずはアリストテレスにおいて「理性的欲望」の概念を特徴づけ、次にわれわれ自身の実践の分析において、実践、人生計画、人生の物語的統一といった概念を特徴づける。後の諸概念はたしかに、実践の現象学の平面において、格率の一般性と類似しているために、格率の用語法で転記できるかもしれない。だが格率にその特別の意味を与えるのは普遍性のテストであり、同時にこのテストははじめて、次の定言命法のもっとも一般的な定式化が証言しているように、形式主義を定義する。「汝の格率が普遍的法則となることを同時に意欲することができるような、そうした格率だけにしたがって行為せよ」（『人倫の形而上学の基礎づけ』〔IV, 421〕）。この段階では、傾向性の強情さはまったく考慮されない。普遍化の基準だけが、実践理性に含まれている普遍性の要求に関して、格率に結びついた普遍性の主張の不適当さを明らかにするのである。(9)

第二度か第三度の分離が生じてから、義務の道徳は、「善い生き方」の目標に基づく倫理に根本的に対立する特徴をおびるようになる。先の分析でわれわれは義務の普遍的な面をその拘束的な面から切り離した。この両面は、有限な意志、つまり経験的に規定された意志の構造においては密接に関連はしているのである。拘束的な面のほうは、普遍化の規則がおびる命法の形を決定するのはそれ自体であるのだから、はっきりした吟味に値する。言語行為理論の観点から眺めると、命法は固有の問題を提出する。すなわち、言語行為は成功の条件のほかに（命令は実際に、それを許すしきたりに合致して発せられたのか？）、それを満たす条件に従わされる（この命令は服従されたかどうか？）。(10) 命令と服従のこの関係は、道徳的規範と倫理的目標との間の新しい相違を示す。注目すべきことに、日常言語ではこの種の言語行為は互いに異なる話し手と話し相手とを要求する。命法の充足条件によって、一方は命令し、他方は従うよう強いられる。カントはこの状況を、同一の主体のうちに命令する力と服従または不服従の力とを置くことによって内面化した。とすると、傾向性はその不服従の力によって定義されることになる。カントはこの力を、傾向性に内在する受動性と同一視し、それがカントをして、欲求を「感覚的」と呼ばせるのである。(11)

この点で、厳格主義への古典的な非難を再びとりあげないわけにはいかない。それによるとカントは欲求を本質的に合理性に対立するものとみなしているようである。(12) カントがそうしているようにいろいろな命法の系列内で分割線を移動させ、またよく知られているように、定言命法と単に仮言的な命法とを、熟達の命法と慎重さの命法とを区別することによって、ある程度まではこの非難に抵抗することができる。

拘束の次元では、この区別は、普遍化の基準が導入する区別と、正確に相同であることがわかる。命法の形式が有限な意志の構造によって要求されることを認めるならば、定言命法とは普遍化のテストに首尾よく通った命法であるということになる。

義務の拘束的性格によって導入される新しさは、「純粋実践理性の分析論」のはじめの「定理」と二つの「問題」とによってはじめて十分に解明される。ここで理論化されるものは、まさに定言命法が排除したもの、すなわち、他の命法に固有の動機づけである。[13] 形式主義の第二の敷居はこうして越えられる。格率による媒介は忘れられてはいないが、主観的格率は一括してその唯一の源泉である「欲求能力」に引きもどされ、客観的格率は単なる（blosse）立法の形式にもどされる。[14]

分離の決定的な敷居は、自己立法または自律の観念をもって越えられる。[15] 問題はもはや意志だけでなく、自由にもかかわる。というよりむしろ自由は意志（Wille）をその根本構造において指し示すのであって、もはやその有限な条件（Willkühr 恣意）によってではない。『純粋理性批判』の〈弁証法〉はこの自由を、それが単に思考可能な性格をもつものとしてのみ確立することができた。実践的に正当化できる自由とは次のようなものである。第一に消極的な言葉で「現象の自然法則、すなわち因果律」（『実践理性批判』第一篇第一章第五節問題一）にまったく依存しないものとして、次に積極的に、自己立法として（定理四）である。われわれが段階的にその命運をたどってきた分離は、自律をもってそのもっとも根源的な表現に達する。自律に対立するのは意志の他律であり、それによって意志はみずからに「感覚的法則に理性的に従うための指令」（定理四）を与えるだけである。この自律と他律の対立（Widerstreit）をもって、形式主義はその頂点に達する。カントはそこでこう宣言することができる。道徳は「格率の単なる立法形式だけが意志を規定する十分な原則である」（問題一）ところに存する。たしかにわれわれは命法の用語法から離れはしなかった。だがわれわれはいわばそれを昇華させた。自律が他者への服従を、自己自身への服従に代えるとき、服従は依存と従属の一切の意味を失ったのである。真の服従とは自律である、と言うことができよう。

これまでのカント的な道徳概念の再構成は、倫理の目的論的考え方に対して、義務論的観点を特徴づけるのに十分な次の諸要素に還元された。すなわち、拘束なき善の規定としての善い意志、普遍化の基準、形式だけによる立法、そして自律。カント的基礎づけに特徴的な対立関係は、排除の論理の諸段階にしたがって順序づけられた。こうして自律と他律の対立は、道徳的自己性を構成するものとして現れる。カント主義的精神において、立法者としての自己の措定は、自我論的テーゼと混同されてはならない。先に一般的な用語で言われたように、道徳性の三部構造の最初の契機がおびる抽象的性格は、道徳的判断一般が到達した普遍性の度合に比例している。したがって自律の原則は、独白か対話かの二者択一を逃れられると主張する。『人倫の形而上学の基礎づけ』におけるカントの定式によれば、定言命法の一般的定式化から、第二、第三の定式化（それがわれわれの行程の第二、第三段階を定めることになる）へ移るとき、きわめて特殊な種類の前進が見られよう。カントによればその前進は、「普遍性を示す形式」から、人格それ自体が目的として解される「実質」へ、そしてそこから、目的の支配という概念とともに、「あらゆる格率の完全な規定」へ、というようになされる。[16] カントはさらに続けてこう言う。「ここで前進はいわば、意志の形式（意志の普遍性）の単一性のカテゴリーから、実質（対象、つまり目的）の多数性のカテゴリーへ、そして目的の体系の総体性または全体性のカテゴリーへというようになされる」（『人倫の…』[IV, 436]）[17]。たしかに、単一性、多数性、総体性は量のカテゴリーである。だが形式の単一性が実質の多数性と区別されるのは、「いわば」なのである。この単一性は孤独な自我《エゴ》のそれではない。それはその単一性がまだ人格の多数性のうちに配分されていないその抽象的な瞬間に捉えられた、意志することの普遍性の単一性なのである。この純粋に教育的または精神教育療法的な前進（「魂が道徳法則に近づけるように配慮する」としるす！）は、われわれが道徳性の定式化の全行程を完了したときに、きちんとした議論の対象になろう。

その普遍的な次元における自己の自律から、われわれの第二段を特徴づける多数性の体制へ移るまえに、三つの「場所」を示そう。それはカント的道徳に外部から向けられるいかなる批判にも先立って、カントのテクストそのものによって、潜在的なアポリアの場所として指摘されている[18]。

それらの場所の第一は、カントが自律の原則からおこなったと宣言する「演繹」の性質に関係する。そうすべきであるように、演繹という語によって、法的問題（quaestio juris）の法的な意味において、最終的前提に遡ることを意味するなら、自律の場合にこの遡及は、ある事実、あの多くの注釈を生じさせた有名な「理性の事実」（Factum der Vernunft）の証明のところで止まることを認めねばならない。なるほどカントは、われわれが道徳的主体の自己立法的能力についてもつ意識（Bewusstsein）についての事実だけを語る（『実践理性批判』第七節注）。だがこの意識は、自律が自由と法則の間に確立する綜合的関係のようなものへのわれわれにとっての唯一の入口である。この意味で、理性の事実とはわれわれがこの根源的な関係についてもつ意識にほかならない。私としては、この意識のうちに、その道徳的次元において「誰か」の証しがおびる特殊な形式をよろこんで認めよう。換言するとそれは自由意志の実践的な地位について証言する[19]。カントの用語法がそれを確認する。この事実において「純粋理性が実際に実践的であることが示される（sich beweist）」〔V, 42〕とカントは言う。自律がそれ自体「必当然的に確実な」事実と呼ばれるのは、このきわめて特異な意味においてである[20]（〔V, 47〕）。モデルと写し、原型と模写的イデア、純粋悟性の世界と感性的世界などの間の関係は、「あたかも自然的秩序がわれわれの意志によって発生させられなければならないかのように」〔V, 44〕という、定言命法の最初の二次的定式化における自然の類推的使用を正当化する。[21] 義務の競争相手をこのように試験したり、選別したりする最後に、共通の道徳的経験のうちに最初に信頼が置かれているのをわれわれは再び見いだす。しかしこの自己証明は自己措定と同一視されることができるだろうか。むしろ自律を断言する誇りのかげに隠れて、ある種の受容性を認めているのではないか。法則は自由を規定しつつも、その受容性をおびているのであるから。

この疑念は『実践理性批判』が尊敬に対してなされる扱い方によって、多少とも強められる。ある意味で、道徳性の三肢構成によって、先ほどしたばかりの単一性（または普遍性）、多数性、総体性の区別によって、尊敬についても十分に展開してしまわないうちにそれについて語るのは、時期尚早と見えるかもしれない。われわれが道徳性についての学説全体の象徴的な表題とした尊敬は、それの三部構造が確実にされたときにはじめて、その十分な意味を受け取るであろう。しかしながら、尊敬がその奇妙な性質を明らかにするのは、自律の原則のレベルで、自由と法則の関係が露になり、人格がまだそれ自体を目的として特別扱いされないときである。[22] この性質は、「純粋実践理性の動機」（分析論第三章）の中の感情として尊敬が占める位置に起因する。尊敬は、受動的に受け入れられる感情の様態で、「法則そのものを格率とする」〔V, 76〕ようにしむける点で、動機の一つである。[23]

注目すべきことにカントは、自己による自己の準措定という自律の性格と、動機としての尊敬の地位によって巻きこまれた他者による触発の潜在的な性格、との関係の問題を自分に問わなかった。彼は、情動性そのものを二つに分裂させ、彼のすべての努力をこの分裂に注ぐことによって、そうした用語で定式化する以前に、難問はいわば解決されてしまうと考えた。理性だけによって人の心に刷りこまれた感情という考えは、火が点火されるまえに火を消すことを前提としている。以後、すべては情動の領域で欲求の感覚論に属し続ける人たちと、感情内の理性の表徴そのものとみなされる人たちとの分岐線上で決定される。すなわち、消極的には自尊心の受ける辱めであり、積極的にはわれわれのうちにある理性の力への崇敬である。

情動性を二つに割るこの分裂は、道徳的規範と倫理的目標とを結ぶ絆――われわれの考えではそれは一度も切れなかった――の探求に関係しないわけにはいかない。自己評価が、すでに認めたように「善い生き方」という目標の反省的表現であるとすると、その表現はカントのナイフの下に落ちて、そのナイフで分割線のまちがった側に投げ返されてしまったように思われる。[24] しかしわれわれにとっての問題は断じて、カント的流儀とアリストテレス的流儀を調和させることではなかった。事実、真の問題はそこにはない。というのはカント的尊敬のうちに、彼が普遍化の基準のテストを首尾よく合格させた自己評価の一種を見ることはまったく正当だからである。道徳性の義務論的考え方における悪の位置についてわれわれがあとで述べることを先取りして、次のように言うことができる。すなわち、「打ちのめされ」「はずかしめられ」るのは、自己評価の一種なのであり、それをカントは「自己愛」(Selbstliebe) と呼び、それが自己評価の堕落をつねに可能にし、事実、日常的にするのである。[25] この意味で、「自己愛」のスイッチを切ることは自己評価に対して批判的機能を働かせ、悪に関しては浄化的機能を働かせる。あえて言うならば、自己愛とは、このすぐあとで悪への性癖と呼ぶものによって堕落させられた自己評価である。[26] そして尊敬とは、普遍的規範のふるいにかけられた自己評価、要するに、法則の体制のもとにある自己評価である。以上のことを述べたうえで、動機としての尊敬が提出するもっとも恐るべき問題は、自律の原則の中心に受動性の要因を導入することとなる。尊敬において自己措定と自己触発とがこのように結合することが、本書の次の研究で、自律の原則——道徳性の義務論的考え方の至宝——が目的論的視点から独立していることを検討することを、換言すれば、自律の自律に疑問を呈することを許してくれるであろう。

「分析論」で自律に与えられる卓越した位置に関して、潜在するアポリアの第三の「場所」は、『単なる理性の限界における宗教』の口火を切る「根本悪論」のうちに探すべきである。この論で欲求、傾向性の無実を証明しようとするものすべては、同時に、先にわれわれがその前進をたどってきたあらゆる分裂の根源を、（自由）意志そのものに振り向ける。すなわち、経験的なものとしての傾向性が普遍化の規則のテストを通ることとの不適合、感覚的欲求と定言命法との対立、自律の原則に対する他律の傾向の抵抗、など。欲求が無実ならば(27)、悪の起源を問う（おそらくそれは無駄だろう）まえに、悪を格率の形成のレベルに位置づけ、起源は推量不可能と宣言すべきである。悪とは語の本来の意味で、堕落、すなわち法則への尊敬を傾向性の上におくように命じる、順序の逆転である。ここでは（自由）意志の悪用が問題なのであって、欲求の悪い作用ではない（さらには実践理性そのものの腐敗でもない。それは人間を、あえて言えば、単に邪悪にするだけでなく、悪魔的にするだろうから(28)）。

またしても、すべては格率のレベルで起こる。だが今度は、あらゆる悪しき格率の主観的な土台となるような一つの悪しき格率と交代することが問題となる。この第一義的な格率は、悪への性癖（Hang）に存する。たしかにカントは、この悪への性癖を、善への素質（Anlage）から慎重に区別する。カントはこの素質を有限な意志に内在するものとみなす。したがってカントは、この性癖の偶然性を、人間の歴史の規模で確証するのである。としても、悪への性癖は自由の使用を、義務によって行動する能力を、要するに、実際に自律的でありうる能力を触発する問題は残っている。それこそわれわれにとり真の問題である。というのは、この自由の触発は、たとえ依然として自律である道徳性の原則を損うことはないとしても、自由の行使、自由の実現を問題に付すからである。この異常な状況がさらに宗教に、道徳の空間とは異なる空間を開くのである。宗教は、カントによれば、自由の再生、つまりよい原則が自由に支配力をもつのを再興させること以外の主題をもたない。そのうえ、失われた、あるいは発見すべき自由の能力についてこのように考えるとともに、善と悪とについて考えることが、再び前面にもどってくる。それは道徳性についての厳密に義務論的な解釈によって、補助的な位に格下げされていたものである(「分析論」第二章)。換言すると、善と悪の問題は「自由の使用の主観的基礎」の問題とともにもどってくる[29]。

この問題は、自律の実現と共外延的と見える触発のようなものによって、直接に自律の地位に関係する。ここで次の二つの考えを考慮すべきである。第一の考えは、ナベールによって強固に力説されたものである。すなわち、格率の形成と結びつけられた悪は、カントの『負量の概念を哲学に導入する試み』の意味での実質的反対という観点から考えるべきである、というものである[30]。道徳的法則それ自体が動機であるという平面においては、悪への性癖は、ナベールの表現によれば「真実の嫌悪」として、すなわち「自由意志に影響を及ぼす逆の動機」(『単なる理性の限界における宗教』〔VI, 29〕)として立ちはだかるのである。そこで悪への傾向は、尊敬そのものが前述のような法則による自由の触発という特殊な触発であるのと同じレベルで、自由意志を触発するものである。この資格において、悪は根本的である(根源的ではない)。「この悪が根本的であるのは、それがあらゆる格率の土台を腐蝕させるからであり、そのうえ、その悪は自然的性癖として、人間の力によっては根絶されえないからである」(前掲書[31])。

第二の重要な考え。あらゆる格率のうちの悪い格率という難解な考えを導入することで悪を根本化することによって、カントは(自由)意志という観念自体をも根本化した。カントは自由意志を、格率形成の根源において、現実的反対の本拠とする、という事実のみによってそうしたのである。そこにおいて悪は

（自由）意志の究極の性質を啓示するものとなる。人間の（自由）意志は、法則に従って、または逆らって自己決定する能力に打撃を与える根源的な傷を負ったものとして現れる。悪の起源の謎は、自由の実際の行使を触発する起源に反映している。この性癖は選択の機会の度ごとに、つねにすでに存在しているが、それがやはり（自由）意志の格率であるということ、このことは悪の起源に劣らず推量不可能なのである。

　以上の二つの考えの合体から、道徳性の義務論的な考え方の諸契機のたどる全行程を支配するような一つの仮定が出てくる。すなわち、倫理が道徳の諸特質を引き受ける必然性が発してくるのは、悪から、またその結果としての（自由）意志の推量不可能な構造からなのではないか。悪が存するゆえに、「善い生き方」の目標は道徳的義務のテストを受け入れねばならず、その道徳的義務をわれわれは次のような言葉に書きなおすことができよう。「汝が欲することができると同時に、あるべからざるもの、つまり悪があらぬようにする格率だけにしたがって振舞え」。

2　心づかいと規範

　心づかいは外部から自己評価に加わるものではないと同様に、人格にもとづく尊敬は、自己の自律とは異質の道徳原則をなすものではなく、義務や規則のレベルで、その自律の暗黙の対話的構造を示すものである。

　このテーゼを正当化するのは、次の二段階でなされる。第一に、人格にもとづく尊敬の規範はどんな絆によって、倫理的目標の対話的構造に、つまり、まさに心づかいに結びつけられるかを立証しよう。次に、道徳のレベルで人格にもとづく尊敬と自律との関係は、倫理のレベルで心づかいと善い生き方の目標との関係に等しいことを確証しよう。この間接的なやり方は、定言命法の一般的定式化から、命法の第二の二次的定式化における、それ自体が目的である人格の概念への移行、それもカントにおいては唐突な移行を、もっとわかりやすくしてくれる。

善い意志を無条件で善いと評価することがわれわれには、善い生き方の目標から、それの義務の道徳への転移への推移を確実にしてくれると思われたのと同様に、心づかいからカントの第二の命法へのふさわしい推移を定式化するものと思われるのは〈黄金律〉である。われわれが善い意志へともっていった評価の場合にそうだったように、〈黄金律〉はアリストテレスの倫理学が訴える通念(endoxa)、つまり哲学者が発想したのではないが、哲学者が解明し、正当化しようとする通念の一部をなしていると見られる。さて、〈黄金律〉とは何を指すか。パウロのユダヤ教の師ヒレルが述べたものの中にそれを読んでみよう(『バビロン・タルムード』shabbat, p. 31a)。「あなたがしてもらいたくないことを、あなたの隣人にするな。これが掟のすべてであって、爾余はその注釈である」。同じような文句は福音書でも読める。「人にしてもらいたいと思うことを、人にもしなさい」(ルカ福音書六章三一節)[32]。否定的な言い回し(するな)と肯定的な言い回し(しなさい)のそれぞれの長所は均衡している。禁止は禁止されない事がらの選択の幅を開いたままにし、それによって許されているものの次元で道徳的発想の余地を残しておく。そのかわり肯定的命令は、隣人のために何かをするように促す思いやりの動機をもっとはっきり示す。この点に関して、肯定的な言い回しは、「レビ記」一九章一八節にあり、そして「マタイ福音書」二二章三九節でくりかえされる命令と比較してみることができる。「隣人を自分のように愛しなさい」。この後の文句は先のものより、心づかいと規範を結ぶ親子関係を、おそらくもっとよく示していよう。そのかわりヒレルの定式と福音書におけるそれの相当句のほうは、これらすべての表現に共通する構造、すなわち相互性の規範の表明をよりよく表している。

しかし、この規則の定式化でもっとも注目すべきは、要求される相互性が、行為の中心人物たちの間のはじめからの非対称の前提を背景にして浮かびあがることである。すなわち、一方を能動者の位置におき、他方を受動者の位置におく非対称である。この対称の欠如は、するという能動的形式と、される、したがって蒙るという受動的な形式との対立に、文法的に反映している。そして心づかいから規範への移行は、この基本的非対称と密接に連動している。というのも、影響を及ぼすことからはじまって、殺人に極まる相互作用の不吉な漂流はすべて、この非対称に接木されるからである。この漂流の終極では、規範の相互性は、心づかいの勢いから離れて、殺人の禁止「殺してはならない」に集中するように見える。この禁止と〈黄金律〉との関係は完全に消印を押されてしまったように見える。それゆえに、心づかいから殺人の禁止への行程は、相互作用における非相互性の形象を経由する暴力の行程と重なるかぎりにおいて、〈黄金律〉によって前提される行動に、非対称の中間的な形態を再構成するのは無益ではないのである。

暴力への転機と言わぬまでも、暴力の機会は、意志によって意志に働きかける力に存する。行動するということから、一方が他方に力を及ぼさない状況を想像するのはむずかしい。「……への力」という表現を重視しよう。「力」という用語の極度の曖昧さゆえに、「……への力」を「力」という用語の他の二つの用法と区別することが重要である。その二つの用法に言及することが、本書のこれまでの研究ですでにあった。ある行為者が、関連するあらゆる困難やアポリアをもちながら、自分を自分の行動の張本人とする能力を、われわれはする力あるいは行動の力と呼んだ。また歴史的共同体の成員が、その共に生きようとする意欲を不可分の仕方で働かせるのを、われわれは共同の力と呼んだのであり、そしてこの共同の力を、統治者の暴力も被統治者の暴力も含めて、政治的暴力が宿る支配の関係から慎重に区別したのであった。一方がすることと、他方がされること――換言すればこの他方が蒙ったこと――との最初の非対称に接木される「……への力」は、すぐれて、暴力の悪が出現する機会とみなされる。……への力のおだやかな形である影響から、その濫用の極端な形である拷問にいたるまで、下り坂に目印をつけるのはたやすい。他者への力の濫用としての物理的暴力の領域においてさえ、単なる脅しから、あらゆる段階の拘束を経て、殺人までにいたる悪の形象は無数にある。さまざまな形をとる暴力は他者のする力の減少または破壊に等しい。しかしもっと悪いことがある。拷問において、その執行者が打撃を与えようとし、そして悲しいかな、打ち砕くことに成功するものは、被害者の自己評価、つまりわれわれが規範を経由することが自己尊重にまでたかめた評価である。謙譲さのおそるべきまがいものである、いわゆる屈辱とは、……する力の破壊である以上に、自己尊重の破壊以外の何ものでもない。ここにおいてわれわれは悪の底に達したと思われる。しかし暴力は言語行為として、したがって行為として、言語の中に隠れることもできる。それはわれわれがこの先で約束についておこなう分析を先取りする機会である。カントが偽りの約束を、普遍化の規則にも、またそれ自体が目的としての人格と、手段としての事物との違いの尊重にも違反する格率という重要な実例のうちに数えるのは、偶然ではない。誠実さの反対の形象である友愛の裏切りは、拷問とは比較にならないまでも、人の心の邪悪さを雄弁に物語る。エリック・ヴェーユはその大著『哲学の論理』のはじめで、言語についての広い観点に立って、暴力を全体的に言論に対立させた。同じような対立はJ・ハーバーマス、K-O・アーペルらにおけるコミュニケーションの倫理において、最良の論法の拒否と呼べるような形をとって、容易に見つけだせよう。違った意味で、所有のカテゴリーは、他者に対してなされる害悪が無数の仕方をおびている広大な領域を示してくれる。カントは『人倫の形而上学』で、私のものとあなたのものとの区別という土台の上に、害悪の形態を素描した。こうした強調の置き方は、所有権が法的機構において過度の位置を占め、とりわけ所有権侵害は、刑罰の等級で表現される法外な反応をひき起こす時代に特有なことであるかもしれない。しかしたとえ人身保護令状《ハベアス・コルプス》のレベルでしかないにせよ、私のものとあなたのものとの区別が消えてしまうような政体または社会体制があることをわれわれは知らない。この意味で、所有のカテゴリーは、害悪の類型論においては不可欠の指標であり続ける。言語的レベルでの裏切りと所有のレベルでの害悪との注目すべき組合せは策略であろう。それはアイロニーと巧妙さとの堕落した形態である。そこでは他者への信頼が二度悪用されている。女性への性的いやがらせから、殴られた女性や虐待された子どもの苦しみを経て、暴行にいたる性的暴力の執拗な存続について、これ以上何を言おうか。この身体と身体との密接な接触のうちに、陰険な責苦の形がしのびこむのである。

心づかいによって確立された相互主観的次元における悪の形象を、網羅的ではないが、このように暗い気持で数えあげてみたが、それに対応するものとして、相互作用の区分にしたがって多様な、〈黄金律〉から発する命令と禁止が数えあげられる。すなわち、嘘をつくな、盗むな、殺すな、苦しめるな。そのつど道徳は暴力に反論する。そして命令が禁止の形をとらざるをえないのは、まさに悪のゆえにである。悪のあらゆる形象に、道徳の否が答える。おそらくそこに、禁止の否定形が難攻不落である、究極の理由が存する。それだけに道徳哲学は、この地獄下りの途上で、道徳に対する倫理の優位は、見失われていなかったことを、すすんで認めるであろう。たしかに倫理的目標のレベルでは、自己評価の相互的交換としての心づかいは、一貫して肯定的である。根源的であると言えるこの肯定は、禁止の隠れた魂である。この肯定が究極に、われわれの憤激（indignation）を、つまりは他者に加えられた卑劣な行為（indignité）をわれわれが拒否することを強化するのである。

今度はわれわれの論拠の第二段階に着手しよう。すなわち、カント的命法の第二定式で提出された、人格による尊敬は、道徳のレベルでは、自律に対しては、ちょうど心づかいが倫理のレベルで、「善い生き方」の目標に対してもつのと同じ関係をもつのである。[33] ところでこの心づかいと倫理的目標との結びつきは次のような特殊性をもっていた。すなわち倫理的目標の第一と第二の契機の間の連続性は、レヴィナスが自我の「分離」と呼ぶものを他者性が粉砕しにやってきて、真の飛躍を遂げるという代価を払って得られるものである。この代価を払ってのみ、心づかいは「善い生き方」の目標の展開として、事後に現れることができたのである。ところがカントにおいてはそれとはまったく別様であると見える。定言命法の第二の定式は、次の命法の一般定式の発展として明らかに扱われる。「汝の意志の格率がつねに、同時に普遍的法則となることを欲することができるように行為せよ[34]」。心づかいの内的弁証法に照らしてみると、カントの第二の命法は、人間性の名辞と、それ自体が目的である人格の名辞という二つの鍵となる名辞の間の緊張の中心であることがわかる。単数の名辞としての人間性の観念は、人による差別なしに、自律の原則を支配する抽象的な普遍性の延長上に導入される。そのかわりそれ自体が目的である人格という観念は、人格の多数性を考慮に入れるべきであるが、さりとてその観念を他者性の観念にまでもっていかないことを要求する。カントの明示された論法におけるすべてがめざすのは、人間性の観念によって確実にされた、自律の原則との連続性を特権化することであり、そのためにそれ自体が目的という観念、それ自体が目的としての人格という観念をいきなり導入することで示されるひそかな不連続性を代償にしている。

カント的言表の中のこの隠された緊張を明るみに出すために、〈黄金律〉を拠りどころにするのが時宜にかなっていると思われた。というのも〈黄金律〉は心づかいとカントの第二命法との間の移行をおこなうもっとも単純な定式を表しているからである。われわれは〈黄金律〉をこの媒介的位置におくことによって、カント的命法を、〈黄金律〉の定理化として扱う可能性を自分に与える。

たしかに、形式主義がそこに立って自分の価値を認めさせるための新しい地盤を、はじめに押しつけるのは〈黄金律〉である。カントが実質または多数性と呼ぶものはまさしくこの相互作用の場であり、そこでは意志が他者への力を及ぼし、また相互性の規則が能動者と受動者との最初の非対称に反論するのである。能動者と受動者を平等にするこの相互性の規則に適用された定理化の過程は、この多数性の新しい場で、すでに自律の原則の勝利を確実にした普遍化の規則をテストするのをくり返そうとする傾向にある。ここで、能動者と受動者の両極性に重ね合される人間性の概念が働きだす。この点に関し、人間性の概念は、自律の演繹を支配していた普遍性の要求の複数的な表現と、したがって、自律の原則そのものの複数的な展開とみなすことができる。多様な人格の間の中間項として導入された人間性の概念は、他者性を排去させるほどまでに緩和させる効果をもつ。他者性はこの人格の多様性の根もとにあり、〈黄金律〉が対決しようとする、他者に及ぼす意志の力の非対称的関係を劇的なものにする。

人間性という媒介的観念が表明する、この定理化する意図は、カントが〈黄金律〉に対して置こうとする距離を測るときに、はっきり現れる（しかも〈黄金律〉はカントによってめったに引用されないし、引用されるときはいつもいくらかの軽蔑がこめられている）。この不信は、〈黄金律〉の不完全に形式的である性格によって説明される。たしかにこの〈黄金律〉は、他人が何をしてもらいたいか、何をしてもらいたくないかを言わないので、部分的に形式的であるとみなされよう。そのかわり〈黄金律〉は好き嫌いに言及しているかぎりにおいて、不完全に形式的である。それによって傾向性に属するものを導入するからである。普遍化のテストはここで完全になされる。それはそのテストを受けないどんな候補者も排除してしまうのである。自律の原則のために先に導入した浄化の過程のあらゆる度合がここに見いだされる。愛と憎は、経験的なものとして、普遍性の要求には適合しない格率の主観的原則である。他方、好きと嫌いは潜在的には規則に反対する欲求であり、そこで主観的原則と客観的原則との葛藤状態に入る。そのうえ、これらの感情の事実上の腐敗を考慮に入れるなら、相互性の規則は、これらの感情を断固として切り捨てることができ、正当な要求と不当な要求とを区別することができるような識別基準に欠けていることは認めねばならない。この批判の結果として、自己と自己以外の他者とのいかなる直接的関係も、私の人格と他者の人格とにおいて尊敬に値するものが命名されずには、確立されないことになる。さて、人間的なものの総和という外延的または列挙的な意味ではなく、尊敬に値するものという内包的または原理的な意味に解された人間性とは、人格の多数性という観点から考察された普遍性にほかならない。それをカントは「対象」または「実質」と呼ぶ(35)。

この点に関して、カントの意図に曖昧なところはない。人間性の観念は自己自身と他者との直接的対面を遮断すると反対する人には、カント的精神によって、こう答えるべきであろう。すなわち、普遍化の規則が倫理的目標から、その第一の構成要素のレベルにおける道徳的規範への移行の必要条件の一つであることを認めるなら、その第二の構成要素として、第一の構成要素に要求される普遍的なものと等価なものを見つけださねばならない。この等価物とは人間性の観念にほかならず、この観点は心づかいと同じ対話的構造を呈してはいるが、そこからはいかなる根本的他者性をも排除し、人格の差別をしない単一性の自律の原則を、多数性に導くだけにとどまる。そうすることによって、普遍的なものに内在するこの多数化は、形式的命法によって反省的に含意された自己が独白《モノローグ》的な性質のものではなく、単に人格の区別に無関心なだけであり、この意味で、人格の多数性の場に登録できることを、あとから確認する。ところがまさにこの登録が問題となる。一般的に定式化された定言命法の優位を示す論拠がそれだけで充足しているとしたら、その論拠は第二の命法の定式化に対しては、多様な人格にもとづく尊敬からその独自性を奪ってしまう結果になろう。

ここにおいて、それ自体が目的としての人格の概念が、人間性の概念と均衡するようになるのは、その人格概念が命法の定式化そのもののうちに、「あなたの人格」と「任意の他者の人格」との区別を導入するかぎりにおいてである。人格とともに、それだけで多数性が入ってくる。均質と見える定式の内部でのこの微妙な緊張が隠されたままであるのは、自律の措定にとって肝要な普遍化のテストが、人間性をけっして単なる手段として扱うな、という反対の格率を排除しても続けられるからである。功用性の原則は、『人倫の形而上学の基礎づけ』の最初のページから排除されている「無制約的善」の地位への最初の候補者ではなかったか。しかし論拠の類似のために、それ自体を目的とする人格観念そのものによって導入された、隠れた非連続性が覆い隠されてしまう。義務の「実質」「対象」といった概念が、それ自体を目的とする概念と同一視されるとき、ある新しいことが言われたのである。ここで言われた新しいものとは、まさに〈黄金律〉が批判のふるいにかけられるまえに、それが庶民の知恵のレベルで表現していたものである。ここで明確にされ、浄化されて出てくるものは、〈黄金律〉の深い意図そのものだからである。実際に、人間性を私の人格において、また手段としての他者の人格において扱うということは、影響の点ではかなり控え目ながら、あらゆる形の暴力でもって荒れ狂い、拷問において頂点に達する力を他者の意志に行使すること以外にない。そして意志によって他者に及ぼされる力という暴力がこのように移行する機会を与えるものは、一方がなし、他方がなされるという根源的な非対称性以外に何があろうか。〈黄金律〉と、人格にもとづく尊敬の命法とは、同じ実践の場をもつだけでなく、そのうえ同じ目標をもっている。相互性の欠如が支配するところに、相互性を確立するという目標である。そして〈黄金律〉の背後に、人格の多数性の根本にある真の他者性についての直観（それは心づかいに内在している）が再び現れる。こうした代価を払って、人間性という統一的で単一の観念が、自律の原則に働いている普遍性の模造品であることをやめるのであり、そして定言命法の第二の定式化が、その完全な独自性を再び見いだすのである。

以上のように言うことによって、われわれはカントのテクストをねじ曲げてしまったのだろうか。それ自体が目的としての人格の観念に対してわれわれが要求する独自性は、『人倫の形而上学の基礎づけ』のテクストによって承認される。それは人格と目的自体との相関関係とは無関係な「証明」を与えている。「ところでその実存それ自体が絶対的価値をもち、それ自体目的として、一定の法則の根拠となりえるものがあるとしよう。そうすれば、そこに、そこにのみ、可能な定言命法の根拠が、換言すれば、実践的法則の根拠が存在することになろう。今やこう言おう。人間、そして一般にどのような理性的存在も、それ自体が目的として実存し、あれこれの意志によって恣意的に用いられる単なる手段としてでなく実存するのである、と。自分自身に関係するものであろうと、他の理性的存在に関係するものであろうと、そのあらゆる行為において、人間はつねに、同時に目的としてみられねばならない」〔IV, 428〕。こうして自律の原則と、人格の尊重の原則との間に奇妙な並行関係がつくりだされる。それはもはや内容のレベルではなく、「証明」のレベルにおいてである。自律と、それ自体が目的としての人格の観念とが直接に証明されるのは同じ仕方によってなのである。先に述べたように、自律の意識は「理性の事実」すなわち道徳が実存するという事実である。今やこう言える。人格それ自身が目的それ自体として実存する（existiert）ゆえに、道徳は実存するのである、と。[36] 換言すると、われわれはずっと以前から人格と物との違いを知っていた。われわれは物を入手し、交換し、使用することができる。人格にとっての実存の仕方はまさに、人格は入手され、使用され、交換されえないところに存する。[37] ここで実存は実践的であると同時に存在論的な性格をおびる。実践的というのは、存在様態間の違いが確認されるのは、行動し、他者を扱う仕方においてである、という意味である。存在論的というのは、「理性的本性はそれ自体が目的として実存する」という命題が実存的命題である、という意味である。その命題は存在を表明しないとしても、それは、そのような存在を表明する。存在的実践的な性質のものと言えるこの命題は、直接にその価値を認めさせる。この命題は『人倫の形而上学の基礎づけ』の第二章にあり、したがって第三章で可想界と実践的自由との結合がなされるまえである、と反論されるかもしれない。だからこそカントは注でこう述べるのである。「この命題を私はここでは要請として主張する。その理由は最後の章に見いだされよう」〔IV, 429〕。しかし理性的存在が可想界に属することは、いかなる認識の対象ともならないので、ここで主張される人格の地位とそれ自体が目的としての実存との結合に、何の補足もつけ加えない。「こうして思考によって可想界に導入される実践理性は、いささかもその限界を越えない。それが限界を越えるのは、この可想界に入ることによって、それ自身を直観し、感じようとするときだけである」〔IV, 458〕。

結局、カントはみずから立っている義務論の平面において、人格にもとづく尊敬と自律とを区別することに成功したのだろうか。そうであり、またそうでない。そうであるというのは、それ自体が目的として実存するという概念が、自分自身に自分を法則として与えるという概念とは区別されているかぎりにおいてである。その結果、自律の観念には欠けていた多数性は、それ自体が目的としての人格という観念とともに直接に導入される。そうでないというのは、「人間」「理性的存在」「理性的本性」といった表現において、他者性は、それを取り囲む普遍性によって、人間性という観念からの視点によって、いわば展開を阻まれるかぎりにおいてである[38]。

カント的命法の核心におけるこの微妙な不調和を明るみに出すために、この命法の中に〈黄金律〉の形式化を見るのは正当ではないだろうか。〈黄金律〉は、それが相互性の要求に対立させる、被害者をつくりだす過程から発する最初の非対称を、間接的に指し示すのである。〈黄金律〉の背後に心づかいの声を聞かせるのもまた正当ではないだろうか。その声は、人格の多数性とその他者性とが、人間性という包括的な観念によって消されてしまわないことを要求するのである。

3 正義感から「正義の原則」へ

正義の規則が制度のレベルで、前対話的レベルの自律と同じ、また対話的、対人関係的レベルの人格尊重と同じ義務論的定式化や規範的要求を表明しているのは、おどろくべきことではないだろう。というのも、合法性が道徳的世界観を要約していると見えるからである。そのかわり、われわれがペレルマンにならって正義の規則（règle de justice）と呼ぶ正義の義務論的考え方は、まだ倫理的目標に属している正義感（sens de la justice）を土台にして、明確な正当化を要求する。義務論が自分のひき起こした葛藤に悩んでいるとき、正義感がどんな種類の解決手段であるかを最終的に理解できねばならないとしたら、義務論と正義感のつながりは十分に論証されねばならない。

前の研究で、正義感にあてたページから得られたものを思い出してみよう。正義の徳がまず適用されるのは制度にである、とわれわれは述べた。制度という語によってわれわれが意味したのは、共に生きようとする意欲のさまざまな構造であり、それはこの意欲に、持続と一貫性と区別を確保する。そこから一つの主題、すなわち配分の主題が出てくる。それはアリストテレスの『ニコマコス倫理学』に、配分的正義という題目で含意されている。この配分という概念が、倫理的目標と義務論的観点をつなぐ位置にあることをこれから示そう。正しい分かち合いの観念、平等の観念の保護のもとにある正しい分け前の観念が帰属するのは、またしても倫理的目標にである。しかし正しい分け前の観念とは、倫理が道徳に遺贈するものであるなら、この遺贈は曖昧さという重荷を負わされているため、それを解明するのは義務論的観点の仕事であろう。そのために最後にはその遺贈を、ますます緊迫する状況下にある判断に送り返すことになってもやむをえない。最初の曖昧さは、正しい分け前という観念に関係する。それは力点が、他方を排除して一方に帰属するという分離に置かれるか、あるいは分かち合いが開始し、強化する協力の関係に置かれるかにかかっている。正義感についてのわれわれの反省から、その感覚は相互の負債の感覚のほうへと、同時に無欲な利害感覚のほうへとむかうと言って、結論づけたのであった。規範的な観点は、むしろ共同体的と言える第一の感覚よりも、個人主義に傾く第二の感覚のほうを優越させることになろう。もう一つの曖昧さ、すなわち平等が正義の倫理的動機であるなら、正義がその二つの用法に応じて二分されるのを、どう理由づけるべきか。すなわち、一方は単純で算術的な平等で、それによるとすべての分け前は平等である。他方は比例的平等で、それによると平等とは四つの項を想定する関係の平等で、分け前の平等ではない。だがそれは何と何との関係か。もっと複雑な平等の意味における、ある種の事実上の不平等を正当化するのに、今日ではどう言うことができようか。ここでもまた、規範が決着をつけることができる。だがどんな代価を払ってか。またしても慎重な計算のためだろうか。そのために帰属の意味が犠牲になってしまうだろう。しかし倫理から道徳への主な遺贈は、正しさ（juste）の観念そのものであり、それは以後二つの方向をむく。すなわち、一方は社会の顔のない成員の「各自」に対する心づかいの延長としての「善」のほうであり、他方は正義の威光が実定法の威光の中に解消されてしまうように見えるほどの「合法」のほうである。一切の目的論的基礎を正義の観念から取り去り、それに純粋に義務論的な地位を割当てようとする試みを活気づけているのは、この大いなる曖昧さを解明しようという懸念である。前節で〈黄金律〉に適用されるのを見たのによく似た形式化によって、正義についての純粋に義務論的な解釈が提起されることができた。これからもっぱら問題となるのは、この形式化についてである。

われわれの最後の論拠を先取りして、このような形式化がその目的を達成するのは、正義についての純粋に手続き的な考え方においてである、と言っておくことができる。とすると問題は、このように手続きに還元することが、目的論的観点に回帰するのを要求するような残余を残さないかどうかである。それは形式化する手続きを否定するという代価を払ってでなく、この手続き自体が、あとで述べるような仕方で貸し与えられる声による要求の名において要求されるのである。しかし正義の観念が形成される過程にできるだけどこまでも密着していくことにより、われわれはこの批判の権利を獲得せねばならない。義務論的観点はこの正義の観点からその栄誉を引き出すのである。

義務論的アプローチが、正義の観念の適用される制度の場に根をおろせたのは、ひとえに契約主義的伝統との、もっと正確には、社会契約というフィクションとの連結を利用してである。この社会契約のおかげで、ある種の個人集団は法状態に達するために、原始的と想定される自然状態を克服することに成功する。道徳に関し故意に義務論的な視角と、契約主義的思潮とのこの出会いは、けっして偶然ではない。契約というフィクションの目的と機能は、正しさと善とを分離することであり、それは共通の善と称されるものに関し予め関与することに、想像的に熟慮する手続きを置き換えることによってなされる。この仮説によると、正義の原則もしくは諸原則を産みだすとみなされるのは、契約主義的手続きである。

それが焦点だとすると、最終問題ははたして契約主義的理論が、正義の観念のどんな基礎づけよりも、全体、ポリス共同体、共和制、または連邦（Commonwealth）などの共通の善に関するどんな確信よりも、手続き的なアプローチをとることができるかどうかであろう。契約は制度のレベルにおいて、自律が道徳性の基本的なレベルで占めていたのと同じ位置を占めると言えよう。つまり、傾向性の夾雑物を十分に除去した自由は、自由そのものの法則である法則を自分に与えるのである。しかし、自律は理性の事実、すなわち道徳が存在するという事実、と言われることができるのに対し、契約はフィクションでしかありえない。たしかにそれは、これから述べるように、創始するフィクションではあるが、やはりフィクションなのである。なぜなら共和制は、意識が事実であるようには事実でないからである。意識は善い意志だけが無制約の善であるという、漠然としてはいるが、ゆるぎない知識から生まれ、そして行為の能動者と受動者を平等にする〈黄金律〉をつねに理解し、認めたのである。しかし何千年も隷属してきた人民は、むしろ証しに近いこの知識でもって、彼らが主権者であることを知るだろうか。それとも事実は、共和制はまた樹立されず、それはこれから樹立されるもの、あるいはそれは真の意味ではけっして樹立されないものである、ということだろうか。とすると残る問題は、正義の義務論的考え方を、自律とそれ自体が目的としての人格との道徳的原則に匹敵させるための契約、というフィクションにあることになる。

共和制の樹立という未解決の謎は、ルソー(39)やカント(40)における契約の定式化を通して露になる。前者にあっては、政治の迷路から脱け出るために、立法者に訴える必要がある。後者にあっては、自律もしくは自己立法と社会契約との絆は前提されてはいるが、正当化はされていない。社会契約によって、集団の各成員は自分の原始的な自由を放棄するが、それは共和制の成員として市民的自由の形で、その自由を回復するためである。

この未解決の問題に、ロールズは解決を与えようと試みたのであり、それは現代において提出されたもっとも有力な解決の一つである(41)。公正（équité）と訳された fairness という用語が、正義の概念の鍵として提起されたのは、基本的制度の正義が派生するとみられる契約の原初の状況をfairnessが性格づけるからである。そこでロールズは、個人的利害を増進させたいと願う、自由で理性的な個人間の原初的契約の観念を全面的に引き受ける。こうして契約主義と個人主義とが手に手をたずさえて進む。その試みが成功するとすれば、正義の純粋に手続き的な考え方は、善に関するすべての前提から解放されるだけでなく、それは善の後見から正義を、まずは制度のレベルで、次に個人や、大きな個人とみなされる国民国家のレベルまで延長して、決定的に解放するはずである。ロールズの正義理論の反目的論的方向づけを正確に見定めるには、彼の理論がはっきりと、個別の目的論的な正義の見方にのみ反対していることを言わねばならない。すなわち、功利主義の見方であり、それは二世紀以上にわたって英語圏で支配的であって、ジョン・ステュアート・ミルやシジウィックらにそのもっとも雄弁な弁護者を見いだした。プラトンやアリストテレスは著書の脚注に二、三度現れるだけであった。実際、功利主義は最大多数のための最大限の善によって正義を定義するかぎりにおいて、それは目的論的学説である。制度に適用された場合のこの善とは、個人のレベルで立てられた選択の原則の拡大適用にほかならない。その原則によると、単なる快楽、直接的満足は、迂遠であっても、もっと大きな快楽、満足のために犠牲にされねばならないことになる。最初に心に浮かぶ考えは、功利主義の目的論的な考え方と義務論的な考え方一般との間には溝があるということである。功利主義がするように、個人を社会全体に拡大適用することにより、犠牲の概念は恐るべき展開をみせる。犠牲にされるのはもはや私的な快楽ではなく、一つの社会層全体である。ルネ・ジラールのフランス人の弟子ジャン＝ピエール・デュピュイが支持するように、功利主義は暗黙のうちに犠牲の原則を含意し、その原則は贖罪の山羊《スケープ・ゴート》の戦略を正当化することに等しい[42]。カント的反論とはこうであろう。すなわち利益の不平等な分配で、もっとも不利な者は一個の人格であるゆえに、犠牲にされてはならない。

これはもう一つの言い方では、犠牲の原則の線にそって、分配の潜在的な犠牲者は目的としてでなく、手段として扱われるだろう。ある意味でそれはまたロールズの確信でもあり、それについてはこの先で立証することに努めよう。だがそれが彼の確信だとしても、彼の論拠ではない。重要なのはその論拠のほうである。彼の著書全体は相互協定の問題のために、基礎づけの問題を移動するための試みであり、これは正義の契約主義的理論全体の主題そのものである。ロールズの正義論は疑いなく、功利主義の目的論的アプローチに反対する義務論的理論である。だがそれは超越論的な基礎づけなしの義務論である。なぜか。なぜなら、正しさの自称客観的な基準に対して何ら関与することなく、公正な（fair）手続きから、正義の原則の内容を派生させるのが、社会契約の機能だからである。もしその基準に関与すれば、ロールズによると、善に関するいくつかの前提を最後には再び導入してしまうおそれがあるからである。正しさの問題に手続きによる解決を与えること、これが『正義論』が宣言する目的である。諸制度の正しい取り決めのための公平な手続き、これが第一章の表題「公正（fairness）としての正義」が正確に意味するところである。

以上の予備的な考察を終えて、今度はロールズが次の三つの問いに与える答えを考察しよう。制度の正しい取り決めに関する合意がそこから出てくるような熟慮の状況の公正さを保証するものは何か、この虚構の熟慮の状況において、どのような原則が選択されるのか。功利主義の何らかの変種よりも、ロールズ的正義の原則を全員一致で選ぶよう、熟慮する当事者たちを説得できる論拠は何か。

第一の問いに対応するのは、原初状態（original position）[訳注1]とそれに伴う有名なアレゴリーである無知のヴェール（veil of ignorance）[訳注2]の仮定である。この状態が非歴史的で、仮説的性格のものであることを、いくら強調してもしすぎることはないだろう。[43] 原初の状態があらゆる点で公正であると言える条件について、ロールズはかなりの思弁を費やした。無知のヴェールの寓話はこうした拘束を数えあげるためのものである。[44] カントの自律の基礎づけと社会契約との間の並行性と、また先に示したような類似の欠如とは、ロールズが次の問題に与える答えがいかに複雑であるかを説明してくれる。その問題とは、権利の背後に利害がかかっているような現実の社会で、利益と不利益の配分が個人の選択にかかるようにするためには、個人は無知のヴェールのもとで何を知らねばならないか、である。そこから最初の拘束が出てくる。すなわち、各当事者は基本的な情念や動機づけに関して、人間性の一般的な心理について十分な認識をもたねばならない。[45] 第二の拘束。当事者は理性的存在はすべて、次のものを所有したいと願うとみなされることを知らねばならない。すなわちそれなしには自由の行使もむなしい要求となってしまうような第一位的な社会的善（財）をである。この点に関し重要なのは、自己尊重がこの第一位的な善のリストに属することに留意することである。[46] 第三の拘束。選択はいくつかの正義概念の間でなされるのであるから、当事者は競合しあう正義の原則について、適切な情報をもたねばならない。当事者は功利主義的論拠と、そして言うまでもなくロールズ的正義の原則を知らねばならない。なぜなら選択は、個々の法則の間でなく、正義の全体的な概念の間でなされるからである。[47] 熟慮はまさしく正義の二者択一的理論にランクづけをするところにある。もう一つの拘束。当事者はすべて情報において平等でなければならない。それゆえ二者択一と論拠の提示は公的でなければならない。[48] さらにもう一つの拘束。それはロールズが契約の安定性と呼ぶものを指す。言い換えれば、支配的な情勢がどうであれ、現実生活では契約は拘束的であろうという予測。

ロールズが多くの用心を重ねていることは、解決すべき問題の困難さを示している。その問題とは、「同意される原則がすべて正しいように公正な（fair）手続きを作りあげること。その目的は、理論の基礎として、純粋の手続き上の正義という概念を利用することである」（*Theory of Justice*, p. 136）。原初状態が何よりも解消せねばならないのは、自然や社会情勢に起因する偶然的効果であり、いわゆるメリットはロールズによって、これらの偶然的効果のうちに置かれた。そこで理論家の期待は非常に大きい。「当事者間の相違は彼らには知られていないので、誰もが同じように合理的で、似たような状況下にあり、誰もが同じ論拠によって確信している」(§24, p. 139)[49]。

そこで第二の問いが出される。無知のヴェールの背後からどんな原則が選択されるだろうか。この問いへの答えは、二つの正義の原則の記述と、それらの正しい配置の中に見いだされる。詳述する前に言っておかねばならないのは、これらの原則は配分の原則であるということである。前の第7研究によってわれわれは、配分の概念と、社会の超越性と方法論的個人主義との間の偽りの二者択一についての、その認識論的含意とになじむようになった。社会的パートナーの概念がそのいずれの要求をも満たすのは、配分の規則が制度をシステムとして定義し、そしてこの規則がともに分け前にあずかった者たちが制度を協働企業（cooperative venture）とするかぎりにおいて存在する、という条件においてである。ロールズはこの前提を引き受けるだけでなく、それを多様化させながら拡張する。配分的なものとしての正義は、実際に、配分すべき分け前として扱えるあらゆる種類の有利性、すなわち一方では権利と義務、他方では恩恵と負担、にひろがるのである。ロールズにとり、分かちあうべき物の固有の意味や、判明な善としてのそれらの評価に、力点がおかれてならないのは明らかである。さもないと、またしても目的論的原則を導入し、それにつれて、善の多様性の観念や、さらにはもろもろの善の間のいかんともしがたい葛藤の観念に門戸を開くおそれがあるからである。契約の形式主義は、分かち合いの規則のために、善の多様性を中和化してしまう効力をもつ。この手続きの優位は、普遍性の原則のカント的規定において傾向性をカッコに入れたことを想起させずにはおかない。またしてもわれわれは、自律の問題系と契約のそれとの差異を痛感させられる。自律が理性の事実――その意味は何であれ――によって正当化されるとしても、契約については、それが分け前の割当てに賭けているかぎりは、そうではない。社会が配分の体系として現前するかぎり、どんな分け前も問題をはらんでおり、同じように合理的な二者択一の前におかれている。利益と不利益を分配するのに、いくつかの妥当と思われる仕方があるゆえに、社会とは徹頭徹尾、合意しあい＝争いあう現象である。一方では、どんな分け前の割当てにも異論の余地があり、とりわけ、これから見るように、不平等な割りふりの状況ではそうである。他方では、安定的であるために分配は、競合しあう要求の間で決定するための手続きに関して、合意を要求する。これから考察しようとする原則はまさに、公正で安定した割りふりの要求によって産みだされる厄介な状況を対象にするものである。

アリストテレスがそうだったように、ロールズも、正義と平等の等式によって導入される中心的な逆説に対決させられる。この点でロールズにおいて、アリストテレスやおそらく他のすべてのモラリストと同じく、思索を始動させたものは不平等のスキャンダルであることは、注目に値する。最初ロールズは、人生の門出にあたって最初の機会いわゆる「出発点」(starting places) に影響を与える不平等を考えた(50)。もちろん彼は、社会の前進のための個人の貢献の多様性や、責任行使における資格、能力、効率などの差異につながる不平等をも考えた。それは世に知られているどんな社会も除外することができなかった、あるいは除外しようとしなかった不平等である。とすると問題は、アリストテレスにおけるように、これら不平等が避けがたい最小限に縮小されるように、平等を定義することである。しかしそこでもまた、原初状態における熟慮の唯一の手続きが、分配されたものに結びついた善の多様性を背景におしやると同様に、フィクション的な状況における契約の当事者の平等は、契約の条項によって同意された不平等に、原初条件の特徴である公正さ (fairness) の証印をあらかじめ押すのである。

この公正さの保護にもかかわらず、正義の観念は正義の二つの原則を生じさせ、その第二の原則はそれ自体二つの契機を含むことになる。第一の原則は、公民権の平等な自由（表現、集会、選挙、公職への被選挙資格、などの自由）を確保する。第二の原則は、先に挙げた不平等の避けられない条件に適用される。その原則は第一部で、ある種の不平等が、それより大きな不平等だけでなく、平等な割りふりよりも好ましいとみなされる条件を提示し、その第二部では、その原則は、できるかぎり権威と責任の違いに結びついた不平等を平等にする。そこから「差異の原則」[51]という名が由来する。こうした原則の内容と同じく重要なのは、原則相互を結ぶ優先の規則である。ロールズは格率や功利主義と対決して、ここで逐次的または辞書的順序[訳注3]について語る[52]。正義の観念に適用された逐次的または辞書的順序は、「第一の原則によって要求される平等な自由の制度からの出発は、より大きな社会的もしくは経済的利益によって正当化されないし償われもしない」(*ibid.*, p. 61) ことを意味している。そのうえ、辞書的順序は第二原則の第一部と第二部の間に課される。経済的な見地からもっとも不利な者は、辞書的には他のすべての当事者よりも優先していなければならない。これはJ‐P・デュピュイがその論文「ジョン・ロールズ著『正義論』の逆説」で、ロールズの原則が反犠牲論的意図をもつものとして示したものである。すなわち犠牲者になりうる者は、たとえ共同の善のためであれ、犠牲にされてはならない、というものである。こうして差異の原則は、全員一致の原則と両立できるもっとも平等な状況を選び出す[53]。

この最後の主張は第三の問いへ導く。すなわち、どんな理由で無知のヴェールのかげにおかれた当事者は、功利主義のどの見解よりも、辞書的順序におかれたこれら諸原則を好むのか。『正義論』でかなりの場所を占める論拠は、不確実性の文脈における決定理論から借用している。それはマキシミン (maxi-min) という用語で示される。当事者は最小限《ミニマム》の分け前を最大限《マキシム》にする取り決めを選ぶとみなされる、という理由からである。その論拠は、無知のヴェールのかげの原初状態でもっとも力を発揮する。誰しも自分が現実の社会でどんな位置を占めるようになるか知らない。そこで各人は単純な可能性にもとづいて推論する。ところで契約の当事者は、公的に定義され全員一致で受け入れられた契約の条項によって、互いに拘束されている。正義についての二つの考え方が葛藤し、その一方は誰かが受け入れられないような状況を可能にし、他方はこの可能性を排除するような場合、後者のほうが優越するだろう。こうして提出される問題とは、どの程度まで「無歴史的」協定が「歴史的」社会を拘束できるか、である。この問いが出されたという事実だけで、推定される社会契約が自律といかに違うかを確認させてくれる。社会は社会契約によって基本的制度をみずからに与えるのに対し、個人の自由は自律によってみずからに法則を与えるとみなされるのである。ここには引き受けるべき理性の事実は何もなく、不確実性の文脈のなかで決定理論に何とか訴えるだけである。道徳性の理論において、類例のないこの状況に結びついた難問が、原則の問題、というより信頼の問題と呼ぶのがふさわしい問題を提起する。すなわち、義務論的な正義論は倫理的な正義感に何らかの仕方に訴えるのではないか、という問題である。換言すると、純粋に手続き的な正義観念は、それに先行し、あくまでもそれに同伴する正義感との絆を断つことに成功するか、の問題である。

この考え方は、最善の場合、つねに前提され続けている正義感の形式化を提供してくれる、というのが私の意見である。(54) ロールズが認めるところでは、手続き的な考え方が立っている論拠は、不正と正との意味することについての前理解に基づいているのである。その前理解は、無知のヴェールをかぶった原初状態で選択されるのが正義の二つの原則であることを証明できるまえに（証明に成功するとして）、その二つの原則を定義し、解釈することを可能にする。実際にロールズは、彼の正義の二原則の真理に、独立した証明を与えようとする野心を否認はしないが、もっと複雑な仕方で、理論とわれわれの「慎重な確信」(55)(considered convictions) との間の反照的均衡と彼が呼ぶものを自分の理論のために要求するのである。それらの確信はじっくり検討されたものでなくてはならない。というのは、ある種の明白に不正な事態(宗教的不寛容、人種差別) では日常的な道徳判断が確実な導きとなるとしても、富や権威を公正に分配するとなると、われわれはそれほど確信がもてなくなるからである。われわれは疑念を一掃する手段を探さねばならない、とロールズは言う。その場合、理論的議論は、カントが格率の普遍化の規則に課す検証と同じ役割をはたす(56)。議論法の装置全体がこうして、これらの確信が偏見によって影響され、疑念によって弱められたりするときに、確信を漸進的に合理化するものとみなすことができる。この合理化とは、確信と理論の相互的調整の複雑な過程に存する(57)。

この行程の最後に来て、二つの結論が明瞭になる。一方では、社会の基本的制度に適用される正義の純粋に手続き的な基礎づけの試みが、道徳の義務論的視点を倫理の目的論的視角から解放しようとする野心をその頂点にたかめるのは、どんな意味においてであるかを立証しよう。他方では、この試みはまた、この野心の限界をもっとも強く強調するものであるらしい。

義務論的観点をいかなる目的論の後見からも解放することは、カントによって、普遍性の要求として定義される基準が措定されることに起源をもつ。この意味で、もっとも根本的な形でのカントの命法「汝の格率が同時に普遍的法則となることを欲することができるような、そうした格率だけにしたがって行為せよ」は、人格的、理性的な意志の構成だけでなく、それ自体が目的としての人格の措定にも関係するだけでなく、手続き的な形式化のもとにある正義の規則にも関係する。

分析の三つの契機のうちで、規則の普遍主義的な野心は、原則的な形式主義を第一の系とした。この形式主義は、どんな経験的内容も普遍化のテストに合格することはないことを意味する。形式主義は次のように引き離すことに等しく、それの表現を形式主義の三つの領域のそれぞれにたどることができる。すなわち意志の領域からの傾向性の引き離し、対話の領域からの他人を単なる手段として扱うことの引き離し、そして制度の領域からの功利主義の引き離しである。この点に関し、原初状態からの功利主義の排除は、今しがた述べた二つの排除と同じ意味をもち、予めなされたこの二つの排除を、いわば土台にして構築されることを、いくら強調してもしすぎることはない。最後に、義務論的観点は、それ自身でみずからを根拠づける原則のうえに三度基礎づけられる。すなわち、第一の領域における自律、第二の領域におけるそれ自体が目的としての人格の措定、第三の領域における社会契約。ここでもまた、自律が三つの領域を支配することを力をこめて断言する必要がある。それ自体が目的としての人格の観念は、自律の対話的表現とみなされる。そして契約は制度のレベルにおける自律の等価物である。

義務論的観点のこのような解放の試みに内在する限界というものは、こうした解放が仮定する自己基礎づけのようなものが出会う、増大する難問のうちに読みとれる。これらの難問は、正義の契約主義的解釈によって、注目すべき臨界点に達するように思われる。そこで出発点にもどってみる必要がある。つまり自律の原則にである。この原則はそれ自身によってのみ自分を根拠づける。そこから『実践理性批判』における有名な「理性の事実」のむずかしい地位が由来する。何人かの注釈者とともに、この理性の事実が意味するのは単に、道徳性が存在すること、道徳性は、経験が理論的次元で享受するのと同じ権威を、実践的次元で享受することであると認めるなら、この存在は証明されるほかはなく、この証明は『人倫の形而上学の基礎づけ』の冒頭の宣言へさしむける、と言わねばならない。すなわち「この世界で、また一般にこの世界の外で、考えられうるもののなかで、善い意志を除いて、制限なしに善いとみなされるものはない」。この証言は義務論的観点を、またしても目的論的視角に根づかせる。人格はそれ自体が目的として実存し、この存在様態は理性的存在の本性に属するという断定と、同じ問題であり、同じ難問である。われわれはずっと以前から、人を物のように入手するものではなく、物には価格があり、人には価値がある、ということを知っている。この実践的な前理解は、理性の事実を実践理性の対話的レベルで証明するのと、正確に並行している。ここにおいて、そこから正義論が正当化の根拠をひき出そうとする契約主義的仮説を、前述の二つの証明の様式と比較することが、建設的であるとわかる。契約は制度の平面で、自律が道徳性の基本的な平面で要求する位置を占めている。しかし自律は「理性の事実」と言われることができるのに、社会契約はフィクションによってしか根拠づけられない。たしかにそれは創始的なフィクションではあるが、やはりフィクションなのである。どうしてそうなのか。それは政治団体の自己基礎づけが、善い意志やそれ自体が目的としての人格がそれによって根拠づけられる基本的証明を欠いているからだろうか。それは何千年もの間、共に生きようとする意志を越えた支配の原則によって隷属させられてきた人民が、想像的な契約によってではなく、彼らが忘れてしまっていた共に生きるという意志によって自分たちは主権者であることを知らないからだろうか。ひとたびこの忘却がなされてしまうと、契約を自律の原則や目的自体としての人格の原則に匹敵させるためのフィクションしか残らなくなる。今や逆むきの動きによって、契約のフィクションに影響力を及ぼしているこの疑惑を自律の原則にもちこんでみるなら、この原則もまた次のことを忘却させるためのフィクションとして露呈させてしまう危険はないだろうか。すなわち、正しい制度において他者とともに、他者のために善く生きようとする欲求に義務論を基礎づけることである。

〔訳注1〕　社会において到達される基礎的な合意が公正であることを保証する、適切な初期のありのままの状態。社会契約論における自然状態に対応。
〔訳注2〕　原初状態では、誰も社会の中での自分の地位、身分、能力、知性、体力、そして自分の善の概念までも知らない。そうした無知の状態で正義の諸原理は選択される。そうした様相を無知のヴェールと表現する。
〔訳注3〕　順序づけの最もなじみ深い例が辞書の中の語の順序であるところから来る。

第9研究　自己と実践的知恵——確信

自己の倫理的次元についてのわれわれの研究を支配するテーゼの第三の側面に、これから着手しよう。義務道徳は葛藤する状況を産みだし、私見では、そこにおいて実践的知恵は状況内の道徳的判断の枠内で、倫理の最初の直観に訴えるよりほかに手段をもたない。その直観とはすなわち、正しい制度において他者とともに、他者のための「善い生き方」というヴィジョンまたは目標である。以上を述べたうえで、次の二つの誤解を回避しておかねばならない。

第一に、問題は倫理的視角や義務の契機に、第三の審級、つまりヘーゲル的〈人倫〉(Sittlichkeit)の審級をつけ加えることではないということである。たとえわれわれが、まさに道理にかなった行動の実現についてのヘーゲルの分析から、限定的に借用するとしてもである。たしかに道徳性よりも上位にあると宣言されるこのような審級に訴えることは、精神——Geist——の概念を介入させる。精神は、上位の概念性を現実性の鋭敏な感覚に結びつける力はあるものの、自己性に中心を置く探求においては皮相なものと見えた。行為の一般的格率から、状況内の道徳的判断への移行は、われわれの意見では、真の生き方の目標に内在する特異性の根源を覚醒させることしか要求しない。道徳的判断が、これから述べる弁証法を展開するならば、確信は利用できる唯一の解決ではあるが、われわれがこれまで倫理的目標と道徳的規範と呼んできたものにつけ加えるべき、第三の審級を構成することはけっしてない。

第二の一掃すべき誤解。このように道徳から倫理への回帰に、道徳的義務の否認といった意味を付すべきではないだろう。道徳的義務は、われわれ自身について、また善い生き方という目標を覆い隠してしまうようなわれわれの傾向性のもつ意味についての思い違いを正すものとして、われわれにたえず現れるだけでない。状況内の道徳的判断に、その真の重要性を与えてくれるのは、形式主義の厳格さによって惹起される葛藤自体である。道徳性の原則によって導かれる実践を動揺させる葛藤を経なかったら、われわれは道徳的状況主義の誘惑に負けてしまい、そのため無防備なわれわれは恣意性の領域に投げこまれてしまうであろう。状況内の道徳的判断と、それに住みつく確信とが実践的知恵の資格にふさわしくなるような点に到達するための手段として、これ以上の近道はない。

*
* *

幕間劇

行動の悲劇性

再びオリヴィエに

これまでの分析が、挙げて葛藤に与えることを避けてきた場所を、ここで葛藤にあけ渡してやるには、哲学——たとえ道徳哲学や実践哲学であっても——の声以外の声を聞かせることが適切であるとわれわれに思われた。それは非哲学の声の一つ、ギリシア悲劇の声である。この時ならぬ闖入からわれわれが期待するのは、心情の幻想だけでなく、実践理性そのものの傲《ヒュブリス》りから生まれる幻想にも反対しているわれわれの警戒心をめざめさせてくれる衝撃である。悲劇性によるこの風変りな倫理の教えを導くのに、なぜわれわれが、あえて名を挙げれば『オイディプス王』でなく、ヘーゲルのように『アンティゴネ』を選んだのかは、あとで述べよう[1]。

われわれの省察がさしかかったこの地点で、時ならず悲劇性が闖入する理由とは、悲劇性の非哲学的次元によるもので、この次元は、悲劇による教えと呼ばれたものによっても覆い隠されてしまわないだろう。それどころか逆に悲劇の知恵は、直接的で一義的な教えを産みだすことがないので、実践的知恵を、状況内の道徳的判断のみのテストにかけるように送りかえすのである。

悲劇性は倫理と道徳の言述によって完全に「反復」されることに抵抗する、この特質は短くともしっかりと想い起こされねばならない。さもないと哲学は悲劇を、切り拓くべき採石場のように扱うよう誘惑され、そこからもっとも美しい石塊を取り出し、次にそれを哲学自身の最高のデザインに切り直すようなことをしかねないからである。たしかに悲劇は行動を主題とするのであり、それをヘーゲルが強調するのを、あとでわれわれは聞くことになろう。悲劇はそこでは、行為者たち自身と、彼らの個性との所産である。だが、ソポクレスの『アンティゴネ』が証言するように、この行為者たちは霊的な権威に仕えているのであり、それは彼らを超越しているだけでなく、古代的で神話的なエネルギーに捌け口を開くのであり、そのエネルギーはまた太古からの災厄の源でもある。こうして、兄は都市国家の敵となってしまったが、祭式にのっとって兄の葬儀を執行するようアンティゴネに強いる義務は、国家の権利に対立する家族の権利を表現する以上のことをする。妹から兄への絆は、味方と敵の政治的区別を知らず、地下の神々への礼拝と切り離せないもので、その礼拝は家族の絆を死との暗い契約に変えてしまう。国家について言えば、クレオンはそれを守るために彼自身の家族の絆を下位に置き、敵となった身内の葬儀を禁止する。国家は、その神話的な建国やその永続的な宗教構造から、政治的以上の意味を受け取る。テクストや筋立ての表面に明瞭に現れている悲劇性の徴候にのみとどまらないために、二人の主役が味方と敵、philos（友愛的）とekhthros（憎悪的）の間に線を引くまったく不調和な仕方は、あまりにも意味を負わされているために、この実践的な規定は、アリストテレスやカントによって記述されているような、選択と熟慮の単純な様態にはとうてい還元されえない。また二人の主役のそれぞれをそれを極限にまでかり立てる情念は、動機づけの暗い奥底にまで沈んでしまうために、道徳的意図のどんな分析もその動機づけを汲みつくしえない。神の無分別についての、思弁的に口に出せない神学は、各人が主張する、自分だけが自分の行為に責任ある張本人であるという明瞭な要求と錯綜し、まじりあっている。[2] その結果、悲劇的な芝居の究極目的は、どんな直接的に教育的な意図からも、無限にはみ出てしまう。周知のようにカタルシスは、筋立ての理解と正当に関係づけができる、明瞭化と解明をしつつ、今しがた短くおし測ってみた行動の奥深さに比例した浄化作用であることをやめない。それゆえにカタルシスは、合唱隊の抒情的な最後のオードの一つで祈願されるディオニュソスの保護のもとにある、文化的な枠組を奪われることはできない。だからこそ、悲劇性がわれわれの熟考の能力に間接的に働きかけることができるのは、カタルシスが情念に直接働きかけるかぎりにおいてであり、その情念をカタルシスは惹起するだけでなく、浄化せねばならないのである。この phobos（恐れ）と eleos（憐れみ）の隠喩化は、本来の倫理的な教えの条件である。

悲劇の非哲学的性格をしるしづける諸特徴はこうである。すなわち、自己同定できる役割の葛藤を倍加する敵対的な神話的な力、運命の拘束と意図的な選択との分析不可能な混合、劇が産みだす情念のただ中で、劇そのものによって及ぼされるカタルシス的な効果。[3]

それでいて、悲劇は教える。実際に私が『アンティゴネ』を選んだのも、この悲劇は道徳生活における葛藤の抗しがたい性格について、ある独自なことを語ってくれ、そのうえ、ある知恵を素描してくれるからである。それはカール・ヤスパースが語る悲劇的な知恵であり、[4] われわれがこの先で道徳における形式主義を追求しながら考察するのとは、まったく違った性質の葛藤へとわれわれを向かわせることができるような知恵である。

『アンティゴネ』の悲劇がなおもわれわれに教えてくれることができるのは、葛藤の内容そのものが――葛藤が発してくる神話的な基層や劇の上演をとりまく祝祭的環境は失われ、反復しえない性格のものであるにもかかわらず——ある消しがたい恒常性を保存してきたからである。(5)『アンティゴネ』の悲劇は、スタイナーにならって言えば、人間的試練の闘技的な基底と呼べるようなものに近い。つまりそこでは男と女が、老人と若者が、社会と個人が、生者と死者が、人と神がたえず対決しているのである。自己認識は、これら執拗な葛藤を経る長い旅路の間に獲得される、つらい修業という代価を払ってなされる。その葛藤の普遍性は、葛藤をそのつど必然的に位置づけることと切り離せない。

悲劇性による倫理の教育は、こうした葛藤の手に負えない、取引きできない性格を、いわば調書の形で認めることに限定されるのだろうか。やがてまったくの期待はずれとわかるような直接の忠告と、解決不可能と諦めることとの、中間の道を見いだすべきである。悲劇はこの点で、アポリアを産みだす限界経験に比すべきものである。本書のこれまでのわれわれの研究のどれひとつとしてそれらのアポリアから免れることはなかった。ここでもう一度試みてみよう。

『アンティゴネ』が行動の悲劇的な原動力について教えてくれることは、ヘーゲルの『精神現象学』や『美学講義』ですでに気づいていたところである。すなわち各登場人物が関与する角度の狭さである。おそらくマーサ・ヌスバウムとともに、彼女が思うほどには反ヘーゲル的でない方向に進んでいって、二人の主役のうちに、それぞれの大義名分に内在する葛藤に対しての、回避戦略を識別すべきだろう。(6)この第二点に、第一点にまして、実践的知恵を方向づける悲劇的知恵を接木することができよう。

クレオンが国家に対する義務について抱いている考え方では、ギリシアのポリスがもつゆたかな意味を汲みつくせないだけでなく、国家への責務の多様性やおそらくは不均質性をもそれは考慮に入れていない。すでに言及したように、クレオンにとり敵＝味方の対立は、狭い政治的カテゴリーに閉じこもり、微妙な差異も例外も認めない。この見解の狭さは、すべての徳についての彼の評価に反映している。国家に役立つものだけが「善」で、国家を害するものだけが「悪」である。善い市民だけが「正しい」のであり、「正義」は、統治する術と統治される術しか規制しない。重要な徳である「信心」は市民的絆に格下げされ、神々は、祖国のために死んだ市民の栄誉を讃えるためにだけ呼び求められる。自分の国家についてのこうした貧弱で単純化された見方が、クレオンを破滅へと導く。彼の遅ればせの方向転換は、彼を、悟るのに遅すぎた主人公とするのである(7)。

アンティゴネの世界観は、クレオンのそれに劣らず偏狭で、内的矛盾を免れていない、と見るヘーゲルに同意せねばなるまい。〈友愛〉と〈憎悪〉とをはっきり分けるアンティゴネの仕方は、クレオンの仕方と同じく硬直している。唯一重要なのは家族の絆であり、しかもそれは壮大に「妹の兄への愛」に中心をおいている。それでもこの絆には、ハイモンのうちに逃れ、また合唱隊がそのもっとも美しい抒情的オード(8)の一つ（l. 781–801）で祝福するエロスが欠落している。極言すると、死んだ親族だけが友愛《フィロス》なのである。アンティゴネはこの極限に立っている。国家の掟はそのためにその聖なる威光を奪われる。「私にあの禁止を出されたのはゼウスの神ではありませんし、地下の神々とともに住まわれている女神ディケが人々の間にこのような掟を立てられたのでもありません」（l. 450 sq.）。合唱隊のリーダーが祝福するのは、同じく闇に隠れた別のディケ神である。「あなたの向う見ずにも程がある。あなたは正義の神ディケの立てられた玉座にぶつかり、倒れられた。あなたはお父上の罪の償いをされるのだ」（l. 854 –856）。主役たちを対立させるのは、これら二つの一面的で、一義的な正義観である。死者にのみ忠誠をつくすことが、ヌスバウムのいわゆる単純化の戦略に証印を押す。「墓よ。私の花嫁の部屋よ……」(l. 892) は、アンティゴネを、クレオンと同じほどに非人間的にする。結局、死者を慕うことがアンティゴネを、仲間になる市民ももたず、国家の神々の助けもなく、夫もなく、子もなく、彼女のために泣いてくれる友もない状態に陥し入れる (l. 880–882)。遠ざかっていく人物は、単に苦しむ人であるだけでなく、それは〈苦しみ〉そのものなのである (l. 892–928)。

それでもなぜわれわれはアンティゴネを選びとるのか。われわれの心を動かすのは、彼女のうちにある女性の傷つきやすさなのか。権力に対決する非暴力の極端な形象として、彼女だけが誰にも暴力を振わなかったからか。「妹の兄への愛」は、エロスによっても変えられない友愛《フィリア》の質に属するからか。埋葬の儀礼は生者と死者との絆を証し、そこに政治の限界が明らかになるからか。もっと正確に言うと、それはそれ自体、政治の絆を使い尽くすことのないこの支配の関係の限界である。この最後の示唆は、伝統にもっとも強く刻印を押し、またヘーゲルが『精神現象学』で二度も引用した詩句によって支持される。「あなたのお出しになる勅令には、神々のこれまで一度も文字に書かれたことがない、不滅の掟をも覆えせるほどの力を人間にお与えになれるほどの力がこもっているなど、私には思いもよりませんでした。神々の掟というのは昨日、今日存在するようなものではなく、それは永劫の昔からあって、どれほどの昔にさかのぼることができるか、それを知る者は誰もおりません」(l. 452–455)。ある意味で、アンティゴネ自身がこの書かれざる掟を、埋葬の要求に狭めてしまった。しかし彼女はその内心の確信に根拠を与えるためにその掟に加護を祈願することによって、いかなる制度ももつ、人間的な、あまりに人間的な性格を告発する限界を提出したのである。

悲劇性による倫理の教えは、この限界を認識することからはじまる。しかし詩は概念的に進行するものではない。主として合唱隊の抒情的なオードの継起を通して（またハイモンやティレシアスの口から語られる言葉）語のもっとも教育的な意味での教育ではなく、視線の転換が描き出されるのであり、倫理はその視線の転換をそれ自身の言葉で延長することがその課題となろう。第一のオードにおける太陽の祝福は、眼の祝福である。「きらめく光の眼よ」――それは人間の眼のように部分的ではない。[9] その少し先で、格言的な調子で発せられる、人間についてのオードを開始する有名な宣言がくる。「ふしぎなもの（deina）が数多くあるなかで、人間ほどにふしぎなもの（deinon）はありません」（l. 332–333）。deinon をマゾンのように「すばらしいもの」と訳すべきだろうか。たしかに戯曲の中で何度も言及される deinon は、フランス語の《formidable》という表現が時としてもつ意味をもっている。つまり、すばらしいとすさまじいとの間をゆれ動いている。[10] この両義的な意味において、悲劇の主人公は、いかなる人間よりも deinon である。あとのほうでも、主役たちの運命が封印されてしまうと、合唱隊は忠告するのにも力尽きはて、ただこう呻吟するしかできない。「神々が一家をゆり動かされると、不幸はたえまなく猛威をふるい、子々孫々にまで及ぶ」（l. 584–585）。また、「人の世ではどんな繁栄も、やがては禍いに転じてしまうのだ」（l. 612–613）。ここでは悲劇性は、すでに述べたように、非哲学的な次元で示される。災厄に直面して、合唱隊の長たちはもはや、一方から他方へとゆれ動くことしかできず、むしろハイモンやティレシアスのほうに傾く。彼らはクレオンにむかってこう言う。「王よ、もし王子〔ハイモン〕が、傾聴に値する時に適《かな》った言葉を語られたなら、あなたも彼に同じことをなさってください。どちらの側も（diplē）立派なことを述べられたのですから」（l. 724－726）。エロス神讃歌だけが、太陽頌で到達したのに比すべき高い視点を歎きに与える。しかし、この視点の高みに立つことができないのは、自分が「人間から生まれ出た人間」（l. 835）であることを知っている者である。合唱隊が歌うことができるのは、太古からの敗北の記憶だけである。すなわち、ダナエ、リキュルゴス、名もなき娘、彼らは皆麻痺させられ、動けなくされ、石のようにさせられ、活動できなくさせられてしまった（l. 944－987）。まだ役に立てる唯一の助言とは、ティレシアスの諫言をくりかえすものとなろう。「死者に譲歩せよ。屍に鞭うって何になる」（l. 1029）。合唱隊のリーダーはそれでも一言述べるが、それはわれわれにとって鍵となる。クレオンはこう叫ぶ。「彼の言葉に屈するのはつらい。けれども不幸に逆い、反抗するのもやはりつらい」。これに合唱隊のリーダーはこう答える。「熟慮（euboulias）なさってください、メノイケウスの御子息、クレオン様」（l. 1098）。そして太陽やエロス神へのオードの調子で、バッコスへ祈願したのちに、その祈願は、助言の調子は少なく、聖の高みを保持しているのだが、合唱隊は再びむなしい哀歌に陥る。「遅すぎました。正しい道（tēn dikēn）を見いだされるのが遅すぎました」（l. 1270）。合唱隊の最後の言葉は、悲痛なほどにひかえめである。「知恵（to phronein）こそ、何よりも幸福の最初の源。神々に対し不信心であってはならぬ。傲れる人々の傲慢な言葉はやがては罰せられることを、そして彼らが老いたときにはじめて知恵（to phronein）の大事さを悟るのだ（ēdidaxan）」（l. 1347－1353）。

そうすると、何が教訓か。to phronein への最後の訴えが、この点で、遡ってみるに値する導きの糸を提供してくれる[11]。「熟慮」（euboulia）への訴えが執拗に戯曲を貫いている。まるで「正しく考えること」が、「恐ろしいことに耐える」(pathein to deinon) ことに求められる解答であったかのようである (I. 96)[12]。

道徳哲学はこの「正しく考える」「熟慮する」訴えに対して、どのように答えるだろうか。悲劇の教えから、道徳教育に相当するものを期待するとしたら、完全に誤るであろう。詩人がつくりあげたフィクションは、葛藤のフィクションであり、それをスタイナーが扱いにくい、取引きしがたいものとみなしたのは正しい。このようなものと解された悲劇は、倫理的実践的なアポリアを産みだし、それはこれまでわれわれの自己性の探求を通して次々に生じてきたすべてのアポリアにつけ加えられる。特にそのアポリアは、前の研究で積み重ねられてきた物語的自己同一性のアポリアを倍加させる。この点で、倫理に対する悲劇の機能の一つは、悲劇的な知恵と実践的知恵との間に隔りをつくりだすことである。悲劇は、フィクションが解決不可能にした葛藤に「解決」をもたらすことを拒否し、視線の方角を狂わせてから、実践的人間をして、彼自身の危険と負担とにおいて、悲劇的知恵にもっともよく答える状況内の実践的知恵の方向に、行動を再方向づけするようにさせるのである。劇の祝祭的瞑想によって延期されるこの答えは、信念をカタルシスの彼岸とするのである。

直接の忠告が失敗するのに、どのようにして悲劇のカタルシスは確信の契機への道を開くのかを述べることが残っている。

カタルシスから確信へのこの移行は何よりも、道徳生活において葛藤が占める必然的な位置について熟考することにある。この道筋でわれわれの熟考はヘーゲルのそれと交叉する。ここで言わねばならない第一のことはこうである。もしどこかで「ヘーゲルを断念」しなければならないとしたら、それはヘーゲルが悲劇を論じるときではない。というのは、ヘーゲル哲学が天才的に発見もしくは発明した部分のすべてに、ヘーゲルは「綜合」を課した、と非難されるが、「綜合」を発見したのは悲劇の中ではないからである。しかも、ある脆い和解が予告されるとしても、それは真の和解からしか意味を受け取らないのであり、その真の和解に、『精神現象学』は弁証法のかなり進んだ段階でしか出会わないのである。この点で、われわれが注目しないわけにはいかないのは、「精神」(Geist) と題される第六章全体を占める長大な行程の最初でしか(それによってこの章は著作の全体性と相同であることを示している) 悲劇が言及されないことである。真の和解はこの行程の最後でしか、判断する意識と行動する人間との葛藤の後にしか生じない。この和解は、各当事者が自分の不公平を実際に断念することに立脚し、各人が真に他者によって承認される赦しの価値をおびる。悲劇が、少なくとも『アンティゴネ』のような悲劇が産みだすことができないのは、まさにこのような断念による和解であり、承認によるこのような赦しである。主役たちが仕える倫理的な力が共存し続けるには、個々の力の存在が消滅することが、支払うべき全代価である。こうして劇の被害者＝主人公は、自己意識が介入する教育的な過程の地平である「自己の確実性」の恩恵には浴さないのである(13)。

ヘーゲルの『美学講義』における悲劇の取扱いは、以上の診断を確認、強化する。ここでは悲劇は、『精神現象学』で「自分自身を確信している精神」へと導く軌道上には位置づけられていない。悲劇は詩のジャンルのレベルで、単に喜劇と対立させられているだけである。ところで、劇詩の一ジャンルとしての悲劇が喜劇と区別されるのは、悲劇において、精神的な力 (die geistige Mächte) を具現し、また彼らを定義する一面性のゆえに、不可避の衝突にひきずりこまれる個性的人物は、死をもって消滅しなければならないからである。喜劇においては、人は笑いを通して、互いに相殺しあう目的の非本質性の明敏な証人であり続ける。[14] もしヘーゲルとは違った道筋をとらねばならないとしたら、その分岐点は、まるでヘーゲルが葛藤に理論的解決をおしつけたかのように、葛藤は全体主義的理性の独裁に対する攪乱的要因として認められねばならないかのように、しばしば位置づけられる場所にはないのである。[15] アリストテレス風の倫理学から出発し、次にカント風の道徳の厳格さを引き受けたわれわれにとり問題は、ヘーゲルが性格の一面のみが悲劇の源であるとして、葛藤によって汚染されないとみなしていると思われる、この精神的な力のレベルで、道徳性がひき起こす葛藤を確認することである。われわれの探求が到達した現段階において、悲劇性は、倫理的生活のはじまりにのみ探し求められるべきではなく、逆に道徳性の進んだ段階で、規則から状況内の道徳的判断へ導く道程で生じる葛藤のうちに探し求められるべきである。この道は、精神（Geist）哲学の源泉を断ってしまう危険を冒すゆえに、非ヘーゲル的である。このようにそれに言及しない理由について、私は先に釈明した。その理由はSittlichkeit（人倫）に対して抱く不信による。〈精神〉哲学はそれを、道徳性より上位に、また政治哲学、とりわけこれらすべての展開が帰結する国家論よりも上位に置くことを要求するのである。私の賭はこうである。本書のこれまでの研究で定義した意味での倫理と道徳性との弁証法は、状況内の道徳的判断において構成され、解かれるのであって、実践の次元における〈精神〉哲学の白眉であるSittlichkeitを第三の審級としてそこに付加することをしない。

悲劇的カタルシスから道徳的確信への屈折点で、二つの問いが出されたままである。すなわち、倫理的葛藤を不可避にするものは何か。そして行動はその葛藤にどんな解決をもたらすことができるか。第一の問いに対して提案される答えはこうである。性格の一面性だけでなく、生活の複雑さに対処する道徳的原則そのものの一面性もまた、葛藤の源である、と。提出された第二の問いに対して略示される答えはこうである。道徳性がひき起こす葛藤において、その上に道徳が明瞭に浮かび出るような倫理的土台だけに訴えることが、状況内の判断の知恵を産みだすことができるのである、と。悲劇の賢慮すること（phronein）から実践的賢慮（phronèsis）へ、これが、一義性もしくは恣意性の有害な二者択一から、道徳的確信を守ることができる格率となろう。

＊
＊＊

1　制度と葛藤

ソポクレスの『アンティゴネ』によって永遠に例証される行動の悲劇性は、道徳的形式主義を再び倫理の核心へと導く。普遍的自己、人格の多数性、制度的環境といった、すでに二度鋤が入れられたこれらの三つの領域で、葛藤はそのつどわれわれを控訴に送りこむ突き棒である。

この行程を再び逆むきにたどるように私を説得したいいくつかの理由がある。第一の理由。まず制度に対して葛藤の刃を突きつけることにより、われわれはたちまちSittlichkeit（人倫）のためのヘーゲル的弁護と対決する。Sittlichkeitというこの現実的、具体的な道徳は、Moralität（道徳性）という抽象的道徳にとって代わって、その重力の中心をまさに制度の範囲内に、また他のすべての制度に栄冠を授ける国家の範囲内に見いだすのである。まさにこの範囲で行動の悲劇性が、その模範的人物像のいくつかを示すことをもしも首尾よく立証できれば、そのことによって、葛藤によって教えられる実践的知恵に関するヘーゲルの仮説を除外できるはずなのだが。そうすると〈人倫〉はもはや倫理や道徳より上級の第三の審級を指し示さず、実践的知恵が実行される場所の一つを指し示すことになろう。そこは正義が真に公正さの名に値するために、その実践的知恵が通過せねばならない、制度による調停が序列化している。第二の理由が、ここでとっている順序を選択するように導いた。すなわち、われわれの問題は、政治哲学を道徳哲学に付加することではなく、政治的実践に対応する自己性の新しい特徴を規定することであるので、この政治的実践に属する葛藤は、規範と、独特のものにする心づかいとの間の個人間のレベルで形式主義自体によって産みだされる葛藤に、背景として役立ったのである。われわれはこれら二つの圏域の葛藤を通過していったときに、はじめて自律の理念と対決できるのである。この理念は結局はカント的道徳の装置の要《かなめ》であり続ける。そこではもっとも隠れた葛藤が、道徳から実践的知恵への屈折点を指し示す。実践的道徳はその際、義務を経由してきたことを忘れないであろう。

先の第8研究の最後でわれわれがいったん離れた地点にもどって、正義の規則を再開しよう。葛藤の可能性は配分的正義という観念の両義的な構造の中に記入されているように、われわれにはすでに思われていた。その観念は相互に利害関係のない個人の利害の範囲を限定すること、あるいは協力関係の絆を強化することをめざしているのだろうか。分け前（part）、分かち合い（partage）という表現そのものが、言語のレベルで、この両義性を露呈しているように思われた。ロールズによってなされた形式化は、この両義性を解消するどころか、それを確認し、強化するおそれさえある。正当な配分の観念の二つの解釈の間の断層は、その書名ともなっている〔正義〕理論と、われわれの熟慮された確信との間の内省的均衡という観念によって覆い隠されているだけだと思われた(16)。たしかに理論によれば、原初状態に置かれた個人は、互いに無関係で、めいめいの利害を増進しようと願い、他人の利害を考慮しない、合理的な個人である。それゆえ、マキシミンの原則は、それだけを考えれば、功利主義的計算の洗練された形に還元されるかもしれない。もしその原則が、もっとも不利な観点が参照項とされるような熟慮された確信によって補われないとしたら、きっとそうなったことだろう。このように考慮に入れることは結局は、相互性の原則に、〈黄金律〉に基づいているのである。〈黄金律〉の究極目的は、能動者がその行為の受動者に及ぼし、暴力が搾取に変えてしまうような力に結びついた、初期の非対称を修正することである。

正義の規則に内在するこのかすかな裂け目は、まだ葛藤の可能な場所を指しているだけである。純粋の手続きの規則を掘り下げていって、二つの正義原則の定式化が消えそうとしている、配分される善の多様性を露呈させるときに、真に葛藤する状況が現れるだろう。分かち合うべき物の多様性は、配分の手続きのうちに消えてしまう、とすでに述べた。収入、資産、社会的利益とそれに相当する負担、責任と権威の立場、名誉と非難などを合計するように数えあげていくうちに、分配すべき物の間の質的差は見失われてしまう。要するに個人的または集団的貢献の多様性が、配分の問題を生じさせる。アリストテレスは配分的正義を定義するときに、この問題に出会った。彼の配分的正義においては、平等は分け前の間ではなく、一方の分け前とその貢献との間の比と、他方の分け前とその異なる貢献との間の比との間の問題となるのである。これら貢献のそれぞれの価値の評価は、アリストテレスによれば、政治体制によって変化するとされる[17]。もし配分の手続きの重点を、配分する物の違いに移すと、二種類の問題が提起される。それらの問題は、ロールズの大著以後の文献では、大てい同時に扱われているが、それをはっきり区別することが大事である。第一の問題は、目的論的概念が大挙して戻ってくることを示している。その概念は第一位的社会的善という観念によって、再び正しさを善に結びつける。ロールズはそこに何の不都合も見ず、この観念に親しみ、それを何の屈託もなく代表的人間の期待と結びつける[18]。しかしこれらの社会的善を善と資格づけるものは何かと問うなら、これらの善は不均質な意味や評価と相対的関係にあるのだから、葛藤の空間を開くことになる。第二の問題は、今度は分かち合うべき善の多様性によってでなく、これらの善の評価の歴史的、文化的に規定された性格によって提出される。ここでの葛藤は、正義の規則の、普遍主義的要求（私はここで《prêtention》という語を、英語の claim のように、要求という積極的な意味に用いる）と、文脈的な制限との間に生じる。私はこの第二の問題を、本研究の最後の節に送り返す。普遍主義と文脈主義との葛藤は道徳性のあらゆる領域を同じ程度に侵すからである。そこでこれからの議論でわれわれが扱うのは、分かち合うべき善の真の多様性という問題だけである。

マイケル・ウォルツァーのような著者にあって、善として分かち合うべき物を決定する評価の多様性にもとづいた、善のこの真の多様性を考慮に入れることは、「正義の諸領域」という観念のために正義を統一的に考えようとするのを真に解体してしまうことに帰結する。[19] 明確な領域を構成するのは、市民権（membership）を規定する規則であり、それはたとえば、外国人居住者、移民、政治亡命者などの権利の取得、喪失を扱う。民主主義の先進国にいたるまで、多くの議論が進行中であるのは、いろいろな問題が出現してやまないことを証明しており、それらの問題は結局は倫理的な性質の意見の表明に結びつけられるのであり、政治的な性質の意見の表明については、あとでとりあげよう。安全保障と福祉（welfare）は別の領域をなし、それはわれわれの社会で正当な権利として、公的権力の保護と援助を要すると判断される必要（needs）に応えるものである。金銭と商品もまた別の領域で、それは何が、その善としての性質によって、買われ、売られることができるかを知る問題によって範囲が制限されている。そこで、価値をもつ個人と、値段をもつ物とを大ざっぱに区別するだけでは十分でない。商品のカテゴリーは、それ固有の要求と制限とをもっている。職（office）の領域も別の領域で、それの配分は世襲や財産でなく、公的な手続きによって正しく評価された資格にもとづいている（ここでロールズの第二の正義の原則による、機会の平等と、あらゆる地位や身分に対して開かれているという問題を再発見する）。

ここでのわれわれの問題は、これら正義の諸領域をあますところなく枚挙して提示することでも、その各領域での平等の観念の将来を明確にすることでもない。それは、正義の諸領域間の競合によって、また領域が互いに侵害しあうおそれによって要求される調停の問題である。この侵害のおそれが、社会的葛藤の概念にその真の意味を与えるのである。[20]

　ここにおいて葛藤のヘーゲル的な解決法に誘惑されることもありえる。というのは正義の諸領域間の優先権や範囲画定の問題は、不確かな調停に属し、その調停は、アリストテレスが賢慮（phronēsis）と呼んだ実践的知識と、制度的なレベルにおける等価物なのであるから。その解決は、これまで正義の見地から提起してきた葛藤の扱いを、政治の領域、とりわけ国家の領域に移してしまうことではないか。そうすると、正義の領域間の葛藤の調停を、アリストテレス的な賢慮のカテゴリーよりも、ヘーゲル的な〈人倫〉のカテゴリーのもとに置くよう要請することになろう。

　私の問題は、エリック・ヴェーユ、コルネリウス・カストリアディス、クロード・ルフォールらの政治哲学に匹敵する政治哲学をここで提起することではない、とすでに述べた。私の問題はただ、政治的実践が、国家の所持するであろう自己知の枠内でのみ行使できる具体的な道徳性の能力に訴えるのかどうかを知ることである。これはまさにヘーゲルが『法の哲学』で教えていることである。[21]

　その前にまず銘記しておくべきは、企図の全体を包含するヘーゲル的な法概念は、正義概念をいたるところではみだしていることである。彼は『法の哲学』の導入部でこう述べる。「法の体系は実現された自由の王国であり、精神自体から第二の自然として産みだされた精神の世界である」（§4）。また、「現存在が自由意志の現存在であること、それが法である。法はしたがって理念としての自由一般である」（§29）。この実現の、また自由の現実化の問題系はまた、本研究におけるわれわれの問題系でもある。しかしそれは、これから述べようとする正義の領域の思いきった制限を、とりわけ正義の観念が有効な領域のはるか上まで政治的領域をたかめることを要求するだろうか。正義が行使される場を制限することに関して言うと、それは抽象法の制限と一致する。抽象法の主な機能は、占有取得を、ある意志と別の意志との三角関係、つまり法的契約の構成関係における合法的な所有権の地位にまで高めることである。この法的契約の領野は、ロールズが属する契約主義的伝統とは逆に、それだけ縮小している。その伝統は、諸制度の全体をフィクション的な契約から生じさせる。その結果、正義の概念も同じような縮小を蒙る。たしかに不正という否定的な名目のもとに、詐欺、偽証、暴力、犯罪といった諸相のもとに（§82–103）正義の概念が導入されるのは注目に値する。そのかわり、抽象法は対抗暴力のうちに解消し、その対抗暴力は、自由が所有物に外在化する領域における強制（Zwang）に抗弁する。「抽象法は強制の法（Zwangsrecht）である。なぜなら法の否定は、外面的な物件のうちに私の自由が現存するのに対してなされる暴力だからである」（§94）[22]。抽象法、契約、そしてそれと連帯する正義の観念に欠けているものは、人間相互を有機的に結びつける能力である。カントがすでに認めたように、法は私のものとあなたのものとを分けるにとどまる[23]。正義の観念は、何よりもこの法的原子論に苦しむ。この意味で、今しがたわれわれが言及した断層、配分の体系としての社会全体に影響を及ぼす断層——ロールズの寓話における原初状態が前提とする断層——はヘーゲルにおいては、のりこえられない欠陥となる。法的人格は、それを定義する法と同じく抽象的なままである。

独立した理性的個人間のこの契約的関係のまさに反対側に、また単に主観的な道徳性の彼方に、〈人倫〉は、『エンチクロペディー』の用語によれば「客観的精神」の形態の場として定義される。競争する利害の場としての市民社会もまた、具体的な人格の間の有機的な絆をつくりださないゆえに、政治的社会は、孤立した個人への細分化に対抗する唯一の手段として現れるのである。

政治哲学の平面で「ヘーゲルを断念する」理由は、歴史哲学の平面で私に課された断念の理由とは比較されえない。[24]『法の哲学』におけるヘーゲルの哲学的企ては私の考えに非常に近い。というのは、それは第7研究で政治的原子論に反対する方向に向けてきたテーゼを強化するものだからである。われわれはそこで、人間の振舞いを区別する能力や傾向性が開花できるのは、特別な制度の環境においてであることを認めた。個人が人間的になるのは、ある種の制度の条件のもとでである、とも言った。もしそうであるなら、こうした制度に仕える義務そのものも、人間の作用力が発展し続けるための条件である。以上はすべて、ヘーゲルが『法の哲学』で練りあげた自由の実現の諸様態を階層化する作業に負っている理由である。このかぎりにおいて、そしてこのかぎりにおいてのみ、次のように解した〈人倫〉の概念はわれわれを教育してやまないのである。すなわち、一方では、自由という抽象観念と「第二の自然」としての自由の実現との間に挿入される媒介の集合的機関の体系の意味に解された〈人倫〉であり、他方では、人々の間の有機的な絆が、法的関係の外在性——経済的関係の外在性によっていっそう悪化する外在性——に対する漸進的勝利と解される〈人倫〉である。私はエリック・ヴェーユにならってヘーゲルの国家理論を、その要《かなめ》が憲法の観念であるかぎりにおいて、自由国家理論として解釈していることをつけ加えようか。この意味で、ヘーゲルの政治的企図は歴史によって追い越されなかったし、その大部分はまだ実現されていないのである。われわれにとっての問題はむしろ次の問題である。すなわち、立憲国家の制度に仕える義務は、道徳的義務とは別の性質のもの、さらにはもっとすぐれた性質のものであろうか。もっと正確に言うと、その義務は、「善い生き方」の軌道の最後の線分である正義の観念以外の根拠をもつのであろうか。またその義務は、正義の規則以外の規範的義務論的構造をもつのであろうか。

もしも一方で、正義の規則に、配分の規則を媒介にして、私的権利についてのカント学説や抽象法についてのヘーゲル学説が割当てる適用領野よりもずっと広範な領野を与え、他方で、国家の制度的媒介を自分自身で自分を考える機関に変換させるような〈精神《ガイスト》〉の存在論から、〈人倫〉のみごとな分析をできるかぎり分離するならば、〈人倫《ジトリヒカイト》〉と〈道徳性《モラリテート》〉の対立は力を失い、あとで私が述べるように、有害とは言わぬまでも、無益となるのである。[25]〈人倫〉の現象学は、〈精神《ガイスト》〉の存在論から分離されれば、自律、人格の尊重、正義の規則という三元的構造の道徳的良心よりも上級の判断の機関を正当化するのをやめる。[26]形式的道徳と対比して、〈人倫〉に超越性の外観を与えるものは、個人と対比して、他に還元できない性格をもっと先に認めた制度と〈人倫〉とがもつ関連である。ただし、制度は個人からではなく、つねにそれ以前に存在する他の制度から派生するのを認めることと、制度に個人の精神性とは異なる精神性を与えることとは、別なのである。結局、われわれがヘーゲルにおいて認められないものは、客観的精神のテーゼ、およびその系である、自己知を賦与された上級機関として立てられる国家のテーゼである。道徳的良心が、民族精神が受肉している〈人倫〉をまったく知らない最高法廷として立てられるときに、ヘーゲルが道徳的良心にむかって発する論告は、まことに印象的ではある。全体主義的現象に結びついた二十世紀の恐るべき事件を生きてきたわれわれにとり、犠牲者の口を通して歴史自身によって発せられる、別の仕方で圧倒的な、反対の評決に耳を傾ける理由がある。民族精神が殺人の〈人倫〉を養い育てるまでに堕落したとき、犯罪的になった制度を放棄した精神が避難するのは結局、恐怖や腐敗を知らない少数の個人の道徳的良心の中なのである。[27]それだけが依然として行動の主人公に反対する証言をするとき、誰があえてこの美しい魂を嘲笑するだろうか。たしかに、道徳的良心と民族精神の裂け目は必ずしもこれほどに悲惨なものではないだろう。だがその裂け目はつねに注意と警告の価値を維持している。それは発作的に、行動ののりこえがたい悲劇性を証ししており、ヘーゲル自身『アンティゴネ』についての美しい文章でその正しさを認めたのであった。

ヘーゲル的国家を非神秘化し、それによってその汲みつくせない富を政治哲学の平面で解放する最良の方法は、政治的実践そのものに問いかけ、そこにおいて行動の悲劇性がまとっている特別の形式を検討することである。

ところで、なぜ政治的実践は特有の葛藤の場となってしまうのか。そしてその葛藤はどのようにして、正義の倫理的感覚と関係づけられるのか。

ここで、第7研究の第三節でわれわれが大いに強調した権力と支配との違いから出発する必要がある。われわれはハンナ・アーレントにしたがって次のことを認めた。すなわち、権力は、共に生き、行動しようという意欲が歴史共同体のうちに残っているかぎりにおいてのみ存在するのである。この権力はアリストテレス的実践の最高の表現であり、それはそれ自身の外側では何もつくりださないが、それ自身の維持、安定、永続を目的としてみずからに課す。しかし、これもわれわれが認めたように、この権力は政治機関の起源として忘れられ、統治者と被統治者の間の支配の階層的構造によって覆い隠されている。この点で、権力と支配の、あるいはスピノザの『神学・政治論』における用語を喚起すれば、potentia（力能）と potestas（権力）との混同こそもっとも重大である。[28] ペリクレスやアリストテレスの言う isotēs（公平）の意味における正義の徳はまさしくこの関係を平等にすること、つまり支配を共通の権力の統制下におくことをめざしている。おそらくは民主主義を定義するこの責務は、終りのない責務である。少なくともわが西洋社会においては、どの新しい支配機関も、同じ性質の前の機関から発してくるのであるから。[29]

支配と権力との間のこの隔りは、私がかつて政治的逆説という用語で要約した弁証法によって、国家の構造そのものの中に表示されている。この政治的逆説においては、同一の機関内で、形式と力とが対決してやまないのである。[30] 形式はその表現を、個人間と、個人と上級の機関との間の相互承認の関係を憲法による近似的記述のうちにもつのに対し、力はそのしるしを、法治国家となったすべての国家の暴力における誕生が残した傷跡すべてのうちにもっている。力と形式は暴力の合法的な使用において結びつくのであり、マックス・ウェーバーはそれの基準としての価値を、政治的なものの定義の中で喚起するのである。(31)

政治的なもの（le politique）を構成する支配と権力との間のこの隔りから政治（la politique）を、政治権力、よりよい表現では支配の配分に関連する組織された実践の全体として定義することができる。この実践は、統治者と被統治者の垂直的関係にも、政治的権力の配分における競合する集団間の水平的関係にも関与する。この実践的領域に固有の葛藤は、次の三つのレベルの根本性に振り分けられる。

第一のレベル、すなわちそのゲームの規則が広範な同意の対象となる法治国家における日常的な議論のレベルでは、第一位的善の間の優先順位をかけて討論する活動において、葛藤は常のことである。この第一位的善について、ロールズ理論はそれほど考慮しなかったが、彼の論敵の絶対自由主義者や共同体主義者はそれを彼らの省察の中心にもってきたのである。正義の領域の多数性と結びついた、独占権を横取りされる脅威は、政治的議論がこれら正義の諸領域の競合する要請間の優先順位を一時的で、つねに修正可能に決定するのを目的とする第一のレベルを決定する。これら日常的な葛藤に関連して議論をし、意見を表明することとは、ヘーゲル的〈人倫〉をアリストテレス的賢慮へと方向を変えるべくわれわれに与えられた最初の機会となる。法治国家においては、アリストテレス的な熟慮の概念は、公共の議論と、啓蒙主義の思想家たちによってあれほど強く要求された、あの《statut public》（Öffentlichkeit）（公開性）と一致する。アリストテレスの賢慮のほうは、状況内の判断をそれの等価物とするのであり、その判断は西洋の民主主義国では、自由な選挙から発する。この点に関し、葛藤に終止符をうつような合意を期待するのは、危険でないとしても、無駄である。民主主義は葛藤のない政治体制ではなく、そこでは葛藤は公開され、よく知られた調停の規則によって交渉可能な体制なのである。ますます複雑化していく社会において、葛藤は数においても、重要さにおいても減少しないどころか、増大し、深刻化する。同じ理由で、公的な意見に自由に到達できる意見の多元性は、偶発事でも、病気でも、災厄でもない。それは公的な善が、科学的あるいは独断的な仕方では決定できない性格をもつということの表現である。この善が絶対的な仕方で見いだされ、決定されるために、議論が終結するとみなされるような場はどこにもない。政治的議論には、決定がないわけではないものの、結論がない。しかしいかなる決定も、受け入れられる手続きによって、撤回されることができ、また手続きそのものは、少なくともわれわれが今立っている討議のレベルでは、議論の余地のないものとみなされる。数多くの要求が対決しあい、それらは議論の公的な空間では、不確定の第一度を明示している。これらの要求は結局のところ、一定の文化や歴史的状況において、次のものに優先権を与えることに関連している。すなわち、正義の諸領域を決定するこれこれの第一位的善にであり、また最後的には、正義の形式的原則の順序と同じく強制的な辞書的順序が欠けているので、これら正義の諸領域の関係づけを支配する選択にである。先進民主主義国が何よりも多数決と同一視している状況内の判断において、公的討議から期待できるのは、啓蒙された判断である。この多数決は、『アンティゴネ』の抒情的オードで合唱隊がすすめる euboulia（思慮深さ）の唯一の等価物である。

　議論の第二のレベルでは、討議は「善い」政府の目的と呼べるようなものを主題とする。それは議論の空間の構造そのものにも影響を与えるような、もっと長期にわたる議論である。経験主義的または実証主義的政治学者は、この討議を、語のおとしめた意味で、イデオロギーの特権的な場とみなす傾向がある。[32] しかしそれどころか、「善い」政府についての討議は、それを通してわれわれが成就した生き方、「善い生き方」を熱望するような政治的媒介の欠くべからざる部分となるのである。だからこそわれわれはこの議論に、状況内の判断の枠内で、道徳から倫理へともどる行程で出会うのである。

論争は、安全保障、繁栄、自由、平等、連帯、などといったキーワードをめぐってなされる。それらは上から政治的議論を支配している象徴的な用語である。それらの機能は、国家一般の中で生きる義務ではなく、ある形の国家を好むのを理由づけることである。そこで討議は、すでに同意した憲法の形式の内部での討議の規則と、これからわれわれが語ろうとする合法化の原則との中間でなされる。これらの重要語がその意味内容をはるかに越える情動的な負荷をもち、そのために操作やプロパガンダのなすがままになるといった状況は、それらを解明することをいっそう必要にするのであり、その解明は政治哲学の課題の一つである。いずれにせよ、それらの語はもっとも偉大な政治思想家においておびただしい歴史をもっている。すなわち、プラトン、アリストテレス、マキアヴェリ、ホッブズ、ロック、ルソー、カント、ヘーゲル、マルクス、トクヴィル、ミル。それぞれの概念史にもどされると、これらの表現は、何でもそれに言わせようとするプロパガンディストの勝手気ままに抵抗する。それらを、分析に回収できない情動的な評価の側に無条件で追いやることは、語の最悪の意味におけるイデオロギー的濫用に同意することである。かえってなすべき課題は、善い政府の目的に関連して、評価する力のある語として、それらの意味の核をとり出すことである。これらの概念は救い出せない、と信じこませられたものは、二つの主要な現象を考慮に入れなかったことであり、その現象を、解釈学的な型の行動哲学は認めようと準備している。すなわち、第一に、これらの語のそれぞれはこえられない意味の多数性をもつこと。第二に、「善い」政府の目的の多数性は、おそらく還元してしまえないだろう。換言すると、「善い」政府の目的という問いは、おそらく決定不可能であろう[33]。

「善い」政府の目的の、簡略化できない多数性は、ある価値の歴史的実現が、何か別の価値に損害を与えなくては得られないこと、要するにあらゆる価値に同時に仕えることはできないことを意味している。その結果、またしてもヘーゲル的〈人倫〉をアリストテレスの〈賢慮〉へと方向転換させる必要が生じる。ただし今度は、歴史の偶有事がまさに憲法の空隙をつくりだすときに、「善い」憲法を探求するレベルに、賢慮はたかめられるのである。偶然的な（地理的、歴史的、社会的、文化的）情勢において、しかもその時点の政治の当事者には不透明な動機で、その当事者は人民に対し「善い」憲法を提供できると主張することができる。この選択は状況内の政治的判断の新しい例であり、そこではeuboulia（思慮深さ）は、「歴史的」選択の瞬間における憲法制定議会議員の確信に、結局は、制度の徳である彼らの正義感に立脚するほかはない。

政治的実践の重要語の両義性から由来する不確定よりもっと恐ろしい不確定が第三のレベルで、このような、民主主義的憲法の選択よりも根本的な選択に襲いかかる。それはさまざまな流儀での民主主義の合法化そのものの過程にかかわる。ここで言われているのはまさしく、基礎づけの欠如を指す合法化の危機のことであり、それは人民の、人民のための、人民による政府の選択そのものに影響を与えるように思われる。支配と権力の区別についてのわれわれの省察はここにきて、その十分な意味をおびる。権力が支配の忘れられた源であるなら、どのようにして支配を、共に生きようとする意欲から目に見えるように派生させるべきか。fairness（公正さ）によって特徴づけられる原初状態というロールズの寓話によって高度に洗練された社会契約のフィクションが、ここにおいて空隙を満たすものとして現れる。すなわち、先に暗示したように、それによって自律が個人にとって「理性の事実」であり、人格への尊敬がその「理性的自然」の意味であるとする証しが社会契約に欠けていることである。道徳的自律と人民にとっての自己立法となるものとの間に並行関係が欠けているのは明らかである。自己立法によって支配は、人民の共に生き、共に行動する意欲を忘却から引き離すことだけをするようになる。私はここで、別の道をとってであるが、クロード・ルフォールが全体主義と対比させて民主主義を分析しているのに同調する。全体主義が、これこそ新しい人であると信じた一義的な考え方を強制し、この手段によって現代人が自己理解に到達しようと歴史的に模索したのを避けようとするのは、まさに誤り、というより犯罪である。民主主義の思想家は、次のことを認めることからはじめる。すなわち「〈権力〉〈法〉〈知〉の基礎について、また社会生活のあらゆる領域での自己と他者の関係の基礎についての最終的な不確定」[34]。クロード・ルフォールによると、民主主義は、そこから社会の諸形態が発してくるもっとも基本的な象徴表現の中核における革命から生まれる。それは葛藤を制度化するまでにその矛盾を受け入れる体制である[35]。この「最終的不確定」は最後の言葉とはなりえない。というのは人間は全体主義よりも、その合法性の根拠が同じように不確実な体制を好む理由があるからである。その理由は共に生きようとする意欲の構成要因となるもので、それを自覚する方法の一つは、非歴史的な社会契約のフィクションを投影することである。この理由は普遍性の要求と、ロールズが『正義論』の約十五年後に発表した論文で「重なり合う合意」[36]（《overlapping consensus》）と呼ぶものにおける歴史的偶発事とを混ぜ合わせている。この「重なり合う合意」はいくつかの文化遺産を交錯させる。すなわちハーバーマスがいみじくも「未完成」と評価するAufklärung（啓蒙主義）の計画のほかに[37]、Aufklärungの批判的テストに首尾よく合格したユダヤ、ギリシア、キリスト教の伝統の再解釈された形態である。合法化の危機（これは権力の観念以上に、人民の生き、行動する意欲として、支配の観念に打撃を与えると私は思う）に応えるには、出現の公的空間における諸伝統の想起と交錯以上によいものは提供できない。それは外的圧力への譲歩によってでなく、たとえ遅ればせのであっても内的確信によって、寛容と多元主義に場所をあけるような伝統である。すべての始まりと、すべての再開始とそれらの台の上に沈澱したすべての伝統とを想起することによって、「善い忠告」は合法化の危機の挑戦に応酬することができる。この「善い忠告」がまさるなら、そのかぎりにおいてヘーゲルの人倫（Sittlichkeit）は、それもまたSitten（習俗）に根をおろしているのだから、アリストテレスの賢慮の等価物になることがわかる。つまり討論のように、それは複数の、というよりむしろ公的な賢慮である。

ここは、アリストテレスが正義の徳についての研究の終りで、正義と公平とを区別したのを想起すべき場ではないだろうか。「注意して考察すれば、正義と公平とは絶対的に同一でもなければ、類として異なるものでもないことが明らかになってくる。〔……〕公平なもの（épieikès）はある種の正義よりすぐれていながら、それ自身、正しいものであり、それが正義よりすぐれているのは、異なる類に属するからではない」（『ニコマコス倫理学』5, 10.）。公平が正義よりもすぐれているようにする違いは、賢慮の独特のものにする機能と関係がある。アリストテレス自身がそれを示唆する。「その理由は、法律はつねに一般的なものであるが、ある種のことについては、それを正しく適用される一般的な陳述として提示することはできないことにある」（5,10, 1137 b 12–14）。「立法者が見落したり、単純すぎて誤ったりするところで」（5, 10, 1137 b 20–21）公平は正義を補正する。見落しを正すことによって、公的な決定者は、「もし立法者がその場に居あわせたら言ったであろうことの、もし彼が前からそれを知っていたら法律にもりこんだであろうことの代弁者となる」（5, 10,1137 b 22–24）。そしてアリストテレスはこう結論する。「法律がその一般性のゆえに決定しそこなうところで、法律を補正するというのが、公平の本性である[38]」。今日われわれがこのアリストテレスの文章を読みかえすとき、公開の討論とその結果として決定を下すことは、今日われわれが「合法化の危機」と呼んでいる「見落しを正す」資格のある唯一の機関をなすと考えたくなる。こう結論しよう。公平とは、正義の規則の適用によってひき起こされた試練や葛藤を経たときの正義感の別名である、と。

2 尊敬と葛藤

葛藤の第二の区域は、カントの第二の命法の適用によって切り分けられる。すなわち、人間性を自分自身の人格と他者の人格とにおいて、単に手段としてでなく、目的として扱うこと。これからわれわれの批判を導く考えは、前の研究で出された示唆から出てくる。それによると、人間性の観念によって表される命法の普遍主義的斜面と、それ自体が目的である人格の観念によって表される、多元主義と言える斜面とが、微妙な分割線によって分けられるのである。カントによればそこには何の対立もないという。というのは、人間性は、あえて言えば人格の複数性にもかかわらず、人格がそれゆえに尊敬に値する尊厳を指示すからである。とはいえ、人間性の複数性という観念に内在する人格の他者性が、ある注目すべき情況下で、人間性の観念を支えている規則の普遍性と協調できないとわかるときに、葛藤は生じるのである。そのとき尊敬は、法の尊重と人格の尊敬とに分裂する。この条件下で、実践的知恵とは、そのかけがえのない独自性において人格に働きかける心づかいの名において、人格の尊敬に優先権を与えるところに存する。

議論の核心に入る前に、形式主義に対し、いわば定義上、空虚であるという、あまりにしばしばなされる反対論とこの議論を区別することが重要である。それはかえって逆なのである、なぜなら定言的命法は多数の規則を産みだし、その規則の普遍主義とみなされるものは、心づかいに内在する他者性の懇請と衝突することがあるからである。

形式的と空虚とを等式におく誤りは、カントにおける格率の役割を十分に理解していないことによる。[39]ここで次の二点を思い起こすべきである。第一に普遍化の規則は、すでにして行動の規則性となっているさまざまな格率に適用される。そうした格率がなかったら、普遍化の規則は、言うならば「粉に挽くものが何もない」、テストするものが何もないことになろう。第二に、そしてこの指摘はもっと新しいものであるが、普遍化のテストに首尾よく受かる格率がある。カントがまさに義務（複数で）と呼ぶものはそれである。[40]この義務は、語の論理学的な意味で、演繹されるものではなく、派生させられるものである。というのは、日常的実践から生じてくる意味の命題と呼べるもの——侮辱から復讐をひき出さずに侮辱に耐えること、生への嫌悪から自殺する誘惑に抗すること、偽りの約束の魅力に屈しないこと、怠惰に負けるより才能を伸ばすこと、他人を助けること、など——は普遍化のテストを満足させる。義務の複数性は、形式的規則が適用されるのは多様な状況に応答する格率の複数性に対してである、という事実から出てくる。道徳的判断のある種の生産性が、ここで明るみに出される。

まさにこの生産性への途上で、葛藤が出現できる。カントはそれに道を譲らない。なぜなら彼は格率をテストにかけられる唯一の行程しか考察しないからである。すなわち規則のもとに格率を包含する上昇の行程である。ところで葛藤が出現しえるのは第二の行程において、つまり人格の他者性が承認されることを要求する具体的な状況へ適用する行程である。

第一の行程では、格率の道徳的性格は二段階テストで検証される。まず、そのように言い表されると、普遍化のテストに首尾よく通るかどうかをあとになって問えるような用語で格率が作成されること。実際にテストする第二の段階は、格率そのものに内在する矛盾のテストに限定される。本研究の第三節で、普遍性のカント的概念のこの限定された用法にもう一度もどることにする。

この用法を嘘の約束の例で検証しよう。この例は、厳格な義務のクラスの中で、他者に対する義務という下位クラスを例証し、したがってわれわれを、尊敬と心づかいの関係というわれわれの問題の中心に位置づけてくれる。カントの立論に密着して追跡してみよう。その立論は一種の思考実験であり、そこにおいてわれわれは主体が次のように推論すると想像する。「私は自己愛の要求を普遍的法則に変換し、そして、もし私の格率が普遍的法則になったら、いったいどんなことになるか、という問いを立てるとしよう」（『人倫の形而上学の基礎づけ』〔IV, 422〕）。青天の霹靂[41]！　こんな格率は「それ自身と一致することはなく」「必然的に自己矛盾に陥るにちがいない」（*ibid.*）。主体が提起された思考実験を引き受けなかったら、矛盾は現れなかったことはわかる。それはおそらく行為遂行的矛盾に分類できるような矛盾で、次の最後のテストに先行する。そのテストとは、主体が自分のために例外をつくるような自由を自分に与えること、したがって彼の格率が実際に普遍的法則となるよう望むことを拒否することである（*ibid.*）。要するに矛盾とは、普遍化のテストから逃れようとする意志の矛盾である。もしそう言えるなら、矛盾は規則と例外の間に挿入され、例外を認める規則はもはや規則ではない、という点に存する。しかしカントが『人倫の形而上学の基礎づけ』や『人倫の形而上学』で扱っているすべての例のうち、考慮されている唯一の例外は、自己愛の名のもとに主体のために要求されている例外だけである。他人のためになされる例外はどうなのだろうか。

この新しい問いが出されるのは第二の行程においてのみで、それはカントが考慮しなかったもので、他人がかけがえのない独自性において立っている独自な状況に適用する行程である。先の第8研究でした示唆が具体化できるのは、この第二の行程においてである。その示唆によると、それ自体を目的として人格をみなすことは、人間性の観念とくらべて、潜在的に不調和な、新しい要因を導入する。人間性は、他者性を犠牲にして、普遍性を多数性に延長するにとどまるからである。

嘘の約束を非難する論拠をもう一度とりあげてみよう。そこでは他人はほんとうに考慮されているだろうか。それを疑うことはできる。自殺への非難と嘘の約束への非難とは、自己自身への義務と他人への義務という異なったクラスに属するにもかかわらず、人間性が最初は自分自身の人格で、二度目は他人の人格で、手段としてのみ扱われているかぎりにおいて、混同されているのである。(42) おそらくもっと先まで進む必要があろう。他人への義務といわれるものに賭けられるのは、むしろ人格の高潔さではないか。嘘の約束をして侮辱するのは自分自身をではないか。(43) 私以外の者としての他人に与えた害は、行動から格率へ、格率から、その道徳的内容をテストする基準へと遡る第一の行程では、おそらく現れることができなかったのだろう。第一の行程を補完する第二の行程、つまり具体化、語の強い意味での適用という下降する行程ではじめてそれが現れるのだろう。(44)

この第二の行程では、規則は別の種類のテストに、状況と結果のテストにかけられる。そして先に述べた例外、自分自身のために規則に設ける例外とは違った種類の例外がここで提示される。人格の真の他者性が、それぞれの人格を例外とするかぎりにおいて、ここでは例外が別の顔立ちをとる、というより例外が顔となるのである。

そこでは約束は人格の高潔さを保とうとする唯一の関心に結びつけられるのをやめ、相互性の規則、もっと正確には〈黄金律〉の適用空間に入ってくる。というのも〈黄金律〉は能動者と受動者という初期の非対称と、この非対称の管轄に属する暴力のすべての結果を考慮に入れるからである。他人を単に手段として扱うことは、すでにして他人に暴力を加えはじめることである。この点で、嘘の約束は、対話（またはコミュニケーション）のレベルで、言語使用における暴力の悪の形をなす。約束と〈黄金律〉または相互性の規則との関係は、次の区別をしようとしなかったら、認められないままである。すなわち約束を守るべしとする規則と、他の言語行為と約束とを識別する約束を構成する規則との区別である。約束を構成する規則はこう言うだけである。「Aは状況Yで、BのためにXをする義務のもとに自分を置く」。Aはそう言いながら、あることを確実にする。彼は自分で自分に強制する。しかし約束を守ることは、約束を満たす条件のみに属し、成功の条件には属さない。さもなければ、約束は一定の言語行為としては存在しないだろう。ところが約束をこのように言語行為として特徴づけることによっても、われわれはまだ道徳問題を、つまり約束を守らねばならない理由を提示していなかった。約束することと、約束を守るよう強いられることとは別のことである。約束を守る義務を、忠実さの原則と呼ぶことにしよう。この原則の対話的構造を示すのが重要である。この構造に、これから述べる義務の葛藤を接木することができよう。さらにこの対話的構造は、二人の人物を、つまり約束する人と、その人が約束する相手の人を巻きこむ双数的もしくは二元的構造に、また次のような多元的構造に分析されることになる。その多元的構造は、時としてその前で約束がなされる証人と、この証人の背後の、それを守るべき義務のある言語の制度と、さらには、その名のもとに当該社会の成員間で、いかなる約束にも先立つ相互信頼が支配できるような、ある社会協約への照合などを巻きこむのである。この多元的構造によって、忠実さの原則は、先に論じた正義の規則と区別されなくなる[45]。だからこそここでは二人の人物が約束する双数的構造に限定するのである。

約束のこの双数的構造を無視するのは容易である。カントは嘘の約束を、一人の人間が自分だけしか拘束しない格率に内在する矛盾として扱うことによって、その構造に寄与しなかった、というのは確実ではない。約束についての、ある削除された現象学は、それと同じ方向に傾く[46]。約束することは、確固たる意図のあらゆる性格をそこにもっているのではないか。われわれ自身、時間を通しての自己維持を、同一《イデム》の自己同一性に、換言すれば事物の単純な恒常性または視点（性格のみにある自己性のレベルの恒常性）に対立する自己《イプセ》の自己同一性の、もっとも高度な表現としたのではなかったか。以上の分析で否認すべきものは何もない。むしろ、自己維持が道徳的意味をおびている以上、それの対話的、双数的構造を立証すべきである。約束を守りつつ自分で自分を維持する義務は、もしもそれが他者から来る期待に、さらには要請に応えようとする誓いによって供給されるのでなかったら、単なる不変性というストア派的硬直性の中に固着してしまうおそれがある。実際に、確固たる意図の段階である第一段階から、他者は含意されている。他者が選んだり、好んだりできる何かと約束が関わりあわないとしたら、そのような約束は愚かしい賭にほかならないだろう。そして、外的な障害や桎梏をものともせず、間歇的に出現する私の欲望を越えたところに、私自身への不変性を位置づけようとする確固たる目的を私が堅持するならば、このいわば独白的《モノローグ》な不変性は、ガブリエル・マルセルがそのみごとな行動自由性（disponibilité）の分析の中で記述した二者択一の中に捉えられるおそれがある。彼は『存在と所有』（p. 56 sq.）[47]でこう述べる。「ある意味で、私は私自身の約束に、つまり私自身にしか忠実でありえないように思われる。しかしここにおいて二者択一」が生じる。「私が約束するときに、実際にそれを確定することは私の力の及ばない私の感情の不変性を私が恣意的に措定するか、それとも私がそれを達成するときに私の内的意向をまったく反映しない行為を一定の時点で達成しなければならないことを前もって引き受けるか、のどちらかである。前者の場合、私は自分自身に嘘をつくことになり、後者の場合、私は予め他人に嘘をつくことに同意することになる」（*ibid.*, p. 70）。この自己への不変性の二重束縛をどうして避けられるか。ガブリエル・マルセルの答えをわれわれは知っている。「どんな約束も応答である」（*ibid.*, p. 63）。私が忠実であろうとするのは、他者に対してである。この忠実さに、ガブリエル・マルセルは行動自由性という美しい名を与える[48]。

行動自由性をその結び目の一つとする概念の網目は、きわめて細分化されている。それはその反対の行動不自由性によって存在と所有の弁証法に近づいていく。行動自由性とは、自己維持を〈黄金律〉によって制定される対話的構造にむかって開かせる、あの脱出である。非対称的な初期の状況に措定される相互性の規則としての〈黄金律〉は、他者を私に頼る債権者の位置に立たせ、自己維持をこの期待への応答とする。私が自分の第一の意図の維持を、意図を変えない意図という倍加された意図の主題とするのは、かなりの程度この期待を欺かないため、裏切らないためである。法によって認証される約束の形態――誓約、契約、など――において、私をあてにする他人の期待のほうは、要求する権利となる。そのときわれわれは法的規範の領野に入ったのであり、そこでは心づかいから規範への関係は、いわば消し去られ、なくなってしまう。裁判所によって認証されるこうした約束の形態から、規範的契機と倫理的目標との関係がまだ現れている約束の形態へと遡ってみる必要がある。「あなたが約束を守ることを私はあなたから期待する」と他者が私に言う。私はあなたにこう答える。「あなたは私をあてにしていいよ」。このあてにするが、道徳的内容をもった自己維持を、心づかいに土台をおいた相互性の原則に結びつける。約束した言葉への忠実さの原則は、こうして、言語そのものが共同体のあらゆる形式を支配している制度として賭けられている行動のクラスに、相互性の規則を適用することにほかならない。約束を守らないことは、他者の期待と、語る主体どうしの相互信頼を媒介する制度とを同時に裏切ることである。

今着手したばかりの約束についての簡略な分析は、カントによって注意深く隠されている、規則の尊重と人格への尊敬との間の区切り目を強調する。これから言及する葛藤の場合には裂け目にまでなってしまうこの区切り目は、行動を格率の中に、格率を規則の中に包括する行程には、おそらく現れることができなかったのだろう。そのかわり、規則によって認証された格率から具体的な状況へと戻り道をたどろうとするや、その裂け目は注意をひきつけずにはいない。こうした葛藤の可能性は、たしかに、約束の相互性の構造の中に書きこまれている。忠実さは、私をあてにする他者の期待に応えることにあるとするなら、私はこの期待を、規則を適用するための尺度としなければならない。別の種類の例外、私のための例外とは異なるもの、すなわち他者のための例外が、そこではっきり姿を現す。実践的知恵とは、心づかいができるだけ規則を破らずに要求する例外を、もっとも満足させるような振舞いをつくりだすことである。われわれは二つの例をとりあげよう。その一つは「生の終り」に関係し、もう一つは「生の始まり」に関係する。その第一の例は、瀕死の人への真実の告知というありふれた名でよく知られている。たしかに次の両極端の態度の間に裂け目ができるようである。どんな例外も許さないと想定される法則を純粋に尊重して、瀕死の人がそれを受け入れる能力があるかどうかは考慮せずに真実を告知するか、あるいは病人において死と闘う力を弱め、愛する人の最期を苦悶に変えるのを恐れて、わざと嘘をつくかである。実践的知恵は、この場合、個別的な事例に適合した正しい行為をつくりだすことである。だからといって、その知恵は自由裁量にまかされているわけではない。こうした両義的な事例で、実践的知恵がもっとも必要としているものは、幸福と苦悩との関係についての省察である。「幸福な人生という観念なしには倫理はない」と折もよくペーテル・ケンプは『倫理と医学』の中で述べている。[49]「しかしながら、倫理の中に幸福の役割を位置づけることが残っている」(*op. cit.*, p. 63)。ところがカントは『実践理性批判』(定理II、系論と注)で、低級な欲求能力という唯一の名目のもとにあらゆる形の情動性を包含してしまうことにより、幸福という多義的な用語を物質的善の享受と、ペーテル・ケンプが「自由な個人間で与え、そして受け取る共通の実践」(p. 64)と名づけるものとに、分解してしまうような差異を許容する探求への道を閉ざしてしまった。だがこのようにみなされた幸福は、「もはや苦悩とは絶対的に矛盾しなくなる」[50](p. 67)。苦悩と幸福との関係についてのこのような省察が欠けていると、病人をその生涯の終りに何としてでも「苦しませる」ことをしまいとする気遣いは、瀕死の人に嘘をつく義務を規則として立てることに帰着してしまう。実践的知恵は、規則の例外を規則に変えることには、断じて同意できないだろう。ましてや胸を引き裂かれるような選択の責任が法によって軽減されえないような領域で立法するべきではない。このような場合には、精神的にも肉体的にも弱くて真実を聞くことのできない人に対して同情心をもつべきである。また別の場合には、この真実の伝達の度合を調整できるようにすべきである。病名を言うことと、病状の程度や余命の短さを明かすこととは別であり、臨床所見の真実を死刑宣告のようにぶつけることとも別である。けれども、真実の伝達が、与えることと受け取ることが受容された死のしるしのもとに交換される分かち合いの機会となりえるような状況は、人が思っている以上に多くあるのである[51]。

これと同じような精神で、「生の始まり」における人格への尊敬の問題に着手できる。生の終りは提起しないが、生の始まりが提起する存在論的考察のゆえに、その問題はたしかに複雑性の補足的な度合を呈する。まず胚、次に人間の胎児を問題にするとき、それらが物でも人でもないとしたら、いったいどんな種類の存在かと問わないことはむずかしい。ある意味で人格に関するカント的な見解は、理性的本性はそれ自体、目的として実存する、という有名な定式が先に喚起したように、いかなる存在論的含意も欠いているわけではない。それと対照的に、操作可能なものとしての物は、まさに操作される適性によって定義される、反対の実存様態を受け取っていた。そのうえ、人と物のこの両極的対立において、存在様態間の区別は実践と、換言すれば人と物を扱う仕方と切り離せないままであり、そしてこの指摘はあとになって重要性をおびることになろう。生の始まりによって提起される新しい問題は別のところにある。胚や人間の胎児が問題にするのは、この倫理的存在論的考察の二分法的性格である。物事を複雑にして、もっとも厄介な問題を提起するのは、母の子宮にいる人間の胚だけではなく、試験管の中で受精し、冷凍庫の中に入れられ、科学研究のために待機している分離胚もである。アンヌ・ファゴが書いているように、「人間の胚が人間の人格でないとしたら――人間存在に帰される尊敬の原則と、胚または胎児の段階でのこの存在の道具化との間に、葛藤があるのではないか(52)」。

実践的知恵を挿入する点をよりよく決定するには、反対のテーゼの支持者の意見を聞く必要がある。人格の現前または不在の生物学的基準の信奉者によれば、人格と生命は、生命が人格を支えているかぎりにおいて、分離できない。この論拠によると、生物学的個性をしるしづける遺伝形質またはゲノムは、受胎のときからすでに形成されているという(53)。生物学的テーゼといわれるものの、もっとも控えめな形によれば、倫理的帰結は次のとおりである。すなわち、胚の「生命権」は「生きる機会」への権利であり、疑わしい場合は、殺人行為の危険《リスク》を犯すべきではない。あとで述べるように、この危険《リスク》の概念は「生物学的」論拠を実践的知恵の領域にもちこむものであることを認めよう。この生物学的論拠が、生き、そして発達するという胚や胎児の推定される目的に役立たぬいかなる実践も禁止すべきであると結論するとき、その論拠はその資格において傾聴するに値する。とはいえ、実践的知恵は、生物学的基準を完全には見失わずとも、人か物かの単純な二者択一を問題に付すような初期や発展段階の現象を考慮するべきではないのではないか、と疑問がわいてくる。生物学的論拠と並行する実体論的存在論のみが、自由裁量権のある判断を典型的に「中間的な」領域に位置づけることのできる、発達の存在論の進展を阻止する。本書を通じてわれわれが提案している同一性としての自己同一性と、自己性としての自己同一性との区別は、生物学的根拠を無視するのではないが、少なくともそれを、下に秘められた実体論的存在論から切り離すことをわれわれに許してくれるはずである。

これと反対のテーゼは、これと比肩できるような注記を要請する。すなわち、意欲の自律のような十分に発達した能力だけを尊厳の観念に結びつけるならば、成熟し、教養を積み、「見識ある」個人だけが人格である。厳密に言うなら、「〈最小限の〉自律能力の下にいる人たちについては、人格共同体は彼らを（自然を保護するように）保護することは決定できるが、（人格の自律を尊重するように）彼らを尊敬することは決定できない」（A. Fagot., *ibid.*, p. 372）。それゆえ純粋に道徳的な尊敬のテーゼが、これもまた最小限の発達の存在論をともなっていなければ、現在の議論において、どうしてそのテーゼが傾聴されうるかはわからない。その存在論は、オール・オア・ナッシングの論理に属する能力の観念に、現実化の度合を認める適性の観念を付加するのである。[54]

期待される漸進的な存在論は、倫理に関しては、カントにおける人と物の基準ほどに自律的でないかもしれない、と私はあえて提言したい。なるほど、人格存在の特性が顕現するのを指標づける初期や諸段階を確定するのは、科学のみに属しよう。だが、「潜在的な人格」という表現で「潜在的」という述辞に割当てられる存在論的内容は、これらの諸段階に対応する存在を「取り扱う」仕方と、おそらくは切り離せないだろう。存在する仕方と取り扱う仕方とは、現代の技術が人間に与える初期段階の生命に及ぼす力のそのつどの前進によってひき起こされる、自由裁量権のある判断の形成に、相互に決定しあっているにちがいないと思われる。科学が唯一、発達の初期を記述する資格をもっているなら、初期の各段階に相関する権利と義務の評価は、またしても真の道徳的発案に属するのであり、それは生物学的な初期段階の前進にも比すべき前進によって、次のような質的に異なる諸権利を段階づけるであろう。すなわち、胎児とその母親との間に、たとえ非対称的であれ、前言語的な記号の交換関係のようなものがいったん漠然と現れるや否や、苦しまない権利、保護される権利（この概念はそれ自体で「力」または「強調」の度合を示す）、尊敬される権利を段階づけるのである。物と人との間のこの中間地帯における、初期状態の記述と権利と義務の評価との間のこの往復が、生命倫理学を自由裁量権のある判断に分類されるのを正当化してくれる。たしかに、胚の、次に胎児の権利の分化し、漸進的な評価は、このように発達科学によって知らされ、時には発達存在論に基礎をおいているとしても、その独断論的な眠りから目覚めさせられ、革新にむかって開かれる文化遺産と同じ様式の伝統性のしるしをおびた評価を合体させずにはいない。科学と知恵の間のこの複雑な働きにおいて、将来の世代に対して負わされる危険の重みは、技術的な偉業が奨励する大胆な振舞いを緩和させずにはいない。ハンス・ヨナスがその「責任原則」で強く主張するように[55]、最悪の事態を危惧するのは、技術時代が要求する非常に長期間の責任のあらゆる形態にとって、必要な構成要素である。この意味で、たとえば余った胚の操作に関して口をつぐんでいることは、必ずしも人間の胚の「生存権」だけに無条件にかかわるのではない。それは、人と物との二分法が混乱している領域において、尊敬そのものから生じる葛藤する状況によって要求される実践的知恵の一部をなすものである。

　生命倫理学に合体する実践的知恵の部分と、われわれがもっと容易に約束の領域や、生の終りによって提出される良心の問題において確認した部分との間の類縁性は、考察されるさまざまな事例に三つの同じ特徴が現前することによって明示される。第一に、対立しあう主張が同じ尊敬の原則を援用し、それの適用領域の差、とりわけ物と道徳的に発達した人格との中間地帯においてしか違わないことを確認するのは慎重なことである。第二に、「中庸」を——アリストテレス的中間性（mesotēs）！——を求めることは、普遍的原則の価値はなくとも、よい助言であると思われる。たとえば、妊娠中絶しても罪にはならない妊娠期間を決定するには高度に発達した道徳的感覚を要する。この機会に、「中庸」とはいいかげんな妥協とは異なるもの、つまりそれ自身「極端」にもなれるものであることを喚起することがよいであろう[56]。一般に、もっとも重大な道徳的決定とは、それ自身「中間的な」領域で、あまりに慣習化した二分法に逆らって、許可と禁止の分割線を引くことである。われわれの実例すべてに共通な実践的知恵の第三の特徴とは、状況内の道徳的判断は、決定権保持者が——立法者の立場にあろうとなかろうと——もっとも有能で賢明であると評される男女に助言を求めたゆえに、恣意的でないということである。決定を確固たるものにする確信は、その場合、議論の複数性を利用する。phronimos（賢慮の人）は必ずしも一人だけではない(57)。

結論として、とりわけ技術が生命現象について人間に与える力によって産みだされる前代未聞の状況において、尊敬は「潜在的な人格」の他者性も含めて、人格の他者性を配慮する心づかいへと送り返されるのだ、と言うことができる。しかしそれは第7研究で述べたような、いわば、「素朴な」心づかいではなく、尊敬の道徳的条件と、尊敬によってひき起こされる葛藤という二重の試練を経てきた「批判的」心づかいである。この批判的心づかいは、対人関係の領域で実践的知恵がとる形である。

3　自律と葛藤

われわれのとる逆の行程はわれわれを、語のカント的な意味で、道徳の砦のふもとまでつれもどす。すなわち、道徳性のメタ基準としての自律、自己立法の肯定である。道徳性それ自身が、それ固有の前提にもとづいてひき起こす葛藤によって、もっとも根源的な倫理的肯定を指示する、というわれわれのテーゼはここに来て、その最後の適用点を見いだす。このテーゼは本研究の二つの節で何度か接近し、先取りさえしてきた特有の論拠にもとづいており、それを今ここで明示するのが重要である。いろいろなやり方で、これらの論拠は、道徳性の原則を援用する規則に結びついた普遍主義的要求と、この同じ規則の実行の歴史的、共同体的文脈に帰属する積極的な価値の承認との間の対決に集中する。ここで提出する私のテーゼはこうである。普遍主義的テーゼと文脈主義的テーゼとはそれぞれ、これから決定せねばならない場所にとどめおかれてはならず、また二律背反をのりこえることができる実践的媒介が、状況内の道徳的判断の実践的知恵に与えられていなかったとしたら、行動の悲劇性のための余地はないだろう、というものである。

論拠に力を与えるには、私の考えでは、カント的形式主義の広範な修正に着手する必要がある。それはその形式主義を論駁するためではなく、それの堅い核となっている普遍主義的要求を裸にして、それによって対立関係にその十分な力を与えるためである。道徳的自己性についてのわれわれの探求は、その対立関係をもって終ることになろう。

この修正は三段階でなされよう。第一段階では、人格の多数性や制度のレベルでの適切な正義の原則に適用される尊敬に対比して、カントが認める自律の原則の優先順位を再検討しなければならない。先の研究でわれわれは作業仮説として、自律の自我は、どんな自我論的テーゼによる汚染からも免れることができるし、またそうでなければならないとする、言表されない前提を認めた。これまでの議論はすべて——そこにおそらく、この研究がとる逆向きの進め方の大きな利点があろう——自律的自我の非自我論的、非独白的で、もしそう言えるなら、前対話的なこの地位が、後ろ向きの進め方の最後に来てからでなくては救いだされえないことを示唆するのに役立つ。その進め方は正義の観念から出発し、その複数性と他者性をもった人格による尊敬の原則を経て、最後に《イン・フィネ》、次の原則に到達する。それは、どのようにして、もっとも不利なもののカテゴリーが一切の正しい配分の参照項としてみなされねばならないか、またどのようにして、私の行動の受容者――潜在的な犠牲者――が私という能動者と同じものとして尊敬されねばならないかを述べる原則である。自律を道徳的反省の始まりにでなく、終りにおくこの逆の読み方は、『人倫の形而上学の基礎づけ』によって勧められている方法的順序を逆にするものである。すなわち、「形式」（単一性）から「実質」（複数性）へ、そして「完全な規定」（全体性）へという順序である。[58] ところで、自律を行程の最後に位置づける、この順序の逆転によって影響を受けるのは、自律の意味そのものであることは疑いがない。制度のレベルにおける正義の規則と、対人関係のレベルにおける相互性の規則を通して自律に接近することは、われわれがカントの道徳性の原則を紹介した最後で、中断したままにしておいたアポリアを実際に生産的にすることを許す。こうして自律の原則のいわば誇り高い肯定によって、三つのアポリアの「場所」が刻みこまれた。それは第一に、「理性の事実」についての議論の際に、ある種の感受性を認めたことである。つまりその感受性によって、まるで自己措定は自己触発なしには考えられないかのように、自由はそれが自分に与える法則そのものによって触発されるのである。第二にそれは、動機として理解される尊敬に結びついた、他者による触発であった。その動機によって、有限な存在の理性は、それ自身の感受性を触発することにより、屈辱と高揚という相反する仕方によって、触発される理性となったのである。第三にそれは、根本的な触発であった。つまり根本悪のように根本的で、その結果、意志はつねに、すでに悪への「性癖」に従わされており、この性癖は、われわれの善への素質を損なうことなく、義務によって行動するわれわれの能力を触発する。

われわれがここで実行している、自律への逆向きの接近が、自律の観念をこれらの感受性、受動性、無力さのしるしと和解させることを可能にするのは、どうしてか。正義の規則と相互性の規則と連帯した自律は、もはや自己充足的な自律ではありえないからである。自律の対話的条件と結びついた「外在性」にによる依存は、先の三つのアポリアが明らかにした「内在性」による依存を、いわば引き受けるのである。

権威の原則のこの再解釈から、自律と他律の対立をもう一度考え直す必要が出てくる。以後、互いに異なる二つの考えを区別しなければならない。第一の考えはカントが他律について語りながら着目したもので、小冊子「啓蒙とは何か」が告発する「未成年」の状態と区別されない。この未成年の状態とは、自分自身の判断が他人の判断に依存するように、自分を他人の後見のもとにおくことである。この状態との対比において、自律はその強い意味をおびる。すなわち自分の判断の責任である。ところがカントは、この責任引受けが、正義の相互性の規則と連繫していることを考慮しなかった。この規則は、まさに未成年の状態が支配的な同じ多数性の空間にこの責任引受けを位置づける（そのために自律は道徳的原則であると同じく、政治的原則でもあり、それはカントが道徳化した政治原則である）。こうして自律は他律に依存するように見えるが、ただし他者の別の意味においてである。すなわち、自由がみずからに与える法則の形をとった自由の他者、尊敬の形をとった感情の他者、悪への傾向の形をとった悪の他者の意味である。自己の内面にあるこの三重の他者性は、今度は、自律を正義の規則と相互性の規則とに連繫させ、依存させる、まさしく対話的な他者性と結びつく。他者の観念そのものが、主人（maître）の二つの姿と相関して、相反する二つの方向に分岐する。一方は奴隷に対する支配者であり、他方は弟子に対する師匠である。自律に統合すべきは、この後者の「他律」であって、それはその他律を弱めるためでなく、カントの「啓蒙とは何か」における次の勧告を強化するためである。すなわちSapere aude！　あえてみずから学び、味わい、楽しめ！

第二段階では、カントが普遍化の基準を限定的に用いていることを再検討せねばならない。この普遍化に比し、自律の原則はメタ基準（オトフリート・ヘッフェの用語を借りれば）の役割を果たす。普遍化の基準の用い方が限定的であるというのは、有名な「実例」を述べる際に提案された思考実験で、もしも仮にある格率が普遍的規則の位に昇格させられて、内的矛盾の根源であるとわかったら、その格率は非道徳的であると宣告される、という意味においてである。そのときその格率は自壊してしまう、とカントは言う。普遍化のテストをこのように無矛盾に還元することは、道徳体系がもっていると自負できる首尾一貫性という異常に貧しい観念を与える。道徳性のもっとも高度の原則——言うならば第二の定言命法——から、義務の複数性を派生させようと企てるとき、問題はそれだけをとりだして考察した格率が矛盾するかどうかではなく、その派生が規則全体の首尾一貫性を保持しつつ、思考のある種の生産性を表現するかどうかを知ることとである。ここでわれわれが提起する問題は、アカデミックな論争にわれわれを迷わせてしまうことはない。というのは、道徳の普遍性への要求によって生じたもっとも重要な葛藤は、誤って、派生したと思われているが、同時に歴史的文化の文脈をなす夾雑物の中に捉えられている義務に関して生まれでたものだからである。したがって、道徳体系の首尾一貫性の範囲と限界をはっきりと知っておくことが必要である。[59]

首尾一貫性のもっと建設的な考え方が、法律的推論によって提案される。法哲学者であれ、道徳哲学者であれ、英語圏の学者たちにおいては、英米法（common law）体系が許容する柔軟性や独創性がつねに考慮される。[60]

たとえば個人生活（privacy）の法的権利にもとづいた補償の要求のような提訴が、どのような以前の法律的決定の対象ともならなかったような事例をとりあげてみよう。hard cases（めんどうな事例）と呼ばれるこの事例や、それに似たあらゆる事例において、裁判官は何らかの仕方でそれにもっとも関連すると見られる先例を調べるであろう。彼はそこに、事実的な証拠にも比すべき道徳的直観の例証を見ることなく、その先例を、これから構築すべき原則の特例として扱うだろう。その原則は、それまで優位にあった首尾一貫性に関連して、裁判官の責任の名において、先例や新奇な例をも包含するだろう。一方では先例に、他方では新奇な事例に投資された合理的確信の間の葛藤という観念が、すでに現れているのがわかる。裁判官は、たとえば殺人を企てたことを、実際に遂行された殺人と同じように厳しく罰するのは不当だと考えるが、この見解を、被告の有罪性は単に起こるだけとみなされる行動のうちによりも、むしろ意図のうちに存するという、同じように根拠のある彼の感情と一致させるのに、ある困難さを味わうこともありえる。そこで前提されているのは、正義についてどんな考え方も、単に保持するだけでなく、構築せねばならない首尾一貫性を要求するということである。この前提とカント的な普遍化の基準との類縁性は疑えないところであるが、その前提の実行の「建設的」性格は、カントの規範的な用法とはかなり違っている。すなわち、ある法的概念が、まず一群の関連する事例から派生させられ、次にそれは新しい事例に適用されていって、ついにはそれに反する事例が、新しい概念の構築を要求する断絶要因として出現するようになる(61)。

しかし道徳体系の首尾一貫性は、法律体系の首尾一貫性と同じでありえるであろうか。その違いこそが重要なのである。第一に、法律の領域では、判例の概念が明確な意味をもつ。というのはそこで問題なのは法廷で宣告された判決なのであり、それは法が改定されたり、廃止されたりしないかぎりは力をもつからである。第二に、新しい事例によって要求される新しい首尾一貫性を構築する権威をもつのは、社会的機関である。第三に、そして何よりも、首尾一貫性に対する裁判官の責任は、首尾一貫性が人々を統治するるのに肝要であるという、当該社会に共通の確信を表明している。以上の法律体系に固有の特質から帰結するのは、葛藤が裁判所の下す判決に委ねられている相互関係の区域しか、それらの特質は責任をもつことができないということである。それゆえ全問題は、法律制度の支えをもたない道徳体系が、はたして固有の首尾一貫性をもつことができるかどうかである。それにまた、ドゥオーキンによれば裁判官の観点でもある「公的観点」が、それ自身道徳の土台であるかどうかが問題となるかぎりにおいて、法律体系は道徳体系と関係づけられるのである。

この点でもっとも注目すべき試みは、アラン・ドナガンが『道徳性の理論』(*The Theory of Morality*)でおこなった試みである。ドナガンは、理性的存在としての人格にもとづく尊敬の命法から、義務の複数性を派生させるというカントの企てに再度着手しようとした。その場合ドナガンは、法律モデルの構成主義的資源を考慮に入れながらも、カントと同じく、合法性を道徳性に従属させるのである。私はドナガンによる再構成から、彼が「追加的」または「特定化する」「前提」に割当てる役割を取りあげてみたい。それはそれらの前提が、道徳的普遍主義に文脈主義が対置する反対論を議論する際に役割を果たすであろうからである。これら前提は、形式的命法が適用される行動のクラスについて、まずその範囲を定め、次にそれを修正し、さらには拡大する機能をもつ。もしも派生が正しくなされたならば、次のように言えるはずである。「そのようにみなされるいかなる行動も、どんな人間でも理性的被造物として、尊敬せずにはいない」(Donagan, *op. cit.*, p. 67)。ここにおいて道徳哲学の課題は、規則の内容が原則の形式に適合するように、行動のクラスを再定義することである。ほとんど異論の余地のない例は、正当防衛の事例によって提供される。すなわち、もし自分が死の危険にさらされた場合、あるいは死の危険にさらされた第三者を保護する他の手段がない場合に、殺すことは許されるとする規則は、殺すことの禁止の適用範囲を、殺人や謀殺のクラスに限定する。そこで「汝殺すなかれ」の命法の明らかな例外は、特定化する前提によって明確に規定される規則のもとにおかれる。

われわれがドナガンに同意できるのは、普遍性を要求するのにもっともふさわしい道徳体系の再構成を、できるだけ発展させることが、道徳哲学の正当な責務であるとする点である。[62] このような体系の首尾一貫性とは、次の三つのことを意味する。第一に、形式主義はけっして空無を意味しないということである。つまりすべての人格を理性的存在者として尊敬せよと命じる唯一の命法から、義務の多数性を派生させることができるのである。[63] 第二に、これらの義務は、互いに派生させあうことはできないけれども、一方に従うためには、他方に従わないことが必要である、たとえば殺さないために嘘をつくとか、嘘をつかないために殺すとかが必要であるというような状況は産みださないということである。[64] 第三に、派生の規則は、その内容が直接に上位の規則と一致するようなものでなければならないということである。[65]

ここにおいて道徳体系と法律体系との違いが確証される。一方では、すでに法的地位を与えられた判例の代わりに、道徳のレベルでは大ていの場合、表現されず、ほとんどの場合限定的な「特定化する前提」と関わりあうのであり、その前提は、それ自体、制度化されている支配と暴力の関係が、〈黄金律〉にもっとも近いとみなされる道徳的確信の内部で互いに干渉しあっていることをはっきり示している。その結果、道徳哲学は、法的推論に近い構成的な方式のほかに、道徳体系のもろい首尾一貫性を確実にすることができるような特定化する前提を再構成するというその企てに、イデオロギー的な偏見や残滓に対する鋭い批判を合体させねばならない。ここにおいて合理主義は思いもかけない仕方で、悲劇の知恵と再び交叉する。ソポクレスの『アンティゴネ』の二人の主役が仕えているとみなされる「霊的権威」のヴィジョンを偏狭なものにするものに匹敵するのは、道徳理論の平面では、「特定化する前提」の悪用であり、それを暴露するのが、イデオロギー批判の仕事とされる。[66]

具体的な道徳の歴史性に関係する諸問題に重要性を与えるのは、依然として普遍性のための弁護である。

カントの遺産の第三の再解釈は、普遍性の要求の航跡に、行動の悲劇性を出現させる新しい機会をわれわれに与えてくれる。その要求は結局のところ、道徳性の契機と一致するのである。それはK・O・アーペルとJ・ハーバーマスによってなされる、コミュニケーションの道徳を土台に形式主義を再構成することである。(67)私が提出するテーゼは、この企てを正当化の後ろ向きの行程に維持し、それによって現実化の前向きの行程に位置づけられる葛藤の領域を露呈させるならば、その企ては完全に正当化される、というものである。(68)逆説的なのは、コミュニケーション活動の規範を正当化しようとする配慮が、状況内の道徳的判断にその場所をもつ実践的知恵のほうに道徳をつれもどす葛藤を、覆い隠してしまうことである。私の考えではこの逆説が、コミュニケーションの道徳によってひき起こされる論争の活発さを説明してくれるのである。つまり、文脈主義的で共同社会主義的な倫理の弁護者は、コミュニケーションの道徳が何らかの仕方で隠している葛藤を、代償作用で、逆にかき立てるのである。(69)そのかわり、こうした葛藤の状況が、コミュニケーションの道徳によって今日そのもっとも適合した表現を与えられている普遍性の要求を背景にして、明瞭になることがなければ、その状況はそのドラマチックな性格を除かれてしまうであろう、と私は考えるものである。

コミュニケーションの道徳の力となるものは、根本的には、カントの三つの命法を唯一の問題系に融合させたところに存する。すなわち単一性のカテゴリーによる自律の原則、多数性のカテゴリーによる尊敬の原則、そして全体性のカテゴリーによる目的の王国の原則である。換言すると自己は一挙に、その普遍性の次元と、対人関係的であるとともに制度的でもある対話的次元の両方に基礎づけられるのである。自己性の道徳的次元を説明することだけを意図しているこの第9研究では、この基礎づけだけに関係する議論の倫理の面だけに限定されよう。それゆえ『道徳意識とコミュニケーション活動』の第三節における中心的な議論をいきなりとりあげることにしよう[70]。この議論が正当化と基礎づけの逆向きの行程に位置づけられることは、議論がたどる順序によって十分に証明される。まず、基礎づけの企てと、「規範（または規則）に関連した言語行為をわれわれが産みだすときにわれわれが発する有効性の要求」（*op. cit.*, p. 64）との間の関連が明らかにされる。次に、この有効性の要求を引き出すために、形式的な語用論に訴えることが理由づけられる。最後に、ハーバーマスが根本的とみなす問題が来る。すなわち「実際的な問題についての論証を通してのみわれわれが合意に達しえるような普遍化の原則を、いかにして正当化できるか」（*ibid.*, p. 65）。この最後の問題にわれわれは関心を寄せる。そこでわれわれは一方では、規範的な期待とコミュニケーション活動の関係を認めること[71]、他方では規範的期待と理由による有効化との関係を認めることはすでに確定したこととみなす。以上を述べたうえで、われわれにとって重要なことは、首尾一貫性の要求が、議論法理論と結びついているゆえに蒙った変化に存している。議論法理論は演繹的推論にも、経験的証明にも還元しえないものなのである。実践的議論の論理はここでは、先に道徳体系の首尾一貫性の条件についての分析で占めていた位置を占める。その分析は道徳性の原則の対話的次元に関わりなくなされたのに対し、アーペルやハーバーマスにおいては、議論法理論は徹底してコミュニケーション活動の枠内で展開されるのである[72]。ハーバーマスは、実践的議論の論理に投資される規範的期待を生じさせるのが、日常生活の葛藤であることを否定しない[73]。現実にさまざまな参加者の間でなされている議論についてのこのような関心そのものが、ハーバーマスをロールズの原初状態というフィクションや、仮説的な契約の寓話から引き離してしまう（*ibid.*, p. 87）。実践的議論とは、現実の議論のことである[74]。それゆえハーバーマスが重視するのは、実践的議論を現実化するための歴史的条件ではなく、議論の倫理の土台をなす普遍化の原則を理性に基礎づけることである。アーペルにならってハーバーマスをこの方向に押し出すものは、議論の手段によって産みだされる道徳的同意という観念に、懐疑論者が向ける異論である。実践的言述の議論法的規則を理性のうちに基礎づけるために、彼が議論法一般の語用論的な前提に訴えるのはこの異論との関連においてである。われわれが自由の自己立法的性格について抱く意識を、カントが「理性の事実」と表現して止まる地点に、まさに試みが介入してくる。カール・オット・アーペルにおいては、これは「究極の基礎づけ」(letzte Begründen) にほかならない。この基礎づけは、カントには受け入れられない行為遂行的矛盾 (contradiction performative) という観念に訴えるのであり、この観念は、超越論的議論法には固有の自己言及性を、無限後退であれ、言連鎖の恣意的な中断であれ、議論内の循環であれ、そのようなよく知られた非難から救い出させてくれる。こうして超越論的語用論は、実践的領野で、カント的な超越論的演繹を再開して、議論法の規則の役割を果たしながら、普遍化の原則がどのようにして議論法一般の前提の中に暗黙の状態でいるかを示すのである。「コミュニケーションの限界なき共同体」を前提することは、各人の判断の自律と、実践的議論に関係するすべての人たちの合意の期待との完全な合同を、前提のレベルで表明するだけの役割をもつ。

この究極の基礎づけの要求についてのハーバーマスとアーペルとの公開論争に、私は立ち入らない。この基礎づけは、われわれのこの逆向きの行程の最後の段階であり、われわれはそれの反対側の、規範から現実化へ向けての前進的行程を、今から直ちにたどることにする。ただ次のことに留意しよう。つまりアーペルの野望はハーバーマスのそれを上まわることで、アーペルにとり究極の基礎づけの観念そのものは、それによって言語哲学が意識の哲学にとって代わったパラダイムの変換を再検討に付すのである。ハーバーマスにとり、行為遂行的矛盾に訴えることは、この超越論的前提がそれだからといって最終的正当化となることもなく、議論的実践の枠内には交代の原則は存在しないと認める以上のことを意味しない。(75)

正当化の行程と逆の行程をたどるように促すものは、究極の基礎づけという観念をまさに断念することである（その基礎づけを解釈学者は、理解の有限性を強調することによって確認するだろう）と述べるだけに私はとどめよう。ハーバーマス自身とともに「日常生活の道徳的直観は、哲学者による解明をまったく必要としない」（*ibid.*, p. 119）こと、基礎づけの企ては、「職業的イデオロギー」（*ibid.*）に仕立てあげられた懐疑主義的な反対論証に関連して、結局はヴィトゲンシュタイン的な意味での治療的機能しかもっていないことを認めるならば、議論の倫理は単に、普遍化の要求の後ろ向きの道を通っての基礎づけの試みの賭金だけであってはならず、現実の実践のレベルで前進的な道を通って試すことの賭金でもなければならない(76)。

以上述べてきたことは、普遍化の要求をその最高度の信頼性にまでもたらし、その結果として、議論の倫理実現の文脈的性格から引き出される反論を、同じレベルまでもたらそうとする以外の野望はもたなかった。すでに何度も確証したように、文脈主義的テーゼの信頼性をたかめるもろもろの葛藤は、正当化の行程ではなく、現実化の行程で衝突するのである。この正当化の行程でなされる選択の歴史性を強調する議論と、基礎づけの企てにむかってなされる懐疑主義的議論とを混同しないためには、この場所の違いについてよく理解しておくことが重要である。この指摘は、われわれが模範的とみなす普遍主義者のテーゼ、すなわちハーバーマスの議論の倫理のテーゼを論じるには最高の重要性をもつ。

文脈主義の名のもとにわれわれが出現させようとするのは、内容に関しては、新しい葛藤ではない。それは正義の規則の現実化の条件を、次に相互性の規則の現実化の条件を論じたときに、われわれが出会った葛藤そのものである。だがわれわれはこれまで、道徳的判断が直面せねばならない状況の多義性、さらには不確定性を強調してきたのに対し、今や考慮しなければならないのは、道徳的判断がその中で方向を見いださねばならない諸評価の、歴史的に文化的に決定された性格をである。

私はこうした当惑させる事態が最初に起きたときのことを思い起こす。それはロールズにおける正義の原則を純粋に手続き的な解釈をした際のことで、その解釈は、一切の目的論的考慮を、社会契約の当事者たちの個人的な意識へ送り返してしまうのを正当化するものであった。正しさの概念はそれによって、善の概念から完全に切り離されることができた。ところが、配分の観念と切り離せない第一位的な社会的善の観念とともに、目的論的概念が力をとりもどし、ついには一元的な正義の観念を、問題となっている社会的善（市民権、需要、商品、責任や権威の地位、など）に結びついた意味を支配している評価の多様性に応じて、多数の正義の領域に分解させるようになった。その際われわれは関係する善の現実の多様性によって提起された問題に集中するために、これらの意味や評価の歴史的、共同体的性格によって提起された問題を今まで延期したのであった。この歴史的、共同体的性格こそ、今や前面に押し出されねばならない。この性格は、これらの善のうちばらばらに取り出されたそれぞれの善が一定の文化の中でおびる意味に影響するだけでなく、正義の諸領域と、それに対応する多様で潜在的に競合しあっているもろもろの善との間にそのつど立てられる優先順位にも影響する。この意味で、われわれがこの語に与える広義での配分はどんなものであれ疑わしくなってくる。事実、普遍的に妥当する配分の体系というものは存在せず、知られているすべての体系は、社会の暴力的な歴史を画している闘争に結びついた、取消し可能な偶然的な選択を表明しているのである。

それゆえ、同じ歴史性が政治的実践のあらゆるレベルに影響を与えるのは意外ではない。というのも、まさに政治的実践は、配分すべき善の間でそのつど割当てられる優先順が依存する配分の権力を、その賭金とするからである。多元主義的な民主制において制度化されている政治討論のレベルから、善い政府の目的を対象とする議論のレベルへ（安全、繁栄、平等、連帯、など）そして最後に民主主義そのものの合法化のレベルにいたるまで、政治的実践のあるレベルから別のレベルへと移ると、追求される目的の不確定性が増大するのが確認される。この不確定性が、蓄積される当惑を社会が実際に決着をつけるための選択の歴史性をわれわれに強調させるようにする(77)。

政治の領域から対人関係の領域に移ると、新しい葛藤の根源が現れてくる。それは主として、法の尊重と人格の尊敬との分裂から派生してくるものである。この新しい枠組では、問題となるのは善の多数性よりも、むしろ人格の現実の多数性である。というのは人格の他者性は人間性の概念の単一の相と対立するからである。その際われわれは、「生の終り」に関するものや、技術時代において「生の始まり」がひき起こすものなど、とりわけ苦悩にみちた良心問題のいくつかを強調した。ところがこの同じ良心問題が、理性的存在者としての人格にもとづく尊敬の原則に結びついた普遍性の要求と、解決の模索との間の葛藤に応じて、再定式化されることができる。その解決は、尊敬を基礎づける人間性の明瞭な基準をもはや、あるいはまだ満たさない存在者の扱い方が提起するもので、その意味で、それは歴史的であると言うことができる(78)。

こうしてこの第9研究の第1、第2節でなされた論議のすべては、その応答を、また言うならば論議の反省の焦点を、普遍主義と文脈主義の葛藤のうちに見いだす。このつながりは何ら意外ではない。というのも、結局は道徳的な自己性を定義する自律の原則に結びついた普遍性の要求は、それを表明する特権的な場を、人格にもとづく尊敬の原則に支配された人間関係のうちに、また正義の規則に支配された制度のうちに見いだすからである。

正義についての手続き的な考え方と、すべての人に共通な人間性という抽象的な考え方とによってひき起こされた葛藤を、普遍主義と文脈主義の二律背反という形で再定式化することにより、われわれは議論法の倫理に中心をおく議論のための場を用意したのであった。

議論法の倫理は、提起されるすべての問題がその解決を議論法の倫理のうちに見いださねばならないことを強調する。というのも議論法の倫理は、正義の規則や尊敬の原則より上位にあるからで、これら両原則の葛藤は先に述べたように、両原則の適用の限界を示している。分け前を競売に付すことは、それがどんな種類のものであれ、結局は議論の対決の結果として生じるものではないか。その対決はロールズ的寓話の原初状態においてだけでなく、いかなるものであれ正当に配分することを賭金とする現実の議論においてもなされるのである。さらにこうつけ加えよう。正義についての考え方が厳密に手続き的であろうと望めば望むほど、それはみずから産みだす葛藤を解決するために、ますます議論の倫理にゆだねるようになる。その状況は、理性的存在としての人格にもとづく尊敬の原則によってひき起こされる良心問題についても同じではないだろうか。たとえば胎児は人格か、物か、あるいはその中間の実体か、という問題をはっきり解決するために、発達の存在論に訴えたことは、胎児の権利に関する論争で、最良の論拠を探求することに等しいのではないか。しかもその探求は、議論法の倫理を正当化する普遍主義的要件の前提の外側では、意味をもちえるだろうか。

私はこのテーゼの力を認め、そしてそれを、これから述べるある点までは採用しよう。そうするのは、歴史的に違った共同体における葛藤が論じられ、解決される仕方を観察することから引き出される文脈主義的な反論が、私見によれば、ひどく悪用されるのに私は反対するからである。現代ではこれらの反論は、「諸文化」が結局は多様な性格をもつというテーゼを評価している、ということはわかる。ここで「文化」

という語は民族誌的な意味にとられており、したがって啓蒙主義から由来し、ヘーゲルによって発展させられた理性と自由の教育という意味からはほど遠い。そのために、差異のための差異の弁明に帰結し、その弁明は一切の議論を無益としてしまうゆえに、すべての差異を無関係なものにしてしまう[79]。

議論法の倫理において私が批判するのは、どんな情況下でも、どんな議論においても、最良の論拠を探求する促しに対してではなく、カントから取られた純化の戦略の名のもとに再構成することに対してである、その戦略は、それなしにはコミュニケーションの倫理は現実に対して影響力をもたなくなる文脈的媒介を、思考不能にしてしまうからである。カントはその純化の戦略を、傾向性や、快楽または幸福の追求（すべての感情的様態を一緒くたにして）に適用した。ハーバーマスはそれを、慣習の名をかぶせたすべてのものに、適用する[80]。私はこの議論法の厳格主義が、権威の原則に服し、したがって原則として公的議論を免れた伝統の中に固着したとみなされる過去との断絶という観点からもっぱら近代性を解釈することに帰因すると考える。それによって、議論法の倫理においては慣習が、カントにおいて傾向性の占めるのと同じ位置を占めるようになることが説明される。こうして議論法の倫理は、少なくともロールズやドゥオーキンのそれと同じ位に手続き的な普遍主義と、みずからを議論の場外においてしまう「文化的」相対主義との間の不毛な対立の袋小路に力をかしてしまうのである[81]。

この長い周航の終点に来て私としては、議論法の倫理が文脈主義の反論を統合できるようにするとともに、文脈主義のほうも普遍主義の要求を真剣に受けとめて、この要求を文脈化する条件に集中できるようにする議論法の倫理の再定式化を示唆したい（この最後の理由によって、私は歴史主義または共同体主義の用語よりも、文脈主義の用語を選ぶのである）。

問題にしなければならないのは、議論法と慣習との拮抗関係であり、それを議論法と確信との精緻な弁証法に置き換えることである。この弁証法に理論的帰結はなく、ただ状況内の道徳的判断の裁定の実践的帰結があるだけである。

この困難な弁証法に入っていくには、現実化の行程で考慮された議論法も一つの言語ゲームであって、それは実体化されると、専門化以外のどんな生活形式にも対応しなくなってしまうことを思い出してみるのがよい。専門化とは、ハーバーマス自身が、議論法の倫理の正当化という後ろ向きの行程で、懐疑主義的反対論の支持者を非難した言葉である。現実の議論では、コード化され、様式化され、さらには制度化された形をもつ議論法は、多数の言語ゲームを働かせる言語過程の中の抽象的な一分節にすぎず、言語ゲーム自体も難問事例における倫理的選択と関係するのであって、そこでたとえば物語や生活史の手段に訴える。それらは場合によって、感嘆や尊崇の念まで、または嫌悪や反感さえもひき起こし、あるいはもっと単純に、フィクションの形で未知の生活の型を探索する思考実験への好奇心をかき立てるのである[82]。これらの言語ゲームは、それだけの数のコミュニケーション的実践をなすもので、そこにおいて人間は、議論の形にする以前に、共に生きようとすることが何を意味するかを学ぶのである。たしかに議論法は、まさにその普遍化の要求のゆえに、他と同じような言語ゲームではない。だがこの要求は、論争の賭金であるところの選択の形成にあずかる他の言語ゲームの媒介を受け入れないかぎりは、効果的ではない。とするとめざされている目的は、対決しているいろいろな立場から、議論の主役たちに提供されることのできる最良の論拠を引き出すことである。しかし議論法の倫理のこの矯正的な行動は、何かについて、「生活の事がら[83]」について議論がなされることを前提とする。

とすると議論法は、なぜ他の言語ゲームによるこの媒介を認め、それらの潜在的な議論能力に対するこの矯正的な役割を引き受けねばならないのか。それはまさに、議論法が単に伝統や慣習の敵対者として振舞うのではなく、確信の内部で働く批判機関として振舞うからであり、議論法は確信を排除するのでなく、ロールズが反省された平衡と呼ぶものにおける「熟考された確信」の位階に高めるのを責務とするのである。

普遍性の要求と、それに作用する文脈的な制限を認めることとの間の、このような平衡こそ、先に述べた葛藤の枠内で、状況内の判断によって最終的に賭けられるものである。

排除できないパートナーとして確信を仕立てあげるものは、多様な善についての意味、解釈、評価などが発してくる立場を、確信が表明しているという事実である。実践とそれに内在する善から、人生計画や人生物語を経て、人間がひとりまたは共同で、完全な生活はどんなものとなるかについて抱く考えにいたるまで、それら多様な善は実践の各段階にわたって並んでいる。というのは、関係する善がさまざまな実践に内在する善を超越している政治的実践のレベルにおいてさえ――たとえば善い政府の目的について、民主主義の正当性についての論争において――結局は何を議論するのか。制度的な媒介をこえて、正しい制度において、他者のために、他者とともに完全な生き方をめざすための、大論争の各論者にとっての最良の方法について論じるのでなかったら、結局は何を議論するのか。義務論と目的論との絆をわれわれはたえず強化しているが、そのことのもっとも高度で、しかも脆い表現をわれわれは、議論法の倫理と、熟考された確信との間の反省された平衡のうちに見いだす[84]。

このような微妙な弁証法の例は、人権についての現在の議論によって提供される。基本的に、厳密な意味の法律文書でなく、宣言文書のレベルでとらえられたこれらの人権は、議論法の倫理そのものからのよく議論された派生物とみなすことができる。いずれにしても人権は諸国家のほぼ全会一致で批准された。それでいて、人権は単に西洋に固有の文化的歴史の成果にすぎず、宗教戦争や、寛容といった面倒な、そしてけっして終ることのない学習を伴っているではないか、という疑念は残っている。まるで普遍主義と文脈主義とは、人間と市民の権利の普遍的宣言の中に読まれる価値のような、少数だが根本的な価値のまわりに、不完全に重なりあっているかのようである。しかしこの権利の行使を保証している明確な法律についてはどうなっているのだろうか。その法律こそはまさしく特殊な歴史の所産であり、その歴史は、ほぼ西欧民主主義の歴史である。そしてこの歴史において産みだされた価値が、他の文化によっても共有されるのに応じて、自民族中心主義という非難が宣言文書自体にはね返るようになる。その宣言文書は地球上のすべての国によって批准されたのではあるが。私の考えでは、このような漂流は拒否し、次の逆説を引き受けるべきである。すなわち、一方では、普遍的なものと歴史的なものとが交叉するいくつかの価値に結びついた普遍性の主張を維持し、他方では、この主張を、形式的なレベルではなく、具体的な生活形式に挿入される確信のレベルで、議論に提供することである。もし議論の各当事者が、潜在する他の普遍性は異国的《エグゾティック》とみなされている文化の中にも埋れていることを認めないならば、その議論は何の結果も産みだせない。可能な合意への道は、受容可能性のレベルにおける相互的承認からしか出てこない。そのレベルとは、可能な真理を認め、はじめはわれわれにとって異質な意味の命題を認めるレベルである。

文脈における普遍性、あるいは潜在的もしくは初動的な普遍性のこの概念は、私見では、われわれが普遍性と歴史性の間に探し求めている、反省された平衡をもっともよく説明するものである[85]。確信が慣習をこえるように促されている現実の議論のみが、この長い歴史の来るべき終りに、主張されるどんな普遍性が、「関係するすべての人々によって」（ハーバーマス）換言すれば、以後はあらゆる文化の「代表的人物」（ロールズ）によって認められる普遍性となるかを言うことができよう。この点に関して、われわれがこの第9研究を通して追跡している実践的知恵の一つの顔は、諸確信の葛藤において議論法の倫理が試されている、この会談の術である。

本書の第7、第8、第9研究を覆うこの「小倫理学」におけるわれわれの最後の言葉は、次のことを暗示するものとなろう。すなわちわれわれの探求する実践的知恵は、アリストテレスによる「賢慮」(phronēsis) を、カントによる「道徳性」(Moralität) を介して、ヘーゲルによる「人倫」(Sittlichkeit) と両立させることをめざすのである。「賢慮」についてわれわれは次のことを銘記する。それのめざす地平は「善い生き方」であり、それの媒介は熟慮であり、それの当事者は「賢慮の人」(phronimos) であり、それの適用点は個別的な状況である。(86) しかしこれら三つの研究の最後に来て円環が閉じたように見えるとすれば、それはあえて言えばわれわれの出発点から別の高度に移ったからである。すなわち、はじめのページの「素朴な」賢慮(第7研究)と、最後のページの「批判的」賢慮との間には、道徳的強制、義務の地帯(第8研究)がひろがっており、それは存在すべきでないもの、つまり悪は存在しないこと、とりわけ人間によって人間に加えられる苦痛は廃されることを要求する。そしてこの不毛の地帯を脱け出て、行動の悲劇性に関わる葛藤の地帯(第9研究)がひろがる。こうして「批判的」賢慮は、これらの媒介を経て、〈人倫〉と一体化しようとする。だがこの〈人倫〉は、〈精神〉がみずからに生じさせた矛盾に対する勝利をしるしづけようとする〈精神〉の自負を剝奪されている。謙譲さへ追いやられた〈人倫〉は、状況内の道徳的判断において賢慮と合体する。そのかわり、状況内の道徳的判断の賢慮は、多くの媒介、多くの葛藤を経てきたゆえに、一切のアノミー〔社会秩序や価値体系の崩壊〕への誘惑から免れている。状況内の道徳的判断が形成されるのは、公的論争、友好的な討論、確信の共有を通してである。この判断にふさわしい実践的知恵について、〈人倫〉が賢慮を「媒介する」のに応じて、〈人倫〉は賢慮を「くりかえす」と言うことができる。

＊

第7、第8、第9研究の最後に来て重要なのは、自己の新しい規定を指し示すことである。その規定は、語り、行動する自己、自分自身の歴史の作中人物＝語り手の規定につけ加わるものである。そのうえ、これら三研究は、ここに到着点を見いだす九つの研究全体を構成する現象学的＝解釈学的円環を完結するのであるから、序言の冒頭で表明した三つの基本的な問題提起（p. 1–6）を案内役にするのが適当であると思われた。すなわち、何が＝なぜ＝いかにしての分析により、誰がについての反省を経由すること、同一としての自己同一性と自己としての自己同一性との調和と不調和、自己と自己以外の他者との弁証法、である。

最初の四つの研究が第一の問題提起を優先的に扱い、次の第5、第6研究が第二の問題提起を優先させたことが事実であるとすれば、第7、8、9の倫理的＝道徳的研究は第三の問題提起に力点を置いている。とはいえ、これの三研究を読み直してみると、これらの研究は三つの問題提起を同じように前進させたと言うことが許される。われわれはそのことをこれから立証しよう。そのためにこれら三つの問題提起のそれぞれに、古代や近代の道徳哲学から借用した象徴的な用語を選びだす。おそらくわれわれの研究はその用語を充実させ、明確にすることができるだろう。

第一の問題提起に事実上属するのは、「善い」と「義務的」の述語の規定を迂回することで、それらを分節することが、三研究の流れを区切る。この迂回は、それ以前の研究で行動と物語の構造によって迂回したことに相当する。たしかに、「善い」と「義務的」の述語はまず、なされた行動またはこれからなされる行動に適用された。われわれは行動目的の評価に、選択を階層化し、原因を知って行動することができる自己への評価を対応させることによって、自己への回帰運動を開始したのであった。とはいえ、自己評価の概念が配置された第7研究第1節に続く展開において、自己評価がおびるますます複雑な形式と行動の倫理的、道徳的な評価との間の相関関係を示すための用語が欠けている。責任帰属（imputabitité）という古典的な語がこの要請に応えると私には思われた。それはわれわれの探求によって暗示された再現代化という代価とひきかえにであるが[87]。この用語を選んだことの利点は、第4研究の終りで中断したままにしておいた ascription（帰属）の概念の分析を再開できることである。それはアポリア的な表現となっていたことが思い起こされる。責任帰属とは、倫理的、道徳的述語の条件下で行動をその行為者に帰属させることである、と言おう。その述語は行動を、善い、正しい、義務にかなう、義務によってなされるとして、そして最後に、葛藤的な状況の場合でもっとも賢明なものとして、規定するのである。

責任帰属が ascription の延長上に登記されることは、かつてA・ラランドによって刊行された『専門的批判的哲学用語辞典』にあるような定義が前提とするところである。そこにはこう記されている「Imputable は元来〈ある人物の責任に帰されうる〉を意味する」。imputabilité を規定するのは「行為と行為者との関係で、一方では行為者の道徳的価値を、他方では、その結果として生じる報酬、懲罰、または損害賠償を考慮に入れない」とあるだけである[88]。事実、この定義は、われわれが ascription と呼んだものに何もつけ加えないし、ascription は行動の行為者の特定の因果性に関係する。たしかにこの定義の著者たちが、imputer（責任を負わせる）と incriminer（糾弾する）を混同しまいと配慮したのはわかる[89]。A・ドナガンが二種類の道徳的規則の区別にもとづいて提唱する imputabilité の定義は、逆の危険を引き受けることになろう[90]。すなわちドナガンが第一種の規則と呼ぶものは、行跡（deeds）とみなされる人間の行動に関連し、第二種と言われる規則は行為者の精神状態に関連する。第一の規則は、許可／不許可の対立との関連で定義されるのに対し、第二の規則は有罪／無罪の対立との関連で定義される[91]。しかし第一も第二も普遍性を主張する。imputabilitéの二つの定義は、「客観的」規則と「主観的」規則のこの区別から帰結することができる。その機能は、許可／不許可のカテゴリーと、有罪／無罪のカテゴリーとを協調させることであろう。imputerは、ある行動を誰かの責任に帰すだけでなく、許可／不許可のカテゴリーに入れうるものとしての行動を、有罪／無罪と判定され得る誰かの責任に帰すことでもある。imputabilitéの定義の中に、二種類の規則の区別を記入し、そのうちの第二種の規則が、第一種の規則に従属することを強調する仕方は、非難や称讃を照合する、もっと通俗的な責任帰属に反映している[92]。非難や称讃は、行動についての許可／不許可、行為者についての有罪／無罪という二種類の規則を組合わせた（しかも分析者から見ると、混同した）表現なのである。

私が考えるに、責任帰属と糾弾とを分離しようとする配慮にも、また表面的には逆だが、非難と称讃を照合することにも、正当なものがある。私がしている倫理のレベルと道徳のレベルとの区別は、以上の二つの配慮を是認する定義に道を開くものである。事実、ドナガンの提唱する規則は、道徳性の理論に属するもので、それは前述の三つの倫理的＝道徳的研究を支配してきた区別を知らない。たとえば〈黄金律〉は、そこではカント的命法の用語で一挙に再解釈されるのである。

もしわれわれの区別が認められるなら、責任帰属の概念を構成する核を、もっとも深い倫理の平面に割当てなければならない。こうしてわれわれは自己評価へ送り返される。ただし、正しさ、善、義務、手続き的な正義、そして状況内の道徳的判断などの決定の全行程によって媒介されたものとしての自己評価である。そうすると、ある行動は誰に責任が帰されるか。それは行動の倫理的＝道徳的決定の全行程を歩み通すことのできるものとしての自己に、であり、その行程の終りに来て、自己評価は確信となる。確信において、ドナガンによる第一種の規則と第二種の規則とが出会う。すなわち行動の倫理的＝道徳的客観性と、この客観性から、またそれを経て、自己に帰る行為者の主観性とが出会うのである。この代価を払って責任帰属は、行動を行為者に帰すことの倫理的＝道徳的表現とみなされることができ、糾弾が責任帰属の法規にかなった形式とみなされることはなくなる。行動とその行為者とが、ともに称讃や非難に従うべきものとして現れるだけで十分である。しかし自己評価において、何らかの仕方で非難にまさるのは称讃である。

今度はわれわれの倫理的＝道徳的考察を、第二の問題提起の視点に置き換えよう。この問題提起では、自己の概念が自己性と同一性の間の葛藤的関係によって関与させられている。少なくとも道徳哲学においては、責任帰属の概念よりも最近の、責任の概念がわれわれにとって参照項となってくれる。この概念もまたわれわれの分析によって、さらに充実化と明確化を受けるのである。物語的自己同一性の研究において賭金であったもの、すなわち時間における恒常性という形で、時間と関係をもつ自己同一性のこの構成要素から出発しよう。われわれはこのカテゴリーの二つの意味が、自己維持と経験の持続とが重なりあったり、分離したりするにしたがって、物語のレベルで対決しあうのを見た。その同じ弁証法を、責任の概念は再びとりあげ、それを一歩前進させようとするのである。

それを立証するのに、責任と時間性の関係を、時間性が含意する三つの方向に展開しよう。そしてその第三の方向をもって、自己性と同一性との関係がその極端な複雑性を明らかにするのである。

未来という角度から、われわれの反省は常識の反省ともっとも容易に噛み合う。その慣用的な意味の一つによれば、責任とは、ある人が自分の行為の結果を引き受けること、換言すれば、来るべきある種の出来事が、はっきりと予測された、望まれたことはない、という事実にもかかわらず、その人自身を代表するとみなすことを意味する。つまりその出来事は、彼の意に反して、彼の所業なのである。この意味は一方では、その人の落度で生じさせた損害を修復する義務との関連で、民法の枠内に具現したことは事実である（または法によって定められた別の場合では、たとえば動物の所有者、番人の責任）。他方では、その意味は、懲罰を受ける義務との関連で、刑法に具現している。責任の概念の用法における、このような法の二重の優先性は、自分自身の行為の結果を、前もって決定できない程度で、受け入れたり、甘受するという考えに、単に法的なだけでなく、道徳的な意味を付するのを妨げるものではない。H・ヨナスはこの土台に立って、技術時代における公的権力と市民の決定の、長期にわたる結果を考慮して、「責任原則」を再構成することを試みた(93)。それによって彼は、われわれの責任概念を新しい定言命法の地位に高めることによって、その概念に革命を起こそうと考える。すなわち、未来の人類がわれわれの後にもなお、居住可能な地球環境に存在するように行動せよ、という命法である。それが革命であるというのは、このモラリストが視線を、責任帰属の概念がそうさせる傾向があるように、もっとも隠れた意図を探し出すのとは逆の方向にむけるからである。その結果は逆説的である。責任帰属によって、実行なき、実現なき有罪性がありえる。責任によって、意図なき有罪性がありえる。先に言及した概念である、われわれの行為の及ぶ範囲は、われわれの計画の範囲を越え出ている。

しかし責任の概念は、過去に向けられた顔ももっている。というのはその概念は、過去が全面的にわれわれの所業ではなくとも、自分の所業として引き受けようとし、われわれに影響を与えるその過去を引き受けようとすることを意味するからである。拙著『時間と物語III』で、われわれのある面での省察で大きな位置を占めた負債（dette）の観念は、責任のこの回顧的な次元に属する。この観念は次の第10研究で、受動性と他者性の枠組で、それにふさわしく発展させられるだろう。今から言っておくことは、自分が現にあるようにしてくれた人に対して、自分が負債を負っていると認めることは、自分に責任ありとすることなのである。

責任についての前望的と回顧的のこの二つの意味が、現在における責任に対して、合体し、重なりあう。しかしこの現在は、年代順的な時間の、切れ目としての瞬間、点としての瞬間ではない。その現在は、時間における永続性に関して、まさに同一性と自己性の弁証法がそれに与える厚みをもっている。現在において責任をもつことは、なお明確にせねばならない仕方で、昨日行動し、明日も行動するであろう同じ人として、今日もみなすことに同意することである。道徳的な自己同一性が立脚している物語的自己同一性の場合のように、自己同一性の二つの意味が競合しあうようになる。すなわち、一方では、先に性格がそれに相当するものとした、身体的、心理的な連続性、したがって、ある種の同一性が、道徳的自己同一性の認識を、とりわけ民法や刑法に関係する責任の場合に、支えている。他方では、物語的自己同一性の〈難問事例〉に比すべき限界事例がある。そこでは日常の肉体的、心理的基準による同定が疑わしくなって、ついには——刑法が問題になる場合には——容疑者が見分けられなくなる、と言うようになる。自己としての自己同一性と同義である自己維持は、その人がなったと見えるこの他者と同一人物であるとみなされることを要求する、道徳的主体によってのみ引き受けられる。しかし、現在に対するこの責任は、未来の結果の責任と、それに対して自己が負債を負っていると認める過去の結果の責任とが、点ではない現在に統合され、いわばその現在に要約されていることを前提としている。

いかなる経験の持続にも還元しえない、この自己自身の維持は、おそらく、われわれが先に接近し、そして遠ざけておいた現象の鍵を含んでいよう。その現象は責任帰属の一般的な定義に、すなわち、imputer とはあることを……の責任に（au *compte* de）帰すことであるという定義に合体してしまってはいるのだが。まるでわれわれの行為は大きな会計簿（livre de comptes）に記入されて、そこに記録され、そこで古文書となるかのようである。おそらくこの記入と記録の隠喩は、われわれが今しがた結果の責任と負債の責任の現在における要約と呼んだものの客観化を表現していよう。このように、われわれのすべての行為がわれわれの外部で連鎖しているというイメージに客観化された自己維持は、〈自己〉を自己自身の敵とする運命の外見をおびる(94)。

自己自身と自己以外の他者との弁証法に対し、第7、8、9研究の寄与するところについては、もっと簡潔に述べよう。この弁証法はある種の仕方で、それ以前のあらゆる展開にはっきりと現前していたのである。そのうえ、この弁証法は次の第10研究で、〈同〉と〈他〉という表題で再びとりあげられよう。とはいえ、自己への還帰のために始動させられる第三の問題提起のレベルで、前述の責任帰属と責任のカテゴリーに対応するカテゴリーを命名せねばならないとしたら、イエナ時代やそれ以後の著作すべての流れにおけるヘーゲルになじみの承認という語を選ぶだろう。承認とは、自己評価を心づかいへ、心づかいを正義へともたらす動きについて反省する自己の構造である。承認は自己の構成そのもののうちに双数と多数性を導入する。友愛における相互性と、正義における比例的平等は、自己意識に反映すると、自己評価そのものを承認の形象とする。次の研究でドイツ語の Gewissen の意味の良心についてわれわれが述べることは、良心の裁きにおける同と他のこのような連繫にその根をおろしている。

第10研究　いかなる存在論をめざして

この研究は、どの研究にもまして、探索的な性格をもつ。これは、自己の解釈学の表題をつけられたこれまでの研究の、存在論的な含意を明らかにすることをめざす。自己の存在様態とはいったいどんな様態なのか、自己はどんな種類の存在者もしくは本質体なのか。困難さを分割し、それに、つねにわれわれの方法であった断片的方法を適用するために、序言で提起された問題図式をもう一度取りあげよう。その図式によると、解釈学とは次の三つの問題系の連接する場所である。

(1)　分析の迂回路をとって、反省への間接的な接近。
(2)　同一性との対比を通しての自己性の第一の規定。
(3)　他者性との弁証法を通しての自己性の第二の規定。

自己の解釈とこの三重の媒介の展開との間の正確な等価性によって、この連鎖に解釈学の名を与えることができた。

以上の三つの問題系を階層化することが、本書のこれまでの研究を導く糸でなかったことは確かである。それらの研究はむしろ誰がの問いの、ある種の多義性の上に構築されたのであるから（誰が語るのか、誰が行動するのか、誰が自分を物語るのか、誰が責任を負うのか）。とはいえこれまでたどってきた順序は、以上の三つの媒介の連鎖にまったく関係のないものではなかった。反省と分析との連接は、実際に第1研究から課され、以後の研究でもずっと続けられてきた。自己性と同一性の弁証法は、第5研究ではっきりと前面に出てきた。最後に、自己性と他者性の弁証法は最後の三つの研究をより完全に支配した。これら三つの問題系、三つの媒介が、今言ったような順序で、以下の存在論的素描を導いてくれよう。三者の最終的な交叉は、はじめに提出した、自己はどんな種類の存在かという問いの背後に隠れている、存在の意味の多様性を現れさせる。この点で、以下の研究全体は、プラトン、アリストテレスから受け取った存在の多義的な考え方によって支配されている。

提出された第一の問題は、本書の全研究の一般的な存在論的拘束にかかわり、本書の序言を結論づけた証しの概念から定式化できる。第二の問題は自己性と同一性の区別の存在論的な射程にかかわる。それは第一の問題から発する。というのは証しは、自己性の意味での同一として各自が存在することの確実性と同一視されることができるからである。第三の問題は、本書の題名そのものにかかわるゆえに、はるかにもっとも複雑で、包括的なものであり、それは自己性と他者性の関係の特に弁証法的構造に関係する。

さて、自己性と他者性が対立しあい、構成しあう弁証法は、第二度の言述に属し、それはプラトンが『テアイテトス』『ソピステース』『ピレボス』『パルメニデス』において用いている言述を思い起こさせる。この言述は、プラトンの〈同〉と〈他〉に類似した「主要な類」のメタカテゴリーを舞台にのせる。それは、人物や物体といったような、まだカテゴリーや実存範疇に属している第一度の言述を超越している。人や物は第1研究から、基礎特殊者として現れているもので、それには最終的に、行動の述語のような述語が帰属させられる。この点で、本書の最後の三つの研究は、人物と物体の区別に、もはや単に分析的＝記述的なだけでなく、倫理的な地位を与えながらも、まだこの第一度の言述の枠から抜け出せなかった。

われわれの自己の解釈学の第三の弁証法から生じた、他者性というメタカテゴリーの細心の扱い方は、この第二度の言述を、自己の解釈学のより明瞭な現象学的な相と、はっきり区別するようにわれわれに強いるのである。

しかし、自己の存在様態を対象にした存在論的性格の探求の思弁的な次元を、もっともよく現れさせるのは、第三の弁証法である。今から第一の存在論的アプローチを第三のアプローチの視角の中に位置づけておくことの最後の理由はこうである。われわれがとりあげる意味での自己性と他者性のいずれもが、反復のもっとも平凡な意味で、いつでも反復される存在論の固着した言語に、単純に再定式化されないからである。自己以外の他者は、厳密にはプラトンの〈他〉に匹敵するものではないだろうし、われわれの自己性もプラトンの〈同〉の反復ではないだろう。われわれがここで素描する存在論は、序言で示唆したものに忠実である。すなわち存在論が今日でも可能であるのは、体系化や学校教育の過程によって、死蔵され、さらには抑圧されたままになっている意味の潜在力のおかげで、過去の哲学が再解釈や再適合化できるように開かれているかぎりにおいてである。その体系化と学校教育の過程のおかげで、われわれは学説集成《コルプス》をもっており、それをプラトン、アリストテレス、デカルト、スピノザ、ライプニッツなどの大著者の名でわれわれはふだん同定している。実をいえば、過去の大体系が窒息させたり、覆い隠したりしがちなこれらの資源を覚醒させ、解放させられなければ、どんな革新も可能ではないだろうし、現代思想は反復と彷徨の間の選択しかないことになろう。形成中の哲学と哲学史の関係に関する原則についてのこの見解は、われわれが別のところ、すなわち『生きた隠喩』と『時間と物語』で、伝統と革新について述べたことに結びつけてみることができる。しかしこの格率を実行に移すのは、〈同〉と〈他〉のような「主要な類」のレベルではとりわけ危険である。〈同〉と〈他〉の歴史は、少なくとも、恐るべきものだからである。証しの存在論的拘束や自己性そのものの存在論的効力は、われわれの伝統との対決をより容易にしてくれないことを、われわれはほどなくして悟るであろう。

一　証しの存在論的拘束

われわれはこの存在論的探求を、序言が止まったところから開始しよう。われわれがそのとき、信用や信頼としての証しについておこなった称讃は、デカルト的〈コギト〉から帰結する自己基礎づけ的確実性の野望と、ニーチェ的批判の結果として、幻想にまで縮減された〈コギト〉の辱めの両方に反対すべきものであった。それゆえわれわれの最初の証しへのアプローチは、依然としてコギト論争に関連づけられている。ところで、本書の本体をなす諸研究は、〈コギト〉の措定の場所と、したがってまた〈コギト〉の廃位の場所との関連で、無場所（atopos）と言うことができた場所で展開してきた。それだからこそわれわれは、はじめに確実性の分野においてなした、証しの性格づけに限ることはできない。というよりむしろ、真理《アレーテイア》の観点から証しを性格づけることによって、われわれはすでに、そうは明言しなくとも、ただ知識の尺度に証しを位置づけることが問題であるかのような、純粋に認識的と言えるような論争とは別の論争をはじめてしまったのである。ところで、証しの真理《アレーテイア》によって性格づけることは、このような認識的な規定にはとどまらない。アリストテレスが『形而上学』六巻二章で述べている、存在または存在者の多義性をわれわれが導きの糸とするならば、真としての存在と偽としての非存在は、存在の根源的な意味であって、述語による存在、可能的存在と現実的存在、偶然的存在と区別されるとともに、それらと同じ地位にあるように見える[1]。信用として、信頼としての証しについての、これまでのすべての指摘をわれわれは、真としての存在のしるしのもとに集約しよう。ということは、真としての存在と偽としての非存在というメタカテゴリーは、アリストテレスがはじめて定式化したのと同じ用語で反復されることができるということなのだろうか。ここにおいて、現代思想における革新と伝統の関係についての、われわれの作業仮説を試す最初の機会が訪れる。

事実、証しは対決する最初のものを、分析哲学がこの概念に与えた強い意味での分析に、反省を連接させることに見いだす。まず最初に証しされるのは、分析による反省の媒介という真としての存在である。このような状況は多くの点で前例を見ない。主な逆説は次のことに存する。すなわち、その全過程に実在論的な調子を課しているのは、分析を経由するということで、それを別の著者たちは、好んで批判的な意味で、客観化と呼んだことであろう。この点で私は分析哲学の価値を正当に認めたい。私は存在論的素描をおこなうに際して、分析哲学にたえず論拠を見いだしているのである。ストローソンに倣ったわれわれの最初の進め方は、フレーゲ的意味論の指示の要求によって励まされた。そこで、基礎的特殊者としての人物と物体についての言述は、はじめから、……についての言述である。人物とはまず、当の語られている人である。分析哲学のこの実在論的傾向ははじめから、デカルトとヒュームから発するそれぞれ観念論的、現象主義的な二つの傾向に対し、断固として平衡をとるように働く。その後で、客観的または実体的な本質体《アンチテ》とまったく平等におかれた出来事概念が、デイヴィドソンによって実在論的に強調されたことは、私にとって大きな援軍であった。たとえ私には、彼の出来事の存在論が最後には引きずりこまれていく物理主義的な地盤までは、デイヴィドソンについて行けないとしてもである。パーフィットにおける人格的自己同一性の客観的な基準の探求についても、私には同じことが言える。物語的自己同一性の概念のほうは、フィクションによって養われているとはいえ、分析哲学者の人格的自己同一性の概念と葛藤するような関係のおかげで、自己についての肯定の存在論的効力という鋭い意味をもつ。その肯定は、ストローソン、デイヴィドソン、パーフィットなどによる分析でもって強力に媒介されている。これらの哲学者は、私が現象学起源の解釈学ともっとも体系的に対決させようと試みた人たちとして、名を挙げたまでである。

しかしそれは相互に役立っている。自己についてはまさにこの通りだという証しは、分析そのものにはね返り、それを次のような非難から免れさせてくれる。すなわち、分析はその言語的構成のゆえに、これこれの自然言語の特有語法を、あるいはもっと悪いことには、常識の偽りの明証を、明らかにするにとどまるだろう、という非難である。なるほどわれわれは日常言語の内部で、一定の自然言語の個別の構成に結びついた偶然的な用法と、その用法の可能性の条件であるという意味で、超越論的と言える意味とを区別するのに、しばしば成功してきた。だが超越論的なものと経験的なものとの、このまったくカント的な区別は、もしも行動の言語的規定が、この行動の存在論的構成に依存していることを断言できなければ、確立されることも、維持されることも困難なままである。その意味で、証しのほうが言語分析にもたらす補強とは、その分析が次のことが可能であることを正当化することである。すなわち一方では、日常言語のもっとも関与的な用法を、オースティンが気づいているように、目的にもっともかなった表現の概念別分類語彙集《シソーラス》として利用すること。他方では、日常言語を、常識の先入観、さらにはラッセルが疑ったように、誤った文法が悪しき存在論に誘導する表現の倉庫であるとして、批判するのを自らに許すことである。

それが、解釈学に暗黙に含まれる存在論が言語分析に対してなす、唯一の貢献ではない。言語分析は、所与の自然言語の偶然的な用法にそれが依存することよりも、重大な難点をとがめられることはありえる。逆説的ながら、言語論的転回（linguistic turn）は、哲学的意味論が指示にむかって展開しているにもかかわらず、言語から「外に出る」ことの拒否、そしていかなる言語外の次元に対しても、フランスの構造主義の示す不信と同じ不信をしばしば意味したのである。「すべては言語である」という暗黙の原理が、閉じた意味論へしばしば導いたことを強調するのは重要でさえある。その閉じた意味論とは、思考が現実の行為にけっして一体化することなく、まるで言語分析は、ある言語ゲームから別の言語ゲームに飛躍するのを余儀なくするかのように、人間の行動を現実に世界の中で起きているものとして説明できない。この点で、言語の層は志向的意識の生に対しては「効力がない」、とするフッサール現象学のような現象学は、その逆の極端さのゆえに、補正の価値をもつ(2)。

証しが証言するのは、最後には、自己の存在様態のレベルでの反省と分析の交差配列法《キアスム》である。私はここで、存在論的執拗さといったものを再び見いだす。しかもそれの弁護を私は別のところで確信の名においておこなったのである。その確信によると、隠喩やフィクション物語の場合のように、一見もっとも指示的でない言語の用法においてさえ、言語はなおも存在を語るのであり、それはたとえこの存在論的思念が、日常言語の字義通りの指示性を予め否認することによって延引され、延期されていてもである。

しかしこうした特質のすべてによって、証しの真理《アレーテイア》としての次元が、アリストテレスの言う真としての存在の延長上にまさしく記入されるとしても、証しが真としての存在を言うものは自己についてであるという唯一の事実から、証しはその次元に対しては、特別なあるものを保持している。そして証しは、言語、行動、物語、行動の倫理的、道徳的述語といった言語の客観化する媒介を通して、それをおこなうのである。それだからこそ真としての存在と偽としての非存在のアリストテレス的な区別を、無条件に反復することは不可能である。それほどにその区別は、一方では、真理の次元における断定的判断 apophansis

の推定される卓越性の、他方では、それを再び所有することは不可能ではないにしても、困難であり、危険であるような形而上学の、両方のとりこになっているのである。これについては、この先でさらに述べることにする。

私は証しによる真としての存在と、アリストテレス形而上学による真としての存在とを隔てるものを、たった一つの識別特徴でもって示してみたい。証しの反対は疑惑である、と序言から言ってきた。この意味で、疑惑はアリストテレスの対《つい》のうちの、偽としての非存在の位置を占める。だが、もし疑惑が証しと同じ真理の平面に、したがって認識的であると同時に存在論的な平面に属するならば、疑惑はまったく独自な仕方で証しと結びつく。真としての存在が偽としての非存在に対してそうであるような、純粋に離反的な意味では、疑惑は証しの反対ではない。疑惑はまた、証しへの道であり、証しの中の横断である。疑惑は、ちょうど偽の証言が真の証言につきまとうように、証しにつきまとって離れない。証しに疑惑がこのように密着し、内属することは、本書の諸研究の全行程をしるしづけてきた。たとえば、疑惑は帰属（ascription）のアポリアが最初に出現するときから入りこんできた。それは人格的自己同一性のアポリア、さらには物語的自己同一性のアポリアとともに再び勢いをもりかえした。それは、義務の葛藤に直面したときの状況内の道徳的判断において、確信に区切り目をつけるためらいという仕方で、もっと巧妙な形をとるのである。こうして、自己確信が誰がの問いの堅固な隠れがへ避難せねばならなくなる度ごとに、証しと疑惑の間の一種の不安な均衡をとらねばならなかったのである。

そうすると、究極に証しされるのは、同一性との差異において、また他者性との弁証法的関係においての自己性であるということを直ちに明確にしなければ、証しの存在論的拘束への道をこれ以上進んでいくのは困難と思われる。

2　自己性と存在論

今しがた示唆されたように、証しとは、自己性の様態で実存することの保証——信用と信頼——である。このように自己性の存在論的な賭金をはっきり示すことによって、われわれの自己の解釈学が進む航跡に呼び寄せる存在論に、新しい次元をつけ加えるのである。

前節で出会った難問よりもさらに扱いにくいと見える難問が、たとえそこに現れるとしても、きりひらくに値する一つの道がある。この道は、アリストテレスが現実態と可能態の区別のもとに位置づけた存在の四つの原始的意味の一つの再獲得に、自己の存在の探求を結びつけるものである。われわれの全分析が人間の行動のある単一性のほうを指しているかぎりにおいて、それはこの探索へと促されている——ただし受苦という補助的主題は留保し、それは次節で扱いたい。この単一性は、現実態および可能態としての存在というメタカテゴリーに属するのではないか。そしてこのメタカテゴリーが存在論に属することは、われわれがすでに何度か行動の類比的単一性と呼んだものを保護してくれるのではないか。われわれがそう呼んだのは、われわれの研究の断片的性格が強調する、行動と行動する人間との多義性の位置をはっきり示すためであった。というよりわれわれの探求の過程で、「振舞う」や「行動」といった用語の同義語として、しばしば「行為」〔acte——現実態も意味する〕（言語行為！）という用語をとりあげたのではなかったか。そして同じ文脈で、力〔puissance ——可能態も意味する〕という用語に訴えて、ある行動が帰属もしくは責任帰属される行為者の行動する力を、あるいは能動者の行動の受動者への力を（……への力とは、あらゆる形の暴力を発動する機会である）、あるいは統治者と被統治者との間の支配の位階関係よりも根本的とわれわれがみなす歴史的共同体の共通の力を言い表したのではなかったか。要するに、行為・現実態と力・可能態という言葉は、たえず、われわれの行動する人間の解釈学的現象学の基礎をなしてきたのである。こうした先取りは、人間の行動の単に類比的なだけの単一性を、存在と力の存在論に結びつけるのを正当化してくれるだろうか。

1　その課題が、現実態と可能態という観念に独自の進路を開くと見られる、存在の意味の複数性によって、原則的に正当化されると見えれば見えるほど、それの実行はかなりの障害にぶつかるため、その障害はアリストテレス存在論を再賦活させようとするわれわれの試みも、さらに時期が来れば名を挙げようと思っている現代人の試みも、ともにきわめて危険にみちたものにする。

自己性の存在論のために、アリストテレス存在論を再適合化することに対する抵抗が頂点に達するのは、『形而上学』五巻一二章と九巻一―一〇章で、デュナミス（可能態）とエネルゲイア（現実態）とが明示的に扱われるときである。哲学用語集の形をとった巻の文脈で、デュナミスとそれに関連した概念が扱われている五巻一二章で、読者は一挙に、われわれが行動の類比的単一性の基礎をなすと期待していた用語のもつ多義性に直面させられる。この多義性の中にはもちろん主要な（時として、単純なと呼ばれる）意味がある。すなわちそれは「物事の運動や変化の原理であり、その物事とは他なるもののうちに、あるいは他なるものとしてのその物事のうちに存する」(5, 12, 1019 a 15 sq.)[3]。しかし可能態と現実態の関係は考慮されていないうえに、変化に対する人間の実践の位置がすぐに問題となってきて、建築術とか治療術とかの与えられている例はポイエーシス（制作）のほうに傾くのに対し、「うまく遂行する」（第三の意味、これは九巻二章で再出する）はむしろ実践について言われている。

デュナミス＝エネルゲイアの対《つい》のこうした定義の試みから、『形而上学』九巻におけるこの対の組織的な扱いに移ると、困惑はいっそう増大する。

第一に、これら両語は互いに定義しあっているように見え、一方の意味を、他方の意味と無関係に決定することはできない。さもないと、五巻一二章で認められた多義性はばらばらに散逸してしまう結果になる。だが先行するものが何もない概念を定義できようか(4)。

そのうえ、これら根本的な概念が考えさせてくれるものを示す段になると、アリストテレスは言葉を惜しまないようになる。そのとき、もう一つの散逸が、つまり適用分野の散逸が優勢になる。こうして可能態としての存在（九巻一―五章はこれではじまる）は、パルメニデスの禁止に反して、変化を、もっと正確には、局部的運動を存在のうちに包含することを許す。可能態とは真の存在様態であるのだから、変化と運動とは、十分な権利をもった存在である。だが、運動とはどんな種類の存在なのかと問われると、『自然学』（III, 1, 201 a 10–11）による、運動の当惑させる定義に送り返されてしまう。すなわち、「可能的なものとしてあるかぎりにおける可能的なものの完全現実態《エンテレケイア》」。その意図は十分にわかる。運動に、一人前の存在論的地位を確保してやることである。しかしその代償に、何とも奇妙さを残す、可能態の完全現実態とは！　これが第一の適用分野、可能態としての存在の適用分野である。

今度は諸存在の鎖のもう一方の端に移ると、可能態なき現実態の概念に対して、不動なものの天界の存在論的地位を特徴づけることが要求される。それには『形而上学』一二巻でなされる、純粋現実態と「思惟の思惟」との大胆な同一視、という代価を払わねばならない。それについては、おまけに、それは不動のエネルゲイア（energeia akinēsias）である、とも言われるのである(5)！

さらに深刻なのは、可能態の観念が、自然学に対して超越論的と言えるその機能から引き出す高貴な資格にもかかわらず、その観念は現実態の概念からしか形成されないことである。実際の、完了したという意味で現実的と言われるものと照合せずして、潜在的と言われるものは何もない。この意味で、現実態のほうが、可能態に対し「説明方法においても、実体においても」(9, 8, 1049 b 10) 優先しており (これは、この優先性を、時間的な先行性を区別するためである)、また実体に対する関係においても優先している。このことはわれわれの議論にとって重要でないどころではない。事実、存在の原始的な二つの意味の交叉、すなわちカテゴリーによる存在の意味 (ousia 実体、これをラテン語は substatia などと訳した) と、現実態と可能態としての存在の意味の交叉は、現実態と可能態という観念のきわめて貴重な獲得の意義を軽減することに帰したように思われる(6)。

とすると、実体理論は、カテゴリーによる存在と可能態と現実態としての存在という、存在の二つの原始的な意味の区別がもたらす利益を弱める傾向にあるのではないか。そこまで行かなくとも、われわれがこれまでたえずしてきたように、現実態の存在論を可能態の存在論に対立させるために、存在概念の語義の複数性を拠りどころにするのは無益であることを認めねばならない。なるほど、自己性と同一性を対立させた際にわれわれが攻撃したのは、アリストテレス的 ousia (実体) よりも、伝統の実体論 (カントは第一の「経験の類推」という視点から伝統に属し続けている) のほうであった。アリストテレスの ousia は、伝統の実体論には還元されないのである。にもかかわらず、アリストテレスの ousia を、それのラテン語訳 substantia から発するスコラ的伝統の鎖から同じように解放する可能性がどうであれ、アリストテレスは依然としてエネルゲイア＝デュナミスの対《つい》や、ousia 概念によって開かれた一連の語義のそれぞれに結びつけられた意味を分離するより、交叉させたがっているようである (そして ousia そのものに与えられる意味についても同様である。ousia には『形而上学』の九巻に先立つ巻があてられている(7))。

以上三つの当惑の源――現実態と可能態との循環的な規定、それぞれの適用分野の分裂（一方では運動の自然学、他方では休止と「思惟の思惟」との宇宙神学）、実体理論との関連における、現実態の可能態に対する優先――に、さらに、存在のこの原始的な意味と人間の行動との関係についての特殊な当惑がつけ加わる。われわれの企て全体が直接に関与するのはこの点である。たしかにある意味で、人間の操作から取り出された例――見る、理解する、善く生きる、製作する、振舞う――は範型的な価値をもっていると言える。(8)

別の意味で、活動の人間的領域に属する例は、もしそうしないとアリストテレスの形而上学の企図を無益なものにしてしまうという理由で、先に指摘した二重の相のもとで範型に仕立てあげねばならない、とは思われない。その二重の相とは、一方では、運動に対して、パルメニデス派が拒む存在論的品位を確保してやること、他方では、宇宙神学の本質体に存在論的品位を与えるために、純粋の現実態という概念を拠りどころとすることである。(9)

とはいえ、『形而上学』九巻六章の断章（1048 b 18–35）があり、そこではその孤立した性格にもかかわらず（その断章は一枚のルーズリーフのようなもので、中世の注釈者たちも皆がそれを知っていたわけではなかった）、現実態の概念は運動概念とはっきり分離し、実践の意味の行動に優先的に適合させられている。この本文を注目すべきものにしているのは、現実態と運動との分離が動詞時制の働きに関する文法的基準によって支えられていることである。すなわち、同時に、「一緒に」(hama) と言う可能性である。彼は見ており同時に見ていた。彼はよく生きており同時によく生きた。彼は幸福であったと同時になおも幸福である。(10) たしかにこのおどろくべきテクストを極端に誇張することはできる。だがそれだけでは、われわれがこれまで数え立ててきた多量の両義的な個所を、それがどのようにして取り除けるかはわからない。

残る問題は、これらの両義性がわれわれの前進を妨げる障害となるのを、逆に支持に変えることである。その両義性とは、可能態と現実態の循環的定義の問題とか、これらの概念のそれぞれの適用分野が極端に隔っている問題とか、人間の行動から取り出した例が中心的位置をしめているかいないかの不確実性の問題とかである。私が暗示する再適合化を素描するために、この最後の両義性から出発することを提案しよう。この最後の領域から取り出された例が交互に中心的となったり、中心をはずれたりするのは、人間の行動を存在論的に深めるためには、肝要なことではないか。私はそれをこう説明しよう。エネルゲイア＝デュナミスが実践を言い表すための（あるいはもっと悪いことには、行動のある種の手仕事的なモデルを形而上学的な仕方で拡大適用するための）別の仕方にすぎないとしたら、存在論の教訓は何の影響力もないことになろう。人間の行動の多産性が明白になるのは、人間の行動以外の適用領域をエネルゲイア＝デュナミスが灌漑するかぎりにおいてである。アリストテレスの本文において、あるときはデュナミスが喚起されるのは、運動の自然学のためであり、あるときは純粋の現実態が援用されるのは宇宙神学のためであるというのは、さほど重要ではない。アリストテレスにおいて肝要なのは、下方か上方へむけて中心をはずすことなのである。そのおかげでエネルゲイア＝デュナミスは、それを背景にして人間の行動が浮かびあがるような、可能的であるとともに現実的でもある存在の土台を指し示す。換言すると、人間の行動が、他のすべての意味（実体がそのあとに従える意味も含めて）と区別されるものとしてのこの存在の意味を、すぐれて解読できる場であり、また現実態として、可能態としての存在が、人間の行動以外の適用領域をもつことは、同じように重要と思われる。行動を中心にすること、それを現実態と可能態の土台のほうへ中心をずらすこと、この二つの特徴は、同じく、また一体となって自己性の存在論を、現実態と可能態とに応じて構成するようになる。この見かけの逆説が証ししているのは、もし自己の存在があるなら、換言すれば、自己性の存在論が可能ならば、それは自己がそこから発して行動すると言える土台と結びついてである、ということである。

2　私が可能的で同時に現実的な存在の土台という言葉で意味するものを、私のアリストテレス再構成の試みと、『存在と時間』を構想していた時期のハイデガーを引合いに出す再構成の試みのいくつかとを比較することを通して、明確にしてみたい。私はまず、私の自己性の解釈学がそれへの反響となる、ハイデガーのこの偉大な書の諸テーマをもう一度喚起してから、そのテーマによって示唆されたアリストテレスの再構成について述べ、最後に、エネルゲイア＝デュナミスの私の再構成の試みと、ハイデガーによって示唆された再構成との間に残る「小さな相違」を示そう。

『存在と時間』で私が大いに親近性を感じるテーマが現れる順序に従うことにとらわれず、私はハイデガーによってGewissenという語に課された役割からはじめてみたい。その語は、心ならずもconscience（良心）と訳されている（あるいはフッサール現象学の意味の意識（conscience）Bewusstseinと区別するためにconscience morale（道徳的意識）と訳されている）。その概念が導入される仕方は強調されるに値する。執拗に提出された問題とは、死へとかかわる存在に集中したその前の章でなされた分析が、はたしてそれが主張するように、はじめてのものかどうかである。良心の証し、あるいは証しとしての良心は、この分析、そしてそれに先立つすべての分析の原初性が求める保証である。Gewissenが、道徳の平面で善と悪を区別する能力を示し、「潔白な心」（bonne conscience）と「やましい心」（mauvaise conscience）の区別によってこの能力に答えるまえに、証し（Bezeugung）を意味するという考えは、私にとって大いなる救いである。証しは、自己性と同一性の区別が、ただ意味の二つの布置だけを対象にしているのでなく、二つの存在様態を対象にしている、という私の作業仮説を確認してくれる。

良心と証しのこの等式は、『存在と時間』の前の節の考察と、より本来的に自己性の存在論に属する考察との間の移行を円滑にさせてくれる。ハイデガーはこの存在論を、自己性——Selbstheit——と、われわれがそのつど自分自身の存在が問題となっているものとしての存在様態、すなわちDasein（現存在）との間の直接的依存関係をうち立てることによって、創始するのである。自己性が実存範疇の一つに数えられるのは、自己理解の一様態と世界内に存在する仕方とのこの依存関係としてである。この意味で、自己性と現存在の関係は、カテゴリー（厳密にカント的な意味で）と、ハイデガーがVorhandenheit（事物的存在性）（マルティノーはこれを《être-sous-la-main》と訳し、ヴザンは《être-là-devant》と訳す）の存在様態に位置づける存在者との関係に等しい。こうして自己性の存在論的地位は、DaseinとVorhandenheitという二つの存在様態の区別にしっかりと立脚している。この点で、私自身の分析の同一性のカテゴリーとハイデガーにおけるVorhandenheitの概念との間には、自己性と現存在の存在様態との間におけるのと同じ種類の相関関係が存在する。(11)

自己性と現存在の結びつきのほうは『存在と時間』では、気遣い（Sorge）の概念の媒介によってなされる。その概念は、少なくとも第二篇で時間性が登場するまでは、著作の主題的な統一性を確保することができる、もっとも根本的な実存範疇である。この点で、『存在と時間』において、現存在のそのつど私のものである、という性格の主張から（§5, §9）、次に現存在の存在と気遣いの等式を経て（§41）、最後に、気遣いと自己性の結びつきにいたる（§64）まで通っている糸をたどってみることができる。こうして、存在論が時間性の概念によって哲学的人間学の彼方へとさし向けられる前に、気遣いは『存在と時間』の哲学的人間学の基礎づけとして現れるのである。ところが気遣いは、心理学化する、あるいは社会学化するいかなる解釈によっても捉えられないし、また一般に、Besorgen（事物に対する配慮的な気遣い）や Fürsorge（人に対する顧慮的な気遣い）といった従属概念に対してそうであるように、いかなる直接的現象学によっても捉えられない。気遣いに与えられるこの卓越した地位に対し、われわれは無関心ではいられない。そこで『存在と時間』で〈気遣い〉に割当てられる位置に比較できる位置を、われわれの企て全体の中で、行動が占めているのではないか、という問いが当然提出されることができる。というのは、われわれにとっても、言語的、実践的、物語的、倫理道徳的ないかなる行動の規定も行動の意味を汲みつくすことはないのであるから。そういうわけで、われわれは序言で、行動の類推的単一性について、思いきって語ったのである。ただしそのときは、〈コギト〉が究極の基礎づけたらんとする野望に反対するためであった。そこにもどるには、本書のこれまでの研究が断片的な仕方で提示してきた行動の多様な規定と関連づけながらでなくてはならない。その存在論的次元で捉えられた気遣いは、われわれが行動の類推的単一性と呼ぶものと等価であろうか。

この問いに直接に答えられるには、予め気遣いそのものを世界＝内＝存在というもっと広大な枠に移しかえておかなくてはならない。世界＝内＝存在こそは確かに、現存在の分析論の最後の包括的な概念である。周知のように、すべては前置詞の「内」の意味をめぐって展開するのであり、その前置詞は事物的存在性のメタカテゴリーに属する存在者間の関係の側には、それに匹敵するものをもたない。自己である存在者だけが世界内にある。それに相関して、その存在者がいる世界は、存続する事物、あるいは手もとにある事物の宇宙を構成する諸存在者の総計ではない。自己という存在は世界の全体を前提とし、それが彼の思考、行動、感情の、要するに彼の気遣いの地平なのである。

われわれの自己の解釈学において、世界概念またはそれに匹敵する概念が占める位置についてはどうであろうか[12]。そこではその概念が、せいぜいのところ暗黙のままであるという、その存在論的地位が主な理由となって、主題化されなかったとしても、事物を迂回するというのがわれわれの戦略のいつもの規則をなしてきたのであるから、われわれはその概念がわれわれの解釈学によって要請される、と認めることができる。誰がの問いには、何がの問い、なぜの問いを迂回しなくては答えられない以上、世界の存在は自己の存在の必然的な相関物である。そこに存在し、行動している自己なしには世界はないし、何らかの方法で行動可能な世界なしには自己はない。

残る問題は、世界存在の概念――もしなおもそのように言えるなら――はさまざまな仕方で表現されることであり、また自己自身、気遣い、世界＝内＝存在などが一緒に規定されねばならないことである。これら三つの辞項を正しく連接させようと努力しつつ、ハイデガー的概念の導きでアリストテレスを再適合化するのは、逆に『存在と時間』の主導概念をよりよく理解することへと導くことができるのである[13]。

この再適合化は私にとり、陥穽にみちていることを認めねばならない。というのは、ハイデガー的なアリストテレスの再適合化を利用しながら、私自身の自己の解釈学を存在論的に解釈することも問題となるからである[14]。このような迂回路は、私の探求の現状では、かえってもっとも近道と思われる。なぜなら、アリストテレス存在論一般をスコラ的に反復するのは、もっと正確に言うと、現実態／可能態としての存在と、実体に関連したカテゴリーによる存在とを区別するのは、むなしいからである。

ハイデガーを通してアリストテレスを再適合化するのは、重要な概念上の修正なしにはなされない。それはアリストテレスのテクストが覆い隠している、暗黙の語られざるものを復元するところまでいく。アリストテレスの限られた概念の集合と、それに相同的なハイデガーの概念とを比較し、一方に関連して他方を解釈するにとどめることができるのは事実である。たとえばハイデガーによるSorge（気遣い）とアリストテレスによるpraxis（行為）を比較することは、両概念の深められた理解をも生じさせることはできる。私としては、分析哲学の用語では行動という狭い概念であったのをのりこえて、私が実践の領野を拡大するのを助けてくれたのは、praxisのアリストテレス的概念であっただけに、私はそれにいっそう注意を払っている。そのかわり、ハイデガーのSorgeはアリストテレスのpraxisに存在論的な重みを与えており、その重みはアリストテレスの『倫理学』では主要な意図ではなかったように思える。たとえばフランコ・ヴォルピは、praxisと関連させて、Sorgeに存在論化の包括的な効果を与えることができた(15)。彼の試みはたしかに、われわれが自己性と現実態／可能態としての存在との間に立てようと試みる標柱を補強するのを助けてくれる。こうして行動は、われわれがこれまでの研究で次々にうち出してきた行動の解釈との関連で、あるいは存在論的というよりは認識論的な、記述する、物語る、命令するの三つ組との関連で第二度的な概念の位にたかめられるのである。

だからといって、アリストテレスのpraxisとわれわれ自身の行動する力という概念とに、人間の経験の全領野のための統合的な機能を与えるべきだろうか。ヴォルピが時間性に、結局はアリストテレスのpraxisを特徴づけている統合的な原則を注入するのは正しいとしても、おそらくこの概念に、それがもっていない機能を過度に負わせるべきではないだろう。いずれにしても、アリストテレスがthêôria（観想）、praxis（行為）、poiêsis（制作）を並べて保持している複数性のようなものは、私が好むような哲学とはよりよく合致するように思われる。そのような哲学は、まさに私が序言で遠ざけた哲学がするように、人間の経験の領野を上から急いで統一させることはしないのである。しかもたとえ行動は理論活動として理論を包含すると言われても、行動に与えられる覇権主義的な傾向は、行動の多義性を認めることによって修正されねばならない。その多義性はもはや行動の類推的単一性しか許さない(16)。

アリストテレスのハイデガーによる再解釈または再適合化のいくつかのこうした概観を、レミ・ブラーグの再解釈でもって終らせていただきたい。私はすでにその再解釈からいくつか借用している。その点でブラーグの再解釈は非常に複雑である。主題とされているのはアリストテレスが言ったことではなく、彼が言った中で、考えられていないものである。つまり、根本的にはアリストテレスのエネルゲイアを、ハイデガーの世界＝内＝存在にもとづいて解釈することである。とするとアリストテレスにおいて考えられていないものは、アリストテレスの人間学、宇宙論、神学が、この考えられていないものが言語にもたらされないように編成されるのに応じて、再構成されねばならないことになる。私がここで言いたいのは、私がレミ・ブラーグについていけるところまでであり、まさに私の留保がはじまるところまでである。

自己と世界＝内＝存在が基本的に相関していることは、異論の余地がないと私には思われる。こうして自己自身は、アリストテレスの霊魂論の、もっと一般的にはアリストテレスの全人間学の〈言表されないもの〉である。しかしautos（自身）という語の意味の力強さが、現象学的概念である自己と人間学的概念である人間との混合によって弱められたと言うことは、受け入れられようか。われわれが分析に演じさせる役割は、客観化の迂回路をとることが、自己から自己自身への一番の近道であることを含意している。この意味で、人間の人間学的概念は正当化されると私には思える。なるほど、生のそれ自身に対する内面性の肯定にもかかわらず、自己は何よりも世界への開示であり、自己と世界との関係はブラーグが言うように、まさに全的関与である。すべてが私に関与する。そしてこの関与は、生＝内＝存在から、実践と善く生きることを経て、行動的な思考へといたる。だが、人間の発意の中に、世界の運動と行動の一切の身体的側面との特別の連繫があるのに気づかないとしたら、この世界への開示をどのようにして正しく評価できようか。ここに賭けられているのは、反省を分析を経て迂回させることである。現存在に認められる啓示的な機能は、私にはこの客観化する迂回にとって代わるもの、とは思えないばかりか、むしろその迂回を前提し、それを要求するように思われる。

　しかし私に最大の問題をつきつけるのは、エネルゲイアの考えられていないものとみなされる、世界＝内＝存在の概念そのものである。世界という現象学的概念と、宇宙（univers）という宇宙論的概念との区別に私が反対するからではない（この区別は、自己の現象学を人間の人間学に結びつける迂回よりもさらに大きな迂回を排除するものではない）。私のためらいは唯一点だが、肝腎な点にかかっている。現前（présence）を自己自身存在と世界内存在の連結《ネクサス》とすべきか。なるほど現前は、私が今しがたその意味のゆたかさを喚起した関与と、引き離されてはなるまい。だが「関与」が現前を包含するものでないとしたら、どうして現前は、アリストテレスのエネルゲイアのもっとも是認できる考えられていないものとみなされえようか[17]。世界＝内＝自己＝存在の現前は、結局は、ハイデガーの事実性のほうにひっぱられるのである[18]。ところで、事実性はアリストテレスのエネルゲイアと完全現実態《エンテレケイア》を再解釈するための最良の鍵であるというのを私は疑う[19]。ラテン語で actualitas と訳された enérgeia（現実態）が、われわれが現実に在るところのものを包括的に指し示すことは、私も認める。しかしながら、主な強調点を、「つねに、すでに」と、この現前の絆から脱け出ることの不可能性に、要するに事実性におくことによって、それによって人間の行動と受苦とが存在に根づいているところの、エネルゲイアとデュナミスの次元を弱めてしまうのではないか。この根づきを説明するために私は、現実的（effectif）で同時に可能的な（puissant）土台という概念を提唱したのである。私はこれら二つの形容詞を強調する。可能性と現実性との間に緊張が存在し、私にはそれが行動の存在論にとって肝要と思われ、それがエネルゲイアと事実性の等式では消えてしまうと思われる。二つのギリシア語の間の困難な弁証法は、表面的には一面的なエネルゲイアの復権において、消滅の危機に瀕している。けれども、まさにエネルゲイアとデュナミスのこの違いに、同じく前者の後者に対する優位にこそ、人間の行動と、現実態として、可能態としての存在とを、一体として解釈する可能性がかかっているのである。

3　アリストテレスの存在論の再適合化をめざすハイデガーの解釈を、われわれが注意深く傾聴してきた結果は、比較的失望させるものであるが、それは今度は、行動し、受苦する自己の現象学と、自己性を浮かびあがらせる現実的で可能的な土台との間に、別の中継点を探すようにわれわれを促す。

この中継点は、私にとり、スピノザの conatus（努力）である。

スピノザは私の思索に、また私の教育活動にたえず同行してきたけれども、これまで彼について書いたことはほとんどなかった。私は、シルヴァン・ザクの次のような確信を彼と共有する。それによると、「スピノザ主義の全主題を、生の概念のまわりに集中させることができる」[20]。ところで、生ということは、『エティカ』が徹頭徹尾証しするように、直ちに puissance（力能）を意味する[21]。ここで puissance は潜在性ではなく、生産力を意味し、したがってそれは現実性、実現の意味の acte と対立させられる理由はない。両方の現実は、puissance が存在する度合である。その結果、一方では、精神（âme）を「現実に存在するある個物の観念」（*Ethique*, II, prop, 11）として定義し[22]、他方では、この生気を与える力は「まったく一般的であり、人間にも、他の個体にも属している」（*ibid.*, II, 13, scolie）という断定が出てくる[23]。慌しく言及した以上の背景の前に、存在において固執する努力としての conatus の観念が現れ出る。それがいかなる個体とも同じく人間の統一性をなすのである。私はここで『エティカ』第三部定理六を引用したい。「どのようなものも、それ自身のうちにとどまるかぎり、自己の存在に固執しようと努力する[24]」(その証明は大筋のところ直接に第一部に送り返される。そこでは「個々のものは、神の属性が一定の、限定された仕方で表現される様態である〔……〕、換言すれば、〔……〕神が存在し、活動する神の力を、一定の、限定された仕方で表現している[25]」)。

生きているもののこの力動性が、自然の決定論と絶縁する自発性を一切排除してしまい、存在のうちに固執することは、この努力の目的とみなすことのできる何らかの意図によって、別のもののほうへ自分を超越していくことではないことを、私は知らないわけではない。そのことは、conatus の定義のすぐあとに続く定理七によって排除される。「どんなものでも自己の存在に固執しようとする努力は、そのものの生きた本質にほかならない」(*Ethique*, III, prop. 7)。その証明は直ちに必然性の観念を喚起する。それは第一部が表現の観念に結びつけたものである。そこで「あるものが自分の存在に固執しようとする力ないし努力は、そのものの与えられた、あるいは生きた本質にほかならない」(*ibid.*)。しかしながら、われわれが自分自身や事物について抱く非十全な観念から、十全な観念へと移ることは、われわれにとって、真に能動的である可能性を意味する。この意味で、行動する力は、非十全な観念と結びついた受動性の後退によって、増大すると言うことができる(『エティカ』第三部定理一、証明と系参照)。十全な観念の保護のもとに能動性をこのように獲得することが、著作全体を倫理学とするのである。こうして生という名に値する内的力動性と、非十全な観念から十全な観念への移行を調整する知性の力とは、密接に結びついている。この意味で、われわれがあらゆるものに対し、いわば水平的に、外的に依存していることを、またスピノザがなおも神と名づける原初的な力に対して垂直的に、内的に依存していることを適切に理解するときに、われわれは力をもつのである。

結局、私にとって他の何よりも重要なのは、アリストテレスのエネルゲイアについてのこれまでの議論がそこへ向かっていった観念である。すなわち、一方では、conatus、またはあらゆるものの存在する力は、人間においてもっとも明瞭に読みとることができること。他方では、いかなるものも度合こそ異なれ、スピノザが神は生命であると呼ぶ力または生を表現していること。スピノザの『エティカ』をこうして急いで横断してきた最後に、私は次の考えに同意する。「自己意識は、デカルトにおけるように、哲学的思索の出発点であるどころか、かえって、長い回り道を想定する」(Sylvain Zac, *L'Idée de vie dans la philosophie de Spinoza*, p. 137)。自己自身の適合した意識に、この長い、きわめて長い回り道(それは『エティカ』第五部でしか終らない)を課すのは、スピノザが観念の観念と呼ぶ意識に対する、まさにconatusの優位である。

アリストテレスのエネルゲイアの「スピノザ主義的」再適合化を、アリストテレスの存在論の「ハイデガー的」再適合化がすでに達したレベルに比較されるレベルにまで、もたらすことのできる思想家は歓迎されるであろう。というのは、ハイデガーが自己と世界＝内＝存在を結びつけることができたとしても、スピノザ――たしかにギリシア的というよりユダヤ的出自の――こそは、conatusを、彼がessentia actuosa(能動的本質)と呼ぶ、現実的で同時に可能的なその土台に連接できた唯一の人である。

3　自己性と他者性

本研究の冒頭で、自己性と他者性の弁証法的関係についての次のように述べた。すなわちその関係は反省と分析の連接よりも根本的であること――ただしその連接を証しすることは存在論的な賭を露呈させる。

またその関係は、自己性と同一性の対比よりも根本的であること――自己性と同一性の存在論的次元は、現実態として、また可能態としての存在概念によって明示される。本書の表題そのものが、この弁証法の優位をつねに想起させてくれる。

　自己性の独我論的漂流を阻止するためのものとして、他者性は自己性に外部から付加されるのではなく、自己性の意味内容に、またその存在論的構成に属しており、この特質が、この第三の弁証法を、その二者択一的性格が依然として優勢な自己性と同一性の弁証法から断じて区別する。

　この存在論的探求の最後の段階でわれわれを導いてくれるものとして、先にこの弁証法の優位を断定するのに結びつけた、いくつかの指摘を頼りにしよう。われわれはまずその弁証法が、プラトンのいわゆる「形而上学的」対話によって開かれた〈同〉と〈他〉の弁証法の第二度の言述に属することを強調した。自己性と他者性の弁証法のいわゆる思弁的性格は、最初に表明され、次にあとになってから、存在論的探求の他の二つの契機にそれは投影された。そこでわれわれはここにおいて、その思弁的性格を原産地でつかまえるのである。次にわれわれは先取りして他者性の多義的な性格を指摘した。つまりその多義性は、たやすく既定の事実と思われている〈他〉が、実は〈他人〉の他者性には還元されないことを意味している。この第二の点は説明に値する。それは、〈同〉と〈他〉の有名な弁証法が、自己の解釈学と接触して、方向転換した結果である。事実、最初にその一義性を失ったのは〈同〉の極で、それは、自己同一なるものが自己《イプセ》と同一《イデム》を分ける分割線に横断されたのと同時に、壊れてしまった。この分離の時間的基準、すなわち同一《イデム》の不動性を指すか、自己《イプセ》の自己維持を指すかによる、時間の恒常性における二重の結合価は、最後に想起されるに値する。最初に注目された自己性の多義性は、自己自身の意味の〈同〉と対比される〈他〉の多義性に対して、いわば現像液の役割を果たす。

さて、自己性の内部における他者性の作業をどのように説明すべきか。ここにおいて、現象学的言述と存在論的言述という二つのレベルにおける言述間の動きは、それが二つの平面で同時にひき起こす発見術的な力のゆえに、もっとも実り多いものであることがわかるのである。用語を固定するために、他者性というメタカテゴリーに現象学的に対応するものを、人間の行為にさまざまな仕方でまじりあっている受動性の経験の多様性としよう。そうすると「他者性」という語は、思弁的な言述のためにとっておかれ、それに対し受動性は他者性の証しそのものとなる。

このような弁証法の主な力は、自己が基礎づけの位置を占めるのを禁じることにある。この禁止は、〈コギト〉の哲学におけるように賞揚されず、〈反コギト〉の哲学におけるように辱められない自己の究極の構造に完全に適合する。私は本書の序言で、この異様な存在論的状況を言い表すのに、砕かれたコギトについて語った。今やそれにこうつけ加えねばならない。すなわち、その状況は砕かれた証しそのものの対象となるのであり、その理由は、自己性に合体した他者性は、他者性の多様な発生源に応じてばらばらな経験においてのみ証しされるからである。

これに関連して私は作業仮説として、受動性の、したがって他者性の三脚台と呼べるようなものを示唆したい。第一は、自分固有の身体の、というよりあとで述べるように、肉体の経験に要約されている受動性である。それは、自己と、実践可能性したがって異質性の可変的な度合に応じて捉えられる世界との間の媒介としての肉体である。第二は、自己と自己以外の他者という明確な意味におけるよそ者との関係によって含意される受動性である。したがってそれは対人関係に内在する他者性である。第三は、もっとも隠れている受動性、自己と、Bewusstsein（意識）よりもGewissen（良心）の意味でのconscienceであるところの自己自身との関係の受動性である。こうして自己の身体の受動性＝他者性、また他人の受動性＝

他者性と、良心全体を関係づけることによって、われわれは他者性のメタカテゴリーの異常な複雑さと関係の密度の濃さとを強調するのである。そのかわり、良心もまた徹底して証しであるかぎりにおいて、良心はその前におかれた受動性のすべての経験に、あとからその証しの力を投影するのである。

以上の三つの重力場のそれぞれが呼び求める探求を素描する前に、最後の指摘をしよう。問題は、すでに考察した、言語学、実践、物語、倫理などのレベルに、さらに一つ、二つ、三つのレベルを加えることではなく、これらさまざまなレベルに固有の、体験した受動性の度合をひき出し、それによって、思弁的な平面でそれに対応する他者性を確認することである。

a　自己の身体または肉体

受動性＝他者性のこの最初の形態によって、現象学を存在論へ送り返すことがもっとも容易に開始される。われわれは自己の身体の現象の謎めいた性格に、これまでのわれわれの研究で、少なくとも三度の機会に気づいてきた。

その第一は、ストローソンによる人物という基礎特殊者の分析をしているときであった。人間の身体が、諸身体の一つであると同時に私の身体であるということがないとしたら、どうして種々雑多な心的、物的な述語が、唯一で同一の本質体《アンチテ》に帰属されることができるのか、とわれわれは問うた。われわれはそのとき次のような断言をするにとどめた。それによると、われわれが物体について、いつもするように語るとき、言語の拘束のために、人物もまた身体なのである。もし人物も身体ならば、各人が自分にとって自分自身の身体であるかぎりにおいてであることを、われわれはあやまたず見てとった。この前提を説明することは、われわれが言語の組織を、人物と呼ばれるこれら本質体の存在論的構成にもとづかせることを要求する。

自己の身体が、物体の界と自己の界とに二重に所属することは、デイヴィドソンとの議論の中で二度目に問題とされた。すなわち、もし自己がその帰属の意味そのものを構成するような仕方で、出来事の張本人が世界に属さないとしたら、どうして行動は、起きたもののすべての総計としての世界の出来事を構成すると同時に、自己指示的にその張本人を指し示すことができるのか。自己の身体は、語の強い意味で、この帰属の場所そのものであり、自己は、その帰属のおかげで、自分のしるしを行動という、これらの出来事のうえにしるすことができる。

パーフィットによってその洗練の極致にまでたかめられた人格的自己同一性の問題が、ついにこの自己の身体という同じ問題提起をはじめからやり直すようにしたのは、発達の連続性、性格の恒常性、ハビトゥス、役割、同一性確認などの自己同一性の身体的、心理的な基準を、自己の身体にその固定点を見いだす自己維持に結びつけねばならなくなったときである。

しかし受動性の現象学が、われわれが何度かその受動性を指摘していた暗黙の段階をのりこえるのは、この固定化という全体的な現象において、われわれのこれまでの分析が十分に考慮してこなかった目立った特徴、すなわち受苦を強調するときになってからである。耐える、苦しむは、それが受苦するになるときに、その完全な受動的次元によって、いわば啓示される。本書の全研究を通して、行動し、受苦する人間について語ることをやめなかったことは事実である。行動すると受苦するとの根本的な相関関係について、何度か手がかりを与えることさえした。たとえば物語的自己同一性を扱うとき、能動者と受動者をさまざまな人生物語の絡み合いのうちに結びつけるのが物語の力であることを、われわれは見とどけたのである。しかしもっと先まで行って、受苦のもっと隠された形態を考慮すべきであろう。すなわち、物語る能力がないこと、物語ることの拒否、語りえないことの強調、これらは筋立ての戦略によって意味あるようにするためにいつでも回収できる筋の急転などを越えた現象である。第9研究で、倫理における〈黄金律〉の地位を論じたとき、根本的な非対称について評価した。それは相互作用に内在し、ある能動者が、他者への力を行使して、その人を彼の行動の受動者として扱うことから由来する。だがここでも、もっと先へ進み、自己の過小評価と他者嫌悪の諸形態まで行く必要があろう。そこでは受苦が身体的苦痛を越えているのである。存在するための努力の縮減として感じられる、行動する力の縮減とともに、いわゆる受苦の治世がはじまるのである。こうした受苦の大部分は人間によって人間に課される。その結果、世界における悪のもっとも重要な部分は人間の間でなされる暴力から由来することになる。ここにおいて、自己の身体のメタカテゴリーに属する受動性は、他人のメタカテゴリーに属する受動性と合致することになる。つまり受苦そのものの受動性は、自己以外の他者の犠牲者である受動性と区別できなくなる。そうすると犠牲者とすることは、行動の「栄光」を悲しみに沈める受動性の裏返しとして現れる。

この受動性に対応する他者性の様態を思弁的に分節するには、自己の身体のメタカテゴリーに、受苦が耐えることに与えるものに比較できるような豊かさを与える必要があろう。行動《プラクシス》と情動《パトス》の鋭い弁証法において、自己の身体は広範な探求の象徴的な表題となる。その探求は、自己の身体の単なる私有性を越えて、内的受動性の全領域と、したがって、自己の身体がその重心をなしている他者性の全領域を指示する。この観点から、古典的な情念論から、メーヌ・ド・ビランを経て、ガブリエル・マルセル、メルロ＝ポンティ、ミシェル・アンリらによる、受肉、肉、情感性、自己触発についての省察にいたるまでの概念作業の全体を通観する必要があろう。だが私はそれをせず、いくつかの目印を立てるだけにとどめよう。

この短い上空飛行のはじめに、その自己の身体という作業場を開いた人、すなわちメーヌ・ド・ビランを正しく評価したい。彼は実存の概念を、実体の概念から分離し、行為の概念に結びつけることによって、彼の現象学的発見に、適切な存在論的次元を実際に与えたのである。「私は存在する」と言うことは「私は欲する、私は動く、私はする」と言うことである[26]。さて、客観化するどんな表象とも区別される統覚は、同じ確実性の軌道内に、行動する自我と、その反対であり、その補足でもある身体的受動性とを包含する。メーヌ・ド・ビランはこうして、非表象的確実性の領域に自己の身体を導入した最初の哲学者である。このように自己の身体を内包することは、受動性の増大する度合を提示する。第一度のレベルでは、身体は努力に屈する抵抗を示す。それがメーヌ・ド・ビランにとっては範型的な例であり、努力は、ヒュームやコンディヤックにおける印象や感覚に相当する位置を占めるようになる。努力と抵抗は不可分の統一体をなし、自我それ自身の関係的構造はそこにすっかり包含されている。身体はそこで、その内的多様性、いかなる想像的または表象的延長にも還元されないそのひろがり、その量塊、その重力をもった、私の身体であるという消しがたい意味を受けとる。これがはじめての経験、「能動的身体」の経験であり、それを例証するのは、音楽だけに従順な踊る身体の幸福、優美さである。第二度の受動性は、気紛れな気分の起伏――満足、不満足の印象――によって表され、その動きをメーヌ・ド・ビランはその『日記』の中で不安そうにうかがっている[27]。第三度の受動性は、外的な事物の抵抗によってしるしづけられる。われわれの努力がそこまで延長している能動的な接触によって、事物はわれわれの存在のように疑う余地のない存在を証しする。ここでは、存在することは抵抗することである。こうして同じ意味が、自己の存在についての最大の確実性を、また外的存在についての最大の確実性を、与えるのである。こうして変化する受動性の度合によって、自己の身体は、自我の内密性と世界の外在性との媒介であることが明らかになる[28]。

第二の目印、そしてメーヌ・ド・ビランの努力の哲学から、先に私が名を挙げ、そして私は読者をそこへさし向けるだけにとどめる、自己の身体についての三大哲学まで導く道程で、もっとも重要な目印は、異論の余地なく、フッサールの現象学のうちにある。ある意味で、肉体の存在論とも呼ぶべきものに対するフッサールの貢献は、ハイデガーのそれよりも重要である。このように断言するのは、一見すると逆説的である。それは二重の資格でそうである。第一にLeibとKörper（それを《chair》（肉体）と《corps》（物体）と訳すべきである）の決定的な区別は、『デカルト的省察』では戦略的な位置を占め、そのためにその区別は共通の自然、換言すれば相互主観的に基礎づけられた自然の構成へ向けての、一段階を表すにすぎなくなる。そこで肉体の概念は、それを基盤にして共通の自然が構成されるための、ある肉体ともう一つの肉体との対《つい》化（Paarung）を可能にするためにのみ練りあげられるのである。結局、この問題提起は、その基本的な狙いについて言えば、いかなる現実も意識において、意識によって構成するという問題系のままであり、それは本書の序言以来、われわれが別れを告げていた〈コギト〉の哲学に連帯した構成である。そこで、『存在と時間』の世界＝内＝存在の哲学は、それが意識の志向性に立脚した問題提起とは絶縁しているゆえに、肉体の存在論のためにもっと適合した枠組を提供してくれると考えることもできよう。ところがここで逆説の第二の顔が現れる。それは次のように言わねばならない理由のためである。すなわち、『存在と時間』は肉体の存在論を展開させなかったのであり、フッサールの、もっとも公然と超越論的観念論の再生のために献げられた著作において、肉体の存在論のもっとも有望な粗描が見いだされるのであり、その存在論は、他者性の存在論の中に、解釈学的現象学の刻印を押すであろう。

『デカルト的省察』の立論におけるそのまさに戦略的な位置のために、肉体／物体の両極性はその差異のラディカルな性質をおびるのである。[29] われわれは断固とした自我論《エゴロジー》にいるのであって、自己の哲学にいるのではない。そこでまさしくこのような自我論の困難さが、肉体と物体の区別に緊急性を与えるのである。その主題が課せられるのは、「私はできる」「私は動く」などとの関連においてではないことを、つけ加えねばならない。その次元はけっして欠けてはいず、知覚のレベルに存するのではあるけれども。『デカルト的省察』における肉体の主題は、それ以前の著作の leibhaft selbst（それ自身、肉体に与えられている）の路線にとどまっている。もし動きが考慮されているとすれば、それは、私が、知覚の観点を変えることができ、そこで自分を動かせるかぎりにおいてである。

私はここでは、他なるものの概念、フッサールが、本来最初の他なるものと名づけたもの、すなわち他我が、自分固有のものの探求にはじめからつきまとっていたのではないか、という問題は論じないことにする。「第四省察」においてなされた最後の還元は、自己のものを切り離してしまったと主張するのであるが[30]。われわれはこの難問を、他者性の第二の極、まさに他なるものとしての他者の極に赴くときに、再び見いだすであろう。自我《エゴ》から他我《アルテル・エゴ》という唯一の種類の派生に着手できなければならないとすれば、今われわれの注意をひきつけねばならないものは、肉体と物体の区別の必然性に対してである。換言すれば、われわれにとって意味があるのは、相互主観性の土台のうえに客観的自然の構成を企てる危機的なこの時点で、この区別を産みだすこと自体である。構成の現象学が、他なるものの他者性の構成を説明するのに失敗することと、そのかわり、他なる主観性を構成するために、それこそまさしく物体との違いをもった肉体であるところの自己のものという観念を形成せねばならないこととは別なのである。そして後者のほうがここでわれわれの関心をひく。

他我の構成以前の肉体としての私、それは共通の自然の相互主観的構成の戦略が、考えるよう要求しているものである。肉体の存在論的概念の形成が、この途方もない企てに負っていることこそ、このうえない驚きである。周知のように、方法論的決定は自己のものへの還元に存し、その還元から、相互主観性に負っている客観的な述語は、すべて排除されてしまうだろう。そうすると肉体は、この自己の自然に属するすべての物体への照合の極であることが判明する。[31]

　肉体と肉体との対《つい》化による他我の派生は別にとっておき、肉体を他者性の範型と指定する、肉体の現象学的特徴について考えてみよう。肉体が根源的に私のものであり、あらゆるものでもっとも近いものであること、メーヌ・ド・ビランにおけるように、肉体の感じる能力は特権的に触覚に表明されること、こうした原初的特徴は肉体が欲求の器官であり、自由な運動の支えであることを可能にしている。しかしそれらの特徴が選択や欲求の対象であるとは言えない。この人としての私、これが自発性に関連して、肉体の第一の他者性である。ここで他者性とは、意図に関連して、第一義性を意味する。この他者性から発して、私は……を支配することができる。しかし第一義性は支配ではない。肉体は存在論的に、意志的なものと非意志的なものとのいかなる区別にも先行する。たしかに肉体を「私はできる」によって特徴づけることはできる。だが、まさしく「私はできる」は「私は欲する」からは派生せず、むしろそれを根づかせる。肉体はあらゆる受動的な綜合の場所であり、その綜合のうえに、それだけが能作（Leistungen）と呼ばれることのできる能動的綜合が建てられるのである。肉体は、知覚され、統覚されるどんな対象についてもヒュレー（質料）と言えるものと呼応しあって、ヒュレーなのである。要するに、肉体は一切の「自己のものの他者化」[32]の起源である。以上からの結果として、自己性は言うならば「自己の」他者性を含意し、それを支えるのが肉体である、ということになる。[33] その意味で、他なるものの他者性さえも——万が一——自己のものの領域から派生させられるとしても、肉体の他者性はやはり自己のものに先行するであろう。

そうすると次の問題が提出される。すなわち、肉体と物体の区別によって認承されるフッサールの大発見は、『デカルト的省察』の時期の超越論的現象学において、先にその戦略的役割と呼んだものから分離できるかどうかである。私はできると思う。自我と他我との「対《つい》化」が構成する対《つい》をなさない受動的綜合（訳注1）を基盤にして、他なるものの地位を自己のものの領域から派生させるという問題（あとでそれをもう一度取りあげることにする）のほかに、フッサールの未発表の遺稿の中に、肉体と物体の差異（と関係）についての研究と発展を見つけだすことができる。それらは共通の自然の相互主観的構成の問題とは比較的無関係である。客観的な標定によるいかなる位置決定にも還元できないものとしての、ここと あそこの区別に関して言われることは、すぐれてこの肉体の現象学的存在論に属する。肉体の客観的な非空間性にあてられたテクストのうちに、主体がその対象の体系に属さないことについて、われわれが本書の諸研究の行程で早くから出会った固定（ancrage）の概念に関する逆説の含意するものについてのヴィトゲンシュタインの考察への、思いもかけぬ反響を見いだす。肉体は絶対的にここにあり、したがっていかなる幾何学的座標系に対しても異質であると言うことは、同じく、肉体は客観的空間性の観点からは、どんなところにもないと言うことである。もし私がそこへ移動すれば、私がいるかもしれないそこ――私にとってのそこがどんな意味で「他人にとってのここに似る」ことができるか、という問題はぬきにして――それは、その相関物であるここと同じ異質性の地位をもつ。肉体の位置決定の問題をモデルにして、肉体の原初的な空間性に関する諸問題が提起されえよう。その中で私が注意にとどめたいのは、物体＝肉体の相関物としての周囲の世界と関係する問題である。実践可能としての世界について、フッサールの未刊の遺稿で読むことのできるものは、幸いにして、肉体のいわば内的空間性について、今しがた述べられたことを完結してくれる。そのうえ、感覚の原初形態としての接触についての注解は、存在＝抵抗に関するメーヌ・ド・

ビラン的問題提起の全体を再活性化させ、われわれの強調点を、肉体の空間性という世界の極に移動させるように促すのである。われわれが何度も引用した著書でジャン＝リュク・プチが確証したように、自己によって位置づけられた私の肉体と、「私はできる」に接近できる、またはできない世界との間の前言語的関係のうえに、結局のところ、行動の意味論は樹立されねばならないのであり、行動の意味論は言語ゲーム間の果てしない交換のうちに迷いこんではならない。

ストローソンの基礎特殊者の理論によって提出された逆説と反対の逆説に直面できるのは、肉体の存在論が、逆説的ながらその存在論を要請した構成の問題から、できるかぎり解放されるときだけである。その逆説とは、ある物体が私の物体、つまり肉体であるとは何を意味するかでなく、肉体が諸物体の中の一物体であるとは何を意味するかである。現象学はそこにみずからの限界を見つける。少なくとも、世界の客観的な様相を、客観化しない原初的な経験から、主として相互主観的観点で、派生させようとする現象学がである。拙著『時間と物語』で、現象学的時間の宇宙論的時間への記入と呼んだ問題は、ここで一連のそれに相当する問題を見いだす。つまり、生きられる今を任意の瞬間と相関させるためには暦を、また身体的なここを任意の場所と相関させるためには地図を発明し、固有名――私の名――を戸籍簿に登記しなければならないのと同様に、フッサール自身が言うように、物体が諸物体の中の物体として現れるためには、肉体を世界化しなければならない。ここにおいて、他なるもの、私とは異なるものとしての他人の他者性は、私という肉体の他者性と絡み合うだけでなく、それなりの仕方で、自己のものへの還元に先立つものとみなされねばならないように思われる。というのは、私の肉体が諸物体の中の一物体として現れるのは、フッサールが言うように、相互主観性の網目の中に織られている共通の自然の理解において、私自身が、あらゆる他者の中の一他者であるかぎりにおいてのみだからである。共通の自然そのものは、フッサールの考えたのとは違って、それなりの仕方で、自己性を基礎づけるものである。フッサールが、私の肉体はまた物体でもあることを、どう理解すべきかという問題が要約する逆説に対する答えをもたなかったのは、彼が私以外の他者を、もう一人の私としてのみ考え、けっして自己を他者として考えなかったからである。

　肉体の、自己への内密性と、それの世界への開示とを、同じように考慮する肉体の存在論を練りあげるには、ここで『存在と時間』のほうに方向を変えるべきではないだろうか。これは先に言及した逆説の第二の顔である。つまり、『存在と時間』の思想の一般的枠組は、このような企てにはより適していると思われるにもかかわらず、肉体の存在論への道をきりひらいたのはハイデガーでなく、フッサールだということである。世界＝内＝存在の包括的構造を、所与の、操作可能な存在者の全体には属さない存在者を現存在と呼ぶことによって、意識の中に、意識によって世界を構成する問題と置き換えることにより、ハイデガーは自己の身体の問題性を、「自明とされる」存在の一般的還元の内部で、自己のものへの還元という試練から原則として解放したのではなかったか。包括的な「世界性」の意味から、「内」の意味へと後ろむきに前進することによって、ハイデガーは肉体の哲学的な場を指さしたのではなかったか。それだけでなく、そこの実存論的構成（§29）において、情動のいかなる心理学をもこえて、彼は情状性（Befindlichkeit）に道をあけたのではなかったか[34]。彼こそはどんな感情の中心にも、誰もそこに入ったことはない条件から脱けだすことの不可能性という、重々しい事実に気がついたのではなかったか。というのは、ハンナ・アーレントがいみじくも語る出生というものは、正確に言えば、世に入る経験ではなく、すでに生まれ、すでにそこにいるという経験なのであるから。

　以上の予備的考察から、肉体としての自己の探求にとりわけ適した実存範疇があるとすれば、それは被投性、そこへ被投されているという実存範疇である、と結論することができよう。このような表現は、グノーシス主義風に、どこからかの堕落を暗示するようなものではまったくなく、そこから現存在が自分自身にとっての負担になるような事実性を暗示する。そうすると実存の重荷としての性格は、直ちに自己自身への引渡し、開示を意味し、それのおかげで、すべての情的な調子は現存在の自己への内密性と世界に現れる仕方の両方を表現する。企＝投、さらには頽落（ハイデガーの Verfallen を言い表すためにマルティノーが提案した翻訳では《echu》）の概念は、たしかに、人間の有限性の他なるものを、それが具象化によって確固たるものにされたとして、したがってわれわれがここで、他なるものの他者性と区別するために、第一の他者性とここで呼ぶものを、概念にまでたかめる。同じ感情の実存範疇で、実存の重荷としての性格と、存在しなければならない責務との結合は、自己を構成する他者性の逆説をもっとも的確に表現し、それによって「他者のような自己自身」という表現にそのすべての力をはじめて与える、とさえ言うことができよう。

とはいえ、概念装置の配置は肉体の存在論をつくりあげるには適していると見えるにもかかわらず、ハイデガーは肉体という概念を、明瞭な実存範疇としては練りあげなかったことを認めねばならない。この沈黙に、私はいくつかの理由を見てとる。その第一の理由は、現存在の存在論への現象学的鼓舞とでも呼べるようなものにかかわる。恐れ（『存在と時間』§30）に、結局は死へとかかわる存在に帰属する不安にあまりに力点を置きすぎたために、受苦の現象学は与えるのにより適している、という教えを無視してしまったのではないか。受苦の現象学が実行されるのは、ようやくミシェル・アンリにおいてである。第二に、世界＝内＝存在によって描かれる枠内にとどまるなら、フッサールにおいてまさにはじめられた空間性の現象学は、はたしてハイデガーにおいて、それにふさわしい注意を払われたのかどうかを問題にすることができる。たしかに『存在と時間』の二四節は特に現存在の空間性にあてられ、その空間性が、任意の場所の体系としての幾何学的空間に還元できないことが強調される。とするとなぜハイデガーは、現存在の分析論の観点から、彼が知らぬはずのない肉体（Leib）というフッサール的概念を再解釈するために、この機会をとらえなかったのだろうか。この問いに与えることのできる答えは、おそらく核心に触れよう。世界の空間性――マルティノーの訳では「環境世界の環境」（ambiance du monde ambiant）――にあてられたそれまでの節が示唆するように、世界＝内＝存在の空間的次元が属すると思われるのは、主として気遣いの非本来的な形態にである。現存在の空間性はたしかに、手＝もと＝にある存在の空間性でも、手＝の及ぶところ＝にある存在の空間性でさえもなく、現存在の空間性がやっと浮き出て見えるのは、処理可能、操作可能な事物の空間性を背景にしてである。『存在と時間』において受肉の主題が、抑圧されたと言わぬまでも、窒息させられているように見えるのは、おそらくそれが気遣いの、あえて言えば心配の非本来的な形態に依存しすぎているからであろう。その気遣いないし心配は、われわれの気遣いの対象に応じて自分自身を解釈するようにさせるのである。[35] とすると、本来的な空間性の現象学に、したがって肉体の存在論にその機会が与えられるのを阻んだのは、『存在と時間』第二篇で勝ち誇る、時間性の問題性の展開ではないかどうかを問題にできる。まるで時間性は、本来的存在についての省察の独占的な主題であるかのようであり、また空間性の本来的な性格は結局は、時間性のそれから派生させられたかのようである。最後に、行動と受苦の現象学が要求するように、行為の超越論的概念を、実体の超越論的概念の代わりに置き換えるような、存在の哲学を隠すことができた源泉を、はたしてハイデガーは見つけたのかどうかも問題にできる。この最後の指摘は、本研究のこの節の考察と、前の節のそれとの間に橋をかける。他者性の三つの次元にしたがって動かねばならないのは、自己性の存在論の前線全体である。

b　他人の他者性

他者性のメタカテゴリー――他人の他者性がおびる第二の意味は、受動性の様態と密接に接合されており、その様態は、自己と自己以外の他者との関係について、これまでの研究を通してずっと、自己の現象学的解釈学が何度も出会ってきたのである。〈同〉と〈他〉の新しい弁証法がこの解釈学によって産みだされるのであり、この解釈学はここでは〈他〉が単に〈同〉の対応物ではなく、その意味の内的構成に属することを、さまざまな仕方で証しする。実際に、本来現象学的なレベルでは、自己以外の他者が、自己による自己理解を触発する多様な仕方は、自己措定する自我《エゴ》と、その触発そのものを通してしか自己認識をしない自己との違いをまさしく示すのである。

自己以外の他者によって触発される自己の、特別なこの受動性が知らされないようなわれわれの分析は一つもない。言語学の面からして、話者の自己指示は、それによって各話者が自分に語りかけられた言葉によって触発される対話に、フッサールになじみの用語を用いれば、絡み合わされていた。受け取った言葉を聞くことは、そうすると、それ自体が誰かに話しかけられたものとしての言述を構成する一部分をなす。

われわれの作業の第二段階は、行動の行為者の自己指示が、他者による帰属と切り離せないものと見えた。つまり他者は、私を対格で私の行動の張本人として指示するのである。二人称による帰属と自己指示との間のこの交換において、他人によって発言された帰属によって、このように触発されることの反省的再開は、行動の自己自身への内密の帰属に、絡み合っていると言うことができる。この絡み合いは、文法のレベルでは、すべての代名詞の間をまわっている、自己の全人称的性格によって表現される。自己以外の他者による自己触発は、文法的人称間の規制されたこの交換を支えるものである。

触発される自己と、触発する他者との、またしても同じ交換が、物語の平面で、大ていは三人称で組立てられる作中人物によって担われる役割を、物語の読者が、物語られる行動と同時に筋の中に入りこむにつれて引き受けるのを支配するのである。物語の世界、したがって文学の人物たちの世界から、読者の世界への転移がおこなわれる場としての読書行為は、読む主体の触発の特権的な場所と関係を構成する。H・R・ヤウスの受容美学のいくつかのカテゴリーを自由に使って次のように言うことができよう。すなわち、読者へのcatharsis（伝達）は、読者のテクストとの闘いがpoiēsis（制作）に変えてしまう、先行するaisthēsis（受容）より発しているのでなければ、おこなわれないのである。[36] そこで自己以外の他者による自己の触発は、相互の話し合いや相互的行動の「現実の」関係が遮ることはできない思考実験にとっての特権的な場を、フィクションのうちに見いだす。それと反対に、フィクションの作品の受容は、言葉と行動との現実の交換の、想像的で象徴的な構成に役立つ。フィクションの様態で触発されることは、こうして「現実の」様態で自己触発されることに合体する。

他者による自己触発が義務によって特徴づけられる道徳的平面と同じく、まさしく倫理的な平面にも属する三つの特質をおびるのは、結局、倫理的な平面においてである。われわれが提唱した倫理の定義——正しい制度において、他人とともに、他人のために、善く生きること——は、実行されるとともに受け入れられる心づかいによって触発されて、善く生きる計画なしには、考えつくことはできない。自己評価と友愛の弁証法は、交換の正義についてどんな考慮にも先立って、行動と触発の弁証法の観点から、完全に書き直されることができる。アリストテレスのphilautia（自己愛）による「自己の友」になるためには、自己自身に対する友愛が、他の友による、他の友のための触発と厳密な相関的な自己触発であるかのように、すでにして他人との友愛関係に入っていなければならない。この意味で、友愛は、アリストテレスの別の言葉によれば、「他人のため」の徳として、正義の温床となる。倫理から道徳へ、善く生きる希求法から義務の命法への移行は、それに続く研究で、〈黄金律〉のしるしのもとになされた。〈黄金律〉に対しては、行為と耐え忍ぶとの間の非対称的関係の接合部分に、命令を介入させる功績を、〈黄金律〉に割当てることによって、われわれはそれを十分に評価したと考える（それが自分になされることを君が望む善、それが自分になされることを君が憎む悪）。行動と受苦はこうして、能動者と受動者という異なる二人の主役の間に分配されるように見える。後者は、前者の潜在的犠牲者として現れる。しかし役割の可逆性によって、各能動者は他者の受動者である。他者によって及ぼされる彼への力によって触発されるものとして、能動者は相互性の規則のもとに一挙におかれる、行動の責任を授けられる。正義の規則は相互性の規則を、平等の規則に変えるであろう。したがって各主役が能動者と受動者の役割を兼任することは、定言命法の形式主義が、相互に行使しあう暴力によってそれぞれが触発される、行動者の複数性の「実質」を要求するようにさせるのである。

ここで出される問題は、他者性のどんな新しい形態が、自己以外の他者による自己《イプセ》のこの触発によって呼び出されるか、そして〈同〉と〈他〉のどのような弁証法が、自己以外の他者によって、触発される自己の現象学の要件に暗に応えるかである。

フッサールとともに自我から他我を派生させようと試みるにせよ、あるいはE・レヴィナスとともに、自己を責任に割当てる独占的な主導権を〈他者〉にとっておくにせよ、いずれにしてもこの弁証法を一面的に構築することは不可能であることを、私は何よりも示したいと思う。交互に自己評価の優位を正しく評価し、次に他者によって正義へ要請されることの優位を正しく評価するという、他者性についての交叉する考え方が、ここで考えられる。そこに賭けられるものは、〈同〉の二つの観念の間の基本的な区別に等質であるような、他者性の定式化であることがわかるであろう。その二つの観念とは、同一《イデム》としての〈同〉であり、自己《イプセ》としての〈同〉であって、これの区別のうえに、われわれの自己性の哲学全体が基礎づけられるのである。

　われわれは「第五省察」の検証を、自己のものへの還元のところでやめたが、それを再開することはしない。その還元のおかげで、自己のものへの還元が非弁証的に思考されるか、つまり他なるものの同時的な干渉なしに思考されるかどうか予め心配することなく、肉体の存在論をはじめられたのである。たしかにフッサールは他の誰とも同じく、われわれはひとりきりではなく、われわれは超越論的孤独を、われわれが孤独と名づけ、それを『デカルト的省察』の講演の任意の聴衆にむかって言うという事実だけでもって否定していることを知っていた。誰とも同じく彼は、いかなる哲学よりもまえに、他人という語が、自己以外の他者を意味することがわかっていた。以上を述べたうえで、「第五省察」は、それまでの「省察」で成就された大胆な行為から出発する。その大胆な行為によって、省察する自我《エゴ》はこの共通の知を先入観念の地位に還元し、したがってその知を基礎づけのないものとみなすのである。[37] 省察する自我はそこで、自己のものへ還元されるこの経験において、それ自身の措定と同じく必当然的な措定として、他人を措定することを要求するものを識別するために、日常的経験が他人に負っているものすべてを中断し、したがってそれをすべて疑わしいとすることからはじめる。この思考の動きは、デカルトの誇張的懐疑にまったく比較しうるものである。ただしその動きは、いかなる悪しき霊の仮説にももとづいていない。だがそれはどんな日常的懐疑にも関係のない操作に存している。それは基礎づけ行為の系譜に属する哲学的行為である。ところであとでわかるように、それと似てはいるが、逆の方向の誇張によって、E・レヴィナスはそのラディカルな他者性の考え方をはじめる。現象学を創始した一般的判断中止《エポケー》の内部で、フッサールによってここで実践されるエポケーについて言えば、それは他人に何も負うところのない残余を残していると想定される。すなわち自己のものの領域で、それに、われわれが先に述べた肉体の存在論は属している。この自己のものの領域はその意味に関して、還元における還元の実力行使に依存していることを強調する必要がある。とすると、開かれている唯一の道は、私の意味「における」(in)、その意味「から」(aus) 他人の意味を構成することである。しかしまえもって言っておかねばならないのは、自己のものの領域において、そこから他人の意味を「構成する」野望をもつすべての議論は循環的であることである。その理由はおそらく、事物の構成は、暗黙のうちにこの構成のモデルであり続けるからであろう。

　他者がはじめから前提されていることは、分析がそれをもってはじまるエポケーによって最初に証明される。いずれにしても私はつねに、他者は私の思考対象の一つではなく、私のように、思考の主体であることを知っていた。また、他者は私を、彼自身とは異なるものとして知覚していること、われわれは世界を共通の自然としてともに思念していること、またわれわれはともに、高次の重要人物として、今度は歴史の舞台で振舞うことのできる人物の共同体をつくりあげることを、私は知っていた。このような意味内容は、自己のものへの還元に先立っている。次に、他者を前提することは、二度目に、そしてもっと内密に、自己のものの領域という意味そのものの形成に含まれている。私がひとりであろうという仮定において、この経験は、私が私の自己同一性において、自分を集中させ、強固にし、維持するのを助けてくれる他者の助力なしには、けっして全体に加えられない[38]。まして、この自己のものの領域で、このように内在性に還元された超越性は、世界と呼ばれるには値しないだろう。世界は、共通の自然を構成する以前には、まだ何ものも意味しない。最後に、そして何よりも、私の物体、私の肉体は、それが諸物体の中の一物体とすでにみなされているのでなければ、類推的な転移のための第一の類同物《アナロゴン》として役立つことはできない。先に指摘したように、フッサール自身もここで「世界化」について語っている。その世界化によって私は自分を自然の事物の一つに、つまり物体に同定する。この世界化は、それによって私が自分を世界の事物として知覚する真正の絡み合い（Verflechtung）に存する。そこにおいて、賽はすでに投げられたのではないか。私の肉体もまた物体であるということは、それが他者の目にはそう見える、ということを意味しているのではないか。（他人にとっての）物体である（私にとっての）肉体のみが、肉体から肉体への類推的転移にとっての最初の類同物《アナロゴン》の役割を果たすことができる。

とはいえ、前節でわれわれが指摘したのに似た逆説によって、結局は自我論的性格をもつ超越論的現象学に特徴的な基礎づけの野心に属する構成として、他人を構成することに失敗したことは、真正の発見がなされる機会でもあった。その発見は肉体と物体の違いの発見に並行したもので、しかもこの発見と共応しあっている。すなわち、他者の能与の仕方という発見である。他人を他なるものとして、つまり私以外の他者として思念する志向性は、自己のものの領域を越えている。その志向性はその領域に根ざしているにもかかわらずである。

フッサールはこの能与に間接的提示（apprésentation）(訳注2)の名を与えて、次のことを表現しようとする。すなわち、一方では、他人の能与は、記号や映像による表象（représentation）とは異なり、真正の能与であること。他方では、肉体をそれ自身に直接、最初に能与するのとは異なり、他人の能与は他人の体験を生きることを許さず、その意味で、最初の提示に変換されることはけっしてないこと。しかもこのことは記憶についても言えた。他人の思い出の続きは、けっして私の思い出の続きに入ってくることはない。

この意味で、私の体験の提示と君の体験の間接的提示との間の隔りはけっして埋められない。

　この二重の否定的な特徴づけに、フッサールは彼の真の発見をなす背定的な特徴をつけ加える。彼によると、間接的提示は、「私の肉体から統覚的に移入されること」（『デカルト的省察』§50）に、もっと正確には、そこで知覚される他人の物体を本拠とする「類推的把握」に存する。類推的把握によって、他人の物体は、私の肉体と同じ資格で、肉体として統覚される。われわれはD・フランクとともにこうたずねることができる。「内在的超越として現前している、そこにある物体がそのようなものとして、肉体の意味を受けとり、その意味のおかげで、その超越性はより高度なものであるような他我を間接的提示できる、というのはいったい何によってなのか」（*Chair et Corps*, p. 125）。実を言えば、そこにある物体を肉体として把握するのは、間接的提示そのものである。そこに論拠を探し求めるなら、循環しか見いだせない。つまり間接的提示はそれ自体を前提とし、そこにおいて間接的提示は、あらゆる事物の構成に対する逆説だけでなく、あらゆる方向に向きを変えることしかできない謎をもつくりだすのである。そこにある物体を肉体として把握するのを「対《つい》化」として特徴づけることによって、一歩前進できるだろうか。なるほど、新しい観念が導入された。すなわち、ある肉体を他の肉体と対《つい》をなすという観念である。受肉した自我、つまりそれ自身の物体である自我のみが、他の自我の肉体と対《つい》をなすことができるのである。しかし対《つい》をなすとはどういう意味か。対《つい》化の概念に含まれる類似を強調すべきだろうか。それはまったく正当である。ただし、類推的移入を、比較の推論的な用法から区別するという条件つきでである。この点で、間接的提示は、記号や映像による把握や根源的直観と異ならないだけでなく、それによってたとえば、表現の客観的類似から心的体験の類似を結論づけるような推論とも異ならない[39]。もし類推的把握が推論であってはならないなら、類推的把握はむしろ「受動的綜合」に比較されるべきであろう。それによって私の肉体が他の肉体と対《つい》をなすという移入は、前反省的、前述語的操作である。そうすると問題は、対《つい》をなさない、おそらくもっとも原始的な「受動的綜合」にかかわり、それは他のすべての「受動的綜合」と絡み合っていることがわかるであろう。そのうえ、類推的把握が含意しているように見える、一対一の同等化は、先に述べた間接的提示と根源的提示との隔りに結びついた、根本的非対称性の観念によって修正されねばならない。間接的提示と直観とを分離する障壁を、対《つい》化はけっしてのりこえさせないであろう。こうして間接的提示の概念は独自の仕方で相似性と非対称性を組み合わせるのである。

そうすると、間接的提示、類推的把握、対《つい》化といった概念を導入することによって得られたものは何か、という疑問が生じよう。もしそれらが、自我において、自我からの構成の代わりになることができないなら、少なくともわれわれが位置を定めることのできる謎の範囲を決めるのには役立つ。間接的提示が構成する自己のものの領域を、いわば越境するのは、意味の移入の限界内でしか有効でない。自我の意味は、別の物体に移入され、その物体は肉体として、それもまた自我の意味をおびる。そこから、「第二の自己の肉体」（D・フランクの表現。*op. cit.,* p. 135）の意味の他我という完全に適合した表現が出てくる。類似と非対称とは、自我の意味と他我の意味とにかかわる。こうした限界内にとどめれば、フッサールの発見は消しがたい。その発見は、他人から私にやってくる動きと共応してでなければ、そのすべての成果をもたらさないことを、われわれはこのあとで知ることになる。しかしこの第二の動きが倫理的次元で優先するなら、自我から他我への動きは、認識形而上学次元においては優先性を保っている。この次元ではフッサールが指示する類推的移入は真に生産的な操作である。というのはその操作は自己の肉体の経験を越えることによって、現象学の計画そのものを越えるからである。その操作が、依然として前提されている他者性を創出することはなくとも、それに特有の意味を与えることはできる。すなわち、他者は他なるままにとどまるよう定められてはいず、私の同類に、つまり私のように「私」と言う誰かになることはできる、と認めることである。肉体と肉体との対《つい》化にもとづく類似は、非対称をつくり出していたそのところで、距離を縮め、隔たりを埋めるようになる。それが、のようにという副詞の意味するものである。私のように他者は考え、欲し、享受し、苦しむ。意味の移入は、他我（alter ego）の他（alter）の意味でなく、我（ego）の意味しか産みださないと反論されるなら、認識形而上学の次元ではたしかにそうである、と答えねばならない。他我における我の意味は、私以外の一切の人称の自己指示に関わるわれわれの全研究において、言語、行動、物語、道徳的責任帰属において、われわれが前提してきた意味である。極言すれば、この意味の移入は引用の形をとることができ、その引用によって、「彼は考える」「彼女は考える」は、「彼／彼女は内心で〈私は考える〉と言っている」ことを意味する。そこに類推的移入の驚異がある。

　ここにおいて、私の他人への類推的移入は、他人から私への逆の動きと交叉する。その移入はその動きと交叉するが、その動きを廃棄してしまわない。たとえその動きを想定していないとしてもである。

　他人から私へのこの動きは、E・レヴィナスの著作が倦むことなく描きだしている動きである。この動きの根源には断絶がある。そしてこの断絶は、現象学と、〈同〉と〈他〉の「主要な類」の存在論の連接点で突如起こる。それだからこそわれわれはエマニュエル・レヴィナスの著作との出会いを、本研究までとっておいたのである。彼の著作はその批判的角度から、〈同〉の自己同一性という考え方に反対する方向にむけられる。この〈同〉の自己同一性には〈他〉の他者性が反対の極に対立させられるが、しかしそれは私が提唱する二種類の自己同一性、つまり自己《イプセ》のそれと同一《イデム》のそれとの区別は考慮されえない根本性の平面での対立である。それは現象学や解釈学考察の軽視ではむろんなく、レヴィナスにおいては、〈同〉の自己同一性は、私自身の探求が一度も引受けたことも、出会ったことさえない、全体性の存在論と固く結ばれているからである。その結果、自我と区別されない自己は、言述、行動、物語、倫理的拘束の主体の、自己による指示の意味にはとられないことになる。ある自負がこの自己に宿っている。それは普遍的構成と根本的な自己基礎づけというフィヒテ的、さらにはフッサール的野望を鼓舞する自負よりさらに根本的なものである。この自負は、他者性が根本的外部性に匹敵するようにする、閉鎖性への意志、もっと正確には分離の状態を表現する。

この断絶の効果によって、フッサールはどのようにして関係させられるのか。現象学、そしてその主要な主題である志向性は、表象の哲学に属し、その哲学は、レヴィナスによれば、観念論的で独我論的でしかありえない、とすることによってである。あるものを自分に表象することは、それを自己に同化し、自己に包含し、したがってその他者性を否定することとである。「第五デカルト的省察」の肝要な寄与である類推的移入は、この表象の支配を免れていない。それゆえ他者が自己証明するのは、非認識形而上学的な思考体制のもとでである。この体制は根本的には倫理の体制である。他人の顔が私の前に、私の上に達するとき、それは私が、私自身のものである表象の内部に包含できるような、現れではない。なるほど、他者は現れ、その顔は他者を現れさせる。だがその顔は光景ではなく、声である。[40] その声は私に言う「汝殺すなかれ」と。どの声も殺人を禁じるシナイ契約である。そして私は？　他者から発する動きがその行程を終えるのは私においてである。他者は私を責任あるものとして（responsable）、つまり応答（répondre）する能力あるものとして構成する。こうして他者の言葉は、それによって私が自分の行為の起源を私自身に帰すところの言葉の起源に位置するようになる。これまでの本書の三つの研究の中心主題である、自己責任帰属は、今や非対称的な対話的構造の中に記入されるのであり、その構造の起源は私の外部にある。

こうした〈他者〉についての考え方によって提起される問題は、記述のレベルでは出されない。記述はたしかにすばらしいものではあるが、依然として二者択一的現象学、別の解釈学と呼べるようなものに属していて、やむを得なければ、カント的倫理学の延長上に位置づけられるようなものである。事実、ある意味でレヴィナスは表象と絶縁する、ちょうどカントが理論的理性の支配から実践理性を脱け出させたように。しかし、カントが法則への敬意を、人格への敬意よりも上位に置いたのに対し、レヴィナスとともに顔は掟を目立たせる。そのつど、はじめて〈他者〉が、特定の〈他者〉が私に言う。「汝殺すなかれ」と。先に暗示したように、レヴィナスの哲学はむしろ断絶の効果から発するのであり、その効果は、われわれが今しがた二者択一的現象学と呼んだものが、〈同〉と〈他〉の「主要な類」の改変に連接する点を襲うのである。〈同〉は全体化と分離を意味するがゆえに、〈他〉の外部性は、以後もはや関係の言語では表現されえなくなる。〈無限〉が〈全体性〉から解放されるのと同じ動きで、〈他〉は関係から無罪放免される。だがこのような他者性が、その無罪放免 ab-solution〔レヴィナスは ab を分綴して、分離を強調する〕の契機において意味する非関係をどう考えるべきか。

この絶対的（ab-solue）他者性の思想に結びついた断絶の効果は、誇張（hyperbole）の用法から発してくるように私には思える。それはデカルト的な誇張的懐疑にふさわしく、先にわれわれがフッサールにおける自己のものへの還元を特徴づけたときの誇張とは正反対のものである。誇張によって、文体の文彩や文学的比喩を意味するべきではなく、哲学的議論法における過剰の組織的実践を意味すべきであることを、力説しなければならない。この資格で誇張は、絶対的（ab-solue）他者性の意味の外部性の観念に結びついた断絶効果の産出に適した戦略として現れる。

事実、誇張は〈同〉と〈他〉の両極に同時に到達する。『全体性と無限』が、自我がそれ自身と円環をなし、自己同定する意志に委ねられた自我を設定することからはじめたのは注目に値する。自己で「いっぱいになった」(p. 37) 自我について語っていた『時間と他者』におけるよりもいっそう、他者と出会う前の自我、というより他者によって不法侵入される前の自我は、頑固に閉じこもり、錠をかけ、分離した自我である。この分離という主題は、現象学――あえて言えば、自我主義の現象学――に養われたとはいえ、すでにして誇張の証印を押されている。その誇張は次のような辛辣な言明の中に表現されている。「分離において、自我は〈他者〉を知らない」(『全体性と無限』p. 34)。このように〈他者〉の不可能な自我にとり、顔の公現(epiphanie) は(これまた現象学的主題) 絶対的(ab-solue) 外部性を、すなわち非関係的な(「主要な類」の弁証法に属する主題) 外部性を意味する。

〈同〉の側の分離の誇張に応答するのは、〈他〉の側の公現の誇張である。公現は現象とは別のものを言う。顔の「明示」(apparoir) は目に見える形象からも、耳に聞こえる声からさえも逃れる。それは『全体性と無限』によれば、〈他者〉が任意の話し相手ではなく、正義の主の型の範型的な形象だからである。この意味で誇張的であるのは、言葉は「つねに教育者である」(*ibid.*, p. 70) という断定である。誇張は〈至高者〉のそれであると同時に〈外部性〉の誇張でもある。〈至高者〉――すでに述べたように、〈他者〉はまるで〈シナイ〉からのように、私を召喚する。〈外部性〉――顔の教えは、プラトンの『メノン』における産婆術とは異なり、いかなる記憶もよびさまさない。分離は内部性を不毛なものにしてしまった。主導権は完全に〈他者〉にもどってしまったので、自我が命令によって復帰するのは対格――うまく命名された屈折語尾――によってであり、またも対格によって自我はこう答えることが可能になった。「私はここに」(Me voici!)[41]。『全体性と無限』における誇張は、顔による教えが辞項に対する関係のいかなる優位をも再興しないという主張において、頂点に達する。〈同〉と〈他〉のいずれも、この両者間の完全な非対称を緩和するようにはならない。

『存在するとは別の仕方で、あるいは存在することの彼方へ』は、激発するほどまでに誇張を高騰させる。解体の予備的な作業全体は、「表象」の、「主題」の、「言われたこと」の廃墟を消費しつくして、「言うこと」を越えて「前言撤回」の時代を開く。責任帰属は、この「言われたこと」の名において、表出の言語、その言われたこと、その主題から逃れる。前言撤回として責任帰属は、まだ到達されない過剰の範囲内で、誇張表現を採用する。こうして責任帰属は、想起でき、したがって現在の意識で再開できる、いかなる過去よりも古い過去に関係づけられる。命令は、いかなる始まり、いかなるアルケー（archē 始原）よりも以前にあるものに属する。アルケーの前言撤回は an-archie（無起源・無秩序）と名づけられる。帰属される存在を喚起することもまた、誇張に属する。この存在はどんな活動の裏側でも、したがって「以前のいかなる拘束によっても正当化されない責任」（*ibid.*, p. 129）の裏側でもないだろう。そこから言語はますます過激になっていく。「〈他者〉の執念」「〈他者〉による迫害」、そして最後に、何よりも「私を〈他者〉の身代わりとすること」が来る。ここにおいて著作全体の激発点に達する。「万人の告発のもとで、万人に対する責任は、身代わりにまで行き着く。主体は人質である」（*ibid.*, p. 142）。さらに、「自己同一性のアルケーなき受動性における自己性は人質である」（*ibid.*, p. 145）。何よりも過激なこの表現がそこに投げかけられるのは、ある「秘密の隠れた自由」の自己肯定が、責任を帰属させられた自己の受動性のもとにまで、こっそりと戻るのを警告するためである。誇張の激発は、次の極端な、スキャンダラスでさえある仮説から由来するように思われる。すなわち、〈他者〉は『全体性と無限』ではそうだったようには、もはやこの著書では正義の主ではなく、侮辱者であり、それは侮辱者として、やはり赦し、贖罪する行為を要求するのである。E・レヴィナスがその読者を導いていこうとするのが、その場所であることは疑えない。「開示性の誇張表現は他者のための責任であり、それは身代わりにまでいたる——他者への暴露や顕示の他者のための（代わりの）責任は、責任の他者のために（代わりに）に変わる――それが要するに本書のテーゼである」（*ibid*., p. 152）。たしかにここにおいてのみ、他者性と自己同一性の間に掘られた深淵は越えられる。「ここで自己同一性と他者性を結びつけるものとしての贖罪について語らねばならない」（*ibid*., p. 151）。

逆説的ながら、〈同〉の側の分離の誇張が、他の側の外在性の誇張を袋小路に追いやるように私には思える。それは他者から自己へやってくる動きを、自己から他者への、いわゆる認識形而上学的動きと交叉させられない場合である。実を言えば、分離の誇張が思考不能にするものは、自己と自我の区別であり、その開示性と発見の機能によって定義される自己性の概念の形成である。

さて、外部性の主題がその行程の終点に達するのは、つまり他者の呼びかけに答えられる（責任ある）応答をめざめさせるのは、受け入れ、識別、承認の能力を前提することによってのみであり、この能力は私の考えでは、〈他〉の哲学が反論する哲学とは異なる、〈同〉の哲学に属する。内部性というものが内向と内閉の意志のみによって決定されるとしたら、その内部性は、それにとってあまりに異質なために、孤島のような存在にとっては何ものでもないような言葉を、どのように聞くのだろうか。反省的構造から生じてくる受け入れの能力を、自己に認めてやるべきである。反省的構造は、その最初の分離によるよりも、以前の客観化について再考する力によって定義される構造である。それだけでなく、この受け入れの能力に、識別と承認の能力も結びつけるべきではないだろうか。その場合、『存在するとは別の仕方で』で侮辱者の形象を考慮したのであるから、〈他〉の他者性は、〈他〉の形象の一つにすぎないと見えるもの、つまり教える師の形象に要約されてしまわないことを考慮すべきである。その〈他〉が死刑執行人であったら何と言うべきか。誰が maître を死刑執行人と区別できるのか。つまり弟子を求める師（maître）を、奴隷だけを要求する主人（maître）と誰が区別できるのか。教える師のほうは、その優越性において認められることを要求するのではないか。換言すると、私に「汝殺すなかれ」と私に言う〈他〉の声は、私の声となって、私の確信に到達しなければならないのではないか。そしてこの確信は、「私はここに」の対格の私に、「私はここに立つ」の名格の私に等しいのである。最後に、〈同〉の〈他〉への開示と、〈他〉の声の〈同〉への内面化を媒介するために、言語はそのコミュニケーションの富を、したがって、これまでの研究で何度となく言及してきた人称代名詞の変換が証しするような、相互性の富をもたらさねばならない。この交換には、もっと根本的な交換、役割がたえず逆転している、問いと答えの交換が反映している。要するに、対話の論理が、分離した自我と教える〈他〉との間の絶対的（ab-solue＝分離した）と思われている距離に、関係を重ねるべきではないのか[42]。

誇張の力が頂点に達し、他者性の哲学がその最高の力強さで表現されている身代わりの主題において、結局私は『全体性と無限』でなされた一種の逆転の逆転を見てとるのである。〈他〉による呼びかけから発し、もっとも全体的な受動性の観点から解釈された責任帰属は、自己が脱臼する運動そのものによって自己が証しされる、放棄の飛躍のなかで、逆転するのである[43]。実際に、誰が〈他〉につきまとわれているのか。〈他〉の人質とは誰か。もはや分離によっては定義されず、その反対である〈身代わり〉によって定義される〈同〉以外にはない[44]。身代わりの主題についてのこの解釈の裏づけを、私は、しかもこの同じ主題の統制下で証言のカテゴリーに割当てられた役割のうちに見いだすのである[45]。証言が何に対してなされるかはよくわかる。たしかに絶対者に、したがって「無限の栄光」と名づけられた〈至高者〉に、そしてその顔は痕跡のようである〈外部性〉にである。この意味で「〈無限者〉のみについての証ししかない」（*Autrement qu'être...*, p. 186）。しかし誰が証言するのか。〈自己〉以外にはない。それは責任帰属という観念によって、以後は自我と区別されるのである。「〈自己〉、それは引き受けられない対格のもとに身を露呈することであり、その対格で〈自我〉は他者を支えるのであり、それは自由の中に自分自身が一体化する〈自我〉の確実性とは逆である」(*ibid.*, p. 151)。証言とはしたがって、〈自我〉の確実性とは逆の、〈自己〉のこの自己露呈という真実の様態である。この証言は、われわれが一貫して証しと名づけてきたものと、そんなに隔たっているだろうか。たしかにレヴィナスはけっして自己の証しについては語らない。それほどにその表現は、「〈自我〉の確実性」へつれもどすのではないかと疑われよう。とはいえ、対格という間接的な方法では一人称は間接的にかかわり、そして先に引用した表現を再び用いれば、対格は「引き受けられない」ままでいることはできない。さもないと身代わりの主題そのものからどんな意味も引き出せないことになるし、その主題に守られて、証言の主題はE・レヴィナスによって再び引き受けられるのである。

E・フッサールとE・レヴィナスとのこの対決から、次の示唆が出てくる。すなわち、〈同〉から〈他〉への動きと、〈他〉から〈同〉への動きとを弁証法的に互いに補完しあっているとみなすことに何の矛盾もないということである。これら二つの動きは、一方が意味の認識形而上学的次元で、他方は命令の倫理的次元で展開するかぎりにおいて、相殺しあうことはない。第二の次元における責任帰属は、自己指示の力に送り返されるのであり、その力は第一の次元によって「私」と言うことができると仮定されるいかなる三人称にも転移されるのである。自己自身と自己以外の他者との交叉するこの弁証法は、約束の分析において、すでに先取りされていたのではなかったか。もし他者が私をあてにしないなら、私は自分の約束を守り、自分を維持することができようか。

C　良心

ドイツ語のGewissenの意味で、良心（conscience）を自己性と他者性の弁証法の最初の形の場とみなすことは、陥穽にみちた企てである。

第一の挑戦。声や呼び声の隠喩が、われわれの倫理学の基本的概念の探求が、それを中心に組織されているところの概念に、新しい次元をつけ加えるならば、この意味の剰余は必然的に、「やましい」良心、「潔白な」良心と同じように、疑わしい概念のうちに具現されるのではないだろうか。この挑戦は、自己性の証しは懐疑の実行と切り離せない、というテーゼをテストする機会を与えてくれよう。

第二の挑戦。「潔白な」また「やましい」良心に結びつけられた先入観念のくびきから、自己性の証しを解放できると仮定すると、良心はわれわれの存在可能の証しから区別される現象を指し示すだろうか。良心のこの非道徳的な様態を前にして、ここで賭けられるのは、声の隠喩が指し示すと思われる命令または負債のような現象を明確にすることである。

第三の挑戦。命令または負債が、良心の最後の要件をなすならば、そこで識別される他者性の配分は、場合によってはわれわれのこれまでの探求が容認できないような仕方で、他人の他者性の配分とは違ったものとなるだろうか。要するに、〈同〉と〈他〉の「主要な類」の平面で、良心の現象にある位置、明確な位置を割当てるのを正当化するものは何か。

第一の挑戦は、懐疑の門から良心の問題に入るようにわれわれを拘束する。それを遺憾と思う理由はない。というのも、われわれは先に、証しは真としての存在と偽としての非存在を混合していると言ったが、良心の現象は証しと、ある種の類縁関係を保っているからである。実際に良心はすぐれて、自己自身についての幻想が証しの真実性と密接にまじりあっている場所である。懐疑は、倫理学の主要な概念に良心の観念が重ね合わせると見られる、いわゆる意味の剰余を、まさしく対象とする。その倫理学の主要概念とは、善く生きるという願望（それによく知られている付加物がある）、義務、そして確信である。結局、倫理学を対象とするわれわれの三つの研究はすべて、共通の概念を基盤としておこなわれた。その中で〈黄金律〉はもっとも目立つもので、良心を補足機関として立てる必要はなかった。とはいえ問題はあった。というのは、倫理学の主導概念の意味内容に何もつけ加えずとも、良心はこれらの概念を、受動性という特定の様態で、〈同〉と〈他〉の弁証法に再登録をするからである。私に内在するとともに私よりも高次の声の隠喩が、この並ぶもののない受動性の兆候または指標となるのである。

まさしくGewissenと題された『存在と時間』の章で、ハイデガーは良心を特徴づけるこの他者性の契機を完璧に記述した。われわれは先に述べた第二の挑戦を考慮するときに、この章の分析をもっとじっくりおこなうつもりである。ところでこの他者性は、自己性の構成に無関係どころか、それの出現に密接に結びついている。というのは、良心の衝動のもとに、自己は「世人」の匿名性において、自分をとりもどすことができるようになるからである。自己と「世人」の対立における良心のもたらすこの帰結は、別の種類の自己存在と共存在の関係を排除しない。というのは、一方では「世人」はすでにして共存在の非本来的な様態だからであり、他方では、この内心の奥底への退去は、他人に当然期待してよい相手を、すなわち自己自身を提供してくれるからである。さて、自己はどのようにして「世人」から離脱できるか。ここで良心の現象を特定する特徴が明示される。すなわち、声の隠喩が教える呼び声（Ruf）、呼びかけ（Anruf）のようなものである。この内的対話で自己は呼びかけられ、その意味で、独特の仕方で触発されるものとして現れる。プラトンが語る、魂とそれ自身との対話とは違って、この他なる声による触発は、注目すべき非対称を呈する。それを、呼びかける機関と呼びかけられる自己との間の垂直的非対称と言うことができる。呼びかけの内面性と等しい、この呼びかけの垂直性が、良心の現象の謎をなす。ところがこの現象の真正性はかろうじて取りもどせるものである。それはほんとうは「良心の声」といったような表現の隠喩性の代価を支払わされるからではなく――われわれの考えでは隠喩は真の発見能力を排除するものではないのだから――道徳化する解釈に逆らうからであり、それがまさに隠喩の発見的な力を隠しているのである[46]。

ここにおいて、声の隠喩の発見的能力を回復するために、懐疑のテストが有効であることがわかる。それをするために、ニーチェの雷鳴がとどろくまえに、ヘーゲルの叱責のうちに反響している告発の力を動員しよう。

事実、『精神の現象学』の「道徳的世界観」にあてられた本文のうちに読むことができるのは、良心のまちがった解釈に対する辛辣な批判である[47]。有名な批判が属している第六章の続きは、良心の真正な現象が、道徳的世界観の堕落にひきずりこまれてはならないことを証ししている。Gewissen は高次の弁証法と連帯しており、そこにおいて行動する良心と裁く良心とが対決する。二人の対立者がそれぞれの観点の限界を認め、それぞれのえこひいきを断念して、互いに承認しあうことから発する「赦し」が、良心の真正な現象を指し示す。道徳的世界観の批判が位置するのは、この承認への途上である。

注目すべきは、この辛辣な批判が、まったく大義名分の必要のためにつくられた「公準」を攻撃していることで、その公準の中にカントが「純粋実践理性の弁証論」で、公準と呼んでいるものだけでなく、カント的形式主義の特徴までも認めることは困難である。われわれが先にしたように、カント的形式主義は普遍化のテストの実行にかけられるのである。とはいえヘーゲルがこのような形態をつくりあげた策略を遺憾に思う必要はない。それは、道徳的省察が、そしておそらくは哲学的省察一般がむさぼってきた行き過ぎ、逸脱、誇張の中に位置を占める策略である。しかも、道徳主義が動員するのが世界観であるというのがもっとも重要である。第一の公準は、道徳性が、義務はなされ、したがって現実とならねばならぬと要求しながら、それ自体われわれのうちにおける自然である欲望を非難することを通して、自然全体を無意味ときめつけることである。第二の公準。あらねばならないと、あるとの間にどんな調和も産みだすことができないので、道徳性は、行為者がそれでも行為の実効性のうちに探し求める満足の契機を、無限に延引する。最後に第三の公準。形式と内容のこうした一致は地上では与えられないので、それは別の意識に、この世の外に位置する聖なる立法者の意識に移される。

ヘーゲルがこれらの公準をつくりあげるのに、カントを、あるいは恐らくはフィヒテを歪曲した、というようなことは、またしても大したことではない(48)。われわれにとって肝要なのは、それをつくりあげることが「ずらかし」(die Verstellung) に適用される解体の戦略を産みだしたことである。『精神現象学』の次の節はこの「ずらかし」にあてられている。支持できない見解に次から次へと追い立てられた意識は、道徳的世界観の公準が隠している矛盾から逃れようとして、身をかわすことに専念する。行動の満足が欺瞞だとしたら、どうして行動の意図がまじめに受けとられようか。行動の実効性がたえず消え去っていったら、どうして義務は、あるべきままでいようか。現実との和解が別の世に延期されてしまったら、自律はどうして至上の道徳原則であり続けようか。ずらかしが隠すことに成功しなかった偽善を解雇するのは、「侮蔑」をもってである。さて、こうした批判全体は、精神の最後的な契機の観点からしか意味をもたない。その契機はずらかしの中に、すでに否定的に、あるいは透し状で現前していた。それゆえにヘーゲルは次の三つの契機を、「自己確信的精神。道徳性」という表題のもとにおいたのである。[49] すなわち、道徳的世界観、ずらかし、美しい魂と行動の主人公との弁証法、これらは和解と赦しの契機において頂点に達する。Gewissen が自己自身の確実性に匹敵する地点へのこの道徳的世界観の批判の歩みは、ヘーゲルにおいてはまだ叱責の調子しか響かせないが、やがてニーチェにおいて、それは決定的な雷鳴の一撃として爆発する。[50]

『道徳の系譜』の「罪責（Schuld）、やましい良心（schlechtes Gewissen）、およびそれに類したこと」と題された第二論文から、私はただ一点だけに注意をとめたい。[51] それはヘーゲルの「ずらかし」批判に対応している。たしかにニーチェの批判の系譜学的調子を、ヘーゲル的批判の目的論的調子と対立させることはできる。[52] だがこれら二つの批判の間の深い類縁性はニーチェ自身によって認められている。それはニーチェが「やましい」良心を偽造する解釈として、また彼自身の「偉大な無垢」観を真正の解釈として、特徴づけるときにである。しかも、系譜学的方法によって確実にされた、「強い」または「弱い」〈生〉へ送り返すことが、はたして最終の解読の最後の指示対象に到達するかどうか、また、解釈においては、比喩的意味に対比できるような字義的な意味がないというのは、ほんとうかどうかが、ニーチェにとっては問題なのである。

この第二論文は、そこでなされている約束に対する称讃を通して、いわば中立的な良心概念に席を譲っているように見える。約束は忘却の解毒剤であるが、「能動的で……積極的な抑止の能力」とみなされている。[53]

しかしこの自己制御——この「記憶術」！——はその背後に、禁欲主義と共有する苦悩と責め苦の長い歴史をもっているのであり、第三論文はそれを聖職者の悪影響に結びつけることになる。[54] 道徳的良心が警戒心を呼び求めるなら、やましい良心のほうは完全な解体を要求する。その解体はまず、とりわけドイツ語では意味をずっしり含んだ同義語を呼び出すことではじまる。すなわちSchuld（罪責）、Schulden（負債）、Vergeltung（報復）。それはある意味では、債権者と債務者の明るい世界であり、別の意味では、怒りと復讐の暗い世界である。というのは、債権を取り立てるもっとも古風なやり方は、債務者に暴力で強制することであるから。「償い（Ausgleich）は残忍さへの誘いであり、権利である」（『道徳の系譜』p. 258）。「残忍なくして祝祭なし。人間の最古で最長の歴史はそう教えている。そして懲罰にも多くの祝祭があるのだ！」（*ibid.*, p. 259–260）。

「道徳的概念世界の発祥地」（*ibid.*, p. 258）「そのはじまり」を発見したと宣言するニーチェの権威者ぶった調子に衝撃を受けねばならないだろうか。「それはいつの時代にもあり、現にまたありえる」（*ibid.*, p. 263）とする先史時代（Vorzeit）についてはどうだろうか。これは言うならば奇妙な予期的〔行為の結果を予期して言い表す〕考古学であり、そこでは先史と未来とが交換しあっている！　訓練の残忍さが意味あるものにしてしまう苦痛への讃辞を、文字通りに受けとるべきだろうか。(55)　重要なのは、責任ある動物の調教というものはもはや「自由意志」や「善と悪における人間の絶対的自発性」（*ibid.*, p. 262）の功績には帰されなくなったことであり、それらは「哲学者たちのかくも大胆な、かくも有害な発明」（*ibid.*）なのである。これこそこの長広舌全体の中での反デカルト的、反カント的なとげの先であり、そこでは懲罰の暗い複雑さが、債権者と債務者の関係の明らかな単純さとまじりあっている。(56)　これらすべてにおいて重要なのは、論争的な鋭さであり、考古学の武器でもって、目的論を倒すことをめざす系譜学的方法によってなされる、あらゆる価値転覆である。起源を言うことは、目的と援用される合理性とを廃することである。懲罰にとって理解可能な目的はなく、暗い起源があるのみである。

ここでニーチェのテクストが仕掛ける罠は、新しい独断論の、一二節で名づけられる権力意志の罠である（*ibid.*, p. 270）。とはいえ、まるでついでのように権力意志を命名したことに伴う、次の観察を無視することはできないだろう。すなわち目標、目的の固定性と称されるものに対立する起源の流動性は、「新しい解釈」(ein Neu-interpretieren)、「適応」(ein Zurechtmachen) (*ibid.*, p. 269) の機会であり、それは今度は、懲罰に割当てられた意味が、どの程度までやがてさらに付加されるかを証明する。[57] ニーチェはぜいたくにも、懲罰がまったく違った目標に応じて解釈され (gedeutet)、調整される (zurechtgemacht) 一ダースもの仕方を提案する。あらゆる種類の効用性のこの「積みすぎ」(überladen) ——これこそ語のフロイト的な意味における多元決定——は、ニーチェが『道徳の系譜』第二論文の一六—二五節で読者に押しつける生物学的独断論を裏切ることにならないだろうか[58]。

この研究の枠内では、第二論文の最後で言明され、そしてそれにニーチェの全著作が寄与する「第二の無垢」の意味と機会について、私は意見を述べないことにする。ここで私にとって重要なのは、良心は「やましい良心」に等しいとする、懐疑の呼びかけの力であり、それはヘーゲルにおいては暗黙のものであるが、ニーチェにおいては明示されている。この等式を破る最悪の解決は、やましい良心から潔白な良心に訴えることであろう。この賛否の逆転は、依然として同じ悪しき問題系に捕われたままである。すなわち、ただ自己正当化、自己の賞揚に譲歩するだけの、正当化、無価値の判断の問題系である。

そこで、「潔白な」良心と「やましい」良心の有害な循環から脱け出すのに、他に何の道徳的性格づけもせずに良心の現象を、懐疑がまさにその反面となっている証しという中心的現象に結びつけてみることは、誘惑的である。そうすると問題は、これまで注目されなかったどんな特徴によって、われわれの出発点であった自己性の証しは、前例を見ない仕方で、〈同〉と〈他〉の弁証法に寄与するかである。ここにおいてわれわれの探求は、先に述べた第二の挑戦に出会う。われわれはそれに良心の「脱道徳化」という見出しをつけることができよう。

良心を「潔白な」良心と「やましい」良心のいつわりの二者択一からこのように引き離すことは、ハイデガーの『存在と時間』第二篇の「良心」(Gewissen) の章において、そのもっとも過激な定式化を見いだす。それは次の文だけでもって要約される。「本来的な存在しうることを証しするのは良心である」(234)。われわれが声の隠喩によって開始されたこの全議論を軌道にのせたのはハイデガーに負っているゆえに、われわれはいっそう彼の分析に注意を払うのである。良心が証しするこの存在可能は、最初は、善悪を区別するいかなる能力によっても特質づけられない。良心はそれ自身の仕方で「善悪の彼岸」にあると言えよう。そこにおいて新カント派の思想価値に反対して、それにもましてマックス・シェーラーの『倫理学における形式主義と実質的価値倫理学』に反対してなされた、闘いの結果に出会うのである。まるで〈現存在〉の中の〈存在〉を強調することによって、呼びかけ、Anruf（マルティノーの翻訳では、呼び出し）の根源的に倫理的な力を認めるのを抑制しているかのようである。たしかに呼びかけの内容や起源を考慮しようとしまいと、存在可能という名ですでに名づけられていなかったものは何一つ現れない。良心は何も言わない。何の喧騒もなく、何のメッセージもない。だが、沈黙の呼びかけがある。呼びかける者、それは現存在そのものにほかならない。「良心において現存在が自分自身に呼びかける」(275)。そこがおそらく分析のもっともおどろくべき契機であろう。現存在のそれ自身への完全な内在性に、ハイデガーはある優位の次元を認める。「呼び声はまちがいなく、私とともに世界のうちに存在している、なんらかの他者からやって来るのではない。呼び声は私のなかから来るのだが、それは私のうえへとやって来る (aus mir und doch über mich)」[59] (*ibid.*)。

以上の文言だけに限るならば、良心の分析が存在可能につけ加えるものは、良心が証しに押す根源性と本来性の証印以外に何があるかはよくわからない。新しいものは、良心が〈同〉と〈他〉の弁証法に含まれるための、見知らなさの特質を明示することに存する。声の見知らなさと被投存在の失墜の条件との間にひそかな比較がなされる。たしかに現存在は実存の中に投げこまれている。呼び出された存在に結びついた、触発の受動性、非制御を認めることは、無であること、つまりその完全な事実性から眺められた世界内存在を触発する、根本的な非選択についての省察へと向かわせる。(60)

Schuld（マルティノーの翻訳では「負債」dette）の概念を遅まきながら導入することも、この見知らなさに、どのような倫理的な含意をも回復させてはくれない。力点は「責めある存在」(Schuldigsein) の「存在」(Sein) に置かれる。「ここで肝要なのは、〈責めあり〉ということが〈私は……である〉の述語として現れることである」(281)。このように負債の存在論を強調することによってハイデガーは、常識が負債の観念に結びつけること、つまり負債は誰かに対して負うこと、人は債務者として責任があること、相互共存在は公的なものであること、から離脱する。それこそハイデガーがそれにふさわしい割合に還元しようとしているものである。存在論は倫理の入口で見張っている。ハイデガーは倫理の要求を連打する。まず「現存在の責めある存在」(283) を根本的に調べる。したがって存在様式について調べる。それによって、「他者と配慮的に気遣う〈共存在〉」(*ibid.*) に関連する負債、借金といった通俗的現象は外に出されてしまう。責めある存在はしたがって、負債 (Verschuldung) から生じてくるのでなく、その逆である。ここで何らかの欠陥が露呈されるとしても、それは悪——レヴィナスなら戦争と言うだろう——ではなく、いかなる倫理にも先行する存在論的特徴、すなわち「非であることの根拠」(61) (Grundsein einer Nichtigkeit) (283)。もはやこれ以上きっぱりと倫理の優位を拒絶することはできない。「根源的に責めある存在が道徳性によって規定されえないのは、道徳性はそれ自身のために、その責めある存在を前提しているからである」(286)。残念ながらハイデガーは存在論から倫理への逆の道をどのようにしてたどっていけるかを示してはくれない。しかしそれは五九節で彼が「良心についての通俗的解釈」と議論するときに示すことを約束しているように思える。この意味で証しは、少なくとも常識批判として、ある種の基準論を産みだす。そこから出てくるのは、われわれが用いたのに近い用語での、「潔白な」良心と「やましい」良心の概念の批判である。「通俗性」として糾弾されるのはまず「やましい」良心という概念である。実際に、そのやましさが来るのは、事後で、遅すぎる(ニーチェなら反動的と言うだろう)。それには気遣いに内属する予=測的(pro-spectif)性格が欠けている。良心の呵責(re-mords)、悔恨(re-pentence)から引き出せるものは何もない。「潔白な」良心のほうは、偽善的として遠ざけられてしまう。というのも、誰が「自分は善良だ」と言いえようか。ハイデガーは、良心は再び「世人」のとりこになるだろう(292)という奇妙な論拠から、良心について、訓戒、忠告として語るつもりはない。以上の点から、ハイデガーの常識批判は、あきらかにニーチェの『道徳の系譜』と比較されるべきものである。カントの義務論的観点、シェーラーの価値論、またそれと同じ動きで、良心の批判的機能などは一括して、一撃のもとに却下されてしまう。これらはすべて配慮の次元内にとどまり、それには、中心的な現象である、もっとも固有な可能性への呼びかけが欠けている。そこでは証しはまさしく一種の理解ではあるが、何かを知ることに還元することはできない。証しの意味は今こそ確固としたものになる。すなわち「責めある存在へと呼び進める(pro-vocante)呼び出し」(295)である。

良心について、まだ最後の言葉は述べられていないことはたしかである。証しと決意性との間に確認される関係は、良心概念を倫理の領野につれもどす。この点で、決意性と死へとかかわる存在を結ぶ絆はよく知られている。決意性が本来的にもたらすものは、死へとかかわる存在によって封印された全体存在がめざす目標である。一方の概念から他方への概念へ移行するのは次の表現によってなされる。「良心をもとうと意志すること」(295)。そこから最後の定式が出てくる。「もっとも固有な責めある存在をめがけて、暗黙裡に、不安への用意をして自分を企投すること、それをわれわれは決意性と呼ぶ」(297)。ここでハイデガーがいかに行動の用語を使わないように気をつけているかに気がつく。その用語は彼には、被投存在も同様に忌避する受苦と対立するか、あるいは現存在の全体的統一性を「異なる行動」に分裂させるような、観想的なものと対立するように思われる。そのかわり、証しとしての良心は、開示と非掩蔽としての真理の問題系の中に記入される。「いまや決意性でもって獲得されるのは、現存在の本来的な真理であるゆえに、もっとも根源的な真理である」(297)。しかし他者の懇請や、本来的に道徳的な規定から切離された決意性は、それが応答すると思われる呼びかけと同様に不確定なままである。ここで再び、「世人の中への喪失から呼び出されること」(299)という決意性の定式が思い出される。行動への方向づけについては、基礎的存在論はどんな提言もしないように用心する。「決意性において、現存在にとってはもっとも固有な自分の存在可能へむかうことが問題であるが、その存在可能は、被投的なものとして、確定された現事実的可能性にむかってのみ自分を企投できるにすぎない」(299)。まるで哲学者は、不確定な呼び声の沈黙を満たすべく定められた道徳的状況主義へと読者を送り返すかのようである。[62]

良心のこの脱道徳化に、私は、命令(injonction＝裁判官の命令)の現象を証しの現象に密接に結びつける考え方を対比させてみたい。命令されることは、そうすると、声の隠喩と一致して、良心の現象に固有な他者性の契機となろう。良心の声を聞くことは、〈他者〉によって命令されることを意味しよう。こうして、ハイデガーが、借金の倫理的次元を犠牲にして、あまりに早く存在論化してしまった負債の概念が正当化されよう。だが、ヘーゲル、ニーチェ、ハイデガーがそれぞれの仕方でわれわれをそれから防いでくれた「やましい」良心と「潔白な」良心の罠に再び落ちないためにはどうすればよいか。先に裁判の隠喩について指摘したことは、われわれに手がかりを与えてくれる。良心の現象が相互的に貧しくなり、声という発見的な隠喩が裁判という息づまるような隠喩によってかげってしまったのは、道徳性の段階が倫理＝道徳性＝確信の三つ組から分離させられ、次にこの分離によって実体化されたからではないか。事実、先行の三つの研究に配置されてきた三つ組全体がここで、他者性の観点から再解釈されるべく提示されている。私は正しい制度において他人とともに、他人のために、善く生きるよう呼びかけられている、というのが最初の命令である。しかし先に言及した、F・ローゼンツヴァイクの『贖罪の星』（第二巻）から借用した示唆によると、まだ律法になっていない戒律の一形式がある。もしすでにそう呼べるなら、その戒律は「雅歌」がひびかせる調子の中に、愛する者が恋人にむかって「私を愛して！」と懇願する中に聞こえてくる。戒律が律法になり、「汝殺すなかれ」の律法になるのは、能動者がその行動によって受動者に対して行使する力によって、暴力は相互作用のあらゆる関係を汚してしまうからである。その場合に、良心と禁止の間とは言わぬまでも、良心と義務の間に短絡のようなものが生じ、そこから良心の声が裁判の裁く声への還元が出てくる。そうであれば、この禁止の命令から、善く生きる命令へと導く坂道をさかのぼるのをやめてはならない。それだけではない。禁止の命令法のところで、倫理への行程を止めてはならず、状況内の道徳的選択の流れをたどり続けねばならない。そうすると命令は、ヘーゲルが主観的道徳性の領域に閉じこめてしまうのをわれわれが見た、あの確信の現象に合体する。[63] われわれが行動の悲劇性と呼んだものにおいて、人はつねに一人きりで決意することを心にとめるならば、そのことは偽りではない。こうして良心は確信と等しくなることによって、良心は受動性の側を証言する。「ここに私は立つ。

それ以外に私はできない」。しかし状況内の決定の倫理についてのわれわれの議論の仕方についてこようとするなら、確信の契機は、規則のテストにとって代わらない。それは葛藤の終りに生じるのであり、葛藤とは義務の葛藤である。そのうえ私の考えでは、確信の契機は、道徳のこちら側で、ただし道徳を通って、倫理の未開発の資源に訴えることを示している。それゆえにわれわれは、確信を、命法の層を通して、倫理の基底に結びつける絆を強調するために、アリストテレスの賢慮（phronèsis）のもっとも目立つ特徴に助力を請うことができると信じた。ハイデガーがアリストテレスの倫理学を注釈していた時代に、ガダマーが伝えているハイデガーの感嘆「だがphronèsis、あれは良心（Gewissen）だよ」にどうしてこだまを返さない法があろうか[64]。そこで、賢慮ある人の選択の中に正しい規則を含める賢慮の定義を、われわれが記憶にとどめるなら、もはや『存在と時間』のハイデガーとともに、声は何も言わず、現存在をそのもっとも固有な存在可能に送り返すにとどめる、とは言えなくなる。命令としての証しとして、良心が意味するのは、現存在のこれら「もっとも固有な可能性」が、善く生きたいという希求法によって、根源的に構造化されているということである。その希求法は第二次的に尊敬の命法を支配し、状況内の道徳的判断の確信に合流するのである。そのようであるなら、命令されることの受動性は、傾聴する状況に存しており、その状況において倫理的主体は、二人称で彼に語りかける声に対して位置づけられる。善く生きたいという希求法の、次に殺すなという禁止の、次に状況に適した選択を求めるさなかで、二人称で語りかけられていることは、正しい制度において他者とともに、他者のために善く生き、この願望をもつ者として自己自身を評価することを自分が命令されていると認識することである。とすると〈他〉の他者性は「主要な類」の弁証法の平面において、命令される存在のこの特有の受動性に対応するものとなる。

さて、この〈他〉の他者性について、さらに何を言うべきか。ここでわれわれは、この省察の冒頭で定式化した第三の挑戦に直面する。この〈他〉とは何らかの仕方で他人ではないのか。ハイデガーは呼びかけの他者性を、失墜した、または堕落した被投存在の不気味さ、非であることに貶め、そして結局は、良心の他者性を、われわれが先に肉体に再び中心化した世界＝内＝存在の包括的な他者性に還元したのに対し、それと対照的に、われわれは命令の他者性を、他人の他者性に近づけたい誘惑に強く駆られる。

良心が他人の意味の〈他〉の声であることを、ヘーゲルはある意味でわれわれにそう考える材料を与えてくれる。というのも、良心の運命は精神の二つのまだ部分的な形態の和解に結びついているからである。たとえば意識の二分の現象は『精神現象学』全体を貫いている。すなわち、他者への欲望の契機から、主人と奴隷の弁証法を経て、美しい魂と行動の主人公の二重の形態にいたるまでである。しかし重要なことは、究極の和解は、「〈他者〉において自己自身を直観することによって表される告白」〔p. 470〕の中にこの他者を同定することについて、われわれを当惑させることである。赦しはすでにして宗教の領域に入ることを示してはいないだろうか。ヘーゲルは次のように書いて、読者を宙ぶらりんな状態におく。「和解という語は、そこに在る精神であり、その精神は自分自身を普遍的な本質として純粋に知ることを、その正反対である自分が、絶対に自分のうちに存在している個別態であることを、純粋に知ることのうちに直観する。この相互承認が絶対精神である」[65]〔471〕。精神哲学者ヘーゲルはここで、人間学的読解と神学的読解との中間で、われわれを不決断の状態におく。

良心の現象における〈他〉の地位についての、この最後的な両義性は、おそらく、最後の最後まで守られていることを要求するものであろう。その両義性はフロイトのメタ心理学では、明瞭に、一義的に人間学的な意味で決着がつけられている。つまり、道徳的良心は超自我の別名なのである。超自我は両親や先祖の人物像との（沈澱し、忘れられ、大部分は抑圧された）同一視に帰着する。精神分析は、科学性のレベルにおいてではあるが、多くの民間信仰と合流する。その信仰によると、先祖の声は生者の間で聞こえ続け、それによって知恵の伝達だけでなく、あらゆる段階で知恵の個人的受容を確実にしてくれるというのである。世代的と言えるこの次元は、命令の現象の、ましてや負債の現象の明白な構成要素である。[66]

この発生論的説明――その範疇では正当である――に対して、それは命令の現象を、ましてや負債の現象を説明しつくしていない、と反論することはできる。もし、一方で、自己が超自我の沈澱作用を受け入れる構造としてもともと構成されているとしたら、先祖の声の内面化などは考えられないはずであるし、原始的機関としての自我は、互いに相手の服従を争っているエス、超自我、外的現実の三人の主人たちの間で、フロイトが自我に認める調停者または仲介者の機能を行使することさえできないことになる。[67] 命令の形で触発されることへの適性が、同一視の経験的現象の可能性の条件をなすように思われ、その現象はあまりにたやすくおしつけられる透明性を、実際にはなかなかおびられない。他方では、良心の世代的モデルは、もっと解読しがたいもう一つの謎を秘めている。先祖という人物像は、よく知られている、あるいは知られていない両親像をこえて、限りない退行の運動を開始させ、その運動において、〈他者〉は最初にもっていたと推定される親密さを徐々に――世代から世代へと！――失っていく。先祖は、それが神話や礼拝式にとりこまれていることが確証してくれるように、表象の体制からはずれていく。[68] 独特の種類の pietas（敬虔）がこうして死者と生者を結合する。この敬虔さは、結局はわれわれもそこに入りこむ循環を反映している。

先祖はどこからその声の権威を引き出すか。先祖と同じように大昔の〈律法〉とともに特権的とみなされるその絆から以外にはないではないか。こうして、〈他者〉の世代的な人物像である先祖を介して、命令はそれ自身に先行する。

私の頭の中で反響する先祖の声としての、フロイトの超自我について今しがた言われたことは、意識の他者性にあてられたこの省察をそれでもって終ろうとする考察へのよいまえがきとなる。私はその考察を、良心の他者性を他人の他者性への還元のためにとっておこう。その還元はエマニュエル・レヴィナスの著作全体から発してくるものと私に思われる。M・ハイデガーの哲学の特質をなす、責めある存在を、世界内存在の事実性に結びついた見知らなさに還元することに反対して、E・レヴィナスは良心の他者性を、その顔に表出される他人の外部性に対称的に還元することを対置する。その意味で、レヴィナスにおいては、この外部性以外の他者性の様態はない。どんな他者性のモデルも他人である。ハイデガーによる見知らなさか、E・レヴィナスによる外部性かという二者択一に対し、私は執拗に、他者性の第三の様態をなすと思われるもの、すなわち、自己性の構造としての命令される存在という、独特で根源的な性格を対置しよう。

この他者性の第三の様態の他に還元できない性格を正当化するために、文脈における差異を考慮しつつ、私は今しがたフロイトが超自我の審級に与える、発生論的説明にむけたばかりの反論をもう一度とりあげよう。一方では、他者による命令が自己の証しと連帯していなければ、応答者として向かいあう命令される存在が存在しないために、命令はその命令としての性格を失ってしまう。この自己触発の次元を排除してしまうと、極端な場合、良心というメタカテゴリーを蛇足的なものにしてしまい、他人のカテゴリーだけで足りるのである。M・ハイデガーに対して私は、証しは根源的には命令であり、さもないと証しはその倫理的もしくは道徳的な意味を一切失ってしまうと反論しよう。レヴィナスに対しては、命令は根源的に証しであり、さもないと命令は受けとられず、自己は命令される存在として触発されないだろう、と反論しよう。自己の証しと他者から来る命令との深い一致は、現象学の平面での良心の受動性に対応する、

「主要な類」の平面での他者性の様態が、その断固たる特殊性において認められるのを正当化する。

他方では、他人は命令への必然的な道であるという確信をE・レヴィナスと共有しつつ、私はあえて次の必要性を強調しよう。[69] すなわち、レヴィナスがそう望む以上に、とりわけ良心の他者性が他人の他者性に還元できないものとみなされるならば、純粋に哲学的な平面では、〈他〉の地位のある種の両義性を維持する必要性である。なるほどレヴィナスは、顔は〈他〉の痕跡であるとまちがいなく言っている。こうして痕跡のカテゴリーは公現のカテゴリーを修正するとともに補完しているように見える。おそらく、哲学者としての哲学者は、命令の源泉であるこの〈他〉が、私が対面できる他人であるか、私を凝視する他人であるか、それとも表象のない私の先祖であるのかどうかを知らないし、それを言うことはできないことを認めねばならない。それほどに私の先祖に対する負い目は私自身を、あるいは神を――生きた神、不在の神――あるいは空所を、構成している。〈他〉のこのアポリアで哲学的言説はとどまる。

＊

ソクラテス的アイロニーの調子で結論することを許していただきたい。受動性の三つの大経験、すなわち自己の身体の経験、他人の経験、良心の経験という、「主要な類」の平面で他者性の三つの様態をもたらすものを、このように散逸した状態に放置すべきだろうか。この散逸は私には結局のところ、他者性の観念そのものにぴったりしていると思われる。それ自身とは他なる言述のみが――と私は『パルメニデス』のまねをして、そしてこれ以上思弁の森の中に足を踏み入れずに言おう――他者性のメタカテゴリーには適しているのである、さもないと他者性はそれ自身と同じになって自殺してしまい……。

〔訳注1〕 フッサールにおいて、綜合は意識体験の原形式である。能動的綜合は自我の作用によってなされるのに対し、受動的綜合は自我の関与なしにおのずから生じ、その点で無意識の働きに比せられる。

〔訳注2〕 提示または現前化は、対象をそこに現前するものとして直観的に提示する働きである。それに対し、間接的提示または付帯現前化は、提示と結びついてはいるが、それ自身では提示できず、提示へと遡行的に導かれる、類比的統覚の間接的志向性である。

訳者あとがき

本書は Paul Ricœur, *Soi-même comme un autre*, Éditions du Seuil, 1990. の全訳である。

リクールは解釈学的現象学の方法論によって言語の創造性を探究する一連の著書、『生きた隠喩』（一九七五年）、『時間と物語Ⅰ～Ⅲ』（一九八三—八五年）を発表してきた。著者が、日本式に言えば、喜寿をむかえた年に刊行された本書は、一転して倫理的主題を扱っている。「倫理の回帰」と、発表当時フランスのある書評の見出しにあったが、まさしく本書は、先の『人間、この過ちやすきもの』（一九六〇年）以来三十年を隔てての「倫理への回帰」である。とはいえ、それはいきなりの回帰ではない。「自己の解釈学」をめざす本書は、前著『時間と物語Ⅲ』の結論で提出されていた「物語的自己同一性」の概念とその問題系を大規模に発展させたものと言える。本書の第5、6研究で主題的に論じられる「物語的自己同一性」とは、主体は自分の生について自分に語る物語において自己認識する、というものである。自己理解は一つの解釈であり、物語は自己理解のための特権的な媒介となる。この物語的自己同一性は、個人の自伝だけでなく、民族共同体の歴史物語にも適用できる。しかしハイデガーやハンナ・アーレントの発する「誰か」の問いに十全に答えるには、自分を物語るだけでは足りず、〈自己の解釈学〉全体を必要とするとして、この著作が構想されたのである。

はじめに、『他者のような自己自身』という題名にこめられた意味を説明しておきたい。そこには三つの哲学的意図が含まれている。

第一に、私（je）や自我（moi）と言わず、あえて自己（soi）と言うことである。そうするのは、「私は《コ》考える《ギト》」におけるように、主体が無媒介的に、直接に措定されるのを避けて、主体を反省的、間接的に捉えるためである。日本語ではさほど明瞭でない自我と自己の違いは、フランス語の文法構造に根ざしている。自己と訳すsoiやseは、各自、誰でも、といった不定代名詞につき、代名動詞の不定法では非人称を含めたあらゆる人称の再帰代名詞となることができる。つまり〈私〉という置換不可能な絶対的な座をおりて、自己は誰でもの自己となることができるのである。

第二に、自己の強調形である自己自身（soi-même）を用いると、それはsoiとmêmeに分解でき、mêmeは〈・・・自身〉と〈同じ〉という二つの意味をもつところから、自己同一性を「自己としての自己同一性」と「同一としての自己同一性」に分節されることである。この区別は、本書で終始もっとも重要な働きをする。

第三に、自己性を他者性と弁証法的対立におくことである。多義的な他者性が自己性の構成要素になっているのである。

この題名から「自分自身を愛するように、あなたの隣り人を愛せよ」（マタイ福音書一九・一九）が連想される。しかし著者は「ような」（comme）には、単に比較の意味だけでなく、「・・・として」の強い意味もこめたいと言う。とすれば、原題は「他者のような／としての自己自身」と訳したほうが、原意をよりよく伝えることができよう。ちなみに英訳の題名は*Oneself as Another*である。他者のような自己自身は、自己自身のような他者と交換できる。また自己を他者として評価することは、他者を自己として評価することに等しいのである。

なぜ自我でなく自己なのか。すでにフッサールは『デカルト的省察』で、私の肉体からの「類比的統覚」によって、他者に自我の意味を移入しようとした。この試みが挫折したのは、フッサールが私以外の他者を、もう一人の私としてのみ考え、けっして自己を他者として考えなかったからである。あるいは、自己を構成する他者性を考慮しなかったからである。自我意識の砦にたてこもっているかぎり、私は他者の視線にさらされ、「地獄、それは他人だ」とサルトルの戯曲の登場人物のように叫ぶほかはない。

リクールのいわゆる「自己の解釈学」が、ある種の主体の哲学の再建をめざすものであるとしても、それは断じて〈私〉という主体の哲学ではない。リクールはデカルト主義的〈コギト〉の哲学には強く異議申し立てをする。自己措定し、自己基礎づけするデカルト的コギトの危機は、デカルト自身が自覚していたのではないか。「私は考える」の私は、血肉を持った私には属さぬ「漂流する」私ではないか。他方、ニーチェはデカルトの誇張法的懐疑以上に懐疑を実践し、デカルト以上にコギトを疑う。これら対立する二つのコギトから等距離にリクールの自己の解釈学は位置する。かねてリクールは精神分析や構造主義の批判を受け入れたコギトを「傷ついたコギト」と言い表してきた。それは自己を措定はするが所有しないコギト、意識の幻想や虚偽を認めることにおいて真理を理解するコギトである。自己はその「傷ついたコギト」の一つの表現である。このような自己は、はじめにでなく、数多くの分析と反省の迂回路を経て最後に到達され、獲得されるのである。解釈学とは迂回の哲学である、とリクールは強調する。だからこそ本書は、方法論と視点を異にする十の研究から成り、自己にさまざまなアプローチを試みるのである。

著者は自己の解釈学を三つの段階によって構築する。すなわち、分析を経由する反省、自己性と同一性のわるのである。

弁証法、そして自己性と他者性の弁証法である。この探究は、自己の中心に他者が現前することを証して終

本書の「序言」と「日本語版への序文」を読めば、本書の構想と構成について適切な理解が得られよう。しかしあえて蛇足とは知りつつも、以下に私なりに本書の特質を列挙してみたい。

リクールの解釈学の方法は、アリストテレスからロールズにいたる古今の哲学者たちと、幅広く、徹底的な対話を通して、思索を進めるところにある。とりわけ第1－6研究で、ストローソン、デイヴィドソン、パーフィット、オースティンといった英米の分析哲学者たちとの対話による長い分析の道を経由するのが大きな特徴である。ジャン・グレーシュはそれを分析哲学と解釈学の理性的結婚と評した。自己を間接的に捉えるには、分析哲学は不可欠なのである。四つの「誰が」の問いに答える四つの研究は、言語の意味論、語用論から行動の意味論にまでまたがる。それらを通して重要なのは、同一性と自己性の区別である。誰が責任帰属の主体かと問うとき、自己の自己性が問題になり、道徳的主体が登場することになる。

第5、6研究では、時間における自己同一性として、人格的自己同一性と物語的自己同一性の問題が扱われる。ロックやヒュームによって提起された人格的自己同一性の難問、逆説は、同一性と自己性とを区別しないところから生じたのであり、それは物語的自己同一性と組み合わされることによって解明される。なぜなら物語的自己同一性においてこそ、自己性と同一性の弁証法がもっともよく示されるからである。しかし現代人の危機は、自己性の喪失にある。ムージルの小説の主人公は自己喪失に直面して「私はなにものでもない」と言う。「だが自己を喪失する瞬間は、真の自己性にとって必要不可欠ではないか」。自己性の危機を

救うのは、他者性との出会いである。同一性の支えを奪われても、なお自己を堅持する態度「自己維持」は、たとえば約束を守ることにおいて証しされる。それは他者がその人を信頼できるように振舞うことであり、自分を責任帰属の主体と認めることであるからである。自己維持は倨傲でなく、謙虚さである。

第7、8、9研究で自己の道徳的、倫理的次元が正面から論じられる。自己の倫理的目標を、アリストテレスの『ニコマコス倫理学』における「善く生きること」「善い生き方」を踏まえて、「正しい制度において他者とともに、他者のために善く生きること」と表明する。職業活動、芸術活動といった〈実践〉に内在する目的論を昇格させたものが「善い生き方」である。この生き方は「共に生きる」を伴う。「幸福な人は友を必要とする」とアリストテレスは言う。自己への関心を他者への関心に移すのである。義務ではなく、自然に他者に向けられる感情を、「心づかい」とリクールは呼ぶ。対話の際、私と君という代名詞は相互に置き換えられるように、自己と他者は互いに相手の立場に立つことができる。しかし置換不能の場合もある。それは愛する者を失ったときの喪失体験、失った存在のかけがえのなさの体験である。

共に善く生きる理想は、制度内の生き方に関わらせる。そこにおいて正義が要求される。著者はとりわけロールズの正義論を参照する。リクールがその後もロールズについて度々論じているのは注目される。またここでもカントとの対話を豊富に繰り広げる。倫理を道徳よりも、また目的論的観点を義務論的観点よりも優位におきながら、著者はカントの道徳哲学、義務論を重視する。カントの形式主義はけっして空無ではないとして格率の役割を評価する一方で、著者はその形式主義の修正を図る。それは自律的自我のモノローグを脱して、対話的構造にすることである。それはカントの〈道徳性〉からヘーゲルの〈人倫〉へ上昇するのとは別の道である。

道徳性が道徳的規則から状況内の判断へと導く過程で生じる葛藤を解決するには、リクールは〈実践的知恵〉に訴えることが必要であるとする。法を尊重することと、人格を尊重することとが両立しない場合、実践的知恵は人格の尊重を優先させる。カントは格率を普遍的規則に昇格させる行程しか考察しない。しかし葛藤が生じるのは、人格の他者性を認めるときであり、カントにあって欠けているのはそれではないか。自己維持というもののもつ対話的構造を無視するとき、自己維持は単なる不変性の硬直さに陥る。実践的知恵はアリストテレスのフロネーシス（賢慮）を発展させたところにあり、それは生の始まりと終わりにおける生命倫理学的諸問題にも有効に適用されることが期待される。

第10研究「いかなる存在論をめざして」では、自己とはどんな種類の存在かを追求する。「存在論は言語と反省をもって始める哲学にとっては、まさに約束の地である」と著者は一九六五年に述べている。それが果てしない探求であることを、この表題は語っている。そこで著者はフッサール、レヴィナス、ハイデガーという彼がもっとも影響を受けた哲学者たちとの対話を重ねる。とりわけハイデガーこそは彼の特権的な対話者である。リクールは一方で「時代の大思想家ハイデガーは、自分の時代については盲目であった」と彼の政治的行動を批判しながら、他方では『存在と時間』を、そしてそれのみを高く評価し、みずからの思索の源泉としている。ただし本書ではハイデガーの一九二〇年代のアリストテレス研究をも重視している。

〈証し〉は著者がハイデガーから借用した、きわめて豊かな概念である。「証しこそ本書全体の合言葉である」。証しは証明ではない。それはコギトの要求する確実性や、基礎づける学的な知とは対立する。自己の解釈学において、自己の証しは「・・・と信じる」ことであり、語源的にも「証言」に近く、一種の信頼である。証しは、自己が自己性の様態で実存することの確信、保証である。そこから証しと良心の等式が出てくる。

自己性と他者性の弁証法が哲学的に展開されるのは、フッサール、レヴィナス、ハイデガーの他者論を一つずつ検証する過程においてである。フッサールは自我から発して、自我において、他我の意味を構成しようとし、〈対化〉という類推的把握によって、他我の経験を構成しようとした。彼は他者をもう一人の私として考えたが、けっして自己を他者として考えなかった。レヴィナスにあっては、自己と他者の位置は逆転し、他者は私を喚問する。イニシアティヴは他者の側にある。他者は根本的外部性である。それは〈顔〉として私に現れ、〈汝殺すなかれ〉と声を発する。この他者性の哲学は、私を他者のための〈身代わり〉とするとき、その頂点に達する。リクールはレヴィナスの哲学に敬意を表しつつも、他者の声に責任をもって応答するには、その声は〈私の声〉となって、私の確信に到達しなければならないのではないか、と反問する。このように自己から他者へ、他者から自己への二つの動きは正反対と見える。だが両者は弁証法的に補完しあっているのではないか。

ハイデガー哲学には他者論が欠けていると言われる。しかし実は彼の他者論は、良心論の中で展開しているのである。良心は道徳的能力である前に、現存在の存在論的問題である。良心は呼び声であり、自己喪失に陥っている現存在を本来的に実存しうることへむけて呼び出す。良心の声は現存在を「責めあり」と宣告する。責めある存在は、負い目から生じるのでなく、無の中に被投された存在論的欠如から生じる。自己存在の無根拠性を責める声は外部の他者の声ではない。ハイデガーは現存在の存在様態の中に他者問題を包含させ、良心をもとうとする決意性に到達しようとする。しかし彼はそれを共存在に結びつけるにはいたらない。

リクールは、レヴィナスの外部性としての他者性か、ハイデガーの良心の他者性かの二者択一ではなく第三の他者性のあり方を求める。それは「自己性の構造としての命令される存在」である。ハイデガーの言う良心の声は他者の声として聞くべきではないのか。良心の声を聞くとは、他者によって命令されることを意味するのではないか。この場合の命令（injonction）とは裁判官の命令を意味する語である。あえて裁判の隠喩に訴えるのは、倫理＝道徳＝確信の三つ組の絆を再び強めるためである。しかしその命令は禁止ではなく、旧約聖書「雅歌」で若者が恋人にむかって「私を愛して」と懇願するときの響きをおびた、「善く生きるための命令」である。倫理的主体とはその二人称の命令を聞く存在である。

「正しい制度において、他者とともに、他者のために善く生き、この願望をもつ者として自己自身を評価することを、自分が命令されていると認識すること」。

本書を発表した後もリクールは精力的に執筆活動を続けている。次の著書が以後に刊行されている。

Lecture 1. Autour du politique, Seuil, 1991.
Lecture 2. La Contrée des philosophes, Seuil, 1992.
Lecture 3. Au frontières de la philosophie, Seuil, 1994.
Réflexion faite. Autobiographie intellectuelle, Esprit, 1995.
Le juste, Esprit, 1995.
Critique et Conviction, Calmann-Lévy, 1995.

ビロード革命といわれる政治体制の変革後、かねて親交のあったヴァーツラフ・ハヴェル現チェコ大統領に招かれて、リクールは「倫理と政治」と題する講演をおこなった。この題名は彼の現在の哲学的関心のありかを示している。本書の発表されたのがソ連、東欧の社会主義政治体制の崩壊の時期であったのはけっして偶然ではない。

原著にある少なからぬ誤植、誤記は、著者からの正誤表と、次の英訳によってできるかぎり正した。

Oneself as Another, translated by Kathleen Blamey, University of Chicago Press, 1992.

なかなか進まない翻訳を寛容な励ましで漸く上梓にまでこぎつけさせてくださった法政大学出版局の稲義人氏と藤田信行氏にあつくお礼を申しあげる。

一九九六年一月

久米　博

著者

ポール・リクール（Paul Ricœur）

現代フランスを代表する哲学者。1913年フランス南東部ヴァランスに生まれる。35年教授資格試験に合格。マルセル，ヤスパースの実存哲学とフッサールの現象学の影響を同時に受ける。39年第二次世界大戦に動員され，捕虜となって45年まで収容所生活を送るが，その間にフッサールの『イデーンⅠ』を仏訳。48年ストラスブール大学の哲学史講座を担当。50年国家博士号を取得。56年よりパリ・ソルボンヌ大学で教え始め，66年からナンテール校に移る。70年からはシカゴ大学で教えるようになり，英語圏の哲学，神学界でも活躍。意志の問題を現象学的方法で考究しようとして「意志の哲学」の体系を構想し，『意志的なものと非意志的なもの』(50)，『人間　この過ちやすきもの』(60)，『悪のシンボリズム』(60) を発表するが，次第に解釈の問題への関心を深め，『フロイトを読む』(65) を含む数多くの論文を発表。現象学を解釈学として展開する解釈学的現象学の方法によって言語の創造性を探究し，『生きた隠喩』(75)，『時間と物語』（全三巻，83–85）を著す。さらに，「自己の解釈学」を目指した『他者のような自己自身』(90) と，壮大な「歴史的存在の解釈学」の試みとしての『記憶・歴史・忘却』(2000) という，自らの哲学の集大成的な著作を発表。2005年5月死去。

訳者

久米　博（くめ ひろし）

1932年生まれ。57年，東京大学文学部卒業。62年，東京都立大学大学院人文科学研究科博士課程満期退学。67年，ストラスブール大学プロテスタント神学部大学院修了。同大学宗教学博士。95年より立正大学教授。著書に『象徴の解釈学』『キリスト教 その思想と歴史』『現代フランス哲学』『テクスト世界の解釈学』（新曜社），『夢の解釈学』（北斗出版），『隠喩論』（思潮社）ほか，訳書にリクール『フロイトを読む』『時間と物語 ⅠⅡⅢ』『記憶・歴史・忘却』（新曜社），『正義をこえて』『道徳から応用倫理へ』（法政大学出版局），『生きた隠喩』（岩波書店），『リクール聖書解釈学』（ヨルダン社），『解釈の革新』（共訳，白水社），エリアーデ『宗教学概論 1–3』（せりか書房）ほか。

《叢書・ウニベルシタス　530》
他者のような自己自身

1996年 6月15日　初版第1刷発行
2010年 5月28日　新装版第1刷発行
2022年 5月19日　第2刷発行

ポール・リクール
久米　博 訳
発行所　一般財団法人　法政大学出版局
〒102-0071 東京都千代田区富士見 2-17-1
電話03(5214)5540／振替00160-6-95814
製版・印刷：三和印刷／製本：誠製本

Printed in Japan

ISBN 978-4-588-09919-9

人名索引

ア 行

アウグスティヌス　Augustin (saint)　109, 117
アーペル　Apel, K.-O.　276, 348–350
アリストテレス　Aristote　xvi, xviii, xvii, 93, 95–96, 117–122, 126, 129, 131, 142, 183, 185, 196, 203, 204, 210, 221–226, 234–264, 274, 284, 288, 292, 302, 315–327, 368–390, 407, 433
アーレント　Arendt, H.　xv, 78, 79, 249–251, 321, 402
アロン　Aron, R.　102, 139
アンスコム　Anscombe, G.E.M.　83, 90, 93–97, 100, 108, 134, 137, 198
アンリ　Henry, M.　395, 403
ヴィトゲンシュタイン　Wittgenstein, L.　67, 71, 201, 249, 322
ウェーバー　Weber, M.　102, 139, 201, 249, 322
ヴェーユ　Weil, E.　276, 317, 319
ウォルツァー　Walzer, M.　316
ヴォルピ　Volpi, F.　385
ウリクト　Wright, G.H.von　142, 143, 198
オースティン　Austin, J.L.　xii, 56, 111, 372

カ 行

ガダマー　Gadamer, H.-G.　204, 433
カーモード　Kermode, F.　192, 207, 209
カント　Kant, I.　ix, 1, 7, 13, 14, 38, 117, 133–136, 140–145, 151, 153, 163, 165, 221, 246, 265–295, 302, 318, 324, 328–338, 341–350, 355, 378, 415, 423, 424, 430
グランジェ　Granger, G.-G.　62, 65
グレマス　Greimas, A.J.　187, 188
ゲルー　Gueroult, M.　10
コゼレック　Koselleck, R.　208
コリングウッド　Collingwood, R.G.　132
コンディヤック　Condillac, E.B.de　396

サ 行

ザク　Zac, S.　388
サール　Searle, J.R.　56
サルトル　Sartre, J.-P.　208, 230
シェーラー　Scheler, M.　428, 430
シジウィック　Sidgwick, H.　288
シャップ　Schapp, W.　139, 208
スタイナー　Steiner, R.　304, 309
ストローソン　Strawson, P.F.　37, 39, 41, 47, 50, 78–80, 110, 113, 115, 125, 128, 144, 171, 371, 372, 393, 401
スピノザ　Spinoza, B.　xix, 13, 126, 321, 369, 388, 389
ソクラテス　Socrate　xvi, 16, 34, 35, 230
ソポクレス　Sophocle　301, 347

タ 行

ダント　Danto, A.　134, 135, 137, 145
デイヴィドソン　Davidson, D.　91, 98–112, 134, 168, 371, 372, 394
テイラー　Taylor, C.　103, 231, 234
ディルタイ　Dilthey, W.　203
デカルト　Descartes, R.　ix, 7, 10–12, 14, 18, 19, 26, 29, 41, 72, 117, 126, 245, 369, 371, 390, 408
ドゥオーキン　Dworkin, R.　346
トクヴィル　Tocqueville, A.de　324
ドナガン　Donagan, A.　346, 347, 361, 362
トマス　Thomas (saint)　126

ナ　行

ナベール　Nabert, J.　x, 217, 272
ニーチェ　Nietzsche, F.　ix, xix, 14–19, 29, 193, 423, 425, 427, 430, 432
ヌスバウム　Nussbaum, M.C.　230, 304, 305

ハ　行

ハイデガー　Heidegger, M.　xix, 78, 159, 193, 233, 261, 381–386, 390, 397, 402–404, 422, 428–436
パウロ　Paul (saint)　172, 217, 274
パース　Peirce, C.S.　65
パスカル　Pascal, B.　31
ハート　Hart, H.L.A.　129, 139
ハーバーマス　Habermas, J.　276, 326, 348, 349–351, 356, 358
パーフィット　Parfit, D.　166–179, 182, 217, 371–374
パリアント　Pariente, J.-C.　35, 37
バンヴェニスト　Benveniste, E　61, 65
久重忠夫　原注 (67)
ヒューム　Hume, D.　ix, 160–166, 176, 220, 371, 396
ファゴ　Fagot, A.　337
フィヒテ　Fichte, J.G.　7, 13, 424
フーコー　Foucault, M.　2
フッサール　Husserl, E.　ix, x, 13, 64, 66, 67, 72, 91, 193, 236, 381, 397–405, 409–415, 420, 438
プティ　Petit, J.-L.　401
フライ　Frye, N.　29
ブラーグ　Brague, R.　原注 (38)
プラトン　Platon　10, 235, 238, 241, 253, 288, 324, 368, 369, 416, 423
フランク　Franck, D.　411, 412
プルースト　Proust, M.　224
フレーゲ　Frege, G.　x
ブレモン　Bremond, C.　186, 187
フロイト　Freud, S.　88, 434–436
プロップ　Propp, V.　185–188
ヘーゲル　Hegel, G.W.F.　117, 130, 202, 241, 301, 304–311, 317–320, 324, 327, 355, 366, 423–425, 432 434
ヘッフェ　Höffe, O.　343, 原注 (42)–(46)
ベルクソン　Bergson, H.　33
ホッブズ　Hobbes, T.　324

マ　行

マキアヴェリ　Machiavel　250, 324
マッキンタイア　MacIntyre, A.　203–207, 227, 230
マルクス　Marx, K.　324
マルセル　Marcel, G.　217, 333, 395
マールブランシュ　Malebranche, N. de 13
ミル　Mill, J.S.　284, 324
ミンク　Mink, L.O.　原注 (32)
ムージル　Musil, R.　192, 214
メーヌ・ド・ビラン　Maine de Biran 395–397, 400
メルロ＝ポンティ　Merleau-Ponty, M. 234, 395

ヤ　行

ヤウス　Jauss, H.R.　406
ヤスパース　Jaspers, K.　303
ヨナス　Jonas, H.　339, 364

ラ　行

ライプニッツ　Léibniz, G.W.　xix, 369
ライル　Ryle, G.　103, 157
ラッセル　Russel, B.　37, 132, 372
ルソー　Rousseau, J.-J.　287, 432
ルフォール　Lefort, C.　317, 326
レヴィナス　Lévinas, E.　217, 236, 242, 245, 257, 278, 409, 413–417, 420, 429, 436, 437

事項索引

あ　行

か　行

さ　行

た　行

な　行

は　行

ま　行

や　行

ら　行

原　注

序　言

1．G. Guillaume, *Temps et Verbe*, Paris, Champion, 1965.

2．ロベール仏語辞典は形容詞《même》の意味の筆頭に，絶対的同一性（同じ人，唯一の同じもの），同時性（同時に），類似性（相似の，同類の，似たような，同じようなの同義語），平等（同量の）を挙げている．

3．R. Descartes, *Méditations métaphysiques,* Paris, Garnier-Flammarion, 1979. カッコ内の数字は Adam-Tannery（AT）版のページを示す．〔訳注〕邦訳には，所雄章他訳『デカルト著作集 2 省察および反論と答弁』白水社，1973 を参照した．

4．「……学問において堅固で永続的なものを確立したいと願うならば，生涯に一度，それまで私が信じて受け入れてきたすべての意見を捨て去り，土台からまったくあたらしく始めることを真剣に企てねばならなかった」(Premières Méditations, AT. t. IX, p. 13)．

5．「私が 2 に 3 を加える度ごとに誤ることを神は欲したかもしれない」(*ibid.*, AT. t. IX, p. 16)．

6．「……私の古い意見のすべてを全面的に覆すことに本気で自由に努めよう」(*ibid.*, AT. t. IX, p. 13)．

7．「何年かまえに私は幼少の頃から多くの誤った意見を，真なるものとして受け入れてきたことに気がついた」(*ibid.*)

8．それゆえに，懐疑の「誰か」はどんな他者の不在にも頓着しない．なぜなら，彼は一切の定着を失ってしまって，対話の話し合いの条件から脱け出ているからである．彼が独白しているとさえ言えない．というのも独白というのは対話の中断を前提とし，対話から引きあげることを示すからである．

9．『方法序説』に慣れた読者は，ここに有名な Cogito ergo sum. の文言を見いださないことにおどろくかもしれない．けれどもそれは「私は疑う，私は存在する」という言い方に暗黙に含まれている．それはいくつかの仕方で暗示される．第一に疑うことは考えることである．次に「私は存在する」は「ゆえに」によって疑いに結びつけられ，疑いのあらゆる理由によって強調される．したがってこう言うべきである．「疑うためには，存在しなければならない」．最後に，第一の確実性は感情の次元には属さず，それは命題である．「こうしてすべてを熟考し，綿密に検討してから，私はある，私は存在するという命題はそれを言明し，あるいは私の精神にそれを思い浮かべるたびごとに，必然的に真であると結論し，確実な事実とみなさねばならない」(*Seconde Méditation*, AT, t. IX, p. 19)．「それを言明するたびごとに……」という留保は，さしあたり取りあげない

でおく．それは私がこの先で〈コギト〉の危機と呼ぶものにおいて，決定的な役割を果たすであろう．

10.「しかし私はまだ自分が何であるかを十分に明晰に知ってはいない．私が存在することを確信はしているのだが」(*ibid.*)．さらにまた，「私は私が存在することを認めた．そして私は，私が存在することを認めたこの私が何であるかと探している」(*ibid.*, AT, t. IX, p. 21)．誰かの問いから何かの問いへのこのような移行は，être 動詞の用法によって用意されている．すなわちその用法は「私はある，私は存在する」の絶対的用法と，「私は何かである」という述語的用法との間をゆれ動いている．何かであるというが，いったいそれは何なのか．

11. ここで方法的懐疑によるさまざまな意見の選別が再開される．それは「第一省察」に似た選別であるが，それの賭金は，「私はある」のむき出しの状態において存在することを確信する「私」に帰属されうる述語のリストである．

12. この議論はここで引用されるに値する．「というのは疑い，理解し，欲するのがこの私であるということは，それを説明するのに何もつけ加える必要がないほどに自明だからである」(AT, t. IX, p. 22)．ここでの明証性は，私が自分自身について，したがって私の真の本性について抱く認識の仕方から何一つ引き離すことが不可能であることに関わる．

13. M. Gueroult, *Descartes selon l'ordre des raisons*, 2 vol., Paris Aubier-Montaigne.

14. デカルトにとり詭弁も，循環論法も関与しないことは疑いない．しかしそこで支払わねばならない代償は莫大である．議論は観念の二つの地位の間の区別に立脚している．観念の「形式的存在」，つまり観念のそれぞれの表象的価値を捨象して，私のうちに現前しているものとしての観念は，すべて同列で単に私のうちにあるだけである．なぜならそれらは同じように私によって考えられるからである．〈客観的存在〉と呼ばれる，観念の表象的価値について言うと，それはさまざまな度合の完全性を呈する．つまり観念は思想としては平等であっても，その表象するものについてはそうでないからである．われわれはその続きを知っている．哲学的な神の観念と同義語である完全性の観念は，私の内面とは不釣合な表象的内容を付与されていることがわかる．私の内面は懐疑という難儀な道を通って真実へ進んで行かねばならないゆえに，不完全な存在の表象的内容である．以上がおどろくべき状態である．つまりその容器よりも内容が大きいのである．そこでこの観念の原因についての問いが出される．他のすべての観念について，私はその原因であると主張できよう．なぜならそれらの観念は，もはや私のうちにしか存在をもたないからである．神の観念について，私は「能力のある」原因ではない．依然としてそれはまさにそれが表象する存在によって，私のうちに置かれたままである．ここで，観念の客観的存在を，その形式的存在から区別する権利，観念の完全性の度合をそのようにして表象された存在に釣り合ったものとみなす権利，神をそれ固有の観念がわれわれのうちに現前する原

因とみなす権利，など議論の契機のそれぞれにまつわる無数の難問について論じることはしない.

15. Spinoza, *Éthique,* livre II, texte et trad. fr. de C. Appuhn, Paris, Vrin, 1977.

16. *Ibid.*

17. この点に関し，二つのテクストがわれわれの注意をひきつける．その一つは1872–73年の各学期にバーゼルで講じられた「レトリック講義」に属する（Kröner-Musarion版第五巻，その仏訳と解題は次に掲載．trad. par P. Lacoue-Labarthe et J. -L. Nancy in *Poétique,* nº 5, 1971. その英訳は，trad. par C. Blair in *Philosophy and Rhetoric,* 1983, p. 94–129）．第二のテクストは，「理論的序論：道徳外の意味における真理と虚偽について」と題され，やがて『哲学者の書』と題される著書に収録されるべきものであった．『哲学者の書』は『悲劇の誕生』の理論的補足となることになる．*Le livre du philosophe,* éd. bilingue, trad. fr. de A. K. Marietti, Paris Aubier-Flammarion, 1969.

18. 『レトリック講義』はジャン＝パウルの『美学予備教育』の抜粋における著者の言明を好意的に引用している．それは次の文言で結ばれている．「かくして，精神的関係を考慮するなら，いかなる言語も，色あせた隠喩辞典である」．隠喩はここでは，あらゆる転義的比喩のうちで特権的なものとして現れる．だからといって，ある語を他の語に取り換える換喩は，それだけかすんでしまうわけではない．原因を結果におき換える転喩は，『力への意志』の断章では，〈コギト〉における隠れた詭弁の主要な仕掛となるだろう．

19. F. Nietzsche, *Vérité et Mensonge au sens extra-maral,* in *Œuvres philosophiques comlètes,* 1, vol. 2, *Ecrits posthumes,* 1870–73, éd. Colli-Montinari, Paris, Gallimard, 1975. 私は次の版を引用．L'édition bilingue : *Le livre du philosophe,* IIIe partie, trad. de A. K. Marietti, Aubier-Flammarion, 1969, p. 171–215.

〔訳注〕西尾幹二他訳『ニーチェ全集第二巻』白水社，1989年，p. 467–487を参照.

20. 人間の知性は，英知を発明した動物の専有物として，自然に属すると言われる．「この人間の知性にとっては，人間の生命を超えるような，より広大な使命など存在しない」．（*Le livre du philosophe, op.cit.,* p. 171）.

21. そこから厳粛な調子で発せられる言明が由来する．「真理とは何か．それは隠喩，換喩，擬人法などの動的な一群であり，要するに人間的な関係の総和であり，それは詩的に，レトリカルに高められ，置き換えられ，飾られ，長い間使用されたのちに，人々には堅固で，規範的で，拘束力をもつと思われた．真理とは錯覚であって，しかも錯覚であることが忘れられた錯覚である．真理とは使い古され，その感覚的な力を失ってしまい，肖像がすりへってしまって，もはや貨幣としてでなく，金属としてみなされるようになった貨幣である」（*ibid.,* p. 181–183）.

22. フランスの注釈者たちはむしろ第二の陣営につらなり，ポール・ド・マンの論文「比喩のレトリック」をその同伴者としている．Paul de Man :《Rhetoric of tropes》 in *Allegories of reading*, New Haven, London, Yale University Press, 1979, p.103–118.

23. ニーチェの著作を対象にした研究では，この比喩論的還元は，『道徳の系譜』でなされている系譜学的還元によって補完されるべきであろう．そこにおいて，医学的症候学とテクスト解読との結合が見いだされよう．その著作の最後での良心批判は，この偉大なテクストを正当に評価する機会を与えてくれる．

24. コリ＝モンティナリ版に先立つ大型の八つ折版では，これらの断章は，これまで一度も陽の目を見ず，不用意にも『力への意志』と題されていた著作の第三部に収録されていた（*La Volonté de puissance*, trad. fr. de G. Bianquis, Paris, Gallimard, 1948）．これらの断章は今日では学問的なコリ＝モンティナリ版に年代順に配置しなおされている．*Œuvres philosophiques complètes*, t. IX à XIV, Paris, Gallimard（t. XIV, 1977）．

25. Trad. fr. de P. Klossowski, *Fragments posthumes*, in *Œuvres philosophiques complètes*, *op. cit.*, t. XIII, p. 248. 以前の八つ折版では，*La Volonté de puissance*, n° 477.

26. これに続いて次のように述べられる．「この“見かけの内的世界”は，“外的”世界を扱うのと完全に同一の形式と方式で扱われている．われわれはけっして“事実”には出会わない．快や不快は最近の派生した知的現象にすぎない……」「“因果関係”はわれわれから逃れてしまう．論理学がするように，思想と思想の間に根源的で直接的な関係を認めることは，もっとも粗雑で鈍重な観察の結果である．二つの思想の間で，可能なあらゆる情念が力をふるう．しかしその動きは速すぎてそれを認識できず，そのためにわれわれはそれを否定する」「認識論者が想定するような“思考”はまったく生じない．それは完全に恣意的な作り事で，過程から一つの要素を選び出し，その他は除外してしまうことから得られ，理解のために人工的に編成されたものである……」「“精神”，ある思考するもの．時には“純粋な絶対精神”．こうした考えはいつわりの自己洞察から派生する第二の結果である．それは“思考する”ことを信じる．ここにおいて，ほとんど起こらない行為，すなわち“思考する”がはじめて想像される．そして二番目に主体の基体が想像される．その基体にこのいかなる思考の行為も起源をもち，その他はもたない．換言すれば，行為も行為者もいずれもフィクションである．」（*ibid.*, p. 248）．

27. この断片化は，章の見出しの代わりに，研究の見出しをつけたことを理由づけてくれる．そのため，われわれの探求の一つ一つがまとまった全体をなし，読者は極端に言えばわれわれの歩みのどの段階に入っても許されるのである．

28. M. Riedel, *Für eine zweite Philosophie. Vorträge und Abhandlungen*, Frankfurt, Suhrkamp, 1988.

29. 類推的単一性という用語をここで導入することによって私が暗示するのは，アリストテレスにおける存在のカテゴリーの遺産として提出される問題と，スコラ哲学者が系列全体の指示についてその第一項（pros hen）に与えた解釈とである．その第一項は ousia であり，それはラテン語の substantia（実体）と訳された．われわれが類推的単一性を適用しようとするのは，言うまでもなく別の問題領域にである．第 10 研究でもう一度とりあげることにする．

30. Paul Ricœur, *Du texte à l'action*, Paris, Ed. du Seuil, 1986.

31. N. Frye, *Le Grand Code, La Bible et la littérature*, préface de T. Todorov, trad. fr. de C. Malamoud, Paris, Ed. du Seuil, 1984.

32. この講演は次の雑誌で読むことができる．Paul Ricœur, 《Le sujet convoqué. A l'école des récits de vocation prophétique》, in *Revue de l'Institut catholique de Paris*, octobre-décembre 1988, p. 83–99.

33. Paul Beauchamp, *L'Un et l'Autre Testament. Essai de lecture,* Paris, Ed. du Seuil, 1977.

34. 私はベルナノスからのこの引用が私をとらえた一種の魅惑を隠さない．それは『田舎司祭の日記』の終りに出てくる．「自分を憎んでいると思うほうがたやすい．恩寵とは自分を忘れることだ．だが，たとえどんな傲慢さがわれわれのうちで死んだとしても，恩寵の中の恩寵とは，イエス・キリストの苦しむどの肢体をも愛するように，自分自身をへりくだって愛することであろう」．

35. E. Jüngel, *Dieu, le mystère du monde,* 2 vol., Paris, Ed. du Seuil, 1983.

36. Jean Greisch, *L'Age herméneutique de la raison,* Paris, Ed. du Cerf, 1985.

第 1 研究

1．私は「同定」という用語よりも，「個体化」（individualisation）という用語を提案する．これは手順を指すのに，フランス語よりも英語ではよく使われている．しかもピーター・ストローソンは特殊者の同定を扱う彼の著書に『個体』（Individuals）という題をつける．われわれはこの研究の第 2 節でこの著書に大いに依拠することになる．Peter Strawson, *Individuals,* Methuen and Co., 1957 ; trad. fr. d'A. Shalom et P. Drong, *Les Individus,* Paris, Ed. du Seuil, 1973 引用には原書のページを記した．〔訳注〕中村秀吉訳『個体と主語』みすず書房，1978 年 を参照した．

2．個体化を spécification（属概念の中の種概念の区別）の逆として特徴づけることは，ライプニッツとその「普遍的特徴」によって開かれた方向からそれることである．cf. J.-C. Pariente, *op. cit.,* p. 48 sq. ; P. Strawson, *op. cit.,* p. 117 sq.

3．フレーゲに発する意味論にとり，論理的固有名詞は現実の存在を指す．「ソクラテス」は実在のソクラテスの名である．こうして名は事物に貼られた名札である．ハムレット，ラスコーリニコフといった虚構の存在の固有名詞が提起する問題については，あとで検討することにする．

4．事実，日常言語では，われわれは人間を指す固有名詞しか知らない．なぜならわれわれは他方で民族，家族，個人のある種の恒久性に関心を寄せるからであり，その恒久性は個体化の操作子が働くレベルとは違ったレベルで構成されるのである．われわれは関連する人間の行動（住む，航海する，暦の時間で労働と日々を結びつける）を考慮して，都市や川や天体までも名づける．この意味で，名づけながら同定することは，個体化する以上のことを語るのである．

5．先の注で言及した多元決定は，日常的な固有名詞が論理的に純粋な固有名詞であることは滅多にないことを説明してくれる．たとえば姓がそうである．われわれの文化，少なくとも支配的な慣習では，女性の結婚上の地位に結びついた呼称の規則によると，ジャンヌ・デュポンは少なくとも異なる二人の人物を指すことができる．すなわち，ピエール・デュポンの未婚の姉妹と彼の妻である．

6．「指標づけ」とはよく選ばれた語である（パリアントはそれを「記述する」に対置する）．その語は，人がまだ自己性からずっと隔った，かなり大ざっぱな段階にいることを示す．つまりまだ世界の出来事とみなされている言表行為の支配圏にあるあらゆる事象や事物が単に中心をはずれたところにあることを示している．

7．読者はすでに気づいたであろうように，われわれは英語の ascription という語を賦与という意味に訳すのを断念した．それは，一般的な意味での賦与から，「誰かに」「経験を」賦与させることを区別する指示を明示するためである．

8．同定的指示の観点からの人物概念をこのように批判的に分析するにあたって，私はストローソンが人物概念の章の最後で述べている示唆に言及しなかった．ストローソンはあるクラスの述語，すなわち何かをすることを含意する述語を「画像の中心の位置に」移動させる（*ibid.*, p. 111）ことを示唆している．このクラスの述語のもつ特権は，他のどんな述語よりも巧みに，原始的な人物概念の分析の三つの主要な点を例証することである．「われわれがこの人物概念をもつことをわからせてくれるものは，自然的事物の中では何か」（*ibid.*）という問いへの答えではなくとも，少なくともその答えのはじまりを行動は提供してくれよう．行動概念と，基礎特殊者としての人物理論との関与性を評価するだけでなく，この最初の理論的枠組をこえて分析を導いていく行動概念の能力をも評価するのが，第3研究の課題となろう．それに先立って，われわれは言語哲学の別の面を展開させねばならない．言語哲学は全体として行動理論のためのオルガノンの役を果たしてくれる．

第2研究

1．F. Récanati, *La Transparence et l'Enonciation*, Paris, Ed. du Seuil, 1979.〔訳注〕菅野盾樹訳『ことばの運命——現代記号論序説』新曜社，1982年 を参照した．

2．「言表の意味には，その言表行為の事実が反映している」（*ibid.*, p. 7）とレ

カナティは書く．われわれはこのあとで，言表行為が世界の出来事として扱われている文脈で，反射という用語の妥当性を論じよう．

3．J. L. Austin, *How to do Things with Words*, Harvard University Press, 1962 ; trad. fr. de G. Lane, *Quand dire, c'est faire*, Paris, Ed. du Seuil, 1970.〔訳注〕坂本百大訳『言語行為』勁草書房，1978年．

4．J. R. Searle, *Les Actes du langage*, trad. fr. de H. Pauchard, Paris, Hermann, 1972. 私が speech-act（言語行為）を《acte de discours》（言述行為）と訳すほうを選ぶのは，speech という語が，言語というあまりに一般的な語に対比してもっている特性を明示するためである．そのうえ，「言述」という語は，英国の言語分析者の speech-act と，フランスの言語学者バンヴェニストの言述の現前化行為との類縁性を強調するのである．

5．H. P. Grice,《Meaning》, *The Phil, Rev.*, vol. LXVI, 1957, p. 377–388 ;《Utterer's meaning, sentence-meaning, and word-meaning》in J. R. Searle (éd.), *The Philosophy of language*, Oxford University Press, 5e éd., 1977, p. 54–70.

6．それは「私」とそれを含む言表との関係が，証しというもっと広い問題系に属していないかどうかの問題である．われわれは心的述語を人物の本質体に帰属させる関係を論じる際に，その証しに軽く触れたのであった．この問題は次の第3研究ではますますはっきりするであろう．

7．この論理的な溝に，同じくヴィトゲンシュタイン以来よく知られている「記述する」と「示す」の違いが対応する．「私」は指示されあるいは示されることができるが，言及されたり，記述されたりすることはできない．あとで，ここからいくつかの帰結を引き出そう．

8．E. Benveniste, *Problèmes de linguistique générale*, Paris, Gallimard, 1966 ;《Le langage et l'expérience humaine》, *Problèmes du langage*, Paris, Gallimard, coll.《Diogène》, 1966, repris dans *Problèmes de linguistique générale* II, Paris, Gallimard, 1974.

9．G.-G. Granger, *Langages et Epistémologie*, Paris, Klincksieck, 1979, p. 170.

10．G.-G. Granger, *ibid.*, p. 174–175. 言表行為についての逆説についての私の解明はこの著書に負うところが大きい．

11．Cf. C. S. Peirce, *Collected Papers*, IV, 537, cité par F. Récanati, *La Transparence et l'Enonciation, op. cit.*, p. 72 ; Cf. C. S. Peirce, *Ecrits sur le signe*, rassemblés, traduits et commentés par G. Deledalle, Paris, Ed.du Seuil, coll.《L'ordre philosophique》, 1978, p. 190.

12．シフターの特徴である，言表者の代入可能性と違って，「各メッセージの照合の固定化は，コミュニケーションを規制する義務的な選択をなす」(G.-G. Granger, *op. cit.*, p. 174）とグランジェは述べている．

13. Cf.Récanati, *op. cit.*, p. 153–171 (chap.Ⅷ).「トークン反射性」「……誰かによって，この文〔水は百度で沸騰する〕を言表すること，誰かに対してそれを語るという事実は，あらゆる出来事と同じく，ある時点で，ある場所で起こる出来事である．この規定された時間的・空間的出来事が，語ること，言表行為である．あることを語るという事実は，脚を折るという事実，勲章を受章するという事実，生まれたり死んだりする事実と同じく，出来事である．〈語るという事実〉という表現は，それが事実である限りにおいて，言表行為の出来事性を強調する．事実とは何よりも，〈起きた〉何かであり，あるいは英語の表現では，something that is the case である」(*ibid.*, p.153)．

14. 自己性の探求における出来事の地位の問題は，この著作の中で何度か登場する．とりわけドナルド・デイヴィドソンの行動についてのテーゼ (第 3 研究) や，ディレク・パーフィットの人格的自己同一性についてのテーゼ (第 6 研究) を論じる際にである．

15. グランジェはいみじくもこう述べる．「言表行為への照合は，本来意味論的な照合とは同じ種類のものではない．その場合言表行為は語られている世界の中には位置づけられない．言表行為はこの世界の限界をなす指示とみなされる……」(Granger, *op. cit.*, p. 174)．この引用の結びの制限条項は，われわれがこのあとで反射性と指示性とを結合させるべく試みるときになってから，その完全な意味をおびるであろう．

16. グランジェの訳および引用による (*ibid.*, p. 175)．グランジェはさらに引用する．「私という語は L. W. と同じことを意味しないし，今話している人という表現と同じことを意味しない．しかしそのことは，L. W. と私が違った人を意味するという意味ではない．それが意味することすべては，これらの語がわれわれの言語では違った手段だということである」(*ibid.*)．グランジェの翻訳とギ・デュランの翻訳とをくらべてみよ (Guy Durand, Wittgenstein, *Le Cahier bleu et le Cahier brun*, Paris, Gallimard, 1965, repris en Coll.《Tel》, Gallimard, 1988, p. 145, 147)．グランジェは何よりもこのアポリアに，コミュニケーションの可能性の条件の非経験論的性格の確認を見る．「この見解をとるなら，視角の中心の特権的な位置として固定化の現象は，経験の完全なコミュニケーションの非経験論的条件をよく表現していることがわかる」(*ibid.*)

第 3 研究

1．Heidegger, *Etre et Temps*, § 25, § 64 ; trad. fr. d'E. Martineau, *Authentica*, 1985, p. 114 sq. et 316 sq.; trad. fr. de F. Vezin, Paris, Gallimard, 1986, p. 156 sq: et 376 sq. 〔訳注〕原佑，渡辺二郎訳『存在と時間』中央公論社，1971 年を参照．

2．Hanna Arendt, *The Human Condition,* 1958. trad. fr. de G. Fradier, *La Condition de l'homme moderne* préface de Paul Ricœur, Paris, Calmann-Lévy,

1961, rééd., 1983, repris par Agora, Paris, Presses Pocket, 1988, chap. V. 〔訳注〕志水速雄訳『人間の条件』筑摩書房，1994 年 を参照.

3．人称代名詞の一覧表を，その発語内の力によって異なる言述行為に応じて編成するのは，語用論に帰するであろう．そのとき，告白や権利の要求として，「……するのは私だ」と，礼を述べたり，非難したりして「……するのは君だ」と，非難したり，物語的描写をしたりして「……するのは彼だ」と言うことができよう．しかしこのように区別された語用論的規定はすべて，指示的分析の誰かに接木される．

4．われわれはここで，出来事の認識論的，存在論的地位に関して，先に開始した議論を再びとりあげる．本書第 2 研究の第 2 節の終り参照．

5．この論拠についてもっと詳細な論述は次の著書に見いだせる．A. I. Melden, *Free Action*, London. Routledge and Kegan Paul, 1961; S. T. Hampshire, *Thought and Action*, New York et Notre Dame (Ind.), Notre Dame University Press, 1983. これに比較できる論拠は次の著書で展開されている．A. Danto, *Analytical Philosophy of Action*, Cambridge, 1973. しかしながら主な力点は著者によって，二つの系列の言表の間に存する同形性におかれる．すなわち，一方では，m は明証 e を通して s を知る．他方では，m は b をすることによって a を起こす．s が正しいことと，a が起こることを正しいとすることの間には，ある種の同質性が存続する．

6．E. Anscomb, Basil Blackwell, 1979. ここではこの議論にかかずらわるのはできない．それは意図に中心を置いた別の概念枠に位置を占めることになろう．私はそこに，出来事の問題系のために，自己の問題系を隠蔽することの第二度を見るのである．〔訳注〕菅豊彦訳『インテンション』産業図書，1984 年 を参照した．

7．Heidegger, *Etre et Temps*, § 32.

8．P. Ricœur, 《Le modèle du texte ; l'action sensée considérée comme un texte》 in *Du texte à l'action, op. cit.*, p. 183–211.

9．J. -L. Petit, *La Sémantique de l'action*, (Université Paris I-Sorbonne, 1988)．未刊のこの著書で著者はヴィトゲンシュタイン『哲学探究』(§ 611–660) によって，言語の意味論的レベルと行動の実際的体験との間に掘られた空虚を埋めるために，いわゆるオックスフォード学派が何よりも伝統的な常識の哲学に訴えることを立証する．『哲学探求』の逆説はそこで，行動の分析哲学の戦略的位置を占めることになる．

10．E. Anscomb, *op. cit.*, p. 9.

11．E. アンスコムの分析を有名にした一例を引用しよう．一人の男が，ある家に飲料水を供給する水槽にポンプで水を汲みあげている．別の男がその水源を毒薬によって汚染する手段を思いつく．その毒薬は効きめが遅いが，その効果が感じられる頃には，それを治療するには手遅れになってしまうものである．その

家には，広大な国家の首脳部に属する政治的指導者のために行動するアジテーターの小グループが定期的に滞在している．彼らはユダヤ人絶滅の仕事に従事し，おそらくは世界戦争を準備している．水源を汚染した男は，もし彼らが殺されれば，彼の上司たちが政権をとり，よい統治をおこない，地上に天国を建設し，全国民に幸いな生活を保証してくれるだろう，と考えた．そして彼はその計画を，ポンプを押している男に伝え，同時に毒薬の性質も知らせた．その家に住む人たちの死はもちろん，他のあらゆる結果をもたらすだろう．たとえばその人たちが会ったこともない人々が出所のわからない遺産を相続するだろう．この例を複雑にするために，次のことをつけ加えよう．ポンプを押す男の腕が上ったり，さがったりする．医者ならそのラテン名を知っているある種の筋肉が収縮したり，伸びたりする．ある神経組織の中で化学物質がつくられ，意志的運動の最中のその物質の生成は生理学者の興味をひく．その腕を動かすと庭石の上に影を落し，それは視線が庭石から発しているような顔を現出させる．さらにポンプは一連のきしむ音を立て，それはよく知られたリズムをつくりあげる．この例によって提出される質問は次のようなものである．その男は何をしているのか．この男の行動の記述はどんなものか．その答え．その問いは「……するため」をいくつも並べるのに応じただけの数の答えを認める．どの記述も同じように有効である．特に，なされる最初のものに応じて，あるいはめざされる最後の結果に応じて，行動を名づけることができる．行為者が各質間，各答えで言及されることは，めざされる結果の連鎖に一致して順序づけられる行動の理由の連鎖にとっては重要でない．ところがまさにこの行動の理由の連鎖だけが，以下に四つの行動があるのか，同じ一つの行動についての四つの記述があるのか，という問いに答えるのを許すのである．すなわち，ポンプを押す，水槽に水を汲みあげる，住民に毒を盛る，戦争をひき起こす．Cf. *Intention*, § 23 sq.

12. 証しの問題（および真実性には付属する問題が）は，ゆっくりと研究を追うごとに進展し，ついに第 10 研究で正面から扱われるようになる．

13. アンスコムのうちにこの問題の痕跡が見いだされる．それは彼女が意図の表現を定義するときである．それは「話者が一種の行為者であるような未来の事がらについての記述である．その記述を彼は（もし彼がそれを正当化するなら）行動する理由によって正当化するのである．すなわちその記述が真実であるという証拠によってでなく，その記述が真実とわかったら有益で魅力的であろうという理由によってである」（*ibid.*, p. 6）．

14. D. Davidson, *Essays on Actions and Events*, Oxford, Clarendon. Press, 1980.

15. D. Davidson, *op. cit.*, p. 3–19.

16. *Ibid.*, 83–102.

17. *Ibid.*, p. 7.

18. デイヴィドソンは，それは因果性のヒューム的定義の薄弱な一解釈である

ことを認める．その定義はたしかに特異な出来事も考慮する．というのはそれは〈対象〉と呼ぶものの間の類似しか援用しないからである．しかしそれが反復における規則性に留意する．そこでその底にある法則は知られなくとも，因果性的関係は観察され得る．P. ストローソンはデイヴィドソンの著作を対象にした次の論文で，デイヴィドソンのテーゼを補強するが，結局はそれを弱めることになったのはたしかである．P. Strawson,《Causation and explanation》, in B. Vermazen et M. B. Hintikka（éd.），Essays on Davidson *Actions and events*, Oxford, Clarendon, 1985, p. 115–136)．ストローソンによれば，通常の観察という単純なレベルでは，産出の現象（分析哲学で盛んに論じられる〈起こすこと〉）は，類型化され，そこから規則性が発生し，その規則性が今度は別のレベルの説明的言語に，真の法則に訴える．そこでちょうどわれわれが腕の力で引っぱったり，押したりできるように，トラクターが引っぱったり，押したりするのが見られる．これがストローソンの表現によれば，すべての〈機械的取扱い〉の事例である．目的論を，個々の出来事間の因果性に合体させるテーゼは，そうすると，その逆説的な性格だけでなく，その識別力さえも失ってしまうおそれがある．他の学者たちが競って強調したように，原因の概念はあまりにも多義にわたるため，われわれが身体の力を振りしぼって石を押すように，ブルドーザーが押すのが見える，とわれわれが思うのは，気づかれない擬人化なのかどうか，われわれが自分の動作に機械的モデルを適用するのは事物をわれわれに転移しているからかどうか，もはやわからなくなっている．いずれにしても，ストローソンにとって重要な切れ目は，人間的な因果性（それが身体的な努力にあるものであれ，動機の重さにあるものであれ）と，物質的な因果性との間にはなく，個々の出来事と状況との自然的な性格と，出来事それ自体でなく，出来事が生じるという事実を結びつける説明的な関係の非自然的な性格との間にあるのだからとして，ストローソンはこの優先性の問題から，一切の興味を取り上げてしまう．ところでストローソンによると，事実は事態を指示し，事態とは本来的には起こるものではなく，ただ独自の発生によってのみ例証されるものである．私はここで，(無時間的な) 事態と (一時的な) 出来事との関係についてストローソンが開始した論争にまきこまれたくない．デイヴィドソンはこの問題に次の二つの論文をあてる．Davidson,《Events as Particulars》(1970);《Eternals vs. Ephemeral Events》(1971)．repris dans la seconde section de *Actions and Events, op. cit.*, p. 181–203.

19．G. Ryle, *The Concept of Mind*, New York, Hutchinson's University Library, 1949 ; trad. fr. de S. Stern-Gillet, *La Notion d'esprit*, Paris, Payot, 1978.

20．私は以下の分析を次の著書に負っている．Charles Taylor, *The Explanation of Behaviour*, London, Routledge and Kegan Paul, 1954.

21．行為者はデイヴィドソンによって命題Ｃ１で名指される．「Ｒが記述ｄのもとに行動Ａをなぜ行為者がなしたかの第一の理由であるのは，ただＲが，あ

る種の特性と，記述dのもとにこの特性を所有していると行為者が抱いている信念とをそなえた行動に対して，行為者が好意的態度をもつことに存しているときのみである」(*Essays on Actions and Events, op. cit.*, p. 5)．次の陳述では行為者への指示を緩和する瞬間を捉えることができよう．「誰かがそれの行為者としてふるまったことの第一の理由を知ることは，行動がなされた意図を知ることである」(*ibid.*, p. 7)．これを土台にして構築された実践的三段論法は，『意図』におけるE. アンスコムのみごとな表現を借りれば，好意的態度の「欲望をそそる性格」しか言及しない．

22．行為者への指示のこのような緩和は，《agency》の概念（*ibid.*, p. 43–61）(その語を私は〈行動の力〉と訳した）についての論文の中で確認される．この題目のもとに，行為者の行動する力の分析が期待できるかもしれない．ところがそのようなものはなく，そのかわり，意図的な性格が欠如しているとみえるときに，単なる発生（happenings）でない出来事と対比して，いわゆる行動（deeds and doings）の弁別基準が問題になるだけである．ここで考察される主な反証は，誤解の例である．ある提督がティルピッツ号を沈めるつもりで，実際にビスマルク号を沈める．ハムレットが幕の背後の未知のものを刺したつもりで，ポロニアスを殺す．任意の発生（これが文脈ではagencyの用語に相当する）でなく，行動を構成する特性が問題となる．当該の出来事——船舶を沈める，人を殺す——が行動であることを誰もが疑わないかぎりにおいてそうである．一見するとそこには意図的な性格が欠如しているようであるが，意図のないagencyというものがあろうか．非常に精緻な議論は，行動文の形式の単純な論理分析によって，行動の基準は依然として意図的かどうかを立証することにある．「ある人がすることが，それを意図的にするような相のもとに記述されるならば，その人は行為の行為者である」(p. 46)．そこで著者は行為者の意図について語るだろうか．全然違う．すべては，一方では，好意的態度の理由とそれに伴う信念と，他方では期待した結果に代わる現実の結果との間のギャップにかかわる．それでも注目すべきは，デイヴィドソンは，この文脈で，この代替を説明するために，出来事の因果性（event causality）と行為者の因果性（agent causality）を区別せざるをえなかったことである．しかし少なくとも私の知るかぎり，デイヴィドソンはI. Thalbergから借用した（*ibid.*, p. 52）この区別を，他のどこでも発展させていない．

23．In *Essays on Actions and Events, op. cit.*, p. 83–102.

24．「行動がある種の属性をもつかぎりにおいて，その行動が欲望をそそるという判断を，第一印象的判断と呼ぼう」(Davidson, *ibid.*, p. 98)．

25．出来事は対象に概念的に依存している，というストローソンのテーゼについてのデイヴィドソンの議論には，私は立ち入らない．今しがた引用した例を分析すると，次の結論へ導いていく．「実体のカテゴリーも，変化のカテゴリーも互いにばらばらでも理解できる」(Davidson, *op. cit.*, p. 175)．同じく出来事の存

在論に反対する議論もとりあげない．すなわち，R. Chisholm,《Events and propositions》, *Noûs*, N° 5. 1971, p. 179–189. この論文によると，出来事とは単に事態（states of affairs）の例証にすぎず，事態こそが問題の真の本質体なのである．同系列に属する二つの論文が関与する以上の二つの議論は，「行動文の論理形式」に関係する真理条件の認知によって定義される，同一の区域内で展開している．

26. A. Kenny, *Emotion and Will*, London. Routledge and Kegan Paul, 1963.

27. 次の定義を参照．「出来事は正確に同じ（same）原因と同じ結果をもつならば，その場合にのみ同一である」(Davidson, *op. cit.*, p. 179)．同一性の他の基準（同じ場所，同じ時間）がどうであれ，因果関係の同一性が，出来事の同一性を確定するための唯一の，そしてつねに十分な条件である．これら自己同一性の基準と何らかの本質体を措定することの間の関係は密接である．論文「出来事の個体化」に次の文章がある．「クワインはフレーゲのテーゼに依拠して，あえて〈自己同一性なしに本質体はない〉と言い切った．フレーゲのテーゼによれば，本質体の自己同一性を肯定または否定する文に，われわれが意味を与える用意がある場合にのみ，われわれは本質体を肯定する権利がある．そうすると〈本質体なしに自己同一性はない〉という定式がよりいっそうの自明性をもって肯定される．その際に，それの言語学的な対応物である〈個々の辞項なしに自己同一性の言表はない〉を忘れてはならない」(*ibid.*, p. 164)．われわれはフレーゲによって画定された枠内にしっかり立とう．すなわちそれぞれの真理値について互いに似ている文はすべて同じものを命名するのである（ここで言う同じは idem と同じ意味である）．

28. これら二つの存在論は互いに排除しあうだろうか．私はそう考えない．私見では，それらの存在論が異なるのは，それぞれの比較できない出発点の違いのせいだけによる．私がデイヴィドソンの存在論を受け入れようとするのと同じように，デイヴィドソンもこの別の存在論を受け入れようとするだろうか．私にはわからない．けれども，次の文に表明されているような彼の意図の謙虚さを私はよりどころにして考えることにする．その文を略さずに訳してみよう．「とりわけ存在論に関するときには，表面的な言語が示唆することに警戒することをわれわれは学んだ．結局，特殊なものとしての出来事は，われわれの世界理解の基礎ではないかもしれない．しかしどのようにしてはっきり言うべきか．われわれの共通の信念（またはわれわれが真実と信じている文）が真実であるための条件について，一貫して，包括的な考え方ができるなら，われわれは判断するのにもっと有利な位置に立てるかもしれない．もしわれわれがそのような理論を駆使でき，またその理論が特殊な出来事の領域を要求するなら，他方われわれのあらゆる努力にもかかわらず，出来事がなくてもうまく働くような理論を全然見つけ出せないなら，われわれは出来事が存在すると言える，あらゆる理由をもつことであろうに．もちろんわれわれはこのような包括的な理論をもちはじめて

はいないが，やってみることによって学ぶことはできる」(*ibid*., p. 181–182).

第4研究

1．Aristote, *Ethique à Nicomaque*, trad. fr. de J. Tricot, Paris. Vrin, 1987. 〔訳注〕アリストテレス全集13 加藤信朗訳『ニコマコス倫理学』岩波書店，1988年 を参照.

2．私はここで akôn-hékôn を非意志的＝意志的と訳しているトリコの訳より，むしろ次の訳に従う．trad. fr. de Gauthier-Jolif, Louvain, Publications universitaires de Louvain, Paris, Béatrice Nauwelaerts, 1958. もっと際立たせるように，不本意＝本意の対立も可能であろう.

3．「こうして徳とは熟慮して行動する性向であり，それはわれわれに対して中間を保たせるものである．この中間とは賢慮ある人［phronimos］がそれを規定するような，理性に従って決定される中間である」(II, 6. 1106 b 36–1107 a 2).

4．同じく次を参照．III, 1, 1110 b 15–17（これは不本意についての章を結論づける).「したがって強制される行為はその原理がわれわれの外にある行為であり，その拘束を受ける行為者はそれに何の役割も果たさないように思われる」.

5．さらにその先でこう述べられる．「本意からの行為とは，その原理が行為者自身（autô）のうちに（en）あり，彼の行為がなされる個別の状況を自分で知っている場合のことであろう」(III, 3. 1111 a 22–23).

6．『自然学』第3巻第1章の冒頭にこう書かれている．「自然は運動と変化の原理であり，われわれの研究は自然についてであるから，運動とは何であるかを明らかにすることが重要である．これを認識しないと，必然的に自然も認識されないからである」(trad. fr. de H. Carteron, III, 1, 200b 12–15). 以上については次を参照．A. Mansion, *Introduction à la physique aristotélicienne*, Louvain, 1946, p. 49–79 ; rééd., Paris, Vrin, 1973. この著者は，ta peri tas arkhas（諸原理に関する諸事項）という 184 a 15–16 の表現は，ソクラテス前哲学者たちから受け継いだ péri phuséôs（自然について）という古典的題名と同じ外延をもつことを喚起する．そこで「生成する自然物の原理」(191 a 3) が語られる．これらの原理は，『自然学』第1巻が教えるように，質料，形相，欠如である.

7．『自然学』第2巻第1章 192 b 20 に，phusis についての完全で明確な定義が述べられている．「自然とは，そのうちに第一義的に・それ自体において・偶有的にでなく内属しているものの運動し，また静止することの原理であり，原因である」. Cf. Mansion, *op. cit*., p. 99. 換言すると，変化への内的傾向が，自然と技芸を根本的に区別するのである.

8．われわれはあとで友愛に関して（第7研究第2節）非再帰代名詞 autos（自己）と再帰代名詞 héauton（彼自身）との間のもっと微妙な働きを指摘しよう.（他者の友であるためには，自己自身の友であることが必要だろうか？). こ

の働きは『ニコマコス倫理学』の第3巻で重要な注記の際にすでに先取りされている.「これらいろいろな事がらをすべて知らないということは，気違いでないかぎりありえない．また行為者が誰であるか知らないこともありえないのは明らかである．というのは行為している自分自身（hĕauton）を知らないことがどうしてありえようか」(III, 2, 1111 a 8).

9．フランス語訳がこのようにまちまちなのは，特定の前置詞を介しての自己と原理の結合によってつくりだされたのが異様な状況であることを証ししている．そこでトリコは eph'hēmin を「われわれに依存した」と訳し，ゴーチエ＝ジョリフは「われわれの力の及ぶなかにある」と訳す.「力」という語を導入したことは，われわれがこの研究の最後で企てる展開の軌道にのることである.

10. Aristote, *Ethique à Nicomaque,* trad. de A Voilquin, Paris, Garnier, 1963, Garnier-Flammarion, 1965.

11. 多くの用語上，文法上の注記がここでなされよう．とりわけ，フッサールの用語では行動のノエマと呼ぶことのできる,《実現されるもの》(これは épi に似た前置詞 dia を要求する）という受動態の表現に注意しよう．さらにその数行あとで，別の文法的構成にも注目しよう．「こうして人間はその行為の原理であり，熟慮は行為者自身によって（tôn autô praktôn）実現されることについてなされるように思われる」(III, 3, 1112 b 31–32)．また《各自》(hĕkastoi）といった配分詞を用いたり，他の引用文における《われわれ》に相当する《人間》という語に訴えることにも注目しよう．最後に，非再帰代名詞（auto）と再帰代名詞（hautôn, hautô）の間の働きも続いている.

12. 引用文の第二部は力点を決心＝熟慮の関係に，したがって，何が＝なぜに移す．しかしこの関係は，熟慮された欲求の対象がわれわれに依存すること，したがってこれらのものに対してわれわれが力をもつことを強調するのを消し去ってしまわない.

13. sunaition の表現については次を読むこと．W. F. R. Hardie, *Aristotle's Ethical Theory,* Oxford University Press, 2e éd., 1981, p. 177–181.「意志的なものと非意志的なものとの区別」にあてられたその第3章と，「行動の選択と発生（origination)」にあてられた第9章は，ここで論じられている問題を，行動とその行為者との関係という特殊な観点からの完全な再検討を提起している.

14. 拙著『時間と物語III』は，時間性のアポリア論と物語性の詩学の反論との関係の上に全体が構築されている.

15. たとえばデカルトの『情念論』の第1章ではこう書かれている.「そしてはじめに，新しくなされ，または起きることはすべて，哲学者たちによって一般に，それが起きることに関しては，情念と，それを起こすことに関しては作用と呼ばれるものだと私は考える．行為者と受動者とはしばしば非常に違っているにもかかわらず，作用と情念とはつねに同じ一つのものであるが，われわれがそれに関係づけることのできる二つの違った主題のゆえに，これらの二つの名を

もつのである」(Descartes, *Les Passions de l'âme*, intr. et notes par G. Rodis-Lewis, Paris, Vrin, 1964; et éd. Adam-Tannery, t. XI, Paris, Vrin, 1974). それゆえに，情念は人物を考慮せずに数えあげられるのである．たしかに情念は魂の情念と呼ばれることができる．だが《魂》という語は《私》と《君》との間に何の違いも導入しない．だからこそ，情念のそれぞれの定義に入ってくる《われわれ》は，情念が賦与されるどんな人でも指し示すのである．この点に関連して，主な情念の定義と，各情念と不特定の《われわれ》との関係について述べている第 53, 56, 61 章を読むこと．この文脈では，いずれにしてもわれわれは何のためらいもなく，魂を三人称で語ることができよう．

16. H. L. A. Hart,《The Ascription of Responsibility and Rights》, in *Proceedings of the Aristotelian Society*, N° 49, 1948, p. 171–194.

17. 自分の身体の所有でさえも，司法的内容の宣言とみなされうる（『法の哲学』§47–48）.

18. 上記の注 9 のアリストテレスの eph'hèmin のフランス語についての注記を参照.

19. Cf. *Temps et Récit*, t. I, Paris, Ed. du Seuil, 1983, p. 179. n. 1.〔訳注〕久米博訳『時間と物語』1, 新曜社，1987 年，p. 293, 注 7.

20. *Ibid*,, p. 162. 邦訳 p. 191.

21. 本書第 10 研究参照.

22. 因果性の相反する性格を認めることは，この研究の冒頭におけるアリストテレスの分析においても，すでにはっきり現れていた．われわれに依存する事がらがあるなら，自然と必然と偶然の名のもとに伝統的に置かれる原因に属する事がらもある（『ニコマコス倫理学』III, 3, 1112 a 31–32)．人間は，ちょうどその子どもの父であるように，その行動の原理であり，産みの親（父）であることを断定してから，アリストテレスはこうつけ加える．「しかし人間はまさしく自分の行動の張本人であることが明らかであり，われわれが自分の行動を自分の中にある原理以外の原理に帰すことができないならば，原理がわれわれの中にある行動は，われわれに依存し，われわれの意志によるものである」(III, 5, 1113 b 18–19)．こうして「われわれに」は「われわれ以外の原因」に，原理の概念を適用する領野内で，弁証法的に対立させられる．

23. I. Kant, *Critique de la Raison pure*, trad. fr. d'A. Tremesaygues et B. Pacaud, Paris, PUF, 1963, p. 348. 同じく次の版も参照．F. Alquié, des *Œuvres philosophiques de Kant*, Paris. Gallimard, coll.《Bibliothèque de la Pléiade》, t. I, 1980.『純粋理性批判』に関し，カッコ内のページはベルリン・アカデミー版のページを指す．アルキエ版では，I, p. 1102.〔訳注〕篠田英雄訳『純粋理性批判』岩波文庫上・中・下，1981 年 参照.

24. 第 3 研究原注 22 参照.

25. Tremesaygues-Pacaud, p. 350; Alquié, t. I, p. 1104.

26. *Ibid.*

27. A. Danto,《Basic Actions》, *American Philosophical Quarterly*, N° 2, 1965, p. 141–143.（著者の訳）.

28. Tremesaygues-Pacaud, p. 348 ; Alquié, t. I, p. 1102.

29. Tremesaygues-Pacaud, p. 350 ; Alquié, t. I, p. 1106.

30. Tremesaygues-Pacaud, p. 352 ; Alquié, t. I, p. 1108.

31. あとで人生の物語的統一性と人物の物語的自己同一性について語るときに，この系列の完全な単一性の問題にもどることにする.

32. W. Schapp, *In Geschichten verstrickt*, Wiesbaden, B. Heymann, 1976.

33. H. L. A. Hart,《The Ascription of Responsibility and Rights》, *art. cit.*

34. *Temps et Récit, t*, I, p. 265, n. 1. 邦訳 p. 379, 原注 20.

35. Tremesaygues-Pacaud, p. 378 ; Alquié, t. I, p. 1145.

36. Tremesaygues-Pacaud, p. 393 ; Alquié, t. I, p. 1106.

37. *Ibid.*

38. Tremesaygues-Pacaud, p. 394–408 ; Alquié, t. I, p. 1167–1186.

39. Tremesaygues-Pacaud, p. 397 ; Alquié, t. I, p. 1171.

40. Tremesaygues-Pacaud, p. 397 ; Alquié, t. I, p. 1171–1172.

41. Tremesaygues-Pacaud, p. 397 ; Alquié, t. I, p. 1172.

42.「自然の普遍的必然性と結合した自由という宇宙論的理念の解明」[A 542, B 570] sq.（Tremesaygues-Pacaud, p. 399–408 ; Alquié, t. I, p. 1174–1186）と比較せよ．カントは次の意味でそれについて語っている．すなわち，「現象に関して原因の根源的作用．この作用は根源的作用であるかぎり，現象ではなく，その能力については可想的である．しかしこの可想的原因も感覚界における自然の連鎖の一環として理解されねばならないのであるが」[A 544, B 572]（Tremesaygues-Pacaud, p. 480 ; Alquié, t. I, p. 1175–1176）．しかしカントにとり，可想的な自由の現実性の唯一の基準は，行動が規則に従い，義務に服するか否かの能力である．私見では時期尚早のこの道徳的解決に，私はここで抵抗し，行動する力の現象の中に，アンチノミーを克服する理由を探し出したい．

43. London, Routledge and Kegan Paul, 1971.

44. *Temps et Récit*, t. I, p. 187–202. 私はここで準因果性的と言われるモデルにおける原因と目的の連鎖について，私が提起している物語的解釈はとりあげないことにする．邦訳 p. 227–243.

45. 私はここで『時間と物語 I』における私の論述そのものを引用しよう．「行動が，注目すべき閉鎖のもう一つの型を実現するのは，行為者が何かをすることによって閉鎖したシステムをその環境から《孤立させる》ことを学び，そしてこのシステムに内在する発展の可能性を発見するからである．行為者はそのことを，彼が《孤立させる》最初の状態からシステムを動かすことによって学ぶ．このように動かすことが，行為者の能力の一つとシステムの潜在力の交叉点で，干

渉を起こすのである」(p. 192). 邦訳 p. 233.

第5研究

1.『時間と物語III』で導入された物語的自己同一性の概念は，別の問題系に応答するものであった．私が『時間と物語』における歴史物語とフィクション物語を通しての長い旅の最後で問題にしたのは，物語のこの二大クラスを統合できるような経験の構造は存在するだろうか，である．そこで私は次の仮説を立てた．すなわち，個人のであれ，共同体のであれ，その物語的自己同一性は，歴史と物語のこの交差配列法《キアスム》の探し求められている場である，というものである．われわれがこの事態について得た直観的な前理解によると，人生というものは人々がそれぞれ自分について語る物語に応じて解釈されるときに，もっと読みやすくなるものと，われわれはみなしているのではないか．しかもその人生物語は，歴史やフィクション（ドラマ，小説）から借用した物語のモデル――筋書き――が適用されるときに，もっと理解しやすくなるのではないか．そこで次の一連の主張を有効とみなすことが納得できると思われる．自己理解は一つの解釈であること．自己解釈のほうは，他の記号や象徴の中でも，物語の中に，特権的な媒介を見いだすこと．この媒介は歴史あるいはフィクションから借用して，人生物語を虚構の物語にし，あるいはそのほうがよければ，伝記の歴史記述的スタイルと想像的自伝の小説的スタイルとを交錯させることによって，人生物語を歴史的フィクションにするのである．物語的自己同一性の問題のこの直観的把握に欠けていたものは，個人や共同体に適用された自己同一性の問題そのものに賭けられているものについての明瞭な理解であった．歴史とフィクションの交叉の問題は，自己同一性そのものの問題にまつわるかなりの難問から，注意をいわばそらしてしまったのである．この第5研究はまさにこの難問にあてられる．

2．行動の分析哲学に対してしばしば非難されたのは，援用される実例の貧弱さである．私としては，実例の使用におけるこの悲惨主義をからかうつもりはない．倫理的，政治的な賭をカッコに入れることによって，行動の分析哲学は行動文の文法的，統辞論的，論理的構成のみに集中することができた．ところで，われわれがこの行動理論についておこなった内的批判にいたるまで，われわれはこの分析の同じ禁欲主義に負っている．自己性の理論の最初の輪郭を描き出すために，われわれは行動に対して，日常的実践の複雑さや責任帰属の道徳理論によって要求される目的論的，義務論的な広がりをとりもどしてやる必要はない．たとえばダントの言う基本行動に相当するもっとも単純な行動は，同一性の謎を現出させるのに十分であり，要するにその謎の中に自己性の発展した理論のあらゆる難点が要約されている．

3．カントにおいて実体観念が存在論の平面から超越論の平面に移行するのは，カテゴリー，その図式，原則（または第一判断）の間の単純な対応によって

示される．関係の第一のカテゴリーである実体に対応するのは，実体の時間的構成を述べる図式である．すなわち「実体の図式は，実在的なものの時間における恒常性（Beharrlichkeit），換言すれば時間の経験的規定一般の基体としての実在的なものの表象である．それ以外のすべてが変化しても存続する基体である」（*Critique de la Raison pure*, III, 137［A 144, B 183］）．実体の図式に対応するのは，実体の関係的構成を表現する原則である．すなわち（経験の第一の類推）「あらゆる現象は，対象そのものとみなされる恒常的ななにか［das Baharrliche］（実体）と，この対象の単なる規定とみなされる，変わりつつあるものとなされるものとを含んでいる」（III，162［A 182］）．そして第二版では「現象がどのように変化しようとも，実体は存続し（beharrt），自然における実体の量は増しも減りもしない」［B 224］．

4．私がこれから和らげようとする，この性格の不動性は，同じ時代には，ある学問，性格学の保証として役立った．今日のわれわれは，性格学の恣意的と言わぬまでも，その近似値的な性質をおしはかることができよう．この危険な企てで私の興味をひいたものは，このわれわれの主観的存在のこの層に客観的な対応物を与えようとする主張であった．それこそ私が今日〈同一性〉の中に性格を登記することと呼びたいと思っているものである．たしかに性格学は，性格を外部から描かれた肖像として扱おうとした．性格学はその肖像を，少数の不変項（活動性／被感動性，第一次性／第二次性）の間の相関関係の働きによって再構成するのであり，そうすることで，弁別的特徴の組合せにより相対的に関与的な仕上げができるような類型を描き出すのである．この性格学の単純化や硬直化がどうであれ，今日では不人気になってしまった性格学というものは，その野心そのものによって，運命としての性格の表徴的な価値を証言していたのである．この運命という語はどうしても，〈性格〉（êthos）と運命を支配する守護神〈ダイモン〉とを結びつけたヘラクレイトスの有名な言葉を思い起こさせる（Diels, Kranz, *Fragmente der Vorsokratiker*, B 119, trad. fr. de J.-P. Dumont et J.-L. Poirier, *Les Présocratiques*, Paris, Gallimard, coll.《Bibliothèque de la Pléiade》, 1988, p. 173）．この運命という語はわれわれの注意をひきつけるのに十分である．というのはそれはもはや客観化する問題系にではなく，実存的な問題系に属するからである．自由のみが運命をもち，または運命なのである．この単なる指摘は，性格学によって前面に押し出された決定に対して両義性をとりもどさせるのであり，この両義性は性格学を二つの世界に，客観性の世界と実存の世界に同時に参与させる．外部から描かれた肖像はどうなのか．もちろんそれもそれ自身であるための一つの方法である．恒常的特徴の組合せはどうなのか．もちろん不可分のスタイルである．類型はどうなのか．むろん置換不可能な独自性である．拘束はどうなのか．もちろん私がしたがう運命である．つまり私が同意せねばならないことそのものである．

5．この視角（perspective）という概念は観想的な平面から，正確にはフッ

サール的な知覚の現象学から，実践的な平面へとはっきり転置された．それは実践的有限性のあらゆる相を要約する役目を果たした（欲望の感受性，慣習の保続）．それによって私ははじめて性格の有限な全体性を性格について力説することができた．そこで私は性格について「全体として考察されたわれわれの動機づけの領野の限定された開示性」として語ったのである．『人間，この過ちやすきもの』におけるこの性格の第二の解釈は，ある意味で，性格の同一性を確認したのであるが，おそらくそれは，アランのいくつかの才気あふれる文章を読み，それが承認するところに従って性格の不動性を過度に強調するという代償を支払ってのことであろう．そうして私は次のように言うにいたった．すなわち，私が移動することによって変えることができる知覚の視角とは違って，「私が動機づけの全領野のゼロ起点をそれによって変えられるような運動はもはやない」（*L'Homme faillible*, p. 79）．私はまたこうも述べた．私の誕生は「私の性格の既在である」(p. 80)．こうして性格は「不動の継承された性質（*ibid.*）としてはっきりと定義されえた．しかし同時に，私がそれによって存在する行為を定義した開示の動きという視角への私のこだわりは，性格を実存の平面に位置づけるように強いるのであり，私は今日では，実存の自己所有性を強調する．「性格とは，全体として捉えられた私の実存の有限な開示である」(p. 72)．今では私はこう言うだろう．すなわち，性格とは自己所有性における同一性である．『人間，この過ちやすきもの』において，性格がその推定される不動性にもかかわらず，生きられた実存の側に位置づけられねばならなかった根本的理由は，アリストテレス的でも，カント的でもある視角から，幸福の概念によって表象されるのを見た無限の極と性格との対照的な関係である．性格がそれの閉鎖をしるしづける開示，基本的な不公平，それが幸福の目標である．この対立は，一方では実存の「断層」に注意を払う人間学において――この断層が悪への「堕落」を可能にする――他方では有限＝無限の対《つい》に応じた過ちやすさに責任がある不均衡を迅速に解釈する人間学において，正当化されるのである．これの主要な利点は，脆さの全重量を第三項に，つまり実存的断絶の場に移してしまうことにあった．この第5研究では，両極端の媒介に比較できる位置に，物語性を位置づけることになろう．

6． アリストテレスは，êthos（性格）とéthos（習慣，習俗）の準同音異義語を利用して，性格と習慣を結びつけた最初の人である．êthosという語からhexis（獲得された性向）へとアリストテレスは移るのであり，hexisとは，それを土台として彼が倫理学を構築するための基礎的な人間学的概念である．というのも徳は，慎重な人の正しい規則に一致し，賢慮の人（phronimos）の判断の統制下にある獲得された性向だからである．（『ニコマコス倫理学』III, 2, 1112 a 13 sq.; VI, 2, 1139 a 23–24; VI, 13, 1144 b 27.）

7．倫理学への入口とみなされる評価については第7研究を参照．

8．カントが実体（関係の第1カテゴリー）をdas Beharrliche（持続するもの）によって指し示すのは注目に値する．本研究の注3を参照．

9.「現存在は存在論的には，すべての事物的存在者や実在的なものとは根本的に異なっている．現存在の〈存立〉［Bestand］は実体の実体性に基づいているのでなく，実存しつつある自己自身の維持［Selbstständigkeit］に基づいているのであり，その存在は気遣いとして把握されたのである」(『存在と時間』[303]．別の文脈でマルティノーがSelbst-Ständigkeitを自己維持と訳したのにしたがって修正した．次の注を参照)．F.ヴザンはこう訳している．「現存在は存在論的には手もとにあるものや実在するものすべてと根本的に違う．現存在が〈存して〉いるのは，実体の実体性にでなく，実存しつつある自己自身の〈不断の自立性〉［Selbstständigkeit］に帰着するのであり，その存在は気遣いとして把握される」(trad. de F. Vezin, *op. cit.*, p. 363)．ハイデガーはたしかにここではまだSelbstständigkeitと言っており，マルティノーはそれを〈自律〉と訳しており，まだSelbst-Ständigkeitとして訳してはいない．

10.「〈自己維持〉［die Selbst-Ständigkeit］は実存論的には，先駆的決意性以外の何ものをも意味していない」(trad. de Martineau, *op. cit.*, p. 227［322］)．「不断の自立性［Selbstständigkeit］は実在論的には進行する決意以外の何ものをも意味しない」(Vezin, p. 382–383)．

11. このやり方は，私の以前の著書で展開される戦略とくらべるならば，新しい．『意志的なものと非意志的なもの』では，媒介は大きな問題ではなかった．私はそこでは自信をもって意志的なものと非意志的なものとの相互性について語り，あまり気がねすることなく，メーヌ・ド・ビランの次の文言をとりあげた．「人間は生命力において単一であり，人間性において二元的である」(Homo simplex in vitalitate, duplex in humanitate)．せいぜいのところ，動機づけと力の相対的に意志的なものが，企図と性格の両極端の間の中間を占める，と言うことができたにすぎない．全体として人間の「不均衡」の上に構築された『人間，この過ちやすきもの』では，すぐれて脆さの場所である第三項の問題は，企ての賭金そのものとなった．問題を有限と無限として提出してから，私は道徳的人格の尊重のうちに，カントにおいて，性格と幸福の間の不均衡によって要求される第三項としての人間性の観念によって表現された，特殊性と普遍性との統一を見たのである．

12. *Essai philosophique concernant l'entendement humain*, trad, fr. de P. Coste, Paris, Vrin, 1972.〔訳注〕大槻春彦訳『人間知性論』中央公論社，1980年．

13. J. Butler,《Of personal Identity》, *The Analogy of Religion* (1736), repris in J. Perry (éd.) *Personal Identity*, University of California Press, 1975, p. 99–105.

14. 同一の魂を他の身体に移植するという仮説によってつくりだされる状況が，単に逆説的と見えるよりも，つまり常識に反するというよりも，不確定と見えはじめたのは，ロックではなく，その後継者たちにおいてである．なぜなら，王子の記憶がどうして靴直しの声や身振りや態度に影響しないことがありえよ

うか．また靴直しのいつもの性格の表現を，王子の記憶のそれに対してどのように位置づけたらよいのか．ロック以後に問題になったこと，またロックにとって問題にならなかったこと，それは自己同一性の二つの基準，すなわちいわゆる心的自己同一性といわゆる身体的自己同一性を区別する可能性である．それはまるで記憶の表現は身体的現象ではないかのようである．事実，議論の悪循環のほかに，ロックの逆説に内在する欠陥は，想像上の移植によってつくりだされた状況の描写の不完全さである．

15．著者の訳による．ルロワによる翻訳は sameness を「同じもの」と，self を「自我」と訳し，大ざっぱすぎる．Hume, *Traité de la nature humaine*, 2 vol., trad. de Leroy, Paris, Aubier-Montaigne, 1968.

16．著者の訳．Cf. trad. Leroy, *op. cit.*, t. I, p. 343.〔訳注〕土岐邦夫訳『人性論』中央公論社，1980年．

17．Cf. Leroy, *op. cit.*, t. I, p. 343.

18．R.Chisholm, *Person and Object, a Metaphysical Study*, London, G. Allen & Unwin, 1976, p. 37–41.

19．身体的基準と心的基準との対決はかなりの英語文献を生みださせた．次の論文集を参照せよ．Amelie Oksenberg Rorty, *The Identities of Persons*, Univ. of California Press, 1976 ; J.Perry, *Personal Identity*, Univ. of California Press, 1975 ; Sidney Shoemaker, *Self-Knowledge and Self-Identity*, Ithaca Cornell University Press ; Bernard Williams, *Problems of the Self*, Cambridge University Press, 1973.

20．証しの認識論的地位が前面に出てくるのははじめてではない．本書 114 ページを参照．自己性と証しの関係は第 10 研究で正面から扱われよう．

21．Derek Parfit, *Reasons and Persons*, Oxford, Oxford University Press, 1986.

22．*Reasons and Persons*, *op. cit.*, p. 255 et passim. 著者による訳．D. パーフィットは時折「われわれの自己同一性は重要な事がらではない」（p. 245 et passim）と書いていることに注目すべきである．この言い方は所属（ownership）の問題を再導入せずにはおかない．

23．第 3 研究 75 ページ以下を参照．

24．D.Parfit, *op. cit.*, p. 211（著者による訳）．パーフィットが還元主義的テーゼの二つのヴァージョンを認めていることは確かである．第一のヴァージョンによると，個人は今しがた述べたようなことにほかならず，第二のヴァージョンによると，個人は明確な本質体とみなされ，しかもその本質体は分離した存在をもたない．このヴァージョンはヒュームが個人と共和国または連邦との間に提案する類推の正しさを認める．そこで，フランスはその市民や国土を離れては別々に存在しないにもかかわらず，フランスは存在するが，ルシタニアは存在しない，と言われる．パーフィットが個人概念のために採用するのは，この第二の

ヴァージョンである．彼から見ると，その概念は還元主義的テーゼを侵害しない．この第二のヴァージョンにおいて，個人はその存在が要求される（claimed）ことなしに，言及されることができるのである．

25．たとえ私の脳の複製が完全な複製だとしても，それは，私の過去の歴史の痕跡のほかに，偶然の出会いで織りあげられる私の将来の歴史のしるしを含んでいるはずである，という想像上の事例をつくりあげることに反論できるかもしれない．だがこの条件は，考えられるものの規則を侵害しているように見える．私と私の複製との分離以来，われわれの歴史がわれわれを区別し，われわれを置換できないものにする．複製という概念そのものがあらゆる意味を失ってしまうおそれがある．

26．人格的自己同一性を根本的に変質させるテストの最後で未来への存続という意味での生きのびる問題については次を参照．J. Perry（éd.），*Personal Identity, op. cit.*, section V :《Personal Identity and Survival》（B. Williams や Parfit の論文）p. 179–223 ; in A. O. Rorty（éd.），*The Identities of Persons, op. cit.*, D.Lewis,《Survival and Identity》，p. 18–40 et G.Rey,《Survival》, p. 41–66.

27．パーフィットはそれを次のように要約する．自己利害の理論「Sは各人にこの目標を与える．すなわち彼にとって最良であり，また彼の人生に可能なかぎり最良の将来を確保してくれるような結果を得る目標である」（*Reasons and Persons, op. cit.*, p. 3）．

28．パーフィットの著書の p. 216–217 の暫定的な結論を全文引用すべきであったろう．そこで問題になっているのは「われわれの脳」「われわれの思念やわれわれの行為」「われわれの自己同一性」だけである．人称代名詞や所有形容詞以外の指示詞の代入（「この人物の脳」「この経験」）は，指示詞の構成そのものを考慮するとき，ここで何も変化させない．この点でもっともおどろかされる表現とは，テーゼ全体を要約する次の表現である．「私のテーゼとは，われわれが自分の生を非個人的なやり方で記述できることである」（*ibid.*, p. 217）．

29．パーフィットのテーゼと仏教との類縁性については次を参照．D. Parfit, *Reasons and Persons, op. cit.*, p. 280 ; M.Kapstein,《Collins, Parfit and the problem of personal identity in two philosophical traditions — A review of selfless persons》, *Feature Book Review*, offprint.

第6研究

1．本書第3研究におけるデイヴィドソンの議論と第5研究におけるパーフィットの議論を参照のこと．私はこれらの理論の成果に異論をはさむものではない．すなわち，生起としての出来事が，少なくとも実体の存在論的地位と同等の地位をもつ権利をもつことにも，その出来事が非個人的記述の対象となりえることにも異論はない．私が言いたいのは，人物を筋に結びつける物語の動きの中に入ることによって，出来事はその非個人的な中立性を失ってしまうとい

うことである．と同時に，出来事に与えられる物語的な地位は，出来事概念の漂流を防いでくれる．その漂流は行動の記述において行為者を考慮に入れるのを不可能といわぬまでも，困難にしてしまうであろうから．

2．私はここで，ヴァルター・ベンヤミンの言うUrsprung（起源）に似たものを見いだす．その出現は通常Entstehung（発生）によって意味されるものに，ましてEntwicklung（発展）によって意味されるものには還元されえない．ところが，物語的出来事の出現は全体と共応できないとはいえ，その断絶や切断の効果によって消えてはしまわない．物語的出来事は「救出される」ことを求める発展の潜在的可能性を含んでいる．ベンヤミンにおける中心的主題であるこのUrsprung（起源）のRettung（救出）とは，私見では，筋の働きである．筋は起源が無意味さに「堕落」するのを「贖う」のである．Cf. Jeanne-Marie Gagnebin,《Histoire, mémoire et oubli chez Walter Benjamin》.（未刊）．

3．アリストテレスが悲劇または叙事詩のmuthos（筋）に賦与する必要性または蓋然性については次に引用されているアリストテレスのテクストの引用を参照．*Temps et Récit*, t. I, *op. cit.*, p. 69–70. 邦訳『時間と物語』I, p. 71–73.

4．私は『時間と物語 I』で，筋立て（muthos）がこのように作中人物より優位に立つことについてコメントした（p. 64）．アリストテレスによる悲劇の六つの「要素」の系列で，筋は性格や思想（dianoia）よりも前のトップに来るのであり，性格，思想，筋は行動の模倣の〈内実〉をなす．「悲劇は人間のでなくて，その行動，生涯，幸福（不幸も行動の中に存する）の模倣（mimèsis）である．その目的は行動であって，性質ではない．[……] さらに，行動なしに悲劇はありえないが，性格がなくても悲劇はありえよう」（アリストテレス『詩学』VII, 1450 a 16–24）．この最後の仮説に，われわれはこのあとで足をとめよう．それは現代の小説制作の一部における人物消失の問題を提起するときである．

5．『時間と物語II』で私は，観客，聴衆，読者の能力に内在している物語的理解と，それからの派生と私がみなす物語論的合理性との意味上の親子関係を強調しようとした．どちらが優位かの問題にここでは私は関心がない．私はむしろ，物語論の中に，われわれが物語的理解のレベルでもつ前理解や，筋と作中人物との間の共応関係の確認を探し求める．

6．Trad. fr. de M. Derrida, T. Todorov et C. Kahn, Paris, Ed. du Seuil, coll.《Points》, 1965 et 1970.〔訳注〕V. J. プロップ『昔話の形態学』北岡誠司他訳，水声社，1990年．

7．私はここでプロップの登場人物のリストを掲げる．敵対者，贈与者（または供給者），補助者，探し求められる人物，派遣者，主人公，にせの主人公．cf. *Temps et Récit*, t. II. p. 60. 邦訳『時間と物語』II, p. 64.

8．F. Kermode, *The Genesis of secrecy, on the interpretation of narrative*, Cambridge, Harvard University, 1979, p. 75–99.〔訳注〕山形和美訳『秘義の発生』ヨルダン社，1982年．

9．Claude Bremond, *Logique du récit,* Paris, Ed. du Seuil, 1973.

10．プロップやブレモンの場合と同様，グレマスの場合にも，私は物語構造の脱年代化の企てと結びついた認識論的難問には立ち入らないことにする．もう一度私はここでは，単なる物語的理解の平面で直観的に理解される，筋と作中人物との相関関係を正当化するものだけに関心を寄せる．

11．A. J. Greimas, *Maupassant : la sémiotique du texte, exercices pratiques,* Paris, Ed. du Seuil, 1976.

12．次の論文の中に，作中人物のカテゴリーに対する記号論的アプローチのよい綜合が見いだされよう．P. Hamon,《Statut sémiologique du personnage》, *in* R. Barthes et al., *Poétique du récit,* Paris, Ed. du Seuil, 1977.

13．この結末の危機については次を参照．*Temps et Récit,* t. II, *op. cit.*, p. 35–48. 邦訳『時間と物語』II，p. 28–42.

14．F. Kermode, *The Sense of an Ending, Studies in the Theory of Fiction,* London, Oxford, Oxford University Press, 1966.

15．パーフィットに関する私の最後の言葉をまだ言っていない．私が自己性に割当てる文学的フィクションと，私見では同一性にしか関与しない文学的フィクションとのある種の収斂は，物語性の倫理的含意を考慮に入れるときには，再現されないかどうかについて，あとで問題にしよう．われわれにとっても，自己同一性は重要ではない，と言い方をなしえるかもしれない．

16．アリストテレス『詩学』VI，1450 a 15–19.

17．次の章で，アリストテレスによってなされた選択にならって，これらの〈実践〉の最初の単位を選択したことが，アリストテレスの倫理学の目的論的解釈に一致するのはどんな意味においてであるかを私は示そう．

18．G. H. von Wright, *Explanation and Understanding, op. cit.*

19．次の第 8 研究を参照．

20．M. Weber, *Economie et Société.* trad. fr. de J. Freund, P. Kamnitzer, P. Bertrand, E. de Dampierre, J. Maillard et J. Chavry, Paris, Plon, 1971, p. 4.

21．「作品は現に存在する，すなわち他の個人性にとっても存在し，彼らにとっては見知らぬ現実である．彼らはその作品の代わりに彼ら自身の作品を立て，彼ら自身の操作によって，現実と自分たちとの統一を意識しなければならない．換言すれば，彼らの本源的本性を通して立てられた彼ら自身のこの作品に対する関心は，この作品に対する特殊，固有な関心とは別のものであり，この作品はそれによって別のに変えられてしまう．したがって作品は一般にはかないものであって，他の力や他の関心の反対する働きによって消えてしまう．作品は個人性の現実を，完成されたものとしてよりも，消えていくものとして呈示する」(Hegel, *Phénoménologie de l'Esprit,* trad. fr. de J. Hyppolite, Paris, Aubier-Montaigne, 1947, t. I, p. 332)．

22．第 8 研究参照．

23. A. MacIntyre, *After Virtue, a Study In Moral Theory*, Notre Dame (Ind.), University of Notre Dame Press, 1981.

24. 歴史物語の大理論家であるルイス・O. ミンクの言によれば,「歴史は生きられるのでなく, 物語られるものである」(《History and Fiction as Modes of Comprehension》, *New Literary History, op. cit.*, I, p. 557–558. ミンクについては次を参照. *Temps et Récit*, I. p. 219–228. 邦訳『時間と物語』I, p. 263–272. 歴史哲学についてのルイス・O. ミンクの主要な論文は死後に一巻としてブライアン・ファイ他によって次の書にまとめられた. Louis O. Mink, *Historical Understanding*, Cornell University Press, 1987.

25. 私はここで『時間と物語III』の分析に注意をむけよう. すなわち, 読解というのは怠惰な模倣であるどころか, その最良の状態では, 読解は二つの戦略の戦いである. すなわち, 一方は多少とも信頼に値する語り手としての作者によって遂行される誘惑の戦略で, それに, 読解に入ることを示す「自発的な不信の中断」(コールリッジ) の共犯が伴っている. 他方は警戒心をもった読者によって遂行される懐疑の戦略で, これは, 計算された, またはそうでないテクストの空隙によってテクストを有意味性にもたらすのは読者であることを知らないどころではない. 以上の『時間と物語』の注解に, 私は今日では次のことをつけ加えよう. すなわち, 文学を生に適用する可能性の条件は, 作中人物の弁証法に関しては, ……との自己同一化にかかっている. それは上述のように性格の一構成要素である. 主人公との自己同一化という面から, 文学物語は性格の物語化に寄与する. cf. H. R. Jauss, 《La jouissance esthétique : les expériences fondamentales de la *poièsis*, de l'*aisthèsis* et de la *catharsis*》, *Poétique*, N° 39, Paris, Ed. du Seuil, septembre 1979. 以下に続くものは, 読む行為に固有の二つの戦略の戦いの枠内に, 性格の物語化のしるしのもとに位置づけ直さねばならない (それの構成要素の一つである……との自己同一化のしるしのもとに, も含まれよう).

26. Cf. P. Lejeune, *Le Pacte autobiographique*, Paris, Ed. du Seuil, 1975.

27. 第 4 研究 p. 122 を参照. マッキンタイアは『徳を求めて』で, フィクション物語の特徴と人生物語の特徴を融合させることに困難さを認めない. マッキンタイアにとり, 人生史は「行為化された物語」(enacted narratives) なのである. とはいえ,「私が歴史と呼んだものは行為化された劇的な物語であり, そこでは作中人物も作者である」(p. 215) と言ってからマッキンタイアは, 次のように譲歩せざるをえない. すなわち, 一方の行動は他方の行動に依存しているゆえに,「想像上の人物と現実の人物との相違は, 彼らが行為することの物語形式にではなく, 彼らがこの物語形式と彼ら自身の行動との作者である度合に存する」(*ibid.*).

28. 物語の閉鎖と, 言われた事がらの系列の両端が開かれていることの区別の問題については,『時間と物語II』で論じた.

29. Cf. *Temps et Récit*, t. I, *op. cit.*, p. 114. 邦訳『時間と物語』I, p. 133–134.

30. Cf. *Temps et Récit*, t. III, *op. cit.*, p. 301–313. 邦訳『時間と物語』III, p. 382–394.

31. この解釈について，私はその発見的性格を私は次の個所で強調しておいた．Cf. *Temps et Récit*, t. II, *op. cit.*, p. 131–149, とりわけ p. 147–148. 邦訳『時間と物語』II, p. 149–166, とりわけ p. 163–165.

32. W. Benjamin,《Der Erzähler, Betrachtungen zum Werk Nicolaj Lesskows》, in *Illuminationen*, Frankfurt, Suhrkamp, 1969 ; trad. fr. de M. de Gandillac,《Le narrateur》in *Poésie et Révolution*, Paris, Denoël, 1971.〔訳注〕W. ベンヤミン「物語作者」『文学の危機』高木久雄他訳，晶文社，1969年.

33. 私は次の第 7 研究でこの問題を逆の意味でもう一度とりあげよう．語られる物語が道徳的判断に多くの拠りどころを与えてくれるとすれば，道徳的判断はその目標をいわば図式化するために，物語る術を必要としているからではないだろうか．道徳と呼べるものを構成する規則，規範，義務，立法をこえたところに，われわれがそのときに述べるような，真の生き方の目標というものがあるのであり，それをマッキンタイアはアリストテレスに応えて，実践のレベルの序列の頂点に置くのである．さてこの目標がヴィジョンになるためには，物語の中に投資されなくてはならないのであり，物語を通して，語の強い意味で，敵対する可能性と戯れながら，われわれはさまざまな経路の行動を試みてみるのである．この点でわれわれは倫理的想像力ということを語ることができる．これは物語的想像力によって養われるものである．Cf. P. Kemp,《Ethics and narrativity》, *Aquinas*, Rome, Presses de l'Université du Latran, 1988, p. 453–458, et *Ethique et Médecine*, Paris, Tierce-Médecine, 1987.

34. E. Lévinas, *Autrement qu'être ou au-delà de l'essence*, La Haye, 1974, M. Nijhoff, p. 180.〔訳注〕合田正人訳『存在するとは別の仕方で　または存在することの彼方へ』国文社，1990年.

35. 私はここで次の著者の用語を採用する．J. Coquet, *Le Discours et son sujet* : 1. *Essai de grammaire modale*. 2. *Pratique de la grammaire modale*, Paris, Klincksieck, 1984–1985.

36. 解釈的物語のカテゴリーについては次の拙論を参照．《Le récit interprétatif. Exégèse et théologie dans les récits de la Passion》, *Recherches de science religieuse*, 1985.

37. 危機のカテゴリーについては次の著書を参照．P. Landsberg et E. Weil, *Logique de la philosophie*, Paris, Vrin, 1950, chap. XII,《Personnalité》, p. 293–296.

第 7 研究

1．『ニコマコス倫理学』の第 1 巻の冒頭はわれわれに手がかりを与えてくれる．「どのような術（tekhnē）も，どのような探求（methodos）も，同じくどの

ような行為（praxis）も，どのような選択（prohairésis）も，ある善をめざしていると思われる．それゆえ，〈善〉はすべてのものがめざすもの，と誰かが言ったのは正しい」（I, 1, 1094 a 1–3）．善と幸福の等式の問題は中断しておこう．そのかわり，このように目的論的に方向づけられた活動を漠然と枚挙したことに足をとめよう．tekhné は最初に挙げられた語である．それは methodos と対にされている．こうして実践一般は理論一般と連携させられる．次に tekhné は praxis と prohairésis と単に並列させられるだけで，そこにどんな序列も提案されていない．それに praxis はまだ poièsis（制作）と対立させられていない．praxis，もっと正確には〈実践知〉が〈詩学〉と対立させられるのはようやく第6巻においてである．そこにおいて praxis は，行為者とはっきり区別されるいかなる作品も産みださず，行為そのもの以外の目的をもたない活動であることをわれわれは知る．「善い行為はそれ自体行為の目的である」（VI, 5, 1140 b 6）．他方poièsis（とそれに対応する詩学）は「それ自身と異なる目的をもつ」（*ibid.*）．

2．何人かの注釈者たちはギリシア語の pros to télos を〈手段〉と訳す古典的翻訳を再検討することによって難点を緩和しようと努めた．彼らによると「目的に関連する事がら」と訳すべきギリシア語の表現は，解釈の複数性に道を開いてくれる．ウィギンズの論文（D. Wiggins,《Deliberation and practical reason》, *in* A. Rorty（ed.）, *Essays on Aristotle's ethics*, University of California Press, 1980, p. 222–225）によると，目的に関連するのは行動の道具だけでなく，目的そのものを構成する諸要素も関連する．アリストテレスが選んだ実例の欠点は pros to télos を典型的な事例に限定したこと，すなわち，単数が配分的な意味に解され，医者の目的，弁論家の目的，政治家の目的と，目的がすでに固定している事例である．要するに，医者はすでに医者なのであって，医者になることを，あるいは医者のままでいることを選ぶことが正しいかどうかについて，毎日自問自答はしないのであり，そうすることは目的について熟慮することであり，それは際限なく熟慮することになるのをアリストテレスは恐れる．医者，建築家，政治家がハムレットに変貌したら，アリストテレスから見ると，それはもはやよい医者，よい建築家，よい政治家ではなくなる．こうした典型的な例は，pros to télos の意味をすべて尽くしきれず，一種の熟慮への門は開いたままであることになろう．その熟慮の賭金とは次のようなものである．私の人生の目的の適切な記述として，私にとって何が重要なのか．もしそれが最後の問題であるなら，熟慮はいくつかの手段の中からの選択とはまったく別のコースをとることになる．熟慮はむしろわれわれが〈善い生き方〉と呼ぶこの意味の星雲を特定し，実践的にもっと決定されたものにし，結晶化することにある．

3．Pierre Aubenque, *La Prudence chez Aristote*, Paris, PUF, 1963.

4．『ニコマコス倫理学』（VI, 5, 1140 a 24–28）を読んでみよう．「賢慮の本性をわれわれがよく把握する一つの仕方は，われわれが賢慮ある人と呼んでいるのはどんな人たちであるかを考えてみることである．一般的に考えて賢慮ある

人の特徴は自分にとって善いもの，有用なものについて熟慮できることであり，特殊なこと（たとえばどんな種類のことが健康にとり，身体の強健さのために有利であるか）についてではなく，たとえばどんなことが幸福な生活へ導いてくれるかについて熟慮できることである．その証拠に，特定の領域について賢明な人々もわれわれは賢慮ある人と呼ぶのであり，その場合彼らは専門技術（tekhnê）が問題にならない問題において，称讃に値する特殊な目的に達するためによく分別を働かせるのである．したがってやはり一般的な意味で，熟慮できる能力のある人が賢慮ある人ということになろう」．さらに続けよう．「ところで賢慮は人間的な事がらに関わり，熟慮をめぐらすことに関わる．というのは賢慮ある人は，すでに述べたように，よく思慮することを主な仕事とするからである．しかし現にあるがまま以外にはありえない事についてや，到達すべき目的，つまり実現できる善を目的としない事について熟慮する人はいない．無条件で思慮深い人とは，実現できる最良の善に到達しようと努力する人，そして分別を働かせてそうする人である」（VI, 7, 1141 b 8–16）．

5．今から『ニコマコス倫理学』（VI, 8, 1142 a 22–31）に言及しよう．アリストテレスは，賢慮（phronèsis）による選択の特異性を，純理論的な次元での感覚（aisthèsis）と比較することをためらわない．こうして結びつけられる論拠にはおどろかずにはいられない．「なぜならその方向にも停止があるだろうから」（*ibid.*）．こうして賢慮は二つの限界をもつと思われる．上限は幸福であり，下限は奇妙な決断である．

6．実践の論理的関連におけるこの協調と従属との関係は，アリストテレスにおける poièsis（制作）と praxis（行為）との関係の慎重な再解釈を許してくれる．線的な協調の観点からすると，その関係はアリストテレスの poièsis に，より似ている．その関係において行動は行為者の外部で結果を出す．それは結果は，行為者がその行動可能性をゆだねる熟考された部分に対して外的であるという意味においてである．従属の観点からすると，その関係は praxis により似ている．それは耕作は pros to télos つまり，目的のためになされるのに対し，農夫が自分の職業の選択を問題にしないかぎり，農夫の職業を実践することは「それ自身のために」なされる行動である，という意味においてである．もしわれわれの分析が正しければ，どのような行動も単に poièsis だけでも，単に praxis だけでもない．この指摘は，poièsis と praxis の区別への興味を失わせる．しかもアリストテレスにおいて両者の区別はしっかりしたものではない．英雄の行動を物語る叙事詩と，その行動を演出する悲劇とは poièsis の形式ではないか．

7．A. MacIntyre, *After Virtue, op. cit.*

8．H. -G. Gadamer, *Vérité et Méthode,* Paris, Ed. du Seuil, 1973, 2e partie, chap. II, 2 :《La pertinence herméneutique d'Aristote》.

9．Ch. Taylor, *Philosophical Papers,* 2 vol., Cambridge University Press, 1985, t. I , *Human Agency and Language,* chap, II, p. 45.

10. Heidegger, *Etre et Temps,* § 25.

11. 古代哲学における，アリストテレスの友愛哲学が占める位置については，次を参照．J. -C. Fraisse, *Philia. La notion d'amitié dans la philosophie antique,* Paris, Vrin, 1984, p. 189–286.

12.『ニコマコス倫理学』IX, 9 において，友愛の分析が，可能態と現実態，活動 (energeia) とエンテレケイアの強い意味における現実態という難しい問題と接するのが見られる．本書第 10 研究第 2 節で，われわれはその難問にあえて対決する危険を冒すであろう．

13. われわれはこの点で，代名詞 autos（自己）とその再帰形 héauton, héautou, héauto（自己自身，自己自身の，自己自身に）で，つねに対格や間接格に語尾変化した形との間の，微妙で，完全に制御された働きにとりわけ注意を払うことになろう．

14.『ニコマコス倫理学』VIII, 2, 1156 a 2–5 にしるされている暫定的な定義は，倫理的な平面における友愛の二つの特徴の組合せをはっきり示している．すなわち役に立つ友愛や快い友愛よりも，徳のある友愛が優位にあること，好意的な感情の相互性である（これにアリストテレスがつけ加えるのは，好意的感情が相手に気づかれていることで，われわれはあとでそれを，良心という専門的概念との関連で再び見いだすことになる)．「したがって相互的な好意というものがあり，各人が相手のために善いことを願い，そしてこの好意は相手に気づかれているものでなくてはならない．そしてその好意は前述の動機の一つでなくてはならない」．

15. この点で注目すべきは，再帰代名詞の第一の用法は，善によって媒介される相互性に結びついていることである．「有用性を源としている相互的友愛をもつ人々は，相手のために (kath'hautous) 愛しているのでなく，相手から互いに (autois par'allèllôn) 善いものを得られるものとして愛しているのである」(VIII, 3, 1156 a 10–12)．再帰的でない語 (autos) と，再帰的な形 (héauton...) の間の働きは第 8 巻，9 巻を通して見られる．

16.「完全な友愛は，徳をそなえている点で似ている善い人々の友愛である．というのはこの人たちは相手が善い人であり，彼ら自身によって (kath'hautous) 善良であるかぎりにおいて，互いに相手のために善を願うからである」(VIII, 3, 1156 b 7–9)．またその少し先で，「彼らは自分の友を愛するとき，自分自身にとって (hautois) 善いものを愛している．なぜなら，善い人は友となることによって，彼の友となる人によって善いものとなるからである」(VIII, 5, 1157 b 33–34)．

17.『ニコマコス倫理学』の友愛にあてられた二つの論を終始貫いている友愛の決疑論を私は取り上げないでおく．哲学者は，平等な人たちの間の友愛であれ，不平等な人たちの間の友愛であれ，あるいは無欲さ，利害，快楽の境界線上の状況であれ，つねに境界上で活動する．私の関心は善意の人々の間の友愛を構

造化する概念の扱いにおける，自己自身と他者との弁証法にのみある．

18．自分自身の友となるべきである（dei philauton einai）という定式において出会う，autos（自己）の非再帰的な形と hēauton（自分自身）の再帰的な形との間の微妙な働きに，もう一度留意しよう．(IX, 8, 1169 a 12).

19．アリストテレスが，「事物の本性をもっと近くから」（Tricot 訳）把握する，あるいは「われわれの本性のもっと奥にまで達する」(Gauthier-Jolif 訳）と言っている章の部分で，トリコ（Tricot, *op. cit.*, p. 464–465）とゴーチエ＝ジョリフ（Gauthier-Jolif, *op. cit.*, t. II, Commentaires, deuxième partie, p. 757–759）とは，1ダースほどの「原三段論法」や「論証」，あるいは「推論」を列挙する．

20．ここで用いられている（IX, 9, 1170 b 4）動詞 sunaisthesthai（覚知する）はラテン語の con-scientia（……と共なる認識）をきわめて正確に予示する．

21．私はここでレミ・ブラーグの次の著書におけるいくつかの分析と見解を共にする（Rémi Brague, *Aristote et la question du monde*, Paris, PUF, 1988)．私は第10研究でこの著書について長く言及するつもりである．アリストテレス的存在論の言われざるものを，ハイデガーの主題系の導きによって明るみに出そうとする著者は，自己のうちに，世界＝内＝存在の包括的構造と関連づけて，開示の機能を認める．すべては自己に関わる．この自己の中心性をブラーグは，私がここで注釈するテクスト以外のアリストテレスの数多くのテクストのうちに見つけ出す．しかし同時に著者は，現象学的主題である自己と，人間学的主題である人との混同を遺憾とする．時期が来たら，私がなぜこの二分法の点でブラーグに同意しないかを述べることにする．この二分法は，私が自己の反省的過程において，あらゆる客観性（論弁的，実践的，物語的，命令的述語）に対して私が認める媒介的役割に反するのである．以上を述べたうえで，私はブラーグがとりわけ自己自身を登場させる断片についておこなったすばらしい翻訳や正確な分析に対し讃辞をささげることを惜しまない（*op. cit.*, p. 132, 137, 142, 171, 173, 183, 187)．ブラーグはその解釈の銘句としてクセノファネスの「私は私自身を知っている」(autos oida）を引用する（*op. cit.*, p. 11)．そこでは非再帰的な autos はドイツ語の Selbstgegebenheit（自己所与）におけるように，「自ら」「自分で」を意味する．世界が存在するためには，自己が世界を飾る事物の一つに数えられなくとも，私が自ら世界に存在する必要がある．この意味において再帰的な hauton は，自己や世界の事物のこの非合算化を強調するようになる．この点に関して，友愛論はフロネーシス（賢慮）論（『ニコマコス倫理学』VI巻）と比較することができる．その枠内でわれわれは次の表現に出会う．「自分のために［善いことを］知ること」(VI, 8, 1141, b 33)．賢慮とはこのような「自己に属する知識」(to hautô eidénai, VI, 9, 1141 b 34)．それは「……するのは自分にとってであると知ること」と解釈される．それだからこそ R. ブラーグはアリストテレスにおいて友愛が，語の道徳的な意味における無私無欲と完全に両立できる

この自己の利益の上に建てられることに，まったく衝撃を受けないのである．結局，他者はもう一人の自己，つまりわれわれのような自己であるという理由だけで自己以外の他者なのである．「われわれは，善いものとはわれわれにとって善いものであることを望む．というのはわれわれは決定的に，いやおうなしに，《われわれ自身》なのであるから」(Brague, *op. cit.*, p.141)．ではなぜそうなのか．なぜならわれわれは他人であることは，またその原始的事実を無視することは不可能だからである．『《私は他者である》はアリストテレスにはとんでもない言いまわしなのである.」(*ibid.*, p. 134)．「アリストテレスはどのような意味で「知性が自己であり，人間のうちのもっとも自己特有のものである」(*ibid.*, p. 173) かを理解する手段を与えてくれない，とする点で私はブラーグに同意する．あるいはもっと重大に，人間は自分自身にとって，自分自身の友となるほどに，もっとも近い者である，と言うことにも同意しよう．私としては，自己は自分自身の生存の欲望によって構造化されているとする考えに，この難問への部分的解答を見いだせると思った．そしてアリストテレスがこれらの問題に完全な解答をもたないのは，人間学的な人間概念が，現象学的な自己概念を窒息させてしまうからではないか．そして気遣いの存在論だけがこの現象学的な自己概念を構成できるのである．

22. Peter Kemp, *Ethique et Médecine, op. cit.*

23. 私はここでは私がレヴィナスに負っていることのほんの一部だけを表明し，あとは第 10 研究での他者性という巨大なテーマについての議論にとっておこう．その議論はすでに示唆しておいたように，倫理学と存在論との接合部での，哲学的言述の《主要な類》の探求に属するのである．

24. 「戦争」という語は『全体性と無限』の序文の最初のページから発せられる．

25. 次の第 8 研究で，心づかいと定言命法との間の移行構造としての〈黄金律〉を解釈することにする．定言命法は私の人格と他者の人格において人間性を単なる手段としてでなく，目的として扱うように命じる．

26. 権威と優越性の認識とのこの関係については次を参照． cf. H.-G. Gadamer, *Vérité et Méthode, op. cit,*, p. 118 sq.

27. たしかにアリストテレスは共に生きるという中に，喜びと苦しみの分かちあいを含めている（『ニコマコス倫理学』IX, 9)．彼は「友愛は愛されることよりも愛することに存する」(VIII, 8, 1159 a 27) とさえ書いている．

28. M. C. Nussbaum, *The fragility of goodness. Luck and ethics in Greek tragedy and philosophy*, Cambridge University Press, 1986.

29. この点で，かつては英語圏の哲学で賞揚された憐れみ，同情，共感といった感情は復権されるに値する．これに関連して，共感，憎しみ，愛についてなされたマックス・シェーラーの分析は依然として比類がない．とりわけ共感と感情的融和ないし混同との主要な区別についてや，愛における遠近の作用につい

てである（Max Scherer, *Zur Phänomenologie der Sympathiegefühle und von Liebe und Hasse*, Halle, Niemeyer, 1913 ; trad. fr. de M. Lefebvre, *Nature et Formes de la sympathie*, Paris, Payot, 1928 ; nouvelle édition, 《Petite Bibliothéque Payot》, 1971）．ついでに言うと，Stephan Strasser, *Das Gemüt*, Utrecht, Vitgeverijet Spectrum, 1956 という大著を除いて，現象学者たちはまるで何らかの感情的誤謬（affective fallacy）に陥るのを恐れているかのように，感情の記述をなおざりにしすぎてきたことが悔まれる．それは感情が言語によっても強力に形成され，思考と同じように文学的品位の重みにもたらされてきたことを忘れているからである．

30．Werner Marx, *Ethos und Lebenswelt. Mitleidenkönnen als Mass*, Hamburg, Felix Meiner Verlag, 1986．敵対者のそれぞれに真実な部分を認め，同時に尊敬すべき部分を割当てる，このすぐれた正義が発揮されるのは演劇においてのみである．（G. Fessard, *Théâtre et Mystère*, préface à Gabriel Marcel, *La Soif*, Paris, Desclée de Brouwer, 1938）．

31．本書第 2 研究 65 ページ参照．

32．ここに逆説的な掟「自分自身を愛するように，あなたの隣人を愛しなさい」の秘密があるのだろうか．この掟は，もしローゼンツヴァイクのように考えることができるなら，道徳よりも倫理に属するだろう．すなわちローゼンツヴァイクはその『贖罪の星』において，「雅歌」の精神にそって，恋する者がその恋人にむかって「私を愛して」と命じる掟をあらゆる律法よりも先行し，それよりも優越するとみなすのである（Franz Rosenzweig, *Der Stern der Erlösung*, La Haye, Martinus Nijhoff, 1976, p. 210 ; trad. fr. de A. Derczanski et J. L. Schlegel, *L'Etoile de la rédemption*, Paris, Ed. du Seuil, 1982）．

33．*Op. cit.*, chap. I, § 16, *Macht, Herrschaft*.

34．マックス・ウェーバーは第一次世界大戦の惨憺たる結果のために，非暴力に惹きつけられたドイツの平和主義者の青年たちに対しておこなった講演「政治家の職業と召命」（in *Le Savant et le Politique*, trad. fr. de J. Freund,Paris, Plon, 1959 ; rééd., UGE, coll.《10/18》, 1963）において，国家をこう定義する．「合法的な暴力（すなわち合法的とみなされる暴力）の手段に立脚した人間の人間に対する支配（Herrschaft）の関係）」．（*op. cit.*, p. 101）．

35．「行動とは，物や事がらの仲介なしに，人と人とを直接に関係づける唯一の活動であり，それは多数性という人間の条件に対応している」（*La condition de l'homme moderne, op. cit.*, p. 15）．

36．「権力は人間が単に行動するのでなく，協調して行動する能力に対応する．権力はけっして個人の特性ではなく，それは集団に属し，この集団が分裂しないかぎりそれに属し続ける」（*Du mensonge à la violence*, trad. fr. de G. Durand, Paris, Calmann-Lévy, 1972, p. 153）．そして著者はそれに続いて，ペリクレスの「市民同権」（isonomia），ローマの「国家」（civitas）に言及するだけでなく，ソ

ヴィエトの実験，労働者評議会，ブダペスト反乱，プラハの春，そして外国の占領に対するさまざまな抵抗の例にも言及する．それゆえ，暴力にだけでなく，支配関係にも反対するこの万人の権力の復権には，ノスタルジックな要素はまったくない．権力関係の非階層的で，非手段的な性格だけが重要なのである．「国の諸制度にその権力を与えるのは民衆の支持であり，この支持は同意の自然な連続にほかならず，その同意が現存する法をまず誕生させたのである」（*ibid.*, p. 150）．

37．遠いものをこのように倫理的な企図の中に含めることは，先に実践（職業，ゲーム，芸術）について言われたことを土台にして，すでに予測されていた．前述のようにこれらの実践は規則に支配された相互作用であり，その意味で制度である．こうした実践を行為の尺度に，したがって善く生きることの行程に位置づける卓越性の標準は，革新の次元と相関している伝統性の次元と切り離せない「同業組合的」次元を，はじめから含んでいるのである．

38．私が1983年に書いた『人間の条件』の序文で，アーレントの最初の大著『全体主義の起源』から『人間の条件』にいたる経過を，次のテーゼから解釈することを私は提案した．すなわち，全体主義は次の神話に基づいており，その神話によると「すべては許されており，すべては可能である」というのであり，したがってその神話によると主人は新しい人を作ることができるのである．とすると課題は非全体主義的な世界の条件を考えることである．「そうすると新しい探求にもっとも適した基準はいろいろな人間活動をその永続性という時間的観点から評価することにある」（Hannah Arendt, *La Condition de l'homme moderne, op. cit.*, préface de Paul Ricœur, p. 15）．このアプローチは政治だけに関係するのでなく，この著書で考察される．労働，仕事，行動の三つ組を含めたすべてのカテゴリーに関係する．労働の産物の消費的性格は，労働の不安定性を露呈する．仕事の中に要約されている人工物の機能は死すべき者たちに，彼ら自身よりももっと永続的で安定した滞在地を提供することである（cf. *La Condition de l'homme moderne, op. cit.*, p.171）．この意味で，労働の時間は通過であり，仕事の時間は持続である．行動は，行動の〈誰〉を語る物語の首尾一貫性のうちに最後にその安定性を見いだすのである．

39．P. Ricœur,《Pouvoir et violence》, in *Ontologie et Politique. Hannah Arendt*, Paris, Tierce, 1989, p. 141–159.

40．権威の概念にあてた論文でハンナ・アーレントは（in *La Crise de la culture*, trad. fr. de *Between past and future*, Paris, Gallimard, 1972），権威は多少とも神話化されたいくつかの創始的な出来事に関連づけられること，を指摘する．しかしじつを言えば，このような創始的な出来事を照合しないような社会をわれわれはほとんど知らない．そこで今日でもなお権威（auctoritas）は，権力がこれらの創始的出来事から伝達されるエネルギーからその増大（augere）を引き出すのである．

41. J. Rawls, *A Theory of Justice*, Harvard University Press, 1971 ; trad. fr. de C. Audard, *Théorie de la justice*, Paris, Ed. du Seuil, 1987, 29.〔訳注〕矢島鈞次監訳『正義論』紀伊國屋書店，1994年.

42. フランス語で“droit”という語は二つの用法を覆う．われわれは非法律的な意味で，正しい人とか正しさとか言う．しかしわれわれはまた，別のところで法律と呼ばれる（法律学校）規律としてdroitを用いる．

43.「ところで正義と不正とは多くの意味をもつように思われ，それらの違った意味は似通っているため，その同形異義性はとらえられず，意味がひどく隔っている場合ほどには明瞭でない」(*Eth. Nic.*, V, 1, 1129 a 26–27)．不正な人の同形異義性がまず案内役とされる．「不正な人と一般にみなされるのは，法律を侵す人，貪欲な人，公正さに欠ける人である」(*ibid.*, 1, a 32)．しかし不正な人から正しい人に移ると，法律の遵守と公正さの特質しかない．さらに行為者から行為に移ると次のように言われる．「正しさとは法律にかなうことであり，公正さを尊重することであり，不正とは法律にそむくこと，公正さにそむくことである」(*ibid.*, a 35–b 1)．そこで貪欲になることと，公正さにもとることは共通の部分をもち，それこそは貪欲な人，強欲な人（pleonektês）の不公正さ（anisotès）である．貪欲な人についてこう言われる．「彼は公正さを欠いている．なぜなら不公正さは二つのものを一度に包含し，二つのものに共通だからである」(*ibid.*, 1129 b 10)．残るは法にしたがうことと，不公正さとの同形異義性である．

44.「ところで法律はいかなる事についても公布され，すべての人に役に立つことをめざしている［……］．したがってある意味で正しい行為とわれわれが呼ぶものは，ポリス共同体のために幸福や，それを構成する諸要素を産み出し，守るような行為である」(*Eth. Nic.*, V, 1, 1129 b 14–18)．そのうえ注目すべきはアリストテレスが正義を「完全な徳」と呼んでいることで，それは法が他のすべての徳にかなう行為を達成するよう命じる，という意味においてである．こうして正義はあらゆる徳のうちでも，pros'hétéron（他人に対する関係）となるのである．

45. アリストテレスが補正的正義と呼んで，それを個人的な取引に関係づけたものについては，われわれはここでは何も言うまい．個人的な取引には本意からのもの（購入，売却，貸与）とか，不本意なもの（あらゆる種類の不正や復讐行為）とかがある．法律が不正を規定したり，裁判所が争いに裁判を下したりするとはいえ，制度の介入は欠けてはいないが，間接的介入である．こうして他人に対する関係は，「正しさ」や「不正」という用語が両義的であるにもかかわらず，強い絆である（Eth. Nic. V, 2, 1130 b 1)．

46. われわれはすでに，他人に対する関係が融解する傾向に屈してしまうこの危険に遭遇した．それはわれわれが対人関係の平面で，共感の観念を，マックス・シェーラーにならって，情動的融合の観念に対立させたときである．

47. われわれはすでに，マックス・ウェーバーによる，国家に集中した支配の

定義に出会った（注34）.「合法的な暴力（すなわち合法的とみなされる暴力）の手段に立脚した人間の人間に対する支配の関係」．その定義は一連の定義の中に記入されており，それらの定義においては，蓋然性の観念（ドイツ語では(Chance)が，個人とは異なる本質体を導入するのを，そのつど免除してくれる．

48．中間は「平等である．なぜならどのような種類の行動にも，そこに大小を認めるときに，平等もあるからである．だから不正が不平等なら，正しさは平等であり，そのことは他に論証しなくとも，万人一致の意見である」(*Eth. Nic.*, V, 3, 1131 a 12–23)．一般の意見に訴えることはアリストテレスにおいては変わらない．次の第8研究で述べるように，それはカントにおいては少しも重要ではない．だからこそわれわれは正義の意味について語るのである．

49．「正しさはそれゆえ比例の一種である［……］．比例とは割合の等しさであり，少なくとも四つの項を前提とする」(*ibid.*, V, 3, 1131 a 29–32)．

第8研究

1．Alain Gewirth, *Reason and Morality*, Chicago University Press, 1978．この書における著者の道徳理論は，各人におけるこれらの能力を承認することに関連する普遍的な次元を解明することに立脚している．著者がここで〈類的な〉特徴について語っていても，それは類と種による分類を考慮してではなく，〈類〉と〈種〉という用語の独自の意味において，そのゆえにわれわれが自分を人類の——あるいは人間という種の——一員であると認めるような能力の普遍的性格を指し示すためである．

2．Kant, *Fondements de la métaphysique des mœurs*, (AK. [IV, 393], trad. fr. de V. Delbos revue et modifiée par F. Alquié in E. Kant, *Œuvres philosophiques, op. cit.*, t, II, 1985, p. 250)．〔訳注〕宇都宮芳明訳『道徳形而上学の基礎づけ』以文社，1994年，および野田又夫訳『人倫の形而上学の基礎づけ』中央公論社，1994年 を参照．引用のページはアカデミー版による．『人倫の形而上学の基礎づけ』の第一章でつねに，善い意志との関連で，「評価」「評価できる」「評価する」といった用語が頻出することに注目したい．これらの用語が表現するのは，目的論的伝統への定着であるというだけでなく，普通の道徳的経験への定着でもある．アリストテレスにおけるように，カントにおいても，道徳哲学は無から出発しない．その課題は道徳を発明することでなく，道徳性の事実から意味を引き出すことであり，そのことはE. ヴェーユがカント哲学全体について言っている通りである．cf. E. Weil, *Problèmes kantiens*, Paris, Vrin, 1970,《Sens et fait》, p. 56–107．

3．Otfried Höffe, *Introduction à la philosophie pratique de Kant* (*la morale, le droit. et la raligion*), trad. fr. de F. Rüegg et S. Gillioz, Fribourg, Albeuve, Suisse, Ed. Castella, 1985．著者は制約なき善という概念を「善の問題を決定的に規定するための必要十分条件」(p. 59) とする，この第一の肯定を「メタ＝倫

理」と資格づける．私はこの冒頭の宣言を，それと倫理的目標との関係を強調するために，単に倫理と呼ぼう．しかもヘッフェが，制限なき善という規範的な観念は，個人的実践と公的実践の二つの領域をカバーするほどにゆたかであることを強調するのは正しい．『人倫の形而上学の基礎づけ』や『実践理性批判』は個人的実践に限定されるが，公的実践については『人倫の形而上学』の「法論」の部分だけが論じているのである．本研究の「正義」の節でもう一度この問題を扱うことにする．

4．カントによるもっとも一般的な意味での意志の定義は，このように規範への照合の刻印をおびている．法則を例証する自然現象とは異なり，意志は「法則の表象にしたがって」(*Fondements...*, trad. Delbos, [IV, 412], p. 274) 行動する能力である．Simone Goyard-Fabre, *Kant et le Problème du droit*, Paris, Vrin, 1975 の冒頭で述べているように，その定義はカントの全著作を貫いている立法的スタイルの特徴を示している．

5．「他のいかなる意図とも関係なく，善い意志という，それ自体で高く評価されるべき意志の概念を発展させる」ためには，「義務の概念を検討」せねばならず，「その概念は，たしかにある制約と，ある主観的な障害とともに，善い意志の概念を含んでいる．だがそれらの制約や障害は善い意志の概念をわかりにくくするどころか，むしろ対比によって際立たせ，明白にするのである」(*Fondements...*, [IV, 397])．ここにおいて批判と通常の道徳感覚の断絶が生じる．「とはいえ，単なる意志が絶対的価値をもつという考えや，いかなる効用も考慮せずにそれを評価する仕方には，不審なところがあり，その考えと通常の理性との間には完全な一致があるにもかかわらず，ある疑念が生じるかもしれない．すなわちその底には奔放な空想がひそんでいて，なぜ自然が理性をわれわれの意志を支配するために送りこんだのか，その意図を誤って理解されるかもしれないという疑念である．それゆえわれわれはこの視点から，その考えを吟味 [Prüfung] してみよう」(*Fondements...*, [IV, 394–395])．この吟味という考えは，義務の道徳をわれわれが再構成するための導きの糸となろう．

6．O. ヘッフェが格率を「普遍化の対象」(*op. cit.*, p. 82–102) として注目すべき分析をおこなう際の巧みな表現によると，格率とは行為者がそれを自分のものとしながら，自分で構成する規則性のことである．

7．*Critique de la Raison pratique*, trad. fr. de F. Picavet, Paris, PUF, 1943, 4e éd., 1965. われわれは次の翻訳も引用する．Kant, *Œuvres philosophiques*, éd. Alquié, *op. cit.*, t. II, p. 627.〔訳注〕引用のページはアカデミー版による [V, 19]．次の邦訳を参照．宇都宮芳明訳『実践理性批判』以文社，1990年．波多野精一，宮本和吉訳『実践理性批判』岩波書店，1965年．

8．カントの格率概念については，O. ヘッフェの著書のほか，次の書を参照．B. Carnois, *La cohérence de la doctrine kantienne de la liberté*, Paris, Seuil, 1973, p. 137–139 *et passim*.

9．われわれは次の研究で，カントが普遍化の規則に与えるこの特権，および彼がそれについてもっぱら無矛盾の用語で与える狭い解釈を検討する．

10．成功の条件と満足の条件との区別については次を参照．Daniel Vanderveken, *Les Actes de discours*, Liège, Bruxelles, Mariaga, 1988.

11．「理性的存在者の感覚的に触発された意志においては，格率と存在者自身によって認められた実践的法則との間に葛藤（Widerstreit）が起こりえる」［V, 19］．

12．非理性的なるがゆえに命令する魂の部分と，非理性的なるがゆえに反抗することのできる魂の部分とを区別するプラトンにカントは近いように思われる．真中に位置するプラトン的〈気概〉(thumos) にいたるまで意志的行為のカント的分析において，それに対応するものがある．その意志的行為は，法則によって規定される意志（Wille）と，法則と欲求との間でためらうことのできる，したがって両者の間の裁定者の位置におかれた意志とに分裂する．カントにあってはWillkühr（恣意的）となるarbitriumが正確に意味するものは，単に「裁定者」(arbitre) と訳されるべきであろう．

13．「定理１」は，快や不快を感じる能力のみに基づく原則は格率になりえるが，法則にはなりえないことを述べる．ありえる違反の——「葛藤」の——役割は，これまで傾向性と名づけられてきたもの，すなわち裁定の規定的原則として立てられた快と不快の最終状態によって厳密に定義される．「定理２」は，現象学的観点から楽しみ，満足，嬉しさ，至福と同じだけ異なる感情の快や不快に連結する（感情の語彙はこの点で信じられないほどゆたかである）．欲求能力はこうしてその対抗する位置のゆえに統一される．自己愛も個人的幸福も同一種類のものになるからである．

14．「あらゆる実質的な実践的規則は，低級な欲求能力に意志の規定的原則をおく．そこで意志を十分に規定する，意志の純粋に形式的な法則が何もないとしたら，高級な欲求能力を認めるいかなる理由もないだろう」(第３節「定理２」系論)．

15．O. ヘッフェは自律を正当に〈メタ基準〉として性格づけるが，それによって自律を，「無制限に善い」ことの唯一の基準である普遍化の規則と区別するためである（*op. cit.*, p. 127）．ヘッフェは自己立法の観念の起源が次のルソーの言葉にあることを認める．「人がみずからに命じた法則への服従は自由である」(『社会契約論』第１巻８章，引用はヘッフェ，p. 128)．こうして自律は自分自身と結んだ契約の等価物となる．「格率の純粋な立法形式だけを法則とすることができるような意志は，自由意志である」(『実践理性批判』第５節問題１［V, 29］)．道徳的形式主義と契約主義的伝統とのこの関連はわれわれの興味を唆る．というのはわれわれが正義の形式的規則を論じるときに，この契約主義的伝統を再び見いだすからである．カントにおける自由についてのさまざまな概念の「系統樹」における自律の位置については次を参照．B. Carnois, *op. cit.*, p. 70 *sq.*

et 191–193.

16.『人倫の形而上学の基礎づけ』[IV, 436]．カントは道徳性の原理を示す三様式のいずれもが「他の二様式をそれ自身のうちに含んでいる」(*ibid.*) ことを強調する．彼はさらにこう述べる．「けれどもそれらの間には違いがあり，その違いは客観的に実践的というよりも主観的に実践的なものであり，(一種の類推によって) 理性の理念を直観に，したがって感情に近づけるのに役立つものである」[IV, 436].

17．とはいえ第一の様式は依然として優越している．「道徳的判断を下すにはつねにもっとも厳密な方法に従うほうがよいし，〈それ自身を同時に普遍的法則とすることができるような格率に従って行為せよ〉という定言命法の普遍的様式を原則とするほうがよいであろう．しかし同時に道徳法則を受け入れやすくしようと思えば，同じ行為を上記の三つの概念によって導き，それによってその行為をできるかぎり直観に近づけることが大いに有効である」(*ibid.* [IV, 436–437]).

18．義務論的観点と目的論的視角との間の最大の隔たりの契機を正確に位置づけようと腐心しているこの再構成において〈純粋実践理性の弁証論〉の独自な寄与を考慮して来なかったのは理由あってのことである．この〈弁証論〉は最高善の主題によって，いわば新しい作業の現場を開くのである．この用語のもとにカントは「純粋実践理性の全対象」あるいはこの対象の「無条件の全体」[V, 109] と呼ぶのが適当なものについて問いかける．この新たな問いかけはカントを，アリストテレス的目的論の大海につれもどすと言えよう．「理性的で有限な存在者の欲求能力の対象としての全体的で完全な善」[V, 110] といったような若干の表現は，この解釈を支持する．しかし徳と幸福との非分析的で綜合的な性質の結合は，それ自体で特有な問題を提出するのであり，その問題のほうは実践理性の〈要請〉というもっと重大な問題に到達するということのほかに，〈弁証論〉は〈分析論〉が構築したものを壊すものではないことをカントにならって繰り返すことが重要である．最高善と幸福という新しい問題系が展開していくのは，ひとえに自律的な意志のためなのである．徳と幸福とが「絶対的に同一であるか」否か，両者の関係の問題に集中しながら，カントがその途上でアリストテレスに出会う理由がなかったのはまことにおどろきである．カントはその先駆者たちの中でエピクロス派やストア派にしか出会わなかった [V, 111]．道徳性の形式主義が最高善の問題を，今しがた言及した表現はアリストテレスに表面的には近似していたにもかかわらず，力動性と目標とをもった用語で提起するのをカントに禁じたのである．

19．私の解釈は次の O. ヘッフェの解釈に近い．「〈理性の事実〉という用語でカントは，道徳が現実に存在することを示そうとする」(*op. cit.*, p. 136)．その先でヘッフェはこう続ける．「カントが事実 (factum) ということを言うのは，道徳法則の意識を実在として，現実的であって虚構のものではないものとして，単

に承認されたものとして，みなすからである」(*op. cit.*, p. 137).

20.「理性の事実」という用語が最初に現れるのは次のようにしてである.「しかしながらこの法則を与えられたものとして誤解せずに認めるためには，その法則が経験的事実ではなく，純粋理性の唯一の事実であって，純粋理性はそこにおいて根源的に立法的なものとして，みずからを告げる（sic volo, sic jubeo，私はかく欲し，かく命じる）ということに十分注意しなければならない」[V, 31]. また別の表現にも注目しよう.「道徳法則の信任状 (Creditiv)」「自由という蓋然的な概念の保証 (Sicherung)」[V, 49]. この事実は「純粋に実践的な意義」[V, 50] をもち,「感性界のあらゆる所与によっても説明できない」[V, 43] とも言われている. カントはこの実践的証明を,「理性的存在者の超感性的自然」[V, 43] にいたるまでの悟性界の秩序への真の突破口と同一視しているように見える. しかしそれに続いて次のように留保条件をつけていることは，無視されてはならない. 実践的な性格の法則によってのみ知られる超感性的自然は「純粋実践理性の自律の下にある自然にほかならない」[V, 43].

21. この難解な本文については次を参照. D. Henrich,《Der Begriff der sittlichen Einsicht und Kants Lehre von Faktum der Vernunft》*in* G. P. Prauss (éd.), *Kant*, Köln, Kieperheurer und Witsch, 1973, p. 223–224 ; B. Carnois, *op. cit.*, p. 93–117.

22. 尊敬が定言命法の一般的定式（これは原則として立てられた普遍化の規則にほかならない）の視角から，あるいは大部分の人格が考慮に入れられているこの原則の第二の定式化の視角からでも，区別なく考察されることができるかは，次の二つの文章が併立していることによって確認される. すなわち尊敬の対象となるのは道徳法則であるという文章と，それは人格であるという文章である. たとえば次のような文章がある.「尊敬はつねに人格にのみかかわり，けっして事物にはかかわらない」[V, 76]. それに対して,「道徳法則に対する尊敬」という表現はもっとも頻繁に出てくる. この表面的な揺れは，そこで真の賭金となっているのは尊敬の対象ではなく，それの感情としての，したがって自律の原則に対する触発としての地位なのである.

23. O. ヘッフェにしたがってわれわれが格率の概念を強調することは，ここにおいて補足的に正当化される. 格率と動機の等式は次の表現においてほぼ完全に示される.「行為が主体の道徳性に及ぼす影響によって，また行為がひき起こす感情，意志に対する法則の影響力を促進する感情によって，この行為にむかう主観的な規定原則すなわち動機」[V, 75].

24. 自己愛 (Selbstliebe) の道徳的非難は，自分自身に対する過度の好意の意味の自尊心 (Eigenliebe) と，うぬぼれ (Eigendünkel) または自己満足 (Wohlgefallen) という二つの形をとって自己に達する. この点でもっともぴったり合うテクストは次のとおりである.「このような傾向，すなわち自分の恣意 (Willkühr) の主観的な規定原則に従っている自分自身を，意志 (Wille) 一般の客観

的な規定原則とする傾向は自己愛と呼ぶことができるが，この自己愛は，それがみずからを立法的とし，無条件的な実践原理とするなら，うぬぼれと呼ぶことができる」(『実践理性批判』[V，74])．われわれが自己評価と呼んだものは次の非難を免れはしないと思われる．「道徳法則との一致に先行する自己尊重（Selbstschätzung）の主張はすべて無効であり，正当でない」[V，73]．

25. カントのある表現はこの解釈を是認してくれる．対照的な尊敬の構成における強制 (Zwang) の感情とは反対の積極的な面である高揚 (Erhebung) の感情に言及してカントは「この高揚に関連して［……］この感情に及ぼす主観的な結果を，単に自己是認 (Selbstbilligung)」[V，81] と呼ぶことを提案する．自己愛の批判が，自律の資格保持者として自己を積極的に評価することとの可能な関係を断ってはしまわない，と考える一つの理由は，数多くの目的論的考察によって提供されるのであり，その考察は，人間性を構成する傾向性の十分な実践と関連づけて『判断力批判』に頻出する．人格性はこれら傾向性の階層の頂点に位置づけられ，そのことはあとで『根本悪論』で再び論じられる．『実践理性批判』の動機にあてられた章で，次のように述べられる．人を自己自身よりも高めるものは「人格性にほかならず，つまり自然全体の機構からの自由と独立であり，その機構は特別な法則，すなわち自分自身の理性によって与えられる純粋に実践的な法則に従っている存在者の能力とみなされる．それゆえ感性界に属する者としての人格は，同時に可想界に属するかぎりにおいて，それ自身の人格性に服従している」[V，87]．

26. カントはここで『根本悪論』におけるように，傾向性を最高の実践的条件とするような，性向，性癖 (Hang) として，自己愛について語っていることに注目すべきである．

27. 悪の原則は感受性や，そこから発する傾向性の中に位置づけることはできない．「なぜなら傾向性は悪とは直接な関係をもたないからである」(『単なる理性の限界における宗教』(アカデミー版 [VI，34])．

28. 「善人と悪人の違いは，彼らが格率の中に認める動機の違いのうちにでなく（格率の内容の中にでなく），彼らの従属（格率の形式）のうちに必然的に見いだされねばならない」(*ibid.* [VI，36])．注目すべきことにカントは人間の邪悪さについてくどくどと悪口を述べ立てはせず，直接に悪のもっとも巧妙な形，つまり自己愛が道徳法則に外面的に一致する動機となるような形に行き着く．これが道徳性に対立する合法性をきわめて正確に定義する．自分の意図の真の性質について思い違いをしている人間の心の悪意の中に悪が住みつくとき，悪は単に感性的自然と一体化しているときよりもずっと狡猾なものとして現れる．

29. 悪の問題を「素質」(Gesinnungen) のレベルにもたらすことによってカントは『判断力批判』の目的論と再び結びつく．しかも彼は『根本悪論』の冒頭で人間性に適用されるこの目的論の諸段階を通観する．すなわち，動物性への素質，人間性への素質，人格性への素質（*op. cit*. [VI，26])．素質の概念が目的論

に属するのに応じて，善と悪の用語はこの文脈に，『実践理性批判』の「分析論」第2章で斥けられた意味とはまったく違った意味でもどってくる．悪への性向が実践されるのはたしかに第3の素質のレベルである．その素質はここでは「意志のそれ自体で自足した動機として，道徳法則に対する尊敬を感じる能力」(*ibid.* [VI, 27]) として定義される．さてここで想起されるのは，「人間にある素質はすべて単に (消極的に) 善いというだけでなく (それは道徳法則に反対しない)，善に対する素質でもある (それは善の成就を進める)．その素質は人間性の可能性の一部をなすものとして本源的である」[VI, 28]．悪への性癖という概念が位置を占めるようになるのは，この素質の地盤の上――合目的性の項上――にである．「性癖という言葉で私が意味するのは，人間性一般にとって偶然的なものとしての［……］傾向性の可能性の主観的な土台である」(*ibid.* [VI, 28])．したがって悪への性癖は第二段階の素質の一種として，素質のもっとも一般的な理論に記入される．それは道徳法則の格率と離れた格率を形成することに深く根ざした素質である．それゆえに主観的な土台という言葉でしかそれについて語れないのである．

30．Jean Nabert,《Note sur l'idée du mal chez Kant》, *Essai sur le mal*, Paris, PUF, 1955, p. 159–165. ナベールはここでカントの『単なる理性の限界における宗教』の注［VI, 22-24］について注釈している．

31．私はここで『根本悪論』において，この性癖の「歴史的」または「合理的」起源に関するものを考察することはしない．この問題はカントを，アウグスティヌスとペラギウスとの論争によって範囲を定められた古い議論の周辺につれもどす．たしかにカントは，悪への性癖を準＝本性とし，悪への性癖を生得のものと宣言できるまでに，アウグスティヌスの伝統に類したものを守ろうと努めているのがわかる．それでいてカントは故意にペラギウス的立場をとろうとしている！　ある意味で悪はそれぞれの悪しき行為とともにはじまり，再開されるが，他の意味では，悪はつねにそこにある．このように悪の起源の問題に重きを置くことが，『根本悪論』を一般に否定的に受け取らせたことに責任があり，そのためにこの著の真の価値を認めるのを妨げたのである．カール・ヤスパースやジャン・ナベールらは逆にみごとに真価を認めることに成功した． Cf. Karl Jaspers,《Le mal radical chez Kant》*in Bilan et Perspectives*, trad. fr. de H. Naef et J. Hersch, Desclée et Brouwer, 1956, p. 189–215, et Jean Nabert, *op. cit.*

32．同じくマタイ福音書でも，「だから何事でも人々からしてほしいと望むことは，人々にもそのとおりにせよ．これが律法であり，預言者である」(7章12節)．

33．カントの命法はこうである．「汝の人格や他のあらゆる人の人格のうちにある人間性を，つねに同時に目的として扱い，けっして単に手段としてのみ扱わないように行為せよ」(『人倫の形而上学の基礎づけ』[IV, 429])．

34．先に『人倫の形而上学の基礎づけ』を引用した．それによると，説明はカ

テゴリーのつながりに従っている.「進行は,意志の形式(意志の普遍性)から,実質(対象すなわち目的)の多数性へ,そしてそこから目的の体系という総体性または全体性へ」(*ibid.* [IV, 436]).

35. この単一性から多数性への変更は,先に根本悪について詳述したときに言及した『判断力批判』の目的論において支持される.その詳述は理性的で責任ある存在者としての人格性への素質を,生きた存在者の動物性への素質の上位に位置づける(『単なる理性の限界における宗教』[VI, 26]).人間性における善への根源的な素質という概念に立脚したこの目的論が,欲求の人間学に根ざしているアリストテレス的様式の目的論から,完全に分離するのは容易でない.この点でカント的な断絶は,おそらくカントがそれを実現しようと欲し,また信じたほどには根本的なものではないだろう.われわれの『実践理性批判』の批判はここにその適用点の一つを見いだすであろう.道徳的形式主義によって惹起された危機の効果の一つは,自由と自由を規制する道徳原則を実現する条件のレベルに,「社会的善」や「類的善」のようなものを再導入することであろう.この明瞭に目的論的な概念を付加することなしには,人間性の「実質的な」理念が普遍性の「形式的な」理念に何をつけ加えるのか,わからないのである.

36. カントはここに立ち帰って強調する.「この原則の根拠は,理性的自然はそれ自体目的として実存する,ということである.人間は自分自身の現存(sein eignes Dasein)を必然的にそのようなものとして表象する」[IV, 429].

37.「……理性的存在者は人格と呼ばれるが,それは彼らの本性が彼らを目的それ自体として,換言すれば単に手段として用いられえないものとして指し示すからである」(*ibid.* [IV, 428]).

38. カントの定式では単数と複数とが交代するのに注目される.単数の場合「理性的自然とは目的それ自体として実存する」.複数の場合「理性的存在者は人格と呼ばれる.それは彼らの人格が,彼らをすでに目的として指し示すからである」.この第二の領域には人格のかけがえのなさが属する.これは目的と手段の対立から直接に派生してくる.人格は「客観的目的である,つまりその存在が目的それ自体であるような事物であり,しかもそれ以外のどんな目的によっても代替できないような目的である.その目的のためには客観的目的は単に手段として役立たねばならないのである」(*ibid.* [IV, 428]).

39. J.-J. Rousseau, *Le Contrat social*, livre II, chap. VII.

40.「法論」の46節で次のように述べられる.「立法権は国民の一致した意志にのみ属すことができる.たしかに一切の法が発するのはその意志からであり,その意志はその法則によって,誰に対しても不正をなすことは絶対にできない」.また47節では,「国民がみずから国家を構成する行為は,原初の契約である.もっと適切には,国家の合法性を考えさせてくれるのはその行為の理念のみである.この原初の契約によると,すべての人(omnes et singuli すべての人と一人)は国民として,その外的自由を放棄し,その自由を再び共和制国家の一員

として見いだす．つまり国家（univers）とみなされる国民の一員としてである．したがって，人はある特定の目的のために自分の生得の外的自由の一部を国家のために犠牲にしたとは言えない．むしろ，人は自分の野蛮で無法な自由を完全に放棄して，合法的な依存の中に，つまり社会の法的な状態の中に自分の完全な自由を見いだす，と言わねばならない．この依存は彼自身の立法的意志から由来するからである」（『人倫の形而上学』第一部法論．[VI，313]．

41．J. Rawls, *Théorie de la justice, op. cit.*

42．J.- P. Dupuy,《Les paradoxes de *Théorie de la justice* (John Rawls)》, *Esprit*, nº 1, 1988, p. 72 *sq.*

43．事実，原初状態は，それが平等な状態であるかぎりにおいて，自然状態にとってかわる．ここで想起されるのは，ホッブズにおいては自然状態は万人の万人に対する戦いによって特徴づけられ，レオ・ストラウスが強調するように，そこでは各人が非業の死の恐怖によって動機づけられている状態として特徴づけられていたことである．それゆえホッブズにおいて賭けられているのは正義でなく安全である．ルソーもカントもこのホッブズの悲観的な人間学を共有せず，自然状態を法のないものとして，つまり対立する権利要求を裁定するいかなる権利もないものとして描きだす．そのかわり正義の原理は，原初状態が公正——つまり平等であるなら，そのときのみ，共通の選択の対象となることができる．ところが原初状態は仮説的状況においてのみ公正でありえるのである．

44．その考えは次のようである．「この状況の本質的な特徴の中には，誰も社会の中での自分の地位や階級的位置や社会的身分を知らず，同じく誰も生来の資産や能力，知力，体力その他の分配における自分の運命を知らないということがある．当事者は自分の善についての考え方，独自な心理的傾向についても知らない，ということまで私は仮定しよう」（J. Rawls, *Theory of Justice*, p. 12）．

45．ロールズは彼の哲学的人間学がヒュームの『人性論』第3篇のそれにきわめて近いことを率直に認める．それは特に欲求，利害，目的，対立しあう要求などの点についてであるが，そこには次も含まれる．「善についての考え方は十分に承認されるに値すると考え，満足させるに値する要求を主張する自己の利害」（*ibid.*, p. 127）．ロールズはそれらの拘束を「正義の事情」（*ibid.*, p. 126）と呼ぶ．

46．この意味で，目的論的考慮はなされているが，それは熟慮する当事者の観点からであって，契約そのものの条項としてではない．同書15節「期待の基礎としての第一位的社会的善」を参照．われわれは次の研究で，この期待の概念を再びとりあげよう．

47．それは『正義論』で正義の原則が，原始状態の体系的な論述のまえに記述され，解釈される理由の一つである．

48．ロールズはこの点に関し，「正しさの概念の形式的拘束」（23節）について語る．それは正義の原則だけでなく，一切の道徳原則の選択にも当てはまる拘束を指し示すためである．

49. そしてまた，「もし誰かが熟慮の末に，別の正義観よりも，ある正義観を選びとるとしたら，すべての人がそれを選びとり，全員一致にいたるだろう」(*ibid.*, p. 139).

50. 出発点から，最初の幸運の一変種として，あるいは出発点に影響する不幸等を不適当に正当化するものとして，長所あるいは価値が遠ざけられていることに注目するのは，重大なことである.

51. 「二つの原則の最初の表明は次のとおりである．第一原則：各人は，他の人々の同様な自由と両立するもっとも広範な基本的自由に対し平等な権利をもつべきである．第二原則：社会的，経済的不平等は，それらが（a）すべての人に有利になると合理的に期待でき，（b）すべての人に開かれている地位や職務に結びつくように取り計らわれるべきである」(Rawls, *op. cit.*, p. 60)．そしてその先で，「第二原則はまず近似的には，富や所得の分配，および権限や責任の差を利用する組織の構想に適用される．富や所得の分配は平等でなければならないことはないが，他方それはあらゆる人に有利になるのでなくてはならず，同時に，権限と責任のある地位は，すべての人に近づけるものでなくてはならない．人は地位を開放したまま第二原則を適用し，それからこの拘束にしたがって，すべての人に利益となるように，社会的，経済的不平等を調整するのである」(p. 61)．第二原則の定式化において，市場経済にはなじみの考察の重要性について考えてみることができる．経済のレベルでは分配すべき総額は前もって固定してはいず，それが分配される仕方にかかっていることを認めよう．そのうえ，生産性の差は分配がなされる仕方の結果として生じる．算術的平等のシステムでは，生産性は非常に低いため，もっとも不利な者はさらに低くなるだろう．したがって社会的転移が反生産的になる限界値が存在することになろう．このときにこそ差異の原則が働くのである.

52. この辞書的順序は解説が容易である．任意の語の最初の文字は，辞書的には最初である．それは次に来る文字のレベルでのどのような埋め合わせも，他のいかなる文字をもこの最初の位置に置き換えることから生じる否定的な効果を消すことはできないだろう，という意味においてである．この不可能な置き換えが，最初の文字に無限の重みを与える．とはいえ，その次の順序もけっして重みをもたないのではない．次に来る文字は，同じ字ではじまる二つの語の間で差異をつくりだすからである．辞書的順序はすべての構成要素に特有の重みを与え，その重みはけっして互いに代替しあえないものである.

53. 二つの正義の原則を区別することの結果として，ロールズは対抗する二つのグループの板挟みになってしまう．彼の右側から，彼は平等主義者と非難される（もっとも不利な者に優先権)．左側からは，彼は不平等を合法化すると非難される．第一のグループに彼はこう答える．すなわち，恣意的な不平等の状況では，もっとも有利な者たちの利益は貧者の抵抗によって，あるいは単に彼らの側の協力の欠如によって脅かされるだろう，と．第二のグループに対し彼は，より

平等主義的な解決は，全員一致で否決されるだろう，なぜなら誰もが失うことになるから，と答える．

54.「『正義論』（ジョン・ロールズ）における証明の循環」と題する論文（《Cercle de la démonstration dans *Théorie de la justice* (John Rawls)》(*Esprit*, N° 2, 1988, p. 78) で私は，ロールズの著書は全体として，二原則の表明によって規定された辞書的順序には従わず，循環的順序に従っていると述べた．そこで正義の諸原則が定義され，詳述されるのは，選択の状況を吟味する前（§11, 12)，したがって無知のヴェールを主題的に論じる前（§20–25)，そしてもっと重大なことに，これらの原則だけが合理的であると証明する前（§24）なのである．事実，正義の原則は「自分自身の利益の増進に関心をもつ自由で合理的な人々が彼らの連合体の基礎的項目を定義するものとして，平等な初期状態を受け入れるような」(p. 11) 原則である，とずっと早くから（§3）表明されているのである．こうして先取りされているのは原初状態だけでなく，その主要な特性もである．すなわち当事者たちは利益に関心をもつが，その利益がどんなものであるかは知らないし，互いの利益に関心をもたない (p. 13) という考えである．こうして，われわれが原初状態からはじめて，原則を検証して定式化し，最後にそれを支持して合理的に論拠づけて再構成しようと試みたような，連鎖した逐次的順序とは無関係に，理論は全体として提起されるのである．

55.「しかし原初状態という特定の記述を正当化する別の側面がある．それは選択される諸原則がわれわれの正義についての熟慮された確信と合致するか，あるいは納得できる仕方でその確信を拡張しているかを見てみることである」(p. 19)．

56.「われわれが堅く確信していることを適応させ，手引が必要とされているところに手引を与えるために，われわれは初期状況の解釈を検証してみることができる」(p. 20)．

57.「契約環境の状況を変えたり，またときにはわれわれの判断を撤回して，それを原則に一致させたりして，ゆきつもどりつしながら，合理的な条件を表現し，十分に簡潔にされ，調整された慎重な判断に一致する原則を産みだす初期状況の記述を見いだすことができると私は思う．私はこの最終事態を内省的均衡 (reflective equilibrium) と呼ぶ」(*op.cit.*, p. 20)．この著書全体がこの内省的均衡を探求しているとみなされる．われわれの批判は，『正義論』がそれ自身の均衡を見いだした地点を出発点としよう．直ちに議論の場を設定しよう．内省的均衡の探求が仮定しているとみられる一種の循環性は，義務論的アプローチがその命運を託した契約主義的仮説が行使する求心力によって脅かされているように見える．無知のヴェールの仮説の導入から，論議の経路は，人工主義的，構成主義的傾向に従うのであるが，その傾向は理論的な議論のための自律の要求によって強化される．議論の完全な自律と，理論と確信との適合 (fitness) 関係を保とうとする初めの願いとを，和解させることは可能であろうか．正義の原則そ

のものによって受け入れられた手続きから派生させられることが，一切の契約主義的理論の負わねばならぬ厄介な重荷であろう．正義の原則は逆説的ながら，合理的に独立した論拠を求めるのをすでにして促しているのである．

第9研究

1．Sophocle, *Antigone*, trad. fr. de P. Mazon, Paris, Les Belles Lettres, 1934.〔訳注〕ソポクレス『アンティゴネ』福田恆存訳，新潮社，1984年 を参照．

2．「私の無分別な知恵の過ちだ［hamartèmata］」(v. 1261）とクレオンが叫ぶのは遅すぎた．それでいてその先でこう叫ぶ．「ああこの禍い．それは私がもたらしたのだ。それの罪は他の誰にも着せられない」(v. 1317–18)．ただ提示するほかはないこの神学については拙著 *La symbolique du mal, Philosophie de la volonté* t. II, *Finitude et Culpabilité*, Paris, Montaigne, 1960 の悲劇性の分析を参照．

3．合理性において反復されえない，この悲劇性の奇妙さは，ヴェルナンの論文「ギリシア悲劇における緊張と両義性」で強調されている．Cf. J.-P. Vernant, 《Tensions et ambiguïtés dans la tragédie grecque》, *in* J.-P. Vernant et P. Vidal-Naquet, *Mythe et Tragédie en Grèce ancienne*, Paris, La Découverte, 1986, t. 1, p. 21–40. また George Steiner, *Antigones*, Oxford, Clarendon Press (trad. fr., *Les Antigones*, Gallimard, 1986）という大著の冒頭および全体を参照．

4．K. Jaspers, *Von der Wahrheit*, München, Piper Verlag, 1947, p. 915–960. また P. Aubenque, *La Prudence chez Aristote*, p. 155–177）で，著者はアンティゴネの分別をもつ (phronein) が想定させるように，アリストテレスにおける賢慮の「悲劇における源泉」に注意している．

5．この対比がスタイナーに執拗なおどろきを生じさせるのであり，彼の省察の大部分は，フロイトが『オイデプス王』を偏愛する以前に，とりわけ19世紀で『アンティゴネ』が再演，再解釈されたことに集中している．シモーヌ・フレスも次の著書で同じような考察をした．Simone Fraisse, *Le Mythe d'Antigone*, Paris, Colin, 1973.

6．M. C. Nussbaum, *The Fragility of Goodness, op. cit.*

7．コーラス長「ああ遅すぎました．正しい道 (tèn dikèn) を見いだされるのが，あまりに遅すぎました」．癒すことも，看護することもできない教訓の意味について，この先で再びとりあげよう．

8．この点で，エロスと「天の至上の掟 (thesmôn)」とのふしぎな関係に注目される．その掟が神性のうちに葛藤をもたらす (「愛の女神アフロディテが抗いがたい思いを花嫁に吹きこんだためなのだ」l. 795–799)．

9．ヌスバウムは，コーラスがポリュネイケスに対して発する表現を強調する．マゾンはそれを「けんか沙汰」と訳しているが，ギリシア語原文をもっと厳

密に読めば，「両面の議論」(amphilogos, l. 111) を示唆している．ポリュネイケスの争論がこのような文意多義 (amphibologie) を秘めているのは，非人間的な視線にとってである (Nussbaum, *The Fragility of Goodness, op. cit.*, p. 71)．

10. 私がこのヒントを与えられたヌスバウムは，次の人間讃歌が結局はいかに曖昧なものかを述べている．「ゆたかな才能は，時には悪へ，時には善へと導かれる． 都市の首位にいるときは， 国の掟を重んじ， みずから神々に誓った権利 (dikan) を守る」(l. 365–369)．deinon (恐れ) という語が何度も出てくるのに注目される．「人の運命は恐ろしきもの (deina)」(l. 951)．それを証言するのは，必然性の「枷」にはめられたリュキュルギスの試練である．「こうして狂気の恐ろしい (deinon) 激情も消え去った」(l. 959)．敗れたクレオンは告白する．「彼の言葉に屈するのは恐ろしい (deinon)，といってそれに抗い，誇りを傷つけられるのも恐ろしい (deinon)」(l. 1096–1097)．

11. M. C. ヌスバウムはエーレントの『ソポクレス用語辞典』に依拠して，『アンティゴネ』ただ一つの戯曲において，boul, phren / phron の語根から，熟慮に関する語が 50 回 (ソポクレスの七つの戯曲全部で 180 回) 出現すると数えあげる．これに関連して，分別をもつ (phronein) (l. 1031–32) に近い，manthanein (学習する) もつけ加えるべきだろう．

12. クレオンはハイモンのような若者から分別をもつ (phronein) ことを教えられたくない (l. 727)．ハイモンはクレオンに分別 (euphronein) (l. 747) の感覚を失っている，と直言する．クレオンはまさに自分こそ分別をもつ (euphronein) 支配者と信じている．「知恵 (euboulia) はいかにあらゆる宝にもまさるか」とたずねるティレシアスにむかってクレオンはこう答える．「同じく無分別 (mē phronein) は最悪の禍いと考える」(l. 1051)．クレオンが自分の思慮の足りなさ (dusboulias) (l. 1269) を認めても，すでにおそい．それからコーラスがこう宣言する．「知恵こそ (to phronein) は幸福の第一の源」．しかし運命の打撃が「賢くあれ (to phronein) と教えてくれた」(l. 1353) のは，うちひしがれた老人に対してなのだ．こうして分別 (phronein) の環は閉じた．

13. 『精神現象学』において，悲劇性は，美しい都市の調和した統一性が行動 (Handlung)，特異な個性の持主たち (そこから性格間の葛藤が生じる) の行動によって破られる，精神のこの契機である．この仲たがい (Entzweiung) はそれら個性の持主の上に突き出ている倫理的な力を分裂させる効果がある．すなわち神対人間，都市対家族，男対女．この点でもっとも美しいページは，妹に——娘でも，母でも，妻でもない女性——死者と生者を一つに結ぶ家族の絆の護衛を割当てるページである．兄に与える墓地からアンティゴネは自然の偶然性をこえて死者を立ち上らせる． 以上のことに意味があるとしたら， それは 「彼らにとって」でなく「われわれにとって」の意味である．「彼らにとって」は死への消滅であり，「われわれにとって」の意味はこの禍いの間接的教訓である．コーラスによって歌われる静かな和解が，赦しの代りをすることはできない．アンティ

ゴネの性格を含めて，それぞれの性格の持主の一面性は，相互承認のようなものを排除してしまう．それだからこそヘーゲルは『アンティゴネ』から『オイディプス王』に移るのであり，後者においてヘーゲルは同一の悲劇の人物のうちに響き合う無知と自己認識の悲劇を見るのである．自己意識はそこでは一歩前進するが，六章の末尾が提起する和解のようなものにはまだ接近しない．その結末を見いだすには，その前に，教養（Bildung）に結びついた葛藤を経なければならないだろう．教養とは「自己疎外した精神」（der sich entfremdete Geist）のそれである．だからこそヘーゲルは悲劇から，それがうみだす葛藤の解決を，悲劇そのものから引き出すことを期待できなかったのである．

14.「悲劇は永遠の実体を浮き彫りにし，それをその和解の推進役において示す．その実体はいつわりの一面性を競いあっている個人たちを追い払い，各人の欲望にある積極的なものによって彼らを結びつけることによって，和解の推進役から解放される．それに対して，その無限の確実性において喜劇の支配的な要素をなすのは，逆に，主観性である」（ヘーゲル『美学講義』，Esthétique, trad. fr. de S. Jankélévitch, Paris, Flammarion, coll.《Champs》, t. IV, 1979, p. 267）．

15. M. Gellrich, *Tragedy and Theory, the Problem of Conflict since Aristotle*, Princeton University Press, 1988.

16. 本書第 8 研究 295 ページ参照．

17. アリストテレスの価値（axia）概念（アリストテレス『ニコマコス倫理学』1131 a 24）についてのトリコの注を参照．

18. Rawls, *Theory of Justice*, p. 62.

19. M. Walzer, *Spheres of Justice, a Defense of Pluralism and Equality*, New York, Basic Books, 1983.

20. ウォルツァーの善理論は以下のようないくつかの命題に要約される．「配分的正義が関与する善はすべて社会的善である」「男と女とはそれぞれの具体的自己同一性を，彼らが社会的善を受け取り，創造し，したがって所有し，採用する仕方に負っている」「すべての道徳的，物質的世界を包含するような第一位善または基本的善の唯一の集合を考えることはできない」「善の動向を決定するのは，善の意味である」「社会的な意味は，本来的に歴史的なものである．それゆえ，配分は――正しいものであれ，不正なものであれ――時間とともに変化する」「意味が明確であるとき，配分は自律的になされねばならない」（*op. cit.*, p. 6–10）．その結果，それぞれの社会的善にとってのみ，個々の社会における各配分領域にとってのみ有効な基準しかない．そしてこれらの基準はしばしば破られ，善は侵犯され，権力を与えられた男女によって領域は侵害されるので，こうした侵犯と独占の不可避の現象は，配分をすぐれて争いの場とするのである．

21. Hegel, *Principe du droit* ou *Droit naturel et Science de l'Etat en abrégé, op. cit.* 〔訳注〕藤野・赤沢訳『法の哲学』中央公論社，1978年 参照．

22. 裁判のカテゴリーが「倫理的生活」（Sittlichkeit）の枠内に再び出現する

ことは事実である．ただしそれは市民社会の限界内においてである．「司法活動」の節（§209-220）は，そこで「欲求の体系」としての市民社会理論と，「福祉行政と職業団体」の理論とによって枠づけられている．

23.『人倫の形而上学』の第一部を構成する「法論」は私権を「一般に私のものとあなたのもの」の区別の上に立てられる．「法による私のもの（meum juris）に私が密接に結びついているために，他者が私の同意なしにそれを使用することは，私の権利を侵害するであろう．所有（Besitz）は使用一般の可能性の主観的条件である」[VI, 245].

24. *Temps et Récit,* t. III. *op. cit.,* II, chap, VI.〔邦訳〕『時間と物語III』，「ヘーゲルを断念する」p. 355.

25.「国家は倫理的理念の現実性である．すなわち，それ自身にとって明確な形をおび，それ自身にとって真実の姿を明示した，実体的意志としての倫理的精神である．この実体的意志はみずから思惟し，みずからを知り，知るところのものを知るかぎりにおいて実行するものである．国家は習俗の中に直接存在し，個人の自己意識，その知と活動に媒介されて存在するが，同様に個人はその実体的な自由を，彼の本質であり，その目的であり，その活動の所産である国家のうちにもっている」（§257）．

26. それはヘーゲルが『法の哲学』§258で述べているところである．「この究極目的（Entzweck）は個人に対して最高の権利をもつから，個人の最高の義務は国家の成員であることである」．

27. Václav Havel,《Le pouvoir des sans-pouvoir》, in *Essais politiques,* Paris, Calmann-Lévy, 1989.

28. M. Revault d'Allonnes,《Amor Mundi : la persévérance du politique》, in *Ontologie et Politique.* Hannah Arendt, *op. cit.*.

29. ここでいまだに存在しているある種の社会における，国家なき政治的連帯の絆の存在についての社会学的研究を考慮する必要があろう．

30. Paul Ricœur,《Le paradoxe politique》, *Esprit,* mai, 1957, repris in *Histoire et Vérité,* Paris, Seuil, 1964, 3e éd. augmentée, 1987.

31. Max Weber,《Le métier et la vocation d'homme politique》, in *Le Savant et le Politique, op. cit.*

32. イデオロギーの多義性と多価性をもっと細心に評価するには拙著 *Du texte à l'action, op. cit.,* 第3部に収められたこの主題に関する論文，および次の拙著を参照されたい．*Lectures on Ideology and Utopia,* ed. G. H. Taylor, New York, Columbia University Press, 1986.

33.「自由」という用語の解明の注目すべき実践は次の著書に帰される．Isaiah Berlin, *Four Essays on Liberty,* London, 1969 ; trad. fr., *Eloges de la liberté,* Paris, Calmann-Lévy, 1988. 政治の重要語と私が呼ぶものに特徴的な多義性は，アリストテレスによって，その『ニコマコス倫理学』Vの最初の行から，正義に

関して，認められている．政治の象徴的な用語の多義性が，アリストテレスが正義について述べたように，根本的なものであるなら，「自由」のような語の特殊な意味が，平等の部分的な意味と重なりあい，他方では，反対の語の部分的な別の意味と完全に反発しあうとしても，おどろくことはない．

34. Claude Lefort, *Essais sur le politique*, Paris, Seuil, 1986, p. 29.

35. 「デモクラシーはこうしてすぐれて歴史的な社会であることが明らかである．すなわち，全体主義とはっきり対照的に，その形式において，不確定を受け入れ，保存する．全体主義は，新しい人間の創造というしるしのもとに建てられ，実際にはこの不確定に反対して組織され，その組織と発展の法則を所有していると主張し，歴史なき社会として近代世界にひそかに姿を現すのである」(*op. cit.*, p. 25).

36. John Rawls,《Un concensus par recoupement》, *Revue de métaphysique et de morale*, N° 1, 1988, p. 3–32.

37. J. Habermas,《La modernité : un projet inachevé》, *Critique*, N° 413, octobre 1981.

38. Cf. Aristote, *Ethique à Nicomaque*, V, 14, 1137 b 19–27 ; V, 14, 1137 a 31 –1138 a 3. ゴーチエ＝ジョリフがその注釈書でこの 14 章を第 5 巻の結論とみていることは注目すべきである (Gauthier-Jolif, *op. cit.*, t. II, p. 431–434).

39. 私がベルナール・カルノワやオトフリート・ヘッフェにならってカントの道徳学における格率の役割をあれほど強調したのは，一部はこのような議論を見通してのことであった．

40. そうでなかったらカントが『人倫の形而上学の基礎づけ』で次のように書いたことが理解されないだろう．「さて，われわれは義務を，われわれ自身に対する義務と他人に対する義務，完全な義務と不完全な義務とに分ける通常の区分にしたがって，いくつかの義務を列挙しよう」[IV, 421]．これらの義務は「実例」という語の正確な意味でのものではない（カントは注で，もっと完全で，もっと根拠のある発展を次著の『人倫の形而上学』ですることを予告はしているのだが)．実例に基礎をおく道徳という観念を，民間道徳におけるように「純粋な」原則を節約した直接的教えという意味に解するなら，それはカントによってその少しまえで斥けられた観念である．「実例」に関連して，カントはその少し先で「演繹」について語る．ただしアカデミー版の Abteilung (区分) をカッシーラー版にしたがって Ableitung (導出) と読みかえねばならないとしてもである [IV, 424].

41. カントの論法にしたがうなら無矛盾が反論の唯一の動機である，と認めるのは困難である．カントはこう述べる．「それは約束と，約束によって達することになる目的とを不可能にするであろう．というのもそれによって誰もなにか約束がなされたとは信じないであろうし，このような言い方のすべてを空虚な申し立てとして嘲笑するであろうから」[IV, 422]．約束によって引き起こされた

不信も，守るまいと心に決めた約束という観念に含まれる内的矛盾にくらべたら，いつわりの約束の結果を賭けた外的確証をなすにすぎないのではないか．いずれにせよ，無矛盾は次の二つの「実例」で出現させるのがもっとむずかしい．すなわち自己啓発の義務と，他人を助けてやる義務である．そこにおいて，生活の規則として立てられた無為は，自分自身の能力を開発しようとする，理性的存在者すべてに共通と仮定される意志とは，論理的に矛盾するのではないか．大いに困窮している隣人に提供すべき助力については，いっそう不幸な人が救助されなくとも，人類は消滅の危機にさらされないことを，カントはすすんで認める．とすると格率はどの点で自己矛盾に陥るのか．実を言えば，行為者が自分の格率が普遍法則となるという仮説を立てた場合にのみ矛盾は現れるのだが，彼はまさにその仮説を立てないからである．

42．この疑念にもとづいて，自殺の事例と，いつわりの約束の事例とは，『人倫の形而上学の基礎づけ』では二度扱われていることがわかる．一回めは定言命法の最初の二次的定式化の際で，そこでは自然の類推的観念が議論の主軸となる．二回めは第二の定式化にそってであり，そこでは力点は，それ自体が目的としての人間性におかれている．この二重項は，他者をそれ自体目的として考慮することが，議論にとって本質的でない，と理解させるのではないか．結局，人間性の観念は，自然の観念と同じく，他人の他者性を無効にしないまでも，弱める傾向があるのではないか．

43．この主張は，カントがバンジャマン・コンスタンに対してその小論文でおこなった返答の中心にある．Kant,《Sur un prétendu droit de mentir par humanité》(1797)（trad. fr. de L. Guillermit, in *Théorie et Pratique. Droit de mentir*, Paris, Vrin, 1988）．

44．カントはこの第二の問題系を考慮することを，理論的領域に固有の問題系，つまり超越論的演繹の問題系を実践的領域に転置することによって妨げられなかったのか，またア・プリオリなものを経験から分離することによって，純粋化の過程は行動の動機を無効にする傾向がないか，と正当に問題にすることができる．この意味で，ヘーゲルによって提起された自由の現実化の問題は，人間の行動の統一性をもっとよく尊重している（cf. C. Taylor,《Hegel's concept of action as unity of poiesis and praxis》in L. S. Stepelevich et D. Lamb（éd.），*Hegel's Philosophy of Action*, Humanities Press, 1893）．

45．不正な制度がどの程度まで人間関係を堕落させるかは周知のところである．恐怖と虚偽が制度化されると，友人の言葉への信頼さえも，覆されることがある．もっとも内面的な人間関係のレベルで，相互信頼がいかにトマス・アクィナスが「秩序の静けさ」と呼んだものに依拠しているかを発見するには，その信頼の欠如を通して，こうした堕落の連鎖を経験しておくことが必要である．

46．ロビンズはまさに『約束，意図，道徳的自律』と題する著書で，約束を守るという義務の拘束的な力を，意図の独白的な構造から派生させることに努め

る（M. H. Robins, *Promising, Intending and Moral Autonomy*, Cambridge University Press, 1984）．この構造は，三つの段階を経由することが認められ，それらの段階で意図は徐々に強化されることがわかる．一番下の段階で何かをするという堅い意図は，約束する私とそれを守るであろう私という二つの「私」の同一性を措定するかぎりにおいて，潜在的約束とみなすことができる．義務の萌芽はこうして，時間を通しての自己維持の中に含まれている．次の段階に移るには，この自己自身の維持が，そのようなものとして，義務の契機が明瞭になるために，意図がめざす内容となることで十分である．ロビンズが専有権の条項と呼ぶ，この維持の意図，すなわち私は私の約束を内的外的変遷の上におく，を誓いと呼ぶことができる．そうすることによって私は自分を自分自身に結びつける．これはすでに私に義務を負わせることである．次に第三段階つまり語の強い意味での義務の段階に移る．それは内的外的変遷だけでなく，意図が変化するにもかかわらず，なすべきことの内容が自己維持を支配するときである．この場合，なすべきことから発する要求と，それに同調する意図との間に弁証法的関係が成立する．一方では要求は意図から分離し，委託のように外在的な仕方で意図を支配するように見える．他方では，この委託は，私がそれを私のする仕事，私の「大義」とするかぎりにおいて，私を義務づける．私を縛る絆は，私が自分を縛る絆と同じである．

47．Gabriel Marcel, *Être et Avoir*, Paris, Aubier, 1935.

48．P. Ricœur,《Entre éthique et ontologie, la disponibilité》, *Acte du Colloque Gabriel Marcel* (1988), Paris, Bibliothèque nationale, 1989.

49．Peter Kemp, *op. cit.*

50．同じ P. ケンプの著書で「幸福，苦悩，死の前の不安」（*ibid.*, p. 63 *sq.*）を読むことができる．自分自身のための老いの学び，他者における老いの尊重は，この心づかいのよい用い方と無関係でないことをわれわれは学ぶ．それはこの心づかいがこの狭い間隔を活動するときで，そこでは幸福なき倫理がないことはたしかだが，幸福が苦悩を排除するというのは誤りである．

51．延命治療や受動的さらには能動的安楽死の問題も同じ精神で扱われねばならないだろう．

52．Anne Fagot et Geneviève Delaisi,《Les droits de l'embryon》, *Revue de métaphysique et de morale*, 1987, N° 3, p. 361–387.

53．事実，現代の論議では，生物学的論拠は，実体論的な型の存在論的考え方への科学的保証の役割を果たしている．この考え方は人間存在の被造物としての地位についての神学的考察と結びついている．これらの考察は大よそ，人間存在へ霊的な魂が注入される契機についての非常に古い議論から発している．それに次のような危惧が加わる．すなわち生と死に関する現象を制御することは，それによって技術が正当な制御の領野を逸脱するような，人間に対する全能の関係を設定するのではないかという危惧である．ファゴがしるすところによる

と，同じ論議が神学的な形をもおびるのである．つまり，神のみが生命の主である，と．この意味で，生物学的基準だけが機能することは稀である．われわれがその基準を切り離すのは，われわれ自身の研究の必要のためである．「措定された原則の硬直性の背後に，道徳生活の悲劇的なヴィジョンがある．人間がその決定を，自然の決定の代りに据えるとき，人間は悪をなすことしかできない」(*ibid.*, p. 370)．

54．胎児はいかに扱われるべきかを知る問題はいかなる存在論的基準も越えでる，というプラグマティックな，とりわけイギリスの観点に言及してA. ファゴはこう述べる．「現在プラグマティズムのしるしのもとに探求されているのは，漸進的な存在論に土台をおく倫理である．それは，幼胚的存在は発達中の存在であり，生きた細胞，次に5か月の胎児，次に5歳の幼児などに対するわれわれの道徳的義務は同じものではありえない，という直観に一致している」(*ibid.*, p. 377)．これによって，フランスの倫理諮問委員会や世界の他の賢人委員会が援用する「潜在的人間」の概念に合流するのである．

55．Hans Jonas, *Das Prinzip Verantwortung, Versuch einer Ethik für die technologische Zivilisation*, Frankfurt, Insel Verlag, 1980.

56．「それゆえそのものの実体や，もともとは何であったかを言う定義にしたがうと，徳とは中間である．他方，それが最良，完全であるという点からみると，徳は極端である」(『ニコマコス倫理学』II, 6, 1107 a 6–7.）このアリストテレスのすばらしい文章を，ペーテル・ケンプは1988年11月4日ストラスブールのヨーロッパ会議場でおこなった講演の最後で引用した．

57．さらに引用しよう．「こうして徳は慎重に行動する性向であり，それはわれわれに関する中間を保たせる性向である．その中間とは理性的に規定され，賢慮ある人 (phronimos) が規定するような中間である」(『ニコマコス倫理学』II, 6, 1106 b 36)．

58．ここで「方法的」という語の用法は，カントの『人倫の形而上学の基礎づけ』[IV, 436] 第2部の用法である．

59．この問題はカント主義の内部で提起される．というのは「実例」を切り離して分析するだけにとどまらず，それの派生の仕方にも関与するからである．この派生の仕方は『人倫の形而上学の基礎づけ』で略示されており，『人倫の形而上学』では明示的に扱われている．実際には，「徳論」で賭けられた首尾一貫性のモデルにはほとんど注意が払われず，むしろそのモデルの陳腐で，退屈で，古くさい面が強調されていた．厳格な義務と広範な義務，自分自身への義務と他者への義務という二分法が，派生というより分類を表していることはたしかである．これが論の興味をかなり制限する．とはいえ，目的と義務との接合から生じる本来的な派生に注意をむけるべきである．「徳論」ではすべてが，義務である目的という観念に立脚している．「同時に義務でもある目的のみが徳の義務と呼ばれねばならない」[VI, 383]．こうして義務の複数性は，目的それ自体としての人格

から派生しうる目的の複数性から発してくる．「これらの目的は，私の完成そのものと他人の幸福である」[VI, 385]．ここにおいて，唯一の人格に適用可能な目的それ自体という概念は，『判断力批判』から受け継ぎ，すでに言及した，目的論的概念と結びつく．これら目的論的概念の複数性から，義務の複数性が由来する．「徳の義務はいくつかあるのに対し，徳の責務は唯一つしかない．それは，われわれにとって目的である多数の対象があるために，それらを自分に提起するのがわれわれの義務だからである」[VI, 410]．それゆえに，形式主義は道徳を空虚にしておくとは言えない．問題は，義務の多様性が体系をなすかどうかである．そこから道徳体系の首尾一貫性についての現代の議論が発してくる．

60. Cf. R. Dworkin, *Taking Rights Seriously,* Harvard University Press, 1977, chap. IV, VI, VII.

61. Alan Donagan, *The Theory of Morality,* University of Chicago Press, 1977. この著書はドゥオーキンの議論に近い議論を展開し，大法学者エドワード・H. レヴィの業績に依拠している．レヴィは構築された概念のレベルと，新しく予知できない事例のレベルとの間の往復運動を，循環運動として特徴づける（Donagan, *op. cit.,* p. 68 に引用）．

62. これは何世紀もの間，決疑論の課題であった．つまりそれは法律的なレベルでの法解釈に，道徳的なレベルで対応するとみなせるからである．

63. すでに見たように，カントは『判断力批判』の精神で，反省する判断によって正当化された目的の複数性に立脚して，そうするのである．

64. この明確な意味において，当該の規則が真に義務であるならば，つまりそれが正しく原則から派生したものであるならば，いくつかの義務の葛藤は理解できない．ドナガン（*The Theory of Morality, op. cit.,* p. 143 *sq.*）は，トマス・アクィナスが単純な難問題（ある悪い行為を免れるために，同じように悪い行動を犯さざるをえない事例に相当する）の可能性を否定し，先行する過ちを条件とする，称讃に値する行為に結びついた，事がらに従った難問題しか認めなかったことを指摘する．カントもそれと違ったことを言っているわけではない．「義務間の葛藤は，その一方が他方を廃棄する（全部または一部を）ような義務間の関係であろう．しかし，義務や責務一般は，ある種の行為の実践的で客観的な必然性を表現する概念であり，相反する二つの規則は同時に必然的ではありえず，ある規則にしたがって行動するのが義務であるなら，他の規則にしたがって行動するのは義務ではありえないだけでなく，それは義務そのものにも反するであろうから，その結果，責務と義務の衝突は考えられない（obligationes non colliduntur）ことになる」（『人倫の形而上学』[VI, 471]）．カントの立論は道徳的であるとともに論理的であることがわかる「二つの相反する規則は同時に必然的ではありえない……」．

65. 道徳的推論と法律的推論の類縁関係を守り，前者の特殊性を強調するためにドナガンが要求する「形式化されない分析的推論」（*op. cit.,* p. 72）は，絶対的

に説得力のある解決と同時に，解決すべき問題も指示する．義務の体系は公理論的体系の厳密さには到達しえないのであるから，ここでは形式的証明は問題になりえないことを著者は認める．だからこそ例外を排除する多様な義務間の矛盾の不可能性は明白に証明されえない．ただ，道徳体系は厳密に構築され，適切に定式化されたのであるから，逆の例は反論可能であると言えるだけである．

66. ここにおいて，『認識と利害』におけるJ. ハーバーマスの以前の分析が効力を発揮する．すなわち，言説と権力（支配の意味の）と所有との間の関係は大変錯綜したものであるので，言語活動の体系的歪曲に対する治療法は，単に言説のみをもって言説内の誤解を癒すことができない単なる解釈学を，補完するものでなければならない．

67. K.-O. Apel, *Sur le problème d'une fondation rationnelle de l'éthique à l'âge de la science : l'a priori de la communauté communicationnelle et les fondements de l'éthique*, trad. fr. de R. Lellouche et I. Mittmann, Presses Universitaires de Lille, 1987. J. Habermas, *Morale et Communication : Conscience morale et activité communicationnelle* (1983), trad. fr. de C. Bonchindhomme, Paris, Ed. du Cerf, 1986. J. F. Ferry, *Habermas. L'éthique de la Communication*, Paris, PUF, 1987, chap. X, 《Ethique et Communauté》.

68. 正当化の後退する行程と，現実化の前進する行程との区別については，本書第9研究329ページ参照．

69. M.Walzer, M. Sandel, Ch. Taylor, A. MacIntyre.

70. 「議論の倫理（Diskursethik）を理性に基礎づけるための問題提起的注」，*Morale et Communication, op. cit.*, p. 63–130.

71. 「私がコミュニケーション的相互作用と呼ぶものは，参加者たちがそれぞれの行動プランを同意の上で調節する相互作用である．こうして得られる了解は，有効性の要求の相互主観的承認に応じて規定されることになる」（*ibid.*, p. 79）．

72. 「道徳的判断に直面して，この首尾一貫性の要求が含意するのは，誰であれ自分の判断を支持するために定義された規範に訴えるまえに，誰もが同じような状況で判断を下すために，同じ規範に訴えることを要求することが可能かどうか，検証しなければならないということである」（*ibid.*, p. 85）．

73. 「道徳的議論法に入るときに，それに参加する人々は，妨げられていた合意を再建するために，反省的態度でコミュニケーション的活動を続ける．したがって道徳的議論法は行動において発生した葛藤を吸収するのに役立つ」（*ibid.*, p. 88）．

74. 「このような過程では，各人は他者に対して，ある仕方の行動が社会的に義務的となるよう希望することができる理由を提供する．関係する各人はそれゆえ，提起されている規範は万人にとって「ひとしく善いもの」であると確信できなくてはならない．ところでこの過程をわれわれは実践的討論と呼ぶ」（*ibid.*,

p. 92).

75. ハーバーマスは述べる.「実際のところ，プラグマティック的で超越論的な正当化に対し究極的基礎づけの性格を全く否認するいかなる偏見もない」(*ibid.*, p. 119). その黙説法は，ローレンス・コールバーグによってつくりあげられた道徳的法律的良心の発達理論のほうに，ハーバーマスが「産婆術的確証」を求めることができることを説明してくれる. 発達の心理社会学にこのように依拠することは，以下の議論に効力をもたらさずにはいない. というのはコールバーグが提案する発達モデルは，前慣習的なものから慣習的なものへ，最後にカント的自律に相当する究極の段階である後慣習的なものへと前進することに基づいている. この先で，この「統制」方法にともなう不都合について述べよう.

76. この視点の転換は，ハーバーマスがロールズに対しておこなった反対論によっていっそう鼓舞されることになる. すなわち，ロールズは，仮説的な原初状態でなされる議論法を，関係者の間でおこなわれている現実の議論法に置き換えた，とハーバーマスは言うのである.

77. この点で想起されるのは，クロード・ルフォールがデモクラシーを「すぐれて歴史的な社会」として特徴づけたことである (本書第 9 研究注 35).

78. この良心問題についての議論は人格と人格の関係の核心に触れるにもかかわらず，それは政治的実践に関する先の議論と一致する. というのも対人関係のレベルでの決定はしばしば法律的な背景 (たとえば妊娠中絶を差別するかどうか) だけでなく政治的な背景 (たとえそれが公的資金を研究機関や社会保護や病院などへ割当てる観点に関してであれ) を要求するからである.

79. ここで私は次の書で表明されている危惧に同意する. Alain Finkielkraut, *La Défaite de la pensée*, Paris, Gallimard. 1987.

80. この点で L. コールバーグの発達心理学のモデルに訴えることは議論法と慣習との間の二律背反を強化する. というのは発達段階は前慣習的段階，慣習的段階， 後慣習的段階とに区切られるからである. そこで， このモデルによると〈黄金律〉は慣習的モデルに属し，正義の規則は後慣習的段階という上級のレベルには達しないことに気づくのは興味ぶかい.

81. 同じ指摘は，ガダマーとの長い対決の過程でハーバーマスが伝統の観念をつねに貶しめた意味で使っていることにもあてはまる. 私は別のところで，「伝統」という語の三つの用法を区別するように提案した. すなわち，伝統性の様式で，それを革新するのは，いわば対立する構成要素である. 次に民族，文化，共同体の諸伝統で，それは死んだり，生きたりする. 最後は反論証的な権威としての〈伝統〉である. 議論法の倫理の反伝統主義的十字軍が容認されるのは，この最後の意味においてのみである. そこにおいて，慣習観念についてと同様，議論法の倫理の敏感な点に触れる. すなわち，近代性との断絶を過大評価し，世俗化を事実としても価値としても承認する傾向で，その傾向は議論の場から「神の死」のニーチェ的宣言を最初の所与として受け入れない者は誰でも，暗黙に，あ

るいは明らさまに排除するまでにいたる．そこで忘れられているのは，〈啓蒙〉のしるしのもとに，コゼレックがその経験の空間と期待の地平というカテゴリーでみごとに記述した伝統の一様式を指示でき（cf. *Temps et Récit*, III, p. 301–313〔邦訳〕『時間と物語』III, p. 383–394），またあるときはヘーゲルがそれを『精神現象学』の第6章で論じたように，典型的な文化的背景をもった一つの伝統もしくは一群の伝統を指示でき，またあるときは，ニーチェ以後〈啓蒙〉の弁明が実際にそうなった反伝統を指示できる，ということである．

82. 物語性と倫理の関係については本書第6研究211ページ以下を参照．

83. Rüdiger Bubner,《Moralité et *Sittlichkeit* - sur l'origine d'une opposition》, *Revue internationale de philosophie*, N° 3, 1988, *Kant et la Raison pratique*, p. 341–360.

84. 確信はドイツ語でÜberzeugungと言うことを私は好んで思い起こす．その語は証しを意味するBezeugungと語根によってつながっている．証し（attestation）こそ本書全体の合言葉である．

85. これまで使ってこなかった「価値」という表現は，公的な議論における起動的な一般概念に相当し，それの真の道徳的内容は，文化間の以後の歴史のみによって検証されるだろう．その意味で，私は価値という準概念は妥協的用語とみなす．つまり普遍性の要求と，他者の側からは要求する権利が対応する派生したある種の義務の歴史性の承認とが再交叉する点での妥協である．その意味では価値という観念は真の道徳的概念ではなく，妥協の概念であり，普遍性と歴史性とが分離するよりは，相互に強化しあう事例によって正当化される．すなわち，拷問，外国人嫌い，人種差別，小児や不同意の成人の性的搾取などの断罪である．そのような半超越論的，半経験的，半ア・プリオリ的，半歴史的な意味において，すでにジャン・ナベールは価値という語を次の書で用いたのである．Jean Nabert, *Eléments pour une éthique*, Paris Montaigne, 1962, chap. VII,《L'ascèse par les fins》, p. 121–138.

86. 『ニコマコス倫理学』第7巻の先に引用したすぐれた一節をここでよろこんで思い起こすものである（第7研究，注4, VI, 5, 1140 a 24–28）．これらすべてのテクストの頂点に，賢慮を状況内の道徳的判断と同一視するテクストを置こう．それは感覚的直観の単独化する機能に比較すべき機能をもっているからである（VI, 12. 1143 a 25 – b 13）．

87. われわれがこの概念に最初に出会ったのは，第4研究で第3の宇宙論的アンチノミーを論じる枠組みにおいてであった．133ページ以下．

88. A. Lalande, *Vocabulaire technique et critique de la philosophie*, Paris, PUF, 1960, p. 484.

89. 私はさしあたりporter au compte de（……の責任，負担に帰する）という言いまわしにおけるcompteの概念はとりあげないでおく．私はそれを第二の問題系，つまり自己性と同一性の問題系の枠でとりあげることにする．

90. A. Donagan, *The Theory of Morality, op. cit.*, chap. IV.

91. これら二種類の規則が重なりあわないことは不許可が有罪性をもたらさない事例によって証明される．この事例は，あらかじめ定義され，認められた口実が，行為者を有罪と宣言する判決を緩和あるいは無効にするのに寄与する事例である．逆に，実際には規則は破ってはいないのに，悪行を故意にする意図の実行が何らかの障害で阻止されたとき，行為者の意図が有罪として断罪されることもある．第一種の規則と第二種の規則とのこの区別が蓄える分析のゆたかさに気がつく．アリストテレスは熟慮して選んだ行動ではあるがそれを非意志的（あるいは意に反してなされた）ものとみなせるものとしての無知の条項を導入して，このきわめて正当な決疑論への道を開いたのであった（『ニコマコス倫理学』III, 2）．決疑論がここで関与するのは，事実についての無知（息子は自分が殴った男が自分の父親とは知らなかった）と，権利についての無知（彼は父親を辱めるのが悪いとは知らなかった）とを区別せねばならないからである．ところで権利問題の無知は言い訳をするのがむずかしいとしても，事実問題の無知もつねに言い訳として受け入れられるとはかぎらない．行為者は知ることはできたのに知ろうとしなかったのかもしれないし，あるいは知ることを避けたのかもしれない，など．有罪な怠慢という考えは，この種の論争では非常に重要であり，第二次世界大戦の悲劇的な出来事は，その論争に耳を聾するような返答を返したのである…….

92.『ロベール仏語辞典』は imputation という語に次の語義を与える．「1°（過ち，非難すべき行為などを）誰かの責任に帰すこと，その行為」(p. 448)．imputer という語について同辞典は「1. imputer à（あること）を誰かの責任に帰す．1° 非難に値することを（誰かに）帰する．2°（古）（誰かに）称讃すべき，好ましいことを帰する」(p. 449)．アリストテレスは，行為の評価は人間の行動の次元で認められる「すばらしさ」を模範にする倫理的な観点から，非難や称讃を参照することを忘れない．

93. H. Jonas, *Das Prinzip Verantwortung, op. cit.*

94. ここにおいてカルマ（業）における行為の連鎖についての東洋思想との対決が生産的なものとなるだろう．それは久重忠夫氏の次の著書で立証されはじめたのである．T. Hisashige, *Phénoménologie de la conscience de culpabilité. Essai de pathologie éthique*, présentation de P. Ricœur, Tokyo, Presses de l'Université Senshu, 1983.〔日本語版〕久重忠夫『罪悪感の現象学――「受苦の倫理学」序説』弘文堂，1988年.

第10研究

1. Aristote, *Métaphysique*, E 2, 1026 a 22–1026 b 2.「端的に言われる存在にもいくつかの意味がある．すなわちその一つは偶然的な存在で，次に真としての存在で，これに偽としての非存在が対立する．そのうえに述語の諸形態がある．す

なわち，実体，性質，量，場所，時，その他存在のあり方についての述語がある．最後にこれらすべてと並んで可能的な存在と現実的な存在がある」．

2．未刊のプティの博士論文（Jean-Luc Petit, *op. cit.*）の中に，著者がヴィトゲンシュタインに帰する閉じた意味論に対する，きわめて批判的な評価が見られる．その閉じた意味論では，文から文へ航海し，現実的行動という堅固な陸地にはけっしてたどり着かず，ポスト＝ヴィトゲンシュタイン学派もその意味論から脱け出せないであろう．プティによると，それ自体実践可能な世界との関連で，実践的次元において考察される志向的意識の現象学のみが，言語分析をその閉じた意味論から逃れさせることができよう．

3．たしかにデュナミスのその他の意味も，この用語の用法において，これほど大きな隔りをもたらさない．たとえそれが変化や運動を産みだす能動的な可能態であれ，それらを受動する，あるいは蒙る受動的な可能態であれ，あるいは「何かを巧みにまたは意図の通りに遂行する能力」であれ．そのうえ「潜在的な」「可能な」（dunaton）の多様な意味はデュナミスの多様な意味とかなり対応する．不可能なもの（その反対が必然的に偽であるもの）と可能なもの（その反対が必然的に偽ではないもの）のみが，論理的に可能で，存在論的に可能なものの境界で，隣接してはいるが異なる場に導いていく．

4．第9巻は運動との関連で可能態の観念からはじめ，9巻6章ではじめて現実態を導入する．「現実態というのは，その事態が可能態において存在しているとわれわれが言うような仕方でなく存在していることである．われわれがなにものかを可能態においてあると言うのは，たとえば木材のうちにヘルメスが，線全体のうちに半分の線が，可能的にあるとき（というのは前者から後者が引き出せるから），あるいは研究していない学者も可能的に学者と呼ぶときである．そしてそれとは異なる存在の仕方が現実態において存在することである」（『形而上学』IX, 6, 1048 a 30）．直接的定義がないために，見かけの循環論法に，帰納と類比に訴えることがつけ加わる．「われわれが提案しようとする概念は帰納によって明らかにされる．そして個々の模範によってすべてを定義しようとせずに，類比関係を見つけるだけで満足すべきである．そうすると現実態とは，現に建築している者が，建築の能力をもつ者に対し，めざめている者がねむっている者に対し，現に見ている者が，視力はもつが目を閉じている者に対し，材料から作られたものが材料に対し，完成したものが未完成なものに対してもつ類比関係である．以上のいろいろな関係のうち前者に対し現実態の名を，後者に対し可能態の名をつけよう」（*ibid.*, 1048 a 35–b 5）．

5．この点で『形而上学』第9巻は『自然学』第3巻に一致する．「エンテレケイアとつねに関連した意味で用いられるエネルゲイアという語は，主として運動の意味に解され，そこから他の意味にも広げられる．ふつうにはエネルゲイアは運動のことであると考えられている」（*ibid.*, 1047 a 32）．

6．「現実態は終りであり，そのために可能態は獲得されるのである［……］さ

らにまた質料も，それが形相の中に入っていくであろうという意味では可能態であり，質料が現実態の中にあるとき，質料は形相の中にある」（*ibid.*, 1050 a 9, 15–16）.

7．このようにして，実体のモルフェーとエネルゲイアとの間にきわめて微妙な交換が成立する．一方では，現実性は実体の完成した形相においてのみ完全となるのであり，他方ではウシア（実体）はエネルゲイアの意味をそれに適用することによって，その力動性において確認される．その意味で，F. カルヴォの分析にしたがって，実体とはそれがあるところのものに「なるべき」(à-être) ものであると断言しても，アリストテレスの本文を曲解することにはなるまい（F. Calvo, *Socrate, Platone, Aristotele, Cercare l'uomo*, Gênes, éd. Marietti, 1989. カルヴォは自著のために私にまえがきを依頼した）．このウシア解釈が行き過ぎでないとすると，ウシアがエネルゲイア＝デュナミスに応じて，まさにそのかぎりにおいて解釈されるのが，人間の霊魂に関してであるのは，おどろくにはあたらない．存在の異なる意味と意味との間のこの交換は，『霊魂論』における霊魂の定義においては明らかである．それによると，霊魂は「可能的に生命をもつ自然的物体の形相（エイドス）としての実体（ウシア）である」．レミ・ブラーグはその書で，アリストテレスがその霊魂の定義の最初で現実態（エンテレケイア）の語を用い，その定義の後半で有機体（organikos）の語を用いていることを示す．(Aristote, *De l'Ame*, II, 1, 412, 21 *sq*)．(cf. Rémi Brague, *Aristote et la question du monde*, Paris, PUF)．したがって霊魂は結局のところ「自然的・有機的物体の第一の現実態」(*ibid.*, II, 1, 412 b 5 *sq.*; R. Brague, *op. cit.*, p. 333)．私はアリストテレス哲学のハイデガーによる再解釈の試みを検討する際に，このレミ・ブラーグの大著にもどって詳しく論じよう．

8．『形而上学』9巻1章から，完全現実態（エンテレケイア）と働き（エルゴン）とは対になっている（1045 b 33–34）．9巻8章はエネルゲイア，エンテレケイア，エルゴンの三つの辞項を連続させることによって，可能態に対する現実態の優位を確定する論拠を結論する．ところで行動が真にプラクシス（行為）である場合に次のように言うことができる．「働きは終りであり，そして現実態は働き（エルゴン）である（したがって〈現実態〉という語も，働きという語から派生し，完全現実態をめざしているのである」(『形而上学』9巻，8，1050 a 21)．これによってレミ・ブラーグがエネルゲイアを「働いているもの」(*op. cit.*, p. 335) と訳すことが許されよう．そしてエネルゲイアとエルゴンのこの近さが多くの注釈者をして，エンテレケイア，エネルゲイア，エルゴンの系列全体に，手仕事のモデルを与えるようにしむけたのであろうか．このことは目的をありふれたものにし，自己の存在のために現実態＝可能態の存在論を再適合化しようとする一切の努力を，ほとんど無駄なものにしてしまうであろう．

9．『形而上学』9巻の2章と5章に導入された「理性的」能力（métalogou）と「非理性的」能力（alogoi）の区別は，人間の活動からとり出された実例が関

与的である場を画定するように思われる．その区別は明確な示差的特徴によって支持される．たとえば，「理性的」能力のみが相反する物事の能力でもある，つまりそれの実現でもあれば，その欠如態でもある（9巻2章）．他方，産出における可能態から現実態への移行は支障なくおこなわれるのに対し，自然の秩序においては，中間の媒介物が必要である．たとえば精液は他の存在に移されて，それによって変化を受ける場合にのみ，可能的に人間である（9巻7章）．

10．レミ・ブラーグはこの断章にみごとな分析を与えている（*op. cit.*, p. 454-474）．動詞時制の文法にもとづく論拠は次のようである．「運動と現実態を分離させる基準は，目的（テロス）のほうに，およびそれと行動との関係のほうに探し求めるべきである．その関係は，人がそれぞれエネルゲイアをもつか，運動をもつかにしたがって内在の関係か，外在の関係になる」（*ibid.*, p. 467）．この違いに連接する動詞時制の働きは，人間の行動に固有の時間性に関わる基本的な現象を明らかにしてくれる．「完了形と現在形とが〈一緒〉であるということは，完了形が過去について含むものすべてが，現在において要約反復されていることを含意している」（*ibid.*, p. 473）．とすると行動はそれ自身の終りよりも残存し，エンテレケイアに代わる「現実態」という語は「活動の完了した帰結よりもむしろ，それ自体にもどされた活動の解放」（*ibid.*, p. 471）を意味する．ブラーグがeu zēnの，善く生きることの位置を（彼は好んでこう訳す「彼は善い生き方をもったし，現にもっている」），また運動ではない現実態の実例の中で幸福と善く生きることの関係を強調するのはまちがっていない．アリストテレスが幸福の内容と，生活のすぐれた形である観想と幸福との関係しか考慮しなかったこと，また彼は現実態として，その成就としての幸福になる行為を主題化せずにいたこと，というブラーグの重要な留保条件は，彼のアリストテレス哲学の全体的解釈とあまりに密接に結びついているので，ここではそれ以上は何も言えない．

11．この類縁関係はハイデガーが時間の中に存続する二つの仕方を区別することに，重要な確認を見いだす．すなわち一方は，実体的恒常性に近く（カントは第一の「経験の類推」でそれを関係の第一のカテゴリーに結びつける），他方は，自己維持の現象（Selbständigkeit 不断の自立性）によって明示される．その語は，すでに本書で述べたように，ハイデガーによって Selbst-Ständigkeit（自己の不断性）と分解された．ここでわれわれは，われわれの物語的自己同一性の概念によって性格（同一としてのわれわれ自身）と約束によって例証される道徳的不変性（自己としてのわれわれ自身）との間に生じさせられた対立から遠いところにいるわけではない．

12．フッサールから由来する地平の概念，あるいはハイデガー的な意味での世界の概念は，私の過去の著作と無縁ではなかった．『生きた隠喩』で私は隠喩的真理という観念を弁護した．それは地平として世界をもち，その世界においてわれわれは生命，運動，存在をもつのである．それと同じ精神で，『時間と物語』はテクスト世界を読者の世界に対面させる．

13. 今日では周知のことであるが，『存在と時間』刊行に先立つ十年間に，ハイデガーは長い間アリストテレスと取り組んでいたのであり，それについてレミ・ブラーグは次のように述べたほどである．「ハイデガーの主著は陽の目を見なかったアリストテレスについての著書の代替物である」(*op. cit.*, p. 55)．ブラーグはこう続ける．「すべてはまるで，[『存在と時間』でハイデガーによって練りあげられた諸概念は] アリストテレスに応じて——陰画のアリストテレスに応じて——裁断されたかのようである」(*ibid.*, p. 56)．

14. 全集 Gesamtausgabe 刊行の現状において，ハイデガー自身のもっとも重要なテクストは『形而上学』9巻1–3章の解釈である．*Aristoteles, Metaphysik Θ 1–3. Von Wesen und Wirklichkeit der Kraft, GA33*, Frankfurt, Vittorio Klostermann, 1981.

15. すでに *Heidegger e Aristotele*, Padoue, Daphni, 1984 を出版したフランコ・ヴォルピは共著の *Phaenomenologica*, Kluwer Academic Publ, 1988 において「行為としての現存在——アリストテレス実践哲学の同化とハイデガー的急進化」と題する論文を発表している．彼はそこでまず，ハイデガーがアリストテレス実践哲学を20年代に再建しようと企てることができたのは，アリストテレスによる存在者の他の意味の観点から，もっと正確には，真の存在に与えられる特権からであることを立証した．著者は〈気遣い〉(Sorge) と行為 (praxis) との間に立てる相関関係というものの大胆な性格を隠さない．それの代償は行為の存在論化であり，それは単に存在的なレベルの行動の上に昇格している．こうして行為に与えられるのは，「観想的」と「実践的」との区別を超越することができ，とりわけ行為を〈制作〉〈行為〉〈観想〉の三つ組の上に昇格させられる発見的機能である．行為と気遣いとの間の基本的相関関係は，隣接するすべての系列の相関関係を支配するであろう．たとえば，行為の概念の目的論には，現存在の〈存在すべき〉が対応する．アリストテレスの賢慮（フロネーシス）にはハイデガーの Gewissen（良心）が相当するだろう（その相関関係はガダマーのハイデガー回想で証明されている． Gadamer, *Heideggers Wege*. Tübingen, Mohr, 1983, p. 31–32 ;《Erinnerungen an Heideggers Anfänge》, *Itinerai*, vol. XXV, N° 1–2, 1986, p. 10)．情念 (pathè) には Befindlichkeit（情状性）が，実践的理性 (noûs praktikos) には Verstehen（理解）が，思考の欲求 (orexis dianoètikè) には Rede（発話）が，選択 (prohairésis) には Entschlossenheit（決意性）が対応しよう．とすると，ヴォルピによればハイデガーがアリストテレスから決定的に離れるのは，どの点においてであろうか．「アリストテレスは人間生活を把握し，記述してはいるが，根源的な時間性を人間生活の規定の単一の存在論的土台としてみることは彼にはできなかったろう．なぜなら彼は時間の自然主義的な，つまりクロノス的で，カイロス的ではない理解の地平にとどまっているからである」(art. cité, p. 33)．行為 (praxis) と根源的時間性とを結びつけることができないために，アリストテレス的行為は，観想と制作という他の二つが派生

してくる単一の規定であることを示唆する指標があるにもかかわらず，行為は観想と制作と並ぶ根本的な態度の一つにとどまる．

16．彼もまた『ニコマコス倫理学』の「再適合化」を自分の課題とするJ.タミニオは，ハイデガーの「気遣い」を導きの糸とせず，本来性（Eigentlichkeit）と非本来性（Uneigentlichkeit）の対《つい》をとりあげ，それをギリシアの制作＝行為（poièsis-praxis）と組合せて，導きの糸としたことは注目に値する（J. Taminiaux, *Lectures de l'ontologie fondamentale. Essais sur Heidegger*, Grenoble, Jérôme Millon, 1989, p. 147–189）．そこで制作は人間と日常世界の関係の，広義には事物的存在性（Vorhandenheit）のモデルとなる．というのは直接的に操作可能でない事物でさえも，場合によっては操作可能だからである．しかしタミニオは行為の制作に対する倫理的，政治的優越性は認めても，行為を単一の原則とするまではしない．そのうえ，ハイデガーとアリストテレスの比較は，ハイデガーに対するかなりきびしい批判をともなわずにはいない．タミニオはハイデガーを，一方では行為と複数の当事者と一つの意見（doxa）とを結ぶ可逆的で脆い関係を見失ったとして非難し——逆にハンナ・アーレントはその関係を強く再確認した——他方では哲学的観想に政治の領域においてさえ優越性を与え，それによってアリストテレス的謙譲さからプラトン的な尊大な要求にもどったとして非難した．「基礎的存在論では，まるですべては，観想的生活（bios théôrètikos）が行為全体を食いつくし，支配するかのようである」（*op. cit.*, p. 175）．そのかわり「現存在の分析論」で現実態を再開するのは肯定的に受けとられる（*ibid.*, p. 159, 163–164, 166）．最後にタミニオは，「現存在の基礎的存在論」の時代では，アリストテレス的「自然」（phusis）はまだ，それを事物的存在性とその非本来性への批判から免除する次元によって理解されていなかったことを認める．これによって，退廃の地位は現代の技術にのみとっておかれ，制作の復権を要求することになろう（*ibid.*, p. 171）．

17．レミ・ブラーグの著書をしめくくる注目すべき章「現実態としての存在」を参照せよ（*op. cit.*, p. 465–599）．私は先に「アリストテレス的石質隕石」（*ibid.*, p. 454 sq.）として提示される『形而上学』9巻6章1048 b 18–35の断章の釈義を参考にしていることを述べた．この釈義はその章で戦略的な位置を占めている．というのはアリストテレスが現実態と運動の価値ある区別の土台としている実例は，幸福の決定的な経験を通して，人間生活の基本的な経験へとつれもどすからである．人間の生は，それ自体接触において理解される，覚醒状態の，というより覚醒させられる知覚を包含していよう．そこから知覚は「それ自体に委ねられており」（*ibid.*, p. 490）それと同時に知覚は世界それ自体にも委ねられているという考え方に移行する．「生はわれわれにとっては，そこから逃げることのできない領域であり，またその中にわれわれが入らなかった領域である」（*ibid.*, p. 491）．

18．「世界の中に現前するとは，われわれがけっして入ったことのない内部，

外部のない内部にわれわれがいるようなものである．それゆえにこの内部は連続性によって，内部からいかなる限界にも到達することの不可能性によって定義される」（*ibid.*, p. 492）．

19．現実態と働きとの，完全現実態と目的との親近性にもかかわらず，ブラーグの好奇心をもっとも惹くものは，結局，共通の接頭辞 en（……のなか）であることに注意すべきであろう（*ibid.*, p. 492–493）．

20．Sylvain Zac, *L'Idée de vie dans la philosophie de Spinoza*, Paris, PUF, 1963, p. 15–16.

21．私にとって重要なのはスピノザの「神学」ではない．汎神論であれ，無神論であれ，彼の神学への非難は，コナトゥスの概念を再びとりあげることにとって関与的ではないのであり，ここではこの概念だけが重要なのである．一見神学的なたった一つの定式だけが，私の意図には十分なのである．「神が活動しないと考えることは，神が存在しないと考えることと同じように不可能なことである」（*Ethique*, II, prop. III, scolie, cité Zac *op. cit.*, p. 18）．こうして神の「特性」は能動的本質（essentia actuosa）であるという神の根本的な特性を表している．スピノザにおける「神は生命である」という定式の意味については次を参照．Zac *ibid.*, p. 24 *sq.* われわれにとって肝要なのは，範型に一致した作品を実現しようと努力する職人としての神のかわりに，無限の力か，活動するエネルギーが措定されることである．この点でスピノザは，神においてわれわれは存在であり運動であると断言するパウロに出会うのである（Lettre73 à H. Oldenburg, citée par Zac, *ibid.*, p. 86）．

22．Spinoza, *Ethique, op. cit.*, p.139.

23．*Ibid.*, trad. Appuhn.

24．*Ibid.*, p. 261.

25．*Ibid.*

26．ローメイエル＝デルベは次の書で，メーヌ・ド・ビランによってなされた思考革命について綜合的な見解を提出している（G. Romeyer-Dherbey, *Maine de Biran ou le Penseur de l'immanence radicale*, Seghers, 1974）．そこから生じてくる存在論的問題系の転移は見かけ以上に重大である．デカルトがけっして問題にすることがなかった，存在と実体との古い同一視は，事物を光景に，遠隔から捉えられるイメージに変える半ば視覚的な表象のもつ独占的な特権にもとづいている．デカルトの懐疑は，事物の光景を対象とする懐疑である．もしデカルトが自分は身体をもつことを疑うことができるとすれば，それは懐疑が容易に夢に還元してしまう身体についてのイメージをつくりあげるからである．自己についての統覚が，行為についての統覚であって，実体の演繹ではないとみなされるなら，事態は同じではなくなる．このような統覚が疑えないものであるのは，それが単純に内部に反転するヴィジョン，内＝観ではないかぎりにおいてである．内＝観は望むかぎりその対象に近づいたとしても，対象を二重にするだけ

の最低限の距離は保っている．内的感覚は対象をもたない，と言わねばならない．(内在的) 統覚と (超越的) 表象との対立は，ポスト＝ヴィトゲンシュタイン哲学に，それに相当するものがないわけではない．E. アンスコムはわれわれがすることができること，われわれの身体の位置……などについての知識を，観察なき知識として特徴づける．同様に，A. ダントや H. フォン・ウリクトにおける基本行動の概念は，このような自己自身についての非客観的統覚にもとづいている．メーヌ・ド・ビランに特有なことは，行為としての存在と，このような距離なき統覚との間にあるきわめて強い絆に気がついたことである．

27．注釈者たちが気がついたことは，メーヌ・ド・ビラン自身において，受動的印象の経験が屈服してしまう抵抗の経験とあまり一致しないことである．ミシェル・アンリは次の著書で，フッサールの「受動的綜合」の理論の中に，メーヌ・ド・ビランが能動的身体と受動的身体と呼ぶものの関係を解く鍵を探し求めた (Michel Henry, *Philosophie et Phénoménologie du corps. Essai sur l'ontologie biranienne*, Paris, PUF, 1965)．習慣についてのビランの理論がその解決に保証を与えてくれる．

28．あとで，この物質的事物の外在性が，私以外の他者の証言なしに完全であるかどうかを問題にしよう．その証言は世界の中心をずらし，それによって触覚が事物そのものを私の努力に近づけるような種類の私有性から，世界をひき離すのである．

29．ディディエ・フランクはその著者で，『デカルト的省察』の手まえまでもどって，『イデーンⅠ』以来の Leibhaft (肉化した能与) のテーマの中に，肉体の問題系の必然的な前件を見てとる．「自明性一般を定義する (いかなる批判にも先立って，したがって，たとえば必当然性の問題にも先立って) 肉化した能与は，隠喩，言いまわし，フッサールの文体に固有の特徴ととってはならない」(Didier Franck, *Chair et Corps. Sur la phenoménologie de Husserl*, Paris,Minuit, 1981, p. 19)．肉化の問題はこうして肉体の問題より先行していたのだろう．

30．拙著 *A l'école de la phénoménologie*, Paris, Vrin, 1980 における「第五デカルト的省察」についての私の分析を参照．

31．私は D. フランクの翻訳によって，この決定的なテクストを引用する．「私に固有に属するものとして把握されたこのような自然の物体のなかで，その種のもののなかで唯一の区別において，私は私の肉体 (meinen Leib) を見いだす．すなわち単なる物体ではなく，まさに肉体としての唯一の物体である．それは私の抽象的な世界層の内部にあって，私が経験にしたがってさまざまな感覚域 (触覚域，冷温の感覚域など) をいろいろな帰属の仕方で帰属させる唯一の対象である．私はその唯一の対象を支配し，特に私はその各器官を直接に支配する」(*op. cit.*, p. 93–94)．

32．「自己のものの変質」というのがディディエ・フランクの著書の一つの章の表題である (*ibid.*, p. 109 *sq.*)．

33. 自己性という語は，『デカルト的省察』の§46の固有の能与という語との関連で現れる（*ibid.*, p. 111）.

34. ある意味で，情状性についてのハイデガー理論は，ビラン的企ての完成として解釈できる.「現存在の分析論」は，メーヌ・ド・ビランにとって，努力の分析の周囲にあったものに一気にむけられる．すなわち外部にある存在を，能動的触覚の経験における事物の抵抗として認めることである．たしかにメーヌ・ド・ビランにおいては，意欲する自我に内在し，能動的物体の経験のいわば付近で，現実の触覚的試験を提起するまえに，まず努力と抵抗との絆から出発することが必要であった.「世界＝内＝存在」の実存論的分析に枠組を与えようとして，ハイデガーは肉体の存在論へ道を開く．そこにおいてはこの存在論は，「私は存在する」の肉化としてだけでなく，われわれがそのつどそうであるところのこの世界＝内＝存在の実践的媒介としても，それ自体を考えさせるのである．このような肉体と世界の結合は，われわれの欲望，気分の本来受動的な様態を，われわれが世界の中に挿入されていることの偶然性のしるし，兆候，指標として考えることを可能にする.

35. アリストテレスの『弁論術』2巻における情念（pathè）の再解釈については次のように述べられる．「情念についての伝統的で体系的な最初の解釈が〈心理学〉の枠内で展開されなかったのは偶然ではない．アリストテレスが pathè すなわち情念を探求しているのは『弁論術』の第2巻においてである．この『弁論術』は――〈学科〉という観念についての修辞学的考え方の伝統的定位づけに反して――相互共存在の日常性の最初の体系的な解釈学として解されねばならない」（『存在と時間』[139]）.

36. H. R. Jauss, 《La jouissance esthétique. Les expériences fondamentales de la *poièsis*, de *l'aisthèsis* et de la *catharsis*》, art. cité.

37.『第四デカルト的省察』は自我についてこう述べる．自我は「能動的または受動的な意識の主体として，意識の生きられた状態を生き，[……] それらを通してあらゆる極としての対象と関係づけられる」（Husserl, *Méditations cartesiennes*, trad. fr. de E. Lévinas, Paris, Vrin, 1953, p. 56.〔訳注〕船橋弘訳『デカルト的省察』中央公論社，1970年 を参照）．したがって，原則的に自我を特異なものにするのは，行為として，また行為から生じる受動性と能動性の間の作用として思考を規定することである．そのうえ，第四省察の自我は，その性向，その確信，その恒常的な特性の基体，要するにアリストテレス以来，習慣 hexis, habitus と呼ばれてきたものの基体であることがわかる．そこにおいて自我は様式を，つまり性格をもつ．もっと根本的には，自我は語のもっと広い意味においてあらゆる思考が属しているもの，その内面性の様態のあらゆる超越から成るものである．自我はそうするとモナドとして，また現象学は超越論的自我論として考えられることになる.

38. まさに自己分析（self-analysis）と呼ばれるハインツ・コフートの概念の

ような精神分析的概念が，それを十分に確証してくれる．（語の精神分析的な意味での）対象としての自己（self-objects）の支えなしには，自己は凝集力，自信，自己評価を欠くであろう――要するに真の「ナルシシスム」が欠けるであろう．換言すると，断片化のおそれのある肉体は自己同一化のために他者の助けを必要とする．その結果，肉体は永久に「不完全に構成された」ままとなる（D. Franck, *op. cit.*, p. 130）．

39．この点で，素描の調和した把握にフッサールが割当てる役割は，提示の調和にもとづく間接的提示の調和から結論を引き出す推論の過程に応じて理解されるべきではない．むしろ指標的な関係が問題なのであり，そこでは解釈は，兆候の読みとりのように，直接的な仕方でなされる．この指標の読みとりに属する確認の様式は，間接的提示に特徴的な，～でも～でもないという同じ言い方に属する．すなわち，根源的能与の直観でも，論弁的推論でもない．

40．「顔は語る」（E. Lévinas, *Totalité et Infini; essai sur l'extériorité*, La Haye, M. Nijhoff, 1961, p. 37）．同じく，「視線は光らない．それは語る」（*ibid.*, p. 38）．［訳注］合田正人訳『全体性と無限――外部性についての試論』国文社，1989年参照．

41．誇張：「対格はいかなる名格の変更でもない」（*ibid.*, p. 159）．

42．Cf. Francis Jacques, *Dialogiques II*, Paris, PUF, 1984.

43．「存在の中に吸収されない責任ある主体」と題されるパラグラフの中で，次のことに注意しよう．「責任においては〈同〉，〈自我〉はかけがえのないものとして召換され，挑発されたこの私であり，そこで義務不履行なき者として逃避することのできない者の最高の受動性における唯一者として告発される私である」（E. Lévinas, *Autrement qu'être ou audelà de l'essence*, Kluwer Academic Publishers, 1978, p. 172–173）．〔訳注〕合田正人訳『存在するとは別の仕方で　あるいは存在することの彼方へ』朝日出版社，1990年 参照．

44．〈同〉の平面で，身代わりのテーマによってなされる奇妙な逆転は，先にわれわれが注意を払った表現によって是認される．「自己同一性と他者性とを結合するものとして，ここで贖いについて語らねばならない」（*ibid.*, p. 151）．

45．E. レヴィナスにおける証言のカテゴリーについて，ハイデガーとジャン・ナベールと対決させるという道を通って，私は詳細な分析を次の書でおこなう．ナベールはおそらくこの二人のうちでもっとも予期されていない著者であろう．Paul Ricœur,《Emmanuel Lévinas, penseur du témoignage》in *Répondre d'autrui. Emmanuel Lévinas*, Neuchâtel, La Baconnière, 1989.

46．Cf. P. Ricœur, *La Métaphore vive*, septième étude.

47．Hegel, *Phénoménologie de l'esprit, op. cit.*, t. II, p. 144.

48．M. Gueroult,《Les déplacements（Verstellungen）de la conscience morale kantienne selon Hegel》, in *Hommage à Jean Hyppolite*, Paris, PUF, 1971, p. 47–80.

49. *Phénoménologie de l'esprit,* trad. Hyppolite, t. II, p. 142.

50. 裁く意識に対する手厳しい批判は，『法の哲学』第２部で述べられる．それは道徳性（Moralität）を論じる個所で，それは周知のように，人倫（Sittlichkeit）に従属し，人倫は国家論で頂点に達する．「抽象的で，制限され，形式的である」（§108）主観的な意志がこの第２部のテーマであるが，そこにおける批判的な傾向を強調しすぎてはならない．なぜなら主観的意志もその権利をもっており，それは私のものとして認められる意志の企図を見るという最小限の権利である（§114）．主観的意志に固有の権利を要求することが，家族のであれ，市民社会のであれ，国家のであれ，いかなる共同体のめざすところに対しても自律している，まさにその点に意識批判が結びつくのである．ヘーゲルがこの第２部の第３章で，意識を〈善〉の観念に結びつけたのは注目に値する．たしかに意志がその主観性の内部で自己決定するのは〈善〉のためにであるが，それは義務感で選別された主観的観点そのものによってまさに偏向された〈善〉なのである（§133）．『精神現象学』で非難された形式的なだけの義務のアンチノミーがここにもどってくるのであり，『法の哲学』も意図的にそれに言及している（§135）．形式的で抽象的な義務を履行することに対する唯一の裁定者はその場合良心である（§136）．良心は内心の孤独と恣意とにゆだねられている．§136の追加で，次のように述べられる．「良心はこのようにもっとも深い内面的な，自分だけの孤独であって，そこではすべての外面的なもの，すべての限定が消失している」．良心をこの孤独とこの恣意性に押しこめるのは，倫理的生活のみがもたらす，内容の欠如である．「ここでは道徳性の形式的観点からみると，良心は客観的な内容を欠いている．したがって良心はそれだけでは自己自身の無限の形式的確信（Gewissheit）であり，この確信はまさにそれゆえに，同時にこの主観の確信である」（§137）．そうすると善悪の差異までも廃されてしまう．「自己意識は，現におこなわれている一切の規定を空虚なものにし，意志の純粋な内面性のうちに逃避して，一方では即自かつ対自的に普遍的なものを原則とする可能性を，他方では普遍的なもの以上にそれみずからの特殊性を原則とし，それを行為によって実現する恣意，悪である可能性を構成する．――備考――良心は形式的な主観性にすぎないので，まさに悪に転落しようとしているものである．道徳性と悪とはいずれも，自己自身の確信に共通の根をもち，それは自分だけで存在し，自分だけで知り，決定するという確信である」（§139）．とはいえ，この辛辣な批判の枠内にも，「真の良心」のための場所がとっておかれていることに注意すべきである（§137）．しかしこの真の良心は「倫理的意向」にほかならない．そこにおそらく『法の哲学』と『精神現象学』との重要な違いが存するのだろう．『精神現象学』では，良心は赦しの宗教性に超越していった．『法の哲学』では，良心はそれ自身の確信以外の基準のないままにゆだねられると，政治的なものに吸収され，それが良心にまさに欠如している客観的規定を良心に与える．しかし国民の倫理的生活が根本的に腐敗しているときにはどうなるだろうか．虚偽と恐

怖が威嚇することをやめ，倫理的生活の完全性が逃避するのは，その腐敗に抵抗する人たちの良心においてではないか．「何が正しく，何が善であるかを自分のうちに探求するために，それを自分自身で知り，規定するために内面にむかうことは，歴史の中で，もっとも一般的な形態として（ソクラテスやストア派などにおいて）現れる．それは現実と習俗において正義と善とみなされているものが，もっと要求する意志を満足させることのできない時代である」（§138）．残酷な20世紀は，それはそうではないことをわれわれに教えてくれた．にもかかわらず，良心だけに判断がゆだねられた場合，良心は善悪を混同するおそれから免除されず，その混同そのものが，自分だけにゆだねられた良心の運命である．そのために『法の哲学』のみごとな§139に傾聴し続けねばならない．そこにおいてヘーゲルはこう叫ぶ．「悪が存するのは意志の内面性である」（§139，備考）．

51. F. Nietzsche, *Généalogie de la morale*, trad. fr. de C. Heim, I. Hildenbrand et J. Gratien, Paris, Gallimard, 1971, 1987.

52. それだけを考察した系譜学的方法は，われわれが本書の序言でコギト批判に行使されているのを見た哲学的方法（『哲学者の書』）との関連においてのみ真に理解される．そこで私が比喩論的還元と呼んだものと照合しないと，系譜学的方法を，かなり原始的な生物学主義の精神に導かれた，発生論的説明に還元してしまう危険がある．その場合，系譜学的方法はテクスト起源の記号学と医学起源の症候学との交叉をおこなうことを忘れている．それゆえに，『哲学者の書』がヘーゲルの「ずらかし」（Verstellung）を思わせる，ずらし＝隠蔽の表題をかぶせた隠喩的転移や換喩的反転を告発するようなものがそこに見いだされるのである．

53.「約束のできる動物を育てること，これこそ自然が人間についてみずからに課した逆説的な課題ではないか」（*Généalogie de la morale, op. cit.*, p. 251）．ただし不安気な注記がこの称讃を暗くする．この責任ある動物はまた予見できる，したがって計算のできる動物なのである（*ibid.*, p. 252）．それは自由意志の代償である．つまり「自律的」で「超道徳的な個人」の自由意志である．なぜなら「自律的」「道徳的」とは排除しあうのであるから（*ibid.*, p. 253）．

54.「しかしこの他者（diese andere），〈陰気な事がら〉，罪責感，一切の〈やましい良心〉はどのようにしてやって来たのか」（*ibid.*, p. 256）．

55.「あらゆる悪の光景が神を立て，それが悪を正当化する，と原始的な感情の論理が語る」（*ibid.*, p. 261）．

56. この点に関してニーチェのもっとも積極的なメッセージは，ルサンチマンのような反動的な感情に反対する積極的な感情の弁護である．ルサンチマンの感情には正義感が関連づけられる．というのは，正義感は勝利者の勝どきよりも，犠牲者の嘆きに結びつけられるからである．潔白な良心とは攻撃的な裁き手のそれであり，やましい良心とは，権力をめざす強い意志をけなそうとする告訴人のそれである．ここに，G. ドゥルーズによるニーチェ哲学解釈の導きの糸が

ある．

57．ニーチェがカッコつきで言っているところを，私はそのカッコをはずしてみよう．「今日ではなぜ刑罰がなされるかをはっきり説明することは不可能である．過程の全体が記号的に（semiotisch）その中に要約されている概念は定義しがたいものである． 定義できるのは歴史をもたないものだけである」（*ibid.*, p. 271）．

58．「敵意，残酷さ，迫害し，攻撃し，改変し，破壊する悦び――これらすべてがこれらの本能の所有者へと方向を転じる．これこそが〈やましい良心の起源〉である」（*ibid.*, p. 276）．「［やましい良心］これとともに人類がまだそれからなおっていない，もっとも重く，もっとも不気味な病気が出現した．すなわち，人間が人間であることを，自分自身であることをわずらっているのである」（*ibid.*）．しかしそれは「彼自身の仮説」であり，それ自体の「前提」をもっている，とニーチェは言う（*ibid.*, §16–17）．そこで啓示のもつ権威的な調子が，大胆な考古学の仮説的な調子と交互に最後のページまで現れるのであり，この考古学がそこにおいて逆転してしまう終末論のようなものについては言うまでもない．「まるで人間は目的ではなく，単なる一つの道，一つのエピソード，一つの大きな約束であるかのように」（*ibid.*, §16）．そしてまた，「やましい良心，これは病気である．それに何の疑いもない．といっても妊娠が一つの病気であるという意味での病気なのだ」（*ibid.*, p. 279）．

59．他者への照合がまったく欠けているわけではない．しかし他者は「世人」との関係においてのみ，また配慮の非本来的なレベルで含意されているだけである．「呼び声によって到達されるのは，他者とともに配慮的に気遣っている共存在の世人自己（das Man-Selbst）である」［272］．基調は自己を「世人」からひき離すところにある．「良心は現存在の自己自身を世人への喪失から召喚する」．われわれは第３の挑戦という視点から，『存在と時間』において，共存在の本来的な形態をもっと展開させることが欠けていることについて，もう一度論じよう．この形態に，良心の他者性への違ったアプローチが接木されよう．

60．「配慮的に気づかわれた雑多な〈世界〉の中に喪失している世人にとって，不気味さの中に単独化され，無の中に被投されている自己自身にもまして見知らぬものがあろうか」［277］．だからこそ呼ぶ者は誰かではない．なぜなら呼び声は被投され頽落している条件の不気味さそのものから来るからである．「不気味さの中から来る呼び声」つまり「被投された単独化」［280］である．

61．さらに，「責めの形式的な実存論的規定を非力さの根拠とすることが成り立つならば，現存在はそのものとして責めある存在であることを意味する［285］．

62．それはまさに次のテクストと，ハイデガーが参照するカール・ヤスパースについての注とが示唆するとみられることである．「事実的な実存的可能性をそれらの主要な特徴や連関において提示し，それらを実存論的な構造にしたがっ

て解釈することは，主題的な実存論的人間学の枠組でとりあげるべき課題である」[301]．またその注．「こうした問題系の方向で，世界観の教説の課題をはじめて，はっきりととらえ，実行したのはカール・ヤスパースである．彼の『世界観の心理学』を参照せよ」[301]．

63．ドイツ語で確信はÜberzeugungと言い，それは証人（Zeuge）や証し（Bezeugung）と同族であることを喚起する必要があろうか．

64．本研究の注15を参照．

65．さらにまた，「二つの自我が対立して，そこに存在することをやめにするときに発する和解の〈然り〉は，二元性にまで延長された自我がそこに存在することである．その二元性において，自我は自己自身と同等であり，その完全な疎外において，またその完全な対立において自己自身であるという確信をもっている．この〈然り〉は，自分が純粋知であると知っている二つの自我の間に姿を現してくる〈神〉である」(*Phénoménologie de l'esprit*, trad. Hyppolite, t. II, p. 200. [472])．

66．私は拙著『時間と物語III』で歴史性の構造としての負債のカテゴリーを論じた個所を照合することにする．Cf. *Temps et Récit*, t. III. *op. cit.*, p. 204, 227–228, 275–279.〔邦訳〕p. 254, 275, 288, 346–351.

67．Freud,《Le moi et ça》, in *Essais de psychanalyse*, trad. fr. de J. Laplanche, Paris, Payot, 1981.〔訳注〕小此木啓吾訳「自我とエス」『フロイト著作集』6，人文書院，1980年．

68．F. Wahl,《Les ancêtres, ça ne se représente pas》, in *L'Interdit de la représentation*, colloque de Montpellier 1981. Paris, Seuil, 1984, p. 31–62.

69．この点で『精神現象学』の「精神」(Geist) の章の末尾の赦しのテーマと，『存在するとは別の仕方で』の身代りのテーマとの間には，見かけほどの隔たりはない．ただし次の違いはあり，それは実を言えば，かなりの違いである．すなわちヘーゲルにおいては相互性がまさるのに対し，レヴィナスにおいては，他者のための非対称がまさるのである．

参照文献

*Anscombe (G.E.M.), *Intention*, Oxford, Basic Blackwell, 1979.
Apel (K.O.), *Sur le problème d'une fondation rationnelle de l'éthique à l'âge de la science. L'a priori de la communauté communicationnelle et les fondements de l'éthique*, trad. fr. de R. Lellouche et I. Mittmann, Presses universitaires de Lille, 1987 (dernier article de *Transformation der Philosophie*, Francfort, Suhrkamp, 1973).
*Arendt (H.), *La Condition de l'homme moderne*, trad. fr. de G. Fradier, préf. de P. Ricœur, Paris, Calmann-Lévy, 1961 et 1983 ; repris par Agora, Paris, Presses Pocket, 1988.
– *La Crise de la culture, huit exercices de pensée politique*, trad. fr. sous la direction de P. Lévy, Paris, Gallimard, 1972 [titre original : *Between past and future*].
– *Du mensonge à la violence* trad. fr. de G. Durand, Paris, Calmann-Lévy, 1972 [titre original : *Crises of the Republic*].
– *Les Origines du totalitarisme*, trad. fr., 3 vol. : *Sur l'antisémitisme*, Paris, Calmann-Lévy, 1973 ; Éd. du Seuil, coll. « Points », 1984 ; *L'Impérialisme*, Paris, Fayard, 1982 ; Éd. du Seuil, coll. « Points », 1984 ; *Le Système totalitaire*, Éd. du Seuil, coll. « Points », 1972.
Aristote, *De l'âme*, trad. fr. de J. Tricot, Paris, Vrin, 1965.
– *Éthique à Eudème*, intr., trad. et notes de V. Décarie, R. Houde-Sauvé, Paris, Vrin, Montréal, Presses de l'université de Montréal, 1978.
– *Éthique à Nicomaque*, intr., trad. et commentaire de R.-A. Gauthier et J.-Y. Jolif, Louvain, Publications universitaires de Louvain, Paris, Béatrice Nauwelaerts, 1958.
*– *Éthique à Nicomaque*, nlle trad. avec intr. et notes de J. Tricot, Paris, Vrin, 6e éd., 1987.
– *Éthique à Nicomaque*, trad., préf. et notes de J. Voilquin, Paris, Garnier 1963, Garnier-Flammarion, 1965.
– *Métaphysique*, trad. fr. de J. Tricot, Paris, Vrin, 1964.
*– *Physique*, trad. fr. de H. Carteron, Paris, Les Belles Lettres, 3e éd., 1961.
– *La Poétique*, texte, trad. et notes de R. Dupont-Roc et J. Lallot, Paris, Éd. du Seuil, 1980.
– *Rhétorique*, texte établi et traduit par M. Dufour, Paris, Les Belles Lettres, 1960.
Aubenque (P.), *La Prudence chez Aristote*, Paris, PUF, 1963.

Augustin (saint), *Confessions,* Paris, Les Belles Lettres, 1969-1977.
*Austin (J.L.), *How to do things with words,* Harvard University Press, 1962.
- *Quand dire, c'est faire,* intr. et trad. fr. de G. Lane, Paris, Éd. du Seuil, 1970.
Beauchamp (P.), *L'Un et l'Autre Testament : Essai de lecture,* Paris, Éd. du Seuil, 1977.
*Benjamin (W.), « Der Erzähler. Betrachtungen zum Werk Nicolaj Lesskows », in *Illuminationen,* Francfort, Suhrkamp, 1969 ; trad. fr. de M. de Gandillac, « Le narrateur », in *Poésie et Révolution,* Paris, Denoël, 1971 ; repris in *Rastelli raconte et autres récits,* Paris, Éd. du Seuil, 1987.
*Benveniste (É.), *Problèmes de linguistique générale,* Paris, Gallimard, 1966.
- « Le langage et l'expérience humaine », in *Problèmes du langage,* Paris, Gallimard, coll. « Diogène », 1966 ; repris in *Problèmes de linguistique générale II,* Paris, Gallimard, 1974.
Berlin (I.), *Four Essays on Liberty,* Londres, 1969 ; trad. fr. de J. Carnaud et J. Lahana, *Éloge de la liberté,* Paris, Calmann-Lévy, 1988.
Brague (R.), *Aristote et la question du monde,* Paris, PUF, 1988.
Braudel (F.), *L'Identité de la France,* Paris, Arthaud, 1986.
Bremond (C.), *Logique du récit,* Paris, Éd. du Seuil, 1973.
Bubner (R.), « Moralité et *Sittlichkeit* – sur l'origine d'une opposition », *Revue internationale de philosophie,* n° 3, 1988, *Kant et la Raison pratique.*
Butler (J.), « Of Personal Identity » [extrait de l'appendice I de J. Butler, *The Analogy of Religion,* 1736], cité *in* J. Perry (éd.), *Personal identity,* Berkeley, Los Angeles, Londres, University of California Press, 1975, p. 99-105.
Calvo (F.), *Socrate. Platone. Aristotele. Cercare l'uomo.* Gênes, Marietti, 1989.
Carnois (B.), *La Cohérence de la doctrine kantienne de la liberté,* Paris, Éd. du Seuil, 1973.
Chisholm (R.), *Person and Object, a metaphysical study,* Londres, G. Allen and Unwin, 1976.
Coquet (J.-C.), *Le Discours et son Sujet :* 1. *Essai de grammaire modale,* 2. *Pratique de la grammaire modale,* Paris, Klincksieck, 1984-1985.
Danto (A.), *Analytical Philosophy of Action,* Cambridge University Press, 1973.
- « Basic Actions », in *American Philosophical Quarterly,* n° 2, 1965.
Davidson (D.), *Essays on Actions and Events,* Oxford, Clarendon Press, 1980.
Delaisi (G) et Fagot (A.), « Les droits de l'embryon », in *Revue de métaphysique et de morale,* n° 3, 1987, p. 361-387.
*Deleuze (G.), *Nietzsche et la Philosophie,* Paris, PUF, 2ᵉ éd., 1967.
Descartes (R.), *Discours de la méthode,* éd. C. Adam et P. Tannery, Paris, Vrin, t. VI, 1982.

*– *Meditationes de prima philosophia,* éd. C. Adam et P. Tannery, Paris, Vrin, t. VII, 1983 ; trad. fr., Paris, Vrin, t. IX[1], 1973. Voir également :
– *Méditations de philosophie première dans lesquelles sont montrées l'existence de Dieu et la distinction de l'âme et du corps* dites *Méditations métaphysiques,* Paris, Garnier-Flammarion, 1979.
– *Les Passions de l'âme,* intr. et notes par G. Rodis-Lewis, Paris, Vrin, 1964.
– *Les Passions de l'âme,* éd. Adam-Tannery, t. XI, Paris, Vrin, 1974.
Diels (H.), *Fragmente der Vorsokratiker,* Berlin, 1903 : 6ᵉ éd. de W. Kranz, 1951 ; trad. fr. de J.-P. Dumont, D. Delattre et J.-L. Poirier, *Les Présocratiques,* Paris, Gallimard, coll. « Bibliothèque de La Pléiade », 1988.
Donagan (A.), *The Theory of Morality,* University of Chicago Press, 1977.
Dupuy (J.-P.), « Les paradoxes de *Théorie de la justice* (John Rawls) », *Esprit,* n° 1, 1988, p. 72 *sq.*
Dworkin (R.), *Taking Rights Seriously,* Harvard University Press, 1977.
Ellendt (F.), *Lexicon Sophocleum,* Berlin, Bornträger, 1834-1835 et 1867-1872.
Fagot (A.) et Delaisi (G.), « Les droits de l'embryon », in *Revue de métaphysique et de morale,* n° 3, 1987, p. 361-387.
Fay (B.) *et al., L. Mink, Historical Understanding,* Cornell University Press, 1987.
Ferry (J.-M.), *Habermas. L'éthique de la communication,* Paris, PUF, 1987.
Fessard (G.), *Théâtre et Mystère,* préf. à G. Marcel, *La Soif,* Paris, Desclée de Brouwer, 1938.
*Finkielkraut (A.), *La Défaite de la pensée,* Paris, Gallimard, 1987.
Foucault (M.), *Le Souci de soi,* t. III d'*Histoire de la sexualité,* Paris, Gallimard, 1984.
Fraisse (J.-C.), *Philia. La notion d'amitié dans la philosophie antique,* Paris, Vrin, 1984.
Fraisse (S.), *Le Mythe d'Antigone,* Paris, Colin, 1973.
Franck (D.), *Chair et Corps. Sur la phénoménologie de Husserl,* Paris, Éd. de Minuit, 1981.
*Freud (S.), « Le moi et le ça », in *Essais de psychanalyse,* trad. fr. de J. Laplanche, Paris, Payot, 1981.
*Frye (N.), *Le Grand Code. La Bible et la littérature,* préf. de T. Todorov, trad. fr. de C. Malamoud, Paris, Éd. du Seuil, 1984.
*Gadamer (H.-G.), *Vérité et Méthode. Les grandes lignes d'une herméneutique philosophique,* Paris, Éd. du Seuil, 1973.
– *Heideggers Wege : Studien zum Spätwerk,* Tübingen, J.C.B. Mohr, 1983.
– « Erinnerungen an Heideggers Anfänge », *Itinerari,* vol. XXV, n° 1-2, 1986.
Gagnebin (J.-M.), *Histoire, Mémoire et Oubli chez Walter Benjamin* (inédit).

Gellrich (M.), *Tragedy and Theory, the Problem of Conflict since Aristotle,* Princeton University Press, 1988.
Gewirth (A.), *Reason and Morality,* Chicago University Press, 1978.
Goyard-Fabre (S.), *Kant et le Problème du droit,* Paris, Vrin, 1975.
Granger (G.G.), *Langages et Épistémologie,* Paris, Klincksieck, 1979.
Greimas (A.J.), *Maupassant : la sémiotique du texte, exercices pratiques,* Paris, Éd. du Seuil, 1976.
Greisch (J.), *L'Age herméneutique de la raison,* Éd. du Cerf, 1985.
Grice (H.P.), « Meaning », in *The Phil. Rev.,* vol. LXVI, 1957, p. 377-388.
– « Utterer's Meaning and Intentions », in *The Phil. Rev.,* vol. LXXVIII, 1969, p. 147-177.
– « Utterer's Meaning, Sentence-Meaning, and Word-Meaning », *in* J.R. Searle (éd.), *The Philosophy of Language,* Oxford University Press, 1977, p. 54-70.
Gueroult (M.), « Les " déplacements " *(Verstellungen)* de la conscience morale kantienne selon Hegel », in *Hommage à Jean Hyppolite,* Paris, PUF, coll. « Épiméthée », 1971, p. 47-80.
– *Descartes selon l'ordre des raisons,* 2 vol., Paris, Aubier-Montaigne, 1953.
Guillaume (G.), *Temps et Verbe,* Paris, Champion, 1965.
Habermas (J.), *Connaissance et Intérêt,* trad. fr. de G. Clémençon, Paris, Gallimard, 1976.
– *Morale et Communication ; conscience morale et activité communicationnelle,* trad. fr. de C. Bouchindhomme, Paris, Éd. du Cerf, 1986.
– « La modernité : un projet inachevé », in *Critique,* n° 413, octobre 1981.
Hamon (P.), « Statut sémiologique du personnage », *in* R. Barthes *et al., Poétique du récit,* Paris, Éd. du Seuil, 1977.
Hampshire (S.), *Thought and Action,* nlle éd., Notre Dame (Ind.), University of Notre Dame Press, 1983.
Hardie (W.F.R.), *Aristotle's Ethical Theory,* Oxford University Press, 2e éd., 1981, p. 177-181.
Hart (H.L.A.), « The Ascription of Responsability and Rights », in *Proceedings of the Aristotelian Society,* n° 49, Londres, 1948, p. 171-194.
– et Honoré (A.M.), *Causation in the Law,* Oxford, Clarendon Press, 1959.
Havel (Václav), *Essais politiques,* textes réunis par Roger Errera et Jan Vladislav, préface de Jan Vladislav, Paris, Calmann-Lévy, 1989.
Hegel (G.W.F.), *Encyclopédie des sciences philosophiques en abrégé,* trad. fr. de M. de Gandillac, Paris, Gallimard, 1970.
– *Esthétique,* trad. fr. de S. Jankélévitch, t. IV, *La Poésie,* Paris, Flammarion, coll. « Champs », 1979.
*– *Phénoménologie de l'Esprit,* trad. fr. de J. Hyppolite, Paris, Aubier-Montaigne, 1947.
*– *Principes de la philosophie du droit ou Droit naturel et Science de l'État en abrégé,* trad. fr. de R. Derathé, Paris, Vrin, 1989.

*Heidegger (M.), *Sein und Zeit,* 1927, Tübingen, Max Niemeyer, 1984, 15e éd.
- *Être et Temps,* trad. fr. de E. Martineau, *Authentica,* édition hors commerce, 1989.
- *Être et Temps,* trad. fr. de F. Vezin, Paris, Gallimard, 1986.
- *Aristoteles, Metaphysik θ1-3 : von Wesen und Wirklichkeit der Kraft,* GA 33, Francfort, Vittorio Klostermann, 1981.

Henrich (D.), « Der Begriff der sittlichen Einsicht und Kants Lehre von Faktum der Vernunft », *in* G.P. Prauss (éd), Kant, Cologne, Kieperheuer und Witsch, 1973.

Henry (M.), *Philosophie et Phénoménologie du corps. Essai sur l'ontologie biranienne,* Paris, PUF, 1965.

Hintikka (M.B.), *Essays on Davidson Actions and Events,* éd. par B. Vermazen, Oxford, Clarendon Press, 1985.

*Hisashige (T.), *Phénoménologie de la conscience de culpabilité. Essai de pathologie éthique,* présentation de P. Ricœur, Tokyo, Presses de l'université Senshu, 1983.

Höffe (O.), *Introduction à la philosophie pratique de Kant (la morale, le droit et la religion),* trad. fr. de F. Rüegg et S. Gillioz, Albeuve, Suisse, Éd. Castella, 1985.

Hume (D.), *Enquête sur l'entendement humain,* trad. fr. d'A. Leroy, Aubier-Montaigne, 1947.

*– *A Treatise of Human Nature,* 2e éd. par P.H. Nidditch, Oxford, Clarendon Press, 1978.
- *Traité de la nature humaine,* trad. fr. d'A. Leroy, Paris, Aubier-Montaigne, 1968.
- « Of personal Identity » [extrait de *A Treatise of Human Nature,* livre I, partie IV, section 6 (1739)], *in* J. Perry (éd.), *Personal Identity,* Berkeley, Los Angeles, Londres, University of California Press, 1975, p. 161-172.
- « Of Skepticism with Regard to the Senses » [extrait de *A Treatise of Human Nature,* livre I, partie IV, section 2 (1739)], cité sous le titre « Our Idea of Identity », *in* J. Perry (éd.), *Personal Identity,* Berkeley, Los Angeles, Londres, University of California Press, 1975, p. 159-160.
- extrait de l'appendice de l'édition de 1740 de *A Treatise of Human Nature,* édité par J. Perry sous le titre « Second Thoughts », in *Personal Identity,* Berkeley, Los Angeles, Londres, University of California Press, 1975, p. 173-176.

*Husserl (E.), *Cartesianische Meditationen und pariser Vorträge,* éd. S. Strasser, *Husserliana,* I, 1950 ; trad. fr. de G. Peiffer et E. Lévinas, *Méditations cartésiennes, introduction à la phénoménologie,* Paris, Vrin, 1953, 1966.
- *Ideen zu einer reinen Phaenomenologie und phaenomenologischen Philosophie, Jahrbuch für Philosophie und phänomenologische Forschung,* t. I, Halle, M. Niemeyer, 1913 ; éd. W. Biemel, *Husserliana,* III, 1950 ; trad. fr. de P. Ricœur, *Idées directrices pour une phénoménologie,* Paris, Gallimard, 1950, 1985.

Jacques (F.), *Différence et Subjectivité,* Paris, Aubier, 1982.
- *Dialogiques II,* Paris, PUF, 1984.
- *L'Espace logique de l'interlocution,* Paris, PUF, 1985.
Jaspers (K.), *Von der Wahrheit,* Munich, Piper Verlag, 1947.
- « Le mal radical chez Kant », in *Bilan et Perspectives,* trad. fr. de H. Naef et J. Hersch, Desclée de Brouwer, 1956, p. 189-215.
Jauss (H.R.), « La jouissance esthétique. Les expériences fondamentales de la *poièsis,* de l'*aisthèsis* et de la *catharsis* », in *Poétique,* n° 39, Paris, Éd. du Seuil, septembre 1979.
Jonas (H.), *Das Prinzip Verantwortung. Versuch einer Ethik für die technologische Zivilisation,* Francfort, Insel Verlag, 1980.
Jüngel (E.), *Gott als Geheimnis der Welt,* Tübingen, Mohr, 1977. Trad. fr. de Horst Hombourg, *Dieu le mystère du monde,* 2 vol., Paris, Éd. du Cerf, 1983.
Kant (E.), *Critique de la faculté de juger,* trad. fr. d'A. Philonenko, Paris, Vrin, 1982 ; et in *Œuvres philosophiques,* t. II, éd. F. Alquié, trad. fr. de J.-R. Ladmiral, M.-B. de Launay et J.-M. Vaysse, Paris, Gallimard, coll. « Bibliothèque de la Pléiade », 1985.
*- *Critique de la Raison pratique,* trad. fr. de F. Picavet, PUF, 1949, 4e éd. 1965 ; et in *Œuvres philosophiques,* t. II, éd. F. Alquié, trad. fr. de L. Ferry et H. Wismann, Paris, Gallimard, coll. « Bibliothèque de la Pléiade », 1985.
*- *Critique de la Raison pure,* trad. fr. d'A. Tremesaygues et B. Pacaud, Paris, PUF, 1963 ; et in *Œuvres philosophiques,* t. I, sous la direction de F. Alquié, trad. fr. de J.-L. Delamarre et F. Marty, Paris, Gallimard, coll. « Bibliothèque de la Pléiade », 1980.
- *Essai pour introduire en philosophie le concept de grandeur négative,* in *Œuvres philosophiques,* t. I, Paris, Gallimard, coll. « Bibliothèque de la Pléiade », 1986.
- « Essai sur le mal radical », in *La Religion dans les limites de la simple raison* (1793), trad. fr. de J. Gibelin, Paris, Vrin, 1968 ; et in *Œuvres philosophiques,* t. III, sous la direction de F. Alquié, trad. fr. d'A. Philonenko, Paris, Gallimard, coll. « Bibliothèque de la Pléiade », 1986.
*- *Fondements de la métaphysique des mœurs,* trad. fr. de V. Delbos revue et modifiée par F. Alquié ; in *Œuvres philosophiques,* t. II, Paris, Gallimard, coll. « Bibliothèque de la Pléiade », 1985 ; et trad. fr. d'A. Philonenko, Paris, Vrin, 1980.
*- *La Métaphysique des mœurs,* 1re partie, *Doctrine du droit,* trad. fr. d'A. Philonenko, Paris, Vrin, 1971 ; 2e partie, *Doctrine de la vertu,* trad. fr. d'A. Philonenko, Paris, Vrin, 1968 ; et in *Œuvres philosophiques,* t. III, sous la direction de F. Alquié, trad. fr. de J. et O. Masson, Paris, Gallimard, coll. « Bibliothèque de la Pléiade », 1986.
- *Réponse à la question : qu'est-ce que les Lumières ?,* in *Œuvres philosophiques,* t. II, sous la direction de F. Alquié, trad. fr. de H. Wismann, Paris, Gallimard, coll. « Bibliothèque de la Pléiade », 1985.
- *Sur un prétendu droit de mentir par humanité* (1797), trad. fr. de L. Guillermit, in *Théorie et Pratique. Droit de mentir,* Paris, Vrin,

1988 ; et in *Œuvres philosophiques,* t. III, trad. fr. de L. Ferry, Paris, Gallimard, coll. « Bibliothèque de la Pléiade », 1986.
Kapstein (M.), « Collins, Parfit and the Problem of Personal Identity in two Philosophical Traditions. A Review of Selfless Persons », in *Feature Book Review* (tiré à part communiqué à l'auteur).
Kemp (P.), *Éthique et Médecine,* Paris, Tierce-Médecine, 1987.
– « Ethics and Narrativity », in *Aquinas, Revista Internazionale di Filosofia,* Rome, Publications de l'Université du Latran, 1987.
Kenny (A.), *Action, Emotion and Will,* Londres, Routledge and Kegan Paul, 1963.
*Kermode (F.), *The Genesis of Secrecy, On the Interpretation of Narrative,* Cambridge, Harvard University Press, 1979.
– *The Sense of an Ending. Studies in the Theory of Fiction,* Londres, Oxford, New York, Oxford University Press, 1966.
Koselleck (R.), *Vergangene Zukunft. Zur Semantik geschichtlicher Zeiten,* Francfort, Suhrkamp, 1979.
Lalande (A.), *Vocabulaire technique et critique de la philosophie,* Paris, PUF, 1960.
Lefort (C.), *Essai sur le politique,* Paris, Éd. du Seuil, coll. « Esprit », 1986.
Lejeune (P.), *Le Pacte autobiographique,* Paris, Éd. du Seuil, 1975.
*Lévinas (E.), *Le Temps et l'Autre,* Paris, Arthaud, 1947 ; réimp. Montpellier, Fata Morgana, 1979 ; Paris, PUF, 1983-1985.
*– *Totalité et Infini. Essai sur l'extériorité,* La Haye, M. Nijhoff, 1961, 1965, 1968, 1971, 1974.
*– *Autrement qu'être ou au-delà de l'essence,* La Haye, M. Nijhoff, 1974.
Lewis (D.), « Survival and Identity », *in* A.O. Rorty (éd.), *The Identities of Persons,* Berkeley, Los Angeles, Londres, University of California Press, 1976, p. 17-40.
*Locke (J.), *An Essay concerning Human Understanding* (1690), éd. P.H. Nidditch, Oxford, 1975.
– *Essai philosophique concernant l'entendement humain,* trad. fr. de P. Coste, Paris, Vrin, 1972.
– « Of Identity and Diversity » [extrait du chapitre XXVII de J. Locke, *Essay concerning Human Understanding*], *in* J. Perry (éd.), *Personal Identity,* Berkeley, Los Angeles, Londres, University of California Press, 1975, p. 33-52.
MacIntyre (A.), *After Virtue, a study in moral theory,* Notre Dame (Ind.), University of Notre Dame Press, 1981.
Maine de Biran, *Journal,* éd. int. pub. par H. Gouhier, Neuchâtel, Éd. de la Baconnière ; Amsterdam, Imp. de Holland, 1954.
Man (P. de), « Rhetoric of Tropes », in *Allegories of Reading : figural language in Rousseau, Nietzsche, Rilke and Proust,* New Haven, Londres, Yale University Press, 1979.
Mansion (A.), *Introduction à la physique aristotélicienne,* Louvain, 1946 ; Paris, Vrin, 1973.

Marcel (G.), *Être et Avoir,* Paris, Aubier, 1935.
- *Actes du colloque Gabriel Marcel (28-30 septembre 1988),* Paris, Bibliothèque nationale, 1989.
Marx (W.), *Ethos und Lebenswelt. Mitleidenkönnen als Mass,* Hambourg, Felix Meiner Verlag, 1986.
Melden (A.I.), *Free Action,* Londres, Routledge and Kegan Paul, 1961.
Mink (L.O.), « History and Fiction as Modes of Comprehension », in *New Literary History I,* 1979.
Musil (R.), *L'Homme sans qualités,* 2 vol., trad. fr. de P. Jaccottet, Paris, Éd. du Seuil, 1979.
Nabert (J.), *Éléments pour une éthique,* préf. de P. Ricœur, Paris, Montaigne, 1962, chap. VII, « L'ascèse », p. 121-138.
- *Essai sur le mal,* « Note sur l'idée de mal chez Kant », Paris, PUF, 1955, p. 159-165.
Nietzsche (F.), *Cours de rhétorique,* professé à Bâle, trimestre d'hiver 1872-1873 ; t. V de l'éd. Kröner-Musarion, trad. et présenté en français par P. Lacoue-Labarthe et J.-L. Nancy, in *Poétique,* n° 5, 1971 ; et en anglais par C. Blair, in *Philosophy and Rhetoric,* 1983, p. 94-129.
- *Fragments posthumes,* in *Œuvres philosophiques complètes,* t. IX à XIV, éd. G. Colli et M. Montinari, Paris, Gallimard.
*- *Généalogie de la morale,* in *Œuvres philosophiques complètes,* t. VII, textes et variantes établis par G. Colli et M. Montinari, trad. fr. de C. Heim, I. Hildenbrand, J. Gratien, Paris, Gallimard, 1971, 1987.
- *Le Livre du philosophe. Das Philosophenbuch,* éd. bilingue, trad. fr. d'A.K. Marietti, Paris, Aubier-Flammarion, 1969.
- *La Naissance de la tragédie,* in *Œuvres philosophiques complètes,* t. I, sous la direction de G. Colli et M. Montinari, trad. fr. de M. Haar, P. Lacoue-Labarthe et J.-L. Nancy, Paris, Gallimard, 1977.
*- *Vérité et Mensonge au sens extra-moral,* in *Œuvres philosophiques complètes,* t. I, vol. 2, *Écrits posthumes 1870-1873,* sous la direction de G. Colli et M. Montinari, Paris, Gallimard, 1975.
- *La Volonté de puissance,* trad. fr. de G. Bianquis, Paris, Gallimard, 1948.
Nussbaum (M.C.), *The fragility of goodness, Luck and ethics in Greek tragedy and philosophy,* Cambridge University Press, 1986.
Parfit (D.), « Personal Identity », *in* J. Perry (éd.), *Personal Identity,* section V, « Personal Identity and Survival », Berkeley, Los Angeles, Londres, University of California Press, 1975, p. 199-223.
- *Reasons and Persons,* Oxford University Press, 1986.
Pariente (J.-C.), *Le Langage et l'Individuel,* Paris, Colin, 1973.
Peirce (C.S.), *Collected Papers,* Harvard University Press, 5 vol., 1931-1935.
- *Écrits sur le signe,* rassemblés, traduits et commentés par G. Deledalle, Paris, Éd. du Seuil, 1978.
Perry (J.), *Personal identity,* Berkeley, Los Angeles, Londres, University of California Press, 1975.
Petit (J.-L.), *La Sémantique de l'action,* inédit, Paris I - Sorbonne.

Platon, *Dialogues,* Paris, Les Belles Lettres.
*Propp (W.), *Morphologie du conte,* Paris, Éd. du Seuil, 1965, 1970.
Proust (M.), *A la Recherche du temps perdu,* 3 vol., Paris, Gallimard, coll. « Bibliothèque de la Pléiade », 1954, 1956, 1963.
Ravaisson (F.), *De l'habitude,* Corpus des œuvres de philosophie en langue française, Paris, Fayard, 1984.
*Rawls (J.), *A Theory of Justice,* Harvard University Press, 1971, *Théorie de la justice,* trad. fr. de C. Audard, Paris, Éd. du Seuil, 1987.
– « Un consensus par recoupement », in *Revue de métaphysique et de morale,* n° 1, 1988, p. 3-32.
*Récanati (F.), *La Transparence et l'Énonciation,* Paris, Éd. du Seuil, 1979.
Revault d'Allonnes (M.), « Amor Mundi : la persévérance du politique », in *Ontologie et Politique. Hannah Arendt,* Paris, Tierce, 1989.
Rey (G.), « Survival », *in* A.O. Rorty (éd.), *The Identities of Persons,* Berkeley, Los Angeles, Londres, University of California Press, 1976, p. 41-66.
Richter (J.P.), dit Jean Paul, *Vorschule der Aesthetik, nebst einigen Vorlesungen in Leipzig über die Parteien der Zeit,* Hambourg, F. Perthes, 1804 ; trad. fr., A. Büchner et L. Dumont, *Poétique ou Introduction à l'esthétique,* Paris, Durand, 1862.
Ricœur (P.), *A l'école de la phénoménologie,* Paris, Vrin, 1980.
– *Lectures on Ideology and Utopia,* éd. G.H. Taylor, New York, Columbia University Press, 1986.
– « Le cercle de la démonstration dans *Théorie de la justice* (John Rawls) », in *Esprit,* n° 2, 1988, p. 78 et *sq.*
– « Emmanuel Lévinas, penseur du témoignage », in *Répondre d'autrui, Emmanuel Lévinas* (collectif), Lausanne, La Baconnière, 1989.
– « Entre éthique et ontologie, la disponibilité », *Colloque Gabriel Marcel (1988),* Paris, Bibliothèque nationale, 1989.
– « Le paradoxe politique », in *Esprit,* n° 5, mai 1957, repris in *Histoire et Vérité,* Paris, Éd. du Seuil, 3e éd. augmentée, 1987.
– « Pouvoir et violence », in *Ontologie et Politique. Hannah Arendt,* Paris, Tierce, 1989, p. 141-159.
– « Le récit interprétatif. Exégèse et théologie dans les récits de la Passion », *Recherches de science religieuse,* 1985.
– « Le sujet convoqué. A l'école des récits de vocation prophétique », *Revue de l'Institut catholique de Paris,* octobre-décembre 1988, p. 88-89.
Riedel (M.), *Für eine zweite Philosophie. Vorträge und Abhandlungen,* Francfort, Suhrkamp, 1988.
Robins (M.H.), *Promising, Intending, and Moral Autonomy,* Cambridge University Press, 1984.
Romains (J.), *Les Hommes de bonne volonté,* 4 vol., Paris, Flammarion, 1973.
Romeyer-Dherbey (G.), *Maine de Biran ou le Penseur de l'immanence radicale,* Paris, Seghers, 1974.

Rorty (A.O.) (éd.), *The Identities of Persons,* Berkeley, Los Angeles, Londres, University Press of California, 1976.
Rosenzweig (F.), *L'Étoile de la rédemption,* trad. fr. d'A. Derczanski et J.-L. Schlegel, Paris, Éd. du Seuil, 1982.
Rousseau (J.-J.), *Du Contrat social,* in *Œuvres complètes,* t. III, sous la direction de B. Gagnebin et M. Raymond, Paris, Gallimard, coll. « Bibliothèque de la Pléiade », 1964.
*Ryle (G.), *The Concept of Mind,* Londres, New York, Hutchinson's University Library, 1949 ; trad. fr. de S. Stern-Gillet, *La Notion d'esprit,* Paris, Payot, 1978.
Schapp (W.), *In Geschichten verstrickt,* Wiesbaden, B. Heymann, 1976.
Scheler (M.), *Der Formalismus in der Ethik und die materiale Wertethik ; neue Versuch der Grundlegung eines ethischen Personalismus,* 1954 ; nlle éd., Berne, 1966.
– *Le Formalisme en éthique et l'Éthique matériale des valeurs, essai nouveau pour fonder un personnalisme éthique,* trad. fr. de M. de Gandillac, Paris, Gallimard, 1955.
– *Zur Phänomenologie der Sympathiegefühle und von Liebe und Hasse,* Halle, Niemeyer, 1913.
– *Nature et Formes de la sympathie,* trad. fr. de M. Lefebvre, Paris, Payot, 1928 ; nlle éd., « Petite bibliothèque Payot », 1971.
Searle (J.R.), *Les Actes de langage,* Paris, Hermann, 1972.
– *The Philosophy of Language,* Oxford University Press, 5ᵉ éd., 1977.
Shoemaker (S.), *Self-knowledge and self-identity,* Ithaca, Cornell University Press, 1963.
*Spinoza (B.), *Éthique,* texte et trad. fr. de C. Appuhn, Paris, Vrin, 1977.
– *Traité politique,* texte et trad. fr. de S. Zac, Paris, Vrin, 1968.
Steiner (G.), *Antigones,* Oxford, Clarendon Press, 1984.
– *Les Antigones,* trad. fr. de P. Blanchard, Paris, Gallimard, 1986.
Strasser (S.), *Das Gemüt, Grundgedanken zu einer phänomenologischen Philosophie und Theorie des menschlichen Gefühlslebens,* Utrecht, Uitgeverijet Spectrum, 1956.
*Strawson (P.F.), *Individuals,* Londres, Methuen and Co, 1959 ; trad. fr. d'A. Shalom et P. Drong, *Les Individus,* Paris, Éd. du Seuil, 1973.
– « Essays on Davidson *Actions and Events* », *in* B. Vermazen et M. Hintikka (éd.), *Causation and Explanation,* Oxford, Clarendon Press, 1985.
Taminiaux (J.), *Lectures de l'ontologie fondamentale. Essais sur Heidegger,* Grenoble, Jérôme Millon, 1989.
Taylor (Ch.), *The Explanation of Behaviour,* Londres, Routledge and Kegan Paul, 1964.
– « Hegel's Concept of Action as Unity of Poiesis and Praxis », *in* L.S. Stepelevitch et D. Lamb (éd.), *Hegel's Philosophy of Action,* Humanities Press, 1983.
– *Philosophical Papers,* 2 vol. : *Human Agency and Language,* et *Philosophy and the Human Sciences,* Cambridge University Press, 1985.
Vanderveken (D.), *Les Actes de discours,* Liège, Bruxelles, Mariaga, 1988.

Vernant (J.-P.) et Vidal-Naquet (P.), *Mythe et Tragédie en Grèce ancienne,* t. I, Paris, La Découverte, 1986.
Volpi (F.), *Heidegger e Aristotele,* Padoue, Daphni, 1984.
– « *Dasein* comme *praxis* : l'assimilation et la radicalisation heideggérienne de la philosophie d'Aristote », in *Phaenomenologica,* Dordrecht, Boston, Londres, Kluwer Academic Publ., 1988.
Wahl (F.), « Les ancêtres, ça ne se représente pas », in *L'Interdit de la représentation,* colloque de Montpellier 1981, Paris, Éd. du Seuil, 1984, p.31-62.
Walzer (M.), *Spheres of Justice. A Defense of Pluralism and Equality,* New York, Basic Books, 1983.
*Weber (M.), *Wirtschaft und Gesellschaft,* 5e éd. révisée, Tübingen, J.B.C. Mohr et P. Siebeck, Studienausgabe, 1972 ; trad. fr. de J. Freund *et al., Économie et Société,* Paris, Plon, 1971.
– « Le métier et la vocation d'homme politique », in *Le Savant et le Politique,* trad. fr. de J. Freund, Paris, Plon, 1959, p. 99-185.
Weil (É.), *Hegel et l'État,* Paris, Vrin, 1966.
– *Logique de la philosophie,* Paris, Vrin, 1950.
– *Problèmes kantiens,* Paris, Vrin, 1970.
Wiggins (D.), « Deliberation and practical reason », *in* A.O. Rorty (éd.), *Essays on Aristotle's Ethics,* University of California Press, 1980.
Williams (B.), *Problems of the Self,* Cambridge University Press, 1973.
– « The Self and the Future », *in* J. Perry (éd.), *Personal Identity,* section V, « Personal Identity and Survival », Berkeley, Los Angeles, Londres, University of California Press, 1975, p. 179-198.
*Wittgenstein (L.), *Tractatus logico-philosophicus,* trad. fr. de P. Klossowski, Paris, Gallimard, 1961. *The Blue and Brown Books,* éd. R. Rhees, Oxford, Basil Blackwell, 1958.
*– *Le Cahier bleu et le Cahier brun,* trad. fr. de G. Durand, Paris, Gallimard, 1965, repris en coll. Tel, Paris, Gallimard, 1988.
*– *Investigations philosophiques,* trad. fr. de P. Klossowski, Paris, Gallimard, 1961.
*Wright (G.H. von), *Explanation and Understanding,* Londres, Routledge and Kegan Paul, 1971.
Zac (S.), *L'Idée de vie dans la philosophie de Spinoza,* Paris, PUF, 1963.

主な邦訳書文献

(前掲の原文文献に＊印を付した順に配列)

G.E.M. アンスコム『インテンション』菅豊彦訳，産業図書，1984 年
H. アーレント『人間の条件』志水速雄訳，筑摩書房，1994 年
アリストテレス『ニコマコス倫理学』加藤信朗訳，岩波書店，1988 年
『自然学』出隆他訳，岩波書店，1968 年
J.L. オースティン『言語と行為』坂本百大訳，大修館，1978 年
W. ベンヤミン「物語作者」『文学の危機』高木久雄訳，晶文社，1969 年
E. バンヴェニスト『一般言語学の諸問題』河村正夫他訳，みすず書房，1983 年
G. ドゥルーズ『ニーチェと哲学』足立和浩訳，国文社，1974 年
R. デカルト『省察および反論と答弁』所雄章他訳，白水社，1973 年
A. フィンケルクロート『思考の敗北あるいは文化のパラドクス』西谷修訳，河出書房新社，1988 年
S. フロイト「自我とエス」『フロイト著作集 6』小此木啓吾訳，人文書院，1980 年
N. フライ『大いなる体系』伊藤哲訳，法政大学出版局，1995 年
H.-G. ガダマー『真理と方法』Ⅰ，轡田収他訳，法政大学出版局，1986 年
G.W.F. ヘーゲル『精神の現象学』(上，下) 金子武蔵訳，岩波書店，1979 年
『法の哲学』藤野渉訳，中央公論社，1967 年
M. ハイデガー『存在と時間』原佑他訳，中央公論社，1971 年
久重忠夫『罪悪感の現象学――「受苦の倫理学」序説』弘文堂，1988 年
D. ヒューム『人性論』土岐邦夫訳，中央公論社，1980 年
E. フッサール『デカルト的省察』細谷恒夫訳，中央公論社，1970 年
I. カント『実践理性批判』宇都宮芳明訳，以文社，1990 年
『純粋理性批判』篠田英雄訳，岩波書店，1962 年
『人倫の形而上学の基礎づけ』野田又夫訳，中央公論社，1994 年
『人倫の形而上学』森口美都男他訳，中央公論社，1994 年
F. カーモード『秘儀の発生』山形和美訳，ヨルダン社，1982 年
E. レヴィナス『時間と他者』原田佳彦訳，法政大学出版局，1986 年
『全体性と無限――外部性についての試論』合田正人訳，国文社，1989 年
『存在するとは別の仕方で　あるいは存在することの彼方へ』合田正人訳，朝日出版社，1990 年
J. ロック『人間知性論』大槻春彦訳，中央公論社，1980 年
F. ニーチェ『道徳の系譜』信太正三訳，理想社，1976 年
『道徳外の意味における真理と虚偽について』西尾幹二訳，白水社，1989 年

V. プロップ『昔話の形態学』北岡誠司他訳，水声社，1990 年
J. ロールズ『正義論』矢島鈞次監訳，紀伊国屋書店，1994 年
F. レカナティ『ことばの運命――現代記号論序説』菅野盾樹訳，新曜社，1982 年
G. ライル『心の概念』坂本百大他訳，みすず書房，1987 年
B. スピノザ『エティカ』工藤喜作他訳，中央公論社，1980 年
P.F. ストローソン『個体と主語』中村秀吉訳，みすず書房，1978 年
M. ウェーバー『経済と社会』Ⅰ，青山秀夫訳，創元社，1952 年
L. ヴィトゲンシュタイン『論理哲学論考』藤本隆志・坂井秀寿訳，法政大学出版局，1968 年
『青色本・茶色本』大森荘蔵・杖下隆英訳，大修館書店，1976 年
『哲学探究』藤本隆志訳，大修館書店，1976 年
G.H. フォン・ウリクト『説明と理解』丸山高司他訳，産業図書，1985 年